当代
中国
名家
文库

瞿林东 / 著

中国史学的理论遗产

——从过去到现在和未来的传承

北京师范大学出版集团
北京师范大学出版社
BEIJING NORMAL UNIVERSITY PUBLISHING GROUP

图书在版编目(CIP)数据

中国史学的理论遗产：从过去到现在和未来的传承/瞿林东
著.—北京：北京师范大学出版社，2013.1
（当代中国名家文库）
ISBN 978-7-303-15832-4

Ⅰ．①中…　Ⅱ．①瞿…　Ⅲ．①史学史－研究－中国
Ⅳ．①K092

中国版本图书馆 CIP 数据核字(2012)第 299282 号

营 销 中 心 电 话　010-58802181 58805532
北师大出版社高等教育分社网　http://gaojiao.bnup.com.cn
电 子 信 箱　beishida168@126.com

ZHONGGUO SHIXUE DE LILUN YICHAN

出版发行：北京师范大学出版社 www.bnup.com.cn
　　　　　北京新街口外大街 19 号
　　　　　邮政编码：100875

印　　刷：北京京师印务有限公司
装　　订：北京盛通印刷股份有限公司
经　　销：全国新华书店
开　　本：155 mm × 235 mm
印　　张：39
字　　数：570 千字
版　　次：2013 年 1 月第 1 版
印　　次：2013 年 1 月第 1 次印刷
定　　价：90.00 元

策划编辑：刘东明　　　责任编辑：刘东明
美术编辑：毛　佳　　　装帧设计：耿中虎
责任校对：李　菌　　　责任印制：孙文凯

自　序

20 世纪 70 年代末至 80 年代初，在新的历史条件下，中国史学界逐步展开了关于历史学领域的理论问题的讨论。这个讨论，是从"历史发展动力"问题开始而不断扩大范围的。到了 80 年代中后期，关于理论问题的讨论走向高潮，可以看做是中国史学界出现了"理论热"的表现。

在这个过程中，我作为一个参与者，总是伴随着困惑、激情、思索等等。其间，或是在他人的启发下，或是经过自己的思考所得，我以为关于上述讨论，有三个问题是应当受到重视的。

第一，历史唯物主义和历史学的理论是什么关系？这个问题的实质是，历史唯物主义作为历史研究的基础理论或指导原则，是否可以代替历史学领域的一切理论；换言之，在历史唯物主义以外，历史学是否还应当具有另外一些理论问题，如同其他哲学社会科学各门学科都具有自身的理论问题一样。今天看来，这是十分明了的，即历史唯物主义不能完全代替或包含历史学的全部理论，历史学除了以历史唯物主义作为指导，还有广阔的理论空间。

但是，如果我们回首 20 世纪五六十年代的中国史学，在当时，是很难回答上述问题的。正如白寿彝先生在谈到这个问题时所说的那样：

> 在五十年代，同志们在一起谈天，提起史学概论来，都认为应该在马克思主义基本原理指导下，写这么一本书；同时也认为，在高等学校历史系应该开设这门课程。至于这本书应该怎么写，这门课程应该讲些什么，大家一时想不出办法来。一年一年过去了，对这个问题一直没有认真讨论过。后来，我在北京师范大学历史系开了这门课程，主要讲的是历史唯物主义。但我并不认为这种讲法是对的。因为我觉得，如果只讲历史唯物主义，这门课就应该叫历史唯物主义，不应该叫史学概论。我为这个课程内容问题，多年来一直感到不安。①

从这段回忆性的文字来看，大家在认识上对历史唯物主义跟"史学概论"的联系与区别是有共识的，但在历史唯物主义指导下的"史学概论"究竟是什么内容、什么形式，仍在摸索之中。白寿彝先生说的"我为这个课程内容问题，多年来一直感到不安"，或许反映了那个时代一些史学家的共同的心境。

1982 年，白寿彝先生作为主编主持撰写《史学概论》一书，他从自己几十年的思考和研究中，提出了"史学概论"应当包含的基本内容，他写道：

> 去年，因为《史学史研究》季刊的需要，我每一季度撰写一篇文章，交它发表，总题目是《谈史学遗产答客问》。在酝酿这四篇文章的过程中，我逐渐产生了写史学概论的思想。这就是要在马克思主义基本原理的指导下，论述中国史学遗产几个重要方面的成就和马克思主义传入中国后史学的发展，及当前史学工作的重要任务。我想在这本书里，提出一些问题，请

---

① 白寿彝主编：《史学概论·题记》，银川，宁夏人民出版社，1983。

同志们讨论。也希望它能成为教本，多少给同学们一些帮助。①

这里讲到的三个方面的内容，涉及到史学遗产、史学变革和史学的当前任务等问题，有其逻辑的联系和历史的脉络。尽管"史学概论"是一门历史学的入门课程和基础理论课程，但此后关于这门课程的教材的编写和出版，在20世纪80年代中后期形成一个高潮，出现多种版本，足以表明，史学界终于逐步认清了历史唯物主义和历史学的理论之间所存在的既有联系又有区别的密切关系。

当然，就"史学概论"来说，它也很难涵盖历史学领域可能涉及到的所有理论问题。比如说，从中国历史发展来看，关于民族关系与统一国家发展的问题，关于地理条件对历史发展影响的问题，关于科学技术与生产力之间关系的问题，关于国家职能与阶级存在的关系的问题，关于中国历史在世界历史中的地位的问题等等，都是中国史研究领域中的重要理论问题，是历史学的理论研究所不应缺少的内容。白寿彝先生主编的《中国通史》第一卷《导论》所论述的许多问题，② 都属于这一类的理论问题。

总之，历史唯物主义与历史学的理论是有密切联系的，但二者又不能作等同的看待：前者作为基本的或指导的理论，而后者则有较广泛的内容和空间。

第二，关于客观历史的理论和关于历史学学科的理论是什么关系？20世纪80年代初，史学界在讨论理论问题时，"史学理论"是一个广泛使用的词汇。但是，人们在探讨具体问题时，"史学理论"所指的对象并不相同，有的是指关于对客观历史运动的认识，有的则是指关于历史学这门学问或学科发展的认识。这种情况，给讨论和研究都带来了一些困难。有鉴于此，中国社会科学院世界历史研究所陈启能研究员撰文指出，应当以"历史理论"和"史学理论"这两个概念

---

① 白寿彝主编：《史学概论·题记》。
② 白寿彝主编：《中国通史》第1卷《导论》，上海，上海人民出版社，1989。

来区别关于对客观历史运动的认识和关于历史学学科发展的认识。①
我认为，作这样的区别很有必要，并就此发表一点粗浅的认识，其中有
一段文字大致反映了有关问题的缘起，这就是：

> 近二三年来，我国历史学界对理论的研究显得很活跃，这
> 是令人振奋的。那么，这样的理论研究如何才能深入下去呢？
> 我以为，陈启能同志的文章《历史理论与史学理论》在这方面
> 提出了一个值得思考和探讨的问题。陈文提出，历史理论与史
> 学理论应作为两个不同内涵的研究对象来看待，并进而认为：
> "近年来我国史学界对理论问题的研讨虽然相当活跃，但却有
> 一个很大的不足，那就是所讨论的问题大都属于历史理论的范
> 围，而很少涉及史学理论。"这个论点和这些说法，不是没有
> 道理的。这里，我想对陈文作一点补充：陈文侧重于理论的说
> 明和外国史学，我打算侧重于历史的说明和中国史学。②

这个问题提出来以后，我曾以不同的方式反复表明这一看法；当
然，有赞成的，也有表示疑惑的。表示疑惑的朋友认为，"历史理论"
和"史学理论"是有联系的，不好截然分割开来。应当承认，这一疑惑
不是没有道理的，对此，我在提出这种区分时已经注意到了，并作了在
我看来是十分明确的如下表述：

> 史学理论与历史理论是两个既互相联系又互相区别的研究
> 领域，后者是人们在研究宏观历史过程中积累和概括出来的理
> 论，如历史发展的阶段性、规律性、统一性，历史发展的趋
> 向，以及对重大历史现象和众多历史人物的评价的原则与方
> 法，等等；前者是人们在研究史家、史书、史学思潮、史学流
> 派等史学活动和史学现象过程中积累和概括出来的理论，如史
> 学的目的、史家的修养、史书的编著、史学发展的阶段性和规

---

① 陈启能：《历史理论与史学理论》，载《光明日报》，1986-
12-03。

② 瞿林东：《史学理论与历史理论》，载《史学理论》，1987 (1)。

律性、史学在社会实践中的作用，等等。这是它们的区别所在。同时，它们又是互相联系、互相渗透的：从历史的观点来看，史学活动也是一种历史活动，它也应被包含在历史理论所概括的一切历史现象之内；从史学的观点来看，史学家乃至一切从事社会实践的人对历史的研究、评论，也都在史学理论所应当总结和概括的范围之内。①

从这个表述中，我们可以看到"史学理论"与"历史理论"在何种意义上存在着区别和联系，又在何种意义上可以互相包容，即实现这种联系的重要表现形式。需要强调的是，作为学术研究来说，不对研究对象作某种界定（即使是相对意义上的界定），也难以使这一研究深入下去，更不用说使这一研究得到比较系统的理论收获。

这里，我还要提到何兆武先生主编的《历史理论与史学理论——近现代西方史学著作选》一书，一则是此书的书名使我感到极大的兴趣，二则是何兆武先生在《编者序言》中对"历史理论"和"史学理论"作了中西比较的解释，使我受到启发。《编者序言》写于 1992 年 9 月，起首写道：

> 三年前商务印书馆委托我编纂一部近现代西方有关历史理论和史学理论的选集。这里的历史理论和史学理论，其涵义大致相当于当今西方通常所谓的"思辨的历史哲学"和"分析的历史哲学"以及我国传统意义上的"史论"。经过和几位同志磋商之后，我们都认为这对我国历史学界是一项有意义的工作，遂决定承担下来。②

何兆武先生学贯中西，我确信这里所作的判断自然是极有道理的；同时，这个判断也有助于中西史学"对话"的表述形式。这里，

---

① 瞿林东：《史学理论与历史理论》，载《史学理论》，1987(1)。
② 何兆武主编：《历史理论与史学理论——近现代西方史学著作选》，1 页，北京，商务印书馆，1999。

— 5 —

我想补充一点，并借以向何兆武先生请教，即中国传统意义上的"史论"，主要指历史理论；而传统意义上的"史评"，则主要指史学理论。这两者之间，也有明显的区别。当然，对"历史理论"和"史学理论"，或许还有另外一些解释，但无论作怎样的解释，对它们作既有联系又有区别的看待，当是十分必要的。我相信，持这种看法的人也会越来越多的。

第三，中国古代史学中有没有理论？有一种看法认为，中国古代史学是"记述的史学"而没有理论。这是 1986 年我在一次史学研讨会上首次听到的。我想这种看法可能反映了史学界一些同行的认识。作为一个中国史学史研究者，尽管我表明不能赞同这种说法，但又不能举出充分的事实来论证自己的观点，感到十分惭愧。也就是从那个时候起，我注意到在中国史学史的研究方面努力发掘其中的理论成果，进而把这些成果的脉络梳理清楚，作出恰当的说明。近十几年来，我为此作了一些研究：1992 年发表《中国古代史学理论发展大势》一文①；1994 年出版《中国古代史学批评纵横》小册子②；1998 年出版《史学志》一书③，其中有专论"历史观念"与"史学理论"两章；2004 年发表《略论中国古代历史理论的特点》一文④，这多少可以表明这些年来我对于中国古代史学的理论遗产的关注。毋庸置疑，这些研究所得，还只是初步的，随着岁月的推进和研究的深入，积累也就会不断丰富起来。在这里，我要客观地说一说，人们为什么会产生中国古代史学没有理论或理论贫乏的看法？这是由多方面原因造成的，归纳起来是："第一，许多史学工作者研究的领域是客观历史的某些方面，一般不甚关注作为一个学科的史学本身的问题，因而不熟悉史学自身的发展情况。第二，史学史是一门年轻的学科，而中国史学史研究者因历史条件和自身的原因，长期以来也未曾对中国史学上的理论遗产作深入的和有系统的历史考察与理论说明。第三，20 世纪 80 年代以来，西方的一些历史理论与史学理论著作大量被介绍到中国来，引起人们的兴趣和关注；有些同行甚至

---

① 参见本书第 108～127 页。
② 北京，中华书局，1994。
③ 上海，上海人民出版社，1998。
④ 参见本书上篇第 48～66 页。

以此为标准反观中国古代史学，于是'理论贫乏'之感油然而生。第四，对于东西方史学在表现其理论的内容和形式上，未能充分考虑到各自的特点，换言之，在'理论'的探讨上，尚未能着眼于从本民族的遗产出发。总之，这种情况的出现，有历史上的原因，也是专业工作者在研究上存在的不足所致。需要说明的是，此种情况，近年逐渐有所改变，前景是令人鼓舞的。"① 我想，以平和的、理性的和实事求是的态度来对待中国古代史学的理论遗产，我们终究会给它一个合理的位置和恰当的评价的。

以上三个方面的问题，都是近二十几年来在历史学的理论研究中所碰到的。这些问题不能说现在都已经解决了，人们的认识还是要不断发展的。研究者的任务在于，适时地、明确地提出问题，结合自己的专业和兴趣，努力探索，积极进取，为促进史学发展和学科建设尽其绵薄。

20世纪的中国史学，在理论上是有突出的成就的。进化论和马克思主义唯物史观的引入，并把它们和历史研究结合起来，可以说是理论上最重要的成就。说到史学理论和历史理论方面，前者有梁启超的《中国历史研究法》及《补编》、李守常（大钊）的《史学要论》、柳诒徵的《国史要义》等，都是名著；后者有翦伯赞的《历史哲学教程》、邓初民的《中国社会史教程》等，也都是名著。这是新中国成立以前的一些成就。新中国成立以后的五十多年，历史学在理论建设上的成就，范围更广泛，有些领域更深入。但是，我们也应当承认，当今中国历史学界，在理论研究方面同国外同行相比，重视的程度是不够的，这既影响了中国史学的发展，也局限了中国史学走向世界。

在历史学的理论研究如何进一步发展的问题上，历史学界很多同仁认识到：在唯物史观基本原理的指导下，总结和吸收中国古代史学、近代史学的理论遗产，继承中国马克思主义史学的理论创造，借鉴外国史学的理论成果，结合丰富的历史事实，用中国的风格、语言，撰写出多种形式的理论著作，把中国历史学的理论研究推向新的阶段。这是许多朋友的愿望，也是许多朋友的志向。

---

① 参见本书上篇第48～49页。

　　本书是我近二十年来关于中国史学的理论遗产研究之部分所得，既包括历史理论问题的研究，也包含史学理论问题的研究。为便于读者的阅读，全书分为上、中、下三篇：上篇，以问题为中心，或作系统的探讨，或作专题的研究；中篇，以史家为出发点，或评论其在理论上的建树，或阐发其在某一个方面的卓识；下篇，以史书为依据，揭示其理论特点及其在史学发展上的地位。各篇之中，有的问题讨论历史理论，有的问题讨论史学理论，有的则兼而论之，了然可辨，不再赘述。书后附录一篇，约略反映出我研究中国史学史的路径。我对于中国史学的理论遗产的研究，仅仅是开始，是起步。我想，未来的研究任务仍然是十分艰巨的，而本书所存在的缺点和不足也在所难免，我期待着各方面的读者的批评、指正。

瞿林东

2004 年 5 月 5 日

撰于北京师范大学

史学理论与史学史研究中心

目 录

上　篇

史的含义与史学及史学史意识/196

史家的角色与责任和史学的求真与经世/210

古代史家怎样对待史书体裁/222

中国古代的史学评论/236

古代史家史学批评的辩证方法/243

中　　篇

下　　篇

上 篇

史学遗产与历史学的
理论和历史

2007 年 12 月，由龚书铎教授和我共同主编的《中华大典·历史典·史学理论与史学史分典》（凡 3 册，604 万字，上海古籍出版社出版），在历经 13 个年头的编纂工作后，终于面世了。我作为主编之一，惴惴不安地松了一口气。"松了一口气"，是因为这项费时费力的工程终于完成了。所谓"惴惴不安"，是因为它总还有许多不尽人意之处。作为一个学术工作者，此种心情是常常都会产生的。

这里，我讲几点认识，不当之处，请大家批评、指正。

一、清理史学遗产的重大意义

1961 年，白寿彝先生发表《谈史学遗产》一文①，指出批判继承史学遗产的重要性和必要性。

---

① 白寿彝：《谈史学遗产》，见白寿彝《学步集》，北京，生活·读书·新知三联书店，1962；又见白寿彝《史学遗产六讲》，北京，北京出版社，2004。

根据我的肤浅理解，作者提出这个问题，有三个方面的考虑。第一，是作者受到祖国历史文化遗产的诸多领域的整理工作的启示。他指出：

> 建国以来，医药学遗产和戏曲遗产的整理工作，在党的领导下取得了显著的成就。一个是蓬蓬勃勃，一个是万紫千红。历史遗产的其他方面，如数学、天文历法、农学、化学、建筑、机械、音乐、舞蹈、雕塑、绘画、文学、哲学等等的整理工作，也都取得了不同程度的成绩。祖国史学有长期的历史，有浩瀚的典籍，它给我们留下的遗产是丰富的。但我们史学工作者注意一般的历史遗产比较多，注意史学遗产还很不够。这篇小文想把这个问题提出来，促请同志们多注意一下。①

作者的这一段话，一方面反映了他对祖国历史文化遗产整理工作的密切关注，另一方面也表明了他对史学遗产之重要性的自觉意识以及开展史学遗产整理工作的迫切要求。

第二，是作者对研究史学遗产的重要性有深入的和全面的思考。对此，他提出了三点认识。一是"研究史学遗产可以更具体更深刻地理解史学作为一种社会意识形态在现实斗争中的战斗作用"。作者从西周的"有册有典"讲到清代的"历史书狱"，说明"一切历史著作都不能不受作者历史观的支配。不同的历史观，归根到底，总可以从不同的阶级利益上得到解释。但历史观在反映阶级利益的时候，往往是错综曲折，不一定明显确切。再加上史学传统的继承性，就使我们对于史学遗产进行阶级分析的工作更加复杂化了"。在当时的历史条件下，作者强调历史观对历史著作的重要，同时又指出对历史观进行阶级分析时又是一个复杂的工作，这种辩证地看待历史观和阶级分析的态度，确乎难能可贵。二是"研究史学遗产可以逐步摸索出来中国史学发展的规律"。作者列举了这样几条规律："从中国史学的发展上看，不同时期的历史著作总是有它的不同的特点"；"在中国历史遇到一定显著变化以后，总有带总结性的历史名著出现"；"中国史学的发展也是从低级形态到高级形态，

---

① 白寿彝：《史学遗产六讲》，1页。

从最简单的关系到比较复杂的关系"。对于这几条规律，作者都略作举例予以说明。大凡承认任何事物都有自身发展规律的研究者都知道，探讨并阐述某一事物的发展规律，是研究工作中最为艰难的事情。近五十年前，作者提出的这几条规律，以至于还可能存在的其他规律，至今还没有见到有一定深度的和有说服力的研究论著问世。写到这里，笔者本人甚觉汗颜。三是"研究史学遗产，可以把历史上提出来的一些史学问题作为当前历史研究的资料，丰富我们研究的内容"。作者认为，不论是作个案研究、综合研究，还是作比较研究，都会起到这种作用。作者举《文献通考》与《通典》相比较，举《史通》和《文史通义》的一些篇目所讨论的问题，用以说明自己的论点。从以上这几个方面来看，作者对史学遗产问题，确有深刻的和系统的考虑，其中许多见解在今天仍值得有关研究者的重视。

第三，是作者对马克思主义理论的理解和运用，这也是作者提出史学遗产问题的思想基础和理论根据。白寿彝先生这样写道：

> 毛主席《在延安文艺座谈会上的讲话》说："我们必须继承一切优秀的文学艺术遗产，批判地吸收其中一切有益的东西，作为我们从此时此地的人民生活中的文学艺术原料创造作品时候的借鉴。有这个借鉴和没有这个借鉴是不同的，这里有文野之分，粗细之分，高低之分，快慢之分。所以我们决不可拒绝继承和借鉴古人和外国人，哪怕是封建阶级和资产阶级的东西。但是继承和借鉴决不可以变成替代自己的创造，这是决不能替代的。文学艺术中对于古人和外国人的毫无批判的硬搬和模仿，乃是最没有出息的最害人的文学教条主义和艺术教条主义。"这段话是针对着文学艺术遗产说的。从对待遗产应有的正确态度来说，在文学艺术和史学之间是没有什么不同的。我们对于毛主席的这段指示，应该认真地学习、体会。①

从作者的这段引文和说明来看，我们可以认为，关于开展史学遗产

---

① 白寿彝：《史学遗产六讲》，6~7页。

— 5 —

研究的问题，正是作者在上述理论指导下所作的关于学科发展的前瞻性思考。诚如作者所说："我们要研究史学遗产，既不同于那些把遗产一脚踢开的割断历史的简单的想法，也跟那些颂古非今的死抱着遗产不放的国粹主义者毫无共同的地方。我们主张取其精华，弃其糟粕，改造我们的遗产，使它为社会主义史学（事业）服务。我们要继承优良传统，同时更要敢于打破传统，创造出宏大深湛的史学规模。"① 作者好像是一个辛勤的园丁，把史学遗产中的一些珍贵品比作一个个"花圃"，分析它们的性质，描绘它们的状况，指出研究它们的路径和方法，洋溢着自豪之情和充满信心的前瞻。

从学术史的眼光来看，应当强调的是，这是新中国成立以后，史学家第一次明确地、有系统地提出研究史学遗产问题。这一方面反映了作者的卓越见识，另一方面也是 1961 年全国文科教材会议的召开，以及此后史学界开展史学史研究大讨论的学术环境使然。对于新中国的学术史上这绚丽的一页，我们这些学习、研究中国史学史的后学、后进们，总是怀着激动的心情，去阅读它，去感悟它的历史价值。

1981 年，整整 20 年的历史沧桑，丝毫没有消解白寿彝先生的"史学遗产情结"，他在这一年连续发表了四篇《谈史学遗产答客问》的文章。然而，言犹未尽，1982 年夏天，再次发表一篇此类文章②。作者广泛而深入地阐述了历史观点方面的遗产及其现代价值，历史文献的分类、剖析和利用，史书编著的体裁、体例及综合运用，史书文字表述的艺术性传统及当前与今后发展趋势等等。谈论间，作者如数家珍，信手拈来，从容而风趣，比之于 20 年前的《谈史学遗产》一文，更显得雍容大度、平实、自信。

历史已经证明，关于史学遗产的研究，确已到了适逢其时的时候了。从 1980 年至今，平均每年都有一两部贯通的中国史学史著作出版，

---

① 以上所引，凡未注明出处者，参见白寿彝《史学遗产六讲》，1~6 页。

② 这 5 篇文章是：《谈史学遗产答客问》、《谈历史文献学——谈史学遗产答客问之二》、《谈史书的编著——谈史学遗产答客问之三》、《谈历史文学——谈史学遗产答客问之四》、《再谈历史文献学》，分别见《史学史研究》1981 年第 1、2、3、4 期及 1982 年第 3 期。以上，并见白寿彝《史学遗产六讲》。

就是最好的证明①。20 世纪 90 年代中期，国务院批准的国家重大文献整理工程《中华大典》的启动，随着《历史典·史学理论与史学史分典》的立项，又为史学遗产的研究在文献整理方面提供了很好的机遇。

二、史学遗产与历史理论

自 20 世纪 80 年代中期开始，外国的（主要是西方的）有关历史学的理论著作大量涌进国门，这对推动中国史学的发展是一个积极的因素。但是，它也造成了一些负面影响，即在一些史学工作者中产生了一种误解，认为中国史学没有理论，甚至用西方近代的历史哲学的发展来反衬中国古代史学"没有理论"的苍白。笔者对这种非历史主义的"研究"方法，曾撰文予以批评。② 当然，产生这种误解也有我们自身的原因，那就是我们在这方面没有引起足够的重视和深入的研究，有些同行在这方面还缺乏应有的自觉和自信。值得注意的是，自 20 世纪 90 年代以来面世的中国史学史著作，有些已注意到对中国史学上的理论遗产的发掘和阐释，而这种趋势还会有进一步的发展。

《中华大典·历史典·史学理论与史学史分典》的立项，用通常的话来说，是一个很好的机遇，也是一个严峻的挑战。面对浩如烟海的史学遗产，我们用什么方法、采取什么体例把有关的文献钩稽出来并加以梳理，成为学科建设中的便于参考、使用的一部大型类书？显然，"竭泽而渔"的方法是不可能做到的；退一步说，即便能够做到，似也无此必要。唐人刘知幾说，"君子博闻，盖在善择而已"③，何况我们也实在难以做到"博闻"。因此，我们的方法，只能是以所知的部分而连类列举，推及所未知的部分。当然，采用这种方法，一是要对已知的部分作整体上的梳理，列出纲目，制定体例；二是要有一个具备一定知识基础和学术素养的研究群体。学术前辈的开拓性研究给我们提供了许多启发，而从当时的条件来看，北京师范大学史学研究所史学史研究室的研

---

① 参见拙文《新发展 新成就 新境界——近 30 年来的中国史学史与史学理论研究》，见张海鹏主编《中国历史学 30 年（1978—2008）》，287～299 页，北京，中国社会科学出版社，2008。

② 参见拙文《历史地看待历史》，载《人民日报》，1987-08-24。

③ 刘知幾：《史通·杂述》，浦起龙通释本，上海，上海古籍出版社，1978。

究人员以及历届的博士研究生，正是这样一个学术群体。

《史学理论与史学史分典》包含三个分册：历史理论分册，史学理论分册和史学史分册。按照《中华大典》编纂体例的要求，这三个分册也称为三个"总部"，它们的内容和编纂各以自身的特点，构成全书的整体风貌。

这里，先说史学遗产与历史学的理论问题。我们认为，史学遗产所包含的历史学的理论遗产，大致有两个重要方面，一是关于人们对客观历史认识的见解和理论，一是关于人们对史学本身认识的见解和理论。它们之间是有联系的，但它们之间的区别也是显而易见的。① 一般说来，人们在运用它们的时候，并不十分注意到它们的这种联系和区别，但是当我们对它们进行研究时，则不能不注意到它们的这种联系和区别。

我们对历史理论分册（即历史理论总部）的"提要"作了这样的说明：

> 本总部所纂辑的内容，是先秦至清末中国史学遗产中人们关于客观历史进程之重大社会历史问题的认识与论述，其文献资料以史部书为主，兼及经部、子部、集部有关之书。

这是关于断限、内容及资料来源之总的说明。"提要"进一步写道：

> 本总部包含论天人、论古今、论地理、论时势、论华夷、论国家、论正统、论分封、论兴亡、论鉴戒、论风俗、论人物等12个部。这些问题都是中国历史上备受关注的问题，反映了中国史学在历史理论方面的特点，对当代史学关于历史理论的研究有重要参考和借鉴意义。其中，天人、古今自是理论的根本问题，地理、时势、兴亡、鉴戒，涉及社会历史面貌和人们的追求，国家、正统与政治统治密切相关，华夷之论则与统一的多民族国家有紧密的联系，重视风俗移易，评论历史人物

---

① 参见陈启能：《历史理论与史学理论》，载《光明日报》，1986-12-03；瞿林东《史学理论与历史理论》，载《史学理论》，1987（1）。

的方法和标准亦历来是人们所关心的问题。这些问题之间不是相互孤立的，而有其内在的联系。①

这里提出了12个方面的问题，至于说"这些问题都是中国历史上备受关注的问题"，因为这都是从史学遗产的积累中概括出的。

譬如，至晚从司马迁著《史记》开始，天人关系、古今关系，便成为历代史家一再关注的基本问题；《史记》中的《河渠书》、《平准书》涉及地理条件与社会发展的关系，而自《汉书·地理志》以下，直至顾炎武的《天下郡国利病书》、顾祖禹的《读史方舆纪要》，都有许多评论地理条件与生产资源、社会经济、户口多寡、水利事业、战略攻守等精辟论断；从司马迁说时势到王夫之论势与理，历代史家多有探讨历史环境与人的活动的关系及其内在之理；从春秋时期开始的华夷之辨的争论，到1840年鸦片战争爆发后"华夷"观念的变化，反映了中国作为一个统一的多民族国家历史发展的过程；从不同的"正闰"之说到不同的"正统"之论，反映了历代史学家、政治家关于某些朝代之统治的合法性、合理性的争论，而这种争论在其深层的含义上则是中国历史之连续不断发展的不同的外在表现形式；历代正史的志，直接间接地反映了史学家对国家职能的认识，其志序则是这种认识的集中反映，而杜佑的《通典》，兼记制度和议论，可以说是中国古代一部"国家论"巨著；贯穿于西周至明代的分封之制，尽管在性质上有所不同，但却引发了历代史学家、政治家的不穷的辩难，直到明清之际顾炎武作《郡县论》，才对此种辩难画上一个句号；风俗既是时代精神、社会风尚的反映，又是一方水土一方人情、风习、信仰和传统的五彩缤纷的画卷；至于朝代兴亡、社会治乱之故，治国安邦之鉴戒，历史人物之评价，则是中国古代历史上始终存在的问题。所有这些，既不乏钜制而又宏篇累累，其议论之可采者，在在多有，其中自亦闪烁着理论的光辉。

为什么说这些问题是"中国史学在历史理论方面的特点"？

这里说的特点，主要从两个方面考虑。一个方面是：中国历史和外

---

① 以上见龚书铎、瞿林东主编：《中华大典·历史典·史学理论与史学史分典》第1册《历史理论总部》提要，1页，上海，上海古籍出版社，2007。

国历史有其发展中的不同之处，从而造成了理论上着重点的差异，如论华夷、论分封、论正统等。因为各国的史学家、政治家各有不完全相同的社会存在，因而他们提出的问题，虽有相同的地方，但也必有相异的地方，从而形成各自的特点。另一方面是：中国古代的史学家，也包括思想家、政治家，一般说来，都有"未尝离事而言理"① 的风格和传统，这不仅表现在历代正史的史论中，也表现在《通典》、《资治通鉴》这样的历史巨著中，还表现在《读通鉴论》、《宋论》这样的史论专书中。章学诚所总结出来的这一特点，对于我们认识中国古代历史理论的生成状态、表现形式，确有很大的启迪作用。比如虞世南所著《帝王略论》，有事略，有评论，采用问答的形式表现出来，这实际上是一部深入浅出的"帝王论"专书。又如对于《贞观政要》这部书，我们把它看作唐太宗君臣论政之书，这当然是对的。但是从作者吴兢的视角去看待这部书，尤其是从他所设计的 40 个标目来看，它何尝不是一部"贞观之治论"或"治国论"呢。再如对于《唐鉴》这部书，强调以唐为鉴的思想，但从作者范祖禹一面列举唐代重要史事、一面加以评论的撰述形式来看，这也可以看做是继贾谊《过秦论》②、曹冏《六代论》③、朱敬则《十代兴亡论》④ 之后的一部"唐代兴亡论"著作。这些实例表明，中国史学家"不离事而言理"实可视为一个特点，甚至也可视为一个优点，即注重从历史实际出发，不发空论，表述平实而便于理解，从而形成了中国古代历史理论的一个突出的风格。

当然，中国古代历史理论还具有另外一些重点特点，如探讨问题的广泛性和连续性，这同中华文明之连续性的发展有密切的关系；又如探讨的问题多以人事为中心，这同先秦时期轻"天命"重"人事"思想的发展、同司马迁《史记》确立了人在历史发展中的主体地位有密切的联系，等等。

中国古代史学家出于什么样的考虑，撰写了具有丰富内涵的历史理

---

① 章学诚：《文史通义·易教上》，北京，中华书局，1956。
② 参见《史记》卷 6《秦始皇本纪》，北京，中华书局，1959。
③ 参见《文选》卷 52《六代论》，北京，中华书局，1977。
④ 参见《旧唐书》卷 90《朱敬则传》，北京，中华书局，1975。疑《文苑英华》卷 752～753 载朱敬则之论历代兴亡，即其佚文。参见中华书局 1966 年版。

论著作？这要对有关的史家和史著作具体分析，而经世致用当是他们的共同主旨。这里，我们不妨举王夫之在读了《资治通鉴》后，为什么会产生那么多的"论"为例，作一说明。他这样写道：

> 引而伸之，是以有论；浚而求之，是以有论；博而证之，是以有论；协而一之，是以有论；心得而可以资人之通，是以有论。道无方，以位物于有方；道无体，以成事之有体。①

这是王夫之说明他之所以"有论"的几个方面，以及他对于"论"中所含之"道"的价值的认识。读史者"有论"如此，著史者亦当有类似的思想认识。而我们对中国古代史学家的这种认识及其丰富的历史理论遗产，确有深入反省和研究的必要。如果此言不诬，那么《史学理论与史学史分典》中的历史理论分册，或许可以提供研究上的一点参考。

三、史学遗产与史学理论

《史学理论与史学史分典》还涉及另一个理论领域问题即史学理论。对此，该分册的提要是这样说明的：

> 本总部所纂辑的内容，是先秦至清末中国历史上人们关于史学（作为一种知识、一门学问的史学）发展中产生的基本理论问题的认识与撰述，其文献资料以史部书为主，兼及经部、子部、集部有关之书。
>
> 本总部包含史学功用、史家修养、史学方法、史学批评等四个部，有广泛的涵盖面。其中，史学功用问题，是古往今来人们十分关注的重要问题，至今仍有其突出的现实意义。史家修养，反映中国史家在这方面所积累的思想、道德遗产，对今天的史学工作者的修养和学风建设多有借鉴之处。史学方法，反映了中国史学的特点。史学批评，是推动史学发展的动力之一，也是联系史学与社会的桥梁之一，而关于批评之标准与方

---

① 王夫之：《读通鉴论》卷末《叙论四》，北京，中华书局，1975。

法则反映了中国史家气度、见识与风采。①

在中国史学上，人们对史学的认识，最初当始于对史书教育作用的认识。春秋时期，楚国大夫申叔时论史书的教育作用，可以看做是中国历史上较早关于通过史书进行历史教育的言论。② 楚国史官左史倚相以其丰富的历史知识辅佐楚国国君，被时人称为楚国之"宝"③，是指史学在治国方面的积极作用。这些都是有关史学社会功能的记载。到了春秋末年，孔子因晋国史官董狐"书法不隐"的胆识而称赞他为"古之良史"④，这是涉及史家修养的较早记载。其后，《左传》作者称颂《春秋》，说是"非圣人，谁能修之"⑤，具有同样的性质。《史记·太史公自序》和《汉书·叙传》，则展示了这两位史学家在史学思想和史学方法上的多方面创造。唐人刘知幾《史通》一书的面世，表明中国古代史学在史学批评这一领域已达到比较成熟的阶段。史学理论分册正是循着中国史学的这一发展轨迹进行编纂的。

史学理论分册的 4 个部类之下，又都划分为若干小类，以囊括每个部类所包含的丰富内容。以史学功用部为例，它包含了史学与畜德、史学与彰往察来、史学与惩劝、史学与资治、史学与经世、史学与历史等6 个类别，其中不免有所交叉，但基本含义是可以界定的。这里，我就"史学与历史"这一小类讲一点认识。一般说来，人们都很重视对历史的认识，因为从历史中可以得到知识、借鉴、智慧等等。但是，人们可曾想过，历史已经成为过去，怎样才能认识它呢？这是非常简单而又极易被忽略的问题。其实，人们认识历史，主要是通过阅读史书而实现的，也就是说，史学是人们认识历史的主要工具或主要途径。这个简单的道理提示我们：对历史有真诚态度的人们，应当对史学在这方面的功能和价值有恰当的认识。在这方面，先贤留给后人许多真知灼见，都是

---

① 龚书铎、瞿林东主编：《中华大典·历史典·史学理论与史学史分典》第 2 册《史学理论总部》提要，1 页，上海，上海古籍出版社，2007。

② 参见《国语·楚语上》，上海，上海古籍出版社，1978。

③ 参见《国语·楚语下》。

④ 《左传·宣公二年》，杨伯峻注本，北京，中华书局，1981。

⑤ 《左传·成公十四年》。

值得重视的。举例来说，"通古今"是人们认识历史的基本要求，也是人们得以从历史中汲取经验和智慧的起点。自司马迁以"通古今之变"作为撰写《史记》的主旨之一以后，历代史家都对此十分重视。宋人郑樵对作史当有"会通之旨"再三致意，① 虽有偏激之嫌，而其深意不可忽视。清代史家王鸣盛就"通古今"的重要引唐人韩愈诗并发表议论说："韩昌黎诗：'人不通古今，马牛而襟裾。'欲通古今，赖有字，亦赖有史，故字不可不识，史不可不读。"② "通古今"对深入认识历史的重要性，清代史家王夫之结合《资治通鉴》的内容以及他读《资治通鉴》所发表的议论这样写道：

> 其曰"通"者，何也？君道在焉，国是在焉，民情在焉，边防在焉，臣谊在焉，臣节在焉，士之行己以无辱者在焉，学之守正而不陂者在焉。虽扼穷独处，而可以自淑，可以诲人，可以知道而乐，故曰"通"也。

从古代的价值观、人生观来说，这些都是十分重要的。即以今天的认识来说，所谓"国是"、"民情"、"边防"以及怎样做人等问题，无疑也是十分重要的。由此可见，史学对于人们认识历史，进而认识现实的重要性，是其他任何学问所不可替代的。

史学理论分册的"史家修养部"包含直书、曲笔、书法、史才三长、史德、史法、史意、信史、良史等9个小类；"史学方法部"包含文献、采撰、史体、史例、叙事、考证、论赞、经与史、文与史等9个小类；"史学批评部"包含史学批评标准、史学批评方法两个小类，连同上述史学功用部的6个小类，史学理论总部共有26个小类，大致上覆盖了中国古代史学理论的主要问题。我们是否应当有这样的自信，即对于其中每一小类所提供的思想资料作综合的研究，都可以写成内容充实、洋洋洒洒的理论文章。

---

① 参见郑樵《通志·总序》，北京，中华书局，1987。
② 王鸣盛：《十七史商榷》卷67"通古今"，北京，中国书店，1987。原注："《续汉书·百官志》：博士掌通古今，学以通古今为要，故特设一官，妙选其人以掌之。"

13

四、史学遗产与史学史

中国古代史学遗产蕴涵着丰富的思想资源，对于历史的认识和对于史学的认识，是两个极其重要的方面。而史学遗产的悠久的历史积累本身，即展示了它自身发展的历史，这就是我们所说的史学史。

《史学理论与史学史分典》的史学史分册即"史学史总部"的提要是这样表述的：

> 本总部所纂辑的内容，是先秦至清末中国史学发展的历程及丰硕的史学成果，其文献资料以史部书为主，兼及经部、子部、集部有关之书。
>
> 本总部包含史学通览、先秦史学、编年体史书、纪传体史书、纪事本末体史书、典制体史书等三十六个部。其中，史学通览反映了中国史学悠久的历史和恢宏的气象，先秦史学部反映了中国史学产生的过程，其余各部涉及史书的性质、体裁等诸多方面，历代皇朝关于修史的认识、政策、措施和制度，历史教育以及诸多史学家的生平及其著述活动，反映了中华民族深刻的历史意识。①

这里说的 36 个部，除文中提到的 6 个部以外，还有起居注、时政记、日历、实录、国史、会要、训诂、方略、传记、谱牒、方志、民族史、地理书、边疆史地、域外史地、历史蒙求、杂史、笔记、学术史、史论、史注、史考、史表、史官、史馆、史钞、类书、目录、史评、史家传记等 30 个部。各部之内不再划分小类，而是分别以事目按时代先后编次，使之各从一个方面反映史学史的进程。其中，"先秦史学部"是一个例外，因为在史学产生的早期阶段，难得作细致的分类，我们根据有体例而不拘于体例的原则和前人关于"六经皆史"的见解，则以具体的史书标目，以显示这一时期史学的面貌。这些史书是：《周易》、

---

① 龚书铎、瞿林东主编：《中华大典·历史典·史学理论与史学史分典》第 3 册《史学史总部》提要，1 页，上海，上海古籍出版社，2007。

《诗经》、《尚书》、《逸周书》、《春秋》、《左传》、《公羊传》、《穀梁传》、《周礼》、《礼记》、《竹书纪年》、《世本》、《国语》、《战国策》、《山海经》。这种灵活地看待和运用体例的方法，得到不少同行的认同。

其实，《史学史总部》的开篇《史学通览部》也是一个变通之例。按全书的体例，它应名之曰"综论"。但考虑到"史学史"是一个发展过程，以"综论"标目，似难以表明历代史家论史学中所贯穿的"通"的意蕴，故以"史学通览"标目。根据这样的考虑，我们在"史学通览部"之下，列举了如下事目：汉班固论说前代史学，南朝刘勰纵论史学，唐高祖论修前代史，唐太宗论史之为用，唐初史臣论史官职责，唐刘知幾论历代史学，唐刘知幾论史书流变，唐刘知幾论历代史馆之制，宋朱熹论读史，宋郑樵论史书之会通与断代，元马端临论文献之史，明胡应麟评历代史书，明王世贞论国史、野史、家史，清王夫之论论史读史，清章学诚论史德，清龚自珍论史职之尊等。这些事目及其相关内容，一方面反映了历代史家、学人关于史学的论说，另一方面也反映了他们所论说的不同侧面，故能于纵通之中彰显史学的丰富内涵。当然，对浩瀚的史学遗产来说，这里说的"史学通览"只是前者的一个缩影罢了，这是专业工作者所能理解的。

《史学史总部》的"史家传记部"收录自先秦至清末约 340 个史学家传记。这里也存在两个难以处理的问题：一是怎样确定"史学家"的身份，二是跨越朝代更迭的史学家之朝代归属问题。我们的做法是视其与史学之关系的程度来定其身份，视其史学活动主要发生于何时来定其归属。同时我们深信，还有一些史学家没有收入"史家传记部"，一来是有些史学家没有留下传记；二来是我们的阅读范围有限，自也会遗漏一些史学家的传记。因此，中国古代史学家的实际数字当超出我们所收录的范围，自无疑义。

《史学史总部》的其他 33 个部，所列事目及相关文献，都有确切年代作为依据，充分显示出作"史学史"之"史"的准确性。在这方面，参与编纂者费力甚多，为的是尽可能揭示史学遗产中那些有确切年代可考的珍贵事实。仅从这一部分来看，我们可以自豪地认为，这是世界史学发展史上所仅见的奇观。这里，仅举"实录部"为例，从首条"唐房玄龄等修成高祖太宗《实录》（唐贞观十七年，643 年）"到末条"《穆宗毅皇帝实录》撰成（清光绪五年，1879 年）"1200 多年间，历经唐、辽、宋、金、元、明、清诸朝，关于"实录"的修撰未曾中断。中国古代史学之发达为世界各国所仅见，于此可见一斑。

应当提出的是，《史学史总部》这种编年记事的方法，中国史学史研究的前辈学者杨翼骧先生从 20 世纪 50 年代起，就致力于这一工作，并先后出版了 3 册《中国史学史资料编年》①，这为我们的编纂工作提供了很好的借鉴。我们在此基础上，进一步拓展了编纂的范围、丰富了编纂的内容。由于有关文献资料的浩繁，涉及事项头绪众多，我们采取了以类相从、分列事目、按年编次的方法，以便于编次和查阅。同时，这更加显示出了中国古代史学的丰富多彩、博大精深。

当然，《史学史总部》也存在一个明显的遗憾，即因受到以类相从、分列事目、按年编次的体例上的限制，致使史学史上有些重要的人、事、著作因年代失载，而无法收录编次。② 我们在编纂工作中，常常因此而深以为憾。

五、余论

同浩如烟海的史学遗产比较起来，《史学理论与史学史分典》只不过是它的一个小小的缩影，遗漏和缺陷是在所难免的。尽管如此，这毕竟是中国史学关于自身在理论方面和发展历程方面对于已有遗产的一次较大规模的整理，因而在学术上自也有一定的参考价值。这里，我想谈几点肤浅的认识。

第一，关于学科建设。记得我在 20 世纪 50 年代末 60 年代初读大学本科历史系时，学习中国古代史时，有《中国古代史参考资料》（1～8 册）作为参考，授课教师有时就直接引用，以期说明某一历史问题。学习中国近代史，也有《中国近代史参考资料》（上下册）作为参考。同学们有了这样的参考资料，对中国历史的理解就来得具体一些、深刻一些。近年来好像大家都不太关注参考资料的重要性了。其实，在学科

---

① 杨翼骧编：《中国史学史资料编年》第 1 册（1987 年）、第 2 册（1994 年）、第 3 册（1996 年），均系南开大学出版社出版。

② 有些年代失载的人、事、著作，可以采用考证的方法加以确认，但本书的体例亦限制这种做法。

建设中，指导思想是重要的，学科理论也是重要的，而本学科的文献资料的整理、编纂、研究也是不可缺少的。"史学理论及史学史"这一历史学的第一个二级学科，是新时期伊始设立的学科，故学科建设面临许多新问题，可以说任重道远。

我们知道，不论是研究历史还是研究史学史，都离不开历史文献，而研究史学史在这方面显得更突出一些。20世纪60年代初，中国史学界关于史学史研究的大讨论，老一辈的学者提出了一些关于史学史学科建设的见解。20世纪80年代以来出版的一些中国史学史专书，间或也涉及这方面的问题。其中有些见解，对学科建设具有指导的意义。同时，我们还注意到，作为《史学史研究》学术季刊的主编，白寿彝先生在《史学史研究》的封面上，明确地标明它是"关于历史理论、历史教育、历史文献学、历史编纂学的专门刊物"。这是很突出地反映了历史文献对于史学史学科及其学科建设的重要地位。正如他在《谈历史文献学——谈史学遗产答客问之二》一文中所分析的那样：

> 马克思主义的历史理论，是指导我们研究历史的必要的重要武器。离开了马克思主义理论，我们就迷失了研究的方向，并且也不可能真正解决历史上的具体问题。马克思主义告诉我们，研究问题要在理论的指导下，详细地占有材料，从而引出新的结论。我们研究历史文献和历史文献学，正为的是要详细地占有材料。我们研究历史，必须按马克思主义指引的方向去做。如果把历史文献和历史文献学跟马克思主义理论对立起来，那是很不合适的。我们老一辈的历史家，掌握了大量的历史文献，对历史文献学有一定的修养。但是，如果他不懂马克思主义，他的成就是很有局限的。反过来说，如果把马克思主义理论简单地理解，而不下功夫去掌握大量的历史文献资料，也是不符合马克思主义精神的。在马克思主义理论的指导下进行历史文献学工作，建立起来科学的历史文献学，这是我们历

史工作者应该担负的任务。①

　　这里说的理论指导和文献资料的关系，是史学工作者都应当遵循的原则。中国史学史研究同样"要在理论的指导下，详细地占有材料，从而引出新的结论"。从这个意义上说，《史学理论与史学史分典》的编纂和出版，是为史学史研究者做了一件文献资料积累的工作，也是为"史学理论及史学史"学科建设做了一件基础性的工作。本着这样的认识，我们自始至终都把编纂《史学理论与史学史分典》的工作，既看做是国家一项重大文化工程的一部分，予以高度重视；同时，我们也把它看做是"史学理论及史学史"学科建设必不可少的重要环节，其社会价值和学术价值有密不可分的联系。

　　第二，关于建设有中国特色的马克思主义史学。这是学术前辈们提出的中国史学发展方向，他们并为此作出了重大的贡献。在改革开放时期，老一辈马克思主义史学家先后提出这一带有方向性的问题。值得注意的是，他们都是从自身治学的经历和治学的特点提出这一共同认识的。

　　以治中国社会史、思想史著称的侯外庐，他治学的一个重要宗旨，就是致力于马克思主义历史科学的民族化。这是他在《侯外庐史学论文选集·自序》里所表明的。他这样写道：

　　　　注意马克思主义历史科学的民族化。所谓"民族化"，就是要把中国丰富的历史资料，和马克思主义历史科学关于人类社会发展的规律，做统一的研究，从中总结出中国社会发展的规律和历史特点。马克思主义历史科学的理论和方法，给我们研究中华民族的历史提供了金钥匙，应该拿它去打开古老中国的历史宝库。我曾试图把中国古代社会研究，看作是恩格斯关于家庭、私有制和国家起源问题的理论在中国引申和发展。而这项工作不是我个人所能做到的，但却心向往之。

　　"五四"以来，史学界出现一种盲目仿效外国的形式主义学风，企图按照西方历史模式来改铸中国历史，搞所谓"全盘

---

① 白寿彝：《史学遗产六讲》，56 页。

西化"，往往因此跌入民族虚无主义的泥坑。我对这种学风深不以为然，在四十年代我就说过：我们中国学人应当学会使用自己的语言来讲解自己的历史与思潮，学会使用新的方法来掘发自己民族的优良文化传统。在这一方面，我是用了一些精力的。例如，对于古代社会发展的特殊路径和古代思想发展的特征的论述，对于中国思想史上唯物主义和反封建正宗思想的优良传统的掘发，都是我在探索历史科学民族化过程中所做的一些尝试。因了个人能力和水平所限，这方面的工作做得很不够，也存在着缺点。①

一位享有盛誉的学界前辈，在他晚年的时候，回顾自己半个多世纪的学术生涯，作出这样的总结，自有其震撼人心、启迪心智的力量。侯外庐不论是对于中国古代社会的研究，还是对于中国封建社会的研究，他都是用马克思主义的普遍规律即一般的理论结合中国的历史实际，结合中国的历史文献，来揭示中国社会发展的具体路径。同时，读了侯外庐所写的这段话，使人不禁想起郭沫若在《中国古代社会研究·自序》里，表示要把此书作为恩格斯的《家庭、私有制和国家的起源》一书的"续篇"看待。这一比喻或许并不十分恰当，但他把马克思主义同中国历史实际相结合的旨趣和追求，是非常明确的。由此可见，郭、侯两位马克思主义史学前辈在思想上的相通，是多么的密切。

这里还要说到尹达从考古学和史学史的研究出发，也讲到马克思主义史学的中国民族特点的问题。他在 20 世纪 80 年代初曾这样说过："今天，在我们祖国历史文献和出土材料日益丰富的情况下，我们应当义不容辞地写出高水平的中国《原始社会论》、《奴隶社会论》、《封建社会论》和《半殖民地半封建社会论》，以充实和丰富马克思主义关于社会形态的学说。"② 前文所引用的他关于"应该写出超越《史通》、《文史通义》等史学理论的著作"，实质也是希望在马克思主义唯物史观指

---

① 侯外庐：《侯外庐史学论文选集》（上），18～19 页，北京，人民出版社，1987。

② 尹达：《尹达史学论著选集》，408 页，人民出版社，1989。

导下，结合中国史学的理论遗产，写出具有中国特点的、马克思主义的史学理论著作，这也正是尹达"心向往之"的事业。

1983 年，白寿彝在一所大学发表了题为《关于建设有中国民族特点的马克思主义史学的几个问题》，就历史资料的二重性问题、史学遗产的主要内容及其继承问题、借鉴外国史学的问题、历史教育的重大意义问题、历史理论同社会现实的关系问题以及史学队伍的"智力结构"问题等，作了分析和阐述，① 其主旨也是强调以马克思主义唯物史观同中国史学相结合，既有马克思主义史学方向，又有中国史学的特点。

不论是促使马克思主义史学的民族化，还是建设具有中国民族特点的马克思主义史学，都是同一个含义。这一含义至少包括两个方面的意义：一是表明马克思主义理论不是"标签"，而是研究问题、研究历史的指南；一是表明中国史学不是用来作为马克思主义理论的注脚，而是用以丰富和发展马克思主义史学的宝贵资料。所谓具有中国民族特点的马克思主义史学，正是这一指南和资料的有机结合，使它既有普遍性的品格，又有自身的特点。这样的史学，不仅应当成为当代中国史学的主流，而且还应当在世界文化多元化格局之下的史学领域占有重要的位置，显示出自身的风格和气派。

中国马克思主义史学是马克思主义和中国社会历史相结合的产物，是和 20 世纪中国人民的解放事业紧密地联系在一起的。对此，人们都有明确的认识。值得注意的是，在讲到关于建设中国马克思主义时，尹达先生和白寿彝先生都强调史学传统和史学遗产问题。依我的理解，这是表明要把中国史学的优良传统和优秀史学遗产作为建设有中国特色马克思主义史学的一个重要资源。其所以重要，是因为史学传统和史学遗产在继承和创新中的作用。人们只有重视这种作用，才能使中国马克思主义史学具有鲜明的中国特色和中国风格。以史学理论为例，早在孔子时代就提出了"良史"的标准；至晚在战国时期史学上就产生了"信者传信，疑者传疑"的原则；② 两汉之际，史学家和思想家就把"善序述

---

① 白寿彝：《白寿彝史学论集》（上），307～321 页，北京，北京师范大学出版社，1994。

② 《春秋穀梁传·桓公五年》，《十三经注疏》本，北京，中华书局，1980。以下引"十三经"未注明其他版本者，均据此。

事理"作为史学批评的标准之一;① 8 世纪初,更有系统的史学评论著作《史通》问世等等。这些传统和遗产在当今的史学发展中,还有许多可以借鉴的地方。譬如近年来史学界受西方学人的影响,研究"叙事学"或历史叙事者蜂起。而这种研究,如果不是在细察中国史学的叙事传统的基础上,如果对文与直、文与质的关系、文与义的关系、事与核的关系、事与约的关系、繁与简的关系、晦与明的关系等等,有比较全面的和深入的认识,只是在"理论"上去呼应外国学者的观点和说法,是不可能彰显出中国史学在叙事传统和叙事理论的固有特色的。如果不区别历史叙事与文学叙事而泛泛地讨论"叙事学",那就脱离中国史学传统更远了,从而也就失去了和外国学人平等对话的基础。《史学理论与史学史分典》在分类汇集相关文献方面,对史学界同行在思考与建设有中国特色马克思主义史学的事业中,或许可以提供一点文献资料方面的参考。

第三,关于锻炼和培养人才。《史学理论与史学史分典》在编纂的全过程中,先后有一些本专业的博士研究生参与工作,这对锻炼与培养青年史学工作者有多方面的益处。一是有益于培养他们在对待文献资料上的严谨的学风;二是有益于提高他们把握有关文献资料精髓的能力,尽可能准确地从文献资料中提炼出确切的主题;三是有益于陶冶他们在学术群体活动中的和谐协作的精神,凡参与这一工作的博士研究生,大多反映在科研能力和学术底蕴上有所提高、有所丰富。

《史学理论与史学史分典》对于《中华大典》这一浩大学术工程来说,只是其中很小的一部分。但是,《史学理论与史学史分典》的编纂对于我们这些专业工作者来说,它是我们执行国家使命的一个部分,也是我们执行学术前辈遗言的一个方面。尽管我们尽心尽力地来从事这一工作,并得到了史学界的一些师友的帮助和上海古籍出版社一些资深编辑的支持,但限于我们自身的学术水平和某些客观条件,其中不足之处以至缺点、错误,在所难免,希望能够得到读者的谅解和指正。

---

① 班固:《汉书》卷 62《司马迁传》后论,北京,中华书局,1962。

中国史学的遗产、传统和当前发展趋势

关于中国史学，我们会碰到许多不容易做清晰的说明、不可能在短时间内获得深刻认识的具体问题，这是在研究过程中必然会出现的。今天所讲的是比较宏观的问题，主要是史学遗产、史学传统和当前发展趋势。在有限的时间里，我只能讲得很概括，或者只是把一些问题提出来，供进一步思考和讨论。我讲得不对的地方，请方家指教。

首先，我想扼要地讲讲中国史学的特点。中国是一个绝无仅有的史学大国，同世界各国比较起来，中国史学至少有四个特点。第一个特点是历史记载和历史撰述的连续性。任何一个文明古国都不像中国在历史记载和撰述方面有这种历史连续性。从现在已知传世最早的史书——《春秋》开始，中国的历史记载和撰述从未中断过。如果说从有文字记载开始，现在已知最早的文字是商代甲骨文，距今有 3600 年。现在的考古学界还在探索更早的文字。尽管我国现在有文字记载的确切年代不像有的古代文明国家那样早，但我国的记载是连续的，历史撰述是连续的。"二十四史"记载了我们中华民族发展的历程。中国文明没有中断，原因之一就是中国历史记载和历史撰述——反映文明的载体——没有中断过。历史学对于反映不曾中断的中华文明是有重大贡献的。第二个特点是传世的历史文献十分丰富。我国已经遗失了许多文献，但现在传世的历史文献仍然十分丰富，这也是世界上绝无仅有的。第三个特点是历史编纂形式的多样性。史书有多种体裁、多种形式，从不同的角度、方面适应不同的需要和社会功能，因而有丰富多彩的编纂形式。这在全世界的史学发展上也是绝无仅有的。第四个特点是重视人事、重视经世致用的社会性。中国的历史学讲求关注社会，重视它在社会中的作用。不像西方中世纪的历史学，把人事都归结到上帝那里。中国的历史书撰述的主要是人事——人和人的活动。在讨论中国史学有关问题的时候，首先谈谈中国史学的特点是必要的。

一、中国史学的遗产

什么是史学遗产？一般说来，史学遗产可以理解为历史上遗传下来的前人在史学活动中的创造和积累。把"史学遗产"从丰富的历史遗产中分离出来，作为明确的研究领域，作为一个专门的学术问题和理论问题来探讨，是白寿彝教授首先提出来的。白寿彝先生在 1962 年写了一篇题为《谈史学遗产》的文章，后来收入他的文集《学步集》[1]。在这篇文章中，他从理论上阐述了研究史学遗产的重要性和研究史学遗产的方法，同时从七个方面归纳了史学遗产中的主要成就，并称之为七个"花圃"。它们是：史学基本观点的遗产（包括历史观、历史观点在史学中的地位、在史学工作中的作用）、史料学遗产、历史编纂学遗产、历史文学遗产（所谓历史文学遗产，是指历史著作文字表述的艺术性，不同于用历史题材写出来的文学作品和艺术作品）、重大历史问题研究成果的遗产、有代表性的史学家和史学著作、历史启蒙书的遗产。大家知道，自从 1902 年梁启超发表《新史学》以后，中国古代史学一直处在被批判甚至被否定的地位，即便新中国成立以后，中国古代史学也没有

---

[1] 白寿彝：《学步集》，北京，生活·读书·新知三联书店，1962。

真正被重视。白寿彝先生提出这个问题，不仅体现了学术上的见解，同时也反映了他在理论上的勇气。这篇文章发表以后，产生了积极影响。20 世纪 80 年代，白寿彝先生又写了五篇关于史学遗产的文章。一篇谈历史观点问题，一篇谈历史编纂学，一篇谈历史文学，还有两篇是谈历史文献学的。① 这五篇文章谈到了历史观点、历史编纂、历史文学和历史文献学四个方面的问题，比起他在 20 世纪 60 年代所讲的七个"花圃"显得更集中了，也更提升了一步。这里，我想在白寿彝先生关于史学遗产的见解的基础上，加上我自己的研究和认识，讲四个问题：一是丰富的撰述内容，二是多样的表现形式，三是历史理论的积累，四是史学理论的成就。

（一）丰富的撰述内容

在《汉书·艺文志》中人们还看不出古代历史撰述内容的丰富性，史部书还没有独立。到了唐初修成的《隋书·经籍志》，史部书已经独立了，而且分成 13 类，足见其内容的丰富性。13 类中，就"正史"一类来说，它本身就是综合各方面的内容写成的，叫做"纪传体"，用我们今天的认识来理解就是综合体。它用纪、表、志、传互相配合，把重大的事件、典章制度、各阶层代表人物的活动都写到了，把经济、政治、军事、民族、文化等方面也都写到了。"正史"中的"志"是非常重要的，包含了天文、地理、食货（也就是经济）、礼乐（也就是文化）、刑法、职官、经籍等方面，比较全面地反映了社会生活和历史运动。这仅仅是"正史"，"正史"以外还有 12 类，包括民族史、地方史、地理书、谱牒、家传、人物传等等，可以说是全面地反映了社会面貌。

在过去很长时间里，有人认为，中国古代史书只是记述了汉族的历史，没有写出少数民族的历史，更没有写出多民族国家的历史。这种看法是不全面的，是不符合中国史学实际的。我们都知道，《春秋》、《左传》、《国语》、《战国策》等书都写出了多民族的历史，所谓诸华、诸夏、东夷、南蛮、西戎、北狄，在许多书里都有反映。可以说，先秦的历史文献就反映了多民族的历史。到了司马迁写《史记》，更是写出了一部统一的多民族国家的历史。在《史记》里有六篇少数民族传记，把

---

① 参见白寿彝：《白寿彝史学论集》（上）。

南方、东方、东北、北方、西北和西南六个方位的民族都写到了。此后在许多正史里面都有少数民族传记。可见，写多民族统一国家的历史这个传统是主流。所谓中国古代史书主要是记述汉族历史的观点，不符合中国史学本身发展的实际。

（二）多样的表现形式

中国古代史书体裁多种多样，丰富多彩，各有所长，互相补充，形成了对客观历史纵横交错、详略有致的表现形式。每一种体裁都有不少代表性著作，突出地表现出此种体裁的优点和它所记述的历史内容的价值。如编年体史书，从《春秋》、《左传》到《资治通鉴》和《续资治通鉴长编》，还有清代的《续资治通鉴》等。《资治通鉴》的问世表明编年体史书已经发展到非常成熟的阶段，该书还附有《资治通鉴目录》、《资治通鉴考异》。《资治通鉴目录》可以看做是一个纲要，《资治通鉴考异》是司马光关于文献选择的一个记录。同一件事情有不同的记载，为何选择这个，不选择那个，司马光都作了说明。同一件事情有许多相同的记载，但是本子不同，有详略的差别，有时间先后的差别，选择哪一种，也有交代。这说明司马光治史的态度是很严谨的。《续资治通鉴长编》学习了司马光这种编纂史书的方法，尽管它不是最后的成稿，但是也有很高的价值。

纪传体史书从《史记》、《汉书》到历代正史，作为综合体的史书，更全面地反映了历史的面貌。梁启超在一百多年前发表《新史学》，说"二十四史"是二十四姓之家谱。他对"二十四史"的这种看法应当说是不对的。他的看法影响了20世纪前三四十年，到今天仍有人持这种观点。"二十四史"确是记载了许许多多帝王将相的历史，他们占了主要地位，但是"二十四史"并不只是帝王将相的历史。如果我们今天还很简单地把"二十四史"仅仅看做是帝王将相的历史，那么对于中国历史上的许多事情我们就不知所云、无从知晓了，中国历史上的经济、政治、文化、民族关系就无从去研究了。1935年，顾颉刚在为《二十五史补编》写序的时候曾对"二十五史"作了评价，说"'二十五史'为中国历史事实之所荟萃"。历代正史得到这样的评价应该是最高的评价了，因为它记载了历史事实，这是非常重要的。我们的历史学是在继承前人而不是否定前人的基础上发展的，否定了前人我们也无从发展。

典制体（亦作"典志体"，我习惯用"典制体"）史书从唐朝杜佑的《通典》——第一部典章制度的通史、《唐会要》到《文献通考》，直到历朝会要，其中以《通典》的成就为最高。《通典》从历史观点、编纂方法、所述内容来看都非常重要。《通典》有两个突出特点。第一个特点是讲求经世致用。杜佑说："所纂《通典》，实采群言，征诸人事，将施有政。"① 意思是说编纂通典就是要用它来作为处理政治事务的参考。第二个特点是重视社会经济的作用。《通典》分为九门，食货为首，经济放在第一位。杜佑继承管子的思想，主张衣食足而知荣辱。凡国家政治生活都要从食货开始，没有食货，无从谈礼乐文化等各种活动。这个思想很了不起。不论从编纂的严谨，还是从历史观点、史学思想来看，《通典》都有很高的成就。

纪事本末体史书从南宋袁枢的《通鉴纪事本末》到后来的历朝纪事本末，产生了很大影响。它是以事件为中心，把历史上的大事列举出来，记述每件大事是如何发生的，经过怎样，结果如何。采用这种史书体裁撰写历史，便于人们对事件始末原委的认识。今天用章节体来写各种文章，写历史，介绍事件怎样产生、经过怎样、结果怎样、影响怎样等等，就是纪事本末。可见，纪事本末体和20世纪人们用章节的形式写书很接近。当然，20世纪用章节体写书是从西方引进来的，但是这种思维方式已经包含在纪事本末体史书之中了。

学案是学术史著作，比如《宋元学案》、《明儒学案》、《清儒学案》等都是学案体史书。这种体裁今天很少有人去研究了，也很少有人去学习、改造这种体裁来写学术史。我们今天所写的学术史大多数是模仿梁启超的《中国近三百年学术史》和钱穆的同名著作。现在我们写的学术史实际上是写一个人的经历、著作、学术思想，把这些合到一起就叫做学术史。这和我们史学遗产中的学术史相去甚远。20世纪80年代以来，许多学者研究和介绍外国史学流派特别是西方史学流派，但我们却很难真正了解这种流派到底是怎么回事。对于外国史学流派的研究与介绍，或者写一些言论，或者介绍几个代表人物，这怎么能叫流派呢？我多次建议搞外国史学的朋友用学案体的形式来介绍西方史学流派，让我

---

① 杜佑：《通典》自序，北京，中华书局，1988。

们真正知道西方史学流派究竟是怎么回事。这是因为学案体包含这样的内容：某一个学派的代表人物的传记和师弟子相传的详情，也就是要把他的学生、学生的学生写出来；主要代表作的摘要或者选编；同时代人和后人的评论等等。这些内容汇编在一起，人们就能知道这个学派了。现在我们在书店里看到的学术史，距离这样的表现形式差得很远，古代的学案体史书在今天仍然有很高的借鉴价值。

评论体史书可以分为历史评论和史学批评两类。历史评论，我们过去知道得比较多的是王夫之的《读通鉴论》，这是中国古代历史评论的最高成就。但是中国的历史评论著作绝不是只有这一部书，较早的有唐初的《帝王略论》、宋代的《唐鉴》等，这些也都是很有名的著作。广为人知的史学批评著作，有唐代刘知幾的《史通》和清代章学诚的《文史通义》，这是两部划时代的著作。如果说《史通》是一部系统的史学批评著作，那么《文史通义》则是一部史学理论著作。这一类著作也不仅限于这两部书，比如唐代柳宗元写的《非国语》，宋代吴缜写的《新唐书纠谬》、《五代史纂误》，明代卜大有编的《史学要义》等，也都是史学批评著作。我们还要特别关注清代乾嘉时期的几位历史考证学的代表人物钱大昕、赵翼、王鸣盛等写的几部书，即《廿二史考异》、《廿二史札记》、《十七史商榷》。这几部书中既有历史评论，又有史学批评，不应当作一般性的历史考证著作看待。

还有笔记体史书，这里主要是指史料笔记。中华书局近些年来不断整理、出版从唐宋到明清的史料笔记，已出版了百余种。这是一件很有意义的工作。在史料笔记里，有侧重历史考辨的，有侧重历史掌故的，有订正前史讹误的，有侧重社会风俗的。自唐迄清，这种笔记极为丰富，其中有不少是名家所撰，如欧阳修、苏轼、洪迈、陆游等都写过史料笔记。笔记的题材比较灵活，或亲历，或传闻，或读书所得，随手札录，聚少成多，汇编成书。有的按类编次，有的按撰写时间编次，有的有目录，有的没有目录，是一种不拘一格的史书体裁。古人写笔记是多年积累的心得，其价值不可轻视。

最后说说史注。史注虽然不是一种独立的体裁，但是具有非常重要的地位，有时成为史书不可分割的一个部分。我们比较熟悉的如《国语》韦昭注、《左传》杜预注、郦道元的《水经注》、《洛阳伽蓝记》杨衍之自注、《史记》三家注、《三国志》裴注、《汉书》颜注、《通典》杜佑自注、《资治通鉴》胡注、《史通》浦起龙注等，都是有名的注。这些注，第一，可以帮助我们理解原书；第二，注里反映的注家的思想同样成为我们研究的对象。正因为如此，有名的注和原书成为整体，是不可分割的部分。

以上讲的八种史书表现形式互相补充、交叉，对于记述和反映中国历史面貌，反映一代史学家和学人对于中国历史的认识都具有重要的价值，同时也丰富了我们对于中国历史和中国史学的认识。有些表现形式，在当今的史学活动中是可以借鉴的。

（三）历史理论的积累

首先说明两个问题，第一是应当区别历史理论同史学理论内涵的不同。所谓历史理论是指人们对客观历史运动的认识，所谓史学理论是人们对历史学这个学科的认识。多年来我们把两者混为一谈，今天这种现象仍然十分普遍。历史是客观的，史学活动就带有主观的因素了。1924年，李大钊出版《史学要论》一书，共六章，第一章讲"什么是历史"，第二章讲"什么是历史学"，把两者严格地区分开了。我们研究历史学的理论问题，也要看到对象的内涵是不一样的，一个是历史理论，一个是史学理论。当然，二者是有联系的。

我要说明的第二个问题是，在中国古代史学中有没有历史理论？多年来，不少史学工作者认为中国古代史学没有历史理论，有的史学工作者甚至说中国只有"记述史学"，没有理论。那么，中国史学既然有世所公认的伟大的成就，为什么就没有理论呢？这是不能让人理解的。难道中国古代的史学家都没有思想？问题究竟在哪里呢？我认为，原因之一，是人们对史学遗产不了解。中国史学史还是一门很年轻的学科，研究的人又很少。大多数的史学工作者的精力主要放在对具体历史领域的研究，如断代史或断代史中的某一个部分，未及考虑史学。原因之二，是研究中国史学的学者（包括我自己）对理论遗产的发掘和总结不够。中国史学史从20世纪20年代梁启超提出来，30年代开始有著作出版，一直到80年代，大多是讲中国有哪些历史书，有哪些史学家，他们有些什么样的思想，史书编纂有些什么发展等等。其中无疑会涉及理论问题，但是没有把理论问题作为一个重要问题提出来，这是史学史研究者本身的责任。现在我们的看法有些进展，按照我的肤浅的认识，中国古代史学有辉煌的理论成就。刚才我们讲到的《史通》、《文史通义》就是中国古代史学理论成就的代表作。此外，还有《新唐书纠谬》、《史略》、《文献通考·经籍考·史部》、《史学要义》、《廿二史札记》等，都有鲜明的史学理论色彩。说到历史理论，把视野拓展一点，如《吕氏春秋》、《新语》、《淮南子》、《盐铁论》、《人物志》、《帝王略论》、《贞观政要》、《唐鉴》、《唐史论断》、《通鉴直解》、《读通鉴论》、《宋论》、《明夷待访录》等书，都蕴涵了丰富的历史理论内容。

根据目前我对中国古代历史理论的初步研究，我认为中国古代史学在历史理论方面有如下一些积累：

第一是关于天人关系的理论。"天"的含义至少有三个：有意志的天，自然界的天，作为客观环境的天。关于"天"的思想是怎么发展的，史学家是怎么认识的，在史书里是怎么表述的，都有丰富的内容。"人"的含义也有多种，《尚书》里的"人"专指周王，后来才指一般贵族、才指普通人。当周王称为"人"的时候，广大的人称为"民"。也就是说人的概念在变，这在史书里也有反映。天人关系中如"天命"与"人事"的位置是怎么颠倒的？开始天命是主宰人事的，后来人们怀疑天命，更重人事，进而否定天命可以干预人事的传统观念，从人事本身来说明各种社会现象。这也有一个发展过程。这是思想史、哲学史著作都会讲到的。不过它们在讲到这个问题的时候，很少引用历史著作。我们现在作为历史学的理论来研究时，当然首先要看到史学家是怎么看待这些问题的，同时也要考虑到有代表性的思想家是怎样看这些问题的。

第二是关于古今关系的理论。古今关系是个很重要的问题，古今有没有联系？有什么联系？是倒退、前进还是循环？这三种观点在中国史学上都有反映，分别是倒退的历史观、进步的历史观、循环的历史观。当然，随着历史的发展，人们认识能力的提高，朴素的、进化的历史观逐渐占据主流。今天还有人说中国古代的史学家动辄称颂三代，其实史学家很早就不这样讲了。比如说《贞观政要》的作者唐代史家吴兢认为，把唐太宗的政治业绩好好学习学习，就足以把天下治理好，不必

"祖述尧、舜，宪章文、武"①。这种事例很多。可以说，关于古今关系问题，我们的先辈有很多真知灼见。

第三是关于历史进程的理论。我们这里用"历史进程"这个概念而不用"发展"这个概念，是因为古人对"发展"这个概念并不明确。先秦的思想家已经提出上古之世、中古之世、近古之世等等，有历史分阶段的思想。而《史记》中的诸表，是划分历史阶段的杰作。柳宗元在他的《封建论》里还提出了关于国家产生的一些猜想。他认为，人首先要吃要穿，为了吃穿就要寻找工具去取得这些东西，为了寻找工具就会发生争执，发生争执就要找人评判，小范围的首领评判不了就要找大范围的首领评判，大范围的首领评判不了就要找更大范围的首领，于是诸侯、天子就这样产生了。这种观点同恩格斯的《家庭、私有制和国家的起源》相比，一个是天才的猜想，一个是科学的真理，但这个天才的猜想不论多么幼稚，总是会使人感到它多少包含了一些真理的成分。

第四是关于历史变化动力的理论。在西周以前，人们说天命可以主宰一切，后来人们重人事，在重人事的过程中人们还是更看重"圣人之意"。文、武、周公都是圣人，圣人能够规划所有的事，按圣人的意思去做就不会错。柳宗元的《封建论》却反对这种观点，他认为分封"非圣人意也，势也"，也就是说客观形势决定了周朝必须实行分封之制。司马迁在《史记》里讲到了各种社会现象的运动使社会发生变化，叫做"事势之流，相激使然"②。司马迁已经朦朦胧胧地认识到历史是一个自然发展过程。柳宗元批评了圣人之意，又提出了一个概念叫"生民之意"，生民就是民众。他说大唐之有天下不是圣人之意，而是"生民之意"③。这里包含着把民众作为历史动力来看待的意思。从理论上讲，有些概念，例如"时势"和"事理"等，是值得重视的。时势是人们不能改变的，事理包含着对历史运动中有规律存在的猜测。司马迁讲"事势之流，相激使然"，就是说各种因素的交错活动使得社会发生变化。从这里可以看出，我们的先辈一方面看到了历史运动是一个自然发展过

① 吴兢：《贞观政要》序，上海，上海古籍出版社，1978。
② 司马迁：《史记》卷30《平准书》后论。
③ 柳宗元：《柳河东集》卷1《贞符》序，上海，上海人民出版社，1974。

程，同时也看到了民众的意愿对历史发展变化的重要作用。

第五是关于治乱兴衰的理论。关于治乱兴衰之故的探讨，在历代史学家那里都包含着丰富的思想，我们甚至可以说，中国史学家讨论得最多的一个问题就是治乱兴衰的问题。我认为这是很自然的事情，今天我们不也是如此么？我们对于国家、民族的前途的关注，仍然是考虑"治"的问题、"盛"的问题，希望我们国家长治久安。从荀子一直到魏徵、唐太宗都讲水与舟的关系，"水能载舟，亦能覆舟"，水和舟的关系搞错了，就要乱。汉初，陆贾向汉高祖讲的"逆取"与"顺守"的辩证思想，极有道理。什么叫"逆取"和"顺守"？司马迁《史记》总结了这个深刻的历史教训：秦朝和六国作斗争的过程就是"逆取"，所谓"逆取"就是针锋相对，于是灭了六国，实现了统一大业。接下来应该是"顺守"，"顺守"就是顺乎时势，顺乎民意。可惜秦朝没有这样做，而是严刑峻法，过役民力，故二世而亡。① 汉初的政治家和史学家深刻地认识到这一点，认为治理国家一定要顺守，要顺应民意。汉初的"与民休息"、"无为而治"不是偶然的，是最高统治集团对历史经验的深刻理解。汉初总结的逆取和顺守的关系，有很深刻的政治道理和哲学道理。对治乱兴衰的关注，反映了史学家的忧患意识。比如司马迁很早就提出"物盛而衰，固其变也"②。也就是说，在兴盛发达的时候还要看到问题，要居安思危，要有忧患意识。宋代的史学家们尤其具有深刻的忧患意识，因为宋朝是一个积贫积弱的朝代。宋朝的《三朝北盟汇编》、《续资治通鉴长编》、《建炎以来系年要录》等几部关于本朝史的鸿篇巨制，都充满了忧患意识。不独宋朝如此，历代都有许多讨论兴亡的著作。可见，治乱兴衰的理论，是史学家们极为关注的。

第六是关于夷夏关系与历史文化认同的理论。中国是一个多民族国家，秦汉以后更是一个不断发展的统一的多民族国家。如何看待历史上的民族问题，是史学家们思想的重要反映。司马迁曾在《太史公自序》中讲到，写《五帝本纪》的时候，有许多材料是不可信的，是不严肃的。他经过抉择，写出了《五帝本纪》中的黄帝，他认为这是我们历史的源头。他还说黄帝有二十五子，分到各处去了。司马迁的这种说法影

---

① 司马迁：《史记》卷97《郦生陆贾列传》。
② 司马迁：《史记》卷30《平准书》。

响了后代的史家，影响了各个民族，这就是各族同源共祖的思想。我们注意到，孔子在民族问题上看得很开阔，有胸襟。《论语》中讲到"子欲居九夷"，他的学生说九夷这个地方很简陋，不能去，孔子说"君子居之，何陋之有"①。在孔子看来，民族的差别是一种文化的差别，是一种文明进程的迟速差别。孔子还讲"天子失官，学在四夷"②。因为孔子修《春秋》，我们把他看做史学家。史学家还从地理环境对民族发展的影响来说明民族的差别，《通典》就是这样看的。《通典》认为华夏族之所以进步，是因为华夏族居住的地方自然环境比较好，四夷居住的地方自然条件都比较差，因此而落后。在当时，这种认识是很高明的。历史上也有史学家讲少数民族的本性野蛮，烧杀掠夺。但是另外一些史学家是这样来解释的：民族差别是文明进程快慢的差别，是一种文化上的差别，造成这种差别的原因有很多方面。其中，地理原因是很重要的。特别值得注意的是，当我们读《辽史》和《金史》时，可以看到史学家们是怎么反映有关问题的。金朝和宋朝打得不可开交，却在学习中原的文化，实行科举制，用"五经"、"十七史"作为考试内容。③ 金朝由译书所把汉文的许多著作翻译成女真文。金世宗说，这样做，是要让女真人也懂得仁义道德，这就是历史文化认同。辽朝的史官写历史，自称是黄帝的后裔，但是唐朝人写的《周书》却说契丹族是炎帝的后裔。元朝人修宋、辽、金三史时，遇到了麻烦，但他们认为唐人的说法在先，所以取唐人的说法。④ 不论哪种说法，我们发现史学家们在处理民族渊源问题时，都有文化认同的意识。这是我们至今没有很好发掘的一个理论遗产和思想遗产领域。今天讲民族关系、民族团结、统一国家等等，固然有政治上的需要，但是史学工作者阐述这个问题，还肩负着澄清历史的责任。丰富的历史事实可以深刻地阐明这些问题。比如历朝统治者包括辽、金、元、清这些朝代的统治者都重视《贞观政要》这部

① 《论语·子罕》，见杨伯峻《论语译注》本，北京，中华书局，1958。

② 《左传·昭公十七年》。

③ 脱脱等：《金史》卷51《选举志一》总叙，北京，中华书局，1975。

④ 脱脱等：《辽史》卷63《世表》序，北京，中华书局，1973。

书，都重视唐太宗的统治经验。辽代把《通历》、《贞观政要》、《五代史》等书译成契丹文，以便于阅读和传播。金朝的译书所更是把大量的汉文典籍译为女真文，广为传播。元朝贵族起初也是如此，继而便直接学习汉文典籍。再看清朝康熙、乾隆这样的皇帝，他们的汉文化修养达到了何等高度，这就是历史文化认同。清代的文书和碑刻多用几种文字，也是历史文化认同的表现。这些都是我们史学工作者有责任发掘和弘扬的。我们的国家是多民族的、统一的国家，这是历史的产物，是历史形成的。

第七是关于历史人物评价的理论。这方面也有丰富的积累。比如关于时势和英雄的关系，是时势造英雄还是英雄造时势？从司马迁的笔下可以看出，刘邦手下的文武大臣，不少人出身于社会下层，随着刘邦打天下，成了开国功臣。为什么？时势造就了他们。对此，司马迁多有评论。唐朝人所撰的《隋书》写隋文帝南下灭陈时，手下有一批人也出身于下层，因建立了功勋，成了隋朝开国功臣。正是所谓风云际会使得最普通的人成了英雄人物。这就是时势造英雄的思想。再比如，关于如何评价历史人物的问题。唐太宗在《晋书》史论中高度评价了司马懿在统一事业中的贡献，肯定了他的智谋和历史功绩。但是唐太宗也说司马懿常用阴谋诡计，这方面不可取。这是从道德方面批评他，但并不因此而否定了他的历史功绩。可见，历史评价和道德评价不是完全对立的，是可以协调的。古代史学家在这些问题上处理得很好。这里还要指出一点，中国古代史学家在认识人在历史进程中的作用这个问题上，有很深刻的见解。在司马迁笔下，普通人很多，有手工业者、小业主、游侠、刺客、士兵等等。司马迁不仅认识到人在历史中的决定作用，而且用《史记》这部书表明了人在历史进程中的决定作用。可以认为，《史记》的问世标志着中国史学上人本思想的确立，后来的正史有的虽然也讲天命，但他们仍然大量地写人的活动。中国的史书和中国史学的特点之一是重视人的作用。

第八是关于人民、国家、君主之关系的理论。孟子讲过"民为贵，社稷次之，君为轻"①，讲了三者之间的关系。上面说到，从荀子、魏

---

① 《孟子·尽心下》，见杨伯峻《孟子译注》本，北京，中华书局，1960。

徵到唐太宗讲水和舟的关系，这种思想体现了古人已经朦胧地认识到民众在这些关系中的决定性作用。魏徵是政治家，也是史学家，他写了《隋书》的史论和《梁书》、《陈书》、《北齐书》的总论，颇具史识。

以上讲的八个方面的理论，在层次上或许有所不同，但都有丰富的积累。其中有些概念是很重要的，比如，天人、古今、时势、理、道、通变、治乱盛衰等等，都是中国史学上经常使用的概念。如果对这些概念加以综合，或许可以梳理出古代历史理论发展的轨迹并展现其所达到的成就的高度。

近代以来，历史理论发生了变革。上溯更早一点来说，黄宗羲的《明夷待访录》对君主专制的抨击，就有明显的批判意识。到19世纪后期，西方的近代进化论传到中国来，在中国学者的历史观念上产生了重大影响。严复、梁启超等人积极宣传进化论的思想，梁启超的《新史学》就是建立在进化论的基础上。新文化运动、俄国十月革命、五四运动、马克思主义在中国的传播，随之而来的是中国马克思主义史学的产生，唯物史观在中国史学领域的影响越来越大。这是近代以来在历史观念上发生的两次变革。

（四）史学理论的成就

历史学作为一门学问有悠久的历史，近代以来成为一门学科，它在关于自身认识方面的理论遗产，有许多值得关注的内容。这里，我概括了九个方面：

第一，历史意识和史学意识。一个民族的历史意识强不强，是非常重要的。李约瑟博士主编的《中国科学技术史》导论卷中曾讲到中国历史编纂学。他说，对于司马迁《史记·殷本纪》记载的商朝的王，许多人曾表示怀疑，后来甲骨文被发现了，证明司马迁的记载绝大多数是真实的。为此，李约瑟得到一个认识：中国人是一个有深刻历史意识的民族。历史意识包含对以往历史的认识和理解以及这种认识和理解与今天的关系。史学意识是对史学的作用、发展以及史学和社会的关系的认识。在这方面中国史学家有很多的思想和言论，需要我们去总结。

第二，中国古代史学理论的基本范畴。理论不能离开范畴，不能离开比较稳定的概念，否则理论体系就建立不起来。关于史学的最重要的范畴是唐代史学家刘知幾提出的"史才"、"史学"、"史识",谓之"史才三长";章学诚后来又提出"史德"这一范畴。梁启超将德、才、学、识合起来称为"史家四长"。值得注意的是章学诚还提出了"史法"、"史意"。史法重于编纂,即编纂的思想和形式;史意更重于作史的旨趣,即为史之意,同时也包含历史观念。在刘知幾以前,史家常用的概念还有"书法"、"良史"、"实录"、"信史"等,也都非常重要。"书法"、"良史"、"实录"、"信史"、"史才"、"史学"、"史识"、"史德"、"史法"、"史意",这些都是最常用的概念和范畴,都很重要。如果不从这些范畴入手,就很难理解古代的史学理论。南宋哲学家叶适写过一本题为《习学记言序目》的书,是他读经书、史书等文献的笔记,其中多处讲到史法。他批评司马迁破坏了《春秋》笔法,在史法上司马迁是一个罪人。叶适对司马迁的批评未必中肯,但从这里可以看出,"史法"是一个被人们重视的问题。章学诚指出,刘知幾着重研究史法,他本人着重研究史义,这是他们的区别。现在我们读《史通》和《文史通义》,发现这两本书确实是有区别的。章学诚的史学理论层次比较高,在深层次的探讨上比较突出,刘知幾的史学批评很尖锐,从编纂学角度的批评比较多。

第三,关于书法和信史的理论。中国史学家在史书的撰述上讲究书法,书法和信史原则有密切关系。"书法"是记事的原则;信史就是传信于后世的历史著作。最早讲书法的是孔子,孔子称董狐"书法不隐",写下了"赵盾弑其君"。较早提出"信史"这个概念的是刘勰的《文心雕龙》。《文心雕龙》是文学批评著作,其中有一篇叫做《史传》,它把历史著作作为一种文体来看待。《史传》篇约1300字,是研究历史的人都有必要读一读的。这1300字的短文讲了南北朝以前史学的发展、史家的长短、史家应该追求什么和避免什么等问题。比如刘勰说,有的事情历史上已经过去很久远了,没有足够的文献可以说清楚,而有人一定要把它写清楚,甚至写得很详细,但经不起历史的检验,这是写史一定要防止的。这就是说,说不清楚的事情不要勉强去把它说清楚。忠实的史学家是把可信的事情写下来,传给后世,可疑的事情也要说明还没有搞清楚,后人或许可以解决。"信以传信,疑以传疑",这是《春秋穀梁传》里说的。① 中国史学上有不少曲笔，歪曲了事实，但追求信史是史学家的目标，如同我们认识真理一样，我们都想把真理认识得很清楚，但是真理是没有穷尽的。研究历史也是这样，一部真实可信的历史，是一个有良心的、负责任的史学家所追求的，但因受各种条件的限制，这个目标有可能无法完全实现，然而这个目标是既定的，不可改变的，是责任和良心所决定的。中国历史上绝大多数史学家都具有这种品质。

第四，关于采撰和历史事实的理论。采撰是选择历史资料。"采撰"是刘知幾的用语，他的《史通》里有《采撰》篇谈采撰的问题。历史学家写历史的时候面对许多事、许多人和许多材料，不可能都写到，都用得上，因此就要判断哪些是重要的，哪些是真实的，哪些是反映本质的，要有选择。对此，刘知幾有很好的论述。这涉及主体和客体的关系，因为史学活动是主体和客体的结合，任何一个史学家都不可能把所有的历史资料都写到史书里去，他一定要有选择。选择本身就包含见解，包含判断，这就是采撰。采撰是为了更好地反映事实。那么什么是历史事实呢？20 世纪 80 年代有过热烈的讨论。在古代，中国史学家关于什么是历史事实有很多言论。其中，北宋的吴缜在《新唐书纠谬》序中提出，"有是事而如是书，斯为事实"，这是他对"事实"所作的解释。"事实"这个词最早见于《汉书》，但《汉书》讲的不是这个意思；到了吴缜，中国史学家对于事实就阐述得比较清楚了，所谓"有是事而如是书，斯为事实"，就是说你真实地记载了某个曾经发生过的事情就叫做事实。中国史学上还有强调历史撰述应当"指事说实"，使"事得其实"的思想。当然，这和我们现在的用语有所区别，我们这里要探讨的是这些观念和理论。现在西方有人提出什么是历史事实，我们参加讨论很有必要，同时，我们也要研究中国史学的理论遗产，发现并说明其固有的价值。

第五，关于史论艺术和历史见识的理论。史书中的史论是不可缺少的，它反映了撰写历史的人对事件的评价。史论有高低之分。范晔说他写的《后汉书》在有些方面比不上班固，但是史论不比班固差，有些史论自己都找不到恰当的语言来评价它。这是唯一如此高度评价自己史论

---

① 《春秋穀梁传·桓公五年》。

的史学家。后人有的说范晔很狂妄，也有的说范晔所说不诬，我看范晔还是很高明的。有一个证明，《文选》这部书有史论，其中，选了范晔《后汉书》的《皇后纪》论、《后汉二十八将传》论、《宦者传》论、《逸民传》论、《光武纪》赞等。《文选》的编者是有见解的，也说明范晔是高明的。这里面是有艺术性的要求，同时它也反映了历史见识怎么写得深刻。《后汉书》里很有名的一篇论叫《中兴二十八将论》，讲刘秀建立东汉以后对于开国功臣如何处置，写得很深刻。《后汉书》里一些传的论写得也很有思想，具有学术史的形式，值得借鉴。史论一方面是一门艺术，像"太史公曰"写得那么精彩，同时也反映了他的历史见识。当然，司马迁还有一个特点，是寓论断于叙事之中，在写历史过程中就包含了他对某人某事的看法。顾炎武说这只有太史公能够做到。[1] 我们今天做起来也不容易。

第六，关于史文表述与审美要求的理论。史文是指历史著作的文字，其表述有很高的艺术上的要求，或者说是审美的要求。在刘知幾的《史通》里多次谈到"史之称美者"当如何如何，"国史之美者"当如何如何。我们写国史不仅要写出真实的国史，还要写出文字表述优美的国史。关于史之称美、国史之美，刘知幾讲了两条，一是尚简，即简洁明了；二是用晦，就是写得比较含蓄，比较有余味，不要过于直白。[2] 梁启超在讲到史文表述问题时，十分称赞《资治通鉴》，说读《资治通鉴》非常有兴趣，读毕沅主编的《续资治通鉴》就昏昏欲睡。为什么同样是编年体，读起来感觉却不一样？他说原因就在于司马光能够把历史写得"飞动"起来，用今天的话来说就是动态地表现出来。[3] 曾国藩主持编过一部《经史百家杂钞》，里面选了一些历史书的片段，其中选了《资治通鉴》写战争场面的精彩片断。今天，作为一个史学工作者，要有一定的古汉语修养，同时要有较好的现代汉语表述水平。这是能否写出好的历史著作、好的史学论文的重要条件之一。在史文表述方面，我们的

---

① 顾炎武：《日知录》卷 26，上海，扫叶山房黄汝成《日知录集释》本，1924。

② 刘知幾：《史通·叙事》。

③ 梁启超：《中国历史研究法补编》第 2 章，上海，商务印书馆，1933。

先人有很多议论，刘向、扬雄等评价司马迁《史记》之高明，其中一条就是司马迁"善叙事"。"善叙事"始终是中国古代史学家所崇尚的一个标准。

第七，关于史学社会功能的认识。史学的社会功能从孟子讲"孔子成《春秋》而乱臣贼子惧"开始，① 一直说到现在。古往今来，许多史学家都在强调史学的社会功能。如果我们现在的社会公众尤其是各级领导人都能真正认识到史学的社会功能，历史学科就应有恰当的地位。现在有些大学的历史系改了名称，叫什么社会学系、旅游系、管理学系等。我们这样一个史学大国，我们的历史专业在社会上、在大学里不能受到应有的重视，难道这是正常的吗？有人甚至于认为历史学是一门"夕阳学科"。听到这样的话令人感到困惑，我们这样一个有着悠久历史传统、史学传统的大国，应当如此吗？我始终认为，史学在社会中应有其重要的位置，史学的社会功能是一个巨大的精神潜力，应当创造条件使它释放出来，对社会进步产生积极作用。史学的社会功能上可以有裨于治国安邦，下可以启迪做人的道理。王夫之的《读通鉴论·叙论》中讲，史学的作用方方面面，如国是、民情、做人准则等都能反映出来。这是正确的，因为历史著作记载的是社会，社会本身就是多方面的，所以历史书所给予人的启示，上到可以治国平天下，下到教人们怎样做一个正直的人、有贡献的人。司马迁《史记·太史公自序》里讲到他作七十列传的选择标准时说："扶义俶傥，不令己失时，立功名于天下，作七十列传"。"扶义俶傥"是指主持正义而又能洒脱、大度。"不令己失时"是指一个人要有见解，不要让自己错过了适当的时机，用今天的话说是不要错过历史的选择。"立功名于天下"，就是要建功立业于天下。这里既有道德标准，也有事功标准。这是他写这些人物的准则，不是什么人都可以写进史书中去的。可见，史学的社会功能是非常丰富的。史学家在这方面的言论多得很，思想丰富得很。关于为什么要写《资治通鉴》，司马光在序中写得很清楚。唐玄宗开元盛世末年，史学家吴兢看到开元盛世有问题了，所以写了《贞观政要》献给唐玄宗。书中说现在要好好效法太宗时候的政治，把天下治理好，让大唐天下能够长久。司

---

① 《孟子·滕文公下》。

马迁讲，"述往事，思来者"，就是说把过去的历史写出来，让来者有所思。近代以来也是如此，李大钊的《史学要论》最后一章讲的就是"现代史学的研究及于人生态度的影响"。一个社会不应该轻视史学。白寿彝先生在他 90 大寿的时候，北京师范大学庆祝《中国通史》出版，他在大会上说了这样一句话："不重视史学，不是一个民族的光荣。"老先生讲得很含蓄，可谓语重心长。

第八，史学批评标准和史学批评方法的理论。这方面也有丰富的遗产，其源头可以追溯到孔子评论董狐。而《史通》是有系统的史学批评著作。史学批评在两宋以后更为突出。关于史学批评的基本标准，我们以《新唐书纠谬》作者吴缜的见解为例。他说作史有三个要素：第一，要把事实讲清楚；第二，褒贬要中肯；第三，要有文采。[①] 批评一部史书，要从这三个方面来看，首先看它是否符合历史事实，其次看它的评价是否有见识，最后看史文表述如何。吴缜的史学批评标准十分确切，也完全符合我们今天的要求。明代史学家王世贞对国史、野史、家史的论述也颇有见地。他说国史受政治影响，可能有一些忌讳，但是国史的文献是应该受到尊重的，因为它有国家的档案，它的文献最丰富，不可小看；野史说话比较灵活，把自己的观点都表达出来了，有可取之处，但是它的文献受很大的局限，不能够完全相信；家史常常把自己的先辈写得很突出，甚至非常伟大，往往言过其实，是不可取的，但说先辈做到什么官，做过什么事情，可能是比较确实的，这又是可取的。[②] 王世贞对这三种史书的评价不是片面的，而是辩证的，看到它们各有长短，应相互补充。关于方法论原则，章学诚讲得好，他提倡"知人论世"："不知古人之世，不可妄论古人文辞也。"就是说要理解作者所处的时代，否则不要随便发表评论。这一句话，接近我们通常所强调的一个原则，即研究任何问题都要把它放在一定的历史范围之内。章学诚的第二句话讲得更深刻，他说："不知古人之身处，也不可以遽论其文也。"[③]

---

① 吴缜：《新唐书纠谬》序，见《丛书集成初编》本，上海，商务印书馆，1936。

② 王世贞：《弇山堂别集》卷 20《史乘考误》引言，北京，中华书局，1985。

③ 章学诚：《文史通义·文德》。

意思是说，虽然都是同一个时代的人，但是每个人的遭遇、处境不一样。评价一个人，不仅要知道他所处的时代，还要知道这个人的经历，才能评价得好。这个方法论是极为深刻的。

第九，近代以来史学理论的发展。近代以来，我们要特别关注的是梁启超在1901年发表的《中国史叙论》，1902年发表的《新史学》，之后又写了《中国历史研究法》和《中国历史研究法补编》，这些著作反映了新史学提出的一系列史学上的理论问题。同时，我们还要注意到1924年李大钊发表的《史学要论》，它用唯物史观指导对于史学的认识，关于什么是历史、什么是历史学、历史学的结构、历史学在科学中的地位、历史学与相关学科的关系、现代史学的研究对于人生态度的影响等等，讲得非常透彻。另外，像柳诒徵写的《国史要义》，不是写国史，而是写中国历史上的史学著作都有些什么样的史学理论。他在继承刘知幾和章学诚学说的基础上写了十章，其中有四章用的概念是刘知幾和章学诚提出的，有六个概念是他按照传统的模式增加的。李大钊的《史学要论》有鲜明的时代气息，谈近代学科的要求和目标，他的文字表述也是"五四"时期的风格，但他没有讲到遗产。柳诒徵是从遗产出发，从刘知幾和章学诚出发，提倡继承和发扬遗产，而他的话语则近于古代的风格，缺少时代气息。尽管柳诒徵的研究也有中西文化交汇的背景，但是他的表述却是传统的。今天我们建设史学理论应该继承他们的优点，弥补其不足，建设新的史学理论。新中国成立以后，马克思主义史学家如翦伯赞、侯外庐在这方面都有突出的贡献。侯外庐在《侯外庐史学论文选集》的自序里讲到了他治学的经验，其中就包含了许多史学理论。翦伯赞在1962年写的一篇题为《目前史学研究中存在的几个问题》的文章，专门讲到了史学理论方面的问题，也涉及有关历史理论问题，我们把它称作为那个时期史学领域的"纲领性文件"。这些都是近代以来中国史学理论发展的一些重要著作。

二、基本规律和优良传统

中国史学在长期的发展中，显示出自身的规律，也逐渐形成了一些优良传统。这里，我们作一个简要的概括。当然，这种概括只是初步的。

（一）基本规律

中国史学发展的基本规律可以总结为三个方面。首先是历史的发展与历史认识的发展相关联的规律。历史的发展促进了历史认识的发展，反过来说，历史认识的发展是随着历史的发展而发展的。比如关于"天"的认识，关于"君主"的认识，都有一个发展过程。

其次是史书的内容与形式之间的辩证关系和辩证发展的规律。史书的内容与形式是辩证的关系，内容决定形式，但形式也不是被动的。一个朝代的历史内容可以用纪传体来写，也可以用编年体来写。用纪传体写是综合的，有它的优势；用编年体来写也有其优势，依年记事很清楚。以《汉纪》为例，汉献帝对荀悦说《汉书》写得很好，但部头太大，你可以写得简要一点。于是荀悦就把《汉书》内容变成了编年体，写了30卷，好读多了，具有《汉书》所没有的优点。现在研究西汉历史的人，既读《汉书》，也读《汉纪》。

再次是随着史学的发展、进步而不断走向社会、深入大众的规律。史学原来是在王廷、在公室、在皇家、在官府；魏晋南北朝时期，史学受到门阀的广泛重视；唐代以后，特别是宋代以后，史学逐渐走向社会、走向大众。在这一过程中，史学采用了各种各样的传播形式。宋代人说书，把历史故事用说书的形式表现出来。蒙童的读本也包含大量的历史内容。这些形式都推动着历史学走向社会。朱熹认为，司马光的《稽古录》写得非常好，可以用来教导太子，也可以让蒙童来学，说是小儿读了它，一部历史就装在肚子里了。吴晗主编的《中国历史小丛书》和《外国历史小丛书》，介绍了很多中外历史故事，对推动史学走向社会、走向大众非常有用。今天也有不少人在做这个工作，应当提倡；但是也有人却在制造一些媚俗的东西，不是严肃的通俗性著作，这不是真正的通俗历史读物的正确道路。现在提倡院士写科普读物，我认为有影响的史学家也应该写一些通俗历史读物，就像翦伯赞写《内蒙访古》那样。

（二）优良传统

关于中国史学的优良传统，我想强调以下几个方面：

第一是撰写前朝史的制度与历史撰述的连续性。唐太宗设史馆，建立了正式的修史机构，从此以后，后一个朝代都要给前一个朝代撰写历

— 41 —

史，代代相传，这个制度保证了国史的连续不断。特别值得注意的是元朝。元朝的史学家修宋、辽、金三史，非常有气度、有意义。过去史学界批评这三部史书，说是仓促成书，问题很多，尤其是宋史，这些批评自不无道理。但是如果换一种视角，换一种观念来看，元朝作为以蒙古族贵族为主的统治者，能够把汉族为主的统治者所建朝代的宋史、以契丹族贵族为主的统治者所建朝代的辽史、女真族贵族为主的统治者所建朝代的金史，统统作为正史来看待，是了不起的一个壮举，因为这写出了多民族的历史。元朝的史学家修史时碰到了宋、辽、金谁为正统的问题，讨论了几十年，到元顺帝时，确定宋、辽、金三史各为正统。这是多大的气魄！从这个角度来说，元朝的政治家、史学家很了不起。这一点应该肯定，至于史书本身的一些问题，后人可以研究和讨论。但在这个根本点上的贡献，我们的前辈们没有充分肯定。我读过明代的一个笔记，叫做《读史漫录》，其中对此多少有一点肯定，我读了以后非常感动。

第二是深刻的历史意识和恢弘的历史视野。关于历史意识，前面已经讲到了，不再重复。这里说的恢弘的历史视野，是讲史学家所涉及的领域、范围是很宽广的，政治、经济、文化、民族、军事、中外交通、天文、地理等等都讲到了。20世纪80年代有一位学者发表文章，说我们要改变中国古代史学家知识结构不合理的倾向。我读过之后不敢苟同，我们今天哪个史学家的知识结构能赶上司马迁呢？不是古代史学家的知识结构不合理，不合理的是我们今天史学家的知识结构。现在我们的学科越来越细，越来越分散，综合性的东西我们知道得很少。现在我们当代中国研究所有各个学科的年轻人，我认为这很好。从司马迁的《史记》看，他的知识非常丰富。当代历史学的发展，一定要站在前人的肩膀上，视野才能更宽广，起点才能更高。

第三是史家的角色意识与社会责任的一致性。史家是有角色意识的，特别是中国的史官有很高的地位，修史是庄严的、崇高的事业。这个角色意识是不是就表现为个人意识呢？当然有个人意识，但这种个人意识是与其社会责任感结合在一起的。司马迁也好，司马光也好，都是如此。司马光说他主编的《资治通鉴》关乎国家的兴衰、生民的休戚，希望皇帝引为借鉴，这表明了他的社会责任感。近代史家研究边疆史地、外国史地，也都是如此。

第四是史学的求真与经世的双重使命。求真与致用是辩证统一的，而不是对立的。在求真的基础上致用，换句话说致用是以求真为前提。凡是歪曲了历史、有某种政治目的而歪曲历史，用这种行为来从事史学活动的人，都被后人所揭露、所唾弃。中国历史上确实有一些曲笔作史的人，但同时都有更多的直笔作史的人揭露了他们。可见，直笔作史还是主流，是优良传统。

第五是坚守史学的信史原则与功能信念。撰写可信的历史是一个原则。功能信念是指历史学是有价值的，是社会所不可缺少的。对此不应有任何怀疑。在现实生活中，如果和你讨论问题的人轻视历史学，不是说明历史学没有价值，只能说明对方还缺乏这方面的认识和修养。历史学的功用和社会价值这个信念，对史学工作者来说是不能动摇的。古往今来，许多史学家以毕生的精力，写出一部一部史学名著，就是最好的说明。

三、中国史学当前发展趋势

对于中国史学当前发展趋势的把握，对我来说，是一个很困难的问题。一方面是受到自身的学识所限，同时也存在见仁见智的实际情况，不免增加了把握上的难度。好在提出来是为了同大家探讨，向同行请教。

（一）近 20 多年来中国史学的面貌

改革开放以来，中国史学有很大的发展，这表现在史学思想的活跃、研究领域的拓宽、成果的丰富以及重大成果的问世、队伍的壮大、中外史学交流的活跃等方面。20 世纪 80 年代有"史学危机"的思潮，对此种说法我不赞成。我认为，虽然史学面临的问题很多，但总的来说还是在发展。这 20 多年来出版的著作数量非常大，优秀著作也很多。前不久第六届国家图书奖评奖中，因奖励名额有限，许多好书都评不上奖，其中就包括大批历史著作。

（二）当前史学发展的趋势和存在的问题

当前中国史学发展的趋势和存在的问题可以概括为：唯物史观面临新的考验和挑战。对于愿意用唯物史观来指导历史研究的人来讲，这个挑战可以用坚持和创新来回应。这就是说，在唯物史观基本原则的指导下有所创造，并非把唯物史观看做不变的体系，而是看做发展的体系。坦率地说，在我们大量的历史著作中渐渐淡化了唯物史观。这对历史学的发展是很不利的。我认为，在当今具有中国作风和中国气派的历史学，不能没有唯物史观的指导。以唯物史观为指导，继承马克思主义史学的遗产和中国古代的史学遗产，同时借鉴西方一些有益的成果，在此基础上形成中国气派，才能和外国学者对话。否则，只能是亦步亦趋地跟在别人后面。在最近举办的一个国际会议上，与会学者有一个共识，在中外史学交流中，中国学者不能失去自我。唯物史观的问题是一个不可回避的问题，如何既能坚持又能创新？希望有更多的史学工作者用自己的研究成果表明用唯物史观来研究历史的必要性和不可替代性。

关于具体的发展趋势，我想提出这样几点：

第一，外国史学的影响与多元发展的趋势。西方史学对中国史学影响越来越大，中国史学无论在研究方法还是研究模式上都出现了多元的趋势，涌现出各种各样的思潮。比如说有一种看法，认为研究历史不需要指导思想。这其实是不能成立的，因为任何史学家都有他的主体意识，这种主体意识不论你承认与否，都受到一定思潮或一定思想体系的影响，这是任何人都不能否认的。在这种情况下，我们应该考虑的一个问题是：如何体现中国史学的主流？这不是说要勉强为之，因为在任何一个时代，当各种思潮都在发展的时候，总是存在着有影响的思潮。战国时的诸子百家，不也是儒、墨更有影响吗？现在中国史学的主流思潮在哪里？是以唯物史观为指导还是别的思潮作指导？这是我们不得不思考的问题。我认为，中国马克思主义史学应该在这样一种多元格局当中体现出主流学派的作用。否则，中国的史学发展就会面临许多新问题，就难以形成历史科学的宏大气象。

第二，新的社会史研究受到普遍关注，成为史学潮流中一个强劲趋势。这里所说的新社会史与传统意义上的社会史是不一样的。有两种社会史观，一种是郭沫若、吕振羽、侯外庐等人所研究的社会史，讲社会发展的进程和规律，是和社会发展的阶段和一定的社会形态相结合的社会史研究。新社会史是研究社会的各个方面、各个层面的状况如风俗、时尚、人群、社区、城镇等等。现在的问题在于，新的社会史研究拓展了历史研究领域，有新的气象，但不应忽视、更不能轻易否定以往的社会史研究，也不应把以往的社会史研究和现在的社会史研究对立起来。我们应该提倡两种社会史研究都要发展。在一定意义上讲，历史学如果不对社会历史发展进程作出解释，不对社会发展阶段作出解释，这种历史研究或许是没有抓住根本。有了马克思主义史学以后，我们才知道中国历史是怎么走过来的。20 世纪的新历史考证学取得了重大的成就，但我们要知道中国历史是怎么发展过来的，还是要读郭老等老一辈马克思主义史学家的著作。尽管他们在对有些问题的说明上今天还可以研究，但在大的方向上是正确的。当然，传统的社会史研究，确有需要改进和创新的问题，关键是尊重事实，而不是恪守教条。

第三，中外史学交流不断加强的趋势。这在 20 世纪八九十年代已经很突出了，在 21 世纪还会进一步发展。从国际史学大会、一般性国际研讨会到个别的交往都在发展，在交流过程中，无疑会促进中国史学的发展，特别是开阔中国史学家的视野，但在借鉴他人成果的时候怎样反映自我？这两者并不矛盾，要反映自我就不能脱离古代史学的遗产、近代史学的遗产、马克思主义史学的遗产。否则就会失去自我，失去自我就不能叫做交流。这些年来，在中外史学交流方面特别是著作出版方面，不成比例。大量的西方著作翻译过来，而中国史学家的著作很少能被介绍出去。我们的出版部门应该考虑这个问题。这种在交流中不成比例的现象是目前存在的一个突出问题。这个问题，呼吁多年了，但目前似乎还没有引起应有的关注。

以上讲的三个趋势，在目前是比较明显的。面对这种情况，可以用大家常说的一句话来概括：是挑战，也是机遇。关键在于，需要有更多的史学工作者自觉地关注这些趋势，以更大的热情、更多的理性来思考和抉择。

关于当前史学工作存在的问题，上面已讲到了一些，这里再讲几点想法：

第一，是中国历史学界存在轻视理论的倾向。一些史学工作者只关注自己的具体研究领域，是可以理解的，但这对史学发展的整体面貌是很不利的，同时也使得历史学的理论研究不能更快更好地发展。我们知道，关于理论问题，一定要有和专业相结合又能够致力于理论研究的人，才能把理论问题研究好。因此，历史学中任何一个研究领域里的学者都有必要关注理论问题，这可以促使中国历史学的整体面貌有更大的改变。

第二，是青年史学工作者缺乏马克思主义理论的修养。这种情况的产生，一个重要原因是青年学者没有获得一个学习马克思主义理论的有效机制，大学的课程结构是否符合这样的机制，还可以研究。马克思主义是科学体系，研读有关的名著，应有基本的保证。

第三，是关于历史学的性质有种种不同的认识。历史学是什么？是人文学科、社会科学还是一门艺术？如果说历史学是艺术的话，那么历史学研究的成果就是不可信的。当然，这就连带产生出一系列问题，如历史能被认识吗？史学家研究历史的意义究竟在哪里？等等。这一方面是同后现代思潮的影响有关，另一方面也同我们的理论研究跟不上有关。这是值得认真思考的。

第四，是对于历史学的社会功能、求真与经世的关系、史学与政治的关系等，存在着比较模糊的认识。"文化大革命"以后，有很多朋友讲到史学要超越政治、远离社会，以弄清历史真相为唯一目的，否则就会像"文化大革命"中那样被利用。关于这个问题我曾思考了很长时间。"文化大革命"中的所谓"儒法斗争史"是不是史学？其实"儒法斗争史"的泛滥不是史学的"繁荣"，而是史学完全被践踏的结果。"儒法斗争史"是政治，是打着"史学"的旗号、披着"史学"的外衣的一种政治行为。几乎所有杰出的史学家都被打倒了，历史著作也出版不了，怎么能说是史学的"繁荣"呢？可见，处理史学和政治的关系是一个很重要的问题。按照马克思主义观点来看，史学不能不受政治影响，因为它是意识形态的一部分，意识形态一定会受到上层建筑和经济基础的影响。严重的教训是，上层建筑对意识形态的影响不能超过意识形态所能承受的界限。具体说来，政治干预不能使历史学丧失其独立品格。根据马克思主义学说的观点，意识形态也有自己存在的独立性，如果破坏了这种独立性，不仅历史学被损害，而且也损害了上层建筑。史学和政治的关系十分复杂，对于这种关系，我们应该正确认识和把握才能够使二者合理地协调起来。从中国史学史上看，史学从来没有脱离政治。从《春秋》开始直到现在，史学从来没有脱离政治。因为政治对它的要求有合理的一面，但是如果超过了这个合理的限度，就成了破坏。最近我写了一篇题为《一个政治家的史学自觉》的文章，写的是唐太宗和历史学的关系。文章论述了三个问题：第一个问题，政治家需要历史学吗？答案是肯定的。这从唐太宗的经历可以看出来。第二个问题，史学自觉与政治实践。从唐太宗时期的"贞观之治"看，二者关系太密切了。第三个问题，历史经验和政治经验的结合。唐太宗晚年写了一部书，叫做《帝范》。《帝范》就是历史经验和政治经验的结合。当然，时代不同了，史学同政治的关系也必有新的变化，但其中道理还应是相通的。

第五，是学风问题。今天看来，这仍然是一个严峻的问题，主要表现为理论的失落、对学术史不够尊重以及文风的浮华等等，这些问题就不再重复了。这里要说的是，任何一个学者都应当认识到，自己的研究是在前人的启发下、在前人的成果的基础上进行的。我们中国学术讲究考镜源流，不能轻视前人，更不能鄙薄前人。时下，对他人成果的不尊重是我们经常会碰到的。再就是片面性、浮躁、夸张。比如写书评，评价过高，或者过分否定，这都不恰当。中国人讲究中庸之道，就是要恰当，恰当是最佳的状态。评价不适度、不恰当，这是我们在学风中普遍存在的问题，这不利于中国当代史学的发展。

我建议有造诣的史学工作者，除了自身的研究领域以外，能够多关注理论问题，关注史学发展趋势，关注一些倾向性的史学现象，发表评论，促进中国史学沿着正确的方向健康地发展。这是我们史学工作者的社会责任和历史使命。

中国古代历史理论的特点

中国古代史学的理论遗产包含两大部分，一个部分是人们关于对客观历史的理论性认识，这就是本文所说的历史理论；还有一个部分是人们关于对历史学的理论性认识，我们称之为史学理论。由于这两个部分所要考察的对象不同，故有必要分别加以研究，以推进对它们的认识。同时，由于史学活动也是一种历史活动，所以在讨论关于认识历史时，也必然会涉及到史学；而史学家是史学活动的主体，所以在讨论史学家时，也一定不能避开史学家的历史认识，可见历史理论与史学理论又是有密切联系的。[①] 本文就是在这个认识的前提下，试就中国古代历史理论的特点作一初步的探讨。

中国古代史学有没有历史理论？这是自 20 世纪 80 年代以来长期困扰着许多史学工作者的

[①] 关于这个问题，人们在理解上和解释上不尽相同。参见陈启能：《历史理论与史学理论》，载《光明日报》，1986-12-03；瞿林东：《史学理论与历史理论》，载《史学理论》，1987 (1)；何兆武：《历史理论与史学理论——近现代西方史学著作选·编者序言》，北京，商务印书馆，1997。

一个问题。有不少同行认为，中国古代史学长于记述而理论贫乏。对中国古代史学产生这种看法，原因是多方面的。第一，许多史学工作者研究的领域是客观历史的某些方面，一般不甚关注作为一个学科的史学本身的问题，因而不熟悉史学自身的发展情况。第二，史学史是一门年轻的学科，而中国史学史研究者因历史条件和自身的原因，长期以来也未曾对中国史学上的理论遗产作深入的和有系统的历史考察与理论说明。第三，20 世纪 80 年代以来，西方的一些历史理论与史学理论著作大量被介绍到中国来，引起人们的兴趣和关注；有些同行甚至以此为标准去反观中国古代史学，于是"理论贫乏"之感油然而生。第四，对于东西方史学在表现其理论的内容和形式上，未能充分考察到各自的特点；换言之，在"理论"的探讨上，尚未能着眼于从本民族的遗产出发。总之，这种情况的出现，有历史上的原因，也是专业工作者在研究上存在的不足所致。需要说明的是，此种情况，近年逐渐有所改变，前景是令人鼓舞的。

笔者从 20 世纪 80 年代中期起步，开始对中国古代史学的理论遗产作探索性的研究，于 1992 年发表《中国古代史学理论发展大势》一文①；1994 年出版了《中国古代史学批评纵横》②；1998 年出版了《史学志》（《中华文化通志》之一），其中有"历史观念"和"史学理论"的专章。③ 当然，这些研究所得都是极初步的，它们只是表明：这方面的研究是必要的，也是可以继续研究下去的。

一、多种存在形式

中国古代史学拥有厚重的历史理论遗产，它主要表现为三种存在形式。第一种形式，是作为史书之构成的一个部分的"史论"；第二种形式，是独立的历史评论专篇；第三种形式，是历史评论专书。多种存在形式，这是中国古代历史理论的一个特点。

首先说第一种形式。这种形式，最早见于《左传》中的"君子曰"。《左传》叙事，间有议论，或以"君子曰"表示，或以"孔子曰"、"仲

---

① 见《历史研究》，1992（2）。
② 北京，中华书局，1994。
③ 上海，上海人民出版社，1998。

尼曰"表示，或引古书加以发挥。其中，"君子曰"更具有"史论"的特点，对后世影响也最大。"君子曰"所论，大多借史事以论人物，而又多强调以伦理为基本的评论准则。如《左传·成公二年》记："君子曰：'位其不可不慎也乎！蔡、许之君，一失其位，不得列于诸侯。况其下乎！'《诗》曰：'不解（懈）于位，民之攸塈'，其是之谓矣。"这是说的蔡侯、许侯因不自重而"不得列于诸侯"，进而引申到只有居高位者不懈怠，人民才能得以休息、安定。这里讲到权位的重要以及国君同民众的关系。

又如《左传·隐公四年》记："君子曰：'石碏，纯臣也。恶州吁而（石）厚与焉。大义灭亲，其是之谓乎！'"这是以下述史事发表的评论：卫国人州吁杀卫国国君而自立，卫大夫石碏之子石厚与州吁交往甚密，石碏乃用计杀死州吁，同时派人杀死本人之子石厚，故《左传》作者称石碏为"纯臣"，表彰"大义灭亲"之举。《左传》的历史评论多类此。因《左传》记春秋历史，而孔子为春秋末年人，故《左传》也引用孔子言论来评论史事；从孔子来说，这带有批评时事的性质，而对《左传》作者和后人来说，自也是评论历史的一部分。

《左传》的"君子曰"这种历史评论形式，在秦汉以后的中国史学上获得长足的发展。《史记》的纪、表、书、世家、列传中的"太史公曰"堪为佳作，反映了司马迁的历史见解，其中多有理论上的建树。在《汉书》等历代正史中，其纪、表、志、传中的史论亦有许多佳作，不乏理论上的创见。以《汉纪》、《后汉纪》、《资治通鉴》等为代表的编年体史书，在形式上可以说是直接继承、发展了《左传》的"君子曰"的风格，所不同的是它们更着意于兴亡治乱之故的评论。以《通典》为代表的典制体史书，其历史评论涉及到国家职能的各个方面，包含经济、官制、法制、地方建置、民族等。这种形式的历史评论，在中国古代其他各种体裁的史书中，也不同程度地有所反映。

其次说第二种形式。在中国古代历史文献中，独立的历史评论专篇占有重要的分量。它们多存在于各种文集、总集、文选、奏议、书信之中，有些也散见于各种史书的征引之中。就历代文集来说，历史评论的文章在在多有，且不乏千古名篇，如柳宗元的《封建论》、欧阳修的《正统论》等，皆见于文集之中。又如总集《文苑英华》，专立"史论"

一目，所收历史评论专篇，以论历代兴亡为主，其中有的原文已佚，赖此得以流传。有的历史评论专篇，久已遗佚，只是由于史书的引用才得以保存下来，如《国语·周语下》载太子晋谏周灵王语、《国语·郑语》载史伯论周王室行将衰落语、《国语·楚语下》载观射父对楚昭王所问语等，都是涉及历史进程问题的重要篇章。《国语》以记言著称，所载时人问对，多含有评论历史的内容。秦汉以下，如《史记·太史公自序》载司马谈《论六家要指》；《秦始皇本纪》载贾谊《过秦论》；《后汉书·班彪列传》载班彪《王命论》；《三国志·蜀书》载诸葛亮《隆中对》；《旧唐书·马周传》载马周答唐太宗问治国之方略语等，都是有名的史论和政论。此种专篇，史书中保存很多，是一份极其重要的思想遗产。以上所举种种史论专篇，或指陈历史形势，或纵论兴亡成败，或阐说历史环境与政治体制之关系，或论述某个皇朝存在之根据，都具有鲜明的理论色彩。

现在说第三种形式。毫无疑问，历史评论专书更集中地反映了历史理论的面貌及其发展趋势。在这方面，王夫之的《读通鉴论》、《宋论》是备受关注的。宋人范祖禹的《唐鉴》、孙甫的《唐史论断》亦不失为名作。这几部书，包含了丰富的历史理论。那么，在中国古代史学发展史上，是否还有更多的著作，应当进入历史理论的视野呢？在这个问题上，从研究工作来看，一是要深入发掘，二是要转换视角，改变一些早已形成的观念。譬如《周易》这部书，人们可以从不同的角度去解释它。章学诚认为："六经皆史也。"他还用设问的口气，着意回答了《易》"与史同科"的问题。① 从前人解释《易》之三义来看，所谓"易简"、"变易"、"不易"所包含的内容，涉及到天地自然、社会人事、伦理原则等，② 其关于历史哲学之内容则居多。又如《吕氏春秋》、《淮南子》等，历来认为是子书，但唐人刘知幾说它们"多以叙事为宗，举而论之，抑亦史之杂也"③。其中说理部分与历史理论颇相关联。再如《盐铁论》之论国家财政与社会生活的关系，《人物志》之论人物品评的

---

① 章学诚：《文史通义·易教上》。

② 蒋伯潜：《十三经概论》，302 页，上海，上海古籍出版社，1983。

③ 刘知幾：《史通·杂述》。

原则与标准，《帝王略论》之评价历代帝王优劣及其根据，《贞观政要》、《通鉴直解》之论历史鉴戒与为政之道，《明夷待访录》之批判专制制度等等，都是各有特色的关于历史理论之书。

以上所举三种形式，只是就历史理论在古代文献中的主要存在形式来说的，这里并不排除还有其他的存在形式。

二、深入探索的连续性

这是中国古代历史理论的又一个特点。中国古代历史理论遗产的厚重，自然有自成体系的著作传世，显示出理论上的分量。然而，它的厚重还表现在另一个方面，即人们对重大历史问题的关注和探索的累代相传，历时既久而探讨愈深，从而形成了一些理论的"重心"。以往我们对于中国古代历史理论在发展上的这一特点未曾十分关注，以为中国古代史学在历史理论方面谈不上有什么理论体系，这是因为我们没有用连贯的和发展的眼光来看待这一领域所致。现在，我们改变一下视角，就不难发现，前人对一些重大历史问题的理论探究是带有连贯性的；而这种连贯性的生成和发展，把历史理论不断推向深入。

这里，我们可以举兴亡论、君主论、封建论等一般理论层面上的几个问题来作简略的说明。

中国古代的思想家和史学家很早就有关于君主的评论。东汉末年，荀悦提出"六主"即六种类型的君主的见解，[①] 可以认为是比较系统的关于君主的认识。唐初，虞世南著《帝王略论》，多用比较之法，纵论君主优劣，对唐朝以前的历代君主进行全面的评价，这是中国史学上较早的"君主论"专书。其后司马光撰《稽古录》，提出人君的"道"、"德"、"才"三者应有的准则，[②] 是从正面阐述了关于君主的理论。北宋王钦若等人编纂的《册府元龟》，其"帝王部"含81卷，分128门记君主事，是揭示君主和君主现象的综合性撰述。明末清初，黄宗羲著《明夷待访录》，其《原君》篇对君主的产生及其作用进行分析、批判，

---

① 荀悦：《汉纪》卷16《昭帝纪》，见《两汉纪》上册，北京，中华书局，2002。

② 司马光：《稽古录》卷16，见［美］王亦令《稽古录点校本》，北京，中国友谊出版公司，1987。

把古代的君主论推进到一个新的阶段，显示出早期启蒙思想的光焰。

朝代兴亡，社会治乱，是历史上人们最关注的问题之一。西周初年，周公是十分注重总结历史经验的政治家。从西周到春秋战国，历史的变动，王室的衰微，诸侯的兴灭，促使史学家和思想家作深入的思考，《左传》、《国语》及诸子之书，多有这方面的讨论。汉初，面对秦亡汉兴的巨大变动，政治家、思想家、史学家都在探究其中的原因。陆贾、贾谊、晁错的史论和政论，多有关于兴亡得失的名作。史学家司马迁更是明确提出了"稽其成败兴坏之理"的历史撰述任务。①此后，关于兴亡成败的讨论，不绝于世。如唐初史家用比较方法探讨秦、隋兴亡的原因，② 朱敬则的《十代兴亡论》纵论南北朝的得失成败；宋代司马光强调，一部《资治通鉴》的主旨即在于"关国家兴衰，系生民休戚"之事，③ 而范祖禹《唐鉴》一书则是把揭示唐朝何以兴、何以亡、后人何以为鉴作为撰述的目的；南宋史家为时势所激，具有深刻的忧患意识，他们的撰述主旨都以兴亡盛衰为核心；明清之际，朝代更迭，社会动荡，史学家的兴亡之论继续深化，王夫之的《读通鉴论》、《宋论》是在这方面影响力最大的著作。总之，关于治乱兴衰的著作，举不胜举。这是因为，从社会运行的实际轨迹来看，不论是统治集团，还是下层民众，都希望社会得以长治久安，但客观形势却并非如此，朝代更迭有之，天下大乱有之，人们不得不思考朝代何以兴、社会何以治的问题。此其一。其二，从思想传统来看，修身、齐家、治国、平天下即"修齐治平"是儒家思想的基本准则，是中国古代尤其是两汉以降士人的思想中不可动摇的信念。正是这种信念对历代史学家的撰述旨趣有极大的影响，重视关于兴亡成败的探讨就成为他们的天职和本分。

封建，即封土建，即通常所称分封，是西周实行的政治体制。战国中期，商鞅在秦国变法，始行郡县制。秦始皇统一中国后，是推行郡

---

① 司马迁：《报任安书》，见《汉书》卷 62《司马迁传》。
② 魏徵等：《隋书》卷 4《炀帝纪下》后论，北京，中华书局，1973。
③ 司马光：《进〈资治通鉴〉表》，见《资治通鉴》附录，北京，中华书局，1956。

县制还是实行封建制即分封制，经过激烈的廷争，秦始皇采纳了廷尉李斯的意见，在全国推行郡县制。① 西汉初年，分封、郡县两制并行，始有异姓王的谋反，继有同姓王的叛乱，一度造成政局混乱，后朝廷采用贾谊、主父偃等人之策略，使分封名存而实亡，西汉皇权乃得以稳定。但在朝代的更迭之后，人们往往追慕封建之制，如三国魏人曹冏著《六代论》、西晋陆机著《五等论》，都是批评郡县制，肯定分封制。唐初魏徵、李百药，中唐柳宗元等人，又都是分封制的有力批评者。尤其是柳宗元的《封建论》一文，以雄辩的历史事实和透彻的理论分析，阐明郡县制的优越和分封制的不可复，气势磅礴，前无古人，为后人大加称颂。明清之际，顾炎武纵观历史，细察现实，撰《郡县论》九篇，以超越前人的理论勇气，论述了兼采分封、郡县两制之长的主张，显示出辩证的思想和历史的智慧，把关于分封、郡县的讨论提升到了一个新的理论高度。

以上举出的几个问题，都是中国古代历史理论一般层面上的重大问题。此外，还有天人关系、古今关系、地理条件与社会发展的关系以及民族、国家等问题，是属于又一个层面上的历史理论问题。这里，我们举地理条件与社会发展的关系为例，纵览人们对这一问题的认识，同样是饶有兴味的。毫无疑问，一定的历史活动，总要在一定的地域上展开。换言之，历史的发展是离不开地理条件的。

首先，物产的地域特点及其对人们社会生活的影响，这是中国历代史学家所一向注意的，并从而产生经济区域的看法。司马迁在《史记·货殖列传》里把汉朝的统治范围分为四个大的经济区域：山西地区，即关中地区；山东地区，即崤山或华山以东直至沿海的广大地区；江南地区，即长江以南直至沿海的广大地区；龙门（在今山西省河津县西北）、碣石（在今河北省昌黎县北）以北地区，即今山西北部至河北北部一线以北直到汉朝北境的广大地区。司马迁对这一些地区的记载，着重于地理条件的状况、生产的状况以及经济生活的状况和社会风俗的表现、不同地区在这些方面的相异或相同之处。司马迁的这种思想受到后来许多史学家的重视，并对它加以继承和发展。班

---

① 司马迁：《史记》卷6《秦始皇本纪》。

固《汉书·地理志》在详载全国郡县建置、户口多寡后，于其篇末备言各地地理、生产、风俗等状况，比《史记·货殖列传》所记更加丰富。西晋史学家司马彪称赞说："《汉书·地理志》记天下郡县本末，及山川奇异，风俗所由，至矣。"① 杜佑《通典·州郡典》各篇，亦多特标《风俗》一目，略述各地地理条件及其影响下的当地经济生活和社会习俗。顾炎武的《天下郡国利病书》，虽是辑录前人论述成编，但顾氏的经济区域观念亦十分鲜明。经济区域的观念及其在史书上的反映已成为中国史学上的一个优良传统。

其次，在人口和地理的关系上，中国古代史学家也有一些认识，这可说是人口地理思想的萌芽。司马迁已经注意到地理条件跟人口分布的关系。他论述关中人口和地理的关系比较具体：关中之地占当时全国三分之一，而人口不超过当时全国十分之三。他还注意到有的地区人民"好稼穑"，有的地区则"业多贾"。② 这些，涉及到对人口分布的密度和人口部门构成的朦胧认识。自《汉书·地理志》以后，在"二十四史"中，有地志者计16家，或称《地理志》，或称《郡国志》、《州郡志》、《地形志》。它们或记人口的分布，或记人口的迁徙，都是以人口与地理相结合的情况着眼的，这是封建社会中劳动力与土地相结合在史书上的反映。

再次，从地理条件看政治上的兴亡得失，是中国古代一些史学家所关切的，也是古代一些政治家、思想家所关切的。《通志·都邑略·序》可以认为是从地理条件考察"建邦设都"跟政治关系的佳作，作者郑樵是从全国的地理形势和以往的历史经验出发，对地理条件与"建邦设都"的关系和政治上兴亡得失的关系作总的考察。他的主要论点是：（一）在新的历史条件（包括地理条件和政治条件）下，长安、洛阳、建业所谓"三都"已不是理想的建都所在；（二）北宋建都于汴京是一个历史性的错误，这与"靖康之难"有直接的关系；（三）南宋建都临安是不妥当的，应参考唐人朱朴之议，移都南阳。明清之际，顾炎武撰《历代京宅记》，就历代建都之制，备载其城郭宫室、都邑寺观及建置年

---

① 司马彪：《续汉书·郡国志一》，见《后汉书》，北京，中华书局，1965。

② 司马迁：《史记》卷129《货殖列传》。

月等史实，其总序部分亦多述前人议论，是我国古代第一部辑录都城历史资料的专书，有很高的文献价值和理论价值。顾祖禹所著《读史方舆纪要》是一部以地理为基础、以阐明军事上的成败为主要内容，以总结政治得失为目的的巨著。作者为各地方舆所撰的序论，最能反映出作者在这方面的造诣和旨趣。人们称赞此书"辨星土则列山川之源流，详建设则志邑里之新旧，至于明形势以示控制之机宜，纪盛衰以表政事之得失，其词简，其事核，其文著，其旨长，藏之约而用之博，鉴远洞微，忧深虑广，诚古今之龟鉴，治平之药石也。有志于用世者，皆不可以无此篇"①。

除了上述两个不同的理论层面外，中国古代历史理论在深入探索的连续性方面，还表现在范畴的层面上。在这个层面，我们也可以窥见它在发展上不断提升的境界。如司马迁论历史形势、历史环境，常用"时"、"势"的概念。如说"不令己失时，立功名于天下"②，指的是"七十列传"中的一些人物；说叔孙通"制礼进退，与时变化"③，说公孙弘"行义虽脩，然亦遇时"④，指的是一个人的经历与"时"的关系。司马迁评论项羽，说他"乘势起陇亩之中"⑤；又说虞卿"上采《春秋》，下观时势"⑥，这里说的"势"，都是指历史形势。司马迁还说到"事势"与"势理"，前者是指事物发展趋势，⑦ 后者指事物发展的法则，⑧ 等等。可见，"时"、"势"及与之相关的概念，是历史撰述中经常使用的。司马迁以下，撰史者与论史者多有沿用。至柳宗元撰《封建论》，以"势"驳"圣人之意"，说明"封建"（分封）出现的客观原因；秦废封建而设郡县，是适应了客观形势的变化。⑨ 可以认为，柳宗元的《封建论》，全篇都是在论证"势"在历史发展中的作用，而"势"是不

---

① 顾祖禹：《读史方舆纪要》，吴兴祚序，北京，中华书局，1955。

② 司马迁：《史记》卷 130《太史公自序》。

③ 司马迁：《史记》卷 99《刘敬叔孙通列传》。

④ 司马迁：《史记》卷 112《平津侯主父列传》。

⑤ 司马迁：《史记》卷 7《项羽本纪》后论。

⑥ 司马迁：《史记》卷 14《十二诸侯年表》序。

⑦ 司马迁：《史记》卷 46《田敬仲完世家》后论。

⑧ 司马迁：《史记》卷 130《太史公自序》。

⑨ 柳宗元：《柳河东集》卷 3。

以人的意志为转移的。这比之于司马迁说"势"，是更加深刻了。其后宋人曾巩、范祖禹、苏轼等都受到柳宗元《封建论》的影响并有所阐发。曾巩著《论势》一文，其见解折中于"用秦法"与"用周制"之间。① 范祖禹称："三代封国，后世郡县，时也。"② 苏轼认为："圣人不能为时，亦不失时。时非圣人所能为也，能不失时而已。"③ 这些都丰富了"时"与"势"的内涵。至明清之际，王夫之对此又有新的发展，他不仅对"势"、"时势"多有论述，④ 而且进一步提出"势"与"理"的关系，认为"理本非一成可执之物，不可得而见也"，"只在势之必然处见理"。⑤ 这无疑是在说，"势"是"理"的表现形式，"理"是"势"的内在本质。要之，从司马迁到王夫之，史学家关于"势"的观念经历了漫长而有意义的发展过程。

以上，从一般理论层面、较高理论层面和范畴概念层面，简要说明中国古代历史理论之深入探索的连续性的特点。由此可见，中国古代历史理论的形成和发展，是历史的产物，是群体的创造，它同中华文明的连续性发展是密切相关的。

三、未尝离事而言理

"未尝离事而言理"，即"事"中有"理"，"理"不离"事"，在阐明事实的基础上论述道理，这是中国古代历史理论的另一个鲜明特点。

司马迁在回答壶遂提出孔子为何要作《春秋》的问题时说："余闻董生曰：'周道衰废，孔子为鲁司寇，诸侯害之，大夫壅之。孔子知言之不用，道之不行也，是非二百四十二年之中，以为天下仪表，贬天子，退诸侯，讨大夫，以达王事而已矣。'子曰：'我欲载之空言，不如见之于行事之深切著明也。'夫《春秋》，上明三王之道，下辨人事之纪，别嫌疑，明是非，定犹豫，善善恶恶，贤贤贱不肖，存亡国，继绝

---

① 曾巩：《曾巩集》卷51，北京，中华书局，1984。

② 范祖禹：《唐鉴》卷2，上海，上海古籍出版社影印宋刻本，1984。

③ 苏轼：《东坡志林》卷5"秦废封建"，北京，中华书局，1981。

④ 王夫之：《读通鉴论》卷末《叙论三》、《叙论四》。

⑤ 王夫之：《读四书大全》卷9"孟子·离娄上"，北京，中华书局，1975。

世，补敝起废，王道之大者也。"① 司马迁引孔子的话"我欲载之空言，不如见之于行事之深切著明也"，意谓发表议论不如写出事实更有说服力，而事实之中自亦不无道理，故《春秋》一书可以称得上是"王道之大者也"。这个认识，当是促使司马迁撰写《史记》一书的思想渊源之一。但是，司马迁所处的时代跟孔子所处的时代毕竟有很大的差别：孔子所处的时代，史学尚在兴起之初，孔子所见前人的重要议论，主要是《易》、《诗》、《书》等。司马迁所处的时代，史学已有了一定的发展，《左传》、《国语》及战国诸子的史论，十分丰富，汉初思想家的史论、政论也十分丰富。由于时代条件的不同，决定了《史记》和《春秋》的差别：第一，《史记》不可能像《春秋》那样简略；第二，司马迁也不可能像孔子那样微言大义。这就是《史记》之所以成为既是材料翔实的历史著作，又包含有丰富的历史理论的缘故。司马迁和《史记》的这种面貌，对中国史学的发展产生了深远的影响。

一般说来，中国古代史家讲历史理论都不脱离讲历史事实。追本溯源，孔子开其端绪，又经司马迁加以发展，形成了这种风格。就《史记》来说，从全局看，司马迁所关注的历史理论问题是"究天人之际，通古今之变"，而他对这个重大历史理论问题的揭示，是通过"网罗天下放失旧闻，考之行事，稽其成败兴坏之理"来实现的。② 从局部看，司马迁作十表，而于诸表序文中阐述对历史进程的认识；他作《秦始皇本纪》，而借用贾谊《过秦论》分析秦朝兴亡的历史原因；他作《平准书》、《货殖列传》，而在相关序文中揭示出经济生活的重要和贫富悬殊的社会现象，并由此窥见社会历史变动的法则；他作《儒林列传》，而在序文中阐明了思想文化的重要性；等等。凡此，说明司马迁的历史理论都是在叙述历史事实的基础上提出来的，而不是他所说的"空言"。其后，班固、荀悦、陈寿、范晔、魏徵、杜佑、司马光、范祖禹、王夫之、赵翼等人，在历史理论上多有成就，而他们的风格，都是从司马迁那里继承下来的并各有特色。

唐代史家刘知幾认为史论的作用只是"辩疑惑，释凝滞"③，这就

---

① 司马迁：《史记》卷130《太史公自序》。
② 司马迁：《报任安书》，见《汉书》卷62《司马迁传》。
③ 刘知幾：《史通·论赞》。

把史论的意义和价值看得过于狭隘了。其实，许多史家对史论的认识是极明确的。《汉书》的史论，反映了班彪、班固父子的历史观及其与司马迁的异同；范晔《后汉书》的史论反映了作者的功力和见识，自谓其"有精意深旨"，有些史论"往往不减《过秦篇》"；① 唐初众史家撰梁、陈、齐、周、隋"五代史"时，魏徵撰《隋书》史论和梁、陈、北齐三书总论，表明当时史家对史论的高度重视；杜佑《通典》史论有多样的形式即包含序、论、说、议、评等和丰富而深刻的内容，作者对说、议、评还作了清晰的区别和解释，反映了作者严谨的态度；② 司马光主编《资治通鉴》，其"臣光曰"意在总结历史经验教训。这些，都表明历代史家对史论的重视，而史论的作用和价值也不仅仅是"辩疑惑，释凝滞"。同时，还应当看到，史家的史论在社会生活中也产生了越来越大的影响。南朝萧统编《文选》，其中设"史论"一目，认为史书论赞"事出于沉思，义归乎翰藻"③，有广泛流传的价值。上文论到宋人编纂《文苑英华》，也设有"史论"一目。这都表明，"史论"作为史书的一部分，确有非常重要的意义。

宋人吴缜论作史的要求，意颇精粹，具有突出的理论色彩，他认为："夫为史之要有三：一曰事实，二曰褒贬，三曰文采。有是事而作如是书，斯谓事实。因事实而寓惩劝，斯谓褒贬。事实、褒贬既得矣，必资文采以行之，夫然后成史。至于事得其实矣，而褒贬、文采则阙焉，虽未能成书，犹不失为史之意。若乃事实未明，而徒以褒贬、文采为事，则是既不成书，而失又为史之意矣。"④ "事实"是基础，而"褒贬"、"文采"是不可缺少的。所谓"褒贬"，自然离不开史论。这同孟子所说的"事"、"文"、"义"⑤，同刘知幾所说的"才"、"学"、"识"⑥，都有相近之处，只是吴缜把这几个方面的关系论述得更明确、更中肯

---

① 范晔：《狱中与诸甥侄书》，见《宋书》卷 69《范晔传》，北京，中华书局，1977。

② 瞿林东：《重读〈通典〉史论》，见瞿林东《杜佑评传》，152~166页，南宁，广西教育出版社，1996。

③ 萧统：《文选》序，北京，中华书局影印本，1977。

④ 吴缜：《新唐书纠谬》序。

⑤ 《孟子·离娄下》。

⑥ 刘昫等：《旧唐书》卷 102《刘子玄传》，北京，中华书局，1975。

了。当然，并不是所有的史论都具有历史理论价值，但历史理论往往包含在史论之中，这是不言而喻的。

关于史事同理论的关系，在历史上也曾有不同的认识。朱熹曾这样告诫学生们如何读书，他说："看经书与看史书不同：史是皮外事物，没紧要，可以札记问人。若是经书有疑，这个是切己病痛，如人负病在身，欲斯须忘去而不可得，岂可比之看史，若有疑，则记之纸也。"①朱熹说史书是"皮外事物，没紧要"，这话显然不对。元初，胡三省严厉批评类似观念，指出："世之论者率曰：'经以载道，史以记事，史与经不可同日语也。''夫道无不在，散于事为之间。因事之得失成败，可以知道之万世无弊，史可少欤。'"②胡三省认为，把经与史对立起来或完全割裂看待是不对的，而"道"也包含在"事"中，因而要认识"道"，是不能不重视史书的。在古代史家看来，史书中史论的目的之一，就是借史以明道，而史家的历史观念是其中重要方面。

值得注意的是，在中国史学上，即便是那些以"论"作为主要特点的著作，也是不脱离史事而发论的。如虞世南的《帝王略论》，有"略"，有"论"；范祖禹的《唐鉴》，也是先说事，后发论；王夫之的《读通鉴论》，是事、论并举，或因事而论，或以论举事，可谓事、论交融。

当然，在中国古代历史理论发展史上，也并非都如以上所论，即均为依事而言理、据史而发论之作。这里所要强调说明的是，中国古代历史理论的突出特点而非着意描绘它的全貌及其每一细部。其实，在中国古代历史理论中，也有一些专篇、专书是重于思辨的。如司马谈《论六家指要》之阐说社会思潮；柳宗元《天论》、《天说》、《天对》之讨论天人关系和社会历史，以及刘禹锡《天论》之补充、发展柳宗元的天人关系说；顾炎武的《郡县论》、《钱粮论》、《生员论》，讨论建置、财政、取士制度等，都是此类理论文章的名篇。又如《周易》、陆贾《新语》、刘邵《人物志》、黄宗羲《明夷待访录》等，都是此类理论专书的名著。

清代史学理论家章学诚对中国史学在理论上的特点有深刻的揭示。

---

① 《朱子语类》卷11，北京，中华书局，1986。
② 胡三省：《新注〈资治通鉴〉》序，见《资治通鉴》卷首，中华书局，1956。

他说："《六经》皆史也。古人不著书；古人未尝离事而言理，《六经》皆先王之政典也"。① 他这里说的是《六经》，但却符合自司马迁开创的史学传统。从司马迁到章学诚，前后相隔近二千年，而他们的思想是相通的。正是由于中国古代史家"未尝离事而言理"的这一特点，从表面上看，丰富的历史叙述似乎掩盖了固有的理论色彩；然而，当人们了解到以至于认识到中国古代史家"未尝离事而言理"这一特点和传统时，则中国古代历史理论的光华就会显现在人们的面前。

中国古代历史理论因其"未尝离事而言理"的缘故，一般说来，它不以思辨色彩为其特色。但由此却从另外一些方面显示出其固有的优点：第一，是言简意赅。司马迁《史记·平准书》序，仅四百余字，可是它包含了司马迁的经济思想、社会思想、历史思想的丰富内涵。一部数百万言的巨著《通典》，其引言不足三百字，但它却反映了杜佑的治学宗旨以及杜佑撰写《通典》的逻辑方法与历史方法的一致性。第二，是平实易懂。论不离事，故这种理论不是抽象的，而是同有关的史事相联系，因而易于为更多的人所理解、所接受，更具广泛性。第三，是实践性强。因理论不脱离事实，这使人们比较容易把理论同实际结合起来，从中获得新的启迪和智慧，这也是中国史学具有经世致用传统的原因之一。

四、名篇名著的魅力

中国古代历史理论还有一个特点，这就是它的名篇、名著极具魅力，故能传之久远，为历代学人所重视。在中国古代历史理论领域中，名篇以数百计，名著以数十计，这个估计当不为过。这里，于名篇，举贾谊《过秦论》为例；于名著，举刘邵《人物志》、王夫之《读通鉴论》为例，以窥其理论上的魅力。

关于《过秦论》。司马迁在写了《秦始皇本纪》之后，发表议论说："至周之衰，秦兴，邑于西垂。自缪公以来，稍蚕食诸侯，竟成始皇。始皇自以为功过五帝，地广三王，而羞与之侔。"司马迁没有讲到秦何以兴、何以亡，只是含蓄地指出了秦始皇不可一世的心态，他只用了一

---

① 章学诚：《文史通义·易教上》。

句话"善哉乎贾生推言之也",从而引证贾谊的《过秦论》,以此来评论秦朝的兴亡之故。

《过秦论》分上下篇,司马迁所引为下篇。今本《史记·秦始皇本纪》后论所引,下篇在前、上篇在后,上篇乃后人以己意所补。① 这里,我们以上、下篇为序略作评析。《过秦论》上篇,叙述了秦孝公任用商鞅变法,"内立法度,务耕织,修守战之备,外连衡而斗诸侯",逐渐强盛起来。自孝公至庄襄王,秦国处于平稳发展时期,"强国请服,弱国入朝",指出了秦国由弱而强的过程。到了秦始皇时期,他"续六世之余烈,振长策而御宇内,吞二周而亡诸侯,履至尊而制六合,执棰拊以鞭笞天下,威振四海","于是废先王之道,焚百家之言,以愚黔首",企图建立"子孙帝王万世之业",指出了秦始皇面对成功而不可一世,以致政策失误,故始皇既没而天下大乱。其政策失误主要在于"秦王怀贪鄙之心,纠自奋之智,不信功臣,不亲士民,废王道,立私权,禁文书而酷刑法,先诈力而后仁义,以暴虐为天下始"。这种情况,秦二世非但没有革除,反而不断加剧,以致"自君卿以下至于众庶,人怀自危之心,亲处穷苦之实,咸不安其位,故易动也"。这就是为什么陈涉振臂一呼,天下响应的缘故。《过秦论》下篇指出,秦朝在二世之后,"子婴立,遂不悟",而统治集团内部矛盾重重,危机加深,"藉使子婴有庸王之材,仅得中佐,山东虽乱,秦之地可全而有,宗庙之祀未当绝也",但情况恰恰不是如此。总的看来,"秦王(按:指秦始皇——引者)足已不问,遂过而不变。二世受之,因而不改,暴虐以重祸。子婴孤立无亲,危弱无辅。三主惑而终身不悟,亡,不亦宜乎!"贾谊在《过秦论》中最后写道:"是以君子为国,观之上古,验之当世,参以人事,察盛衰之理,审权势之宜,去就有序,变化有时,故旷日长久而社稷安矣。"秦汉之际的历史变动,是中国古代历史上最重大的社会剧变之一。贾谊《过秦论》的总结可以说是经典性的论断。它不仅从历史上

---

① 贾谊《过秦论》为上、下两篇,据《史记·秦始皇本纪》司马贞《索引》:"哀公以下为上篇,'秦兼并诸侯山东三十余郡'为下篇。"则司马迁所引当为下篇,现有之上篇为后人所补,非《史记》所引原貌(并见《索引》注文)。参见贾谊《新书》卷1,《汉魏丛书》本。又,也有以《过秦论》为上、中、下三篇之说者,见张大可:《史记论赞辑释》,52页,西安,陕西人民出版社,1986。

考察了秦朝兴起、衰亡的过程和原因，而且从理论上反复说明了"攻守之势异"，则"取之"之术与"守之"之术亦当有异。这个具有哲理性的历史经验，是汉初许多有识之士所关注的。《过秦论》成为千古名篇，在于它对如此重大的历史变动作了合乎于理性的评论。

关于《人物志》。著者刘邵是三国魏初人，[①] 曾"受诏集五经群书，以类相从，作《皇览》"，又与人合作作《新律》18篇，著有《律略论》，还"受诏作《都官考课》"，《法论》、《人物志》是他的代表作。刘邵谙于典制，精于考课，深于品评人物，时人称赞他的才识"非世俗所常有"。他所处的时代，以及他本人的经历和才识，是他能够写出《人物志》一书的几个重要原因。

《人物志》3卷20篇：卷上包括九征、体别、流业、材理，卷中有材能、利害、接识、英雄、八观，卷下含七缪、效难、释争。《人物志》的主旨是："辨性质而准之中庸，甄材品以程其职任。"[②]《人物志》品评人物的理论基础，是以先秦朴素唯物思想的五行说与人体的自然本质骨、筋、气、肌、血相配，然后再与五常即仁、义、礼、智、信相结合，作为判断人物才性的根据。这是认为人的才性出于自然。《人物志》把人材分为三大类，谓之"三度"，即兼德、兼材、偏材，认为中庸是最高的品评准则，只有"兼德"才符合这一准则。其开篇《九征》即具体论述了人物才性的九种表现，这就是："性之所尽，九质之征也。然则平陂之质在于神，明暗之实在于精，勇怯之势在于筋，强弱之植在于骨，躁静之决在于气，惨怿之情在于色，衰正之形在于仪，态度之动在于容，缓急之状在于言。"由五行而五常，由九征而三度，由三度而推崇中庸，这是《人物志》品评人物之理论的基本脉络。此外，它还以中庸为准则，剖析了12种偏材的特点（《体别》）；指出材能无大小之分，而关键在于用其宜，分析了才与能的区别（《材能》）；辨析了英与雄的两种素质的特征，认为"聪明秀出谓之英，胆力过人谓之雄"，只有"兼有英、雄"，才能"成大业"（《英雄》）；讨论了鉴定人物才性的具体

---

① 刘邵，《三国志》作刘劭，今从《隋书》卷33《经籍志三》所署。

② 郑旻：《重刻人物志跋》，见《人物志》王玟评注本附录，北京，红旗出版社，1996。

方法（《八观》）；指出了品评人物的七种误区（《七缪》）；分析了知人之难与荐人之难的种种原因。

《人物志》是一部品评人物的理论著作，其学术思想渊源兼有儒、道、名、法诸家。① 刘知幾认为：“五常异秉，百行殊执，能有兼偏，知有长短，苟随才而任使，则片善不遗，必求备而后用，则举世莫可，故刘邵《人物志》生焉。”② 这几句话，概括地指出了《人物志》的基本理论和撰述目的。《人物志》之于史学的密切关系，是它第一次从理论上系统地分析了历史活动中的主体在才性上的种种差异，以及认识这种差异的社会实践意义。《人物志》或许受到《汉书·古今人表》的启发，但它在理论上的认识已远远超出了后者。明人郑旻说它“三代而下，善评人品者，莫或能逾之矣”③。《人物志》强调人的才性出于自然，具有朴素的唯物思想，但书中对于人的后天培养的作用，以及人在社会生活中会发生变化等问题，所论甚少，确如刘邵所言：“人物之理，妙不可得而穷已。”④

关于《读通鉴论》。《读通鉴论》是王夫之阅读《资治通鉴》而撰写的一部历史评论，全书 30 卷，包括秦史评论一卷，两汉史评论八卷，三国史评论一卷，两晋史评论四卷，南北朝史评论四卷，隋史评论一卷，唐史评论八卷，五代史评论三卷。从理论上看，它涉及到上自三代、下至明朝的许多重大历史问题。发展进化的历史观点和精于辨析的兴亡论，是它关于历史理论的两个主要方面。

先说发展进化的历史观。王夫之的历史观，贵在对历史进程有通观全局的认识，其核心是“理”与“势”的统一。《读通鉴论》开篇就指出：“两端争胜，而徒为无益之论者，辨封建者是也。郡县之制，垂二千年而弗能改矣，合古今上下皆安之，势之所趋，岂非理而能然哉。”⑤ 他认为，郡县制“垂二千年而弗能改”，“合古今上下皆安之”，这是一个基本的趋势。接着他从理论上指出：“势之所趋，岂非理而能然哉。”

---

① 钱穆：《略述刘邵〈人物志〉》；汤用彤：《读〈人物志〉》，见《人物志》评注本附录。

② 刘知幾：《史通·自叙》。

③ 刘邵：《人物志》评注本附录。

④ 刘邵：《人物志·七缪》。

⑤ 王夫之：《读通鉴论》卷 1 “秦始皇”。

这就是说，这种"势"的发展，是受着"理"的支配。关于封建、郡县的讨论，柳宗元已从"势"的方面作了精辟的论述。王夫之在此基础上又提出了"理"，是对柳宗元《封建论》的发展。那么，什么是"理"呢？王夫之借用传统的术语而赋予其新意解释说："天者，理也。其命，理之流行者也。""天之命，有理而无心者也。"① 天是物质，有"理"而无"心"即没有意志。所谓"天者，理也"，是指物质自身运动的法则即是"理"。所谓"其命，理之流行者也"，说的是这种法则表现出来的不同形式、状态。因此，"存有存之理，亡有亡之理"；② 而郡县制之不可废，也是"理而能然"，自有其理所致。这是一方面。另一方面，王夫之又从守令、刺史"虽有元德显功，而无所庇其不令之子孙"的特权这一历史事实指出："势相激而理随以易。"③ 这是指出了"理"也不能脱离"势"的变化而一成不变，此即所谓"势因乎时，理因乎势"④。时总在变化，势与理也就随之变化。这两个方面结合起来，构成了王夫之的发展变化的历史观。他认为，评论历史、看待现实，只有"参古今之理势"⑤，才能得到正确的认识。

再说辨析精辟的兴亡论。一部《资治通鉴》，其旨在于"论次历代君臣事迹"，以为"鉴前世之兴衰，考当今之得失"的根据。王夫之的论，如他自己所说："引而申之，是以有论；浚而求之，是以有论；博而证之，是以有论；协而一之，是以有论；心得而可以资人之通，是以有论。"⑥ 可见，王夫之的论已远远超出了《通鉴》本身所提供的思想资料，而具有独创的性质。《读通鉴论》之论历代兴亡治乱，有这样几个重要方面。第一，认为托国于谀臣则亡，国无谀臣则存。⑦ 第二，指出了不重"积聚"、"无总于货宝"与政治统治的关系。⑧ 第三，指出了"风教之兴废"与皇朝兴亡的关系。这里，我们着重讲讲第三条。王夫

---

① 王夫之：《读通鉴论》卷 24 "唐德宗"。
② 同上。
③ 王夫之：《读通鉴论》卷 1 "秦始皇"。
④ 王夫之：《读通鉴论》卷 12 "晋愍帝"。
⑤ 王夫之：《读通鉴论》卷 2 "汉文帝"。
⑥ 王夫之：《读通鉴论》卷末《叙论四》。
⑦ 王夫之：《读通鉴论》卷 1 "秦始皇"，卷 12 "晋愍帝"。
⑧ 王夫之：《读通鉴论》卷 2 "汉高帝"。

之认为："风教之兴废，天下有道，则上司之；天下无道，则下存之；下亟去之而不存，而后风教永亡于天下。"① 这里说的"风教"，主要是指人们的思想修养和行为原则在政治上的反映。他结合东晋、南朝的历史论道："大臣者，风教之去留所托也。晋、宋以降，为大臣者，怙其世族之荣，以瓦全为善术，而视天位之去来，如浮云之过目。故晋之王谧，宋之褚渊，齐之王晏、徐孝嗣，皆世臣而托国者也，乃取人之天下以与人，恬不知耻，而希佐命之功。风教所移，递相师效，以为固然，而矜其通识。"② 这些话，很深刻地反映出东晋、南朝门阀地主的特点，即他们把家族的存亡置于皇朝的存亡之上，而他们当中有一些人是所谓"世臣而托国者"。这实在是当时政治的悲剧。与此相联系的是，王夫之还指出自汉迄隋，有"伪德"、"伪人"造成政治败乱的现象，也是一个重要的历史教训。③ 王夫之从"风教"论到"德化"的诚与伪，是指出了意识形态对于政治的重要。《读通鉴论》对于历代治乱兴衰之故的辨析十分广泛，有些是针对具体问题说的，有些则是具有普遍性的认识，其中多有超出前人的地方。

中国古代历史理论的名篇与名著所论述的问题，范围恢弘，内容丰富，如对其有条理地进行整理，正确地加以解释，则其理论的魅力定会进一步显示出来，从而对今人的启发所能产生的影响，也一定更加有力。当然，关于这件有意义的工作，人们只有认清了中国古代历史理论的特点之后，才有可能自觉地去研究、去发掘，并在此基础上进行新的创造，促进当今中国史学的理论建设。

---

① 王夫之：《读通鉴论》卷 17 "梁武帝"。
② 同上。
③ 王夫之：《读通鉴论》卷 19 "隋文帝"。

中国古代历史理论发展大势

一、引论

　　任何一门学科都有它的理论。历史学理论从其考察的对象和所要阐述的问题来看，包含历史理论和史学理论两个部分。概括说来，历史理论是人们关于客观历史运动的论述与解说，史学理论是人们关于历史学作为一门知识或一门学科的论述与解说。历史理论与史学理论有密切的联系，即在研究的主旨和重点不同的情况下，二者可以互相包容。这是因为：一方面，史学活动也是历史活动的一部分，史学活动中出现的重大问题大多可以从历史理论中得到说明；另一方面，史学活动又是对历史活动的反思，历史活动中产生的观念、思想、理性等，自然会成为史学活动必须包含和阐述的内容。尽管如此，历史理论与史学理论的内涵毕竟有所不同，从历史学的理论研究来看，对历史理论的发展和史学理论的发展，都有必要作深入、系统的研究。

　　唯物辩证法认为，任何事物都有一个产生、发展的过程。中国古代历史理论的产生、发展亦不例外，它是唯物史观产生以前的历史理论的一种形式，是在中国的历史发展和史学发展中逐步形成与演进的。因此，它所涉及的许多问题无疑都带着中国历史和中国史学的特点，其中有些问题也具有普遍的意义。

中国史学在其漫长的发展过程中，史学家们在历史观点、历史思想方面有了丰富的积累，也有一些史学家的历史思想形成了他们那个时代所能达到的认识水平和理论体系。这个认识水平和理论体系因时代而异，因而是变动的，且是随着历史的发展而发展的。从司马迁、班固到范晔、杜佑，从司马光、郑樵、马端临到李贽，从顾炎武、黄宗羲、王夫之到崔东壁，其发展的轨迹清晰可见。还有一些思想家、政治家关于历史的见解和评论，包含着一些有意义、有价值的历史观点和历史思想，这些都可以丰富我们对于中国古代历史理论的认识。

20 世纪 60 年代初，白寿彝先生在《谈史学遗产》一文中指出："分析批判各种不同的历史观，这是我们研究史学遗产时首先要担当起来的重要的工作。当然，过去无论哪一种历史观都不可能跟马克思主义历史观相比。但分析批判这形形色色的历史观，对于掌握历史理论的发展规律，锻炼我们的识别能力，丰富我们的理论，提高我们的水平，都是不可少的。"① 这里包含了两层意思，一是对各种各样的历史观进行分析，给予恰当的评论；二是这种研究过程有利于研究者"掌握历史理论的发展规律"。是否可以认为：前一个方面是可以不断得到一些具体的结论的，后一个方面则是长期的、潜移默化的提升过程。作者在这篇论文中还提出了三个值得关注的具体问题：一是"人定胜天论跟命定论间的斗争"，二是"时势创造历史论跟英雄创造历史论的斗争"，三是"历史进化论跟是古非今和历史循环论的斗争"。② 作者对此都进行了概括性的阐述，从而指出了中国古代历史理论是在矛盾运动中发展起来的。

20 世纪 80 年代，白寿彝再次论说史学遗产，他在讲到历史观点时，发挥了他在 20 世纪 60 年代所阐述的见解。他指出："多年以来我

---

① 白寿彝：《谈史学遗产》，见《白寿彝史学论集》（上），
472～473页。

② 同上书，469页。

们有个看法，认为马克思主义以前，历史观点都是历史唯心论，好像是一无可取。前几年，我们在中华书局搞'二十四史'的标点工作。每一部史书在出版的时候，照例要写一篇出版说明。……按照这种写法，'二十四史'只能是二十四部史料书，再没有其他的价值了。但这是不符合实际的。'二十四史'，固然给我们留下了大量的历史资料，还给我们留下了不少的思想资料，留下了观察历史的方法，留下了写历史的方法，留下了许多专门知识。从历史观点来说，在'二十四史'里，在别的很多史书里，在不少有关史事论述的书里，都还是有进步的观点、正确的观点，可以供我们参考、吸取和发扬的。"① 这段话包含了对学术工作中的经验教训的反思和总结，其核心所在是说明对史学遗产中的思想遗产，应当用历史主义的方法去总结，用辩证的观点去分析，而不是作简单的看待。

白寿彝以其在史学遗产方面的渊博学识和对于中国史学中的历史观点、历史思想、历史理论的高度重视，以及对于马克思主义关于思想发展的辩证法则的深刻理解，因此从 20 世纪 60 年代至 80 年代，一再提出并强调要加强历史观的研究。1983 年，他在一次学术讲演中又一次阐述了他的一贯的见解，他说："关于中国史学遗产，我看有好几个方面值得我们注意的。第一个，中国历代的史学家、历代的思想家，有不少的人都有他们的历史思想、历史观点。……马克思主义没传入中国以前，中国历史学不可能有一个历史唯物主义的思想体系，这是没有问题。但这并不等于说，我们过去没有正确的历史观点。对具体历史问题、具体历史现象、具体历史人物、具体历史事件，过去也曾经有过不同程度的正确看法，这些看法不可能都写在马克思主义经典里面，但是它们是正确的。在今天我们有马克思主义指导了，对于这些前人所做的成果，我们不要一脚踢开，应该吸收过来做我们的营养。"② "历史唯物主义的思想体系"是到目前为止人类历史上最先进最科学的思想体系，

---

① 白寿彝：《关于〈谈史学遗产〉——谈史学遗产答客问》，见《白寿彝史学论集》（上），495～496 页。

② 白寿彝：《关于建设有中国民族特点的马克思主义史学的几个问题——1983 年 4 月 6 日在陕西师范大学历史系的讲话》，见《白寿彝史学论集》（上），311 页。

这个科学的思想体系是它的创始人马克思、恩格斯继承并提升了人类思想的积极成果而创造出来的，它不同于在它出现之前的任何思想体系，但又并非同以往的思想体系毫无联系，这就是人类思想发展历程的辩证法则。白寿彝本着他的这种信念，提出了在马克思主义的历史唯物主义思想以前，中国史学上也曾有过正确的思想。这些正确的思想还可以吸收过来作为今天的史学工作者提高自身理论水平的"营养"。正因为如此，他讨论史学遗产问题并不只是停留在学理上，而是进一步落实到史学活动的实践层面，使史学遗产在当今的史学发展中获得新的生命力。总之，探讨中国古代历史理论的存在状况和主要成就，"掌握历史理论的发展规律"，使这方面的研究所得促进当今史学发展，是我们的主旨和目标。

需要着重指出的是，这种探讨还有另一个方面的重要意义，即有助于沟通中国古代史学的思想体系同马克思主义唯物史观的联系。这一点，在白寿彝的上述论说中已有不同程度的显示，而刘大年论中国古典哲学同马克思主义的关系，其雄辩的论证则给予我们深刻的启示。刘大年指出，在近代中国，"马克思主义在中国传播，并终于与中国固有文化结合起来"，这有四个方面的原因，前三个原因是时代使然，第四个原因是："马克思主义与中国传统文化中古典的朴素的唯物辩证法的思想是可以沟通的。也就是说，中国人接受马克思主义哲学思想有内在的根据。尽管中国古典哲学与马克思主义哲学产生于相隔遥远的历史时代，属于截然不同的社会意识形态、属于不同的世界观和思想体系，但中国古代典籍复杂多样，其中关于唯物辩证法的思想，一向是人们所熟知的。自然它的形式是中国传统的。"① 刘大年在进一步总结他的论点时又指出："以上四条，一、二、三条主要讲从中国近代社会历史、时代环境和斗争来看，第四条讲从中国传统哲学来看，说明马克思主义与中国国情相符合。马克思主义与中国传统文化相结合，是中国文化的自我更新，是中国文化现阶段的重要发展。孔子学说统治成为过去，近代经学结束，是历史朝前演进的必然，是合理的和不可避免的。为什么五四运动以后，西方各种牌号的新思想、新学说蜂拥进入中国，又都像昙

---

① 刘大年：《评近代经学》，见《刘大年集》，429页，北京，中国社会科学出版社，2000。

花一现，转眼过去，惟有马克思主义终于落地生根，开花结果了？这四条就是回答。"① 如果我们把刘大年说的中国古典哲学同马克思主义哲学的位置，换位给中国古代史学同马克思主义史学的话，它们之间的相互关系应是大同而小异，并无本质上的区别。举例来说，中国古代史学中关于天人关系的讨论，其中也多少包含着历史究竟是"神"的启示还是"人"的启示；中国古代史学中关于古今关系的认识，其中包含着人类历史是否从低级阶段向高级阶段发展的过程；中国古代史学中的地理观念，也存在着地理环境对社会历史发展的影响的朴素认识；中国古代史学中一再出现的"君，舟也；民，水也。水能载舟，亦能覆舟"古训，尽管还不能视为承认人民群众在历史上的伟大创造作用，但从维护政治统治着眼已不得不考虑"民"的存在，等等。我们甚至也可以模仿刘大年的说法，即中国古代史学同马克思主义史学是本质上完全不同的史学，中国古代历史理论同马克思主义唯物史观的发生相距甚远，但它们之间却是可以沟通的，这正是中国古代史学的优秀遗产能够同马克思主义唯物史观相结合从而获得新生的内在条件。

中国史学的发展证明，正是这种结合产生了中国马克思主义史学，使中国史学获得了新生，同时也扩大了马克思主义史学在世界范围的影响。马克思主义历史理论同以往的历史理论既有本质的区别，也存在着一定的联系，这是因为人类对于客观历史的认识是一个长期积累和发展的过程；尊重这一认识过程的辩证法则，才使我们对中国古代历史理论的探讨具有学理上的价值和现实的借鉴意义。

中国古代历史理论发展大势，按历史时段划分，充分考虑到历史理论自身演进的轨迹，以关注其具体标志和整体面貌为根据，大致显示出如下的发展大势：先秦、秦汉时期，是其形成阶段；魏晋南北朝隋唐时期，是其发展阶段；五代宋辽金元明清（1840年前）时期，是其繁荣时期。

二、中国古代历史理论的形成

人们的社会存在决定人们的思想。先秦、秦汉时期的历史发展，影响着这一时期中国史学的特点，进而影响到这一时期的历史理论。因

---

① 刘大年：《评近代经学》，见《刘大年集》，427页。

此，在这里首先要对这一时期的历史发展和史学特点作一简要概括，然后再论及有关历史理论的形成。

先秦、秦汉时期，泛指中国自远古时代至东汉末年的历史，是中国历史分期中包含年代最长远的历史阶段。我们这里所讲的先秦、秦汉时期，主要是指有文字可考的历史以来至东汉末年的历史阶段，即包含殷商、西周、春秋战国、秦汉等时期的历史。从社会形态来看，一般说来，殷商、西周是奴隶制社会阶段，东周初年和春秋战国是奴隶制社会向封建制社会过渡阶段，秦汉是封建社会的成长阶段。[①] 从社会发展的趋势来看，殷商和西周都曾创造出了它们那个时代的辉煌，而商汤灭夏和武王灭商也同样是那个时代的重大历史事件。周平王东迁洛邑以后，中国历史进入剧烈的动荡时代，一方面是社会内部的矛盾、斗争和经济、政治变革。一方面是学在官府的局面被打破，而"百家争鸣"则促成了思想领域的活跃和创新。

秦、汉皇朝的先后建立，形成了中国历史上前所未有的统一局面，从而奠定了统一的多民族国家发展的基础。秦、汉皇朝也都创造了它们的辉煌，在中国历史上占有非常重要的地位。由于它们所实施了不同的政策，它们的政治局面和历史结局都有很大的区别：秦朝的短祚和两汉的接续，形成鲜明的对比；这同它们的政治、经济、文化政策的迥异有密切的关系。

上述历史形势，直接影响到史学面貌。先秦、秦汉时期的史学，是中国史学的源头和根基。所谓源头，一是由于文字的发明，中国历史上出现了最早的文字记载，从而为史学的产生创造了条件。二是出现了最早的史官、官文书和宫廷颂诗，其中包含了历史记事的萌芽。三是随着纪年的进步，王室和各诸侯国出现了国史。四是由于学在官府格局的被突破，出现了私人著史的现象，从而形成了中国史学上官修史书和私家著史相辅相成的优良传统。所谓根基，是秦汉大一统政治局面和历史条件，造就了规模宏大的史学，为此后两千多年中国史学的发展奠定了深

---

① 关于中国社会的历史分期问题，20世纪中国史学界不断有所争论，见解各异，分歧甚大。这里是根据白寿彝主编的《中国通史纲要》"叙篇"的说法，以下各卷同此。《中国通史纲要》，上海，上海人民出版社，1980。

厚的基础，这就是《史记》、《汉书》的先后问世。

从中国史学史发展的长河来看，这一时期是中国史学从萌芽到初步发展的时期。此时，中国古代历史理论开始形成，并产生了具有标志性的成果。这一形成过程经历了两个阶段，即先秦史学中若干历史观点的提出和两汉时期史学中历史理论体系的初步形成。从前一阶段到后一阶段，经历了上千年的漫长过程和不断积累。

在先秦史学中，我们可以梳理出来一些比较重要的历史观点：第一，天与人的关系，包含"天命"与"人事"的作用，"天道"与"人道"的区别等等。二者演进的轨迹，是"天"、"天命"、"天道"所笼罩的神意逐渐被怀疑、被轻视，而"人"、"人事"、"人道"所具有的现实作用逐渐被认识、被重视。第二，古与今的关系，包含古今是否有联系，古今是否在变化，变化的方向是倒退、是循环还是进步，变化的原因是什么等等。其演进的轨迹比较复杂，其中最值得关注的观点，一是变易，二是看到了变易中的进步，三是具有探讨变易之原因的意识。第三，君主与国家的关系，包含了君主的类型、君主的职责、君与臣的关系、君与民的关系等等。其演进的轨迹，亦呈复杂形势：君主地位的提升，国家观念的形成，民本思想的强化，以及它们之间的相互关系所形成的张力，推动着史学家认识的继续深入。第四，地理条件与社会发展的关系，包含对地理条件之差异的最早认识，地理的整体观念及其区划，地理条件对社会发展的影响，地理与国家政治之关系的观念等等。其演进的轨迹，一是人们愈来愈认识到地理条件的重要，二是国家观念之地理表现形式的思想逐步形成。第五，民族与文化的关系，包含夷夏之辨的观念及其含义，夷夏之辨与礼乐制度的关系，夷夏之辨的文化内涵，夷夏之辨与统一的多民族国家的关系等等。其演变轨迹也非常复杂：一是从民族本身的差别看待夷夏之辨，一是从文化发展程度看待夷夏之辨，以及这两种观念在对待民族与国家之关系上的不同认识及其长久的历史影响。第六，兴亡之辨与历史鉴戒的关系，包含对历史上朝代兴亡、社会治乱之原因的探讨和总结，历史经验教训对于现实的价值和意义，史学家们总结历史经验教训的方法等等。其演进的轨迹，一是人们直接从客观历史中汲取教训、总结经验，逐步发展到通过史书的记载而从中总结历史经验教训，其间包含着人们怎样认识社会历史、怎样认识史学，以及通过史学如何去认识历史；二是人们关于历史鉴戒的思想，一般说来还停留在对具体事物认识的基础上，把历史鉴戒思想提升到理论层面上来，此时还只是个别现象。

在秦朝，史学出现了一个短暂迟滞阶段。而在两汉史学中，史学家们对上述这些问题的认识，都有所涉及，有的问题在认识上有了更大的发展，而尤为重要的是，对于这些问题的认识，不再表现为分散的、个别的认识；在有的史学家如司马迁、班固那里，这些认识已表现为相互联系的系统性认识，以至形成了自己的历史理论体系。司马迁的历史理论体系是围绕"究天人之际，通古今之变，成一家之言"这一撰述目标而展开的。其中，"成一家之言"的含义既有史学理论方面的目标，也有历史理论方面的目标。通观《史记》全书，综合司马迁的撰述目标，其历史理论体系的主要构成是：

——质疑"天道"（如《伯夷列传》），使其与人事区别开来；

——抨击封禅和祈神活动，指出其对社会的危害（如《封禅书》）；

——着重于表述人事在历史活动中的作用（如《陈涉世家》等），肯定了人在历史转折关头或重大事变中的作用（如《绛侯周勃世家》等），认为人的智谋在历史进程中具有重要意义（如《陈丞相世家》等），注意到普通人的社会存在和价值等（如《货殖列传》、《游侠列传》等），从而确立了中国古代史学的人本主义传统；

——提出了中国历史演进过程及其阶段性特征的完整认识（如《三代世表》、《十二诸侯年表》、《六国年表》诸表序）；

——提出了历史变化与社会进步的认识（如《六国年表》序、《商君列传》后论等）；

——揭示了治乱盛衰转化的丰富的历史经验和普遍性原则（如《平准书》序、《货殖列传》序等）；

——提出了历史演进、社会变化是一个自然发展过程的初步认识（如《平准书》序、《货殖列传》序等）；

——司马迁以五种体例纪、表、书、世家、列传著成《史记》，在理论上、内容上、表现形式上反映了社会历史的全貌，包含政治、经济、民族、制度、自然环境、各阶层代表人物活动及其相互关系与社会价值等等，以达到"成一家之言"的撰述目标（如《太史公自序》所论）；

——关于历史人物评价，《左传》、《国语》已有了人物评价之标准的言论，但未成体系。《史记》提出了评价历史人物的理论和方法，其总的原则是"扶义倜傥，不令己失时，立功名于天下"（《太史公自序》），这些观点还见于各"列传"的后论中带有普遍性认识的议论，也见于《史记·太史公自序》中的有关小序即有关篇目的撰述提纲。

综上，这是一个较全面的历史理论体系，具有前无古人的价值和后启来者的作用。以此为标志，中国古代历史理论已初步形成。

此后，这一时期的史学家班固、荀悦对上述历史理论体系各有补充和发展。班固的主要贡献是：第一，明确地提出《汉书》撰述目标是"综其行事，旁贯《五经》"，即把具体的历史事件和思想文化结合起来。第二，其《汉书》十志表明他对社会构成和社会生活的认识、理解更加丰富、更加深刻，如《食货志》称"厥初生民，食货惟先"；《地理志》称"自昔黄、唐，经略万国，燮定东西，疆理南北"，显示出明确的疆域理念；《艺文志》称"秦人是灭，汉修其缺，刘向司籍，九流以别，爰著目录，略序洪烈"，重视历史典籍和文化传承的思想等等，都有重要意义，显示出班固"上下洽通"思想的丰富内涵和理论特色。第三，《汉书·叙传》的最后几句话表明，班固的《汉书》是要把国家、自然、政治、制度、思想、文化传统等以及人们的活动及其相互关系都写出来，显示了他的整体历史感。荀悦的主要贡献是，提出了"六主"、"六臣"论，对推动君主论的进一步发展有积极的作用。此外，他关于治乱兴衰之故的分析，认为要考虑到形、势、情三个因素，是看到了主客观因素对历史活动的影响。

从孔子的开阔的民族思想，到司马迁写《五帝本纪》和周边各少数民族传记，反映了这时期的史学在民族问题上，是从对民族的认识发展到对民族史的认识。这一趋势在先秦史学和两汉史学中，都具有突出的特点。中国在历史上是统一的多民族国家，史学家的上述认识是一个贯穿始终的、不断发展的历史理论问题。

三、中国古代历史理论的发展

首先来看魏晋南北朝、隋唐时期的历史发展与史学特点。魏晋南北朝隋唐时期，是中国封建社会的发展时期，生产力水平的提高和科学技术的进步，以及与之相适应的生产关系的变化、思想文化领域的活跃等等，是这一发展的主要标志。

这一时期的历史发展，在以下几个方面特别值得关注：一是门阀地主成为这个时期地主阶级中占统治地位的阶层，因此门阀的特点在社会的许多方面都有鲜明的反映。① 二是自秦统一以来，中国历史上第一次出现了民族大迁移、大组合、大融合的局面。这一方面造成了社会的动荡，另一方面也为新的更大规模的统一多民族国家的发展创造了条件。三是从三国鼎立到隋的统一，其间出现了370年的分裂时期。从整体上看，由于多年的纷争不利于全国历史的发展；但从局部来看，为了支撑各个割据皇朝的存在，地方的社会经济也有不同程度的发展，并最终造成全国经济重心的南移。四是隋唐统一局面的出现，创造出了中国封建社会史上空前的繁荣，"贞观之治"和"开元盛世"成为这个繁荣的两个标志。在物质生产领域和精神生产领域的诸多成就与丰硕果实，证明隋唐皇朝所统治的国家，成为当时世界上文明发展程度最高的国家。五是这个时期的中外交流有了更大的发展，佛教的传入激励着中国僧人的西行"求法"，鉴真的东渡日本和日本使臣与留学生大规模来到中国，使印度文化传入中国，而中国文化一则经西域西传中亚，一则东传朝鲜和日本。这是一个开放的时代，是一个文明进程突飞猛进的时代。

这个时期的史学发展的特点表现在许多方面，其中最显著、最重要的特点是：多途发展，门阀意识，转折创新。具体说来，魏晋南北朝时期，由于历史发展呈现出丰富多彩的特点，促使史学在"成一家之言"和创立"正史"之后出现多途发展的趋势：在"正史"占据重要地位的同时，史书的数量和种类剧增，门阀的特点和多民族国家历史的特点在史学上的表现至为突出。隋唐的统一，在历史观和政治观方面，都突出了"天下一家"的思想。史学在多途发展的基础上，出现了转折与创新的新趋势，而转折又往往同创新相结合。而转折与创新正是唐代史学的一大显著特点。

关于史学的多途发展，以及史书数量和种类的增加，可以从《隋

---

① 参见白寿彝主编：《中国通史纲要》，227～228页；瞿林东：《唐代谱学和唐代社会》，见《唐代史学论稿》，90～116页，北京，北京师范大学出版社，1989。

书·经籍志》史部同《汉书·艺文志》的比较、《新唐书·艺文志》史部同《隋书·经籍志》史部的比较中得其大体。关于史学的门阀意识，可以从这个时期涌现出来的谱牒之书、家史、家传，以及对于礼书的重视中，窥其一斑。关于史学在发展中的转折，可以从通史撰述的兴盛及其撰述中的多种形态的出现，从通史的复兴和典制体通史的问世，从君主论、兴亡论、治国论等专书的纷纷面世到历史笔记的萌生等等，看到唐代史学的生机勃勃的创新势头。这些，对中国古代历史理论的发展，都有极重要的推动作用。

其次来看中国古代历史理论发展的历史及其主要标志。这个时期，中国古代历史理论在形成的基础上，步入了它的发展阶段。从整体上看，这个发展反映在三个方面：其一，前一个时期提出的重大理论问题，有些问题在这个时期都有了更深入、更全面的认识，有些问题的阐发则产生了系统的论著；其二，提出了前一个时期未曾提出的新问题；其三，出现了足以反映中国古代历史理论发展的标志性著作。

首先考察第一个方面：

1. 天人关系仍然是最根本的历史理论问题之一。尽管此时的史家、史书还时时称说"天命"，但"天命"愈来愈成为摆设了，人事才是真正被关注的对象。南朝的范晔、唐初的魏徵、中唐的柳宗元，都是否定"天命"的史学家、思想家。由于柳宗元同史学的密切关系，他的《天说》、《天对》不仅把"天命"逐出了自然观，而且把它逐出了历史观，"是超越前人的理论"①，因而在历史理论发展史上具有特殊的重要意义。另一件具有重要意义的事情是，南朝的刘邵写出了品评人物的理论著作《人物志》。还有，在重视郡望的门阀时代，各种人物的传记如雨后春笋，表明这是研究人、表现人的时代，"天命"在历史理论的范围内已失去了昔日的尊严和光辉。

2. 古今关系也仍是历史理论的根本问题之一。人们在这个问题上的争论，已不是"法先王"、"法后王"或言必称三代一类的辩难，而是在现实生活中，尤其是在政治得失的估量上究竟持怎样的认识。如关于政治建置，是分封优于郡县，还是郡县优于分封？其原因何在？从三国

---

① 侯外庐：《侯外庐史学论文选集》（上），453～454 页。

时期到唐代中期，人们有热烈的争论。又如关于人心风俗问题，是人们的本性越来越"浇讹"呢，还是由于社会越来越复杂，统治者应采取教化政策？再如关于华夏、夷狄的差别，是天然生成的呢，还是由于种种原因致使不同民族在时空中有所变化而形成的差异？等等。围绕这些问题的讨论，史学家们把自己的认识推进到新的高度。

3. 关于国家职能的认识。在"民惟邦本，本固邦宁"的古老意识的基础上，怎样更深入、更全面地看待国家职能？《周礼》、历代官制实质上都触及这个问题，而杜佑《通典》的问世，是极明确地、合乎逻辑地阐述了这个问题，这是中国古代国家观在历史理论领域的极重要的成就。

4. 怎样看待民族和民族关系。从《三国志》到唐修八史，史学家是怎样继承司马迁撰写民族传记的传统的？他们的认识、理论有何异同？总的趋势如何？江统提出《徙戎论》的根据何在？唐人撰写《晋书·载记》的理论根据是什么？从十六国到唐代，史学家们是如何自觉、不自觉地在史书中反映出各民族历史文化认同的趋势的？范晔、刘知幾、杜佑、唐高祖、唐太宗等，是在这些问题上提出了精辟见解的史学家和政治家。

5. 君主论在中国古代历史理论中占有特殊的地位。前一个时期，孔子、孟子、荀悦等，都有所议论，而《史记》多有精辟论断。这一时期，关于君主的评论，在正史帝纪中屡见不鲜，其中不乏真知灼见，《后汉书》、《隋书》帝纪后论堪称代表作。但更重要的是，这个时期的君主论已发展为系统的认识和理论的阐说，前者如虞世南的《帝王略论》（略是事略，论是评论），后者如唐太宗的《帝范》。

6. 关于正朔之论。制定正朔同历法有关，在中国古代，它也同政治统治有关。因为只有最高统治者才有权确定正朔。随着历史的演进，制定正朔也就成了政治统治之合法性的同义语了。陈寿《三国志》问世后，历代史家对此有不同的见解。从历史理论来看，其重要性并不在于政治统治的"合法性"问题，也不在于华夷之别的问题，其隐藏的深层含义，乃是政治统治的历史连续性问题。这对于中华文明在历史观念上和历史撰述的表述上，都有极其重要的意义。其后，宋代以下正统论及相关论点，都属于这种性质。

7. 地理环境与社会发展。司马迁把西汉辖境划分为几个各有特色的经济区域，并分别有所论述，反映了他的区域经济思想因素。这一时期，史学家们对地理条件之影响社会发展多有关注，历代正史中的地理志及地方志等，都有不同程度的论述。此外，北魏郦道元的《水经注》、唐初虞世南的《北堂书钞》地理部、中唐李吉甫的《元和郡县图志》和杜佑的《通典·州郡典》等，都包含着有代表性的理论认识。大致说来，地理条件之影响社会发展，在政治、经济、军事、民族、风习等方面，都有一定的作用。

8. 兴亡论和治国论的展开。兴亡论和治国论之所以成为古代历史理论的一个方面，是因为它集中地反映了史学家们对历史上重大问题的认识，这些认识影响于后世之最重要者在于治国安邦，即从历史上的兴亡之论返回到现实中的求兴而避亡、求治而避乱的实践，故其具有特殊的意义，这也可以认为是人们认识历史的重要现实目的之一。前一时期，贾谊的《过秦论》经司马迁引用后，产生了深远的影响。同样，陆贾的《新语》，也因《史记·郦生陆贾列传》的称道而广为流传。这一时期，史学家们关于兴亡和治国的讨论有全面的展开。以正史为例，范晔《后汉书》中帝纪后论、相关类传的序与论，不仅对东汉兴亡有很多精辟的分析，而且有些认识具有普遍的理论意义。唐初史家所修《晋书》、《隋书》，在这方面也有很高的成就。其中，魏徵的史论以及他的多次上疏，都是关于兴亡之论、治国安邦之论的精彩篇章。朱敬则的《十代兴亡论》、李德裕的《三国兴亡论》等，也不失为名篇。尤其值得重视的是盛唐时期史家吴兢所撰《贞观政要》，此书 10 卷 40 篇，详述唐太宗和他的大臣们论为政得失之故、议长治久安之策，其音容笑貌，栩栩如生。可以认为，这不仅是一部贞观之治的历史画卷，而且是一部有普遍意义的关于治国安邦的理论著作，对后世产生了极其深远的影响。与此有关的，还有中唐时期的学人赵蕤撰写的《长短经》，也是一部以历史内容为主的专书，旨在经世济用，自应在历史理论考察的范围之内。

9. 关于历史人物评价的标准、理论和方法。《后汉书》重视历史人物的德行，并善于作综合概括，提出理论性的认识。《隋书》继承了司马迁的思想，强调历史人物和时势的关系，认为时势造就了杰出人物。

中唐以至晚唐，史家关注以何种标准采集人物传记的问题，具有重要的理论价值。尤其值得全面阐释的，是南朝刘邵的《人物志》，这是极重要的一部关于如何评论人物的理论著作。

其次，考察第二个方面：

这个时期，提出了什么新的历史理论问题呢？这里，至少有两个问题是十分重要的：第一个问题，关于"天下一家"的思想。在中国历史上，"海内一统"是一个重要的历史观念。三国鼎立时期，政治家们追求的是政治统一；陈寿撰《三国志》，是把三国的历史写在同一部史书中；北魏郦道元作《水经注》，其视野所及，是全国的疆域，有的地方甚至涉及境外；隋唐之际的李大师早已不满于以南北分割的观念撰写史书，李延寿继承父志，写出了南、北互见的《南史》、《北史》；唐人撰《晋书》，除民族问题外，也有要写出完全意义上的两晋历史的目的，等等。凡此，都是"大一统"思想的具体反映。隋唐时期，史学家和政治家反复称说"天下一家"，这可以看做是"大一统"观念在新的历史条件下提出的一个新的历史观念，对其作深入的考察，有重要的意义。第二个问题，关于国家起源的问题。先秦、秦汉时期，人们已有这方面的一些认识，而这个时期的柳宗元撰写的《封建论》是更具有实际内容的天才猜想，是当时人们认识水平所能达到的最高成就。

再者，考察第三个方面：

中国古代历史理论进入发展阶段的标志是什么？如果说，司马迁、班固的史论标志着中国古代历史理论的形成的话，那么杜佑、柳宗元的史论则标志着中国古代历史理论进入到新的发展阶段了。如果说马、班是以其完整的体系标志着中国古代历史理论的形成，那么，杜佑、柳宗元则是以其在许多重大问题上的认识所达到的新的高度，成为中国古代历史理论发展阶段的主要标志。举例来说，杜佑论地理环境与华夷关系，论古今关系与华夷之别，论食货为国家职能之首及各部门职能之逻辑关系，论风俗与社会等等，都是历史理论领域的新发展。柳宗元论天人关系，论"封建"与"郡县"之建置的优劣及"势"的作用，论国家起源，论"圣人之意"与"生人之意"的根本性差别等等，也都达到了当时人们认识的新高度。在历史理论多方面发展的基础上，杜佑、柳宗元的史论作为发展阶段的标志，是当之无愧的。

四、中国古代历史理论的繁荣

依照前例，我们首先对五代、宋辽金元、明清（1840 年以前）时期的历史发展与史学特点作一概括。

五代宋辽金元明清（1840 年以前）时期，是中国封建社会进一步发展和走向衰老时期。五代宋元时期，先有五代和十国的分立，继而有辽、西夏、金和两宋的和战，后有元的大统一。这个时期，广大的边区，从东北到西北，再到西南，基本上都进入了封建社会。东南经济的发展超过了北方，长江中下游地区成为全国最富饶的地区，这是封建社会进一步发展时期的两个重要标志。

前一个历史时期的门阀地主阶层，在北宋和南宋时期，代替它的是品官地主。元统一后，南宋地主阶级的势力基本上被保存了下来，他们所在的地区是当时社会经济最有代表性的地方。广大边区的封建化，是元代社会生产发展的新气象。明朝的建立和灭亡，以及清朝的前期和中期，是中国封建社会的衰老时期。前一历史时期的品官地主和他们延续下来的势力，以及蒙古贵族地主，在农民起义的重大打击下瓦解了。代替其地位的是新兴的官绅地主。这个阶层是商品生产和货币经济发展的产物，但因仍依附于旧有势力而得不到应有的正常发展。明初，资本主义已有萌芽，明中叶后期萌生较多。清初以后，资本主义萌芽又有所发展。

从对外关系上说，隋、唐、宋、元都居于主动的地位，明清时期对外关系明显地逆转了。葡萄牙、西班牙、荷兰等国家，在 16 世纪初已经东来进行殖民活动，并侵及中国领土。此后，沙俄、英、美相继而来，对中国的野心日益扩大。明初郑和下西洋和清初对沙俄的侵略进行反击，这是对外关系上的大事，但从总的形势来看，中国的处境日益被动。在鸦片战争后，中华民族日益陷入沉重的灾难。①

上述历史状况，不论是政治的、经济的、民族的及中外关系等方面，都对史学发展有直接、间接的影响。总起来看，从五代到清中叶，这个时期的史学有几个鲜明的特点。第一，是史学家的忧患意识十分突

---

① 以上概述，参见白寿彝主编《中国通史纲要》，19～22 页。

出。不论是北宋司马光作《资治通鉴》、范祖禹作《唐鉴》，还是南宋李焘作《续资治通鉴长编》、李心传作《建炎以来系年要录》、徐梦莘作《三朝北盟会编》，都极其鲜明地反映了这一特点。这个特点是由两个原因造成的，一是北宋的社会问题严重，经济、政治、军事亟待改革，二是尖锐复杂的民族矛盾。忧患意识是中国古代史家的优良传统，而以两宋史家最为突出。第二，是多民族史学的进一步发展。这是中国史学的优良传统之一，以元代史学最为突出，清代史学则继其余绪。这个特点与统一的多民族国家的历史及其发展有直接的关系。第三，是史学向社会深层发展。这一方面表现为历史撰述更多地反映出社会经济领域各部门的具体内容；另一方面是更多地反映出人与自然的关系如治河、救灾等；再一个方面是反映出社会大众对史学的需要以及蒙童教育中历史内容的增多，促进了历史教育的发展；还有一个方面是历史笔记和地方志的兴盛，进一步扩大了史学的范围和影响；市民阶层的意识和要求，在史学中开始表现出来。第四，是历史著作反映了古代史学之总结与嬗变的趋势。这一趋势在历史理论、史学理论、历史文献学等方面表现为批判意识的增强，尤其是对君主专制的批判，同时也表现在旧的价值观念的动摇。第五，是自宋、辽、西夏、金、元以来直至明清，各民族历史文化认同的发展。这在历代正史、地理书、皇帝诏书、典章制度等历史文献中都有显著的反映，对统一的多民族国家的历史进程产生了巨大的影响。第六，关于域外史地的记述增多了，反映了中国与世界的联系比以往更加密切。上述的历史形势与史学特点，推动了五代、宋辽金元、明清（1840 年以前）时期历史理论的繁荣与嬗变。

宋代理学的兴起和明清之际历史批判意识的滋长，从不同的方面影响到这一时期的历史观念，从而在历史理论中不同程度地表现出来。但是，古代历史理论发展的路径并未因此而出现方向性的变化。从总体上看，它沿着已经走过的轨迹继续前行，并踏进了繁荣的门槛，而在繁荣之际，也就出现了一些新的变化及特征。

第一，关于天人关系。司马迁提出的"究天人之际"的问题，经过大约千年左右的讨论，"天"的神秘的面纱已被揭去，"人"理所当然地成了历史的主宰。由于理学的兴起，理学家们关于"天理"和"人欲"的诠释，不论其有多大的合理内核，都给史学的发展带来了某种消极影响，但它毕竟不能改变史学家循着"人事"的"势"与"理"去思考和解释历史。

第二，关于古今关系。当郑樵提出"会通之义"、"会通之旨"、"会通之道"时，他是把历史纵向考察视为既有"古今相因"，又有"古今之变"的；同时，他又把历史横向考察视为"百川异趣，必会于海"，"万国殊途，必通诸夏"。质而言之，"会通"不止是时间相通，而且也是空间相通。是否可以认为，这是把《史记·太史公自序》和《汉书·叙传》中说的"通古今之变"和"上下洽通"综合起来了；是否可以认为，这是中国古代史学家的"大历史观"的一种表述形式。还有，当马端临提出区别看待历史之"不相因"与"实相因"时，是否可以认为，中国古代史家对于古今关系又有了更深一层的认识，即对具体史事和制度沿革不作同等看待。当然，他说的"不相因"，是从事件本身去看待的，并不是指事件背后的"理"。他说的"实相因"则具有很高的理论价值，从今天的眼光来看，这是指出了中华文明之连续性发展的一个基本规律。

第三，关于地理条件与社会发展。地理思想在这一时期有了很大的发展，从现存的《太平寰宇记》可见宋人的地理观念之宏大和国家统一意识之明确。明清两代的大量的治河之书，反映了史家对水利的认识达到了新的高度，所叙经验教训在今天仍有现实参考价值。顾炎武的几部地理著作，反映地理与建都、水利与经济、地理建置与政治统治之关系的认识与阐述，都有丰富的理论内涵。顾祖禹的《读史方舆纪要》是古代军事地理的最高成就，其各部分的序文多系地理思想之杰作。其他散篇专文，亦不乏真知灼见，如龚自珍的新疆建省之议等。

第四，关于民族与民族关系。这时期的史学家们在这方面的认识，既有激烈的论争，又有理性的阐说，其总的趋势是走向历史文化的认同：辽、金史家对中原历史文化的认同，元代史家对宋、辽、金三朝历史的认识以及对中原历史文化认同（其中包含对多种史书的重视与评价），清代史家表现出来的对中华历史文化的广泛认同、总结、继承和发展。这些历史文化认同的种种表述形式和理论上的阐发，乃是中华民族之民族认同的思想基础和理论基础。

第五，关于君主论。这时期的君主论，与前一时期相比，在正面的理论阐述上，建树不甚突出。司马光的《稽古录》略有评论，而《册府元龟》的"帝王部"在分目论列上颇有可采。值得关注的是明代专制主义集权，已难得有正面阐说君主的专书。到了明清之际，黄宗羲、顾炎武、王夫之乃是以批判君主专制为宗旨的史学家，这标志着中国古代君主论已经到了终篇的时候了。我们说的此时历史观的嬗变，这是主要标志之一。

第六，关于国家论。司马光强调"国家盛衰"、"生民休戚"，王夫之强调"国是"、"民情"、"边防"，其间贯穿着国家职能之观念的不断增强。自宋迄清，在国家行政建置方面，各有论说，都有值得总结的地方。顾炎武的《郡县论》、《钱粮论》、《生员论》，都是论国家职能的大文章，具有古代国家论的总结性质。他说的"天下兴亡，匹夫有责"，指出了个人同国家的关系；这种关系已不是臣民对于君主的关系了。

第七，关于正统论。欧阳修继承了《春秋》笔法而倡言"正统"，把以往朝代更迭、皇位继承、华夷之辨、史书起元等历史现象和史学现象上升到理论层面，这对于深化久已有之的制定"正朔"的传统之内涵，有一定的意义。关于"正统"之论，言人人殊，各有利弊，自可分别作出分析、判断。这里，首要的问题是要关注历史发展的大趋势。清朝统治者自谓遵循炎黄以来的"治统"，又恪守儒家学说的"道统"，这无疑是事实上的"正统"。可见，"正统"之辨，从表象上看，是探讨某一朝、某一帝、某一民族之政治统治的"合法性"问题；从深层次上看，这是对中华文明之连续性发展的种种论证。

第八，关于治乱兴亡问题。在这方面，西周、汉、唐以来，宏论迭出，影响巨大。宋代史家，深于忧患，考察前史，绎绎真知。司马光的《稽古录》、《资治通鉴》，范祖禹的《唐鉴》，孙甫的《唐史论断》等，都是佳作。李焘、李心传、徐梦莘等人的本朝史撰述，于得失成败之故，也多有深刻剖析。宋代史家在这方面达到一个新的高峰。元代史家论宋、辽、金三朝兴亡，不乏可采之论。明末清初，王夫之的《读通鉴论》、《宋论》，可谓这方面理论的百科全书，中国古代历史理论至此达到它的最高境界。

第九，关于历史人物评价。前两个时期，在这方面已有丰富的理论和方法的积累，这时期史学家在历史人物评价方面，一则继承前人的理论和方法，一则也提出了新的认识，而重点在于后者。一是从学术史、名臣奏议、名臣事略一类的著作中，可看出作者的宗旨和理论；二是从李贽《藏书》对历史人物的分类及其标准，可看出其理论、方法、价值观等，这也是历史观念之嬗变趋势的表现之一；三是章学诚关于"知人论世"之评价历史人物的理念和方法，是中国古代史学关于评价历史人物之理论的最高成就，至今仍有方法论上的重要参考价值等等。

纵观这一时期的中国古代历史理论的进程，一方面出现了繁荣的景象，另一方面是于繁荣之中显示出嬗变的趋势。概而言之，其繁荣的标志是：当理学家提出"天理"的命题时，史学家则把"天"从"理"中剥离出去，而把"理"放在事实中来考察。胡三省认为"道无不在，散于事为之间"，章学诚认为"古人未尝离事而言理"，这就是说，讨论"道"，讨论"理"，都不能脱离具体的历史事实。换言之，这是完全摆脱了神意的"天"来探讨理论问题。当郑樵、马端临对"会通"与"相因"、"不相因"作出了各自的论说时，表明史学家对古今关系的认识已超过了前人，而具有更深刻、更全面的理论内涵。此外，地理条件与社会发展之关系的理论，从宋代史家到明清之际"二顾"，就其理论形态的整体性而言，也都超过了前一时期。顾炎武的国家论，继承杜佑、柳宗元的思想，但在分析细致和观念明确方面，却又超过了杜、柳，成为中国古代国家理论的代表作。关于兴亡治乱的探讨与分析，宋代史家成就突出，明清之际的王夫之乃是这方面的集大成者。"正统"之辨的深层含义，从一个方面反映了史学家们对于中华文明之连续性发展的重视，理论价值与历史意义至为重要。辽、金、元、清四朝史家，把中国古代历史文化认同的优良传统极大地弘扬开来，其认识所得，是这时期中国古代历史理论中最重要的成就之一。以上这些，合而观之，确为中国古代历史理论之繁荣景象。至于李贽的历史人物论，黄宗羲的君主批判论，以及崔述的疑古、考信论等，则表明中国古代历史理论出现了嬗变的趋势，成为中国早期启蒙思想的一个部分。这个趋势，在 1840 年中英鸦片战争爆发后，其领域愈来愈宽阔，其势头也愈来愈迅猛了。

（附记：二十年前，笔者撰写了《中国古代史学理论发展大势》一文，载《历史研究》1992 年第 2 期；今作此文，似可视为其姊妹篇。）

天人古今与时势理道

——中国古代历史观念的几个重要问题

天人关系、古今关系和时与势、理与道等几个概念或几个范畴，在中国古代历史观念中占有重要的位置。这些概念或范畴，在司马迁的《史记》中大多有所反映，有的还是司马迁的撰述宗旨，具有特别重要的意义，如"究天人之际，通古今之变"就把天人、古今的相关观念贯穿于全书之中。当然，《史记》中所反映出来的历史观念，前有源，后有流，既非一朝一夕之所能形成，也不是停留在这个阶段而没有新的发展。在中国古代历史观念的发展上，司马迁是一位卓越的总结者，也是一位伟大的创造者。

一、关于天人关系

所谓天人关系，本质是人们用以说明社会历史现象及其生成、变化原因的基本观念。殷周之际，"天命"主宰着人们的历史观念。商王盘庚迁殷，是以"天命"的名义。① 武王伐纣，是

---

① 《尚书·盘庚》。

"恭行天之罚"① 周公东征、分封等重大军事、政治活动，同样都是"上帝"之"命"的体现②等等。总之，社会生活中的所有现象，都是"天命"决定的。这是人们用"天命"来说明社会历史的时代。

从西周末年到春秋时期，出现了怨恨"天"、怀疑"天"的情绪和思想倾向，这在《诗经》有关篇章中多有反映，而在《国语·周语下》中更是赫然出现了与"天命"相对应的"人故"（即"人事"），进而又有"天道远，人道迩，非所及也，何以知之"的说法。③ 这表明，人们已不再囿于以"天命"来说明历史现象和社会现象了。在人们的历史观念中，在"天命"的对立面出现了"人事"这个被"发现"、被认识的事物。从历史观念来看，这是人们开始觉醒的时代。

从战国至西汉，是一些史学家摆脱"天命"的时代。一部《战国策》，反映的是人力、人谋的作用，"天命"变得苍白了。从刘向的《战国策·书录》中可以看到，那是这样一个时代："战国之时，君德浅薄，为之谋策者，不得不因势而为资，据时而为。故其谋，扶急持倾，为一切之权，虽不可以临国教化，兵革救急之势也。皆高才秀士，度时君之所能行，出奇策异智，转危为安，运亡为存，亦可喜，皆可观。"④ 这哪里还有"天命"的影子呢。在关于天人关系的认识上，司马迁是一位伟大的怀疑者和变革者，他不仅明确地表明："或曰：'天道无亲，常与善人。'"又说"余甚惑焉，傥所谓天道，是邪非邪？"⑤ 更重要的是，司马迁的《史记》写出了大量的历史人物，从多方面说明了人在历史活动的主体作用，从而奠定了中国古代史学在历史观念上的人本主义传统。从这个意义上说，司马迁开辟了天人关系说走向理性时代的道路。在《史记》以后的一些重要著作中，尽管还时时有称说"天命"的现象，但从主流上看，它们都不居于重要位置，甚至大多都不是有实质性的意义而成了对于"天命"的回忆和摆设。到了中唐时期，同史论、史评有密切关系的思想家柳宗元写出了《天说》一文，他的好友刘禹锡写出了《天

---

① 《尚书·牧誓》。
② 《尚书·大诰》、《尚书·康诰》。
③ 《左传·昭公十七年》。
④ 刘向：《战国策》书录，见《战国策》附录，上海，上海古籍出版社，1985。
⑤ 司马迁：《史记》卷61《伯夷列传》。

论》三篇，于是"天"被认识为物质，并在自行运动着，而这种运动着的物质的"天"即"自然"与"人"各有其能，二者的相互影响，形成了社会生活的种种现象。① 至此，天人关系说完成了它走向理性阶段的历程。

宋代以后，有所谓"天理"和"人欲"对立的说法，多是思想家们所谈论的命题。而这里的"天"，则由上帝意志的"天"、物质与自然的"天"，蜕变为绝对精神的"天"了。这同史学家所讨论的"天"有所不同。此外，在中国古代史学家的历史观念中，还有"天人感应"说和谶纬说的流行，但自司马迁以下，它们大多未占据过主流地位。

二、关于古今关系

所谓古今关系，大致包含这样几个方面，一是古今是否有联系，二是古今是否有变化以及怎样看待变化的轨迹，三是古今联系和变化是否可以划分为阶段等。古今联系的思想起源很早，这要追溯到传说时代。从文字记载来看，《诗经·大雅·荡》说："殷鉴不远，在夏后之世。"这是强调历史鉴戒的重要，正表明古今是有联系的。孔子论夏、殷、周三代之"礼"的关系，同样表明了对于古今联系的关注。司马迁说："居今之世，志古之道，所以自镜也"②，同上引《诗经》是一个含义。班彪认为，联系古今观察问题，是史学家的传统，他说："夫百家之书，犹可法也。若《左氏》、《国语》、《世本》、《战国策》、《楚汉春秋》、《太史公书》，今之所以知古，后之所由观前，圣人之耳目也。"③ 班彪指出的这个传统，在史学上影响很大，后人曾不断引用。这是中国古代历史观念中极珍贵的遗产。

至于说到古今联系中的变化，《左传》有"高岸为谷，深谷为陵，三后之姓，于今为庶"的说法，④ 这是讲自然和社会的变化，也是讲古今的变化。中国史学有悠久的古今变化的观念。按照章学诚"六经皆史"的说法，则这一观念较早而又较全的阐述，出于《周易·系辞下》：

---

① 见《柳河东集》卷16《天说》；《刘禹锡集》卷5《天论》上中下，上海，上海人民出版社，1975。

② 司马迁：《史记》卷18《高祖功臣侯者年表》序。

③ 范晔：《后汉书》卷40上《班彪列传上》。

④ 《左传·昭公三十二年》。

"神农氏没，黄帝、尧、舜氏作，通其变，使民不倦，神而化之，使民宜之。《易》穷则变，变则通，通则久，是以自天佑之，吉无不利，黄帝、尧、舜，垂衣裳而天下治，盖取诸乾坤。"尽管这里讲到了"天"，讲到了取法"乾"、"坤"二卦，但这里主要在讲历史，讲历史上的古今变化法则，即穷、变、通、久的道理。这段话在历史观念的发展上之所以重要，是因为它明确地指出了：第一，由于时代的递进，要求人们改变旧的文物制度，使人民不因拘守旧制而感到倦怠；第二，这种变化是在潜移默化中实现的，便于人民适应；第三，《易经》所总结的就是这个道理，事物发展到极致的程度，就要变化，变化才能通达，通达才能继续进步、保持长久。这几重含义，可以说是"通古今之变"思想的渊源。

所谓穷、变、通、久的思想传统，"变"和"通"是其核心。《周易·系辞上》对其反复解释："阖户谓之坤，辟户谓之乾；一阖一辟谓之变，往来不穷谓之通"；"化而裁之谓之变，推而行之谓之通"。从这里我们可以看出，所谓"变"、"通"，都是在运动中进行或实现的。它反复称说，"刚柔相推而生变化"，"刚柔相推，变在其中矣"。① 这就是《易经》的"以动者尚其变"的精神。它又进而解释"变通"和"通变"的含义："广大配天地，变通配四时"，"法象莫大乎天地，变通莫大乎四时"；"通变之谓事"。② 总起来说，"变通"、"通变"跟天时、人事相关联。而"变通"也正是包含有因时而变的意思，即"变通者，趣时者也"。③这同"观乎天文，以察时变；观乎人文，以化成天下"④ 的意思是一致的。

《易传》讲穷变通久，讲变通、通变，变化的思想十分丰富，对中国古代历史观念的发展，产生了深远而积极的影响。司马迁提出"通古今之变"作为历史撰述的宗旨之一，就是对上述历史观念的继承和发展。

《易经》、《易传》和司马迁的通变思想对后世影响极大，如杜佑

---

① 《周易·系辞下》。

② 《周易·系辞上》。

③ 《周易·系辞下》。

④ 《周易·贲卦·彖传》。

《通典》、司马光《资治通鉴》、郑樵《通志》、马端临《文献通考》等，都是这一影响的继承和发展。清代王夫之《读通鉴论·叙论四》中对"通"作了解说，章学诚《文史通义·释通》篇，进一步从理论上阐明了"通"的含义。

在古今联系中，古今之间是否有变化？《易传》强调穷、变、通、久，"变"是核心问题。问题在于人们怎样看待"变"的方向。这也是古代历史观念中的一个根本问题。所谓"变"的方向和轨迹，无非是前进的、倒退的、循环的三种情况。其中又以循环的论点和前进的论点更具代表性。

历史循环论是战国时期的阴阳家提出来的。阴阳家接过了西周末年、春秋时期出现的阴阳五行说的形式，灌注了唯心主义的神秘的内容，把朴素的唯物主义的四时、五行说，蜕变为唯心主义的五德终始说。五德终始说不仅迎合各诸侯的政治需要，而且在秦皇朝统一后受到特别的推重。白寿彝先生指出，秦始皇为了证明自己是符合水德，乃尚黑，不惜使整个朝堂上黑压压一片。

五德终始说在历史观念的发展上，有一定的影响。司马迁对五德终始说是持批判态度的，但他还是受到了历史循环论思想的影响。他在讲到夏、殷、周三代主忠、主敬、主文的三统说时写道："三王之道若循环，终而复始。"[①] 尽管他批评"秦政不改"，称道汉代"承敝易变"，意在提倡历史中的"变"，但在这个具体问题上的"变"是有很大的局限的，是"终而复始"的"变"。当然，这在司马迁的"通古今之变"的历史观念体系中，只是一个小小的不谐音。五德终始说的"凡帝王者之将兴也，天必先见祥乎下民"的说法，对董仲舒的"天人感应"说和东汉的谶纬思想，都有一定的影响，而班固撰《汉书》，反复申言"刘氏承尧之祚"、"唐据火德，而汉绍之"[②]、"汉绍尧运，以建帝业"[③]，则显然是接受了五德终始说的理论。其后，随着正闰论、正统论的兴起，它们也都可以溯源至五德终始说。

应当看到，在中国史学上，朴素的进化观点占有突出的地位，是中

---

① 司马迁：《史记》卷8《高祖本纪》。
② 班固：《汉书》卷100上《叙传上》。
③ 班固：《汉书》卷100下《叙传下》。

国史学之观念形态的优良传统之一。在"变"的观念上，它同循环论有一定的共同之处；但在"变"的性质和"变"的方向上，则不同于历史循环论，而是认为社会历史在变化中前进，在变化中发展。《易·系辞上》："日新之谓盛德。"《易·杂卦》："革去故也，鼎取新也。"这是较早的朴素进化观点。韩非子提出上古、中古、近古之说，提出"古今异俗，新故异备"之说①，是很明显的朴素进化思想。而司马迁的"通古今之变"的思想，则包含着丰富的朴素历史进化观点。再者，《春秋》公羊三世说的形成，把历史视为从据乱世到升平世再到太平世的演进过程，也是一种很有代表性的朴素进化观点，且与近代的进化论有比较密切的历史联系。

唐代以下的史家，在发展朴素进化观方面，有越来越突出的成就。这主要反映在三个问题上。第一，是关于人心风俗。史家吴兢记贞观初年唐太宗与群臣讨论治国方略，魏徵力主施行教化，指出："若圣哲施化，上下同心，人应如响，不疾而速，期月而可，信不为难，三年成功，犹谓其晚。"太宗以为然。封德彝等人反对魏徵的主张，认为："三代以后，人渐浇讹，故秦任法律，汉杂霸道，皆欲化而不能。岂能化而不欲？若信魏徵所说，恐败乱国家。"魏徵运用历史知识来反驳他们，指出：黄帝、颛顼、商汤、武王、成王在教化方面都取得了成功，"若言人渐浇讹，不及纯朴，至今应悉为鬼魅，宁可复得而教化耶？"封德彝等人无以为对，但仍不同意推行教化政策。唯有唐太宗坚定地采纳魏徵意见，并在政治上取得了成功。王夫之说："魏徵之折封德彝曰：'若谓古人淳朴，渐至浇讹，则至于今日，当悉化为鬼魅矣'，伟哉其为通论已。"② 第二，是关于"中华"与"夷狄"。史学家杜佑指出："古之中华，多类今之夷狄"③；"古之人朴质，中华与夷狄同"④。杜佑从地理环境上分析了"中华"进步的原因和"夷狄"未能进步的原因，表明他在民族问题上的进步思想和朴素进化观。第三，是关于"封建"。柳宗元著《封建论》，从"生人之初"，阐述到"天下会于一"，描绘出了一

---

① 《韩非子·五蠹》，见《诸子集成》本，北京，中华书局，1954。

② 王夫之：《读通鉴论》卷20"唐太宗"。

③ 杜佑：《通典》卷185《边防一·边防序》。

④ 杜佑：《通典·礼八》后议。

幅社会历史不断进化的图景。这些，都极大地丰富了朴素的历史进化观。

明清之际的王夫之把朴素进化观推向更高的阶段，即以朴素的历史进化的观点解释历代的政治统治，尤其是历代的政治制度。他继承柳宗元对"封建"的认识，认为："封建之不可复也，势也。""封建不可复行于后世，民力之所不堪，而势在必革也。"[1] 王夫之对历代制度有一个总的认识，就是："以古之制，治古之天下，而未可概之今日者，君子不以立事；以今之宜，治今之天下，而非可必之后日者，君子不以垂法。"[2] 这就是"一代之治，各因其时"[3]。

朴素进化观在理论上没有发展到更加缜密的阶段，但它作为一种历史进化的观念，在中国史学上有古老的传统和广泛的影响。同时，它也是中国史学在历史观念上之接受近代进化论的一个思想基础。

在古今关系中，还有一个很重要的观念，即在古今的联系中，是否可以划分相互联系的不同的历史阶段？前引《韩非子》中说到的上古、中古、近古是这方面较早的说法，这是思想家从历史中得到的启示而提出的见解。司马迁著《史记》根据年代的远近、文献的详略和时代的特点，而于书中列《三代世表》、《十二诸侯年表》、《六国年表》，这是对三个历史阶段的划分，反映了司马迁的卓识，以至于今人还在用"三代"、"春秋时期"、"战国时期"等历史分期概念。

至于《春秋公羊传》的"三世说"，《礼记·礼运》篇的"大同"、"小康"说，具有更多的社会思想的色彩，同司马迁的历史时代的划分有所不同。

三、关于时与势

"时"与"势"这两个概念，在中国古代历史观念也是很重要的。《易经·贲》说："观乎天文，以察时变；观乎人文，以化成天下。"这表明"时"与"天文"有关。这里说的"时"，当是四季时序之意。《易经·恒》称："四时变化，而能久成"，意谓"四时"之"时"的变动

---

① 王夫之：《读通鉴论》卷 2 "汉文帝"。

② 王夫之：《读通鉴论》卷末《叙论四》。

③ 王夫之：《读通鉴论》卷 21 "唐高宗"。

性、恒久性及其对于天地万物的意义。《易经·革》又说："天地革而四时成，汤武革命，顺乎天而应乎人，革之时大矣哉!"这是把"时"与人事联系起来，指出"时"对于后者的重要。《易经·丰》又说："天地盈虚，与时消息，而况于人乎? 况于鬼神乎?"这是进一步说明"时"对于人事的重要。史学家吸取了《易经》关于"时"的观念并运用于历史撰述、历史解释之中。司马迁《史记·太史公自序》称："扶义俶傥，不令己失时，立功名于天下，作七十列传。"他很看重人的活动与"时"的关系，意在赞颂那些"不失时"的历史人物。魏徵主编《隋书》并作史论，称赞隋初开国功臣李圆通、来护儿等人时指出："圆通、护儿之辈，定和、铁杖之伦，皆一时之壮士，困于贫贱。当其郁抑未遇，亦安知其有鸿鹄之志哉! 终能振拔污泥之中，腾跃风云之上，符马革之愿，快生平之心，非遇其时，焉能至于此也!"① 这就是说，杰出人物的出现，除了自身的条件外，"遇其时"乃是重要的客观条件。这些都表明，中国古代史学家在评论历史人物和历史事件时，十分关心具体的历史时机。

关于"势"，是司马迁经常使用的一个概念。司马迁在解释事物变化原因时写道："无异故云，事势之流，相激使然，曷足怪焉。② "司马迁论范睢、蔡泽际遇与成就的变化，认为"固强弱之势异也③。他说的"事势"、"势"是指事物的状态和形势，即考察历史时，不能不着眼于一定的社会环境，从而得到合理的说明。从"事势之流，相激使然"来看，司马迁认为"事势"、"势"不是静止的，而是运动的，其中自也包含有趋势之意。

自司马迁以下，不少史家都讲到过"势"，但真正赋予"势"以历史理论之明确涵义的，是柳宗元的《封建论》。柳宗元用"势"来说明历史变化的动因，对后人产生了理论上的启示。宋人曾巩、范祖禹、苏轼和明清之际王夫之都各有阐发。曾巩撰《说势》一文④，其历史见解是折中于"用秦法"与"用周制"之间。文中所说"力小而易使，势便

---

① 魏徵等：《隋书》卷64后论。
② 司马迁：《史记》卷30《平准书》序。
③ 司马迁：《史记》卷79《范睢蔡泽列传》后论。
④ 见《曾巩集》卷51，北京，中华书局，1984。

而易治"的"势"，是指一种综合的力以及这种力与力之间的对比，同柳宗元说的"势"的涵义不尽相同。此文还批评"病封建者"与"病郡县者"二者"皆不得其理也"。章学诚说曾巩"具史学而不具史法"，由此可见一斑。范祖禹引用《礼记·礼器》说的"礼，时为大，顺次之"的话，进而阐发道："三代封国，后世郡县，时也"，"古之法不可用于今，犹今之法不可用于古也"①。范祖禹说的"时"，义颇近于柳宗元说的"势"。而苏轼对于"圣人"和"时"之辩证关系的阐发，则深得柳宗元论"势"的要旨。苏轼认为："圣人不能为时，亦不失时。时非圣人所能为也，能不失时而已。"他说，"圣人"之"能"不在于"为时"而在于"不失时"。这是很机智地说明了"圣人"与"时"的关系。在他看来"时"是客观的，能够认识并利用它的人，也就可以称为"圣人"了。基于这种认识，苏轼认为秦置郡县，"理固当然，如冬裘夏葛，时之所宜，非人之私智独见也，所谓不失时者"②。这些论述，用来注释柳宗元说的"封建，非圣人意也，势也"，是很精彩的。苏轼自称"附益"柳说，自非虚辞。

王夫之在论述史学活动的重心时，也讲到了"时势"："智有所尚，谋有所详，人情有所必近，时势有所必因，以成与得为期，而败与失为戒。"这里讲的"时势"，是指社会的形势或历史的趋势；"必因"，是说它跟过去的形势或趋势有沿袭和继承的关系。这就是说，时势既有连续性，但又不是一成不变的。王夫之认为，人们观察历史，应充分注意到"势异局迁"即时势的变化；而人们要从历史中获得"治之所资"的启示，则必须"设身于古之时势"。总之，认识历史，从历史中获得教益，应首先学会把握不同历史时期的时势。王夫之也提到"先王之理势"，但"先王"并不具有圣神的含义，他只是一定历史时期之"时势"的标志罢了。

从柳宗元到王夫之，是把"势"、"时势"作为历史变化动因来看待的，这是古代历史评论和史学批评在理论上的重要贡献。然而王夫之并不仅仅停留在这里。他自谓著《读通鉴论》，是"刻志兢兢，求安于心，

---

① 范祖禹：《唐鉴》卷2。
② 苏轼：《东坡志林》卷5"秦废封建"。

求顺于理，求适于用"①。所谓"求顺于理"的"理"，是关于历史变化原因的另一历史理论范畴。在王夫之看来，所谓"理"，就是"物之固然，事之所以然也"②。以今义释之，"理"是事物变化之内在的法则或规律。王夫之说的"物"与"事"，不限于历史，但无疑包含了历史。因此，这种"事之所以然"亦即事理，是对于历史变化原因的更深层次的理论概括。柳宗元通过对人类"初始"社会的描述，提出"封建，非圣人意也，势也"，说明"势"、"时势"是人们可以感受到、"捕捉"到的。而"理"、"事理"则不然，它是内在的和抽象的，但又不是不可认识的。王夫之说："理本非一成可执之物，不可得而见也"，"只在势之必然处见理"。③ "势"之必然之为"势"者，便是"理"；"理"与"势"是一致的。从王夫之所解释的"势"同"理"的关系来看，"势"是"理"的外在形式，"理"是"势"的本质阐释。他以此来认识历史，来评论史家对于历史的认识，是认识历史和评论史学之理论与方法的新发展。

四、关于理与道

上文讲时与势，已涉及到"理"。所谓理在势中，"理"是"势"的本质阐发，即"理"是对于"势"的说明。换言之，"理"是说明或解释"势"的存在及表现的道理。

关于"道"，在中国思想史上有多种含义：或是世界的本原，先天地而生；或是万物的载体，万事万物皆在"道"的包含之中；或是综合贯通万物之理，是一切道理的总汇；等等。在史学家的语汇与范畴体系中，"道"大致有三种含义：一是指原则、法度；二是指常理、法则；三是指道理或根本之理。这都是针对社会历史而言。其中，有与思想史上所说之"道"相近之处，有的则具有史学自身的针对性。

司马迁在《史记·历书》序中写道："夏正以正月，殷正以十二月，周正以十一月。盖三王之正若循环，穷则反本。天下有道，则不失纪序；无道，则正朔不行于诸侯。"这里说的"道"，当是指法度而言。他

---

① 以上所引见《读通鉴论》卷末《叙论三》、《叙论四》。
② 王夫之：《张子正蒙注·至当》，见《船山全书》第12册，长沙，岳麓书社，2001。
③ 王夫之：《读四书大全》卷9"孟子·离娄上"，见《船山全书》第6册。

在《史记·货殖列传》序中这样说:"人各任其能,竭其力,以得所欲。故物贱之征贵,贵之征贱,各劝其业,乐其事,若水之趋下,日夜无休时,不召而自来,不求而民出之。岂非道之所符,而自然之验邪?"这里说的"道",似可近于作常理、法则的理解。

元初史家马端临指出:"《诗》、《书》、《春秋》之后,惟太史公号称良史,作为纪、传、书、表。纪、传以述理乱兴衰,八书以述典章经制。后之执笔操简牍者,卒不能易其体,然自班孟坚而后,断代为史,无会通因仍之道,读者病之。"① 所谓"会通因仍之道"的"道",一方面是指史家的历史撰述思想,另一方面也是更深层的方面,是指"理乱兴衰"、"典章经制"内在的联系,即其中的常理和法度。至于清人龚自珍说的名言"欲知大道,必先为史"②,这个"道"当是指社会历史运动中的根本之理。

"理"与"道"本有相通之处,但也存在可以觉察、可以判断的差别。这个差别是否可以作这样的概括:"理"通常指具体史事之理,"道"通常指一般史事之理。当然,这个差别,也是相对而言,不是绝对的。

在史学家的语汇中,"道"又往往是指史家本人的信念、思想、志向、智慧而言。司马迁说:"昔西伯拘羑里,演周易;孔子厄陈蔡,作春秋;屈原放逐,著离骚;左丘失明,厥有国语;孙子膑脚,而论兵法;不韦迁蜀,世传吕览;韩非囚秦,说难、孤愤;诗三百篇,大抵贤圣发愤之所为作也。此人皆意有所郁结,不得通其道也,故述往事,思来者。"③ 这里说的"道",显然是指这些作者的思想、志向而言。刘知幾自谓"虽任当其职,而吾道不行;见用于时,而美志不遂。"④ 此处所言之"道",也是同样的含义。而刘知幾在《史通·曲笔》篇中所说"史氏有事涉君亲,必言多隐讳,虽直道不足,而名教存焉",即是把"道"看做是一种信念和原则。这样的含义,也见于柳宗元的《与韩愈论史官书》。柳宗元认为,对于一个史官来说,"凡居其位,思直其道。

---

① 马端临:《文献通考》序。
② 《龚自珍全集》第1辑《尊史》,上海,上海人民出版社,1975。
③ 司马迁:《史记》卷130《太史公自序》。
④ 刘知幾:《史通·自叙》。

道苟直，虽死不可回也；如回之，莫若亟去其位"①。清人黄宗羲论学说"学问之道，以各人自用得着为真"②，此处之"道"是指治学的原则和目的。顾炎武说过与此大致相同的话，他指出："君子之为学，以明道也，以救世也。"③"明道"之"道"当指道理、智慧，"救世"自是指经世致用，等等。以上这些，大多是关于史学家主体意识而言，同前面所举多指关于历史认识对象是有所区别的。

※　　　　　※　　　　　※

天人关系是探讨社会历史的存在及其所发生的种种变化，是"天命"安排的，还是社会历史中的人和人事决定的，这是社会存在和社会意识的关系。古今关系是探讨社会不同阶段的联系及其运动轨迹，即社会历史的变化是前进的、循环的以至是倒退的，这涉及对人类历史前途的认识。时与势，是探讨人们在历史活动中所经历的机遇和形势，即客观历史环境所提供的条件。理与道，是探讨纷繁复杂的历史活动之种种表现的原因、原理和规律。这些，都是中国古代历史观念中极重要的范畴和命题。关于这方面的深入研究，我们确有许多工作要做。我们应当认真清理和总结这一份珍贵的思想遗产，以推进历史学的理论建设。

---

① 柳宗元：《柳河东集》卷 31，上海，上海人民出版社，1974。
② 黄宗羲：《明儒学案》书首《明儒学案发凡》，北京，中华书局，2008。
③ 顾炎武：《日知录》书首《又与人书二十五》，黄汝成集释本。

历史理论的本质性变革

——确立人在历史进程中的中心位置

一、《春秋》重人事

关于天、人和天人关系的认识，是中国古代人们历史观念中最重要的问题。由于人在历史中的作用是客观存在的，是所有的人都可以观察到的，因此，即使在"天命"观念占据主导地位的年代，也还是经过传说或记载得到一定程度的反映。随着历史的进步、文明的发展，经过漫长的轻天命、重人事的认识阶段，史学家、思想家、政治家们逐步走向了自觉地阐说人在历史中的重要位置。这一自觉的认识过程，在先秦、秦汉时期的历史著作中，《春秋》开其端倪，《史记》集其大成。

自春秋时期开始，重人轻天的观念不断发展，《春秋》、《左传》、《国语》、《战国策》等书，越来越突出地讲到人在历史发展中的作用。当然，这些记载或论述，还只是零星的和初步的。一部史书，不仅在观念上，而且在内容上和形式上，真正确立了人在历史发展中所占有的主要地位，则自《史记》开始。因此，司马迁所提出的"究天人之际"的问题的本质，归根到底是要全面地说明人在历史发展中的主体作用。

值得特别关注的是，孔子《春秋》对司马迁的重大影响。司马迁认为："夫《春秋》，上明三王之道，下辨人事之纪，别嫌疑，明是非，定犹豫，善善恶恶，贤贤贱不肖，存亡国，继绝世，补敝起废，王道之大者也。"又说："《春秋》辨是非，故长于治人。""拨乱世反之正，莫近于《春秋》。春秋文成数万，其指数千，万物之散聚皆在春秋。"① 司马迁说《春秋》"王道备，人事浃"②。所谓"王道"，就是周礼或周礼所规定的社会秩序。"礼"是"秩序"，孔子讲得很清楚。他说："上好礼，则民易使也。"他又说："不知礼，无以立也。""君子博学于文，约之以礼，亦可以弗畔矣夫!"③

礼所规定的秩序，既是政治秩序、等级秩序，也是伦理秩序、道德秩序。总之，礼是关于人与人之间的规范。这同孔子重人事的思想是一致的。

《春秋》重人事，是它在历史思想上进步的方面，也是它在史学发展上的一个重大贡献。《春秋》重人事，主要是认真记载了政治上的得失成败。它没有像《雅》、《颂》中那样的神灵气氛，也没有像周、齐、宋、燕等国史那样记神灵故事、预言、梦幻。它记水、旱、虫、雨雹、雷电、霜雪、地震等，都是作为与人事有关的自然现象来看待的。这跟孔子"不语怪、力、乱、神"④ 的思想是一致的。春秋时期的政治、军事活动如朝聘、会盟、征伐、城筑等，本来都是结合着祭祀活动进行的，但《春秋》却能把人事从神秘的气氛中分离出来。《春秋》在历史表述上，是先秦时期的史籍中最早摆脱天、神羁绊的史书。

二、《史记》确立人在历史进程中的中心位置

司马迁继承了并极大地发展了《春秋》重人事的思想。《史记》以前的史书，或以记言为中心，或以记事为中心，而《史记》则是以记人

---

① 司马迁：《史记》卷130《太史公自序》。
② 司马迁：《史记》卷14《十二诸侯年表》序。
③ 分见《论语》之《宪问》、《尧曰》、《雍也》。
④ 《论语·述而》。

为中心的综合体史书。在《史记·太史公自序》中，司马迁在阐述这个问题时是从三个层面上来说明的：第一个层面，是记"王迹所兴"而"著十二本纪"；第二个层面，是记"辅拂股肱之臣"而"作三十世家"；第三个层面，是记"扶义俶傥，不令己失时，立功名于天下"的各阶层人物而"作七十列传"。这样，司马迁就不仅在观念上而且也在具体的撰述上确立了人在历史演进过程中的中心位置。这是中国史学上人本主义传统真正确立的标志。此外，司马迁为了厘清时代划分和事件纷繁而"作十表"，为了写出历代典章制度的"承敝通变"而"作八书"，而"表"与"书"所记内容，也都反映了人的活动，从而揭示了以人物为中心的社会风貌和历史进程轨迹。

这里，不妨举"表"、"书"为例，以明其意。如《史记·三代世表》序及后论写道：

> 五帝、三代之记，尚矣。自殷以前诸侯不可得而谱，周以来乃颇可著。孔子因史文次《春秋》，纪元年，正时日月，盖其详哉。至于序《尚书》则略，无年月；或颇有，然多阙，不可录。故疑则传疑，盖其慎也。
>
> 余读谍记，黄帝以来皆有年数。稽其历谱谍终始五德之传，古文咸不同，乖异。夫子之弗论次其年月，岂虚哉！于是以《五帝系谍》、《尚书》集世纪黄帝以来讫共和为世表。

殷以前的"诸侯"已不甚了然，故"不可得而谱"，周以来的诸侯"颇可著"，史家只能"疑则传疑，盖其慎也"。因此，司马迁只能以《五帝系谱》、《尚书》作参考，"集世纪黄帝以来讫共和为世表"。表中所列，自黄帝以下，有颛顼属、俈属、尧属、舜属、夏属、殷属、周属等，而其先人皆出于黄帝。

又如《十二诸侯年表》序中，司马迁高度概括了西周末年与春秋之际的历史变化，指出孔子作《春秋》的时代背景以及《春秋》所产生的广泛影响。司马迁综合"历人"、"数家"、谱牒，"于是谱十二诸侯，自共和迄孔子"。表中所列，自周王室以下，依次为鲁、齐、晋、秦、楚、宋、卫、陈、蔡、曹、郑、燕、吴等，分记诸侯之年，间有简要记事。

其中，吴国当不在十二诸侯之列，但其在周简王元年（前585年）即吴王寿梦元年以后，便与十二诸侯有所盟战，故列于十二诸侯之下。

自《十二诸侯年表》以下诸侯，所列人与事，都很具体，其所反映的历史进程，亦大致可观。

"表"如此，"书"亦复如此。《史记·礼书》实为一篇论"礼"的宏文，它着重论述了"礼"的本质和原则。司马迁写道：

> 洋洋美德乎！宰制万物，役使群众，岂人力也哉？余至大行礼官，观三代损益，乃知缘人情而制礼，依人性而作仪，其所由来尚矣。
>
> 人道经纬万端，规矩无所不贯，诱进以仁义，束缚以刑罚，故德厚者位尊，禄重者宠荣，所以总一海内而整齐万民也。人体安驾乘，为之金舆错衡以繁其饰；目好五色，为之黼黻文章以表其能；耳乐钟磬，为之调谐八音以荡其心；口甘五味，为之庶羞酸咸以致其美；情好珍善，为之琢磨圭璧以通其意。故大路越席，皮弁布裳，朱弦洞越，大羹玄酒，所以防其淫侈，救其雕敝。是以君臣朝廷尊卑贵贱之序，下及黎庶车舆衣服宫室饮食嫁娶丧祭之分，事有宜适，物有节文。（《史记·礼书》序）

司马迁认为，"宰制万物，役使群众"，必须"缘人情而制礼，依人性而作仪"。在他看来，"礼"和"仪"是不可少的，但"礼"和"仪"的制定，又应当以"人情"和"人性"为根据。这就是说，人和礼的关系是礼因人而定，人循礼而存。那么礼的作用、礼的本质是什么呢？司马迁说得非常清楚，即"总一海内而整齐万民"，是规范"君臣朝廷尊卑贵贱之序"，使"事有宜适，物有节文"，以确保上下尊卑等级社会的"有序"运行。

如果说《礼书》是规范人与人之间的伦理关系的话，那么《史记·河渠书》则是阐发人与自然的关系。司马迁在《河渠书》开篇阐述了大禹治水所带来的"诸夏艾安，功施于三代"（《史记·河渠书》）的社会效果。司马迁还论到李冰、郑国等人所兴修的水利工程，论到汉武帝时

"河决于瓠子"，造成重大灾害，持续二十余年。后汉武帝决心堵塞瓠子之决，并亲临决河之地，"令群臣从官自将军已下皆负薪寘决河"，终于堵塞了瓠子决口，并于其上筑宣房宫，"而梁、楚之地复宁，无水灾"。在记述治水过程中，司马迁还记下了汉武帝的《瓠子》之歌，生动地反映了当时人与自然的辩证关系。司马迁对此既有亲身感受，更有深刻认识，他在《河渠书》后论中写道：

> 太史公曰：余南登庐山，观禹疏九江，遂至于会稽太湟，上姑苏，望五湖；东窥洛汭、大邳，迎河，行淮、泗、济、漯洛渠；西瞻蜀之岷山及离碓；北自龙门至于朔方。曰：甚哉，水之为利害也！余从负薪塞宣房，悲《瓠子》之诗而作《河渠书》。①

司马迁的亲身考察固然值得后人学习，但他所发出的"甚哉，水之为利害也"的感叹和呼吁，当是更值得后人牢记和三思。

司马迁的《史记》"上记轩辕，下至于兹"，写的是一部通史。从"十二本纪"来看，这一历史进程完全是由人事为发展线索显示出来的。如《五帝本纪》，是通过区别纷繁的文献和实地考察所得，弄清黄帝的事迹，"择其言尤雅者"入史。而夏、殷、周、秦四纪，都是首叙各朝始祖之姓，次叙各朝大事。《秦始皇本纪》讲了秦始皇的功业和贾谊对秦始皇政治的批评。《项羽本纪》叙述项羽"将五诸侯灭秦，分裂天下，而封王侯，政由羽出"的史实，并揭示了项羽"身死东城，尚不觉寤而不自责"的悲剧。《高祖本纪》意在表述夏、殷、周、秦、汉政治的历史递变。《吕太后本纪》、《孝文本纪》、《孝景本纪》着意于写出当时的政治统治局面：如惠帝、吕后时"刑罚罕用，罪人是希，民务稼穑，衣食滋殖"；孝文帝"德至盛也"，孝景帝时"诸侯太盛"；等等。"十二本纪"的后论表明，司马迁是完全抛开了"天命"在写一部贯通古今的人事的历史。这在历史观念上和历史撰述上，都是伟大的创举。

值得注意的是，"十二本纪"后论在着意强调的侧重点上，又并非

---

① 司马迁：《史记》卷29《河渠书》。

完全雷同而富于变化，显示了司马迁对历史进程中有关人事的深入思考和卓越见识。如《五帝本纪》后论写道：

> 学者多称五帝，尚矣。然尚书独载尧以来；而百家言黄帝，其文不雅驯，荐绅先生难言之。孔子所传宰予问《五帝德》及《帝系姓》，儒者或不传。余尝西至空桐，北过涿鹿，东渐于海，南浮江淮矣，至长老皆各往往称黄帝、尧、舜之处，风教固殊焉，总之不离古文者近是。予观春秋、国语，其发明五帝德、帝系姓章矣，顾弟弗深考，其所表见皆不虚。书缺有间矣，其轶乃时时见于他说。非好学深思，心知其意，固难为浅见寡闻道也。余并论次，择其言尤雅者，故著为本纪书首。①

这一段话至少表明了两个问题：第一，司马迁对中国历史的开篇十分重视，故上限起自"五帝"。第二，关于"五帝"的传说或撰述，多有"不雅训"者，为慎重起见，司马迁一是从"孔子所传宰予问《五帝德》及《帝系姓》"有所依据，二是"南浮江淮"访问长老得到启发，三是以《春秋》、《国语》所记得到印证，乃郑重写出《五帝本纪》。司马迁特别强调说，对此，"非好学深思，心知其意"者，是难以认识清楚的。由此可见，在司马迁时代，为了写出中国历史的开篇，他是慎而又慎才落笔的。有了这样一个好的开篇，往下的历史就有了源头了。司马迁的这一创见和《五帝本纪》的表述，对于后人认识中华民族先民的历史，有不可估量的思想影响和历史意义。

如《夏本纪》后论写道：

> 禹为姒姓，其后分封，用国为姓，故有夏后氏、有扈氏、有男氏、斟寻氏、彤城氏、褒氏、费氏、杞氏、缯氏、辛氏、冥氏、斟戈氏。孔子正夏时，学者多传夏小正云。自虞、夏时，贡赋备矣。或言禹会诸侯江南，计功而崩，因葬焉，命曰

---

① 司马迁：《史记》卷1《五帝本纪》。

会稽。会稽者，会计也。①

这里讲到了"用国为姓"的由来，讲到了"夏小正"问题，尤其是讲到了有人说"禹会诸侯江南，计功而崩"，而"会稽"即"会计"。这都是交代了比较重要的史事。

如《周本纪》后论写道：

> 学者皆称周伐纣，居洛邑，综其实不然。武王营之，成王使召公卜居，居九鼎焉，而周复都丰、镐。至犬戎败幽王，周乃东徙于洛邑。所谓"周公葬毕"，毕在镐东南杜中。秦灭周。汉兴九十有余载，天子将封泰山，东巡狩至河南，求周苗裔，封其后嘉三十里地，号曰周子南君，比列侯，以奉其先祭祀。②

西周都于何地，这无疑是西周历史上的重大问题，故司马迁着重纠正了"学者皆称周伐纣，居洛邑"的说法，指出"周复都丰、镐"的史实，以及汉武帝时封"周苗裔"为"周子南君"、"以奉其先祭祀"之事。凡此，都给人以历史之连续性的深刻印象。

《秦始皇本纪》后论和《项羽本纪》后论是比较具体地评论历史人物的言论，在"十二本纪"后论中具有鲜明的特点。而这两首后论本身在表述上又各不相同。《秦始皇本纪》后论主要是引用贾谊的《过秦论》论秦之兴亡，其中对秦始皇的评论是核心内容，司马迁对贾谊之论极为赞同，说是"善哉乎贾生推言之也"③。

《项羽本纪》后论对于项羽的评论，可以说半是赞叹，半是批评，表明了司马迁对这样一个悲剧英雄人物的确切的历史定位。司马迁写道：

> 吾闻之周生曰"舜目盖重瞳子"，又闻项羽亦重瞳子。羽岂其苗裔邪？何兴之暴也！夫秦失其政，陈涉首难，豪杰蜂

---

① 司马迁：《史记》卷2《夏本纪》。
② 司马迁：《史记》卷4《周本纪》。
③ 司马迁：《史记》卷6《秦始皇本纪》。

起，相与并争，不可胜数。然羽非有尺寸乘埶，起陇亩之中，三年，遂将五诸侯灭秦，分裂天下，而封王侯，政由羽出，号为"霸王"，位虽不终，近古以来未尝有也。及羽背关怀楚，放逐义帝而自立，怨王侯叛己，难矣。自矜功伐，奋其私智而不师古，谓霸王之业，欲以力征经营天下，五年卒亡其国，身死东城，尚不觉寤而不自责，过矣。乃引"天亡我，非用兵之罪也"，岂不谬哉！①

司马迁把项羽同舜的苗裔联系起来，似无充分根据，这或许反映了司马迁对这个英雄的钦佩之情。在这个评论中，最重要的论点是：第一，项羽是"近古以来未尝有"的历史人物，项羽的事迹证明了这一点。第二，项羽"身死东城，尚不觉寤而不自责，过矣"，这是对项羽"自矜功伐"、从不"自责"的批评和痛惜。从司马迁的评论中，不难看出项羽是一个恢弘和狭隘、强大和脆弱集于一身的人物。正因为如此，这个历史人物给后人留下了太多的教训和深刻的启示。

司马迁评论汉高祖刘邦，称赞他能够做到"承敝易变，使人不倦"②；称赞汉文帝治国，做到"治至盛也"③。以他们二人同秦始皇、项羽作一对比，可以极鲜明地看到，人在历史进程中所扮演的角色和所起的作用。

司马迁在《史记》的《陈涉世家》、《刘敬叔孙通列传》、《曹相国世家》、《绛侯周勃世家》、《萧相国世家》等篇中，充分肯定了人在历史转折关头或重大事变中的作用，在《苏秦列传》、《陈丞相世家》、《孝景本纪》、《项羽本纪》、《高祖本纪》等篇中，强调了人的智谋在历史进程中具有的重要作用，在《楚元王世家》、《匈奴列传》、《淮阴侯列传》、《魏公子列传》、《范睢蔡泽列传》等篇中，阐说了用人的当否与国家的存亡安危的重大关系，在《游侠列传》、《货殖列传》、《滑稽列传》等篇中，写出了一般民众在社会历史中的作用等等，都是从不同的侧面强调了人在历史发展中的中心位置。

① 司马迁：《史记》卷7《项羽本纪》。
② 司马迁：《史记》卷8《高祖本纪》。
③ 司马迁：《史记》卷10《孝文本纪》。

概而言之，人在历史活动中占有中心的位置，人在历史运动中的作用表现在许多不同的方面，就某些个别人来说，人的作用的发挥是同机遇、形势相关联的；形势造就了杰出人物，而杰出人物的行为又影响着社会的进步和历史的发展。这是先秦、秦汉时期的史学在关于"人"的作用之认识上的重要理论成果。

与此同时，关于人的等第划分的观念也在发展。一般说来，西周和春秋时期，从天子、诸侯、大夫、士是几个明显的等级，这些等级的最底层即是众多的"民"或"庶人"。战国时期，秦国实行变法，奖励耕战，开始突破世袭制的樊篱，以军功授爵，等级的界限依然存在。在春秋战国时期的史籍中，还常有"君子"与"小人"之分，"国人"与"野人"之别，其中包含有伦理上、文化修养上、职业上和地域上的差别，虽不能完全排除等级的高下，但却并非严格的等级观念的表述。但是，"大夫"和"庶人"的界限却是异常分明的，所谓"礼不下庶人，刑不上大夫"①，是不可改变的等级差异的界限。至于孟子说的"民为贵，社稷次之，君为轻"②，本是思想家的一种理论，并不能反映当时的社会现实。

司马迁论人，与《春秋》紧密相联，认为"《春秋》辩是非，故长于治人"，故为人君父者、为人臣子者都必须懂得《春秋》，不可不通于《春秋》之义，其核心思想是"辩是非"③。班固著《汉书》，增立《古今人表》，是一大创造。《古今人表》把自秦以前所见于经、传的人物列于表中，并按上上（圣人）、上中（仁人）、上下（智人）、中上、中中、中下、下上、下中、下下（愚人）九等排列，读来一览无余。班固把人分为九个等第的原则和标准的原则是"显善昭恶，劝戒后人"④，核心是道德准绳。但是他的序文往往又超出了道德准绳。第一，他强调"生而知者，上也"，"困而不学，民斯为下矣"。且不说何来"生而知之"的人，就是"困而不学"又怎能用以概括"民"的本性呢？第二，他强调"中"与"上"可以沟通，"唯上智与下愚不移"，永远不可改变。他

---

① 《礼记·曲礼上》。
② 《孟子·尽心下》。
③ 司马迁：《史记》卷130《太史公自序》。
④ 班固：《汉书》卷20《古今人表》序。

虽然是引用孔子的说法，但显然是赋予了浓厚的等级色彩。第三，班固对"上智"、"下愚"的具体说明也过于绝对化，所谓"可与为善，不可与为恶，是谓上智"，所谓"可与为恶，不可与为善，是谓下愚"，换言之，"上智"者不会有任何恶行，"下愚"者不会有任何善举，这在历史上和现实中都是难得见到的。在这些问题上，班固的历史观念中显然是缺少了朴素辩证的思想，从而把"上智"、"下愚"推向极端。

《古今人表》的历史认识价值在于：它把秦以前的历史人物（包括传说中的人物）按照作者的价值判断，一一分列于九等之中，每人的时代、等第一目了然。其所判断不论是否妥帖，都能明确地反映作者的评价标准。

《古今人表》是关于历史人物的价值判断和表现形式相结合的对于"人"的认识。后世史家或贬或褒，多从史书体例论其得失，似有未妥。《古今人表》最值得关注的地方，是其不以人的政治、经济地位论其高下，故有的贵为天子者而被列于"愚人"，有的贫为陋巷一书生而被列于"仁人"。这种不以富贵、贫贱取人，而以贤愚、善恶作为判断历史人物标准的观念，包含着积极的意义并对后世史家产生了影响。

中国古代史学理论发展大势

　　在丰富的中国古代史学遗产中，史学理论是一个重要的方面。这里说的史学理论，是指史家对于史学自身的认识，它不同于历史理论，即史家对于历史的认识。简言之，前者是关于史学的理论，后者是关于历史的理论。史家对于历史的认识，是他们对于史学认识的前提之一；而史家对于史学认识的发展，又反过来促进他们对于历史认识的深入。这两个方面的理论本有密切的联系，为了研究上的方便，尤其是为了总结古代史家对于史学自身认识的丰富遗产，推动当前史学理论的建设和历史研究的发展，有必要加强对于古代史学理论的研究。

　　中国古代史学理论的发展，大致经历了四个阶段。第一个阶段，是先秦、秦汉时期，这是它的产生阶段；第二个阶段，是魏晋南北朝隋唐时期，这是它的形成阶段；第三个阶段和第四个阶段，分别是宋元时期和明清（1840 年以前）时期，这是它的发展阶段和终结阶段。

一、中国古代史学理论的产生：从史学意识到自觉的史学发展意识

从春秋、战国之际到秦汉时期，中国古代史学理论逐步产生了。其标志是《春秋》、《左传》和《史记》等书所反映出来的对于史学的认识。从《春秋》和《左传》来看，它们的作者已经有了明确的史学意识；从《史记》来看，它更是突出地反映了司马迁的自觉的史学发展意识。这可以看做是古代史学理论产生阶段的主要特点。

《春秋》在史学意识上的突出反映，一是"属辞比事"，二是用例的思想。如《礼记·经解》所说："属辞比事，《春秋》教也。""属辞比事而不乱，则深于《春秋》者也。""比事"，是按年、时、月、日的顺序排比史事，是编年纪事的概括性说法。"属辞"，是指在表述史事时讲求遣词造句，注重文辞的锤炼。"属辞比事而不乱"，所谓"不乱"，除了编年纪事这种体裁之外，还包含了"属辞"中用例的思想。孔子修《春秋》，记二百四十二年史事，在史事和时间的关系的处理上，是"以事系日，以日系月，以月系时，以时系年"[①]，逐年编次。《春秋》以记鲁史为主，而包括周王朝及列国在这一时期的大事，这就要求汇集、编次同一段时间里发生在不同地区的史事。这是"比事"中对史事和空间之关系的处理。"比事"，还有一层含义，是对诸多史事比其大小、轻重而有所取舍、详略，以便用较少的文字表达出较多的历史情况和论断。这就是所谓"约其文辞而指博"。春秋时期，史事头绪纷繁，《春秋》的比事在对史事处理、史书编撰上作出了开创性的贡献。

《春秋》的"属辞"，首先也是有一定的体例上的要求。同是记战争，有伐、侵、入、战、围、救、取、执、溃、灭、败等不同的写法。同是记杀人，有杀、弑、尽杀、诱杀、歼等不同的写法。同是记人的死亡，有崩、薨、卒等不同的写法。《春秋》的"属辞"，还有缀辑文辞上的要求，即对于言辞、文采的重视。孔子重视言辞、文采的运用及其在

---

① 杜预：《春秋左氏传序》，见严可均《全晋文》卷43，北京，中华书局影印本，1958。

社会实践中的效果，尤其重视对文辞的斟酌，认为："言之无文，行而不远。"① 司马迁说，"孔子在位听讼，文辞有可与人共者，弗独有也。至于为《春秋》，笔则笔，削则削，子夏之徒不能赞一辞。"② 这反映了孔子对历史撰述在文辞要求上的严肃态度。《左传》作者概括《春秋》在这方面的成就，说："《春秋》之称，微而显，志而晦，婉而成章，尽而不汙。"③ 后来《左传》、《史记》都继承、发展了《春秋》这方面的成就，取得了更大的成功。

从流传下来的远古传说里，可以看出人们很早就有了历史意识。从历史意识的产生、发展到史学意识的产生，其间经历了漫长的年代。至迟在西周晚年和春秋时期，周王朝和许多诸侯国都已经有了国史，这是当时贵族社会历史意识的反映。不过这些国史后来都失传了，我们很难推断当时人们在史学意识方面的情况。到了春秋末年，孔子修《春秋》，显然已经有了明确的史学意识。这除了上文所说的以外，还有两点是很重要的。第一，是孔子对于历史文献的认识。他说："夏礼，吾能言之，杞不足征也；殷礼，吾能言之，宋不足征也。文献不足故也。足，则吾能征之矣。"④ 从这里可以看出孔子对于历史文献的重视，讲授前朝的制度，不能不以历史文献为根据，这无疑是史学上的一个基本原则。作为史学家和文献整理者，孔子的这个认识和他的学术实践，对后来史学的发展有重大的影响。第二，是孔子对于历史撰述在思想上的要求。孟子这样说过："王者之迹熄而《诗》亡，《诗》亡然后《春秋》作。晋之《乘》，楚之《梼杌》，鲁之《春秋》，一也；其事则齐桓、晋文，其文则史。孔子曰：'其义则丘窃取之矣'。"⑤ 这里说的"义"，是褒贬之义，即是对于史事的认识和评价。孔子以前，已有一些史官善于指陈历史形势，对历史趋势作出判论，显示出了相当深刻的历史见解。而从历史撰述上即从史学上明确提出"义"的要求，孔子是最早的，这对后来中国古代史学的发展，产生了极其深刻的影响。可以认为，孔子是中国史学

---

① 《左传·襄公二十五年》。

② 司马迁：《史记》卷47《孔子世家》。

③ 《左传·成公十四年》"君子曰"。

④ 《论语·八佾》。按："文献"，历来有一种解释，即"文"指文字记录，"献"指贤者言论。

⑤ 《孟子·离娄下》。

上第一位具有明确的史学意识的人。

《左传》的史学意识，一方面，表现在上文所引它对《春秋》文辞的称赞。另一方面，表现在它十分关注史官记事的态度。《左传》宣公二年通过记载晋灵公被杀、太史董狐对此事的记述及其与赵盾的辩论，然后借孔子的话，称赞董狐"古之良史也，书法不隐"，突出了董狐坚持如实记事的原则。《左传》襄公二十五年记齐国崔杼派人杀死国君庄公之事后，写道："太史书曰：'崔杼弑其君。'崔子杀之。其弟嗣书，而死者二人。其弟又书，乃舍之。南史氏闻太史尽死，执简以往。闻既书矣，乃还。"《左传》作者对于这一史事未作评论，但联系宣公二年所记，这是非常鲜明地在称颂齐国太史兄弟和南史氏不惜以死殉职的精神。所谓"董狐精神"、"南、董之志"，成为中国史学上秉笔直书优良传统的先声和楷模，同《左传》的史学意识及有关的记载是密切相关的。

《左传》的史学意识在这两个方面的表现，表明中国古代史学此时已开始滋生史学批评的思想。孔子对董狐的评论，《左传》对《春秋》的评论和对史官恪守职责、秉笔直书精神的称道，说明古代史学批评从开始滋生之时起，便具有很高的境界。

比《左传》成书年代稍晚的《孟子》，在史学方面提出了一些很重要的见解。上文所引的"王者之迹熄而《诗》亡，《诗》亡然后《春秋》作"以及"事"、"文"、"义"的说法，是指出了政治形势和史书编写之间的联系，即涉及历史进程和史学发展的关系；指出了历史编撰所包含的事、文、义三个基本方面，并用孔子的话强调了"义"的重要。孟子关于历史进程和史学发展的关系的思想，包含着史学是一定历史时代的产物的认识，即认为《诗》代表一个时代，这就是"王者之迹"；《春秋》代表另一个时代，这就是齐桓、晋文之世。他概括了史书应当包含事、文、义三个方面，而又不把它们作同等的看待，突出了"义"的地位，这实际上是提出了史学上的三个重要范畴及其相互关系的认识。他的这些见解，在中国史学上都是很重要的。孟子在史学方面的见解，还突出反映在他明确地提出了有关史学的社会作用的认识。他说："世衰道微，邪说暴行有作，臣弑其君者有之，子弑其父者有之。孔子惧，作《春秋》。《春秋》，天子之事也。是故孔子曰：'知我者其惟《春秋》乎！

— 111 —

罪我者其惟《春秋》乎'。"① 还说："孔子成《春秋》而乱臣贼子惧。"
这一段话，包含的思想很丰富，一是指出了史家撰史的社会环境；二是
从"孔子惧，作《春秋》"，看出了史家撰史具有明确的社会目的；三是
指出了史学的社会作用，即"孔子成《春秋》而乱臣贼子惧"。孟子关
于史学和社会关系的认识，在先秦时期的史学上是有代表性的，对以后
也有深刻的影响。

先秦时期，从《春秋》和孔子言论，以及《左传》和孟子言论中，
可以看到人们的史学意识具有鲜明的特点和丰富的内涵。我们可以把它
归结为以下几个方面：（一）重视史书的结构和文辞；（二）重视史家对
于史事的评价；（三）推崇"书法不隐"的秉笔直书精神；（四）提出史
学发展同历史发展之间关系的认识；（五）关于历史撰述的社会条件、
社会目的和社会作用的认识；（六）提出了事、文、义，史学上的三个
范畴；等等。这对于中国古代史学理论的发展，都具有重要的意义。

西汉时期，古代史家的历史意识更进一步增强了。司马谈临终前同
其子司马迁那一番激动人心的谈话，正是这种强烈的历史意识的生动写
照。不仅如此，《史记》一书还洋溢着司马迁的一种自觉的史学发展意
识，这是先秦时期的史家、史著中所不曾有的、更高层次的史学意识。
所谓史学发展意识，它不只是涉及有关史学的某些方面的认识，而且极
为看重史学是史学家们不应为之中断的、具有连续性的神圣事业。他在
《史记·太史公自序》中一字千钧地写道：

> 先人有言："自周公卒五百岁而有孔子。孔子卒后至于今
> 五百岁，有能绍明世，正《易传》，继《春秋》，本《诗》、
> 《书》、《礼》、《乐》之际？"意在斯乎！意在斯乎！小子何敢
> 让焉。

"小子何敢让焉"，这是把"绍明世"、"继《春秋》"的工作同周公、
孔子的事业联系起来，还有什么比这更重要的呢？在司马迁看来，"《春
秋》辨是非，故长于治人"；"《春秋》以道义"，"拨乱世反之正，莫近

---

① 《孟子·滕文公下》。

于《春秋》。《春秋》文成数万，其指数千。万物之散聚皆在《春秋》"。可见，所谓"继《春秋》"，确乎神圣的事业。司马迁自觉的史学发展意识，可谓鲜明而又强烈。

司马迁的这种史学发展意识产生了伟大的成果，即写出了《史记》（他自称为《太史公书》）。他说：《太史公书》，"以拾遗补艺，成一家之言，厥协《六经》异传，整齐百家杂语"①。这是他的史学发展意识在实践上的要求，即把继承前人成果同自己的"成一家之言"结合起来，作为努力的目标。从广泛的意义上看，司马迁的"成一家之言"，不仅仅是指《史记》说的，而且也是指"史家"说的。战国时期有诸子百家而"史记放绝"，司马迁是要改变这种状况，他要使历史撰述也成为一"家"。这在史学发展上，是一件具有划时代意义的事情。

从孔子到司马迁，古代史家的史学意识不断滋生、发展，提出了许多史学理论上的重要问题。直至提出"成一家之言"的庄严目标。中国史学走完了它的童年时代开始成熟起来，史学理论的产生是这一发展过程的重要标志。

二、中国古代史学理论的形成：系统的史学批评 理论的提出

魏晋南北朝隋唐时期，在马、班所奠定的基础上，中国史学有了更大的发展。这时期的史学理论，已不限于提出来一些重要问题进行新的探讨，而且提出了系统的史学批评理论。这是古代史学理论的形成时期。南朝梁人刘勰《文心雕龙·史传》篇、唐初政治家关于史学的言论、《晋书》卷82有关史家的传记、《隋书·经籍志》史部诸序等，都是反映这个时期史学理论发展的重要文献。尤其是刘知幾的《史通》，提出了系统的史学批评的理论和方法论，标志着古代史学理论的形成，是中国古代史学发展的里程碑。

《文心雕龙·史传》篇，是《史记·太史公自序》以后较早的评论史学的专篇。它认为史书具有使人们"居今识古"、"彰善瘅恶，树之风声"的作用。提出撰史的要求是："贯乎百氏，被之千载；表征盛衰，殷鉴兴废；

---

① 司马迁：《史记》卷130《太史公自序》。

使一代之制，共日月而长存；王霸之迹，并天地而久大。"它认为在历史编纂上最难处理的是对于史事的"总会"和"诠配"；并强调"述远"而不致"诬矫"、"记近"，应杜绝"回邪"，以存信史为贵。《晋书》卷82记载了陈寿等两晋时期12个史家的传记，实际上是关于史家的类传。本卷后论说："古之王者咸建史臣，昭法立训，莫近于此。若夫原始要终，纪情括性，其言微而显，其义皎而明，然后可以茵蔼缇油，作程遐世者也。"这不是评论一部史书或一个史家，而是从理论上说明"史臣"的政治作用和社会作用。这反映了唐初史家对于"史臣"群体的历史地位的重视，也反映了他们对于一个朝代的史家活动的历史的重视。这两点都表明：从历史活动来看，史家成为考察和撰述的对象之一，是史学在社会生活中日益为人们所重视的结果；从史学活动来看，对于"史家"群体的研究和评论，正是史学活动主体对于自身历史的反省。《晋书》卷82在这方面是一个开端。其赞语的最后一句话是："咸被简册，共传遥祀。"这是既涉及历史又涉及史学、意味深长的一句话。《隋书·经籍志》史部在史学发展上有重大贡献。从史学理论来看，它的贡献在于：第一，它把史书分成13个类别，从而对历史撰述的范围提出了明确的界说。这13类的名称是：正史、古史、杂史、霸史、起居注、旧事、职官、仪注、刑法、杂传、地理、谱系、簿录。第二，《隋志》的历史文献分类思想具有力图反映史书之时代特征的自觉意识，这在霸史、杂传、谱系等类尤为突出。第三，它对史官所应具备的知识和所承担的职责作了简明的概括，这就是："夫史官者，必求博闻强识、疏通知远之士，使居其位，百官众职，咸所贰焉。是故前言往行，无不识也；天文地理，无不察也；人事之纪，无不达也。内掌八柄，以诏王治，外执六典，以逆官政。书美以彰善，记恶以垂戒，范围神化，昭明令德，穷圣人之至赜，详一代之亹亹。"《隋志》还考察了各类史书的源流，并作了简要的评价，这在史学史上有重要的参考价值。

唐初政治家和史学家唐高祖、唐太宗、唐高宗、魏徵、令狐德棻、朱敬则等，关于史学有丰富的言论，也提出了一些理论上的认识。首先，唐高祖、唐太宗都十分重视史学对于政治统治的重要作用。唐高祖《修六代史诏》说："司典序言，史官纪事，考论得失，究尽变通，所以裁成义类，惩恶劝善，多识前古，贻鉴将来。"唐太宗在《修晋书诏》中讲到他自己阅读史籍的收获和认识，认为："大矣哉，盖史籍之为用也。"指出，历代史书"莫不彰善瘅恶，激一代之清芬；褒吉惩凶，备百王之令典。"① 可以认为，"贞观之治"局面的出现，跟当时的史学是有密切关系的。其次，重视对于史官的严格挑选。朱敬则《请择史官表》说："董狐、南史岂止生于往代而独无于此时，在于求与不求、好与不好尔!"② ! 根据他的提议，唐高宗《简择史官诏》，指出："修撰国史，义在典实。自非操履贞白、业量该通，谠正有闻，方堪此任。"③ 对史官的德行、学识提出了明确的要求。后来有"史德"的说法，其实这里讲的"操履贞白"、"谠正有闻"就包含了对"史德"的要求。这些认识，在政治上和史学上都产生了积极的影响，对推动史学理论的发展也有一定的意义。

这个时期，史学家在史学理论上提出的问题还有：（一）关于史书体例的认识。杜预的《春秋左氏传序》，对史书体例思想的发展有重要的作用。（二）关于历史评论的认识。范晔提出了"精意深旨"、"笔势纵放"的要求，并认为史论可以起到"正一代得失"的作用。（三）批评意识进一步加强，提出了一些史学批评原则。《文心雕龙·史传》篇提出了"详实"、"准当"、"激抗难征"、"疏阔寡要"、"文质辨洽"、"审正得序"、"约举为能"等等，有肯定的，也有否定的。唐太宗《修晋书诏》批评诸家晋史"才非良史，事亏实录"，或"烦而寡要"，或"滋味同于画饼"，或"其文既野，其事罕有"等。颜师古《汉书叙例》对"近代注史，竞为该博，多引杂说，攻击本文"等弊端，也多有批评，主张注史"翼赞旧书，一遵轨辙，闭绝歧路"的原则。

这时期，反映在史学方法上主要有：（一）比较的方法。如张辅、范晔之论马、班优劣。④（二）连类列举的方法。袁宏《后汉纪序》说："言行趣舍，各以类书。"这种方法扩大了编年体史书的容量，在历史编纂方法论上是有意义的。（三）考异的方法。裴松之注《三国志》，"务

---

① 以上均见宋敏求编：《唐大诏令集》卷81，北京，商务印书馆，1959。

② 王溥：《唐会要》卷63《史馆上·修史官》，北京，中华书局，1955。

③ 《唐大诏令集》卷81。

④ 参见房玄龄等：《晋书》卷60《张辅传》；范晔：《后汉书》卷40下《班彪列传下》后论。

在周悉"，但并非盲目以"博"为目的。他注意到区别补阙、存异、惩妄，论辩等不同情况，较早提出了考异的方法论。①

以上这些史学理论、方法论的新进展，为系统的史学批评理论的提出准备了条件。刘知幾《史通》一书是我国古代史学中第一部以史学作为研究对象的、系统的理论著作。这部史学理论著作贯穿着强烈的批判精神，从这个意义上说，它应当被看做是一部史学批评著作。《史通》原为52篇，佚3篇，今存49篇，凡20卷。前10卷为内篇，是全书的主要部分，着重阐述了有关史书的体裁、体例，史料采辑、表述要求和撰史原则，以及史学功用等，其中以评论纪传体史书的各种体例居多。后10卷为外篇，论述史官制度、正史源流、杂评史家、史著得失，并略申作者对于历史的见解。刘知幾撰《史通》的旨趣，是"商榷史篇"，"辨其指归"，又"多讥往哲，喜述前非"。② 他在继承前人思想成果的基础上，提出了系统的史学批评的理论。其主要内容是：

第一，关于史书内容的范围。《书事》篇引用荀悦"立典有五志"的论点，即达道义、彰法式、通古今、著功勋、表贤能为史书内容的范围。又引用干宝对于"五志"的阐释，即体国经野之言、用兵征伐之权、忠臣烈士孝子贞妇之节、文诰专对之辞、才力技艺殊异等。刘知幾认为："采二家之所议，征五志之所取，盖记言之所网罗，书事之所总括，粗得于兹矣。"同时，他又认为，要使书事没有"遗恨"，还必须增加"三科"，即叙沿革、明罪恶、旌怪异。"五志"加上"三科"，"则史氏所载，庶几无缺"。这里所说的史书内容范围的问题，实质上已触及到史家主观意识如何更全面地反映客观历史的问题了。

第二，关于撰史原则。《采撰》篇一方面主张要慎于"史文有阙"的问题，一方面也强调"征求异说，采摭群言，然后能成一家"。刘知幾肯定魏晋南北朝以来史籍繁富，皆"寸有所长，实广见闻"，但也产生了"苟出异端，虚益新事"的弊病。他告诫人们："作者恶道听途说之迷理，街谈巷议之损实"；"异辞疑事，学者宜善思之"。《杂述》篇还说："学者博闻，盖在择之而已。"慎于采撰，根本的问题是要辨别什么

① 裴松之：《上〈三国志注〉表》，见《三国志》书后，中华书局，1959。
② 刘知幾：《史通》原序及《自叙》篇。

是历史事实，这是刘知幾论撰史原则的核心。

第三，关于史书的体裁、体例。《史通》以精辟地论述史书体裁、体例而享有盛誉。《序例》篇说："夫史之有例，犹国之有法。国无法，则上下靡定；史无例，则是非莫准。"这是指出史书体例本是史家反映历史见解的一种形式。刘知幾推崇《春秋》、《左传》、范晔《后汉书》、萧子显《南齐书》的体例思想；而他的新贡献是提出了"诸史之作，不恒厥体"的理论，并通过《六家》、《二体》、《杂述》等篇，对史书体裁作了总体上的把握，论述了纪传体史书的各种体例。

第四，关于史书的文字表述。《叙事》篇较早地从审美意识提出了这个问题，"夫史之称美者，以叙事为工"。他认为"简要"是"美"与"工"的基本要求，主张"用晦"，认为："夫能略小存大，举重明轻，一言而巨细咸该，片语而洪纤靡漏，此皆用晦之道也。"他还提出史书文字表述应采用"当时口语"，"从实而书"，以不失"天然"。同时，他也反对"虚加练饰，轻事雕彩"、"体兼赋颂，词类俳优"的文风，反对"文非文，史非史"的文字表述。

第五，关于史家作史态度。《直书》、《曲笔》两篇提出了"直书"、"曲笔"两个范畴，并作了理论上的说明，认为这是"君子之德"和"小人之道"在史学上的反映。从刘知幾所揭示出来的"直书"与"曲笔"对立的种种情况，说明它们的出现不仅有撰史者个人德行上的迥异，也有社会的原因，如皇朝的更替、政权的对峙、等级的界限、民族的隔阂等。刘知幾认为，直书才有"实录"，曲笔导致"诬书"，它们的对立从根本上决定了史书的价值和命运。

第六，关于史学的功用。《史通》讲史学功用的地方很多，如《直书》、《曲笔》、《自叙》、《史官建置》等。《辨职》篇尤为集中，提出了史学功用的三种情况："史之为务，厥途有三焉。何则？彰善贬恶，不避强御，若晋之董狐、齐之南史，此其上也。编次勒成，郁为不朽，若鲁之丘明，汉之子长，此其次也。高才博学，名重一时，若周之史佚、楚之倚相，此其下也。苟三者并阙，复何为者哉！"刘知幾对于这三种情况的划分，明确地显示出他的史学价值观。

以上这几个方面，是从史学工作的内在逻辑联系分析了《史通》一书所提出来的史学批评理论体系；尽管《史通》本身不是按照这个体系来编次的，但这个体系却包含在全书当中。它标志着古代史学理论的形成，也是古代史学发展的新阶段。同这个理论体系相表里的，是刘知幾的"史才三长"说。他提出了史才、史学、史识即"史才三长"这三个范畴，阐释了它们各自的内涵和相互间的关系，① 是史学家自我意识的新发展，精神境界的新的升华。从整体来看，刘知幾在史学理论发展上所达到的高度，的确是前无古人的，《史通》写成于唐中宗景龙四年（710 年），这在世界史学史上，大概也是无与伦比的。

这个时期在史学理论发展上还值得提到的，主要有皇甫湜和柳宗元。皇甫湜的《编年纪传论》一文，是对东晋以来编年、纪传孰优孰劣数百年之争的总结。他指出："编年，纪传，系于时之所宜、才之所长者耳，何常之有？故是非与众人同辨，善恶得圣人之中，不虚美，不隐恶，则为纪、为传、为编年，是皆良史矣。"② 这反映了古代史家在理论上对史书体裁认识的成熟。柳宗元的《非国语》和《与韩愈论史官书》，也都是史学理论方面的重要文献。《非国语》67 篇，是一部史学批评专书。它主要从历史观点上，批评了《国语》在天人关系、历史进程中的因果关系、历史评价标准以及史家书法等问题上的错误。③ 在这以前，对一部史书从历史观点上作这样严峻的批评，还没有先例。这反映了史学批评的发展。《与韩愈论史官书》指出了史家应具有坚定的信念和崇高的责任感，这就是"道苟直，虽死不可回也"和"孜孜不敢怠"的精神。④ 这是继《隋志》史部总序、朱敬则《请择史官表》、唐高宗《简择史官诏》、刘知幾"史才三长"说关于史家的评论之后，又一个重要的补充，反映了对于史学主体认识上的新进展。

三、中国古代史学理论的发展：史学批评的繁荣和理论形式的丰富

五代、辽宋西夏金元时期，尤其是两宋时期，中国古代史学有了更大的发展。通史、民族史、当代史、历史文献学等方面，在这时期都取

---

① 刘昫等：《旧唐书》卷 102《刘子玄传》。
② 《文苑英华》卷 742，北京，中华书局，1966。
③ 柳宗元：《柳河东集》卷 44、45。
④ 柳宗元：《柳河东集》卷 31。

得了许多新成果。史学批评在相当广泛的范围里进一步展开，史学理论在不少问题的认识上更加深入，在表现形式上亦更加丰富了。这几个方面表明，中国古代史学理论进入了它的发展阶段。

没有批评就没有发展。史学理论的发展，在很大程度上是通过史学批评来实现的。这个时期的史学批评范围扩大了，不少问题的讨论更加深入了。北宋，如《册府元龟·国史部》诸序、吴缜、曾巩；南宋，如郑樵、朱熹、洪迈、叶适、陈振孙、晁公武；元初，如马端临等，在史学批评方面都各有成就。

北宋官书《册府元龟·国史部》在编纂思想上有很明确的批评意识，其公正、采撰、论议、记注、疏谬、不实、非才等门的序，以及国史部总序，在史学批评的理论上都提出了一些新问题。《论议》门序说，"至于考正先民之异同，论次一时之类例，断以年纪，裁以体范，深述惩劝之本，极谈书法之事，或列于封疏，或形于奏记。"这是对前人"论议"的问题作了归纳，也反映出作者在史学理论方面所作的思考。其以《公正》、《恩奖》等门称赞史学上"执简之余芳，书法之遗懿者"与"鸿硕之志，良直之士"；而以《疏谬》、《不实》、《非才》诸门批评史家撰述上的种种弊端。《册府元龟》国史部立《疏谬》门，并增立《不实》、《非才》两门，使三者有所区别，是对《史通·纰缪》篇的继承和发展，在理论上是有价值的。吴缜撰《新唐书纠谬》、《五代史纂误》，都是专就一部史书的"谬"、"误"进行评论。如《新唐书纠谬》按其所摘举之谬误，取其同类，加以整比，厘为 20 门，即：以无为有，似实而虚，书事失实，自相违舛，年月时世差互，官爵姓名谬误，世系乡里无法，尊敬君亲不严，纪志表传不相符合，载述脱误，事状丛复，宜削而反存，当书而反阙，义例不明，先后失序，编次未当，与夺不常，事有可疑，字书非是。它能列举出这么多的批评项目来，虽然未必都很中肯，但人们还是可以从中得到不少启发的。作者指出《新唐书》致误的八条原因，也具有这样的性质。在史学批评理论方面，吴缜提出了两个问题。第一，什么是"信史"？他给"信史"作了这样的理论概括："必也编次、事实、详略、取舍、褒贬、文采，莫不适当，稽诸前人而不谬，传之后世而无疑，粲然如日星之明，符节之合，使后学观之而莫敢轻议，然后可以号信史。反是，则篇帙愈多，而讥谯愈众，奈天下后世何！"① 给"信史"作这样的规范、下这样的定义，在史学上以前还没有过。第二，史学批评的标准是什么？他说："夫为史之要有三：一曰事实，二曰褒贬，三曰文采。有是事而如是书，斯谓事实；因事实而寓惩劝，斯谓褒贬；事实、褒贬既得矣，必资文采以行之，夫然后成史。至于事得其实矣，而褒贬、文采则阙焉，虽能成书，犹不失为史意。若乃事实未明，而徒以褒贬、文采为事，则是既不成书，而又失为史之意矣。"② 把事实、褒贬、文采尤其是事实作为史学批评标准，在以前也是不曾有过的。《新唐书纠谬》在史学批评的理论和方法上，都有不可忽视的价值。曾巩撰有《南齐书目录序》、《梁书目录序》、《陈书目录序》等文，反映出他的史学批评思想。曾巩指出：历史上的经验教训要能"传于久"，为后人"法戒"，"则必得其所托"，"此史之所以作也"。这实际上是讲到了历史的鉴戒作用是通过历史撰述作为中介来实现的，其中包含了把客观历史和历史撰述加以区别开来的思想。曾巩还对"良史"提出了明确的标准："尝试论之，古之所谓良史者，其明必足以周万事之理，其道必足以适天下之用，其智必足以通难知之意，其文必足以发难显之情，然后其任可得而称也。"③ 这里提出了"明"、"道"、"智"、"文"四个概念，同刘知幾提出的才、学、识相参照，前者更强调了"适天下之用"，这一个变化是值得注意的。

郑樵的"会通"之论、叶适的"史法"之议、朱熹的读史之论，在史学批评上都占有重要的位置。郑樵的《通志·总序》是一篇阐释"会通之义"的宏文。他认为，孔子和司马迁是两位最深谙"会通之义"的史家。孔子"总《诗》、《书》、《礼》、《乐》会于一手，然后能同天下之文；贯二帝、三王通为一家，然后能极古今之变"。司马迁"上稽仲尼之意，会《诗》、《书》、《左传》、《国语》、《世本》、《战国策》、《楚汉春秋》之言，通黄帝、尧、舜至于秦、汉之世，勒成一书"，"使百代而下，史官不能易其法，学者不能舍其书。六经之后，惟有此作"。郑樵说的"同天下之文"，是从空间上同时也是从文献上着眼的；他说的"极古今之变"，是从时间上亦即历史进程上着眼的。郑樵所谓"会通之

---

① 吴缜：《新唐书纠谬》序。
② 同上。
③ 《曾巩集》卷11。

义"的含义，从对司马迁的称赞和对班固的批评中，可以归结为"重古今之相因"、"极古今之变化"这两句话。他在这方面的理论阐释是有理论价值的，而他对班固"断代为史"的批评，则未免失之过当。叶适有不少关于"史法"的议论，并对自《春秋》以下至《五代史》均有评论。叶适认为，《春秋》以前已有"史法"，但"史有书法而未至乎道，书法有是非而不尽乎义，故孔子修而正之，所以示法戒，垂统纪，存旧章，录世变也"。① 叶适论"史法"，有一个中心，即反复批评司马迁破坏了"古之史法"，而这些批评大多是不可取的。他的"史法"论，在史学批评史上，只能是是非得失两存之。朱熹有许多史学批评方面的言论，其中不乏精辟论断。他评论史家才、识，说："司马迁才高，识亦高，但粗率。"他评论史书之通俗、可读，说："温公之言如桑麻谷粟。且如《稽古录》，极好看，常思量教太子诸王。……人家子弟若是先看得此，便是一部古今在肚里了。"他评论史家的史论，说："《唐鉴》意正有疏处。孙之翰《唐论》精练，说利害如身处亲历之，但理不及《唐鉴》耳。"他论史家经世致用思想，说："杜佑可谓有意于世务者。"朱熹论读史有一个很重要的见解，就是"读史当观大伦理、大机会、大治乱得失。"② 这实际上是提出了一条重要的史学批评标准，即以此可以审察历史撰述是否真正把握了有关时代的"大伦理，大机会、大治乱得失"。历史的内容纷繁复杂，并非所有的事件、人物都可以写入史书。史家究竟应当着重写什么？朱熹提出的见解是有启发的。南宋时期，还有不少史家在史学批评上也都有所建树，不一一列举。

元初马端临撰《文献通考》，在史学理论上颇提出一些新问题。他认为《资治通鉴》"详于理乱兴衰，而略于典章经制"，这是因为"著述自有体要，其势不能以两得也"。关于典章经制的著作，他称赞杜佑《通典》"纲领宏大，考订该洽，固无以议为也"。马端临同郑樵一样，也是力主"会通"思想的。他在郑樵的基础上又提出了一个新的认识，就是："理乱兴衰，不相因者也"；"典章经制，实相因者也"。③ 这是说：历代治乱兴衰，在具体史事上不一定相承相因；而历

---

① 叶适：《习学记言序目》卷 9、10、11，北京，中华书局，1977。
② 《朱子语类》卷 134、136、11。
③ 均见马端临：《文献通考》序，北京，中华书局，1986。

代典章制度，却是相承相因的。换言之，治乱兴衰有种种景象，不以连续性为其特点；典章制度虽有损益，而发展的连续性则是其特点。他把对于史事的记载同对于制度的记载作区别，在理论上还是第一次。

以上这些，都在不同的方面反映出古代史学理论处于新的发展阶段。

四、中国古代史学理论的终结：批判、总结、嬗变

中国古代史学发展到明清时期，有两个极明显的特点，一是越来越具有更广泛的社会性，二是出现了批判、总结的趋势，同时也萌生着嬗变的迹象。大致说来，史学理论的发展，也不能脱离这两个特点，而在后一个特点上表现得更突出一些。因此，这可以看做是中国古代史学理论的终结阶段，其特征便是批判、总结和嬗变。明后期的王世贞、王圻、李贽，明清之际的顾炎武、黄宗羲、王夫之，清前期的王鸣盛、赵翼、钱大昕、崔述、章学诚、阮元、龚自珍等，在史学理论、方法论方面，都各有不同的成就和贡献。

在史学的批判总结方面，王世贞对国史、野史、家史的总体性评论，具有方法论的意义。他曾著《史乘考误》100卷。在卷首小引中，他指出了国史、野史、家史的种种弊端，然后写道："虽然国史人恣而善蔽真，其叙章典、述文献、不可废也；野史人臆而善失真，其征是非，削讳忌，不可废也；家史人谀而善溢真，其赞宗阀、表官绩，不可废也。"他对国史、野史、家史的这种估价，不同于一些史家所持的片面性看法，而带有辩证的因素。同时，他的这个见解，是建立在对于许多文献、史料辨析的基础上提出来的，故尤其具有方法论的价值。李贽在史学理论上的批判精神，比王世贞要突出得多。其主要之点，是针对以往的社会历史观提出来的，而核心又在于历史评价的是非标准。李贽认为："人之是非，初无定质；人之是非人也，亦无定论。无定质，则此是彼非并育而不相害；无定论，则是此非彼亦并行而不相悖矣。"这是肯定了人们认识事物的"是"与"非"是可以同时存在的，甚至可以"并育"以促进认识的发展。他进而指出：汉、唐、宋三代，"中间千百余年而独无是非者，岂其人无是非哉？咸以孔子之是非为是非，故未尝

有是非耳"①。这是明确地提出,在历史评价上应当改变"咸以孔子之是非为是非"的传统价值观念。李贽的这一认识,包含有相对主义的因素,但在当时对于突破传统历史思想的束缚方面,是有积极意义的。这反映出史家在史识的理解上已开始提出了新的认识。王圻有丰富的历史撰述,《续文献通考》是他的代表作。《续文献通考》在史学理论上有两点是极为突出的,一是重视历史撰述上的批判继承,二是重视史学的经世致用。他对马端临《文献通考》的批判继承表现在:第一,是要改变"详于文而献则略"的情况;第二,是增加辽、金典制;第三,是增设若干新的门类。从《通典》、《通志·略》、《文献通考》到《续文献通考》,古代史家尊重前人成果又不囿于前人陈说的学风和思想,表现得十分明显。对前人著述和思想批判继承的理论,无疑是古代史学理论的一部分。

顾炎武、黄宗羲、王夫之是大思想家,也是史学的大师。他们在史学理论上有一个共同的特点,即十分强调史学的经世致用,从而把唐宋以来逐渐明确起来的经世致用的史学思想发展到新的阶段。顾炎武认为,重视史学,若干年间,"可得通达政体之士,未必无益于国家"②。黄宗羲在为万斯同所撰《历代史表》写的序言中说:"二十一史所载,凡经世之业,亦无不备矣。"这反映了他对史学社会作用的认识。他和顾炎武一样,深感史学对于人才培养的至关重要。他说:"自科举之学盛,而史学遂废。昔蔡京、蔡卞当国,欲绝无史学,即《资治通鉴》板亦议毁之,然而不能。今未尝有史学之禁,而读史者顾无其人,由是而叹人才之日下也。"王夫之《读通鉴论》叙论四之二,对"资"、"治"、"通"、"鉴"作了深刻的阐述,通篇是论述了优秀的历史著作何以对政治、社会、人生有极大的关系。他认为,读史,既置身于现实之中,又要设想置身于历史环境之中,作认真的思考、比较,就会认识到历史的借鉴作用。他说:"设身于古之时势,为己之所躬逢;研虑于古之谋为,为己之所身任。取古人宗社之安危,代之以忧患,而己之去危以即安者在矣;取古昔民情之利病,代

---

① 均见李贽:《藏书·世纪列传总目前论》,北京,中华书局,1974。

② 顾炎武:《日知录》卷16"史学"。

之以斟酌，而今之兴利以除害者在矣。得可资，失亦可资；同可资，异亦可资也。故治之所资，唯在一心，而史特其鉴也。"这一段话，把历史和现实，古人和今人，成功和失败，经验和教训，相同和相异，这几层关系都讲到了，而且洋溢着辩证的思想。顾炎武、黄宗羲、王夫之三人的经世致用史学思想，把中国古代史学经世致用的优良传统推到了那个时代的最高峰。

王鸣盛、赵翼、钱大昕、崔述、阮元等，是清代前期在历史文献学的理论和方法论上都各有建树的几位名家。他们在史学理论上的一个共同的重要论点，就是认为由于种种不同的原因，前人的历史撰述以及其他一些历史文献，有不少是可以商榷、考异或考信的；只有经过严格的考证和辨析，人们才可能更清楚地认识到历史的真实。其核心在于求实、求信。钱大昕说："史非一家之书，实千载之书，袪其疑，乃能坚其信；指其瑕，益以见其美。"① 王鸣盛认为："大抵史家所记典制，有得有失。读史者不必横生意见，驰骋议论，以明法戒也。但当考其典制之实，俾数千百年建置沿革，了如指掌，而或宜法，或宜戒，待人之自择焉可矣。其事迹则有美有恶，读史者亦不必强立文法，擅加与夺，以为褒贬也。但当考其事迹之实，俾年经事纬，部居州次，记载之异同，见闻之离合，一一条析无疑，而若者可褒，若者可贬，听之天下之公论焉可矣。"② 一是"考其典制之实"，二是"考其事迹之实"，这是求实的两个方面。跟王鸣盛、赵翼、钱大昕有所不同的是，崔述是从社会历史的变迁和学风的变化发现了历代经师所说古史的可疑之处，即他说的"二帝、三王、孔门之事于是大失其实"③，从而提出了古史考信的理论和方法。阮元是古代最后一位历史文献学大师，他"论学宗旨在实事求是，自经史、小学、历算、舆地、金石、辞章，巨细无所不包，尤以发明大义为主"。他的不少著作，"推阐古圣贤训世之意，务在切于日用，

---

① 钱大昕：《廿二史考异》序，见《丛书集成初编》本，北京，中华书局，1985。

② 王鸣盛：《十七史商榷》序，北京，北京市中国书店据上海文瑞楼版影印本，1987。

③ 崔述：《考信录提要》卷上，见《丛书集成初编》本，北京，中华书局，1985。

使人人可以身体力行"。① 他们在考证、校勘、汇刻历史文献的方法上，各具特色。王鸣盛是搜罗正史以外群书，"尽取以供佐证，参伍错综，比物连类，以互相检照，所谓考其典制、事迹之实也"。他不主张"以议论求法戒"、"以褒贬为与夺"。赵翼则认为："盖一代修史时，此等记载无不搜入史局，其所弃而不取者，必有难以征信之处，今或反据以驳正史之讹，不免贻讥有识。"② 所以他的考证工作，主要是就正史纪、传、表、志中"参互勘校"。同时，他对于"古今风气之递变，政事之屡更，有关治乱兴衰之故者，亦随所见附著之"。王、赵在考证的方法论上，各有长短，而历史见识上则赵胜于王。钱大昕在方法论上更有一种近于历史主义的认识，他反对"空疏措大，辄以褒贬自任，强作聪明，妄生疳疵，不吓年代，不揆时势，强人以所难行，责人以所难受，陈义甚高，居心过刻"的治学态度，而持"唯有实事求是，护惜古人之苦心，可与海内共白"③ 的治学态度。钱大昕作为考史学派的最主要的代表人物，跟他的这种治学态度是密切相关的。崔述的方法是"取经传之文，类而辑之，比而察之，久之而后晓然知传记、注疏之失"。阮元整理、校勘、阐释历史文献的方法则是"汇汉、宋之全"即"持汉学、宋学之平"④，把考证和义理结合起来。而王、赵、钱、崔、阮在方法论上有一个共同的地方，即他们都强调"实事求是"。他们从历史文献学方面提出的理论和方法论，正是古代史学理论和方法论在这个领域里的批判性总结。

从理论上全面总结中国古代史学的史家，还是章学诚。他的成就主要在理论方面，所著《文史通义》、《校雠通义》在史学理论上有重大建树，其中也有论及历史理论的名篇（如《文史通义》中的《原道》三篇）。章学诚在史学理论方面的新贡献主要有以下几点：（一）在继承、

① 徐世昌等：《清儒学案》卷121《仪征学案上》，北京，修绠堂刻本，1939。

② 赵翼：《廿二史札记》小引，王树民校证本，北京，中华书局，1984。

③ 钱大昕：《廿二史考异》序。

④ 龚自珍：《龚定庵全集类编》卷2《阮尚书年谱第一序》，北京，中国书店，1997；《拟国史儒林传序》跋语，见《揅经室集》一集卷2，北京，中华书局，1985。

发展前人认识的基础上，提出了"六经皆史"的论点，这是继《隋书·经籍志》确立史学从经学中分离出来的经史分途格局之后，进而以史学来说明经书的新认识，这就进一步扩大和丰富了史学的内涵。（二）提出了"史法"和"史意"的区别，而重于"史意"的探索。他说："吾于史学，盖有天授，自信发凡起例，多为后世开山，而人乃拟吾于刘知几。不知刘言史法，吾言史意，刘议馆局纂修，吾议一家著述，截然两途，不相入也。"① 简要地说，"史法"是探讨历史撰述的形式和内容，"史意"是探讨历史撰述中的思想。刘、章的联系和区别，继承和发展，即在于此。（三）提出了"撰述"与"记注"的区别，以"圆神"、"方智"为史学的两大宗门。他说："记注欲往事之不忘，撰述欲来者之兴起，故记注藏往似智，而撰述知来拟神也。"② "记注"与"撰述"，亦可从"史法"与"史意"中得到说明。（四）提出了历史编撰上"神奇"与"臭腐"互相转化、发展的辩证法则。他认为："事屡变而复初，文饰穷而反质，天下自然之理也。"他从"《尚书》圆而神"一直讲到袁枢《通鉴纪事本末》的出现，并说："神奇化臭腐而臭腐复化为神奇，本一理耳。"③ （五）总结了通史撰述的品类及其所具有的六便、二长、三弊，建立了古代通史学理论。④ （六）提出了"史德—心术"论，发展了刘知几的"史才三长"说，把关于史家自身修养的理论提高到一个新的阶段。⑤ （七）提出了"临文必敬"、"论古必恕"的文史批评的方法论原则。他说："不知古人之世，不可妄论古人文辞也；知其世矣，不知古人之身处，亦不可以遽论其文也。"⑥ 这是关于知人论世的精辟见解。（八）总结了关于历史文学的理论，提出了"闳中肆外，言以声其心之所得"、"传人者文如其人，述事者文如其事"⑦ 等文字表述的原则。（九）提倡"别识心裁"、"独断之学"的继承、创新精神，强调在认识前人"著述之源，而知作者之旨"的基础上进行新的创造，此谓之

---

① 章学诚：《文史通义·家书二》。
② 章学诚：《文史通义·书教下》及《与邵二云论修宋史书》。
③ 章学诚：《文史通义·书教下》。
④ 章学诚：《文史通义·释通》。
⑤ 章学诚：《文史通义·史德》及《质性》、《言公》等篇。
⑥ 章学诚：《文史通义·文德》。
⑦ 章学诚：《文史通义·文理》及《古文十弊》等篇。

"心裁别识，家学具存"①。

章学诚的《校雠通义》是一部系统的历史文献学的理论著作，其中《原道》篇结合社会发展总结了历史文献发展的规律，《宗刘》以下诸篇从理论和历史两个方面总结了古代历史文献学的成就。

龚自珍所处的时代，中国社会正处于历史大变动的前夜。随着这个历史大变动的到来，史学和史学理论的发展都逐渐开始发生新的变化。

---

① 章学诚：《文史通义·申郑》及《答客问》等篇。

地理条件与中国历史进程

地理条件和社会历史发展的关系，自古以来是中外史学家、思想家十分关注的问题；他们在这方面给后人留下了珍贵的思想遗产。近代以来，孟德斯鸠、黑格尔等人对此多有卓见；而马克思、恩格斯则确立了在这个问题上的科学理论。[①]

由于历史的原因，自20世纪50年代至70年代，中国学术界对这个问题研究甚少，几乎在理论上成为一个空白。80年代以来，中国学术界才开始重新研究这个问题。80年代初，白寿彝先生主持制定的多卷本《中国通史》导论卷的撰写提纲，其中的第二章是"地理环境"，含5节30目，[②] 表明了本书主编对于这个问题的重视及其在中国历史之理论问题方面的重要性。后因这部导论的规模作了适当的调整，成书后的第二章"历史发展的地理条件"仅含2节8目。这一方

[①] 参见白寿彝主编：《中国通史》第1卷《导论》第2章第1节，上海，上海人民出版社，1989。

[②] 同上书，384页。

面是考虑到不要使导论卷的部帙太大，另一方面也是考虑到对有些问题还应作长期的和深入的研究。当然，成书后的两节即"地理条件与历史发展"、"中国地理条件的特点及其与中国历史发展的关系"，还是把最重要、最基本的理论问题作了概括性的论述，是导论卷所论九个重要理论问题之一。

我在承担这一章的撰写任务过程中，在理论上和文献上有不少收获，受到寿彝先生的教诲、启迪尤多。今年，欣逢寿彝先生 90 华诞，乃将地理条件与中国历史进程之关系的几个问题修订、补充，予以发表，以志祝贺。

一、地理条件的复杂性和经济发展的不平衡性

中国地域辽阔，经济文化发展很不平衡，造成这种情况的因素是多方面的，而地理条件的复杂性是主要原因之一。

在久远的年代，黄河流域为中国历史的发展谱写了瑰丽的篇章，成为中华民族的摇篮之一。它在很长的历史时期里，是中国经济、文化最发达的地区。这些，都和那时黄河流域的地理条件有密切的关系。考古资料表明，中国远古时期文化发达的地区是黄河流域，西起陇山、东迄泰山这一广大平原地区，它与渭河下游、黄河中下游之间以及济水的上中游相连的东西一线，这是仰韶文化遗址和龙山文化遗址分布最稠密的地区，也是夏、商、西周三个王朝先后兴起和立国的地区。在全国范围之内，远古遗存能够与文献记载的史迹相衔接，当首推这一地区。这决不是偶然的。从始见于文字记载的黄土高原的面貌来看，从西周到汉代，黄土高原上原隰相望，大体上到处呈现一片平整的面貌，由草原、森林和农作物组成的植被十分丰茂，说它是郁郁葱葱、到处呈现出一派山清水秀的旖旎风光，是并不过分的。始见于文字记载的黄土高原，不仅有湖泊，有的湖泊还相当大，在全国的湖泊中也未见得有任何逊色。黄土高原虽然相当高亢，却也有较为低下的平原，黄河的一些支流支津的中下游还有相当开阔的河谷。那个时期的湖泊，许多就散布在这些平原上或开阔的河谷中。著名的湖泊有焦获、杨纡和昭余祁。就是高亢的山地上也并非没有湖泊，如弦蒲薮，就与杨纡、昭余祁齐名。历史地理学的研究表明，春秋以前，黄河泛滥、决口和改道的种种事故是很少见

的。黄河流域中下游和河济之间，植被丰富，森林茂盛，气候温暖而湿润，土质疏松、肥沃，宜于耕种，是当时农业最发达的地区。这样的地理条件，比起当时周围邻近的其他地区要优越得多，因而这一地区的经济发展和文化发展都处于领先地位。[①]

上面说的这种情况，从公元前一世纪汉武帝时成书的《史记》中也可以看得很清楚。司马迁在《史记·货殖列传》里盛赞关中的地理条件及其富庶的情况，他说："关中自汧、雍以东至河、华，膏壤沃野千里，自虞夏之贡以为上田"，是全国财富最集中的地方。黄河下游的齐、鲁一带，虽比不上关中，但也是比较富庶的："齐带山海，膏壤千里，宜桑麻，人民多文彩布帛鱼盐"；邹、鲁一带，也"颇有桑麻之业"。可见当时的黄河中下游地区，都是膏壤千里，气候温润，宜于桑麻。与此相对照的是，当时的淮河以南及广大的长江流域中下游地区，远不如黄河流域中下游地区经济、文化发展程度之高。在司马迁笔下，西楚，"地薄，寡于积聚"；东楚，"其俗类徐、僮"，也比较落后；南楚，"其俗大类西楚"，而"江南卑湿，丈夫早夭"，更造成了劳动人手的不足。总之，"楚越之地，地广人稀，饭稻羹鱼，或火耕而水耨，果隋蠃蛤，不待贾而足，地势饶食，无饥馑之患，以故呰窳偷生，无积聚而多贫。是故江、淮以南，无冻饿之人，亦无千金之家"。

以黄河流域中下游地区和长江流域中下游地区两相比较，可以看出，在西汉和西汉以前，这两大水系所流经的地区，在经济发展上很不平衡，即北方优于南方的趋势异常明显。这与它们当时的地理条件是密切相关的。当然，我们不能因此认为长江流域中下游地区的地理条件不好；但我们至少可以认为，当时的黄河流域中下游地区的地理条件，也有其优越于长江流域中下游地区之处，这应当是没有疑问的。这种情况，只是由于后来地理条件本身的演变和种种人为因素造成地理条件的变化以及社会条件的演变才有所改变。改变的结果，并不是二者趋于平衡，而是新的不平衡代替了旧的不平衡，即长江流域的经济、文化的发

---

① 史念海：《由地理的原因试探远古时期黄河流域文化最为发达的原因》，见《历史地理》第3辑；史念海、曹尔琴、朱士光：《黄土高原森林与草原的变迁》，174～178页，西安，陕西人民出版社，1985。

展超过了黄河流域的经济、文化的发展。宋代以后的大量的历史资料反映了这个历史性的变化。值得注意的是，在很长的时期里，人们在研究和说明一些历史问题的时候，或者是忽略了地理条件的因素，或者是把我们今天所处的地理条件同历史上的地理条件混同起来，这就可能造成片面性。近年来，关于古代黄河流域中下游地理条件的研究，在这方面给予我们很多的启示。

地理条件的复杂性所造成的经济、文化发展不平衡的现象，当然不限于黄河流域和长江流域这两大水系的差别；这种不平衡的现象，在所有地形、土壤、气候、物产等不相同的地区，都是存在的。同时，这种不平衡现象不仅表现为经济、文化发展的总的趋势的差别，也表现为各地区在生产部门上发展的差别。这后一种差别，从积极的方面来看，正是促进各地区、各生产部门加强联系的物质因素。在汉代，关中平原，人民"好稼穑，殖五谷"，以农业为主；巴蜀，"亦沃野，地饶卮、姜、丹砂、石、铜、铁、竹、木之器"；天水、陇西一带，"畜牧为天下饶"；燕地，"而民雕捍少虑，有鱼盐枣栗之饶"；吴郡，"东有海盐之饶，章山之铜，三江、五湖之利"等等，① 各不相同。显然，这种生产部门上发展的差别，也是和地理条件分不开的。具体说来，生产部门发展的差别，是与一定的地理条件所能提供的产品分不开的，在生产力水平不高的情况下，尤其是这样。司马迁给我们提供了认识这个问题的很生动的历史资料：

> 陆地牧马二百蹄，牛蹄角千，千足羊，泽中千足彘，水居千石鱼陂，山居千章之材。安邑千树枣；燕、秦千树栗；蜀、汉、江陵千树橘；淮北、常山已南，河济之间千树萩；陈、夏千亩漆；齐、鲁千亩桑麻；渭川千亩竹；及名国万家之城，带郭千亩亩钟之田，若千亩卮茜，千畦姜韭：此其人皆与千户侯等。②

这里说的陆地，泽中，水居，山居，以及安邑，燕、秦，蜀、汉、

---

① 司马迁：《史记》卷129《货殖列传》。
② 同上。

江陵，淮北、常山以南，河、济之间，陈、夏，齐、鲁，渭川，靠近大城市的上好土地等等，是着重指出了地理条件的不同。人们只能根据自身所处的地理条件从事生产和组织生产，其产品自然也因地理条件的差别而有所不同。

地理条件的复杂性之影响于经济、文化发展不平衡性，还间接地从各地区城市分布状况反映出来。城市本身并不是地理条件的组成部分，但是它的出现以及它们在各地区的分布状况，却不能离开一定的地理条件。古代东方的城市多具有军事堡垒的性质，中国也是如此。所谓"城为保民为之也"①，"城者，所以自守也"②，说的就是这个意思。这样的城，首先是军事上和政治上的需要，但也不能完全脱离经济上的支持。随着城市的增多，城市人口的进一步聚集，日益增长的对手工业和商业的需要，城市在社会经济中的地位就逐渐显得突出了。司马迁论西汉社会经济，对于都城长安和邯郸、洛阳、临菑、陶、睢阳、江陵、寿春、合肥、番禺、南阳等城市作为一方都会的作用，是很重视的；③ 而《汉书·地理志》记全国各县治所，除备载其建置沿革、户口多寡，亦注重记其山川形势、物产所出，可见城市的兴建和发展是和一定的地理条件有关系的。从宏观方面来看，中国历史上的城市，主要密集于西起今云南境内澜沧江与四川境内岷江以东、北至黄河河套与滦河以南的广大地区，即黄河流域中下游、长江流域中下游和珠江水系所流经的区域。④ 历史上城市分布的这种状况，自然有多方面原因，而这一地区的良好的地理条件无疑是重要的原因之一。要之，城市的发展和分布的不平衡性，是经济、文化发展不平衡性的一个表现；人们要认识或改变这种不平衡性，都不能不认真考察各种地理条件因素。

---

① 《春秋穀梁传·隐公七年》。
② 《墨子·七患》，见《诸子集成》本，北京，中华书局，1954。
③ 司马迁：《史记》卷129《货殖列传》。
④ 陈正祥：《中国文化地理》附图21，北京，生活·读书·新知三联书店，1983。

二、地理条件之局部的独立性和整体的统一性
及其与历史上政治统治的关系

中国历史上，很早就产生了"溥天之下，莫非王土。率土之滨，莫非王臣"的观念和"定于一"的大一统思想，① 但政治上统一局面的出现、发展和巩固，却经历了漫长的过程。春秋战国时期的大国争霸和群雄兼并，出现了秦、汉皇朝的统一的政治局面；而秦、汉统一后却又出现了分裂割据的政治局面。隋、唐皇朝的统一有过于秦、汉，但隋、唐之后再一次出现了分裂割据的局面；不过分裂并没有长期存在，最后是元、明、清三朝的统一。造成这种历史现象的原因固然有种种，而中国地理条件之局部的独立性和整体的统一性的特点，是一个不可忽视的原因。

先从地理条件之局部的独立性来看。由于中国地域辽阔，极容易形成一些地理条件较好的天然区域，这些区域的土壤、气候和物产，可以造成若干个并立的经济、政治中心。在古代交通不便的历史条件下，这种形势正是各地封建势力分疆割据的有利的客观条件。② 汉初，刘濞为首的叛乱，固有其政治上的原因，"然其居国以铜盐故，百姓无赋"，"即山铸钱，煮海水为盐，诱天下亡人"③，这种地理条件所造成的物质力量无疑也是重要的原因。诸葛亮在东汉末年预见到三国鼎立的政治局面，也是充分考虑到江东"国险而民附"、"益州险塞，沃野千里，天府之土"④ 这些地理条件的。中唐以后，藩镇割据日甚一日，这与安史之乱后中央集权的衰弱有很大的关系，但因地理条件而造成的各地经济、政治发展的相对独立性，仍然是一个基本的原因。中唐时期的政治家、史学家杜佑论天下形势说：巴蜀之地，"土肥沃，无凶岁。山重复，四塞险固。王政微缺，跋扈先起"；青州，"古齐，号称强国，凭负山海，擅利盐铁。太公用之而富人，管仲资之而兴霸"；扬州，"江淮滨海，地

---

① 《诗经·小雅·北山》及《孟子·梁惠王》。
② 邓拓：《论中国历史的几个问题》，56 页，北京，生活·读书·新知三联书店，1979。
③ 司马迁：《史记》卷 106《吴王刘濞列传》。
④ 陈寿：《三国志》卷 35《蜀书·诸葛亮传》。

非形势，得之与失，未必轻重，故不暇先争。然长淮、大江，皆可拒守，闽越遐阻，僻在一隅，凭山负海，难以德抚"；荆楚之地，"风俗略同扬州，杂以蛮左，率多劲悍。南朝鼎立，皆为重镇。然兵强财富，地逼势危，称兵跋扈，无代不有"。① 杜佑在当时的历史环境下，从地理条件和历史经验来说明政治统治的不安定的原因，见解是很深刻的。在历史上持续了近千年的分封制和郡县制的争论，也同地理条件与政治统治局面的关系相关联着。从主张郡县制的人来说，他们反对分封制，就包含了从地理条件上考虑问题的因素。西汉贾谊主张"众建诸侯而少其力"，认为"力少则易使以义，国小则无邪心"，② 这句话明显地考虑到封国地域范围的广狭及其所可能提供的物质条件与封建割据的关系。唐人李百药认为，在新的历史条件下实行分封制，使"天下五服之内，尽封诸侯；王畿千乘之间，俱为采地"，势必要造成"纪纲弛紊"的局面。③ 柳宗元认为，周代"裂土田而瓜分之"，而周王"徒建空名于公侯之上"，是其衰微丧亡的主要原因。④ 他们也是把地理条件作为立论的根据之一。至于南北朝的对峙，五代、十国的割据，以至宋、辽、西夏和宋、金的并立，都是在特定的历史环境下出现的，不可作完全等同的看待，但地理条件的因素却是一个重要的物质因素。

再从地理条件之整体的统一性来看。我们认识中国地理条件对历史上政治统治的影响，仅仅从地理条件之局部的独立性来看，仅仅认识到这种独立性对于造成历史上分裂割据的政治局面有很大的关系，还是很不够的。我们还应该考察中国地理条件之整体的统一性，考察这种统一性与历史上政治统治的关系，这同样是很重要的。中国地理条件，由于天然特点而自成一个自然地区。这个自然地区的环境是：北有大漠，西和西南是高山，东与南滨海；黄河、长江、珠江三大水系所流经的地区是地理条件最好的地区。在这个自然地区里，任何局部地区的特点、局部地区与局部地区之间的差异及其产生的种种社会结果，一般地说，都

---

① 杜佑：《通典》卷 176、180、182、183《州郡典》之六、十、十二、十三。

② 贾谊：《新书·藩强》，长春，吉林大学出版社，1992。

③ 董诰等编：《全唐文》卷 143，北京，中华书局影印本，1983。

④ 柳宗元：《柳河东集》卷 3。

不能不受到这个整体所具有的统一性的约束。中国地理条件的这个特点，在更大的程度上影响着历史上政治形势的发展。这个影响至少表现在：第一，在绝大多数情况下，历史上的重大的政治活动具有明显的内向性，这是因为一则四出受阻，一则为大河流域的先进的经济、文化所吸引。汉唐而下，有所谓"丝绸之路"；唐宋以降，航海事业也有发展；但这对历史上政治局面一般不产生多大的影响。中国封建社会，从秦朝开始，"制天下为四十郡，其地则西临洮而北沙漠，东萦南带，皆临大海"①；至元朝，"其地北逾阴山，西极流沙，东尽辽左，南越海表"②；直到后来的明、清两代，其政治统一的局面，都是对这一地域范围的继承和发展。这种政治活动的内向性，从中国历史上民族关系史的发展也看得十分清楚。第二，如马克思所说，亚洲的大河流域需要有中央集权的政府来执行公共工程的职能。在中国历史上，从传说中的统治人物开始，直到历代封建朝廷，都与执行这种公共工程的职能相关联。水利事业的发达和封建专制的强化，这两种表面看来完全不同的历史现象，实际上存在着非常密切的内在联系。徐光启《农政全书·水利·总论》引《荒政要览》说："水利之在天下，犹人之血气然，一息之不通，则四体非复为有矣。"③ 这是用形象的比喻说明了这种联系。我们从《二十四史》有关各史的《河渠书》、《沟洫志》、《食货志》以及《地理志》关于水利事业的记载中，可以大致看出这种公共工程的职能在机构设施、具体措置和社会效益方面的反映。由此可见，中国地理条件之整体的统一性影响于历史上政治形势的发展，具有维系国家统一的作用。在中国历史上，虽然不只一次地出现过分裂割据状态，但统一毕竟是主要的趋势，这与中国地理条件的特点有极大的关系。

中国地理条件之局部的独立性和整体的统一性及其对历史上政治统治的影响，在具体的表现上是很复杂的。如割据政权的建立，必须具备一定的地理条件，即必须有地方上的经济条件作基础；而不同时期或不同地区建立的割据政权，在利用地区经济条件方面的情况是有差别的，

---

① 杜佑：《通典》卷171《州郡典一》。

② 脱脱等：《元史》卷58《地理志一》。

③ 徐光启：《农政全书》卷12，北京，中华书局，1956。引文出自俞汝为：《荒政要览》四《平日修备之要》。

甚至有很大的不同，一种情况是开发，一种情况是滥用。从总的倾向来看，南方的割据政权大多注意于开发，北方的割据政权则滥用多于开发。这是因为：第一，北方的割据大多表现为政治上的混乱、纷争，极容易造成对自然资源的滥用；南方的割据，比之于北方的混乱和纷争来说，显然要安定一些，因而有可能对自然资源作合理的开发。第二，由于北方开发较早，北方割据政权可以滥用这些已经开发出来的经济成果；南方开发较晚，南方割据政权为了求得生存和发展，不得不更多地致力于开发。从东晋、南朝和十六国、北朝的割据，还有南宋和金的割据，大致可以看出这种差别。再如统一政权的建立和巩固与地理条件的关系，也有两种情况。一是夺取和占据地理条件较好的地区，作为统治全国的基础，如汉、唐都以占据关中地区作为统一全国的第一步。二是统一皇朝的中心所在地并不是丰腴的地区，但由于能够比较好地控制了重要的运输渠道，从而掌握了必要的生活资源和生产资源，因而也能使统一得以存在和发展，如唐代后期，尤其是元、明、清三朝即是。

地理条件影响到历史上政治统治局面的问题，是一个非常复杂的问题，还有待于作进一步的研究。

三、地理条件与民族、民族关系

地理条件与民族的形成、民族间的差别以及各民族间的交往也有密切的关系。

中国史学家很早就重视记载各个民族的历史，同时，他们也注意到地理条件与民族发展的关系。杜佑在《通典》中就谈论到这个问题，他说："覆载之内，日月所临，华夏居土中，生物受气正，其人性和而才惠，其地产厚而类繁。所以诞生圣贤，继施法教，随时拯弊，因物利用。三五以降，代有其人。君臣长幼之序立，五常十伦之教备，孝慈生焉，恩爱笃焉，主威张而下安，权不分而法一，生人大赏，实在于斯。"至于少数民族地区，则是"其地偏，其气梗，不生圣哲，莫革旧风，诰训之所不可，礼义之所不及，外而不内，疏而不戚"。[1] 杜佑在这里提出的有些论点是不足取的，但反映了史学家试图从地理条件的差别上去

---

① 杜佑：《通典》卷185《边防典一·边防序》。

说明汉族社会发展和少数民族社会发展所以有很大不同的原因。

从今天的观点来看，由于中国许多少数民族基本分布在全国的周边地区，因而与主要聚居在长江、黄河中下游地区的汉族相比，在气候条件、土壤条件和地理环境的其他许多方面有很大的不同；同时，北方少数民族和南方少数民族在地理条件上的差别显得更为突出。一般地说，汉族居住的地区宜于农业；北方民族居住的地区，气温低，多草原、沙漠，宜于牧业。南方民族居住的地区多高山、丘陵，气温较高，宜于农业。这对于各个民族在经济、政治、文化、生活方式等方面都会产生一定的影响。可见，民族特点的形成和各民族间的差别，是同地理条件之不同有关的。例如北方民族因交通便利容易走向联合，社会发展的进程也比较快，这与他们从事集体的游牧活动，具有勇敢的精神有关。南方民族，往往局促于山地，交通不便，极不利于联系和融合。这是南方民族虽然在民族数量上超过北方民族，但在社会发展上却落后于北方民族的一个很重要的原因。由此也可以说明这样一个历史现象：北方民族曾经一次又一次地进入中原地区，而南方民族却很少有过类似的活动。从民族文化来看，北方民族与南方民族的发展也不相同。

中国的地理条件，哺育了以汉族为主体的几十个民族，这些民族各有特点，因而产生了相互间的差别，这是一方面；另一方面，这样的地理条件，也维系着中华民族中各个民族间的联系，如同它维系着历史上长时期的政治统一局面一样，经久而不衰。这是因为：第一，汉族聚居的黄河、长江中下游地区，由于其地理条件的优越，生产的发展始终处于领先的地位，并在物质上、生产技术上和文化方面影响着周边的少数民族地区，因而形成了一种自然的凝聚力。这种建立在物质基础上的凝聚力，是不以人的主观意志为转移的。第二，在东、南濒海，北有沙漠，西和西南有高山的地理条件下，周边少数民族向内地发展比向外发展要容易得多，因而产生了一种自然的内向性。这种自然的内向性与上述自然的凝聚力的结合，成为维系中华民族各族间的联系的纽带。正因为如此，两千多年来，在中国民族关系史上，尽管有时候互相攻伐，兵戎相见，有时候"和亲"通好，会盟、互市，各族间的关系歹一阵，好一阵，但总的趋势是相互间的关系越来越密切，越来越不可分离。

＾＾r

四、地理条件的变化及其对社会的影响

整个自然界在不断地运动和变化，人类生活于其中的地理条件也在不断地运动和变化。地理条件影响着社会历史的发展，地理条件的变化也影响着社会历史发展过程中的某些变化。从中国历史上看，由于地理条件的变化（当然也还有其他的一些原因）引起经济、文化上的变化的情况，是值得人们注意的。对于这一现象的研究和认识，不仅具有理论的意义，而且还有现实的意义。这一现象的具体表现是：

（一）河流变迁对历史进程的影响。黄河和长江是我国最重要的两大河流，它们在很大的程度上影响着中国历史的发展、历史时期。它们的变迁，尤其是黄河的变迁，是很显著的，因而受到人们的重视。黄河流域是中华民族的摇篮，这同它的河患一样，均为世人所瞩目。如果对黄河流域作宏观的考察，就会发现：黄河的安流和河患，在很大程度上影响着历史的发展变化。根据各方面的考察资料证明：历史时期，黄河决溢虽甚频繁，但经分析研究核实而论，却也有前后两个长期相对安流的时期。前一个时期为商周至秦代，后一个时期则为东汉初年至唐代后期，前后合计，将近二千年，或者还要过之。频繁的河患也可分为两个时期，其一是两个长期相对安流时期的中间时期，即由西汉初年到东汉初年，其二则是由唐代后期到 20 世纪前期。这两个时期合计，不超过一千五百年。所谓黄河河患，主要是指黄河中游的侵蚀、侧蚀、下切和黄河下游的堆积，以及由此引起的陵、原、川、谷的变化和城乡的兴废，而其症结则在于河水挟带泥沙，随处淤积。黄河泥沙的淤积，虽然远在地质时期即已有之，但决不如历史时期这样严重。这里，除了自然的原因即黄河流经土质松疏的黄土高原外，还有人为的原因，即历史时期以来，由于农田的扩大，道路的开辟，居民点以及城池的增加与修建，使天然植被遭到严重破坏，从而大大加速了黄河流域的侵蚀和堆积，以致造成频繁的河患。黄河流域原是我国历史上重要的产丝地区，直到北宋，长江下游蚕桑事业有了很大的发展，几乎有超过黄河流域的趋势，但黄河流域到底还保持着一定的水平。然而，北宋以后，这种情况即发生剧变。因为金朝在破辽灭宋后，使女真人大量内迁，广占土地。这些人不娴于农桑，因而尽量伐取桑枣，作为薪柴出卖。这在当时是一种普遍情形，朝廷派人到各地巡察、禁止也无济于事。这不仅直接影响了黄河流域的蚕桑事业的继续发展，致使金朝统治者因丝、绢来源匮乏而惊慌，而且也破坏了黄河流域的植被，后果自然是严重的。[1] 类似这样的事例，在历史上并不是绝无仅有的。从这些方面来看，两宋以后，黄河流域在经济发展上的地位逐渐被长江流域所代替，除了别的原因之外，黄河流域结束了第二个安流时期而开始了第二个河患时期，也是很重要的原因。

（二）沙漠变迁对历史的影响。我国北部和西北部，现在有大片的沙漠存在。治沙，成为现实生活中的一个很重要的课题。然而，在历史时期，这些被沙丘覆盖的土地并非原来都是这样。例如，在今内蒙古和宁夏两自治区之间的乌兰布和沙漠原是西汉朔方郡辖地。那时，它是一个繁荣富庶的农垦区，而现在却是一片茫茫的流沙，横亘在阴山南麓直到贺兰山下。这些流沙掩埋了古代的河道、湖泊、城池、村落、墓群，唯其如此，它也就展示了这一地区曾经存在过的一段繁荣富庶的历史。关于乌兰布和流沙起源的问题，从自然原因来看，是黄河改道所致；从人为的作用来看，是农垦的废置，造成表土破坏，覆沙飞扬，终于使这一地区变成了猖狂肆虐的大沙漠。[2] 又如西辽河下游平原，第四纪时期积沙很厚，到更新世晚期，气候干燥，产生很多坨岗沙丘，全新世以来气候变得相当湿润，沙丘为灌木、草丛所固定，发展为草原环境。历史时期，它曾是一片好牧场。到辽代，由于在临潢府（今内蒙古自治区赤峰市巴林左旗林东镇）建置上都，乃掳掠人口，在这里开垦草地为农田，掀起下部浮沙，破坏草原植被。到了金代，这里就变成一片瘠薄之地，很难进行生产活动。再如，在今陕北无定河流域及榆林以北，更新世晚期这里也曾发育过沙丘，全新世初期，气候变得湿润，植被繁茂，把流沙固定起来，而且在低地形成许多浅湖、沼泽。进入历史时期以来，人们开垦了这里的黑炉土和沼泽土，砍刈草本灌木以作燃料，覆盖

---

① 史念海：《河山集》二集，360～362 页，北京，生活·读书·新知三联书店，1981；《河山集》253～279 页，北京，生活·读书·新知三联书店，1963。

② 侯仁之：《乌兰布和沙漠的考古发现和地理环境的变迁》，见《历史地理学的理论与实践》，95～124 页，上海，上海人民出版社，1979。

层和植被遭到破坏，沙丘经大风吹扬，造成连绵不断的沙荒地。[①] 沙漠的变迁对这些地区社会经济的发展和历史的进程产生了严重的影响。

仅就这两点而论，恐怕不能否认地理条件的变化对中国历史上经济、文化重心由北向南转移所起的推动作用。长时期里，人们在说明经济、文化重心南移的历史原因时，提出过一些很有价值的见解；但地理条件的变化作为一个重要的历史原因，似还没有受到应有的重视，这就有可能夸大其他方面的原因，从而产生片面的认识。片面的认识不能科学地说明历史。我们讨论这个问题，正是为了避免这种片面性。至于经济、文化重心的南移，南北地位的变化，其具体表现若何？譬如，生产部门及产品的变化，人口分布的消长，行政区划的分合，粮食产量的升降，水利系统的兴废等等，以及学校、书院的发展，印刷术的推广，从进士直到宰相各级人才的来源，城市的发展和城市生活的丰富等，学术界已有研究成果问世，[②] 本文不再一一论列。

当然，在中国历史上，地理条件的变化之影响到历史发展进程，也还表现在其他方面。例如由于地理条件的突然变化，有的民族因此一度遭到破败，有的民族甚至因此崩溃不振，由此引起一系列民族之间关系的变化。《通典·边防典·突厥上》记：贞观初年，薛延陀、回纥等"相率叛之"；颉利与突利之间产生"怨憾"；兼"频年大雪，六畜多死，国中大馁。颉利用度不给，复重敛诸部，由是下不堪命，内外叛之"。[③] 这段话指出，隋末唐初异常强大的突厥汗国，在贞观初年遭到覆灭的重要原因。陈寅恪根据《通典》和其他有关史料认为："北突厥或东突厥之败亡除与唐为敌外，其主因一为境内之天灾及乱政，二为其他邻接部族回纥、薛延陀之兴起两端。"他还根据《唐会要·回纥》条所记"连年饥疫，羊马死者被地，又大雪为灾"[④]，以及其他有关史料，认为：自唐肃宗以后雄大起来的回纥，至唐文宗时，"天灾、党乱扰其内，黠戛斯崛起侵其外，于是崩溃不振矣"。类似的史实还见于《新唐

---

① 周廷儒：《古地理学》，339～340 页，北京，北京师范大学出版社，1982。

② 陈正祥：《中国文化地理》，5～22 页。

③ 杜佑：《通典》卷 197《边防典十三》。

④ 《唐会要》卷 98，北京，中华书局，1955。

书·吐蕃传》所记彝泰赞普执政时，"国中地震裂，水泉涌，岷山崩；洮水逆流三日，鼠食稼，人饥疫，死者相枕藉"，继因唐武宗会昌年间，"国人以赞普立非是，皆叛去"，终于在唐宣宗大中三年（849 年）"奉表归唐"。① 据此陈寅恪又认为："吐蕃之破败由于天灾及内乱。"② 像这种由于地理条件发生异常或骤变而影响到一个民族、一个地区或民族与民族之间关系、地区与地区之间关系变化的现象，在中国历史上并不少见，也是应当予以重视的。

这里，应当着重指出的是，人和自然的关系，是在辩证的发展中不断开辟前进的道路的。一方面是自然力作用于人，另一方面是人力也会反作用于自然。在人和自然的关系中，人并不是消极的。正如恩格斯说的："随着自然规律知识的迅速增加，人对自然界起反作用的手段也增加了"③。人的生产活动就是对自然的利用。这种生产活动总是在一定程度上改变着自然，其后果固然有破坏自然界生态平衡的方面，如上文所举的那样；但是，合理地利用自然和改变自然条件，仍然是人们生产活动的主导方面。如人们把野生动物驯养成家畜和家禽，把野生植物培育成新的农作物；人们从游牧生活发展为定居生活；乡村的形成与城市的兴建及其数量的不断增加；农田的开辟；矿山的采掘；道路的修筑，运河的开凿，桥梁的架设等等，都从不同的方面、在不同的程度上改变着地理环境。舍此，则无从谈论人类的历史，更无从谈论历史的进步。关于这一点，中国历史为全世界的历史提供了极其丰富的资料。

普列汉诺夫指出："地理环境不但对于原始部落有着很大的影响，就是对于所谓开化民族也有着很大的影响。""地理环境对于社会人类的影响，是一种可变的量"，随着生产力的发展，"增加了人类控制自然的权力，因而使人类对于周围的地理环境发生了一种新的关系。现在英国人对于这种地理环境的反应自然同凯撒时代移居英国的部落对于这种环

---

① 欧阳修等：《新唐书》卷 216 下《吐蕃传下》，北京，中华书局点校本，1975。

② 陈寅恪：《唐代政治史述论稿》，130～134 页，上海，上海古籍出版社，1982。

③ 《马克思恩格斯选集》第 4 卷，274 页，北京，人民出版社，1995。

境的反应完全不同。"① 普列汉诺夫在地理环境和社会历史之关系的论点上有一些错误的认识，但是他在这里所说的则是正确的。随着历史的进步，人类改变地理环境的能力将日益增强。然而，这种趋势也积累着巨大的隐患。正如恩格斯在《自然辩证法》中所指出的：

> 但是我们不要过分陶醉于我们人类对自然界的胜利。对于每一次这样的胜利，自然界都对我们进行报复。每一次胜利，起初确实取得了我们预期的结果，但是往后和再往后却发生完全不同的、出乎预料的影响，常常把最初的结果又消除了。②

恩格斯在一百多年前所写的这一段话，事实上已成为现时全人类所关注的问题。

对地理条件与社会发展之关系的认识，是一个历史过程。在这个认识过程中，中国近代以来的学者的贡献是应当特别受到重视的；而对于中国古代学者，尤其是中国古代史学家在这方面的认识和撰述，也应当受到重视，这对我们研究历史和参与社会实践都是会有启发的。

五、环境保护与可持续发展

人们对地理条件与历史进程之关系的认识，具有重要的现实意义。

20 世纪 90 年代以来，环境与发展愈来愈受到全人类的关注。1992 年 6 月，联合国环境与发展大会把可持续发展作为未来共同的发展战略，得到了与会各国政府的普遍赞同。同年 8 月，中国政府提出了中国环境与发展应采取的十大对策，明确指出走可持续发展道路是当代中国以及未来的必然选择。1994 年 3 月，中国政府批准发布了《中国 21 世纪议程——中国 21 世纪人口、环境与发展白皮书》，从人口、环境与发展的具体国情出发，提出了中国可持续发展的总体战略、对策以及行动方案。1996 年 6 月，中华人民共和国国务院新闻办公室发布了《中国的环境保护》的重要文件，就实施可持续发展战略的选择、逐步完善的

---

① 《马克思主义的基本问题》，张仲实译，32、33 页，北京，生活·读书·新知三联书店，1961。

② 《马克思恩格斯选集》第 4 卷，383 页。

法律体系与管理、工业污染和城市环境综合整治、国土整治与农村环境保护、生态环境与生物多样性的保护、环境科学技术和环境宣传教育、积极推动环境保护领域的国际合作等问题——作了阐述。例如，在法律体系方面，中国针对特定的环境保护对象制定、颁布了多项环境保护专门法以及与环境保护相关的资源法，包括：《水污染防治法》、《大气污染防治法》、《固体废物污染环境防治法》、《海洋环境保护法》、《森林法》、《草原法》、《渔业法》、《矿产资源法》、《土地管理法》、《水法》、《野生动物保护法》、《水土保护法》、《农业法》等，同时还制定了 30 多件环境保护行政法规。中国地方人民代表大会和地方人民政府为实施国家环境保护法律，结合本地区的具体情况，制定和颁布了 600 多项环境保护地方性法规。①

可见，环境与发展问题，是一个全球性问题；对于处在发展中的中国来说，更有其严峻性和紧迫性。这里说的"环境"，已不止是地理条件，但"环境"的许多方面无疑都同地理条件有密切关系。近 20 年来，中国在环境与发展方面，成就突出，问题不少。《中国的环境保护》一文在前言中指出：

> 中国是一个发展中国家，目前正面临着发展经济和保护环境的双重任务。从国情出发，中国在全面推进现代化建设的过程中，把环境保护作为一项基本国策，把实现可持续发展作为一个重大战略，在全国范围内开展了大规模的污染防治和生态环境保护。改革开放 18 年来，中国国民生产总值以年均 10%左右的速度持续增长，而环境质量基本上避免了相应恶化的局面。实践表明，中国实行的经济、社会和环境协调发展的方针是有成效的。

这方面的成就，是毋庸置疑的。从可持续发展的战略决策的要求来看，总结经验，坚持已有的正确对策是很重要的；而发现和揭示问题，制定新的正确的对策是更重要、更紧迫的。这是因为：环境与发

---

① 见《光明日报》，1996-06-05。

展的关系之所以作为一个国际间共同的发展战略提出来，就表明了这个问题的重要性和紧迫性；中国的国情反映在环境与发展方面，不论是现在还是未来，都不容乐观。正如《中国的环境保护》在结束语中所指出的：

> 中国经过20多年的不懈努力，在环境保护方面取得了举世瞩目的成就。但是，中国政府清醒地认识到，中国正处在迅速推进工业化的发展阶段，加上粗放的生产经营方式，资源浪费和环境污染相当严重。随着人口增加和经济发展，这个问题可能更加突出。解决历史遗留的环境问题和控制发展过程中出现的环境问题，仍然是一项长期而艰巨的任务。

这个估计，是清醒的，也是正确的；足以证明这一点的，是无情的事实。

1998年七八月间，长江流域和嫩江、松花江流域出现百年不遇的特大洪水，给人民的生命财产、国家的建设事业造成了巨大的损失。全国军民在党中央、国务院、中央军委领导下，赢得了抗洪斗争的伟大胜利，显示出了中华民族的伟大凝聚力和战胜一切困难的大无畏精神。然而，胜利之后的思考，却是深刻而沉重的。这次特大洪水，无情地向人们宣告：不重视环境保护，肆虐地对待自然，就一定会受到自然的"报复"，受到被人为破坏了的环境的"惩罚"。这是不可抗拒的规律。

中国的环境保护与可持续发展当前还面临着许多严峻的问题：

——江河上游森林植被破坏、水土流失严重。如20世纪50年代初，长江上游地区水土流失面积为29.95万平方公里，90年代末扩大到39.3万平方公里，占这一地区总面积的39.1%。滥伐森林、毁林开荒，已使长江流域的森林植被减少了85%，造成了严重的水土流失。

——围垦湖泊，加剧泥沙淤积，降低蓄洪能力。据统计，全国被围垦的湖泊面积至少有140万公顷，共减少蓄洪容量350多亿立方米。自50年代以来，洞庭湖调蓄洪水的容量减少40%。江汉平原地区有300

多个湖泊消失了。[①]

——黄河断流，日趋严重。自 1970 年以来的 20 多年间，黄河先后断流 18 次，其中 1995 年断流时间 122 天，断流河段 683 公里；1996 年断流时间 136 天，断流河段 579 公里；1997 年断流时间 226 天，断流河段 700 公里。人们预测，如不采取有效措施，到 2020 年，黄河下游将全年断流，黄河面临着变成内陆河的命运。据中科院地学部院士、专家实地考察黄河中下游鲁、豫、陕、宁四省区所得结论之一，认为用水量超过水资源的承载能力是黄河断流的根本原因。[②] 黄河断流已直接影响到生态环境的恶化和可持续发展的进程。

——水资源与水污染问题。中国水资源并不丰富，而水资源的利用过程却存在严重的浪费现象。1997 年，两院院士会同水利部有关专家进行三次研讨，认为节水是"中国水问题的出路"，应把节水作为一项国策。1998 年 6 月，全国人大环资委召开《水污染防治法》执行形势分析会，据国家环保总局、水利部、建设部所作的分析报告，水环境形势不容乐观，几年来污水排放量一直在增长，水域污染在加剧，水环境质量不仅没有明显改善，总体上仍在进一步恶化；这种情况如不改变，下一个世纪初我国有可能出现全局性的水危机。[③] 一方面是水资源短缺；一方面是水环境恶化，水问题的严峻性十分突出。

——耕地减少。中国人均耕地数量甚小，而近年来耕地面积却呈减少趋势。据国土资源部提供的数字表明，1997 年全国因建设占用、农业内部结构调整以及灾毁三项合计共减少耕地 693.5 万亩，全国开发复垦和土地整理新增耕地 489.7 万亩。增减相抵，一年中损失耕地 203.8 万亩。据统计，1997 年全国有 20 个省份没有达到新增耕地计划预计指标，其中 10 个省份当年新增耕地比建设占有耕地数少 77 万亩。[④] 耕地

① 这些数字，系水利部水保司、长江水利委员会水文局所提供。参阅郑北鹰：《江河上游地区水土保持亟待加强》，载《光明日报》，1998-10-12。

② 熊蕾：《院士专家实地考察，为黄河断流"把脉"》，载《光明日报》，1998-07-15。

③ 林英：《我国水环境质量仍在恶化》，载《光明日报》，1998-06-30。

④ 见《中国土地报》，1998-07-13。

减少的这种趋势如不遏制的话，全国的农业以至全国的经济发展都将受到严重影响。

——海洋环境恶化趋势加剧。1998 年是国际海洋年，全国人大常委会组织检查团，对我国部分省市实施《海洋环境保护法》情况进行了检查。检查结果表明，目前我国海洋环境恶化趋势加剧，近岸海区环境质量在逐年退化。污染范围有所扩大，突发性污损事件频率增加，海洋生态环境破坏日益严重。例如，1985 年，我国只有东海近海域无机氮平均含量超过一类海水水质标准；而 1991 年，渤、黄、东、南四个海区无机氮的平均含量，全部超标，目前整个近海无机氮的超标率已超过70％，大面积海域遭到污染。大量陆地污染物入海、石油污染、城市生活污水和含有机物的工业废水大量排海等，是造成海域污染的几个重要原因。[1] 在诸海域中，渤海尤其受到人们的关注，发出了"渤海：黑色的警告"、"渤海再也经不起污染了"、"专家警告：渤海将变死海"、"渤海治污该有个时间表了"等呼吁。[2] 人们像关注江河、森林、草原、耕地一样，关注着大海。

……

我们不可能把环境保护所面临的问题都列举出来，但上面所举出的任何一个方面的问题，都阻碍着可持续发展，严重地影响到历史进程，绝不是危言耸听。当然，这些问题有些是历史遗留下来的；有些则是近几十年中形成的，究其原因，或是追求短期效应的行为，或是地方保护主义行为，或是缺乏环境保护意识，或是法制观念淡薄，更有甚者，则是利令智昏、明知故犯，无视国家和民族根本利益、无任何历史责任感的蛀虫行为等等。面对如此严峻的局面，为保证可持续发展的国策得以实施，在环境保护方面我们应当努力做好这些工作：

第一，在全体国民中进行环境保护的教育，增强社会公众的环境保护意识，这应贯彻在普通教育、高等教育、继续教育和一切社会教育之中，从而真正提高全民对环境保护与可持续发展之关系的认识水平和参

---

[1] 林英：《我国海洋环境恶化趋势加剧》，载《光明日报》，1998-09-17。

[2] 参阅《人民日报》，1998-07-21、27；《中国青年报》，1998-11-11；《光明日报》，1998-11-13。

与意识。

第二，要有适合于上述各类教育的有关读物；它们应当由那些既有理论水平又有实际考察的专家撰写，有些著作（包括科普读物）应聘请一批著名学者撰写，以期引起社会公众的关注，扩大社会影响，真正达到教育的目的。有关专家、学者则应视此为自己的神圣使命之一。

第三，各级政府在有关的决策过程中，都应当贯彻环境保护与可持续发展的基本国策；凡有悖于这一基本国策的任何决策，都应当受到社会的抵制，舆论的监督，直至法律的干预。

第四，严格实施已经制定颁布的各种有关环境保护之法律、法规，真正做到有法必依，违法必究，知法犯法者严惩不贷；把提高公众环境保护的自觉意识和发挥有关法律、法规的威慑作用结合起来，使教育与法制并行，逐步造成一个在保护环境方面人人自觉、令行禁止的局面。

当然，这些问题，大多已为举国上下所重视，并已采取了得力措施，有的已取得成效，有的已作出正确果断的决策，还有许多拟议中的计划和措施。举例来说，如关于淮河的治污问题，关于太湖的治污问题，关于陕北地区治理水土流失建设生态农业的问题，关于关闭污染环境、破坏资源的小企业的问题，关于坚决制止毁林开荒的问题，关于改革农业经营方式的设想，关于创建世界科学——绿洲学的建议，关于治理江河源头环境的意见，关于北京根治环境污染进入倒计时的举措等等，反映了从中央到地方各级政府在保护环境、造福子孙方面的决心和信心，前景是令人鼓舞的。1997年8月5日，江泽民在姜春云的《关于陕北地区治理水土流失建设生态农业的调查报告》上批示说：

> 历史遗留下来的这种恶劣的生态环境，要靠我们发挥社会主义制度的优越性，发扬艰苦创业的精神，齐心协力地大抓植树造林，绿化荒漠，建设生态农业去加以根本改观。经过一代人一代人长期地、持续地奋斗，再造一个山川秀美的西北地

区，应该是可以实现的。①

保护环境、治理环境是长期的历史任务，西北地区可以做到的，其他地区也可以做到。

从历史发展趋势来看，环境与发展是一个全球的问题，中国政府和中国人民一定会顺应并推动这一历史趋势，建设国家，造福人类，为世界的美好未来，作出新的贡献。

---

① 《光明日报》，1997-09-03。

中国史学上的早期民族观和民族史观

中国自古是一个多民族国家。先秦文献中保存着有关古代民族的活动及民族之间交往的记录，也保存着当时人们对民族和民族关系的认识。秦汉统一皇朝的建立，史学家们对民族和民族关系有了新的认识，不仅写出了统一多民族国家的历史著作，而且把古代的民族观念发展到新的阶段。

一、"诸华"和"诸戎"

先秦文献记录了大量的民族活动。殷、周之际，武王伐纣，有许多部族参与其役。《尚书·牧誓》所记参与其役的庸、蜀、羌、髳、微、卢、彭、濮等部族，是当时很活跃的部族，有的部族在其后的历史中还继续产生重大的影响。

《诗经》中不少诗篇也涉及民族间的交往，而以夷族最为突出。[1]

---

① 这主要见于"雅"、"颂"部分，如《小雅》中的《六月》："薄伐猃狁，以奏肤公"，"薄伐猃狁，至于太原"；《采芑》："薄伐猃狁，蛮荆来威"。《鲁颂》中的《泮水》："既作泮宫，淮夷攸服"，"憬彼淮夷，来献其琛"；《閟宫》："至于海邦，淮夷来同"，"至于海邦，淮夷蛮貊。及被南夷，莫不率从"。《商颂》中《殷武》有更遥远的表述："昔有成汤，自彼氐羌，莫敢不来享，莫敢不来王，曰商是常。"参见王守谦、金秀珍：《诗经评注》，长春，东北师范大学出版社，1989。

《左传》一书记载各族间的战争和会盟,反映了春秋时期各族的斗争、融合进入到一个新的时期。① 如果说各族间的频繁的冲突打破了它们之间的地域界限,为各族间的交往、融合提供了可能性的话,那么各族间的一些重要会盟则为这种交往、融合创造了现实的条件。此类会盟,或是交往的形式,或是修好的标志,或是"复修旧好"的一个环节,都具有重要的意义。

从殷商到西周,古代部族的名称很多,也不断发展变化。到了春秋时期,笼统地说,主要是处于中原地区的"诸华"或"诸夏"与周边"诸戎"或"夷狄"、"戎狄"、蛮夷戎狄之间的频繁活动。这些古代民族或部族的统称,见于《左传》甚多。② 关于蛮、夷、戎、狄的分支及其分布,非常复杂。《尔雅·释天》称"九夷、八狄、七戎、六蛮谓之四海。"郭璞注云:"九夷在东,八狄在北,七戎在西,六蛮在南。"其实,这只是一个大概的说法。各族的实际分布状况,不可能如此整齐划一。顾颉刚认为:"战国以下的人总喜欢把'夷、蛮、戎、狄'四名分配'东、南、西、北'四方。……拿'夷、蛮、戎、狄'四名分配到四方,固也可以得其大齐,可是决不能看作有严密界限的称谓。"③ 顾先生所论极是。但为了叙述上的方便,即"得其大齐",我们姑且还是沿用"战国以下的人"的说法。

---

① 仅就会盟来看,较重要的有:周平王五十年(前721年),鲁隐公"会戎于潜","秋,盟于唐,复修旧好也"(《左传·隐公二年》)。周桓王十年(前710年),鲁桓公"及戎盟于唐,修旧好也"(《左传·桓公二年》)。周襄王三年(前649年),"齐桓公使管仲平戎于周使隰朋平戎于晋"(《左传·僖公十二年》)。周襄王二十四年(前628年),"卫人及狄盟"(《左传·僖公三十二年》)。周襄王三十三年(前619年),鲁公子遂"会雒戎,盟于暴"(《春秋·文公八年》)。周定王六年(前601年),"白狄及晋平"(《左传·宣公八年》)。周定王九年(前598年),"晋卻成子求成于众狄……会于攒函"(《左传·宣公十一年》)。周灵王九年(前569年),晋悼公"使魏绛盟诸戎"(《左传·襄公四年》)。周景王七年(前538年),众诸侯与淮夷"会于申"(《左传·昭公四年》)。周敬王四十四年(前476年),楚伐东夷,"三夷男女及楚师盟于敖"(《左传·哀公十九年》)。等等。

② 如《左传·闵公二年》:"诸夏亲暱,不可弃也"。《襄公四年》:"公说使魏绛盟诸戎";《襄公十一年》:"和诸戎狄以正诸华";《昭公二年》:"蛮夷戎狄,不式王命";等等。

③ 顾颉刚:《从古籍中探索我国的西部民族——羌族》,载《社会科学战线》,1980(1)。

　　值得注意的，"历史的发展使中国各民族多数是杂居的，互相同化，互相影响"①。春秋时期亦然。是时，以黄河流域为中心，东起山东、江苏、浙江，西至陕西、宁夏、内蒙古，在这广袤的大地上，各族在军事、政治、经济、文化等方面，进行着激烈的斗争、频繁的交往和密切的联系，逐步地走向融合。在如此纷繁复杂的民族、部族的相互关系之中，人们形成了各自的民族观和民族关系观，其中关于华夷或夷夏的观念是最突出的表现。

　　一种观念认为，蛮、夷、戎、狄等族与中原各诸侯国不存在血缘上的联系，且"不式王命"，故应区别看待。史载："晋侯使巩朔献齐捷于周，王弗见，使单襄公辞焉。"② 单襄公受周定王之命批评晋侯使臣巩朔的一番话，反映了当时在周礼的框架中，对于蛮、夷、戎、狄，"王命伐之，则有献捷"；对于中原诸侯，"王命伐之，告事而已"。从单襄公的话中可以清晰看出，"献捷"与"告事"在性质上是不同的。这就是说，蛮、夷、戎、狄一般不按周礼行事，而"兄弟甥舅"关系的中原各诸侯国或是同姓诸侯国的关系，或是异姓而相互通婚的关系，都按周礼行事。这在当时周王室和各诸侯国中的贵族们占主流地位的夷夏观或华夷观。

　　另一种观念认为，"戎狄无亲而贪"，不可与之交往。这反映了春秋时期一些诸侯国贵族对蛮、夷、戎、狄的偏见，而这种偏见自是当时各族在矛盾斗争中产生的，带有明显的敌对倾向。与此相反，有一种观念，认为"诸华"应当同戎狄通好，从而起到互补的作用。在春秋时期魏绛"和戎"和晋悼公"复霸"的前前后后，充分地反映出上述两种观念在历史发展中的微妙变化。史载：山戎族的一支无终的首领嘉父派使臣到晋国，通过晋国大夫魏绛"以请和诸戎"。魏绛向国君晋悼公转达其意，晋悼公说："戎狄无亲而贪，不如伐之。"但魏绛是一个有政治远见的贵族，他从当时晋国在各诸侯国中的地位和形势出发，提出了"和戎"的主张，指出：

―――――――

　　① 周恩来：《关于我国民族政策的几个问题》，北京，民族出版社，1980。
　　② 《左传·成公二年》。

和戎有五利焉：戎狄荐居，贵货易土，土可贾焉，一也。边鄙不耸，民狎其野，稼人成功，二也。戎狄事晋，四邻振动，诸侯威怀，三也。以德绥戎，师徒不勤，甲兵不顿，四也。鉴于后羿，而用德度，远至迩安，五也。

晋悼公接受了魏绛"和戎"的建议，"使魏绛盟诸戎。修民事，田以时"①。

从魏绛的言论来看，他对于"戎狄无亲而贪"的观念并未表示明确的看法，他除了说明戎狄的活动特点及可以为晋国所用外，强调了"以德绥戎"、"而用德度"的方针和原则。显然，魏绛的戎狄观是比较开明的和有远见的。尽管他是从晋国的实际利益出发而提出的"和戎"主张，但从当时民族关系的发展来看，这是符合客观历史趋势的戎狄观。

正因为如此，从魏绛"和戎"主张的背后，除了晋国的实际利益之外，也透露出"戎狄无亲而贪"的观念在受到某种抵制，而这种抵制因社会存在的变化而引起观念上的变化。这一点，从晋悼公"使魏绛抚诸戎，于是乎遂伯"②的过程中，反映得极为突出。魏绛"和戎"后八年，晋悼公同魏绛有一次重要的喜剧性的对话，凸现出晋悼公在民族观上的变化。晋悼公时对魏绛说："子教寡人和诸戎狄，以正诸华。八年之中，九合诸侯，如乐之和，无所不谐。请与子乐之。"③在晋悼公看来，"和诸戎狄，以正诸华"这两件事是密切联系的。晋悼公用"如乐之和，无所不谐"来形容"和戎"后的政治形势，实已表明他的戎狄观念随着历史形势的变化也发生了变化。而在魏绛看来，他进而明确地指出，"夫和戎狄，国之福也"，也就是说，只有对戎狄采取和好的态度和政策，才可能给晋国带来福祉，这同他当初说服晋悼公时的思想是一致的。值得注意的是，魏绛在这里又提出了"乐以安德，义以处之，礼以行之，信以守之，仁以厉之，而后可以殿邦国，同福禄，来远人"的见解。这一见解，当不只是就"诸华"而言，自也包含"诸华"同"戎狄"的关系。魏绛还引用"居安思危"的古训，认为"思则有备，有备

---

① 《左传·襄公四年》、《国语·晋语七》。
② 《国语·晋语七》。
③ 《左传·襄公十一年》。

无患"，显示出他的政治远见和政治胸怀。从晋悼公所说"抑微子，寡人无以待戎"，说明他对戎狄的看法已发生了很大的变化。

春秋时期还有一种华夷观念，与上述两种观念不尽相同，这就是孔子所说的"裔不谋夏，夷不乱华"①。孔子认为，混淆了华、夷的界限，"于神为不详，于德为衍义，于人为失礼"。孔子的华夷观念，以"礼"作为衡量的标准，实际上是赋予民族界限以文化的异同为标准。这是他的民族观的特点，也是他的民族观的价值所在。

二、民族观念与文化认同

孔子以"礼"来划分民族间的界限，固然出于对周礼的崇敬，如其所说："周监于二代，郁郁乎文哉！吾从周。"② 他认为诸夷同诸华的最大区别，在于诸夷在文化上落后，没有如同周礼那样被他视为完美的制度。正是在这个意义上，他高度评价管仲相桓公成就霸业："管仲相桓公，霸诸侯，一匡天下，民到于今受其赐。微管仲，吾其被发左衽矣。"③ 在孔子看来，夷狄的披发左衽是无法接受的。

但是，在剧烈的历史变动中，孔子的思想也在发生变化。孔子向远方小国国君问学后发表感慨，反映出了他的民族观与文化观，史载：郯子朝聘于鲁，鲁昭公问及少皞氏以鸟名官之事，郯子对答如流。于是孔子见于郯子而学之。既而告人曰："吾闻之：'天子失官，学在四夷'，犹信。"④ 其实，郯子并非夷狄君长，只是地处偏远，与夷杂居而已。从孔子的问学以及他所发出的感慨，可以得到这样的认识：第一，在最遵循周礼、文化素养最高的鲁国，人们对于有关少皞氏等有关传说已不甚了解，而处在偏远地区的郯子却清晰地娓娓道来，这在当时实在是一件不可理解的现象，说明文化在传承和扩散过程中会出现人们始料不及的情况；第二，郯子的谈话，涉及多方面的历史传说，可以视为有关文化认同的一次有力的阐述；第三，孔子好学的精神，即使对来自偏远地

---

① 《左传·定公十年》。杨伯峻注引范文澜《中国通史简编》："裔指夏以外的地，夷指华以外的人。"按：顾栋高《春秋大事表·四裔表》，其意亦近是。

② 《论语·八佾》。

③ 《论语·宪问》。

④ 《左传·昭公十七年》。

区的郯子，也虚心求教；第四，问学之后，孔子感慨地认为，人们通常所说"天子失官，学在四夷"的话，原本是真实可信的，由此引申出一个令人深思的文化现象，即文化的传播不受地域的局限，也不受民族的局限，即使居于夷地的小国之君，同样可以熟悉古代的典制。综而言之，孔子的这种民族观和文化观，同他挚着于周礼是完全吻合的。正因为如此，孔子才产生了"欲居九夷"①的打算，并强调说："君子居之，何陋之有？"② 这充分显示出孔子华夷观的真诚。

关于郯子回答鲁昭公所问少皞氏以鸟名官等问题，反映了文化的传承与传播中的一种现象。还有一种现象是诸华或诸夏文化在传承和传播过程中有些已被诸戎、诸夷所接受，成为其思想观念的重要方面，由此而影响到民族观念的变化。譬如，在"诗言志"的时代，《诗》即后人所说的《诗经》往往被士人尤其是贵族们所征引，用以表达某种思想观念的倾向。

这里，我们还是从一个饶有兴味的历史事件谈起。周灵王十三年（前559年），晋国执政大夫范宣子（士匄）与一些诸侯国的代表将有一次集会。会前，范宣子表示要拒绝姜戎首领驹支与会，因而同驹支发生激烈的争论。双方在争论中涉及历史与现实的关系，从而透露出重要的历史信息，也反映出相关的民族观念。在争论中，戎子驹支历数晋与姜戎在历史上的密切关系，尤其是姜戎对晋国的发展作出的贡献，最后表示："不与于会，亦无瞢焉！"并且"赋《青蝇》而退"。事情的结局是，终于使"宣子辞焉，使即事于会，成恺悌也。"③ 驹支的这一篇辩词，至少提出了三个方面的重要历史事实：

第一，羌戎和晋国的密切关系，已近百年，晋国在政治上的称霸和经济上的开发，都有羌戎的参与，是为当时民族融合的典型事例之一。第二，晋惠公认为，"诸戎，是四岳之裔胄"。而四岳本尧时方伯，姜

---

① 杨伯峻注引前人之说，认为："所谓夷，非夷狄其人也。言周、鲁俱衰，典章阙坏，而远方小国之君乃知前古官名之沿革，盖录之也"云云。按：此说固然可以说通，但所谓"夷"，即使不是指夷狄之人，亦可指夷地而言。

② 《论语·子罕》。

③ 《左传·襄公十四年》。

姓①。这一方面反映了晋惠公的进步的华夷观念，另一方面也反映了驹支所代表的"诸戎"与"诸华"、"诸夏"的历史认同。第三，这是最有震撼力的一点，即驹子在振振有词地回顾了晋国与姜戎的关系史后，带有几分忧虑和几分大度地赋《青蝇》而退，剩下的事情就看范宣子怎样处理了。《青蝇》是《诗经·小雅》中的一首，这是一首刺讥统治者的诗，大意是统治者听信谗言、害人祸国。全诗斥责统治者亲近小人、不再是平易近人的君子。旧说，认为此诗刺讥周幽王的诗，也有人说是讽刺周王之诗，不必专指周幽王。

值得注意的是，驹支在辩词中，一次使用"诸戎"的称谓，七次用了"我诸戎"的自称，这一方面说明他的民族的界限是非常清楚的，另一方面也说明他不止是在为自己辩护，甚至也不止是在为姜戎辩护，而是在为"诸戎"作辩护。这辩护的基础是历史事实，而辩护的指导思想就是《诗经·小雅·青蝇》。

这件事情说明，西周以来的《诗》不仅在"诸华"、"诸夏"的范围内有广泛的影响，以至于在许多场合贵族们、士人们都要引《诗》明志，而且在"诸戎"中间，尽管有"言语不达"的障碍，但像驹支这样的人物，还是比较熟悉的，并在思想上、心理上有所认同。

战国、秦汉间的"解经"者，在民族观上有专以"中国"与"夷狄"相对待而言的观点，这主要见于《春秋公羊传》、《春秋穀梁传》和《礼记》等书。而"解经"所说的"中国"，其实即是指春秋时期"诸华"、"诸夏"的总称。② 从《公羊传》、《穀梁传》来看，这主要反映了作者们的义例思想，但这种义例思想同民族观念是有密切关系的。③ 值得注意的是，《公羊传》、《穀梁传》的义例中频频出现"中国"与"夷狄"相对待而言的做法中，表明在其民族观中，"中国"与"夷狄"是一个事物的两个方面，即称"中国"是相对于"夷狄"而言，说"夷狄"是相对于"中国"而言。是否可以认为，这正是后来"大一统"思想形成的因素之一。

---

① 《左传·襄公十四年》杜预注本。

② 《左传·成公七年》杨伯峻注文。

③ 参见《春秋公羊传·宣公十五年》、《春秋穀梁传·成公十二年》、《春秋公羊传·定公四年》、《春秋穀梁传·定公四年》。

但在这里我们要强调的是，这种"中国"与"夷狄"相对待而视之的思想，反映在民族观念上的另外两个特点。这就是：第一，"中国"与"夷狄"应当和善相处。《穀梁传·襄公三十年》记："澶渊之会，中国不侵伐夷狄，夷狄不入中国，无侵伐八年。善之也。"① 春秋时期，"中国"即"诸华"与"夷狄"共同参与的会盟很多，但这里所肯定的是"中国不侵伐夷狄，夷狄不入中国"。当然，在当时，这种"中国"与"夷狄"应和善相待、和善相处的民族观并不占据主流地位，但它反映出了民族观念中一种积极倾向。第二，"中国"与"夷狄"的差别，主要界限是视其是否严格遵循周礼。《公羊传·昭公二十三年》记，针对吴国败顿、胡、沈、蔡、陈、许之师于鸡父一事，写道："此偏战也，曷为以诈战之辞言之？不与夷狄之主中国也。然则曷为不使中国主之？中国亦新夷狄也。"② 当时吴国被视为"夷狄"，故不可使其居于"主"位；而蔡、陈这些"诸华"之国不尊周王室、不循礼制，故也不可使其居于"主"位。我们要十分注意的是"中国亦新夷狄也"这句话，它表明：原本是属于"中国"即"诸华"或"诸夏"者，因其不遵循礼制，亦当视作"夷狄"。这里反映出来的民族观念，可与孔子说的"天子失官，学在四夷"，以及"子欲居九夷"等言行互相发明，作相同性质的民族观念看待。以上两点，从不同的角度反映了当时民族观念中积极因素的多种表现形式。

战国、秦汉之际，还有一种民族观念，这就是《礼记·王制》所说的中国、夷、蛮、戎、狄为"五方之民"。它所反映出来的民族观念，颇有可关注之处，即将中国、夷、蛮、戎、狄置于相同的位置上予以表述。这种观念，在其后统一的多民族国家历史发展中，越发显示出它的思想价值和社会意义。

三、"海内一统"与多民族国家的历史观念

春秋战国时期，从大国争霸到七雄兼并战争，一方面推进了各地区、各民族的联系，促进了民族间的交往和融合，一方面也造成了社会的长期动荡、人民无法休养生息。因此，处于战国中期的孟子提出了天

---

① 《春秋穀梁传》。
② 《春秋公羊传》。

下应当"定于一"和"不嗜杀人者能一之"的历史性的命题。① 秦、汉皇朝的先后建立，实现了"定于一"的历史形势。在政治大一统的历史条件下，史学家的民族观念有了新的发展，"大一统"出现了多种形式。

统一的政治局面之所以能够出现，有其深刻的历史原因。政论家、史论家贾谊对此有深刻的分析，他指出，当时"元元之民冀得安其性命，莫不虚心而仰上"②，从历史发展上揭示了秦皇朝统一事业得以成功的最深刻的社会原因和主要动力。这些分析的本质是：社会需要统一，人民渴望统一。

历史形势的发展深刻地影响着史学家思想发展。这不仅反映在史论家的言论之中，也反映在史学家的著作以及与史学家著作有关的著作之中。《春秋》作为较早的编年史著作，对后世有很大影响。随着历史形势的发展，政治统一局面的出现。人们对《春秋》的解说也在发生变化。如《春秋公羊传》在解释《春秋》所记隐公元年之"春王正月"时，强调了"大一统"观念，这或许同"溥天之下，莫非王土，率土之滨，莫非王臣"③ 的观念有关；但是，这在更大程度上当是同秦、汉的统一事业相联系。④

在这个问题上，司马迁父亲司马谈临终对他的谈话，反映得十分突出。司马谈强调了从"诸侯相兼"到"海内一统"的历史变化（《史记》卷130《太史公自序》），而这正是他们父子史学事业的历史背景。这里所说的"海内一统"比之于《春秋公羊传》说的"大一统"，具有更具

---

① 《孟子·梁惠王上》。

② 《史记》卷6《秦始皇本纪》。

③ 《诗经·小雅·北山》。

④ 近人傅隶朴指出："公羊释元年与春，都无甚异义，至谓王者'谓文王也'，实属错误，古者天子建国，必改正朔，易服色，以示一新。但周之建国始于武王，夫子称文王之德，是'三分天下有其二，以服事殷'，文王以西伯终，生前未尝称王，何能改正朔？公羊徒见周庙昭穆，自文武始，而以周正为文王之正，殊为无知。"（见《春秋三传比义》上册，4页，北京，中国友谊出版公司，1984）傅著所作辨析，从历史事实上讲是完全正确的。武王伐纣之前，殷未灭，正朔未改，自无疑义。《公羊传》之误，当是定论。《公羊传》本为解经之书，重在阐说"《春秋》大义"，故时有与历史事实不合者。此处意在尊周，尊周就要讲文、武、周公，以致陷于"殊为无知"之境。本文引用这一段话，意在强调"大一统"观念提出的重要意义。

体的历史内容。

诚然，"海内一统"的历史观念，无疑将反映在司马迁的《史记》之中，这是他继承父志的一个重要方面。因此，《史记》所反映出来的司马迁的"大一统"思想是极为丰富的。如他从社会经济发展方面，给予"大一统"的极高评价。他写道："汉兴，海内为一，开关梁，弛山泽之禁，是以富商大贾周流天下，交易之物莫不通，得其所欲，而徙豪杰诸侯强族于京师。"① 显然，只有在"大一统"的政治局面下，才有可能"开关梁，弛山泽之禁"，使商业贸易的发展把各地联系起来，互通有无，从而促进经济与社会的发展。

同样，"大一统"观念在班固《汉书》中也有鲜明的反映。《汉书·叙传下》中最后一段文字，即"凡《汉书》，叙帝皇，列官司，建侯王。准天地，统阴阳，阐元极，步三光。分州域，物土疆，穷人理，该万方。纬《六经》，缀道纲，总百氏，赞篇章。函雅故，通古今，正文字，惟学林。"这内容所反映的正是"大一统"的历史局面和史学家的"大一统"观念。

人们的社会存在决定人们的思想。秦汉大一统的政治局面，促进了人们"大一统"观念的发展。在史学家这里，"大一统"观念大多以历史的形式表现出来，这在《史记》、《汉书》中有多处记述，反映了"大一统"观念在史学家思想中占有极重要的分量。从多民族国家的历史来看，"大一统"观念的多种反映，在很大程度上促进了史学家的民族史观念的发展以及多民族国家历史观念的发展。

这里所说的民族史观念，主要是指史学家对当时所处时代的民族或部族，与传说中的远古时期或上古时期的部族或民族某种联系的观念，同时也指史学家对某一民族的发展、演变历史的观念。民族史观念的发展，一方面由于历史的发展促进了民族间的交往，使人们对民族史有了新的认识；另一方面是各民族自身的发展，增强了在历史进程中的影响，引起了人们更多的关注；还有一个方面，就是大一统的政治局面，要求史学家们对多民族国家的历史作出应有的说明。《史记》和《汉书》集中地反映出了两汉时期史学家的民族史观念发展到了一个新的阶段。

---

① 《史记》卷129《货殖列传》。

司马迁在撰写《史记》过程中，具有民族史考察的自觉意识。因此，他非常关注民族问题和民族活动地区问题。这在本纪、表、世家、列传中多有记述。如《周本纪》记其先人不窋、公刘事迹："周道之兴自此始，故诗人歌乐思其德。"① 《秦本纪》说："秦之先，帝颛顼之苗裔孙曰女脩。"② 《六国年表》说："秦始小国僻远，诸夏宾之，比于戎翟，至献公之后常雄诸侯。"③ 后来，秦国的称霸就是以戎狄之地为其支撑，《秦本纪》这样说：秦穆公时，"秦用由余谋伐戎王，益国十二，开地千里。"④ 可见，周、秦之兴，都与戎狄有所关联。

又如《吴太伯世家》记周文王以前有关其氏族之事，从太伯、仲雍"乃奔荆蛮，文身断发"、"荆蛮义之"⑤ 等记述，联想"禹兴于西羌"、秦自戎地崛起称霸，都是民族史上极为重要的事件。《楚世家》称"楚之先祖出自帝颛顼高阳。高阳者，黄帝之孙，昌意之子也。"其后人"或在中国，或在蛮夷，弗能纪其世。"⑥ 从这些记载中可以看到，在春秋时期楚国被各诸侯国视为南蛮落后之地的楚国，其先人亦出于黄帝。此外，在《魏世家》、《越王勾践世家》中都有类似记载。这表明在古代"中国"与"夷狄"在地域上并不是截然分割的，族与族之间的界限也不是不可逾越的。这同样表明，在司马迁看来，在民族史上，"诸夏"（或曰"中国"）与"夷狄"存在许多交叉，也发生过不少相互转化，而地理环境和社会经济发展水平是影响这种交叉与转化的重要原因。

再如《匈奴列传》记："匈奴，其先祖夏后氏之苗裔也，曰淳维。唐虞以上有山戎、猃狁、荤粥，居于北蛮，随畜牧而转移。"⑦ 这里主要讲匈奴的渊源，同时也带讲到了其他几个古代部族。又，《东越列传》记："闽越王无诸及越东海王摇者，其先皆越王句践之后也，姓驺氏。秦已并天下，皆废为君长，以其地为闽中郡。"⑧ 其余如《大宛列传》、

---

① 《史记》卷4《周本纪》。

② 《史记》卷5《秦本纪》。

③ 《史记》卷15《六国年表》序。

④ 《史记》卷5《秦本纪》。

⑤ 《史记》卷31《吴太伯世家》。

⑥ 《史记》卷40《楚世家》。

⑦ 《史记》卷110《匈奴列传》。

⑧ 《史记》卷114《东越列传》。

《南越列传》、《西南夷列传》等，主要是记它们的社会状况及其与中原的关系。

以上这些记载表明，司马迁在撰写《史记》过程中，确是把民族史的考察作为一项重要内容看待的。这种重视民族史的观念，把自先秦以来史书中关于多民族历史撰述提高到了自觉的阶段。这就是说，从一般地反映多民族历史内容，到自觉地考察有关民族的历史渊源，是历史观念发展的一个重要方面。由于深受司马迁《史记》的影响，班固《汉书》也撰写了周边各民族的传记，一是《匈奴传》（上、下），二是《西南夷两粤朝鲜传》，三是《西域传》（上、下）。

从上述分析可以得知：在中国史学上，早期的民族观和民族史观，都有一个发展过程。一般说来，民族观的发展趋势是从对立走向缓和，从相异走向相近；民族史观的发展趋势是从不自觉走向自觉，从单一的族源考察走向综合的族源考察。正是有了这样的发展，当出现秦汉大一统政治局面之时，史学家也就有可能撰写出反映统一多民族国家的历史巨著，这就是《史记》和《汉书》。

中国古代史学的优良传统

中国古代有极丰富的史学，它在三千多年的发展中，逐步培育和形成了许多优良传统。这是中国文化史上的宝藏，也是世界文化史上的奇观。

自 20 世纪 30 年代以来，尤其是 50 年代以来，我国史学界关于这方面的研究，已经做了不少工作，取得了一些成绩。这些成绩，不论在系统表述方面，还是在理论形式方面，都还有待于进一步发展。这对于促进当前的史学工作，促进中外史学交流，都有重要的意义。

前几年，我陆续写过几篇关于中国古代史学的文章。今年春天，西北大学校长张岂之教授命题嘱为此文，却之难，应之亦难。于是勉为此文，概括地说几点认识，以就教于读者和同行。

一、深刻的历史意识

中华民族是具有深刻的历史意识的民族。从《尚书·召诰》说的"我不可不监于有夏，亦不可不监于有殷"，到龚自珍倡言"出乎史，入乎道，欲知大道，必先为史"①，这种历史意识从古代一直贯穿到近代，成为意识形态领域的一个重要方面。中国古代史学历数千年而绵延不绝，史家、史著代有新出，史观、史法不断进步，正是这种具有深刻的历史意识之民族特点的反映。

西方思想史、科学史上，有两位名声显赫的学者惊叹于中华民族所具有的这种深刻的历史意识。一位是黑格尔，他说："中国'历史作家'的层出不穷、继续不断，实在是任何民族所比不上的。"② 另一位是李约瑟博士，他在论到司马迁关于商代历史的撰述时写道：

> 一般认为，司马迁不可能拥有足够的一千多年以前的史料来写历史。可是，当人们从无可争辩的真迹——安阳甲骨文——中清楚地找到商代 30 个帝王中的 23 个帝王的名字时……大家可以想像，许多人该是何等地惊异。由此可见，司马迁一定拥有相当可靠的史料。这一事实再一次说明中国人有深刻的历史意识，也说明商代是完全应该承认的。③

他们是从世界各民族的特点和"中国人"这个整体来看待这个问题的，因而具有重要的认识价值。

这种深刻的历史意识通过史学的发展，反映在历史观点上的成就，首先，是认识到历史、现实、未来的联系，如司马迁说的"述往事，思来者"④。其次，是承认历史是变化的，如《左传》引史墨说的"社稷无常奉，君臣无常位，自古以然"（昭公三十二年）。因此，"通古今之变"成为史家追求的目标之一。再次，是肯定历史在变化中的进步，如杜佑论分封、郡县利弊，认为"建国利一宗，列郡利百姓"⑤；论民族

---

① 《龚自珍全集》第 1 辑《尊史》，上海，上海人民出版社，1975。

② ［德］黑格尔：《历史哲学》，王造时译，161 页，北京，生活·读书·新知三联书店，1956。

③ ［英］李约瑟：《中国科学技术史》第 1 卷《导论》，中文版 88 页，北京，科学出版社，1990；上海，上海古籍出版社，1990。

④ 班固：《汉书》卷 62《司马迁传》。

⑤ 杜佑：《通典》卷 31《职官典十三·王侯总叙》。

风尚，认为"古之中华，多类今之夷狄"①；论人材，认为"非今人多不肖，古人多材能，在施政立本，使之然也"②；等等，反映出鲜明的历史进化思想。还有，这是最突出的一点，认为历史可以为现实提供借鉴，如司马光所说"监前世之兴衰，考当今之得失，嘉善矜恶，取是舍非"③。这些历史观点，还有其他一些进步的历史观点，在中国古代史学中，每一个方面都有丰富的积累。

这种深刻的历史意识产生于人们的社会历史实践活动，同时又反转过来影响着人们的社会历史实践活动。秦孝公时关于变法的辩论，汉初关于秦亡、汉兴的总结，以及后来关于盐铁的辩论，唐初关于秦、隋兴亡比较的探讨，以及关于严刑罚、行教化的辩论和关于分封的辩论，都直接影响到当时政治上的重大决策。恰如唐太宗所说："以古为镜，可以知兴替。"④

这种深刻的历史意识在中华民族的发展史上，对于促进各民族之间的历史认同、增强中华民族的凝聚力，发挥了重要作用。自司马迁著《史记》而以周边少数民族入史，此后成为"正史"撰述的传统。北朝雄踞北方百余年而自称"中国"。唐初以北朝所撰国史为"正史"之一，以十六国史为"载记"写入《晋书》，于新撰南北朝史书中删除旧史所谓"索虏"、"岛夷"的称谓，大力称颂"胡、越一家"，"天下一家"，唐太宗获得"天可汗"的崇高称号。辽、金皇朝大力翻译汉族史籍为本民族文字，其君臣在政治活动中以文、武、周公、文、景、唐太宗、玄宗为楷模，科举考试中以"十七史"为重要内容。元修宋、辽、金三史，皆列为"正史"，等等。在这里，深刻的历史意识表现为大原则上的共同的历史心理和历史价值观。这是中华民族之凝聚力不断发展的一个重要的思想渊源。

从史学的观点来看，中华民族的深刻的历史意识，正是中国古代史学优良传统的核心；讨论中国古代史学的优良传统，自应首先认识这个问题。

---

① 杜佑：《通典》卷185《边防典一·边防序》。
② 杜佑：《通典》卷13《选举典一·选举序》。
③ 司马光：《进〈资治通鉴〉表》，见《资治通鉴》附录。
④ 吴兢：《贞观政要·任贤》。

二、恢廓的历史视野和鲜明的时代精神

中国古代有代表性的史家及其撰述，一般都具有恢廓的历史视野。这种气势和规模，从司马迁的《史记》和班固的《汉书》已开拓了广阔的前景。史学批评家刘知幾是不推崇通史撰述的，但他也还是承认《史记》"疆宇辽阔，年月遐长"，肯定"纪以包举大端，传以委曲细事，表以谱列年爵，志以总括遗漏，逮于天文、地理、国典、朝章，显隐必该，洪纤靡失"是其所长。司马迁的历史视野，不论在时间方面还是在空间方面都是空前的，在中国古代史学上开"会通之道"的先河。刘知幾称赞《汉书》"究西都之首末，穷刘氏之废兴，包举一代，撰成一书。言皆精练，事甚该密"①。皇朝史撰述即由此而兴。皇朝史的历史视野因受皇朝兴亡的局限，不如通史那样辽远，但也颇具恢弘气象。如《汉书》记西汉 230 年历史，"综其行事，旁贯《五经》，上下洽通"，即所谓"叙帝星，列官司，建侯王。准天地，统阴阳，阐元极，步三光。分州域，物土疆，穷人理，该万方。纬《六经》，缀道纲，总百姓，赞篇章。函雅故，通古今，正文字，惟学林"②。一部皇朝史，包含这么广阔的内容，史家若无恢廓的历史视野，是不可能做到的。

在司马迁以后，杜佑、司马光、郑樵、马端临等，以不同形式的历史撰述，发展了"会通之旨"，他们的论述显示出恢廓的历史视野。自《汉书》以下，《续汉书》、《宋书》、《魏书》、唐修《晋书》、"五代史"及《五代史志》等，也都在相当的程度上展现了史家辽远的视野。中国古代史家的这种传统，在《隋书·经籍志》史部诸序中已作了概括。其史部大序说：

> 夫史官者，必求博闻强识，疏通知远之士，使居其位，百官众职，咸所贰焉。是故前言往行，无不识也；天文地理，无不察也；人事之纪，无不达也。内掌八柄，以诏王治，外执六典，以逆官政。书美以彰善，记恶以垂戒，范围神化，昭明令德，穷圣人之至赜，详一代之亹亹。

---

① 以上均见刘知幾：《史通》的《六家》、《二体》。
② 班固：《汉书》卷 100 下《叙传下》。

这里所说的，除了对史官（尤其是两汉以后的史官）在政治职能方面的直接作用有所夸大外，关于史官在历史视野和知识领域方面的概括，大抵是符合实际情形的，其中所说的"博闻强识"、"疏通知远"，是跟史家的历史视野直接相关的。唐初史家从《礼记》的《曲礼》、《经解》中引出这两句话来概括史家的历史知识和历史视野，这固然是对于古老传统的总结，同时也反映出史家在这方面的自觉意识的增强。

中国古代史家有恢廓的历史视野，固然是古代史学的优良传统，但值得注意的是，这种历史视野并不仅仅是对于过往历史的追寻和记述；史家对历史的观察和思考，往往都是出于时代的启迪、激励和需要，从而使这种观察、思考、撰述在不同程度上反映了时代的要求。因此，中国古代史学又具有鲜明的时代精神，这是它的又一个优良传统。

从史学上看，这种时代精神在不同的历史时期会通过不同的形式反映出来，而其共同点则在于：优秀的史家大多是站在历史潮流的前头提出那个时代人们所关心的问题，或是反映那个时代人们所达到的认识水平对于重大历史问题的理解。中国最早的编年史《春秋》有两个突出的特点：一是尊"王道"，一是重人事。大致说来，尊"王道"反映了孔子思想倾向中保守的方面。而重人事，则是人们在历史活动中从精神上摆脱"上帝"、"天命"、"神"的羁绊而开始认识自身的力量和作用的反映，是人们实践活动和认识活动伟大进步的反映。这后一点，正是春秋时期一个突出的时代特点。秦的兴盛、骤亡和汉的继起，震动了当时的社会。儒生陆贾对刘邦说的"居马上得之，宁可以马上治之乎"的名言，可谓一字千钧，提出了汉初政治上最重要、最迫切的问题。后来陆贾奉命撰《新语》十二篇，"每奏一篇，高祖未尝不称善，左右呼万岁"①。《新语》所阐述的是秦何以亡、汉何以兴的问题，同时也提出了"逆取而顺守之，文武并用"的历史经验。汉初确立与民休息的基本国策，与此有很大关系。《新语》这部史论兼政论著作，突出地反映了汉初的时代特点。而真正从丰富的历史事件和众多的历史人物活动中，总结秦亡、汉兴历史经验的，还是司马迁写出《史记》才完成的。不仅如此，司马迁在《史记》中又提出了汉武帝统治时所面临的新问题，这使

---

① 司马迁：《史记》卷97《郦生陆贾列传》。

《史记》具有更鲜明的时代精神。与此相似的,是唐初史家的活动。而唐初的历史撰述表现出对于多民族历史之处理上的进步,正反映了多民族国家之历史进程发展到更高阶段的时代精神。其他如杜佑在"安史之乱"后着手撰《通典》,司马光著《资治通鉴》则大致与王安石变法同时,南宋史家对当代史撰述的高度责任感和突出成就,直至明清之际批判性史论的发展,都可以说史家们是面对时代而思考历史、撰写历史。这是中国古代史学上一个很重要的优良传统。

有一种说法,认为中国古代史家只注重于"微观研究",只注重于"政治史"撰述;还有一种说法,认为中国古代史家多注重于向后看,言必称三代。我认为,这两种说法是值得商榷的。如果我们比较全面地考察中国古代那些有代表性的史家的思想和视野,考察那些有代表性的历史著作所包含的丰富的历史内容,以及这些著作产生的社会条件和思想动因,那就会发现这两种说法是难以成立的。

三、丰富的内容和多样的形式相结合

中国古代史学的令人惊叹之处,不仅在于它有"层出不穷"的史家和浩如烟海的史籍,而且在于它所记载的丰富的历史内容是同多种多样的表述形式相结合的。中国古代史学的这一优良传统,不仅使它具有更大的魅力,也使它具有更广泛的社会性。

从较晚的断限来看,中国古代史书在分类上的体制至唐高宗显庆元年(656年)成书的《隋书·经籍志》已大致确定下来。《隋志》史部称其著录史书 817 部,13264 卷;通计亡书,合 874 部,16558 卷。[①]唐初以前,历代文献曾遭到几次"厄运",而《隋志》著录尚有如此数量的史书,足可说明史籍之丰富。同时,自魏晋南北朝以来,史书的品种、类别明显增多。南朝梁人阮孝绪撰目录书《七录》,其《记传录》分"众史"为 12 类:国史、注历、旧事、职官、仪典、法制、伪史、杂史、鬼神、土地、谱状、簿录。在此基础上,《隋志》史部分史书为13 类:正史,古史、杂史、霸史、起居注、旧事、职官、仪注、刑法、

---

① 据清人姚振宗《〈隋书·经籍志〉考证》统计:实际著录803部,附亡书64部,合计867部。这与《隋志》所说略有出入。见《二十五史补编》,北京,中华书局,1955。

杂传、地理、谱系、簿录。这种分类，近于合理，从而大致确定了中古时期史书分类的原则和方法。此后不久，刘知幾以"正史"跟"偏记小说"相对待，认为"爰及近古，斯道渐烦。史氏流别，殊途并骛"。他说的"近古"主要是指魏晋南北朝时期。他把"正史"以外的"史氏流别"概括为 10 类：偏记、小录、逸事、琐言、郡书、家史、别传、杂记、地理书、都邑簿。① 这些事实说明，在公元 7 世纪前后，中国史书的积累已极繁富，必须作如此细致的分类。

《隋志》史部的分类，是以史书的内容和"体制"即体裁相结合为划分原则的。正史，皆《史》、《汉》之体即纪传体。古史，"多依《春秋》之体"，《新唐书·艺文志》即称编年类。杂史，"体制不经"，所记"大抵皆帝王之事"，《宋史·艺文志》称别史类。霸史，特指十六国各国之记注。起居注，是指"录纪人君言行动止之事"之书；《新唐书·艺文志》以历朝实录、诏令，亦附于起居注类。旧事，是关于政治活动中的"品式章程"的记录，《新唐书·艺文志》称为故事类。职官，是记"官曹名品"之书。仪注、刑法，是关于典礼、刑法制度之书。杂传，是关于世俗、佛、道各种人物的传记。地理，是记全国州郡、山川、物产、交通、习俗之书。谱系，是关于氏姓之书。簿录，是关于文献目录、流别之书。刘知幾曾概括中国古代史书源于"六家"而重于"二体"。六家，是《尚书》家、《春秋》家、《左传》家、《国语》家、《史记》家和《汉书》家；二体，是编年体和纪传体。体裁是史书的外部形式。在刘知幾时代，史书已有多种形式存在，但都不如编年体、纪传体为史家所青睐。刘知幾撰《史通》，确立了史评体的规模。此后，在中晚唐，有典制体、会要体的崛起；在宋代，有纪事本末体和纲目体的创立；在明清，有学案、图表、史论的发展。中国古代史书以其丰富的内容和多样的表现形式，全面地、连贯地反映了中国历史的进程，这在世界各国的古代、中世纪史学上是罕见的，以至于李约瑟博士在《中国科学技术史》第 1 卷《导论》中，专写一节"中国历史编纂法简述"。他写道：

---

① 参见刘知幾：《史通·杂述》。

　　也许不用多说，中国所能提供的古代原始资料比任何其他东方国家、也确比大多数西方国家都要丰富。譬如，印度便不同，它的年表至今还是很不确切的。中国则是全世界伟大的有编纂历史传统的国家之一。关于某一事件是在什么时候发生的问题，中国往往不仅可以确定它的年份，而且还可以确定月份，甚至日期。……尽管各个朝代的官职和名称不断变化……但都设有史官专门记载不久前发生的和当时发生的事件，最后编成完整的朝代史。这些史书所表现的客观性和不偏不倚的态度，最近曾有德效骞与修中诚加以赞扬和描述（见此书中译本第 74 页）。

　　这实在是中国史学的骄傲，无疑也是世界史学的瑰宝。

　　还有必要说明的是，中国古代史书之内容与形式的关系是辩证的关系。一方面，史家对史书体裁的选择是出于主观上的要求，这种要求反映了史家对历史的理解及其撰述的目的，如司马迁、班固都说明了他们何以要选择纪传体这种形式。另一方面，从客观上说，内容则往往决定了形式。如历代"正史"大多记一代之全史，所以都采用纪传体形式，否则不能写出治乱得失、典章制度、众多人物。但内容决定形式也不是绝对的。中国古代史书，有大致相同的内容而采用了两种以上的表现形式。如宋代史家写出了四部不同体裁的通史：《资治通鉴》，编年体；《通鉴纪事本末》，纪事本末体；《资治通鉴纲目》，纲目体；《通志》，纪传体。许多皇朝史撰述，都有类似情况。这是一层辩证关系。还有一层辩证关系，是随着历史的前进，社会生活愈益丰富，史家对社会历史的认识更加充实，便不断寻求创造新的体裁的途径；而社会对于历史知识、智慧的需要，又刺激了史家这种创新的欲望。纪传体的创立，宋以后纪事本末体和会要体的盛行，都说明了这一点。同时，较早被史家创立起来的体裁，也不是一成不变的。以编年体来说，《左传》比《春秋》更丰富，《汉纪》在严谨上超过了《左传》，《后汉纪》扩大了编年体史书记述的容量，而《资治通鉴》则把这一体裁发展到更完备的阶段。可见，旧的形式通过自身的不断发展，又会反转过来更好地表现历史的内容。

　　中国古代史书之内容与形式的这种辩证关系，推动了中国古代史学的发展，使它呈现出多品种、多样式、多层次的绚丽景象，也使它具有了广泛的社会性。

四、求实和经世的一致

求实即秉笔直书，是中国古代史学的优良传统，经世致用也是中国古代史学的优良传统。求实和经世的关系，反映在有些具体问题上，是错综复杂的，但从古代史学的整体来看，它们之间存在着协调和一致的关系。

早在中国史学开始兴起的时期，秉笔直书就成为史家的崇高美德而受到称赞。尤其是孔子因晋国史官董狐的"书法无隐"而称他是"古之良史"①，以及《左传》作者记述了齐国太史、南史氏为书"崔杼弑其君"而不惜以死殉职，② 这种秉笔直书的精神境界就成为史家遵循的传统。所以刘勰《文心雕龙·史传》篇写了"辞宗邱明，直归南、董"的名句。北周史家柳虬也说："南史抗节，表崔杼之罪；董狐书法，明赵盾之愆。是知直笔于朝，其来久矣。"③ 唐代史家吴兢即《贞观政要》的作者，曾因当面拒绝当朝宰相张说希望将武后实录改写数字的请求，而被时人誉为"昔者董狐之良史，即今是焉"④。这种优良传统，也为历史上少数民族政权的史家所继承。史载，辽兴宗猎于秋山，而熊虎伤死数十人，有司奏闻于朝，史臣萧韩家奴即书于史册，辽兴宗命其删去，"韩家奴既出，复书。他日，帝见之曰：'史笔当如是'"⑤。金朝对史官记事颇多限制，世宗大定十八年（1178 年）修起居注移刺杰上书说："朝奏屏人议事，史官亦不与闻，无由纪录。"经大臣们引经据典，金世宗也从《贞观政要》记事中得到启发，于是，"朝奏屏人议事，记注官不避自此始"⑥。所有这些，表明了秉笔直书传统影响的深远。

---

① 《左传·宣公二年》。

② 《左传·襄公二十五年》。

③ 令狐德棻等：《周书》卷 38《柳虬传》，北京，中华书局点校本，1959。

④ 王溥：《唐会要》卷 64《史馆杂录下》。

⑤ 脱脱等：《辽史》卷 103《文学上·萧韩家奴传》，北京，中华书局点校本，1974。

⑥ 脱脱等：《金史》卷 88《石琚传》。

刘知幾撰《史通》，有《直书》、《曲笔》两篇，指出了史学上"直书"与"曲笔"的对立，分析了它们的利害。认为"直书"、"直词"是实录的前提，而"曲笔"、"诬书"则会造成实录难求。刘知幾正是从历史撰述是否是"实录"这一根本点上，来划清"直书"与"曲笔"的界限的。这是集中地反映出了中国古代史学之求实精神。这种求实的精神自司马迁《史记》被誉为"实录"之后，便成为大多数史家追求的目标而形成优良的传统。当然，"曲笔"也是史学上的客观存在，刘知幾剖析了它的种种表现形式和产生的原因，也举出了不少这方面的实例；在刘知幾以后，这种现象也时有出现。但从史学发展的全貌来看，亦恰如刘知幾所说："史之曲笔诬书，不过一二，语其罪负，为失已多。"① 这个看法是具有辩证因素的。曲笔作史危害很大，造成的史事上的错误也不少，但在整个史学上毕竟只占少数。这就是说，直书是主流，曲笔不可能成为主流。这是因为：第一，曲笔违背了"书法无隐"的古老传统，也跟人们的历史意识不断发展的趋势相悖；第二，任何时代出现的曲笔，都不会符合那个时代所提倡的道德规范，因而不可能成为公开提倡的行为，即使出于维护"名教"而曲笔，也难得为严肃的史家所接受；第三，由于上述两点原因，绝大多数史家是以董狐、南史、司马迁为效法的楷模，存实录、写信史成为他们追求的目标；第四，从史学发展的连贯性来看，任何得计于一时的曲笔作史，终究要为后人所揭露和纠正，这在中国古代史学上是可以举出不少实例来证明的。要之，可以认为：曲笔只是史学上的支流，而直书是史学上的主流。认清这二者的关系和作用，对于全面估价中国古代史学的历史价值具有重要的意义。

从史学的社会作用来说，求实，也是史学经世致用的基础。刘知幾说："史之为务，申以劝诫，树之风声。其有贼臣逆子，淫君乱主，苟直书其事，不掩其瑕，则秽迹彰于一朝，恶名被于千载。"② 这是从一个具体的方面，说明了求实和史学社会作用的关系。而这种关系，在中国古代史学之经世致用的传统上则有广泛的表现。

中国史学之经世致用的目的萌芽甚早，上文所引《尚书·召诰》语足可说明它有长久的渊源。所谓孔子作《春秋》以代"王法"，至少反

---

① 刘知幾：《史通·曲笔》。

② 刘知幾：《史通·直书》。

映了人们对于史学的社会作用已有明确的认识。秦汉以下，这种认识不断发展成为自觉的意识，从而成为一种史学传统。至晚在中唐时期，这种传统由主要是鉴戒的目的发展为比较全面的经世目的。这从杜佑著《通典》和《理道要诀》可以得到充分的证明。杜佑的撰述目的，反映出他对史学的社会作用的认识，有两点是不同于前人的。第一，他突破了在历史书中从历史事件方面总结治乱得失的模式，进而深入到从各种制度的兴革流变对历史上的治乱得失作全面的考察。从今天的认识来看，这是从对于重大历史事件、尤其是重大政治事件的考察，发展到对于国家主要政策、制度的历史以及与之相联系的价值观念的考察。杜佑在《进书表》中着意强调指出"法制"和"政经"的重要，这既是经典中讲得很少的，而历代众贤著论，"多陈柔失之弊、或阙匡救之方"，真是双重的遗憾。唯其如此，《通典》问世，则"大传于时，礼乐刑政之源，千载如指诸掌，大为士君子所称"①。第二，他突破了历来所强调的史学对于现实社会尤其是现实政治的鉴戒作用这一认识模式，提出了以史学"经邦"、"致用"、"将施有政"这一具有直接实践作用的认识模式。《通典》自序说："所纂《通典》，实采群言，征诸人事，将施有政。"时人李翰、权德舆都指出了《通典》这种"将施有政"的实际价值。李翰《通典》序说："今《通典》之作，昭昭乎其警学者之群迷欤！以为君子致用在乎经邦，经邦在乎立事，立事在乎师古，师古在乎随时；必参古今之宜，穷始终之要，始可以度其古，终可以行于今，问而辨之，端如贯珠，举而行之，审如中鹄。"权德舆《杜公墓志铭并序》称杜佑"阅天下之义理，究先王之法志，著《通典》二百篇，诞章闳议，错综古今，经代（世）立言之旨备焉"②。这些评论都说明"《通典》的精华是'理道'的'要诀'"③。宋人朱熹说："杜佑可谓有志于世务者"④。这个评价道出了杜佑的撰述旨趣和《通典》的主要特色。

在中国学术界，长期以来有一种说法，认为经世致用之学兴于明清

---

① 刘昫等：《旧唐书》卷 147《杜佑传》。

② 姚铉编：《唐文粹》卷 68，江苏书局光绪九年（1883 年）刻本。

③ 范文澜：《中国通史》第 4 册，363 页，北京，人民出版社，1978。

④ 《朱子语类》卷 136。

之际，这自有一定的道理。但若从中国古代史学的经世致用的传统来看，则此说恐未必妥贴，还是可以作进一步讨论的。

中国古代史学的经世致用传统，在杜佑之后，经司马光、郑樵而继续发展。郑樵提倡"实学"，《通志·二十略》是其代表作。而司马光的《资治通鉴》和《稽古录》，则被称为"如桑麻谷粟"①，世人不可不读。这种传统在明清之际有了更大的发展，顾炎武、黄宗羲、王夫之、顾祖禹等都有卓著的成就。

中国古代史学之求实的传统和经世的传统在总的发展方向上的一致性，可以从《史记》、《通典》、《资治通鉴》、《天下郡国利病书》、《读史方舆纪要》、《读通鉴论》等各类有代表性的著作中看得很真切。《史记》用很多篇幅论述秦汉之际历史经验、揭示当时社会问题，而被称为"其文直，其事核，不虚美，不隐恶，故谓之实录"②。清代四库馆臣评论《通典》说："凡历代沿革，悉为记载，详而不烦，简而有要，原原本本，皆为有用之实学，非徒资记问者可比。考唐以前之掌故者，兹编其渊海矣。"③ 这是把《通典》在求实和经世两个方面的优长都讲到了。《资治通鉴》意在"监前世之兴衰，考当今之得失"，而附以《考异》30卷，使其所记、所论有经得起检验的历史事实为基础。历代盛赞《资治通鉴》者极多，金朝女真族统治者金世宗的话或许更有深意，他说："近览《资治通鉴》，编次累代废兴，甚有鉴戒，司马光用心如此，古之良史无以加也。"④ 顾祖禹的《读史方舆纪要》带有极鲜明的经世目的，而其书被称为："可以不出户牖而周知天下之形胜，为地理之学者，莫之或先焉。"⑤ 甚至被推崇为"数千百年所绝无而仅有之书"（见此书魏禧序）。关于求实和经世之一致的发展总趋势，还可以举出不少这样的实例来说明。

在中国古代史学上，有的统治者或有的史家，为着某种需要而掩盖历史真相或篡改已经写出的史书，这种现象是存在的，但这跟史学的经世致用并不是一回事，其间界限不可混淆。如上文所说，这种曲笔作史

① 《朱子语类》卷134。
② 班固：《汉书》卷62《司马迁传》后论。
③ 《四库全书总目》卷81《史部·政书类》，北京，中华书局，1965。
④ 脱脱等：《金史》卷7《世宗本纪中》。
⑤ 江藩：《汉学师承记》卷1，北京，中华书局，1985。

的行为，只是中国古代史学发展中的支流，而且总是遭到后人的唾弃和鄙视。从这两方面来看，是否可以认为，求实的传统和经世的传统，以及它们之间在总的趋向上的一致性，乃是中国古代史学发展的主流。当然，如同任何时代的史家都会受到历史的局限一样，中国古代史家不论在求实方面，还是在经世方面，若以今天的认识来看，都是会有不少缺陷的。历史地对这些缺陷作出说明，也是必要的。

五、继承和创新的统一

在继承中不断创新，在创新中包含着继承，中国古代史学的这个优良传统，是其连续性发展的生机，同时也在一个重要方面反映着中国文明之连续性的发展。

这种继承和创新，反映在史学发展的各个方面。从直观的方面来看，它首先反映在史书内容和形式的发展上，反映在史书文字表述之美学形式的发展上，反映在历史文献的研究和整理上；从深层的含义来看，它也反映出历史观点的进步和史学批评的发展。本文这一部分，仅就史书的内容和形式问题及史学批评问题，简略地阐述继承和创新的统一这一优良传统。

中国古代之有国史，当在西周末年至春秋时期。孔子因鲁史而作《春秋》，在内容上参考了周王室和诸侯国之史，故《春秋》大致上反映了春秋时期历史概况。《春秋》按年、月、日记事的体例，当是孔子在继承国史形式上的新发展。《左传》在形式上和断限上都略同于《春秋》，但所记历史内容则大为丰富，并且写出了一些具体、生动的人物，甚至还记述了个别历史事件的始末，扩大了编年体史书记事的容量，这是在继承《春秋》基础上的新创造，是《左传》在记事上对《春秋》的发展。与此同时，《国语》也发展了《尚书》记言的规模。随着历史的进步，以及史官制度和私人撰述的发展，出现了编年体通史的萌芽《竹书纪年》和综合体史书的萌芽《世本》。这是在"百家争鸣"局面下，史家历史视野开阔的反映。这些先秦时期的史书，有的相互间有联系，而大多数则无直接的联系。司马迁以杰出的创新才能，综合先秦史籍和秦及汉初文献，写出了千古"绝唱"的《史记》。《史记》的五种体例即本纪、表、书、世家、列传，都可以从先秦史籍中找到踪迹，但在各自的成就上、尤其是在综合地反映历史进程上，则是先秦任何一部史书都无法比拟的。继承和创新相结合所造成的史学的巨大发展，在这里表现得极为充分，使人惊叹不已。

《史记》和《汉书》所确立的"正史"规模，使后人感到像是两座难以企及的高峰。即使如此，后辈史家还是在纪传体史书的撰述上，不断有灵活的变通而显示出来于继承中有所创新的精神。如：《三国志》以一书而记三国史事，表现出作者总揽全局的史才；《晋书》继承前人所制"载记"体例，创造性地用于记述十六国历史；各"正史"在志目、类传、史表的取舍上，大多能因时而异，增删恰当，以反映不同时期的社会面貌和历史特点等等。这里，最主要的一条，是历代史家继承了撰写前代史的传统。从这个意义上来说，"二十四史"可以看做是中国古代史学之继承和创新相结合所建树的丰碑。

编年体史书的发展，上文已简略地论及，不再赘述。刘知幾在 8 世纪初（710 年）曾断言，史学的发展，不过是编年、纪传二体的"角逐"、争先。可是 9 世纪初（801 年）却出现了典制体巨著《通典》，12 世纪后期（1174 年）又出现了纪事本末体著作《通鉴纪事本末》，还有其他一些新体裁的史书陆续问世。《通典》在内容上和形式上继承了《周官礼》和历代正史书志的传统，创造出了规模宏伟、结构严谨的典章制度通史。其记事上起黄帝，下迄唐代天宝之末，而所记最晚之事在唐德宗贞元十三年（797 年），距上奏此书时间（801 年）只有四年。书分九门，以食货为之首，其后依次是选举、职官、礼、乐、兵、刑、州郡、边防。像这样系统、完整的制度史，不仅在中国史学上属于首创，在当时的世界史学上也是前所未有的。① 南宋袁枢所撰《通鉴纪事本末》42 卷，虽在内容上尽采自《资治通鉴》，然其形式是以事件为中心，因事命篇，述其本末，全书共立 239 个事目，略按时间先后编次，记战国至后周史事，断限与《资治通鉴》相仿佛。因事命篇，源于《尚

---

① 梁启超认为："《通典》之作，不纪事而纪制度，于国民全体之关系有重于事焉者也。"（《新史学·中国之旧史》）又说：纪传体中的书志"旨趣在专纪文物制度，此乃与吾侪所要求之新史较为接近者"（《中国历史研究法·过去之中国史学界》）。有的学者认为，西方史学关于制度史的成型著作，至 19 世纪中期才出现。

书》；记一事之本末，其萌芽形式在《尚书》，尤其是《左传》中已经出现。此后，关于这方面的散篇零简，代有所出，史家在理论上也提出过这方面的设想。《通鉴纪事本末》在继承前人这些成果的基础上，写出了以历史事件为中心的通史，开创了纪事本末体史书发展的广阔前景。

总之，从以上四种主要体裁的史书来看，它们都是在不断地继承和创新中发展起来，这促成了中国史学之连续性的发展，也促成了中国史学对中国历史进程的连续性发展之系统的和全面的反映。

继承和创新的统一，在中国古代史学批评领域，也表现得很突出。中国古代史学批评萌生于先秦时期，如孔子对董狐的评论，《左传》作者对《春秋》的评论（分别见《左传》宣公二年、成公十四年）。秦汉魏晋南北朝时期，史学发展了，史书大量涌现出来，人们关于评论史家、史书的言论逐渐增多。这个时期，史学批评逐渐形成了两种主要形式。一种形式是对史书作具体的评论，如刘向《别录》；另一种形式是对史学作概括的评论，如刘勰《文心雕龙·史传》篇。这两种形式在内容上并不是截然分开的，对史书作具体评论中，会涉及到史学的一般性问题；对史学作概括评论时，也不会脱离对一些史书和史家的评价。宋人晁公武的《郡斋读书志》、陈振孙的《直斋书录题解》、元初马端临的《文献通考》和清代官修《四库全书总目》等目录书，继承和发展了前一种形式。这几部目录解题著作虽非史学批评专书，但它们包含了丰富的史学批评，因而是值得重视的。这种形式中还有不少专门性质的史学批评著作，如柳宗元的《非〈国语〉》是批评《国语》的，吴缜的《新唐书纠谬》是批评《新唐书》的。盛唐时期刘知幾的《史通》、清代前期章学诚的《文史通义》，继承和发展了后一种形式。《史通》是专论史学的，《文史通义》兼论文史而以论史为主。《史通》是继承了《文心雕龙·史传》篇，而创立了史学批评的理论性著作；《文史通义》继承了《史通》的成就，同时把它注重于"史法"的批评发展到注重于"史意"的批评。在西方史学上，古希腊的卢奇安（又译作琉善，约125—约192年）写过一篇长文《论撰史——论现实主义的艺术》，在史学批评上有很高的价值。它比《文心雕龙·史传》篇早三百多年；但西方古代中世纪史学始终没有孕育出如同《史通》这样系统的史学批评专书，这也反映出中国古代史学之连续性发展的优长。

除了这两种主要形式外，中国古代史学批评还有一种形式，即就史学某一个方面的问题发表评论而写成的专文或专书。如刘悚《史例》、《沂公史例》（《新唐书·艺文志四》文史类著录，已佚），是评论史书体例的；皇甫湜《编年纪传论》（见《文苑英华》卷742），是评论史书体裁的；皇甫湜的《东晋元魏正闰论》（见《文苑英华》卷756）和欧阳修的《正统论》（见《欧阳文忠公全集》卷16）是评论史书对于正统问题的处理，等等。

中国古代史学这种继承和创新的活力，来自客观历史发展中提出的要求，来自中国史学之悠久的历史，来自史家不断增强起来的自觉精神，反映了社会、史家、史学相互间的辩证关系，以及史学发展的内在规律。这种继承和创新之统一的传统，在史学发展上的意义，一是促使史书的内容不断丰富、形式不断多样化；二是使每一个大的时期内史学都不同程度地反映出时代的特点，如《史》、《汉》反映了秦汉大一统的政治局面，魏晋南北朝史学的多途发展反映了当时政治、民族、文化等方面的活跃，明代史学具有一定的市民习气，而清前期史学出现了总结与嬗变的趋势等等。中国古代史学之继承与创新的机制，受到两个方面的局限，一是社会历史条件的局限，一是儒学经典的局限。对于这种局限作科学的说明，同样是十分必要的。

六、理论·文采·考据

讲求文采、重视考据，是中国古代史学的优良传统；探索理论，也是中国古代史学的优良传统。这三个方面，历来为中国古代史家所重视，它们也从总的面貌上反映了中国古代史学的特点。《左传》写战争、写辞令，《国语》写历史形势，《战国策》写说客辩词，都各有成就。《史记》第一次把人作为历史活动的中心看待，写出了各阶层人物的群相和他们的内心世界；它写战争、写重要的历史场面也极精彩。《汉书》、《后汉书》、《三国志》在不少方面继承了《史记》的传统。《资治通鉴》写战争，也继承了《左传》、《史记》的传统并有所发展。史书文字表述之美，增强了史学自身的生命力，同时也扩大了它的社会影响和社会作用。

中国古代史学的突出优点是重视对于历史的记述，这种记述不仅需要讲求文采，而尤其需要讲求真实，故历来重视对于历史事实的考证。司马迁写《史记》很重视文献，对有些文献运用得也很谨慎，他通过实地考察还纠正了一些传闻的错误。中国古代有发达的史注。史注的作用，或补充史事，或保存异说，或训释名物，或揭示讹误，成为古代史学的重要组成部分。至司马光作《资治通鉴考异》，这种传统已发展到具有丰富内涵和十分自觉的程度。欧阳修的《集古录》、赵明诚的《金石录》是以金石文字补史、考史的专书。到了清代，更有一批史家以其在考史方面的卓越成就而形成一个学派，即乾嘉考史派。王鸣盛、钱大昕、赵翼、崔述等是这一学派的代表人物，他们约早于德国"兰克学派"创始人兰克八十年左右。

长期以来，有一种说法，认为中国古代史学只重视记述，不重视理论，甚至认为它没有理论。这种认识是片面的。产生这种片面认识的原因很多，有两点可能是比较重要的，一是我国历史学界对于中国古代史学的理论成就尚未作深入的发掘和研究，以致给人以"理论贫乏"的错觉；一是有些研究者惯于用西方史学、尤其是近代以来西方史学的理论形式为标准，来衡量中国古代史学在理论上的轻重、长短。这两种情况，都是应当改变的。

在中国古代史学上，关于理论方面的探索，就对历史的认识来说，《左传》已提出了"民，神之主也"（僖公十九年）的认识，认为依靠"神"也不能不听"民"意，这反映了对于人和神在历史活动中所处地位的思考。上文所引《左传》中史墨的话，则反映了对于社会历史之无"常"而有变的认识。后来司马迁提出"究天人之际，通古今之变"这两个重大历史理论问题，当是有认识上的渊源的。司马迁还提出了"势"和"理"这两个历史理论范畴，提出了"物盛而衰，固其变也"的历史认识。在司马迁之后，史学家和史学批评家们对于这些历史理论问题和范畴，都结合着历史进程而不断有所阐述、有所发展。如魏徵之论"天时"、"人谋"和历史上的盛衰现象的转变，杜佑之论古今关系及"理"与"势"，柳宗元之论"天"、"人"、"理"、"势"、"圣人之意"、"生人（民）之意"，叶适之论"天文、地理、人道"与社会历史的关系，直至王夫之对"势"与"理"的关系作了历史哲学高度上的阐释，这个探索的过程始终没有中断。

关于理论方面的探索，就对史学的认识来说，也是很丰富的。自孟子提出"事"、"文"、"义"① 这三个范畴后，班固评论《史记》就遵循于此。《文心雕龙·史传》篇篇末赞语，可以概括为体、事、义、文、德五个方面。《史通》丰富了、发展了这些方面，确立了前所未有的史学理论范畴体系；这个体系的精髓可以概括为才、学、识三个基本的理论范畴。才，应包含体与文；学，主要指事；识，就其基本方面说，应包含义与德。宋人吴缜提出以事实、褒贬、文采为史学批评的标准，并认为事实是三者的核心，② 这是对才、学、识范畴体系的一个发展。至《文史通义》出，于才、学、识外，突出提出史德这个范畴，这更加强调了史家精神世界的修养；同时，章学诚又提出"史法"、"史意"，这可以看做是史家关于史学之史识的不同侧面或层次的概括，"史意"更强调了史家在史学思想上的创新意识。由孔子概括而由孟子表述出来的事、文、义三个史学理论范畴，经历代史家在二千多年中的不断探索、丰富、发展，逐步形成了比较完整的理论体系。

本文所说的几个方面，尚难对中国古代史学的优良传统作全面的概括。就是这里说到的几个方面，也只是我的一些初步认识，不当之处在所难免，希望能够得到读者和同行的指正。

从今天的认识来看，中国古代史学在发展中也有不足之处，甚至包含着不少谬误和糟粕。尽管如此，它们毕竟掩盖不了它的优良传统的光华。

---

① 《孟子·离娄下》。
② 见吴缜：《新唐书纠谬》序。

史学传统与人文精神

近些年来，关于科学、人文及其相互关系的讨论日渐多了起来，人们对此关注的热情也有日渐增高的趋势，这是一个很好的现象。这方面的讨论，有益于人们逐渐培养起更加科学的学风，有益于提高全民族的综合素质，进而有益于增进各项工作决策的科学程度，不仅具有学术意义，而且具有实践意义。

新世纪刚刚揭开序幕，大家进一步来讨论科学观、人文观及科学与人文关系的问题，自然使其带有时代的气息。在这篇文章中，我想就史学传统与人文精神的有关问题，讲几点认识，或许对这一讨论有拾遗补阙的作用。

一、史学与人文

关于人文，人们讲得比较多的是思想、伦理、道德、文学、艺术等等，或者用"文化"来概括这些方面。至于史学，人们似乎讲得不多。其实，我们所讲的"文化"，其中有许多方面、许多内容都离不开历史记载、历史撰述，离不开史学家的思想和活动，就是说离不开史学。

　　"人文"一词，中国出现较早，《易·贲象》云："文明以止，人文也。观乎天文，以察时变；观乎人文，以化成天下。"孔疏解释"人文"说："圣人观察人文，则《诗》、《书》、《礼》、《乐》之谓，当法此教而化成天下也。"据此，所谓"人文"当与制度、文化教育密切相关。又《后汉书·公孙瓒传》后论有"舍诸天运，征乎人文"之说，李贤注曰："天运犹天命也，人文犹人事也。《易》曰'观乎人文，以化成天下'。"李贤注把"人文"解释为"人事"，针对《后汉书》史论来说无疑是确切的，但它又引"《易》曰"作根据，这就把《易·贲象》中所说的"人文"的含义变得更宽泛了。本文讨论人文，兼采孔疏与李注二说，不作绝对对待。笔者这个认识也是有根据的。清代史家章学诚在讲到典制体通史的时候，曾用了"事实人文"这个概念。他还写道："夫通史人文，上下千年，然而义例所通，则隔代不嫌合传。"① 他讲的"事实人文"，当是包含一般史事和各种制度。他说的"通史人文"，当是指用通史体例撰写的制度史。当然，章学诚只是在论述"通史"体例时提到"人文"这个概念，并没有对其作任何解释，但我们根据上下文的联系，大致可以判断出他所说的"人文"的含义。

　　在西方，"人文"的概念同人性与教育相关。文艺复兴时期，人文研究同神学研究相对立，认为人是宇宙的主体，是万物的主宰。这是要通过学校教育让人们都懂得的一种世界观。

　　尽管中西产生"人文"这个概念的历史条件有很大悬殊，也存在具体表述的差别，但它们之间还是有本质上的相通之处的，这就是重视人在历史运动中的主体地位，重视教化（教育）的社会作用。有了这样一个基本的共同点，使我们今天在讨论有关"人文"的话题时，思路就会更开阔，内涵也会更丰富。这里，我认为有一点是应当予以强调的，即由于中国古代史学至为发达，所谓"观乎人文，以化成天下"的传统，在史学中有突出的和连续性的表现，这是西方古代尤其是中世纪所无法比拟的。

　　如果上面这些认识大致可以成立的话，那么我们探讨中国史学中的人文精神传统及其种种表现，将有益于丰富人们对人文精神内涵的认

---

　　① 章学诚：《文史通义·释通》。

识，有益于继承和发扬这种人文精神，因而在理论上和实践上都有重要的意义。举例说来，中国史学中的人本思想传统，"思齐"与"自省"的人生修养的传统，关心国家命运的忧患意识的传统，史学审美传统等，都反映出极其鲜明的人文精神。其特点是历史感同时代感的结合，是在对现实的关注时从不脱离对过去的思考和对未来的憧憬。它反映在人对自身价值的认识上，它更反映在人对社会责任的认识上。

二、史学中的人本思想传统

发现并不断加深认识人在历史运动中的决定性作用的过程，是人文精神产生和发展的一个重要方面，甚至可以说是最根本的方面。中国史学在这个问题的认识上所走过的道路，具有典型的和重要的意义。

当然，中国先民也是从"天命"、"上帝"的羁绊下逐步挣脱出来的。这个过程经历了漫长的年代。"天"是先秦时期人们历史观念中的一个基本范畴，指的是至上之神。凡王朝兴亡、世间治乱以至人们的福祸寿夭，都由"天命"决定。这方面的记载，在先秦的官文书和王朝颂诗等文献中，俯拾即是。"天"，在相当长的时间里，被认为是人世间的主宰。"人"也是当时人们历史观念中的一个重要范畴，不过最初不是指一般人，而是指人君。《尚书·大诰》："天亦惟休于前宁人。"这里的"宁人"指周文王。此句意谓：上天只赞助我们的前辈文王。这是较早把"天"与"人"连在一起用以表示一种见解的，表明人是从属于天的。当时对一般人只称作"民"。"民"更是受"天"的主宰。即所谓："天生蒸民"①，"天亦哀于四方民"②。后来经过西周末年社会动荡和春秋时期的诸侯争霸，人的作用被进一步肯定，"人"的含义也扩大了。春秋末年和战国初年的私人历史撰述《春秋》与《左传》、《国语》，有很多地方是讲一般"人"了，也记载了一些人对"天命"的怀疑。《春秋》一书是中国史学上最早的重视人事的著作，它认真地记载了政治上的得失成败。它记水、旱、虫、雨雹、雷电、霜雪、地震等，都是作为与人事有关的自然现象来看待的。这同孔子"不语怪、力、乱、神"③

---

① 《诗经·大雅·荡》。
② 《尚书·召诰》。
③ 《论语·述而》。

的思想是一致的。《春秋》在历史表述上，是先秦时期史籍中最早摆脱天、神羁绊的史书，这是它在历史思想发展上的重大贡献。《左传》记周内史的话，说"吉凶由人"①，记郑国大夫子产的话，说"天道远，人道迩，非所及也，何以知之"②；《国语·周语下》记单襄公的话，说"吾非瞽史，焉知天道"，《左传》和《国语》都写出了大量的在历史活动中的人，写出他们的活动、议论、风貌。这些都反映它们在历史思想上的进步。战国以后，在历史思想领域，人们还未能完全摆脱"天命"史观的影响，有时甚至表现得很突出。但从发展趋势来看，"天命"受到怀疑，人事受到重视，已是历史思想发展中不可遏止的潮流。司马迁著《史记》，提出了"究天人之际"的重大课题，在历史撰述和历史思想发展上有划时代意义。他批评项羽兵败身死，"尚不觉寤而不自责，过矣。乃引'天亡我，非用兵之罪也'，岂不谬哉"③。司马迁在《伯夷列传》中，针对"天道无亲，常与善人"的说法，发表评论说："余甚惑焉，倘所谓天道，是耶？非也？"这表明司马迁在历史思想上是一位对"天命"史观大胆怀疑的史家。《史记》是中国史学上第一部真正把人作为历史中的主体来看待的伟大著作，它对历史变化的动因有许多朴素的唯物主义的解释。《史记》在历史思想上的唯物主义倾向，对后来的史学发展有重大的影响。在"二十四史"中，也有一些明显地宣扬"天命"的皇朝史，但它们毕竟都是着眼于写人在历史中的活动；其称说"天命"，固然有真诚的，但不少都是属于官样文章了。

　　如同司马迁在历史思想上提出了"究天人之际"的任务具有重要的意义一样，史学批评家刘知幾提出了清除"天命"史观在历史撰述中之不良影响的任务。他断然指出：自然界的种种变化，"此乃关诸天道，不复系乎人事"④。刘知幾并不是彻底否认"天道"，但他说的"天道"显然已包含了不少属于自然现象的因素。不论属于何种情况，他认为凡属于"天道"范围者，史家应取"不复系乎人事"的态度。刘知幾从他的朴素唯物思想倾向出发，把"天道"、"人事"的关系作为历史撰述中

---

① 《左传·僖公十六年》。

② 《左传·昭公十八年》。

③ 司马迁：《史记》卷7《项羽本纪》。

④ 刘知幾：《史通·书志》。

的一个理论问题提出来，其意义显得更为重要。另一位史学批评家、思想家柳宗元，继承和发展了荀子以来"天人相分"的学说，对"天"作了物质的阐释，从根本上否定了"天"是有意志的至上神，从而也就否定了"天命"史观。他指出："天地，大果蓏也；元气，大痈痔也；阴阳，大草木也。其乌能赏功而罚祸乎！功者自功，祸者自祸，欲望其赏罚者大谬。呼而怨，欲望其哀且仁者，愈大谬矣。"① 自司马迁提出对"天道无亲，常与善人"的观念表示怀疑以后，到柳宗元上述论点，可以说是逐步把作为至上神的"天"从人们的历史观念中驱除出去的过程，这在"天"与"人"及天人关系之认识上，是一个重大的进展，是历史思想发展上又一个划时代的里程碑。

中国古代史学中，在探索"天命"与"人事"对于历史的关系时，随着对"天命"的怀疑和对"人事"的重视，便萌生了从人世间寻求历史变动原因的思考。春秋时期的史官史墨说："社稷无常奉，君臣无常位，自古以然。故《诗》曰：'高岸为谷，深谷为陵'。三后之姓，于今为庶。"② 史墨从丰富的历史知识中认识到，自古以来，掌管国家权力的人没有不变的，君与臣的位置没有不变的；他还用自然界的变化来证明自己的见解。史墨的这个认识，在当时来说，可谓石破天惊。他对历史和现实社会的变化有深刻的认识和感受，至于这种变化的原因，他只能以陵、谷的变迁来加以比喻。司马迁著《史记》的主旨之一，是"通古今之变"，并且认为应当从"物盛则衰，时极而转"、"事势之流，相激使然"③ 等方面来看待社会历史的变化。这是明确指出了社会历史的转化、变化，是人事和时势相互影响而造成的，故不足为怪。司马迁在《报任安书》中还说到，他著《史记》上起黄帝、下至当世，"考之行事，稽其成败兴坏之理"。这个"理"，即主要是指"事势之流，相激使然"的真相。柳宗元和王夫之发展了以往历史思想中关于"势"、"事势"的思想，柳宗元的《封建论》对"势"有精辟的阐述，王夫之说的"理"即"物之固然，事之所以然也"④。这里说的"理"不同于司马迁

---

① 柳宗元：《柳河东集》卷16。

② 《左传·昭公二十三年》。

③ 司马迁：《史记》卷30《平准书》。

④ 王夫之：《张子正蒙注·至当》。

说的那些具体的道理，而是指事物自身发展的法则。要之，从"天命"到"人事"，从"事势"、"时势"到"物之固然，事之所以然"的"理"，这是古代史家关于历史变化动因的认识轨迹。从司马迁提出"稽其成败兴坏之理"到王夫之在《读通鉴论》叙论中提出"求顺于理"，经过漫长的认识过程，终于从具体的"理"升华到抽象的"理"，成为古代史学之历史思想中的宝贵遗产。

古代史家在探讨历史变化动因的过程中，还遇到一个长期为之困惑的问题，这就是人的作用究竟占有何种位置。关于这个问题认识，大致经历了两个发展阶段。第一阶段，是神与民的关系；第二阶段，是"圣人"和"生人"的关系。《国语·郑语》记周代史伯引《泰誓》中的话说："民之所欲，天必从之。"《左传·桓公六年》记季梁同随侯的对话中，说道："夫民，神之主也。是以圣王先成民而后致力于神。"这是很有意义的。但是，这里还是把作为人的"圣王"放在中心位置来看待的。这个思想在很长时间里占据统治地位。董仲舒的"天人感应"说，实质上也是以此为理论的核心。在对秦废封建而立郡县之得失的千年聚讼中，有一派意见即认为封建是"先王"之意，秦废封建是违背了"先王"之意，因而招致速亡，如曹冏《六代论》、陆机《五等论》等，都是如此。对于这样一个重大历史变动原因，许多史学家参与了论辩，并阐发了各自的历史思想。其中以李百药、柳宗元分别写的两篇《封建论》最有影响，而柳文尤为知名。柳宗元以大量的历史事实为根据，说明封建"非圣人意也，势也"[①]。他说的"势"既有历史趋势之意，也有客观形势之意。在柳宗元的论述中，包含了"圣人"因势制宜的思想，他并没有完全否认"圣人"的作用。柳宗元历史思想中还有一点是很重要的，即他更重视"生人之意"在历史变动中所起的作用。他明确指出，其所撰《贞符》一文是证明"唐家正德受命于生人之意"[②]。"受命于生人之意"，是作为"受命于天"的对立面提出来的，而"人生"是包含了普通民众在内的。柳宗元把自唐初以来唐太宗君臣反复强调的"君，舟也。民，水也。水所以载舟，亦所以覆舟"的古训理论化了。他对"生人之意"的肯定，是从隋唐之际的客观形势中概括出来的，其

① 柳宗元：《柳河东集》卷3。
② 柳宗元：《柳河东集》卷1。

中包含着他朦胧地看到民众在历史变化中所发挥的重要作用。

关于人在历史变动中的作用，在中国古代历史思想中，主要的和基本的方面还是肯定帝王将相的作用，像柳宗元那样明确地肯定"生人之意"的历史作用毕竟是少数。不过，肯定帝王将相的作用，也有种种不同的情况。一种情况是把历史的或现实的治乱兴衰、得失成败完全归结于个人的作用，这在古代史书中有较多的反映。另一种情况是能够注意到统治集团中不同人才所发挥出来的群体作用。如由魏徵执笔撰写的《隋书》史论，提出这样的见解："大厦云构，非一木之枝，帝王之功，非一士之略。长短殊用，大小异宜，楹桷栋梁，莫可弃也。"① 这种见解，比之于把"帝王之功"完全归于一人一谋的论点，是很大的进步。还有一种情况是能够注意到一定时势、环境对人们的影响和作用。《隋书》史论在评论李圆通、来护儿等人时指出："圆通、护儿之辈，定和、铁杖之伦，皆一时之壮士，困于贫贱。当其抑郁未遇，亦安知其有鸿鹄之志哉！终能振拔污泥之中，腾跃风云之上，符马革之愿，快平生之心，非遇其时，焉能至于此也。"② 这三种情况的基本倾向，都认为历史是少数杰出人物创造的，都属于英雄史观；但其间的差别也是很明显的，其中后两种观点在古代历史思想发展上有长久的传统和重要的价值。

三、史学中的惩劝宗旨传统

中国史学历来有一个宗旨，就是"惩恶劝善"。这种惩恶劝善不是用说教的方式，是运用史笔的力量，使人通过读史而受到历史上人们言行的震撼而产生的一种自律精神。

《左传·成公十四年》记："《春秋》之称，微而显，志而晦，婉而成章，尽而不污，惩恶而劝善，非圣人谁能修之。"这几句话，前半段是概括了《春秋》在表述上的特点和成就，后半段是指出了《春秋》的撰述宗旨。可见中国史学的惩劝宗旨由来之古老，影响之久远。那么，对这种惩劝宗旨的传统，究竟应给予什么样的评价呢？要正确认识这个问题，就必须同本文所论述的前一个问题联系起来，既然中国史学认识

---

① 魏徵等：《隋书》卷66后论。
② 同上。

到人在历史进程中的中心位置，而人的所作所为又千差万别，那么凡是负责任的史家就一定会对此作出判断，以辨明是非，使读史者得到教益和警示，因此，史学中的这种惩劝宗旨不仅是必要的，也是合乎逻辑的。

关于这个问题，唐代史学批评家刘知幾有深入的思考。他在《史通·史官建置》篇中写道："向使世无竹帛，时阙史官，虽尧、舜之与桀、纣，伊、周之与莽、卓，夷、惠之与跖、蹻，商、冒之与曾、闵，但一从物化。坟土未干，则善恶不分，妍媸永灭者矣。苟史官不绝，竹帛长存，则其人已亡，杳成空寂，而其事如在，皎同星汉。用使后之学者，坐披囊箧，而神交万古，不出户庭，而穷览千载，见贤而思齐，见不贤而内自省。若乃《春秋》成而逆子惧，南史至而贼臣书，其记事载言也则如彼，其劝善惩恶也又如此。由斯而言，则史之为用，其利甚博，乃生人之急务，为国家之要道。有国有家者，其可缺之哉！"这一段话，是从一个很重要的方面阐述了史学的功用；同时，也从一个很重要的方面阐述了人们读史的目的，即如何学做人。所谓"见贤而思齐，见不贤而内自省"两句话，高度概括了人们通过读史而学做人的根本途径。这蕴涵着一个古老而深刻的哲理："君子以多识前言往行以蓄其德。"[①] 这里说的"德"，指道德、学问。"前言往行"，指前人的嘉言懿行。由此可见，是人们把道德、学问的蓄积看做是读史、了解历史的首要目的，也就是把学做人看做是读史、了解历史的首要目的。这清楚地表明，讲人文精神，讲人的修养、自律，是不能脱离史学、脱离读史的。这个道理，在今天并不是人人都了解的，以至于常常有人提出"学习历史有什么用"的问题。表面看来，这是史学意识的淡薄；往深层看，这是关于在怎样做人的问题上反映茫然的一种表现。讲人文精神，就应该讲怎样做人；讲怎样做人，一个重要方面，就应该讲"见贤而思齐，见不贤而内自省"，就应该重视读史。

中国古代史家在对待上述这些问题上，具有很强的责任感和自觉意识，刘知幾认为："人之生也，有贤不肖焉。若乃其恶可以诫世，其善可以示后，而死之日名无得而闻焉，是谁之过欤？盖史官之责也。"[②]

---

① 《周易·大畜·象传》，见《十三经注疏》本。
② 刘知幾：《史通·人物》。

在万千的历史人物中，史家应该特别关注那些"恶可以诫世，善可以示后"的人；否则，便是史家的失职。刘知幾把惩恶劝善的宗旨提升到史家作史的一个原则性问题来看待，不是没有道理的。当然，史家撰写历史，其史意内涵是丰富的、多方面的，并不只限于记述人物和评论人物，但记述人物和评论人事毕竟是作史的一个重要方面。

值得注意的是，在关于历史人物的记述与评论方面，同刘知幾的思想相通的还有另一种认识的表述形式，这就是中晚唐之际李翱说的"富贵而功德不著者"，不一定写入史册使其"声名于后"；反之，"贫贱而道德全者"，则应写入史册使其"恒赫于无穷"。[①] 这是明确地表明以"功德"或"道德"作为重要标准，而不看重贵贱、贫富的界限。这同样洋溢着尊重人格、人品的人文精神。

四、史学中的忧患意识传统

中国古代史家历来有一种忧患意识。这种意识，主要表现为对于朝代、国家、天下的兴亡盛衰的关注，以及对社会治乱、人民休戚的关注。一言以蔽之，表现对于人和人生活于其中的社会之命运的关怀。这是同史学的本质与功能密切相关的，也是史学中人文精神的最集中的表现。这是因为，史学家对于历史的认识，往往是和对于现实的认识联系起来，故而从史学家对于历史和现实的认识来看，常常反映出他们对于社会前途、命运的忧患意识，这在很大程度上成为他们决心致力于历史撰述的一个思想基础。孟子说："世衰道微，邪说暴行有作，臣弒其君者有之，子弒其父者有之。孔子惧，作《春秋》。"[②] 这就反映了孔子作《春秋》时的一种忧患意识。司马迁撰述《史记》的时候，他对汉武帝统治下的社会前途表现出种种忧虑。人们读《史记·平准书》可以看到极盛时期的汉武帝统治面临着许多新问题，显示出作者的忧患意识是多么的深沉，也会感到司马迁对于"宗室有士公卿大夫以下，争于奢侈，室庐舆服僭于上，无限度"的时尚的深深忧虑。

司马迁处在西汉由鼎盛开始走向衰落的时期，他的深邃的历史眼光使他看到了这一变化，故而发生了"物盛而衰，固其变也"的感叹。唐

---

① 李翱：《答皇甫湜书》，见《全唐文》卷635。
② 《孟子·滕文公下》。

代史学家吴兢也有大致相仿的经历。吴兢生活在唐代武则天至唐玄宗时期，他目睹了"开元盛世"的局面，同时也敏感地觉察到唐玄宗开元后期滋生起来的政治上的颓势。于是，他写出了著名的《贞观政要》一书。此书以《君道》开篇，以《慎终》结束，反映出这位被当时人誉为"董狐式"的史学家的忧患意识。《贞观政要》这部书在晚唐以后的历代政治生活中产生了一定影响。唐宣宗曾经"书《贞观政要》于屏风，每正色拱手而读之"①。辽、金、元、清四朝的最高统治者，都曾把《贞观政要》译成本民族文字，认真披览。

这里，我们要特别提到两宋史家的忧患意识。两宋史家的忧患意识，既有史家忧患意识传统的影响，又有时代情势的激发，因而显得十分突出。

北宋立国，积贫积弱，士大夫阶层的忧患意识显得格外凝重。范仲淹在《岳阳楼记》中写出了这种忧患意识的深沉的境界，他写道：

> 嗟夫！予尝求古仁人之心，或异二者之为，何哉？不以物喜，不以己悲，居庙堂之高，则忧其民；处江湖之远，则忧其君：是进亦忧，退亦忧。然则何时而乐耶？其必曰：先天下之忧而忧，后天下之乐而乐。②

这种"进亦忧，退亦忧"，"先天下之忧而忧，后天下之乐而乐"的意识与境界，对当时和后世都有很大的影响，《岳阳楼记》因此而成为千古不朽的名篇。

王安石是继范仲淹之后的一位改革家，他在推行变法之前的一份《上皇帝万言书》中，分析了当时种种社会矛盾，披露了他的重重忧虑。《万言书》提出的社会问题是：

> 顾内则不能无以社稷为忧，外则不能无惧于夷狄，天下之财力日以困穷，而风俗日以衰坏，四方有志之士，谔谔然常恐

---

① 司马光：《资治通鉴》卷248。
② 范仲淹：《范文正公文集》卷7，北京，中华书局，1984。

天下之久不安。①

值得注意的是，王安石在这里道出了"四方有志之士，诇诇然常恐天下之久不安"的忧患，北宋史家的忧患意识正是在这样的条件下生成和发展的。同政治家比较起来，史学家的忧患意识具有更加突出的历史感，司马光《历年图序》深刻地反映了这种历史感，他写道：

> 今采战国以来至周之显德，凡小大之国所以治乱兴衰之迹，举其大要，集以图……凡一千三百六十有二年，离为五卷，命曰《历年图》，敢再拜稽首上陈于黼扆之前。庶几观听不劳而闻见甚博，善可为法，恶可为戒，知自古以来，治世至寡，乱世至多，得之甚难失之甚易也。……《易》曰："君子安不忘危，存不忘亡，治不忘乱。"《周书》曰："制治于未乱保邦于未危。"今人有十金之产者，犹知爱之，况为天下富庶治安之主，以承祖宗光大完美之业，呜呼，可不戒哉！可不慎哉。②

这是司马光在撰写《资治通鉴》之前所撰写的一段文字，从中可以看出，史学家同政治家对世事的忧患是相通的。司马光同王安石政见不合，而在忧患意识方面，却并无二致。宋神宗一方面任用王安石变法，一方面又慨然为司马光所主编的史书作序，并赐名为《资治通鉴》，正可表明其间的相通之处。

南宋时期，因朝代更迭、政治形势骤变而更加激发了史学家的忧患意识，他们受着"伤时感事，忠愤所激"的政治、文化氛围的影响，矢志著书，以存信史，以寄忧思，以警后人。如李焘撰《续资治通鉴长编》980卷（今存520卷），徐梦莘撰《三朝北盟会编》250卷，李心传撰《建炎以来系年要录》200卷，都是属于两宋之际的本朝史，都是"忧世"、"泣血"之作。这个时期的另一位史学家袁枢，把编年体的《资治通鉴》创造性地改撰成纪事本末体的《通鉴纪事本末》，也寄寓了

---

① 王安石：《王文公文集》卷1，上海，上海人民出版社，1974。
② 司马光：《稽古录》卷16。

他的"爱君忧国之心，愤世疾邪之志"。故当时的诗人杨万里说："今读子袁子此书，如生乎其时，亲见乎其事，使人喜，使人悲，使人鼓舞。未既，而继之以叹且泣也！"[①] 这些话反映出史书所能产生的社会影响，也折射出史学家的忧患意识的感染力。如果历史运动是两宋史家历史撰述的客观动因，那么，史家的忧患意识可以看做是两宋史家历史撰述的主观动因；当然，史家的主观动因，归根结底，还是受到时代的激励和历史传统的影响。

综上，可以作以下两点概括：第一，史家之忧，充分说明史家都是关注现实社会的前途命运的；第二，史家之忧，说到底是以社会之忧为忧，以天下之忧为忧。中国史学的这一特点，在两宋时期甚为突出。清人龚自珍说，"智者受三千年史氏之书，则能以良史之忧忧天下"[②]，是很深刻的。时下人们论人文精神，常常提到"人文关怀"、"终极关怀"。这种"良史之忧"，是否就是一种"人文关怀"、"终极关怀"的表现呢。

五、史学中的审美要求传统

中国古代史学有鲜明的审美要求。这种审美要求在文史不分的阶段表现得十分突出，后来文史分途，史学依然保持着这种审美要求。从编年体史书的创造、发展，到纪传体史书、典制体史书、纪事本末体史书的先后出现，史书不断展现出在外在结构上的美的创造。至于在叙事上的审美要求，更是一些优秀史家所关注的。中国史家重视叙事，人们也多以"善序事理"的史家为"良史"。然而，作为史文表述来说，"善序事理"也有种种不同的表现和特点。

班彪推崇司马迁的史文表述，说他"善述序事理，辩而不华，质而不野，文质相称，盖良史之才也"[③]。所谓"善序事理"，包含了几个方面的特点：一是善辩而不浮华；二是质朴而不粗鄙；三是内容、形式相称。后来班固继承了班彪的思想，又吸收了其他人的一些评价，写道：

---

① 杨万里：《通鉴纪事本末》序，见袁枢《通鉴纪事本末》，北京，中华书局，1959。

② 龚自珍：《龚自珍全集》第1辑《乙丙之际箸议第九》。

③ 范晔：《后汉书》卷40上《班彪列传上》，北京，中华书局，1965。

"……然自刘向、扬雄博极群书，皆称迁有良史之材，服其善序事理，辨而不华，质而不俚，其文直，其事核，不虚美，不隐恶"①，这是强调了所述内容的翔实可靠、没有粉饰之词。总的来看这两个评价，前者所强调的主要是史文的形式，后者是把史文的形式和内容都说到了，而且都有很高的评价。可见，"善序事理"，并不仅仅是史文表述的问题。

范晔对司马迁、班固的史文加以比较和评价，写道："议者咸称二子有良史之才。迁文直而事核，固文赡而事详。若固之序事，不激诡，不抑抗，赡而不秽，详而有体，使读之者亹亹而不猒，信哉其能成名也。"② 这里肯定了班固史文的不偏激，不抑扬，序事丰富而不庞杂，内容详赡而得体。从这里又可进一步看出，从史文去判断史家是否是"良史之才"，决不仅仅是个文字表述问题，还包含着史家对所述内容的选择和处置，对所述史事在表述分寸上的把握。所谓"不虚美，不隐恶"、"不激诡，不抑抗"，都是这个意思。

西晋史家陈寿，在史学上也是被称为有"良史之才"的史家。史载：陈寿"撰《魏吴蜀三国志》，凡六十五篇。时人称其善叙事，有良史之才"③。唐初史家评论陈寿说："丘明既没，班、马迭兴，奋鸿笔于西京，骋直词于东观。自斯以降，分明竞爽，可以继明先典者，陈寿得之乎。"④ 根据后者评论，或者可以认为，陈寿的"善叙事"是表现在"奋鸿笔"、"骋直词"这两个方面。东晋史家干宝也被称为"良史"。史载：干宝"著《晋纪》，自宣帝迄于愍帝，五十三年，凡二十卷，奏之。其书简略，直而能婉，咸称良史"⑤。显然，"直"是针对所述内容说的，"婉"是就史文表述说的。

从人们对马、班、陈寿、干宝的有关评价中，可以获得这样一个认识：在两汉至三国两晋南北朝时期，人们把史家的"善序事"视为"良史之才"，似已成为史学上的一个共识。而对"善序事"的理解，一般应包含对史文表述本身的要求和对史文所述内容的要求。这两个方面都

① 班固：《汉书》卷 62《司马迁传》。
② 范晔：《后汉书》卷 40 下《班彪列传下》。
③ 房玄龄等：《晋书》卷 82《陈寿传》。
④ 房玄龄等：《晋书》卷 82 后论。
⑤ 房玄龄等：《晋书》卷 82《干宝传》。

做得好，才称得上是"良史之才"。

"善序事"所包含的内容很丰富，而文字表述上的造诣是其中的一个重要方面。刘知幾《史通·叙事》指出："夫史之称美者，以叙事为先"，"夫国史之美者，以叙事为工"。这是从理论上明确了"叙事"对于撰写史书的重要，也是明确地提出了史学家审美的一个标准。宋人吴缜在史学批评上强调以"事实"为基础，但也提出史书"必资文采以行之"①。这是直接讲到了史书的文采问题。章学诚《文史通义·文理》对于如何发挥"文字之佳胜"的问题，更有精辟的分析。

综观古代史家、史学批评家关于这方面的言论、思想、实践，史书的文字表述之美大致可以概括为以下几个方面：

真实之美。这是指史家的文字表述反映出来历史之真实的本质之美。离开了历史的真实，史学就失去了根本，也失却了任何意义。班固评论《史记》，把"其文直，其事核"放在首要位置，是很有见解了。"文直"、"事核"是对史学家尽力反映历史真实的具体要求，它们的结合，乃是史家走向历史撰述真实之美的必经之途。

质朴之美。用刘知幾的话来说，这是史书之文字表述对于社会的语言文字"体质素美"的反映。他举例说："战国已前，其言皆可讽咏，非但笔削所致，良由体质素美……乌词鄙句，犹能温润若此，况乎束带立朝之士，加以多闻博古之识者也哉！则知时人出言，史官入记，虽有讨论润色，终不失其梗概者也。"②他赞成以"方言世语"如"童竖之谣"、"时俗之谚"、"城者之讴"、"舆人之诵"等写入史书；不赞成史家"怯书今语，勇效昔言"的文风。

简洁之美。刘知幾提倡史文"尚简"，认为史家"叙事之工者，以简要为主"。其标准是"文约而事丰，此述作之尤美者也"。为此，史家撰述应从"省句"、"省字"做起。③ 当然，从审美的观点看，史文亦非愈简愈美。顾炎武的《日知录》有《修辞》、《文章繁简》两篇，提出"辞主乎达，不主乎简"的论点，是关于这个问题的辩证的看法。

含蓄之美。这是隐喻、寄寓、含义深沉之美。刘知幾称之为"用

---

① 吴缜：《新唐书纠谬》序。
② 刘知幾：《史通·言语》。
③ 同上。

晦"。"用晦"的第一个要求，是"省字约文，事溢于句外"，这是跟史文的简洁相关联的。"用晦"的第二个要求是"言近而旨远，辞浅而义深，虽发语已殚，而含意未尽。使夫读者望表而知里，扪毛而辨骨，睹一事于句中，反三隅于字外"①。这是达到含蓄之美的很高层次了。

史文表述要达到美的要求，那么，史家是怎样朝着这些要求去努力的呢？阅中肆外和史笔飞动是史家的主要经验和基本修养。阅中肆外，是关于史家对史事的积累、认识与抒发的关系；史笔飞动，是关于对史事的"体验"与"重塑"的关系。

关于阅中肆外。章学诚强调"古人所谓阅中肆外，言以声其心之所得"的境界。② 章学诚说的"古人"，是指唐代韩愈。韩愈作《进学解》，有"阅其中而肆其外"之说。③ 讲的是作文要求：内容充实、丰富，而文笔发挥尽致。章学诚在《文理》中发展了韩愈的这一思想，全篇阐说阅中肆外的各方面的要求，于文于史，都是理论上的总结。章学诚说的"言以声其心之所得"这句话，是抓住了阅中肆外的本质的：只有心有所得，方可言之于声。他批评有些人学习司马迁《史记》，只学其皮毛，"而于古人深际，未之有见"。由于自己心中无所得，这样学习的结果，"遂不免于浮滑，而开后人以描摩浅陋之习"。《史记》写人物、写战争、写历史环境，都写得好，一个重要原因，是司马迁熟悉历史人物，也有战争知识，对所写的一些历史环境作过深入的研究。这就是所谓"心之所得"。章学诚说的要见到"古人深际"，就是这个意思。

历史是运动的，历史人物、历史事件是在运动中发展的。历史撰述应当把这些运动表现出来。在这个问题上，梁启超所论甚为中肯。他说："事本飞动而文章呆板，人将不愿看，就看亦昏昏欲睡。事本呆板而文章生动，便字字都活跃纸上，使看的人要哭便哭，要笑便笑。……历史家如无此种技术，那就不行了。司马光作《资治通鉴》，毕沅作《续资治通鉴》，同是一般体裁。前者看去百读不厌，后者读一二次便不愿再读了。光书笔最生动，如赤壁之战、淝水之战、刘裕在京口起事、

---

① 刘知几：《史通·言语》。
② 章学诚：《文史通义·文理》。
③ 韩愈：《韩昌黎集》卷12，北京，商务印书馆，1958。

平姚秦、北齐北周沙苑之战、魏孝文帝迁都洛阳，事实不过尔尔，而看去令人感动。"① 这正是史文表述在美学上的感染力量。一般地说，历史撰述只要表现了历史的真实面貌或接近于真实的面貌，那么它就能给读者以警戒，以启迪，以智慧，以鼓舞。但是，这种感染力量在很大程度上又同史文表述有密切的关系。

六、简短的结语

一个民族，不能没有科学精神；一个社会，应该大力提倡科学精神。同样，一个民族，不能没有人文精神；一个社会，也应该大力提倡人文精神。重此轻彼或重彼轻此，都不仅会在认识上、理论上造成偏差和误区，更重要的是会在社会实践中造成损失和危害，不利于民族、国家的发展和进步。长期以来，在我国的社会生活和学校教育中，存在着重理轻文现象，虽经有识之士一再呼吁改变此种偏向，并取得了一些成效，但仍有不尽人意之处。赋予科学与人文应有的位置，依然是我们要努力的目标。

这里，我还要提到另外一种偏向，即近二十多年来，在人文社会科学中，史学受到的轻视和误解要更多一些：有来自社会方面的，有来自自然科学方面的，甚至也有来自人文社会科学方面的。这究竟是什么原因呢？是这二十多年来史学没有成绩吗？不是。这二十多年来，中国史学所取得的成就是巨大的，许多成果都是突破性的创造。是史学在社会生活中没有发挥积极作用吗？也不是。这二十多年来，史学在关于弘扬爱国主义精神方面，在增强民族凝聚力方面，在总结历史上治国安邦的经验教训从而提供现实借鉴方面，在反击李登辉之流炮制的"两国论"和国外一小撮反华势力无理叫嚣方面，等等，都发挥了重要的不可替代的作用。此外，在历史学的学科建设尤其是学科理论建设方面，也取得了突出的进展。那么，究竟是什么原因造成上述偏向和误区呢？当然，这里的确存在着史学在新形势下如何更加有效地面向社会、面向大众、面向现实的问题，这是历史学界应当深自反思的。但是，这只是问题的一方面。另一方面，或许是更重要的方面，即现在人们的注意力和兴奋

---

① 梁启超：《中国历史研究法补编》，见《中国历史研究法》（外二种），188 页，石家庄，河北教育出版社，2000。

点大多在经济、市场、科技、信息等领域，人们无暇想到史学、想到史学在现今还会有什么用处等等。应当承认，这些都是十分"现实"的，不是没有几分"理由"的。然而，问题也就出在这里。一个民族，一个国家，不发展科技和经济是不可思议的。但是，一个民族，一个国家，轻视史学，从而轻视自身的历史，同样是不可思议的。试看西方发达国家，哪一个国家不重视自己的历史，不重视历史教育！对此，我们应当给予充分关注。这是全社会应当深自反思的。

本文在这里不是要来论述史学在社会中的位置，关于这个问题，我另有专论。① 本文只想借此机会提出一点希望：重理轻文的偏向应继续得到纠正，轻视史学的偏向应不断有所克服，史学中的人文精神应受到必要的重视。我们不能脱离客观历史运动来看待人文精神，我们也不可能撇开反映客观历史进程的史学来讨论人文精神。史学中的人文精神尚有待于作深入的发掘、系统的总结和全面的论述，以发挥其应有的作用。我的这篇文章，不过抛砖引玉而已。

---

① 参见瞿林东：《论史学在社会中的位置》，载《史学月刊》，2001（1）。

史的含义与史学及史学史意识

中国史学史作为近代以来中国史学的一个分支学科，从 20 世纪 20 年代至今，经过七八十年的历程，已初步确立起来并不断地得到新的发展，在历史学领域中占有越来越突出的重要地位。

任何事物都有其发生、发展的历史，中国史学也是如此。所谓中国史学史，就是中国史学发生、发展的历史。

我们知道，有了人类就有了人类社会的历史；有了人类社会的历史和人类创造出来文字以后，就有了关于人类社会历史的认识、记载与撰述的综合活动，这便是史学；有了史学的发展、积累和人们对这种发展、积累的认识，就有了史学史。显然，这是一个漫长的过程，也是一个由低级到高级、由简单到复杂的发展过程。在这个发展过程的不同阶段上，人们对客观事物的主观认识是在变化的、发展的，进而对于这种认识的表述也是在变化的和发展的。考察这种变化和发展，在史学思想史的研究上是很重要的，在史学史的研究上也是有意义的。本文所考察的，只是其中的几个重要问题。

一、"史"的含义的演变：史官、史书、史事

研究和讲述中国史学史，处处都会碰到一个"史"字，而不同时期的"史"，含义并不一样。前人如梁启超并没有十分关注这个问题，而金毓黻撰《中国史学史》时，则对"史字之义"，详为考证，先后引证《说文》、江永、吴大澂、王国维诸说，又据《大戴礼记》及其注疏和黄以周之论，认为古代史官"左史"即是"内史"，"右史"即是"大史"，以证《汉书·艺文志》所说"左史记言，右史记事"之可信，并列出详细的《古代史官表》。① 其后刘节讲授中国史学史，专有《释史》一章，在金著的基础上进而对"史"的意义及简册制度的形成，作了考证，认为周代晚期，"出现正式的简册制度"；又据朱希祖说，认为中国古代史官分为两种，"一种是旧历史官之史，一种是书记官之史"②。他们的考证足以表明，"史"的古义是史官，且职掌范围很广。正如王国维所说："史为掌书之官，自古为要职。殷周以前，其官之尊卑虽不可知，然大小官名及职事之名，多由史出，则史之位尊地要可知矣。""史之本义，为持书之人，引申为大官及庶官之称，又引申而为职事之称。其后三者各需专字，于是史、吏、事三字于小篆中截然有别：持书者谓之史，治人者谓之吏，职事者谓之事。此盖出于秦汉之际，而《诗》、《书》之文尚不甚区别。"③ 这两段话，已经把"史"的本意说得很清楚了。诸家考证，大抵不出其范围。

本文所要阐明的"史"的含义的演变，是在"史"为官称尤其是史官之称的基础上，人们又如何不断赋予它以史书（史籍）、史事、史学等含义的发展过程。白寿彝先生指出："从用以称史官的'史'，到用以称历史记载的'史'，不知要经过多少年代。"④ 这是从史学发展上明确提出了"史"的含义之演变的问题。本文将着重考察用以称

---

① 金毓黻：《中国史学史》，3～12页，北京，中华书局，1962。

② 刘节：《中国史学史稿》，10～14页、25页，郑州，中州古籍出版社，1982。

③ 王国维：《观堂集林》卷6《释史》，北京，中华书局影印本，1959。

④ 白寿彝：《中国史学史》第1册，6页，上海，上海人民出版社，1986。

做史书（史籍）的"史"和用以称做史事（客观历史运动）的"史"的由来。秦以前，"史"一般还是指史官。如《左传·襄公二十九年》记"史不绝书"，即指史官没有中断过记载之意。《论语》中有孔子所说"吾犹及史之阙文"以及后来孟子说的"其事则齐桓、晋文，其文则史"。所谓"史之阙文"、"其文则史"中的"史"也当是指史官。①

古人赋予"史"以史书的含义，是比较靠后的事情。"史记"一词的出现，可能是较早的对于史书的泛称，时在秦汉之际。《吕氏春秋·察传》记："子夏之晋，过卫，有读史记者曰：'晋师三豕涉河'。子夏曰：'非也，是己亥也'。夫'己'与'三'相近，'豕'与'亥'相似。至于晋而问之，则曰：'晋师己亥涉河'也。"这在古书传抄之误上是一个很有名的故事，也可能是最早出现的把"史"与"记"结合起来称作史书的例证之一。又如司马谈说："自获麟以来四百有余岁，而诸侯相兼，史记放绝。"② 司马迁说到孔子作《春秋》和秦的文化政策，也一再称说"史记"，他写道："是以孔子明王道，干七十余君，莫能用，故西观周室，论史记旧闻"，"鲁君子左丘明……故因孔子史记具论其语，成《左氏春秋》"；"秦既得意，烧天下《诗》、《书》，诸侯史记尤甚，为其有所刺讥也"。③ 这里说的"史记"，即指史书而言。《汉书》所言孔子"以鲁周公之国，礼文备物，史官有法，故与左丘明观其史记"④，"及孔子因鲁史记而作《春秋》"⑤，这里提到的"史记"也都是指史书而言。三国以后，以"史"称史书的情况多了起来。孙权自称："至统事以来，省三史、诸家兵书，自以为大有所益。"他还希望吕蒙"急读《孙子》、《六韬》、《左传》、《国语》及三史"。三国吴人留赞"好读兵书及三史"，⑥ 张温则撰有《三史略》。⑦ 西晋史家司马彪撰《续汉书·郡国志》，于序中说："今但录中兴以来郡县改异，及《春秋》、三史会同

---

① 《论语·卫灵公》、《孟子·离娄下》。学术界也有此处之"史"为史书之说。

② 司马迁：《史记》卷130《太史公自序》。

③ 司马迁：《史记》卷14《十二诸侯年表》序。

④ 班固：《汉书》卷30《艺文志》春秋家后序。

⑤ 班固：《汉书》卷62《司马迁传》后论。

⑥ 陈寿：《三国志》卷50《吴书·吕蒙传》裴注引《江表传》、《孙峻传》裴注引《吴书》所记留赞事。

⑦ 见魏徵等：《隋书》卷33《经籍志二》杂史类。

征伐地名，以为《郡国志》。"① "三史"，是指《史记》、《汉书》、《东观汉记》三部史书。到了晋人杜预撰《春秋左氏传序》时，文中所说的"史"、"史记"、"国史"、"旧史"等，多指史书而言，而且也确用了"史书"一词。他这样写道："其（按：指国家史——引者）发凡以言例，皆经国之常制，周公之垂法，史书之旧章；仲尼从而修之，以成一经之通体。"魏、晋以下，称"史"为史书之意或直接称说"史书"的也就逐渐多起来了。如南朝宋人范晔自称"本未关史书，政恒觉其不可解耳"②。他说的"史书"比杜预所说，视野上更开阔了。

古人赋予"史"以史事即客观历史的含义，是更加靠后的事情。当然，人们关于史事即客观历史的观念的产生却是很久远的，当在史官、史书产生之前的原始社会时期就已经存在了，这从人们在远古传说中所保存的若干古史踪影中可以得到证明。但是在史官、史书产生以后，人们对于史事在观念上的概括却经过更长久的年代。如果说"动则左史书之，言则右史书之"③，其"动"、"言"还只是所书当时之事的话，那么，"君子以多识前言往行以畜其德"④，"彰往而察来"⑤，"述往事，思来者"⑥，这里说的"前言往行"、"往事"以及统称的"往"，当指史事。这同孟子说的"其事则齐桓、晋文"中"事"，是同一含义。以至到司马迁那里，凡对于史事的称说，大多还没有采用与"史"字有关的概念，而是主要用了这样一些概念："余于是因《秦记》，踵《春秋》之后，起周元王，表六国时事"⑦，"仆窃不逊，近自托于无能之辞，网罗天下放失旧闻，考之行事，稽其成败兴坏之理"。⑧ 所谓"时事"、"行事"都是说的史事。东汉末年荀悦著《汉纪》，其所用语，仍无明显变化，他在本书前序中所说的"华夏之事"、"四夷之事"、"质之事实而不诬"、"虽云撰之者陋浅，而本末存焉尔"，其中"事"、"事实"、"本

---

① 见司马彪：《续汉书·郡国志一》序。
② 范晔：《狱中与诸甥侄任书》，见沈约《宋书》卷67《范晔传》。
③ 《礼记·玉藻》。
④ 《易·大畜》。
⑤ 《易·系辞下》。
⑥ 司马迁：《史记》卷15《六国年表》序。
⑦ 司马迁：《史记》卷130《太史公自序》。
⑧ 班固：《汉书》卷62《司马迁传》。

末"，无疑都是就史事说的；这同他在本书后序中说的"以综往事"、"综往昭来"所谓"往事"、"往"，其本意是相同的。总之，直到汉晋时期，还很少见到人们赋予"史"字以史事即客观历史的含义，而是用"事"、"时事"、"行事"、"往事"等概念以指史事。这种情况到了盛唐时期发生了明显的变化，一是以"史"为客观历史的观念逐渐明确起来了，二是以"史事"这个概念来泛指客观历史的情况也出现了。《隋书·经籍志》的作者在讲到《史记》、《汉书》、《东观汉记》、《三国志》相继问世后写道："自是世有著述，皆拟班、马，以为正史，作者尤广。一代之史，至数十家。"① 联系上文所论诸家撰述由来，可知所谓"一代之史"是指一个朝代的史事即其客观历史过程。刘知幾在《史通·古今正史》中，依次叙述了历代史的撰述概况，如："世言汉中兴史者，唯范、袁二家而已"，"至晋受命，海内大同，著作陈寿，乃集三国史"，"自是言晋史者，皆弃其旧本，竞从新撰者焉"，"由是世之言宋史者，以裴《略》为上，沈《书》次之"；以及"齐史"、"梁史"、"陈史"、"十六国史"、"元魏史"、"今世称魏史者，犹以收本为主"、"高齐史"、"今之言齐史者，唯王、李二家云"、"宇文周史"、"隋史"等。这里所说的某朝史、某代史，一般都是指它们所经历的历史过程；这里所说的某家为上、某书为主，无疑指的都是历史撰述。应当说，这在史学观念上是很大的进步。与此同时，人们也逐步把"史"与"事"结合起来而运用"史事"这个概念，以泛指客观历史或史书所记之事。唐高宗有简择史官的诏书，其中说道："如闻近日以来，但居此职，即知修撰，非唯编辑疏舛，亦恐泄漏史事。"② 这里说的"史事"，其意已近于现今史学中所谓史事。

二、"史学"是什么？

关于"史"的含义的演变即从史官到史书、史事，是一个漫长的发展过程；这个过程，是同中国古代史学的进步和人们对史学认识的不断提高相联系的。这里，我们要进一步讲到"史学"这个概念的出现、使用及其意义。中国史学产生于先秦时期，至今有三千多年的历史。但人

① 魏徵等：《隋书》卷 33《经籍志二》正史类大序。
② 宋敏求编：《唐大诏令集》卷 81。

们关于"史学"这一概念的使用却要晚得多，大致说来，它始于东晋十六国，其内涵则显现于唐、宋，而丰富于明、清，也有一个发展、变化的过程。

"史学"这一概念的较早提出，很可能始于东晋十六国时期的后赵石勒称王之年。史载：东晋太兴二年（319年），石勒称赵王，"依春秋列国、汉初侯王每世称元，改称赵王元年。始建社稷，立宗庙，营东西宫。署从事中郎裴宪、参军傅畅、杜嘏并领经学祭酒，参军续咸、庾景为律学祭酒，任播、崔濬为史学祭酒"①。祭酒，本意指老者、长者，后转意为功高者，其后更进而转意为学官中的领头人物，如"汉置博士，至东京，凡十四人，而聪明有威重者一人为祭酒，谓之博士祭酒。……晋武帝咸宁四年，初立国子学，置国子祭酒一人"②。律学，即法律之学。晋制，设有律学博士；③ 十六国时期之后秦，姚兴亦曾"立律学于长安"④。石勒置经学祭酒、律学祭酒、史学祭酒，在政治上是一件很重要的举措；而"史学"立为官学之一，这在史学发展上也有重要意义。其后，南朝宋文帝元嘉十五年（438年），征雷次宗至京师，"开馆于鸡笼山，聚徒教授，置生百余人。会稽朱膺之、颖川庾蔚之并以儒学，监总诸生。时国子学未立，上留心艺术，使丹阳尹何尚之立玄学，太子率更令何承天立史学，司徒参军谢元立文学，凡四学并建"⑤。至宋明帝泰始六年（470年），"初置总明观祭酒一人，有玄、儒、文、史四科，科置学士各十人"⑥。从经、律、史到儒、玄、史、文，再到玄、儒、文、史，150年间，史学始终作为官学的一个重要方面。尽管当时人们没有对"史学"的内涵作出明确的解说，但它对推动史学的发展无疑是起到了积极的作用。这同后来隋唐之际"《汉书》学"的勃兴，唐初官修史书的繁盛，史学成为科举考试中的独立科目，都有密切的关

中国史学的理论遗产

---

① 房玄龄等：《晋书》卷105《石勒载记下》。按：此处参考杨翼骧先生说，见《中国史学史绪论》，见《南开大学历史系建系七十五周年纪念文集》，天津，南开大学出版社，1998。

② 杜佑：《通典》卷27《职官九·国子监》。

③ 房玄龄等：《晋书》卷24《职官志》。

④ 房玄龄等：《晋书》卷117《姚兴载记上》。

⑤ 沈约等：《宋书》卷93《隐逸·雷次宗传》。

⑥ 沈约等：《宋书》卷8《明帝纪》；杜佑：《通典》卷27《职官九·国子监》。

系。中晚唐之际，殷侑鉴于本朝科举取士曾有"史科"名目，而"近日已来，史学都废，至于有身处班列，朝廷旧章昧而莫知，况乎前代之载焉能知之。"① 于是他建议恢复史科考试，并在国子监提倡生徒攻读"三史"，即《史记》、《汉书》、《后汉书》。殷侑所说的"史学"，从表面上看是从科举考试方面提出来的，但他所说的有关史学的内容则是"历代史书，皆记当时善恶，系以褒贬，垂谕劝戒"，认为《史记》、《汉书》、《后汉书》"旨义详明，惩恶劝善，亚于六经，堪为代（世）教"，却又不仅仅是从科举考试出发的，而是着眼于史书本身的社会意义。史称，殷侑任谏议大夫，"论朝廷治乱得失，前后凡八十四道"②，这同他关注史学是有关系的。顾炎武引用南宋倪思的话，说是"举人轻视史学，今之论史者，独取汉唐混一之事，三国、六朝、五代，以为非盛世而耻谈之。然其进取之得失，守御之当否，筹策之疏密，区处兵民之方，形势成败之迹，俾加讨究，有补国家"③。倪思所言"史学"，不仅内容丰富而又有卓见，认为不论是统一时期的历史，还是分裂时期的历史，都有许多值得借鉴的经验教训。元初胡三省称"先君笃史学"，重视史注博洽、书法义例；故认为"史学不敢废"，④ 承先人教诲，作《资治通鉴音注》。这里说的"史学"主要是编纂学、文献学方面的内容，从而丰富了"史学"内涵。此后，使用"史学"这个概念的人越来越多，也越来越有新意。元末明初陶宗仪撰《辍耕录》一书，其友人称其书说："上兼六经百氏之旨，下极稗官小史之谈，昔之所未考，今之所未闻；其采摭之博，侈于白贴；研核之精，拟于洪笔；论议抑扬，有伤今慨古之思；铺张盛美，为忠臣孝子之劝；文章制度，不辨今明；疑似根据，可览而悉。盖唐宋以来，专门史学所未让；虽周室之藏，郯子之对，有不待环辙而后知，又岂抵掌谈笑以求贤于优孟者哉。"⑤ 他说的"专门史学"的含义，既包含了广泛的社会历史，又包含了专精的治学之道，是对于"史学"的极恢宏的理解。到了清代乾嘉时期，人们对

---

① 董诰等编：《全唐文》卷 757。

② 欧阳修等：《新唐书》卷 164《殷侑传》。

③ 顾炎武：《日知录》卷 16《史学》。

④ 胡三省：《新注〈资治通鉴〉》序。

⑤ 陶宗仪：《南村辍耕录》叙，北京，中华书局，1959。

"史学"的认识又有更大的发展。阮元认为："国初以来，诸儒或言道德，或言经术，或言史学，或言天学，或言地理，或言文字音韵，或言金石诗文，专精者固多，兼擅者尚少，惟嘉定钱辛楣先能兼其成。"① 阮元所说的"史学"，一是从不同的学问领域来看待，已带有学科分类思想的含义；二是就钱大昕的史学来看，认为他"于正史、杂史，无不寻讨，订千年未正之讹"。所谓"讹"既有史事之讹，也有编纂之讹，可见其研究领域异常辽阔。钱大昕同章学诚，是中国古代赋予"史学"以最丰富的内容和最深刻的含义的史家。

章学诚的《文史通义》以及其他著作，主要讨论史学问题。他直接论述"史学"的地方也很多，其要点主要有：第一，是关于"史学"的核心。他说："世士以博稽言史，则史考也；以文笔言史，则史选也；以故实言史，则史纂也；以议论言史，则史评也；以体裁言史，则史例也。唐宋至今，积学之士，不过史纂、史考、史例；能文之士，不过史选、史评。古人所为史学，则未之闻矣。"② 他认为"史学"的本意或核心所在是"比事属辞"、"心知其意"。"比事"是叙事，"属辞"是体例，"意"是对史事的认识和撰史的目的。这才是"古人所为史学"。章学诚否定唐宋以下史家在"史学"上的成就，显然不妥，但对"史学"之本质的解释确是有创见的。第二，是关于史家在"史学"上的异趣。他说："吾于史学，盖有天授，自信发凡起例，多为后世开山，而人乃拟吾于刘知幾。不知刘言史法，吾言史意；刘议馆局纂修，吾议一家著述：截然两途，不相入也。"③ 所谓"史法"，主要指史书编纂；所谓"史意"，主要是指对史事的见解和撰史的目的。史法、史意很难截然分开，不过主要倾向还是可以分辨出来的。第三，是关于"史学"贵在"著述成家"、"义有独断"。他说："吾于史学，贵其著述成家，不取方圆求备，有同类纂。"④ 他还反复称赞前人的通史之作"别具心裁"、"义有独断。"⑤ 这涉及到史

---

① 阮元：钱大昕《十驾斋养心录》序，上海，上海书店，1983。

② 章学诚：《文史通义·补遗·上朱大司马论文》。

③ 章学诚：《文史通义·外篇三·家书二》。

④ 章学诚：《文史通义·外篇三·家书三》。

⑤ 章学诚：《文史通义·释通》。

学评论的原则，即贵在有创造性。第四，是关于"史学"工作两大部门的区分。这是章学诚自谓在探讨史学问题上的重要收获，他在《与邵二云论修宋史书》中写道："近撰《书教》之篇，所见较前似有进境，与《方志三书》之议，同出新著，前已附致其文于足下矣。其以圆神、方智定史学之两大宗门，而撰述之书不可律以记注一成之法。"① 所谓"圆神、方智定史学之两宗门"即指"撰述"与"记注"的区别而言。其基本论点是："记注欲往事之不忘，撰述欲来者之兴起，故记注藏往以智，而撰述知来拟神也。藏往欲赅备无遗，故体有一定而其德为方；知来欲其抉择去取，故例不拘常而其德为圆。"② 这是章学诚直接论到"史学"这个范畴的很重要的论点。章学诚论"史学"，还有一些见解，不一一列举。

综上所述，可以看出，自唐、宋学人从科举取士出发而论"史学"，到章学诚从认识论方法论的不同角度论述"史学"，"史学"这个范畴的演变及其内涵的日益丰富，透视出中国古代史学有了多么巨大的发展。

三、史学史意识的产生和发展

最后，我们要简括地说明史学史意识的产生和发展，这更是讨论中国史学研究对象时不可回避的问题。"史学史"这个概念被明确提出来，是 20 世纪 20 年代的事情，这要归功于梁启超。③ 但中国史家（不限于史家）的史学史意识的产生和发展却由来已久，有漫长的历程和丰富的内涵。80 年代，曾经有过关于"中国史学史之史"的讨论，似未引起人们更多的重视，因而未曾深入展开讨论。其实，从中国史学史研究对象来考察的话，这是一次很有意义的讨论，它表明了中国史家的史学史意识的悠久、丰富和深刻。④ 这里，我不来重复有

① 章学诚：《文史通义·外篇三》。
② 章学诚：《文史通义·书教下》。
③ 梁启超：《中国历史研究法补编》分论三第 4 章中"史学史的做法"。
④ 《史学史研究》，1985（1）。又，近日读到杨翼骧先生《中国史学史绪论》一文，其中有专题论到"过去对中国史学的研究"，颇受教益。

关的论点，而是着重从史学史意识发展的轨迹所表现出来的若干特点，讲一点新的认识。

说到史学史意识的产生，从比较明确的意义上看，班彪当为前驱。他在续《太史公书》（《史记》）而作"后传"时，曾"斟酌前史而讥正得失"，所论从《诗》、《书》到国史，从《春秋》到《左氏传》和《国语》，从《世本》到《战国策》，从《楚汉春秋》到《太史公书》，他都讲到了，并由此得到这样的认识："今之所以知古，后之所以观前，圣人之耳目也。"① 可以认为，班彪的史学史意识是明确而突出的。南朝刘勰作《文心雕龙·史传》，是史学史意识发展上的新进展。该篇前一部分简述了先秦、秦汉、三国两晋时期的历史撰述；后一部分讨论了历史撰述同政治的关系、史书体裁的创建与演变、撰史的"实录"精神和"信史"原则，以及史家的博识和文采，它包含了对史学之历史的追寻和对内涵的分析。《隋书·经籍志二》以分类为基础，考察了历史撰述的源流与存佚，是史学史意识发展上的又一种重要的表现形式，对后世有深远的影响。盛唐时期的刘知幾在史学史意识上具有更加突出的自觉性，《史通》以"史"和"通"连用而名书，可以证明这一点。他说："史之称通，其来自久。"② 可见他是很看重这一点的。《史通》中的《史官建置》、《古今正史》、《六家》、《二体》、《杂述》等篇，是互有联系的、颇具规模的史学史论著。《史官建置》于篇首称："盖史之建官，其来尚矣。"于篇末称："大抵自古史官，其沿革废置如此。"《古今正史》于篇末也说："大抵自古史臣撰录，其梗概如此。"这都是极明确的史学史意识的表述形式。《史通》的许多篇目是论述史书的体裁、体例，而这些论述也反映出作者之历史考察的意识与方法。晚唐人马植"以文学政事为时所知"③，时人刘柯有《与马植书》，称："自《史记》、班《汉》已来秉史笔者，予尽知其人矣。"于是依次列举言东汉、言国志、言晋洛京史、言江左史、言宋史、言齐史、言梁史、言陈史、言十六国史、言魏史、言北齐史、言后周史、言隋书、言皇家受命等，一目了

①　范晔：《后汉书》卷40上《班彪列传上》。

②　刘知幾：《史通》原序。

③　刘昫等：《旧唐书》卷176《马植传》。

解。① 从《隋书》志、刘知幾到刘柯，可以看到唐代学人的史学史意识的发展之清晰的轨迹。

宋代学人的史学史意识的发展又表现出新的特点，即在认识上的明确和撰述上的丰富。如北宋王钦若等编纂的《册府元龟》这部大类书，其卷 554 至卷 562 是为 "国史部"，凡 9 卷 14 目，在分类的基础上，汇集历代修史的恒情及其异同的有关记载，而《国史部·总序》则是一篇关于历代修史制度的论纲。又如南宋高似孙撰《史略》一书，其自序称："太史公以来，载籍之作，大义粲然著矣。至于老蚀半瓦，着力汗青，何止间见层出，而善序事，善裁论，比良班、马者，固有荦荦可称。然书多失传，世固少接，被诸签目，往往莫详，竞有窥津涯、涉阃奥者乎！乃为网罗散佚，稽辑见闻，采菁猎奇，或标一二，仍依刘向'七录'法，各汇其书而品其指意。"所谓刘向 "七录"，疑是刘歆《七略》之误。此书凡 6 卷，卷 1 述《史记》与研究《史记》之书，卷 2 述《汉书》以下至《五代史》历代正史，卷 3 述《东观汉记》及各种编年体史书，卷 4 述史典、史表、史略、史钞、史评、史赞、史草、史例、史目以及通史、《通鉴》等，卷 5 述霸史、杂史等，卷 6 述《山海经》、《世本》、《水经》、《竹书》等。高似孙自称此书是仿刘氏校书而作，当属于历史文献学性质。然《史略》的书名表明，这是一本关于史学之要略的书，具体说来，它是一本以分类为基本体例的史学简史。② 稍早于高似孙的洪迈，虽未写出类似《史略》的专书，但他的史学史意识却是十分鲜明的。他写出了《历代史末本》的专篇，从诸侯国史、《春秋》、《左传》，到新旧唐书、五代史，都有简括的叙述。其篇末写道："凡十七代，本末如此，稚儿数以为问，故详记之。"③ 这种以答问形式反映出来的史学史意识，表明人们对于这个问题的思考更加自觉、更加深入了。洪迈还撰有《九朝国史》、《四朝史志》等专篇，④ 可视为较早的断

---

① 姚铉编：《唐文粹》卷 82《书四·论史》；《全唐文》卷 742。

② 高似孙《史略》卷 4 有 "史略" 一目，与史表、史钞、史评并列，其所著录诸 "略" 如《三史略》、《后汉略》、《魏略》等，均可视为某一方面的简史。据此，亦可说明《史略》一书的性质。

③ 洪迈：《容斋四笔》卷 8，见《容斋随笔》，上海，上海古籍出版社，1978。

④ 洪迈：《容斋三笔》卷 4、卷 13，见《容斋随笔》。

代史学史论纲。宋代还有一些书评家如晁公武、陈振孙、叶适等，他们在各自的著作《郡斋读书志》、《直斋书录解题》、《习学记言序目》中对历代史书的评论，也都建立在对史学发展之认识的基础上。这种情况，在元、明、清三朝代有所出，至《四库全书总目》史部而成为一大总结。

清人在史学史意识发展上的显著特点是具有鲜明的理论色彩。在这点上，他们继承并发展了刘知幾、郑樵的遗风。其可论列者甚多，而章学诚、赵翼尤为突出。章学诚论史学以理论分析见长，而他的理论分析往往是同史学史意识结合在一起的。他说"六经皆史"①，不仅仅是说明经史关系，也是在探索史学的源头。他阐述"三代以上之为史，与三代以下之为史"的异同，是要说记注与撰述的变化及其对史书体裁演变的影响。② 他说中国史学上的"通史家风"，是为阐明"专门之业，别具心裁"的重要，认为"通史人文，上下千年"，本应"义例所通"③，"史家著述之道，岂可不求义意所归乎"④。这都是把史学的历史同史学的理论结合在一起阐述的。赵翼是一个有理论深度的考史学者，他的名作《廿二史札记》不仅是杰出的考史著作，而且在史学史意识的发展上也占重要的位置。他自称："此编多就正史纪、传、表、志中参互勘校，其有抵牾处，自见辄摘出，以俟博雅君子订正焉。至古今风会之递变，政事之屡更，有关于治乱兴衰之故者，亦随所见附著之。"⑤ 后人由此概括此书"每史先考史法，次论史事"⑥。从今天的史学史研究来看，这是从对史书编纂历史的考察而兼及到对客观历史的考察与对史学社会作用的考察，是一种深层的史学史意识的反映。正如钱大昕评论此书所说："先生上下数千年，安危治忽之幾，烛照数计，而持论斟酌时势，不蹈袭前人，亦不有心立异，于诸

---

① 章学诚：《文史通义·易教上》。
② 章学诚：《文史通义·书教上》。
③ 章学诚：《文史通义·释通》。
④ 章学诚：《文史通义·申郑》。
⑤ 赵翼：《廿二史札记·小引》。
⑥ 陈智超编：《陈垣史源学杂文》前言引陈垣语，北京，人民出版社，1980。

史审定曲直，不掩其失，而亦乐道其长。"① 这个评价，对今天的史学史研究也还是有启发的。值得注意的是，钱大昕还从北宋以前和北宋以后经与史的关系变化上，严厉地批评了重经轻史的倾向，指出："道学诸儒，讲求心性，惧门弟子之泛滥无所归也，则有诃读史为玩物丧志者，又有谓读史令人心粗者。此特有为言之，而空疏浅薄者托以借口，由是说经者日多，治史者日少。彼之言曰，经精而史粗也，经正而史杂也。予谓经以明伦，虚灵玄妙之论，似精实非精也。经以致用，迂阔刻深之谈，似正实非正也……若元、明言经者，非剿袭稗贩，则师心妄作，即幸而厕名甲部，亦徒供后人覆瓿而已，奚足尚哉！"这一方面是从经与史的历史命运的不同考察了史学的社会地位，一方面则指出了重经轻史倾向的错误。钱大昕的这些话是嘉庆五年（1800 年）写的，40 年后爆发了鸦片战争；在此之后的半个多世纪里，经学的空疏进一步暴露出来，而史学则在救亡图强的民族大义的历史潮流中发挥着作用，经受着考验，一步一步地走向近代化。这个事实证明了钱大昕从经、史地位的升降来看待史学发展确是卓见。

20 世纪初年，即在钱大昕提出上述见解之后约一百年，梁启超发表了《新史学》，无情剖析"中国之旧史"，力倡建立"新史学"。这种要求变革史学的思想所反映出来的史学史意识在中国史学发展上具有划时代的意义。二十多年后，梁启超作为中国史学上率先提出"史学史"是一种文化专史之观念的史家，就怎样研究和撰写"中国史学史"问题，发表了具体的、创造性的见解，从而为中国史学上之史学史意识的发展画上了一个句号，也为中国史学史的研究和撰述写下了开创性的一页。② 从世界范围来看，在此期间，已经有一些有分量的史学史著作先后问世，如德国历史学家佛特的《近代史学史》（1911 年）、英国历史学家古奇的《十九世纪历史与历史学家》（1913 年）、意大利哲学家克罗齐的《历史学的理论和历史》（1915 年）、德国历史学家里特尔的

---

① 钱大昕：赵翼《廿二史札记》序，见王树民《廿二史札记校证》附录二，886 页。

② 梁启超：《中国历史研究法补编》，见《中国历史研究法》（外二种），216～242 页。

《历史科学的发展》（1919 年）等。20 世纪三四十年代，美国学者在这方面的研究和撰述也取得了突出的成就。[①] 由此可见，具有丰富的史学遗产和深刻的史学史意识的中国史学，从 20 世纪初开始，在史学史的研究和撰述上，已处在世界同行的后进地位了。

中国史学史作为中国历史学的一个极其重要的分支学科，从 20 世纪 20 年代起，开始了它的艰难的发展历程。

---

① 参见 [美] 汤普森著，谢德风译：《历史著作史》中译本译者前言，3 页，北京，商务印书馆，1988；[意] 克罗齐著，傅任敢译：《历史学的理论和实际》（中译本）所收意大利文第一版序，北京，商务印书馆，1982。

史家的角色与责任和史学的求真与经世

在中国史学上，史家作为社会一员而与社会的关系，史学作为历史进程的反映而与客观历史的关系，是十分密切的，也是很复杂的。我们甚至可以用这样的话来说明这两个问题的重要性：它们是打开中国史学宝库丰富宝藏的钥匙。

本文将按照这样的思考程序来阐述对于上述有关问题的认识，这就是：史家的社会角色与史家的社会责任是相联系的，史学的求真要求与史学的经世目的也是相联系的；它们的这种联系，并不因为客观上存在着这样那样相互矛盾的因素而有根本上的改变。同时，史家的角色与责任和史学的求真与经世之间，存在着一种更深层次的本质的联系，以至于可以这样认为：揭示出这种联系，就是从一个重要的方面揭示出中国史学的总相和特点。

一、史家之角色意识的发展及史家的社会责任

中国史家之角色意识的产生有古老的渊源和

长期发展的历史。

中国最早的史家是史官。至晚在春秋时期（前770—前476年），中国古代史官的角色意识就已经突出地显露出来。有两个人们所熟知的事例可作为明证。第一个事例发生在公元前607年：晋国史官董狐因为记载了"赵盾弑其君"一事而同执政大夫赵盾发生争论，并在争论中占了上风。① 另一个事例发生在公元前548年：齐国太史因为记载"崔杼弑其君"一事而被手握大权的大夫崔杼所杀，太史之弟因照样记载又被崔杼所杀，直到太史的第三个弟弟，仍照样记载了这件事。这时，有位南史氏听说太史尽死，便执简以往，欲为书之，中途听说已经记载下来，便返回去了。② 这里，董狐、齐太史兄弟数人、南史氏等，都表现出了一种鲜明的角色意识，这一角色意识的核心是对史官职守的虔诚和忠贞。因此，他们不畏权势，即使献出生命以殉其职也在所不惜。这是当时史家之角色意识的极崇高的表现。当然，在我们认识这种现象的时候，不应局限于从史家个人的品质修养和精神境界来说明全部问题；从社会的视角来看，史家的这种角色意识也是当时士大夫阶层所遵循的"礼"的要求。西周以来，天子于礼有所谓"动则左史书之，言则右史书之"③，此即"君举必书"之礼。④ 在王权不断衰微，诸侯、大夫势力相继崛起的历史条件下，这种礼也在诸侯、大夫中间推行起来。董狐、齐太史、南史氏都是诸侯国的史官；国君被杀，按"礼"的要求是必须记载下来的。不仅如此，就是作为大夫的赵盾，也有自己的史臣。史载，周舍对赵盾说："愿为谔谔之臣，墨笔操牍，从君之过，而日有记也，月有成也，岁有效也。"⑤ 所谓"谔谔之臣"，是同"日有记"、"月有成"、"岁有效"直接联系的。由此可见，"君举必书"之礼，一方面反映了史官必须对当时所发生的事件的及时记载，另一方面也反映了它对各级贵族的约束。是否可以认为，这两个方面结合起来，才全面地表现了史家的角色意识。春秋末年，孔子称赞董狐是"古之良史"，因为

---

① 事见《左传·宣公二年》。
② 参见《左传·襄公二十五年》。
③ 《礼记·玉藻》。
④ 《左传·庄公二十三年》。
⑤ 《韩诗外传》卷7，见《丛书集成初编》本，北京，中华书局，1985。

他"书法不隐";称赞赵盾是"古之良大夫",因为他"为法受恶"。①
此处所谓"法",是指法度,即当时"礼"制的规范。从今天的认识来
看,也可以看作是从史家的主体方面和史家所处的环境方面,说明了史
家之角色意识的个人原因和社会原因。

史家的角色意识随着历史的进步而增强,而升华。这一发展的主要
标志,是原有的角色意识突破君臣的、伦理的樊篱而面向社会。这一变
化的滥觞,当始于孔子作《春秋》。孟子论孔子作《春秋》一事说:"世
衰道微,邪说暴行有作,臣弑其君者有之,子弑其父者有之。孔子惧,
作《春秋》。《春秋》,天子之事也;是故孔子曰:'知我者其惟《春秋》
乎!罪我者其惟《春秋》乎'。"②尽管《春秋》还是尊周礼,维护君臣
父子的伦理秩序,但孔子以私人身份撰写历史、评论历史的做法,已突
破了过去史官们才具有的那种职守的规范;这就表明作为一个史家,孔
子所具有的史家角色意识已不同于在他之前的那些史官们的角色意
识了。

然而,史家之角色意识的发展的主要标志的真正体现者,还是西汉
前期的司马迁(前145年或前135年—?)。司马迁很尊崇孔子、推重
《春秋》,然而他著《史记》的旨趣和要求已不同于孔子作《春秋》了。
司马迁的目标是"究天人之际,通古今之变,成一家之言",是"网罗
天下放失旧闻,略考其行事,综其终始,稽其成败兴坏之理",是"述
往事,思来者"。③由此可以看出,司马迁的博大胸怀是要拥抱以往的
全部历史,探讨古往今来的成败兴坏之理,使后人有所思考和启迪。正
因为如此,司马迁才能"就极刑而无愠色",在"肠一日而九回,居则
忽忽若有所亡,出则不知其所往"的境遇中完成他的不朽之作。

史家之角色意识的进一步发展,是从面向社会到在一定意义上的面
向民众。其实,从"水能载舟,亦能覆舟"的古训中,史家或多或少都
会认识到民众的存在及其对于政治统治的重要。司马光是极明确地表明
了这一认识的史家。用他自己的话说,他撰《资治通鉴》是"专取关国

---

① 《左传·宣公二年》。
② 《孟子·滕文公下》。
③ 司马迁:《报任安书》,见班固《汉书》卷62《司马迁传》。

家盛衰，系生民休戚，善可为法，恶可为戒者"入史。① 他对于历史事实、历史知识的抉择，至少在形式上是把"生民休戚"同"国家盛衰"放到同等重要的位置看待，或者他认为这二者本身就是不可分割开来的。在封建社会里，一个史家能够这样来看待历史，是难能可贵的。

从上面简略的叙述中，我们不难发现，史家之角色意识的发展，总是同史家的社会责任感相联系着。董狐、齐太史、南史氏所表现出来的"书法不隐"的勇气，一个重要的驱动力就是维护当时的君臣之礼。这在当时的社会意识形态和伦理关系中，至少在形式上还占据着主导地位。他们不惜以死殉职，正是为了维护当时的社会秩序。如上所述，孔子修《春秋》，也是受到社会的驱动而为。至于司马迁父子的社会责任意识，他们本人都有极明白的阐述。其中，最动人心魄的是司马谈的临终遗言和司马迁对父亲遗言的保证。《史记·太史公自序》记："太史公执迁手而泣曰：'……夫天下称诵周公，言其能论歌文武之德，宣周邵之风，达太王王季之思虑，爰及公刘，以尊后稷也。幽厉之后，王道缺，礼乐衰，孔子修旧起废，论《诗》、《书》，作《春秋》，则学者至今则之。自获麟以来四百有余岁，而诸侯相兼，史记放绝。今汉兴，海内一统，明主贤君忠臣死义之士，余为太史而弗论载，废天下之史文，余甚惧焉，汝其念哉！'迁俯首流涕曰：'小子不敏，请悉论先人所次旧闻，弗敢阙。'"这一段对话，极其深刻地表明了他们的角色意识和社会责任的密切联系，表明了他们对于被"天下称诵"的周公和"学者至今则之"的孔子，是何等心向往之。后来司马迁用"述往事，思来者"这几个字深沉地表达出了他对历史、对社会的责任感。从司马光撰《资治通鉴》的目的，我们同样可以看到史家之角色意识与社会责任的联系与统一：他希望《资治通鉴》能够得到最高统治者的重视，"以清闲之燕，时赐省览，鉴前世之兴衰，考当今之得失，嘉善矜恶，取是舍非，足以懋稽古之盛德，跻无前之至治，俾四海群生，咸蒙其福！"倘果真如此，他自谓"虽委骨九泉，志愿永毕矣"。② 这就是说，史家的目的，是希望统治集团从历史上吸取经验教训，改进政治统治以达到"盛德"和"至治"的地步，从而使"四海群生，咸蒙其福"。正是为着这个目的，

---

① 司马光：《进〈资治通鉴〉表》。
② 同上。

他认为他的精力"尽于此书"是值得的。

史家之角色意识与社会责任的联系和统一，其中有一个根本的原因，即绝大多数史家从不把史职仅仅视为个人的功名和权力，而是把这一职守同社会、国家联系在一起，使其成为一定的社会责任的表现形式。个别的例外乃至于少数的异常是存在的，但这并不反映中国史学的主流。

史家的角色意识与社会责任，无疑要影响着、铸造着中国史学的面貌，在很大程度上决定着它的发展趋向。

二、史学的求真与经世

上文所论史家之角色意识与社会责任，至少在两个方面影响到中国史学的基本面貌，这就是中国史学的求实精神与经世目的及其相互间在总体上的一致性。具体说来，史家的角色意识同史学的求真要求相关联，史家的社会责任同史学的经世目的相贯通。其间固有种种深层的联系，本文将在下一个问题中阐述。这里，我们首先来考察中国史学的求真与经世的内涵及其相互间的关系。

享有盛誉的史学批评家刘知幾（661—721 年）认为："为史之道，其流有二。何者？书事记言，出自当时之简；勒成删定，归乎后来之笔。然则当时草创者，资乎博闻实录，若董狐、南史是也；后来经始者，贵乎俊识通才，若班固、陈寿是也。必论其事业，前后不同。然相须而成，其归一揆。"① 刘知幾把史学工作大致上划分成了两个阶段：前一个阶段是"书事记言"，后一个阶段是"勒成删定"，前后"相须而成"，缺一不可。他认为前一阶段工作的主要要求是"博闻实录"，一要"博"，二要"实"；后一阶段工作的主要要求是"俊识通才"，一是"识"，二是"才"。按照刘知幾的思想体系，结合他关于才、学、识的理论来看，"博闻实录"可以看做是"史学"，"俊识通才"包含了"史识"和"史才"。那么，这里什么是最重要的基础呢？答曰："博闻实录"是基础。这是因为，没有丰富的和真实的记载（所谓"书事记言"），自无从"勒成删定"，而"俊识通才"也就成了空话。当然，仅

---

① 刘知幾：《史通·史官建置》。

仅有了"博闻实录",没有"俊识通才"去"勒成删定",也就无法写成规模宏大、体例完备、思想精深的历史著作,无法成就史学事业。刘知幾在理论上对中国史学的总结和他所举出的董狐、南史、班固、陈寿等实例,论证了中国史学是以求真为其全部工作的基础的。这种求真精神,从先秦史官的记事,到乾嘉史家的考据,贯穿着整个中国古代史学。细心的研究者或许会注意到,《史通·直书》篇列举了唐代以前史学上以"直书"饮誉的史家,他们是:董狐、齐太史、南史氏、司马迁、韦昭、崔浩、张俨、孙盛、习凿齿、宋孝王、王劭等。他们或"仗气直书,不避强御";或"肆情奋笔,无所阿容";或"叙述当时","务在审实"等等,都需要"仗气"与"犯讳",显示了大义凛然的直书精神。刘知幾所处的唐代,也有许多坚持秉笔直书的史官和史家,如褚遂良、杜正伦、刘允济、朱敬则、刘知幾、吴兢、韦述、杜佑等,在求真精神上都有突出的表现。这里,举一个不大为人所知的事例,用以说明在中国史学上求真精神是怎样贯穿下来的。武则天长安年间(701—704年),宠臣张易之、张昌宗欲加罪于御史大夫、知政事魏元忠,乃赂以高官,使张说诬证魏元忠"谋反"。张说始已应允,后在宋璟、张廷珪、刘知幾等人的劝说之下,幡然悔悟,证明魏元忠实未谋反。到唐玄宗时,此事已成为历史事件,吴兢(670—749年)与刘知幾作为史官重修《则天实录》,便直书其事。时张说已出任相职、监修国史,至史馆,见新修《则天实录》所记其事,毫无回护,因刘知幾已故,乃屡请吴兢删改数字。吴兢终不许,认为"若取人情,何名为直笔",被时人称为"当今董狐"。① 吴兢虽面对当朝宰臣、监修国史,仍能秉笔直书与其有关的然而并不十分光彩的事件,又能当面拒绝其有悖于直书原则的要求,这如没有史学上的求真精神,没有一种视富贵如浮云的境界,是做不到的。这种董狐精神所形成的传统,尤其在历代的起居注、实录、国史的记述与撰写中,都不同程度地表现出来。

应当指出,刘知幾说的"俊识通才",一方面当以"博闻实录"的"当时之简"为基础,一方面在"勒成删定"中同样要求贯穿求真精神,这样才能真正反映出史家的"识"与"才"。如近代以来的考古发现一

---

① 见《唐会要》卷 64《史馆下·史馆杂录下》。

再证明，司马迁《史记》所记商代以下的历史是可靠的，这一事实使中外学人皆为之惊叹不已。后人称赞《史记》"其文直，其事核，不虚美，不隐恶，故谓之实录"①。又如司马光撰《资治通鉴》，在"勒成删定"中遇到了许多疑难问题。这对于史家的求真精神实是严峻的考验。为使今人信服、后人不疑，司马光"又参考群书，评其同异，俾归一途，为《考异》三十卷"②，使之成为阅读《资治通鉴》的必备参考书。由《资治通鉴》而派生出来《资治通鉴考异》，这是极有代表性地表明了中国史学的求真精神。此外，从魏晋南北朝以下历代史注的繁荣，直到清代乾嘉时期考史学派的兴盛，也都闪烁着中国史学的求真精神之光。

当然，中国史学上也的确存在不少曲笔。对此，刘知幾《史通·曲笔》篇不仅有事实的列举，还有理论的分析，是关于曲笔现象的很有分量的专文。刘知幾之后，史学上的曲笔现象仍然存在。举例来说，唐朝诸帝实录，其中就出现过几次修改，不论是修改曲笔，还是曲笔修改，都说明了曲笔的存在。而此种曲笔产生的原因，往往是政治因素影响所致。③ 这样的例子，在唐代以后的史学中，也还可以举出一些来。但是，在中国史学上有一个基本准则或总的倾向，这就是：直书总是为人们所称道，而曲笔毕竟受到人们的揭露和批评。诚如南朝人刘勰在《文心雕龙·史传》篇中所说的那样："奸慝惩戒，实良史之直笔；农夫见莠，其必锄也；若斯之科，亦万代一准焉。"这话的意思是：对奸邪给予惩戒，正是优秀史家的直笔所为，正如农夫看到田间的莠草，就一定要把它锄掉一样。像这种做法，也是万代同一的准则。从"书法不隐"，到史学家们把"实事求是"写在自己的旗帜之上，证明在漫长的发展历程中，中国史学形成了这样的准则和传统，求真精神在中国史学中居于主导的位置。

在中国史学上，史家的社会责任意识必将发展为史学的经世思想。从根本的原因来看，思想是社会存在的反映，但思想也反过来影响社会存在。史学思想也是如此。从具体的原因来看，史家的社会责任意识一

① 班固：《汉书》卷62《司马迁传》后论。
② 司马光：《进〈资治通鉴〉表》。
③ 参见瞿林东《晚唐史学的特点与成就》、《韩愈与〈顺宗实录〉》等文，均收在《唐代史学论稿》一书。

方面受史家的角色意识所趋动，一方面也受到儒家人生哲学的影响，从而逐步形成了尽其所学为社会所用的史学经世思想。这在许多史家身上都有突出的反映，以至于使经世致用成为中国史学的一个传统。

问题在于，史学家们采取何种方法以史学经世呢？

——以伦理的或道德的准则警醒人们，教育人们，协调或维护一定的社会秩序。按照孟子的说法，"孔子成《春秋》而乱臣贼子惧"①，当属于这种方式。后来，司马迁进一步阐述了《春秋》的这种社会作用，他说："《春秋》辨是非，故长于治人。""拨乱世反之正，莫近于《春秋》。"② 刘知幾说的"史之为务，申以劝戒，树之风声"③，也是这个意思。

——以历史经验启迪人们心智，丰富人们智慧，更好地利用自然、管理国家和社会。《春秋》之后，《左传》、《国语》在这方面有丰富的记载，诸子论史也多以此为宗旨。在陆贾的说服之下，汉高祖刘邦命陆贾"试为我著秦所以失天下，吾所以得之者何，及古成败之国"④。这是历史上政论家、史论家和政治家自觉地总结历史经验的一个范例，对中国史学的发展有深远的影响。司马迁的《史记》，以其"究天人之际，通古今之变"的恢宏视野和深邃的历史眼光、鲜明的时代精神，为中国史学在这方面的成就奠定了广阔而深厚的基础。历代正史、《资治通鉴》以及其他各种体裁的史书，在总结历史经验为社会所用方面，都受到了《史记》的影响。

——以历史上的种种制度模式与思想模式，提供现实选择的参考。这种方式，以典制体史书最为突出。唐代大史学家杜佑（735—812年）在他著的《通典》的序言中说："所纂《通典》，实采群言，征诸人事，将施有政。"杜佑同时代的人评价《通典》的旨趣和价值说："今《通典》之作，昭昭乎其警学者之群迷钦！以为君子致用在乎经邦，经邦在乎立事，立事在乎师古，师古在乎随时；必参古今之宜，穷终始之要，始可以度其古，终可以行于今，问而辨之，端如贯珠，举而行之，审如

① 《孟子·滕文公下》。

② 司马迁：《史记》卷130《太史公自序》。

③ 刘知幾：《史通·直笔》。

④ 司马迁：《史记》卷97《郦生陆贾列传》。

中鹄。"①"诞章闳议，错综古今，经代（世）立言之旨备焉。"② 清乾隆帝评论《通典》说："此书……本末次第，具有条理，亦恢恢乎经国之良模矣。"③ 本文一再列举人们对《通典》的评论，意在借此说明中国典制体史书在史学之经世目的方面的作用。《通典》，不过是它们当中的杰作和代表罢了。

——以众多的历史人物的事迹、言论，向人们提供做人的标准，"见贤而思齐，见不贤而内自省"④，使史学起到一种特殊的人生教科书的作用。

史学经世的方式和途径，不限于这几个方面，不一一列举。而需要作进一步探讨的问题，是史学的求真与经世之间究竟有无联系？如果有联系的话，又是怎样的联系？

这样的问题，在中国史学上，史学家们是作了回答的。《史通·人物》篇开宗明义说："人之生也，有贤、不肖焉。若乃其恶可以诫世，其善可以示后，而死之日名无得而闻焉，是谁之过欤！盖史官之责也。"此篇广列事实，证明一些史书在这方面存在的缺陷，并在篇末作结论说："名刊史册，自古攸难；事列《春秋》，哲人所重。笔削之士，其慎之哉！"所谓"诫世"和"示后"，是指史学的经世作用；所谓"难"，所谓"重"，所谓"笔削之士，其慎之哉"，是强调史学的求真。从这里不难看出，刘知幾是把史学的求真视为史学的经世的基础。换言之，如无史学的求真，便无以谈论史学的经世；求真与经世是密切联系的，在总的方向上是一致的。《史通》作为一部史学理论著作，在许多地方都是在阐述这个道理。宋人吴缜论批评史书的三个标准，一是事实，二是褒贬，三是文采。他认为，事实是一部史书的根本，有了这一条，才不失为史之意。他说的褒贬，是著史者的价值判断，其中包含着史学经世的思想，而这些都应以事实为基础。吴缜认为，一部好的史书，应当做到这三个方面，也就是说，这三个方面是应当统一起来，也是可以统一

① 李翰：杜佑《通典》序，见《通典》附录一。
② 权德舆：《杜公墓志铭并序》，见《唐文粹》卷68。
③ 乾隆：《重刻〈通典〉序》，见《通典》附录。
④ 刘知幾：《史通·史官建置》。

起来的。① 吴缜所论，同刘知幾所论相仿佛，都强调了史学的经世以史学的求真为前提。这就是说，史学的经世与史学的求真不是抵触的而是协调的、一致的。在中国史学上，也确有为着"经世"的目的（这常常表现为以政治上的某种需要为目的），而不顾及到甚至有意或无意损害了史学的求真的现象，但这并不是中国史学的主流，而且它有悖于本来意义上的史学经世思想。

在讨论史学的求真与经世的关系时，中国古代史家还有一点认识是十分可贵的，即史学的经世固然以史学的求真为前提，但史学的经世并不等于照搬历史或简单地模仿历史。司马迁指出："居今之世，志古之道，所以自镜也，未必尽同。帝王者各殊礼而异务，要以成功为统纪，岂可缗乎。"② 这是中国史家较早地然而却是明确地指出了以历史为借鉴和混同古今的区别。可见，中国史学的经世主张，并不像常被人们所误解的那样：只是告诫人们去搬用历史、模仿前人而已。关于这一点，清人王夫之（1619—1692 年）有深刻的认识，他在《读通鉴论》的叙文中写道："引而伸之，是以有论；浚而求之，是以有论；博而证之，是以有论；协而一之，是以有论；心得而可以资人之通，是以有论。道无方，以位物于有方；道无体，以成事之有体。鉴之者明，通之也广，资之也深，人自取之，而治身治世，肆应而不穷。抑岂曰此所论者立一成之型、而终古不易也哉。"③ 对于这段话，我们可以作这样的理解：史学的资治或经世，本有恢廓的领域和"肆应不穷"的方式，不应对它采取狭隘的、僵化的态度或做法。

三、角色与责任和求真与经世的关系

史家的角色意识导致了史学的求真精神，史家的责任意识导致了史学的经世目的。那么，当我们考察了角色与责任的一致和求真与经世的一致之后，我们现在要进一步考察的是：角色与责任的一致，求真与经世的一致，从整体上看，它们之间是否有一种深层的联系呢？

这种联系是存在的，正因为这种联系的存在，才使角色意识导致求

---

① 参见吴缜：《新唐书纠谬》序。
② 司马迁：《史记》卷18《高祖功臣侯者年表》序。
③ 王夫之：《读通鉴论》卷末《叙论四》。

真精神、责任意识导致经世目的，成为可以理喻的客观存在。这种联系就是中国史学上的信史原则和功能信念。

关于信史原则。中国史学上的信史原则的形成，有一个长期发展的过程。孔子说过："吾犹及史之阙文也。"① 意思是他还能看到史书存疑的地方。孔子还认为杞国和宋国都不足以用来为夏代的礼和殷代的礼作证明，因为它们没有足够的文件和贤者。② 这都表明了孔子对待历史的谨慎的态度。后人评论《春秋》说："《春秋》之义，信以传信，疑以传疑。"③ 这个认识不必拘于某个具体事件，从根本上看，它是符合孔子的思想的。司马迁在论到夏、商、周三代纪年时说："疑则传疑，盖其慎也。"④ 可以认为：所谓"信以传信，疑以传疑"、"疑则传疑，盖其慎也"，乃是信史思想的萌芽。南朝刘勰概括前人的认识，在《文心雕龙·史传》篇中提出："文疑则阙，贵信史也。"他批评"传闻而欲伟其事，录远而欲详其迹"的想法和做法，都是不顾"实理"的"爱奇"表现，不符合信史原则。这是较早的关于"信史"的简要论说。对"信史"作进一步阐述的，是宋人吴缜。他这样写道："必也编次事实，详略取舍，褒贬文采，莫不适当，稽诸前人而不谬，传之后世而无疑，粲然如日星之明，符节之合，使后学观之，而莫敢轻议，然后可以号'信史'。"⑤ 吴缜说的"信史"，包括了事实、详略、褒贬等一些明确的标准，其中所谓"不谬"、"无疑"、"莫敢轻议"虽难以完全做到，但他在理论上对"信史"提出明确的规范，是有重要意义的，它反映了中国史学上之信史原则逐步形成的趋势。

应当指出，这种信史原则的萌生、形成和确认，同史家的角色意识和史学的求真精神有直接的联系：它是角色意识的发展，又必须通过求真精神反映出来。换言之，没有史家的角色意识，便不可能萌生出史家对于信史的要求；而如果没有史学的求真精神，那么信史原则必将成为空话。可以认为，从"书法不隐"到"实事求是"，贯穿其间的便是逐

---

① 《论语·卫灵公》。
② 参见《论语·八佾》。
③ 《春秋穀梁传·桓公五年》。
④ 司马迁：《史记》卷13《三代世表》序。
⑤ 吴缜：《新唐书纠谬》序。

步发展起来的信史原则和对于信史的不断追求。

关于功能信念。史家的社会责任意识和史学的经世致用目的，也有一贯穿其间的共同认识，即确信史学所具有的社会功能。《国语·楚语上》记载了这样一件事：楚庄王请教大夫申叔时，应当对太子进行怎样的教育，申叔时说了下面这番话："教之春秋，而为之耸善而抑恶焉，以戒劝其心；教之世，而为之昭明德而废幽昏焉，以休惧其动；教之诗，而为之导广显德，以耀明其志；教之礼，使知上下之则；教之乐，以疏其秽而镇其浮；教之令，使访物官；教之语，使明其德，而知先王之务用明德于民也；教之故志，使知废兴者而戒惧焉；教之训典，使之族类，行比义焉。"① 据三国时人韦昭注：春秋，是"以天时纪人事"；世，是"先王之世系"；令，是"先王之官法、时令"；语，是"治国之善语"；故志，是"所记前世成败之书"；训典，是"五帝之书"。可见，这些书大多是历史记载或关于历史方面的内容。从申叔时的话里，可以看出当时人们对于史学教育功能的认识。这种认识经过长时期的发展，唐代的史学家、政治家提出了关于史学功能的比较全面的认识。唐太宗在讲到史学的功用时，极为感慨地说："大矣哉，盖史籍之为用也。"② 史家刘知幾分析了竹帛与史家的作用后总结说："史之为用，其利甚博，乃生人之急务，为国家之要道。有国有家者，其可缺之哉。"③ 清人浦起龙在解释这段文字时，反复注曰："析出有史之功用"，"总括其功用"。可见，他是深得刘知幾论史的要旨。

唐代以下，论史学功能的学人更多了，其中如胡三省论史之载道，王夫之论史学的治身、治世，顾炎武论史学与培养人才，龚自珍论史家的"善入"、"善出"，"欲知大道，必先为史"，并倡言"以良史之忧忧天下"，等等。其间，都贯穿着对史学之社会功能的确认和信念。

准此，则史家的社会责任意识必倾注于史学之中，而史学亦必成为史家借以经世致用的智慧和手段。

最后，我们是否可以作出这样的结论：信史原则和功能信念的统一，从根本上反映了中国史学传统的精神本质。

---

① 《国语·楚语上》。
② 唐太宗：《修晋书诏》，见《唐大诏令集》卷81。
③ 刘知幾：《史通·史官建置》。

古代史家怎样对待史书体裁

一、丰富的史书体裁

史书体裁是史书编撰形式的重要方面，也是中国历史编纂学上的一个重要问题。在这方面，中国古代史学家不仅在具体做法上有很多创造，而且在理论的说明上也有不少值得重视的论点。批判地总结这一部分遗产，对今天的史学工作，尤其是对今天的史书编著工作，是很有意义的。

成书于唐高宗显庆元年（656 年）的《隋书·经籍志》，把中国历史文献分为甲、乙、丙、丁即经、史、子、集四部。其中史部包含正史、古史、杂史、霸史、起居注、旧事、职官、仪注、刑法、杂传、地理、谱系、簿录 13 类。以后的目录学家，大多沿袭这种分类并不断有所损益。至清代修撰《四库全书总目》，史部书有 15类。在这许多不同种类的史书中，包含着丰富的史书体裁，显示了我国古代史家讲求史书编撰形式的优良传统和辉煌成就。

史书体裁是史书的主要表现形式。在中国史学的童年时期，历史记载的形式比较简单，主要有记言、记事两种。随着史学的不断发展，一方面是记言、记事这两种古老的体裁继续存在，一方面是记言和记事相结合的史书逐渐多了起来，因而一些新的体裁不断出现了，如编年体、纪传体、史评体、典制体、文征体、纪事本末体、学案体以及图和表等等，使我国史书在编撰形式上呈现出多彩多姿的景象。

二、关于编年体与纪传体的辩难

在这些体裁中，以时间为中心的编年体史书出现比较早，如《春秋》、《左传》、《竹书纪年》等，是春秋末年至战国时期的作品。其后，继起者虽不乏其人，但编年体真正获得长足发展，是在北宋司马光撰《资治通鉴》以后。以大量人物传记为主要内容的纪传体史书，始创于西汉司马迁所著的《史记》，它包含本纪、表、书、世家、列传五个部分，实际上是多种体裁结合而成的综合体。东汉班固继承《史记》体裁而断代为史，撰成《汉书》。《史》、《汉》问世以后，仿效者蜂起。至唐初以纪传体修撰八部前朝史，[①] 这种体裁已得到充分发展，而先出的编年体反退居次要地位。故从《隋书·经籍志》开始，"乙部书，以迁、固等书为正史，编年类次之"[②]，说明在实际运用上和社会影响上，晚出的纪传体已经超过了编年体。

但是，中国古代史家对这两种体裁的孰优孰劣，却是经过了几番深入的思考和长时期的争论的。这个争论，自晋迄唐尤为激烈。在这几百年的辩难当中，大致形成了以下三种看法：

第一种看法，认为编年体优于纪传体。如东晋史家干宝"盛誉丘明而深抑子长"，其根据是《左传》一书"能以三十卷之约，括囊二百四十年之事，靡有遗也"[③]。北齐魏收曾以纪传体撰成《魏书》，但他却是纪传体的批评者，认为："鲁史（指《春秋》——引者）既修，达者贻则，子长自拘纪传，不存师表。"[④] 这种批评的口气是很严厉的。唐玄

---

① 唐初所修八史是《梁书》、《陈书》、《北齐书》、《周书》、《隋书》、《晋书》、《南史》、《北史》。

② 胡三省：《新注〈资治通鉴〉》序，见《资治通鉴》卷首。

③ 刘知幾：《史通·二体》。

④ 见魏徵等：《隋书》卷58《魏澹传》引魏收语。

宗时，朝臣裴光庭提出：纪传体改变了《春秋》的体裁，"既挠乱前轨，又聋瞽后代。《春秋》之义，非圣人谁能修之"①。他进而倡议："撰《续春秋经传》，自战国讫隋，表请天子修经，光庭等作传。"② 他的这些主张，受到唐玄宗的赏识，然其计划并未能实现。这时，还有一位文史学家萧颖士，也积极提倡编年体，他说："仲尼作《春秋》，为百王不易法，而司马迁作本纪、书、表、世家、列传，叙事依违，失褒贬体，不足以训。"于是，他"乃起汉元年讫隋义宁编年，依《春秋》义类，为传百篇"③。萧颖士撰的编年体史书未能流传下来，而他说的《史记》"失褒贬体"，确是一些赞成编年体的史家批评司马迁的主要原因。唐德宗时，出身于史官世家的柳冕十分强调地说："（司马）迁之过，在不本于儒教，以一王法，使杨朱、墨子得非圣人。"又说："求圣人之道，在求圣人之心；求圣人之心，在求圣人之法。法者，凡例、褒贬是也，而迁舍之。《春秋》尚古，而迁变古，由不本于经也。"④ 柳冕出于史学世家，这种看法自有一定的代表性。他对纪传体的批评，具有较多的理论上的辩难的成分；这个理论的核心，就是"法者，凡例、褒贬是也"这句话。

第二种看法跟第一种看法相反，认为纪传体优于编年体。《后汉书》作者范晔在讲到他为什么采用纪传体撰史时说："《春秋》者，文既总略，好失事形，今之拟作，所以为短。纪传者，史、班之所变也，网罗一代，事义周悉，适之后学，此焉为优，故继而述之。"⑤ 所谓"网罗一代，事义周悉"，是说纪传体能够容纳广泛的史事，更全面地反映作者的历史思想。从今天的观点来看，范晔的这些话可以说是讲得很中肯的。据《宋书·范晔传》载其《狱中与诸甥侄书》，有所谓"纪传例，为举其大略耳，诸细意甚多"的说法，范晔当有《纪传例》专篇，上引《隋书·魏澹传》所述范晔语，或许就是出于这篇《纪传例》的。唐初史家所修前朝八史，都采用纪传体。他们批评《晋纪》作者干宝和《晋

① 王钦若等编：《册府元龟》卷562《国史部·非才》，北京，中华书局，1960。

② 欧阳修等：《新唐书》卷108《裴行俭传》附《裴光庭传》。

③ 欧阳修等：《新唐书》卷202《文艺中·萧颖士传》。

④ 柳冕：《答孟判官论宇文生评史官书》，见《唐文粹》卷82。

⑤ 见魏徵等：《隋书》卷58《魏澹传》引范晔语。

阳秋》作者孙盛："有良史之才，而所著之书惜非正典。"① 《晋纪》和《晋阳秋》都是编年体史书。在他们看来，编年体史书写得再好，也不能视为"正典"即所谓"正史"。这反映了唐初史家的看法。针对前人批评司马迁"变古法"、"不本于经"、"失褒贬体"等论点，唐代后期学者皇甫湜还撰《编年纪传论》予以驳难。这是一篇略带总结性的文字，兹节录如下：

> 论曰：古史编年，至汉司马迁始更其制而为纪传，相承至今，无以移之。历代论者，以迁为率私意，荡古法，纪传烦漫，不如编年。予以为合圣人之经者，以心不以迹；得良史之体者，在适不在同。编年、纪传，系于时之所宜、才之所长者耳，何常之有！故是非与众人同辨，善恶得圣人之中，不虚美，不隐恶，则为纪、为传、为编年，是皆良史矣。
>
> ……
>
> 又编年之史，束于次第，牵于浑井，必举其大纲而简于叙事，是以多阙载、多逸文，乃别为著录，以备时之语言，而尽事之本末。……子长病其然也，出太古之轨，凿无穷之门，作为纪、传、世家、表、志，首尾具叙录，表里相发明，庶为得中，以是无愧。太初以来，千有余岁，史臣接踵，文人比踵，卒不能有所改张，奉而遵行，传以相授，斯亦奇矣。唯荀氏（悦）为《汉纪》、裴氏（子野）为《宋略》，强欲复古，皆为编年。然其善语嘉言细事详正所遗多矣，如览正史，方能备明，则褒贬得失，章章是矣。
>
> 今之作者，苟能遵纪传之体裁，同《春秋》之是非，文敌迁、固，直踪南、董，亦无上矣。倘谬乎此，则虽服仲尼之服，手握绝麟之笔，等古人之章句，署王正之月日，谓之好古则可，顾其书何如哉。②

在几乎所有关于编年、纪传孰优孰劣的辩难文字中，这可以看做是最精彩的一篇。它首先肯定：不论编年、纪传，只要做到"是非与众人同

---

① 房玄龄等：《晋书》卷 82 后论。
② 李昉等编：《文苑英华》卷 742。

辨，善恶得圣人之中，不虚美，不隐恶"，都可以成为良史。这就比一般参加辩难的史家看得更全面一些。它还提出了编年体史书"多阙载，多逸文"的缺点和司马迁"出太古之轨，凿无穷之门"，创立纪传体的合理性。它最后强调了不懂得继承创新，只是简单地模仿古人的史家，是不会有什么作为的。总之，这一篇文章，是从理论上说明了纪传体的产生及其存在的合理性。

第三种看法，认为编年、纪传各有得失，不可偏废。较早提出这种看法的是南朝梁人刘勰，他在《文心雕龙·史传》篇中写道："观夫《左传》缀事，附经间出，于文为约，而氏族难明。及史迁各传，人始区详而易览，述者宗焉。"范老（文澜）作《文心雕龙注》，于此句下注曰："《左传》为编年之始，《史记》为纪传之祖，二体各有短长，不可偏废。《史通》本彦和（刘勰字彦和）此意，作《二体》篇，可备参证。"刘知幾撰《史通》，作《二体》篇置于《六家》篇之后，足见他对史书体裁的重视。他不赞成编年、纪传"惟此二家，各相矜尚"的做法，主张"辨其利害"，以便使治史者有所遵循。他认为编年体的长处是："系日月而为次，列时岁以相续，中国外夷，同年共世，莫不备载其事，形于目前，理尽一言，语无重出。"它的短处是：其记述人物时，"论其细也，则纤芥无遗；语其粗也，则丘山是弃"。他认为纪传体的长处是："纪以包举大端，传以委曲细事，表以谱列年爵，志以总括遗漏，逮于天文、地理、国典、朝章，显隐必该，洪纤靡失。"它的短处是："同为一事，分在数篇，断续相离，前后屡出"；"编次同类，不求年月，后生而擢居首帙，先辈而抑归末章"。刘知幾的这些话，是分别针对《左传》和《史记》说的。他的结论是："考兹胜负，互有得失"，"欲废其一，固亦难矣"。因此，他主张编年、纪传"各有其美，并行于世"。刘知幾的这些看法，基本上是正确的，它比起前两种看法来说，确有高屋建瓴之势，因而也就跳出了"唯守一家"的窠臼。这反映了刘知幾的卓识。《二体》篇的不足之处，是没有在史书体裁的创新方面提出建设性的意见；而所谓"后来作者，不出二途"的看法，甚至反映了作者认识上的狭隘。不过刘知幾所撰《史通》一书本身，却开创了一种新的史书体裁——史评，这是应当受到重视的。史评体史书所记内容并不是史事本身，而是对史事的评论，或是对史书及史学的评论，《史通》是属

— 226 —

于后一种史评。这一点，本文下面还要讲到。

三、典制体与纪事本末体的创立

所记内容仍属于史事而在体裁上又另辟蹊径的，是稍晚于刘知幾的中唐史学家杜佑所撰的《通典》。《通典》以典章制度为中心，综合各代，贯通古今。这是典制体史书。它的特点是："每事以类相从，举其始终，历代沿革废置及当时群士论议得失，靡不条载，附之于事，如人支脉，散缀于体"①；因此，"凡历代因革之故，粲然可考"②。作为典制体史书开山的《通典》，共分九门，③ 所以人们也曾把这种体裁的史书称作"分门书"。《通典》之后，有《通志》、《文献通考》的出现，世称"三通"。"三通"之后，续作者不绝，以至达到"十通"之多，可见这种体裁深受史家重视。不过"三通"在"通"的含义上并不是一致的：《通典》在于通典制的历史，《通志》在于通社会的历史，《文献通考》在于通文献的历史。当然，典制和文献也都是不可脱离史事的。马端临在讲到他著《文献通考》时说：文，是历代史事；献，是前人及近人的奏疏和评论；考，是考订可疑和未当之处，故名其书曰《文献通考》。④值得注意的是，马端临在讲到编年体史书《资治通鉴》同典制体史书的区别时，有一段话说得很好："至司马温公（司马光死后追封温国公——引者）作《通鉴》，取千三百余年之事迹，十七史之纪述，⑤ 萃为一书，然后学者开卷之余，古今咸在。然公之书，详于理（治）乱兴衰，而略于典章经制。非公之智有所不逮也，编简浩如烟埃，著述自有体要，其势不能以两得也。"⑥ 这就是说，史书体裁不同，它们所反映史事诸方面内容的详略必有不同，史学家不可能超越一定体裁所能容纳的内容进

---

① 李翰：杜佑《通典》序。

② 马端临：《文献通考》序。

③ 《通典》一书，李翰序谓八门，杜佑《上〈通典〉表》自称"书凡九门"（《旧唐书》本传）。

④ 马端临：《文献通考》序。

⑤ 宋人所谓"十七史"，系指：《史记》、《汉书》、《后汉书》、《三国志》、《晋书》、《宋书》、《南齐书》、《梁书》、《陈书》、《魏书》、《北齐书》、《周书》、《隋书》、《南史》、《北史》、《新唐书》、《新五代史》。

⑥ 马端临：《文献通考》序。

行撰述；这与其说是史家智力所限，毋宁说是体裁自身的特定要求。马端临这样看待史书的不同体裁，其见识似又在刘知幾之上。

其实，在马端临之前，宋人杨万里在谈到《资治通鉴》和《通鉴纪事本末》二书在表述上的区别的时候，已提出了类似的见解。南宋史家袁枢把《资治通鉴》主要内容总括为二百三十九事，分别列目，各自成篇，略按时间顺序编排，撰成《通鉴纪事本末》一书，从而创立了以事件为中心的纪事本末体。与袁枢"志同志，行同行，言同言"的杨万里对这种新的史书体裁是有深刻的认识的，他在《通鉴纪事本末》序中写道：

> 子袁子（指袁枢——引者）因出书一编，盖《通鉴》之本末也。予读之，大抵搴事之成，以后于其萌；提事之微，以先于其明。其情匿而泄，其故悉而约，其作宠而椒，其究遐而迩。

一言以蔽之：纪事本末体的长处，是把事件的原委始末，表述得清清楚楚。前面曾经说到，唐人皇甫湜撰《编年纪传论》，批评编年体不能"备时之语言"、"尽事之本末"。实际上，纪传体也同样不能"尽事之本末"，这一点皇甫湜没有提出来。但他提出了"备时之语言"、"尽事之本末"这一史书编著上的要求，却具有重要意义。这个任务由袁枢完成了。

杨万里又讲到他读《资治通鉴》和《通鉴纪事本末》二书的感受的不同，说：

> 予每读《通鉴》之书，见事之肇于斯，则惜其事不竟于斯。盖事以年隔，年以事析，遭其初，莫绎其终，揽其终，莫志其初。如山之峨，如海之茫。盖编年系日，其体然也。今读子袁子此书，如生乎其时，亲见乎其事，使人喜，使人悲，使人鼓舞。未既，而继之以叹且泣也！

在杨万里看来，好的纪事本末体史书，不仅可以使读者对历史事件的原委本末有完整的和清楚的认识，而且它还有一种巨大的感染力，足以唤起读者的强烈的历史感。至于《通鉴》记事，使人有隔膜和茫然之感，那是因为它"编年系日，其体然也"，本不足为怪。杨万里是政治家、文学家和诗人，他的话也许有过于渲染的地方，但决不是毫无根据的溢美之词。从他概括纪事本末体的特点的准确来看，他的这些话不是随便说的。纪事本末体在南宋时已有人仿效，而在明、清两代得到很大的发展，出现了一批断代的或分皇朝的纪事本末体史书。

以上是我国古代史家对几种主要史书体裁的一些有代表性的评论，而对这些体裁能够作比较全面的历史的考察，则是清代史家章学诚。例如，他在讲到编年体、纪传体、纪事本末体这三种体裁的发展过程及其相互关系时，有一段话是说得很深刻的：

> 神奇化臭腐，臭腐复化为神奇……事屡变而复初，文饰穷而反质，天下自然之理也。《尚书》圆而神，其于史也，可谓天之至矣。非圣人不行，故折入《左氏》，而又合流于马、班。盖自刘知几以还，莫不以为《书》教中绝，史官不得衍其绪矣。又自《隋书·经籍志》著录，以纪传为正史，编年为古史，历代依之，遂分正附，莫不甲纪传而乙编年。则马、班之史，以支子而嗣《春秋》；苟悦、袁宏，且以《左氏》大宗而降为旁庶矣。司马（光）《通鉴》，病纪传之分而合之以编年。袁枢《（通鉴）纪事本末》，又病《通鉴》之合而分之以事类。按本末之为体也，因事命篇，不为常格，非深知古今大体，天下经纶，不能网罗隐括，无遗无滥。文省于纪传，事豁于编年，决断去取，体圆用神，斯真《尚书》之遗也。①

从《尚书》的"圆而神"开始，中经《左传》、《史》、《汉》、《通鉴》，到《通鉴纪事本末》，又恢复了《尚书》的风格、神韵，这就是"神奇化臭腐，臭腐复化为神奇"的过程。当然，章学诚的这些话，对《尚书》是过于美化或者说是过于理想化了。但是，它毕竟触及到了中

---

① 章学诚：《文史通义·书教下》。

国史书体裁发展变化过程中某种规律，即所谓合之则分、分之复合，而在分合过程中走着一条肯定—否定—否定之否定的发展路线，于是新的体裁不断出现，而旧有的体裁也在不断发展、提高，章学诚并不认为袁枢是一位大史学家，但他对《通鉴纪事本末》却评价甚高，在这里，他主要是着眼于中国史书体裁的发展变化来进行考察的。

四、几点重要的启示

中国史书还有图、表、学案、史评等重要体裁，古代史家对于这些也有不少评论，本文不一一胪列了。这里，只就史评略说几点。（1）从内容上看，史评有两种，一是对史事或人物进行评论，一是对史书或史学进行评论。（2）从体裁上看，前一种史评是按史事发展过程，选择其中的人或事之有可议者略作评论，依次排列，集为一书，如范祖禹《唐鉴》、孙甫《唐史论断》、王夫之《读通鉴论》等；后一种史评是按史书或史学本身的问题（如史家见识、史料采集、史书体裁与体例、文字表述、史籍源流，前人得失等）命篇，并于各篇之间显示其内在联系，纂为一书，如刘知幾《史通》、章学诚《文史通义》等。（3）《史通》和《文史通义》是我国古代史家评论史书与史学之某些方面的带总结性的两部著作。《史通》一书主要论说史书的体裁和体例，其《序例》篇还概述了史家重视体例的传统，并且提出"史之有例，犹国之有法。国无法，则上下靡定；史无例，则是非莫准"的论点。《史通》关于史书体裁、体例的论断，有许多还值得我们参考。《文史通义》是一部有很高价值的评论史学的专书，它对清代以前的史书体裁和体例有广泛的评论，而着重阐发作者对一些史学理论的见解和探索。关于史书编撰形式问题，章学诚提出区别"记注"和"撰述"的论点，"以圆神、方智定史学之两大宗门"的论点①，以及他对各种史书体裁的发展演变及其相互关系的论点，都值得我们重视。此外，他对通史的四种体裁的概括也是很精辟的，他写道：

　　总古今之学术，而纪传一规乎史迁，郑樵《通志》作焉；

---

① 章学诚：《文史通义·与邵二云论修宋史书》。

统前史之书志，而撰述取法乎官《礼》，杜佑《通典》作焉；合纪传之互文，而编次总括乎荀（悦）、袁（宏），司马光《资治通鉴》作焉；汇公私之述作，而铨录略仿乎孔（逭）、萧（统），^① 裴潾《太和通选》作焉。^② 此四子者，或存正史之规，或正编年之的，或以典故为纪纲，或以词章存文献，史部之通，于斯为极盛也。^③

章学诚的这一段话，简括而明了地指出了《通志》、《通典》、《通鉴》、《通选》在体裁上的渊源和特点。前三部书，分别说的是纪传体、典制体和编年体。至于《通选》，却从未曾为一般史家所瞩目，但按章学诚的说法，这是"以词章存文献"，可称为文征体。从这里可以看出，他对史书体裁的思考和研究的功夫之深。在中国古代史家中，章学诚是对史书体裁作了全面考察和系统总结的人。

综上所述，中国古代史家对史书体裁一向是很重视的，他们在这方面也提出了许多有益的见解和创造性的论点。这是中国史学的优良传统之一。通过对这一优良传统的分析，我以为可以作如下几点概括：

（1）中国古代史家非常注意对各种史书体裁的特点进行分析。许多史家长时间内对编年体、纪传体孰优孰劣的辩难，对各种史书体裁之长短得失的评论，以及对各种体裁在发展过程中的相互关系的分析，都是从不同的方面来把握某种史书体裁的特点。

（2）中国古代史家还注意于各种史书体裁之间的互相吸收、综合。《史记》为纪传体之祖，实际是包含有本纪、表、书、世家、列传在内的综合体。司马迁自己说是"厥协《六经》异传，整齐百家杂语"而成《史记》。^④ 班固说："司马迁据《左氏》、《国语》，采《世本》、《战国策》，述《楚汉春秋》，接其后事"^⑤，撰成《史记》。他们说的，不仅是

---

① 孔逭，南朝宋人，编有《文苑》百卷；萧统，南朝梁人，编有《文选》30卷。

② 裴潾，唐宪宗至唐文宗时人，文宗大和年间，集历代文章，续萧统《文选》，编成《大和通选》30卷。

③ 章学诚：《文史通义·释通》。

④ 司马迁：《史记》卷130《太史公自序》。

⑤ 班固：《汉书》卷62《司马迁传》后论。

指《史记》的内容而言，也是就它的编撰形式来说的。杜佑《通典》以典章制度为中心，而在编撰形式上则是吸收并发展了纪传体史书中的书、志部分。袁枢《通鉴纪事本末》以事件为中心，但于每篇之中及各篇之间，都略按编年体的要求进行编次。古代史家注意于各种体裁间的互相吸收、综合，这是我国史书在编撰形式上不断有所发展的一个重要原因。

(3) 中国古代史家尤其注意于史书体裁的改革和创新。司马迁创立纪传体，这无疑是创新。但郑樵说是"百代而下，史官不能易其法"[①]，胡三省也说"自班孟坚以下不能易"[②]，这大概只能从总的方面说；实际上，《史记》以下的纪传体史书，在编撰形式上还是不断有所改革的。《汉书》改《史记》的"八书"为"十志"，《三国志》以纪传体叙三国史事，《晋书》以"载记"记少数民族政权历史，以及纪传体诸史在书志、类传方面的增减、变化等等，都是对纪传体的改革。编年体从《春秋》到《资治通鉴》，典制体从《通典》到《文献通考》，也都包含着不同程度的改革和创新。史书体裁的改革和创新，不仅丰富了史书的编撰形式，而且也扩大了史学研究领域，意义是极为深远的。

(4) 中国古代史家还重视史书体裁与史学在政治上的要求的一致性。《史记》以下，凡崇编年而抑纪传的史家，大多认为《春秋》编年是"圣人立法之书"[③]，所谓"法者，凡例、褒贬是也"。他们认为纪传体"黜凡例"、"失褒贬"，"既挠乱前世，又聋瞽后代"，因而把编年体视为"明治乱之本，谨劝戒之道"的最好形式。这种认识在中国古代史家中有很大的影响，以致为纪传体作辩护的人也要提出"遵纪传之体裁，同《春秋》之是非"的主张，认为这样才无懈可击。其实，纪传体史书又何尝不考虑到它在政治上的要求呢？司马谈、迁父子撰《史记》，也是要写出"明主贤君忠臣死义之士"[④] 的，而《汉书》旨在歌颂"汉绍尧运"[⑤]，《史》、《汉》以下亦多类此。典制体史书的创立者杜佑在

---

① 郑樵：《通志·总序》。

② 胡三省：《新注〈资治通鉴〉》序。

③ 孙甫：《唐史论断》序，见《丛书集成初编》，北京，中华书局，1985。

④ 司马迁：《史记》卷 130《太史公自序》。

⑤ 班固：《汉书》卷 100 下《叙传下》。

《通典·序》里明确指出，"所纂《通典》，实采群言，征诸人事，将施有政"；同时也指出了他的"致治"的主张及其与《通典》在编次上的"篇第之旨"的一致性。纪事本末体又如何反映它的政治上的要求呢？杨万里在《通鉴纪事本末·序》中说："由周秦以来，曰诸侯、曰大盗、曰女主、曰外戚、曰宦官、曰权臣、曰夷狄、曰藩镇，国之病亦不一矣，而其源不一哉？盖安史之乱，则（李）林甫之为也；藩镇之乱，则（田）令孜之为也。其源不一哉？得其病之源，则得医之方矣，此书是也。"这些话虽不是袁枢本人说的，但杨万里作为一个政治家来讲这些话，不是更能说明问题么！可见，中国古代史家在历史撰述中决定采用何种体裁的时候，虽有种种不同的考虑和说法，但一般地说，他们都不能不重视史学的政治目的。换言之，为一定的阶级利益服务的史学，它的政治上的要求是可以通过不同的编撰形式反映出来的。皇甫湜说的史书体裁本"系于时之所宜、才之所长耳，何常之有"的话，是有道理的。所谓"才之所长"，指的是史家运用体裁的能力；"时之所宜"，主要就是指的现实的需要了。

中国古代史家重视史书体裁的优良传统及其给予我们的这些启示，对今天的史学工作还是会有所裨益的。

最后，还要说明一点：中国古代史家讲求史书的编撰形式，不仅涉及到史书的体裁（各类史书之不同的表现形式），而且也涉及到史书的体例（同一史书的内部组织结构和表现形式）。史书的体例也是一个比较复杂的问题，可另为专文予以评论。

［附记：本文（原载《安徽史学》1984 年第 4 期）发表后，受到前辈学者罗尔纲先生的关注，并在他的《我对综合体史书体裁的探索》一文（载《历史研究》1987 年第 1 期）和四卷本《太平天国史》序言中，一再说明本文对他的启发，褒奖有加，分量甚重。作者为说明学术源流，并向罗老表示敬意，乃致函《安徽史学》，请予以发表。今将此函（原载《安徽史学》1987 年第 3 期）附于本文之后，一则可以使读者明了原委，再则也表示作者对罗老的纪念之情。］

附：学者雅量　长者风范

——给《安徽史学》的一封信

编辑同志：

　　最近读《历史研究》1987 年第 1 期刊载的罗尔纲先生所撰《我对综合体史书体裁的探索》一文，深受教益。罗先生是治太平天国史的名家，著述丰厚。近三四十年来，他努力探索着运用一种恰当的体裁来撰述《太平天国史》。这种在学术工作上永不止步的攀登精神，实在令人钦佩！

　　拜读罗先生的这篇大作，使我深深受到教益的，还在于我从中看到了这位学术前辈的学者雅量和长者风范。罗先生在文中对我发表在《安徽史学》1984 年第 4 期上的拙作《古代史家怎样对待史书体裁》，给予肯定，并谦逊地再三申明它对罗先生的探索有所启发：

　　　　我长期探索改变纪传体取得来这个史书体裁，多年来未能认识，并且还错误地仍称为纪传体，认为不能担负撰著具有理论性的史书任务。直到去年我读了瞿林东同志《古代史家怎样对［待］史书体裁》说："以大量人物传记为主要内容的纪传体史书"，"实际上是多种体裁结合而成的综合体"。我认为他的提法很好……我对瞿林东同志的提法虽有这点分歧，但我是从他的提法得到启发，然后有所认识的，我对这种体裁采取的名称也是取自他的提法的，谨志明所自，并此致谢！

　　读了这些话，我是很惭愧的。我的一篇拙文，对罗老的探索有一点参考作用，他竟如此郑重地再三申明和致意，言之诚，意之切，使我有难以承担之感。不仅如此，罗老还在这篇大作的小注中特意注明："向读者声明（过去的）错误，并致歉意。"可见他的雅量和坦率并非只是对着个别的人，而是面对他的撰述的所有读者。联想到贵刊 1984 年第 4 期发表的罗先生《对旧著〈太平天国史稿·科举志〉举行考试始自永安州时说法订误》的文章，和罗先生就此事写给贵刊编辑部的信，我更感受到罗先生说的"为百家争鸣提倡一种好风气——互相切磋、承认错误的风气",实出自肺腑,非一般套话、虚言可比。我也十分赞成贵刊在"编者按"中说的:"老一辈史学家罗尔纲同志的严肃认真的科学态度和治学精神,是值得我们学习的。"这里,我愿借用这句话,表达我对罗先生的敬意和向罗先生学习的心情。

最后,我要说明一点:关于"综合体"的提法,最早是白寿彝先生提出来的。1982年,我在《史学遗产和史学研究》一文中曾经引证了白先生的这一提法(见《史学史研究》1982年第1期)。接着,我在参加白先生主编的《史学概论》的撰写中,又论述了这一提法(见此书第125页)。拙作《古代史家怎样对待史书体裁》的有关部分,则是从中国历史编纂学史上对上述提法的进一步发挥。因为罗先生用了"谨志明所自,并此致谢"这样很有分量的话,颇觉有补充说明的必要。

顺颂

编安

北京师范大学史学研究所　瞿林东
1987年3月25日

中国古代的史学评论

史学评论是史学的一个组成部分。在中国史学史上，史学评论占有重要的地位。对于这样一个领域，很有必要进行认真的、系统的研究和总结。这里，我简略地说说有关中国古代史学评论的几个问题。

一、史学评论的渊源

这里说的史学评论，是指人们对史家、史书或某一种史学现象、史学思想的评论，它不同于人们对史事或一般历史人物所作的评论即史事评论。其实，如若从广义上来理解的话，上述两种评论都可以称作历史评论。不过为了便于讨论问题和说明问题，还是把它们略作一点区别为好。

从中国古代史学来看，史学评论是在史学已经有了相当程度的发展的基础上才出现的。孟子说："《春秋》，天子之事也。"又说："孔子成《春秋》而乱臣贼子惧。"① 这是从《春秋》的内容和它的社会作用来评论的。但这只是孟子在同

---

① 《孟子·滕文公下》。

别人讨论问题时顺便讲到的，还不能看做是一种自觉的史学评论。

自觉的史学评论，大致以司马迁为开端。司马迁在讲到先秦史学时，评论《春秋》是"王道备，人事浃"①，同时也说到它的断限、文辞、体例。这种史学评论，就带有一定的自觉性了。后来，班彪、班固父子为了证明他们变通史为断代而著汉史的正确，对《史记》作了全面的评论，这可以从《后汉书·班彪传》所载的"《史记》论"和《汉书·司马迁传》的论赞里看到。他们的评论不仅有一定的自觉性，而且还带有十分明确的目的。以上这些，都是就一部史书所作的评论。两汉以后，这一类评论还有很大的发展。

南朝梁人刘勰著的《文心雕龙》一书，是一部文学理论著作，流传很广，为许多人所熟知。它在中国文学批评史上的地位是很高的。其实，这部书的价值并不限于文学批评方面，它在中国史学评论史上也有不可低估的影响。《文心雕龙·史传》篇是一篇精湛的史学评论文章，它不只是就一部史书而是从整个史学全貌来作评论的，涉及到史学源流、史书优劣、史家旨趣等重要的理论问题。其他如《颂赞》、《谐隐》、《诸子》、《论说》、《封禅》、《练字》等篇，也在不同的程度上涉及到史学评论各个方面的问题，同样是应当受到重视的。

史学评论的专书产生于唐代盛世，这就是刘知幾所撰的《史通》。《史通》在内容上和表述形式上，受到《文心雕龙》的影响和启发，它是中国史学史上第一部史学评论著作。《史通》分为内篇和外篇，内篇评论史书体例、史料采集、表述要点和作史原则，而以评论史书体例为主；外篇论述史官制度、史籍源流并杂评史家得失。《史通》评论了唐初以前的史学，这种评论虽然主要是从史书的体例（尤其是纪传体史书的体例）入手的，但全书也涉及到了史学的诸多方面。尤其是刘知幾对以往史学作总结性回顾的自觉精神，远远超过了他的前辈和他的同代人。他在《史通·自叙》篇里说："虽任当其职，而吾道不行；见用于时，而美志不遂。郁怏孤愤，无以寄怀。必寝而不言，嘿而无述，又恐没世之后，谁知予者。故退而私撰《史通》，以见其志。"可见，刘知幾

---

① 司马迁：《史记》卷14《十二诸侯年表》序。

在撰写《史通》时，心情是多么不平静！司马谈曾说："海内一统，明主贤君忠臣死义之士，余为太史而弗论载，废天下之史文，余甚惧焉。"司马迁也讲过："余尝掌其官，废明圣盛德不载，灭功臣世家贤大夫之业不述，堕先人所言，罪莫大焉。"① 这些话，反映出史学家对历史记载、历史撰述的自觉认识。从司马氏父子到刘知幾，史学家的这种自觉认识有了很大的发展和提高，它表现为对历史记载、历史撰述这件事情的重视，更表现为对史学工作本身进行回顾、改进和提高的重视。这两种自觉认识是有联系的，是相互促进的，它们反映了史学家对史学工作的认识不断深化的过程。

自宋迄清，史学评论有了更大的发展，主要标志有三条。第一，史学评论著作的数量越来越多了，以致《四库全书总目·史评类》序说，此类著作"动至汗牛"。第二，史学评论作为史学工作中的一个独立的门类，至迟在南宋时已被确认。譬如，晁公武《郡斋读书志》在史部里已独立标出"史评类"。高似孙的《史略》一书著录群史，"品其指意"，其卷1"诸儒史议"一目，举扬雄以下20人对《史记》、《汉书》的评论；卷4有"史评"一目，与"史典"、"史表"、"史赞"、"史例"等并立。《四库全书总目》于史部单列"史评类"，就是继承了宋人的传统。第三，出现了优秀的、带总结性的史学评论著作，这就是章学诚所撰的《文史通义》。《文史通义》在比较广泛的领域里，就一些史学理论问题于古今得失的评论中阐发了作者的见解。这些见解，就其深度和广度来说，都超越了前人。章学诚活着的时候，就有人把他比做刘知幾，而章学诚是不同意这种比喻的。他说："刘言史法，吾言史意"，"截然两途，不相入也。"② 从重"史法"到重"史意"，这也是中国古代史学评论发展的一条明显的轨迹。

二、史学评论的作用

关于史学评论的作用，中国古代史家历来都是看得很重的。刘知幾在讲到《史通》的撰写目的时写道：

---

① 以上均见司马迁：《史记》卷130《太史公自序》。
② 章学诚：《文史通义·家书二》。

盖伤当时载笔之士，其义不纯。思欲辨其指归，殚其体统。夫其书虽以史为主，而余波所及，上穷王道，下掞人伦，总括万殊，包吞千有。①

这几句话，可以看做是刘知幾对史学评论的作用的一个概括性看法。首先，史学评论的直接作用，是为了推动史学的发展。刘知幾对唐以前史学"辨其指归，殚其体统"的目的，是为了改变当时"载笔之士，其义不纯"的现象。从刘知幾当时的环境来看，他说的"其义不纯"，至少应包含史书编撰体例和史书编撰工作这样两个方面的问题。其次，在刘知幾看来，史学评论还会触及到社会各个方面的问题，所谓"上穷王道，下掞人伦"就是这个意思。《史通》是不是真的涉及到"王道"、"人伦"呢？从它不赞成《史记》为项羽立"本纪"②、为陈涉作"世家"来看③，从它宣称"史之为务，申以劝诫，树之风声。其有贼臣逆子，淫君乱主，苟直书其事，不掩其瑕，则秽迹彰于一朝，恶名被于千载"来看④，从它主张"史氏有事涉君亲，必言多隐讳，虽直道不足，而名教存焉"来看，又从它说的"古之书事也，令贼臣逆子惧；今之书事也，使忠臣义士羞"来看⑤，《史通》的确涉及到广泛的历史问题和现实的社会生活。把史学评论的作用提到这样的高度上来认识，在中国史学史上，以前还不曾有过。

中国古代的学术史著作是极重视评论的。这种评论，对历史上的学术流派、学术思潮有一种"分别宗旨"的作用。黄宗羲说："大凡学有宗旨，是其人之得力处，亦是学者之入门处……学者而不能得其人之宗旨，即读是书，亦犹张骞初至大夏，不能得月氏要领也。"⑥ 可见，评论之于"分别宗旨"的这种作用是多么重要。

章学诚说，他的《文史通义》"中间议论开辟"，"为千古史学辟其

①　刘知幾：《史通·自叙》。
②　刘知幾：《史通·本纪》。
③　刘知幾：《史通·世家》。
④　刘知幾：《史通·直书》。
⑤　以上均见刘知幾：《史通·曲笔》。
⑥　黄宗羲：《明儒学案发凡》。

荑芜"。① 又说,《文史通义》中的《言公》、《诗教》诸篇,"其言实有开凿鸿蒙之功"②。把史学评论看作具有"辟其荑芜"、"开凿鸿蒙"的作用,是不是有点夸大其词?不是的。如若我们认真地把《文史通义》读上几遍,把它提出的一些问题放到中国史学发展的长河中加以考察的话,就会发现,它确实提出了不少前人没有提出的问题。如它提出的记注与撰述的区别以及"智以藏往、神以知来"、"体方用智"、"体圆用神"的思想,通史有四体、六便、三弊的思想,"能具史识者,必知史德"的思想等等,③ 都带有理论探讨的性质,且多发前人之所未发。章学诚的那种自信,不是没有根据的。

总之,在刘知幾等人看来,史学评论对于考察一种史学现象、纠正不良的史学研究风气,对于爬梳纷繁的学术流派的"宗旨"、指明后学"入门"的途径,对于着重在"史意"上提出新的问题,开拓史学研究的领域,对于关乎社会生活的"王道"、"人伦"的影响等等,都有积极的作用。这种积极作用的具体表现,刘知幾概括为这么几句话,就是:"有与夺焉,有褒贬焉,有鉴诫焉,有讽刺焉。其为贯穿者深矣,其为网罗者密矣,其所商略者远矣,其所发明者多矣。"④ 史学家如果不对史学工作作历史的回顾和理论的思考,是不可能写出有分量的史学评论著作的,当然也就不可能产生所谓"贯穿"、"网罗"、"商略"、"发明"的作用。如果这个认识大致不错的话,那么它对于我们今天的史学工作来说,还是有一定的意义的。

三、史学评论的标准

既有评论,必有标准。中国古代史学家关于史学评论的标准,虽然明确的说法不多,但他们的不少论断,还是与此有关的。

班固评论司马迁的《史记》,大致包含这几个方面:在对文献材料

---

① 章学诚:《文史通义·与汪龙庄书》。
② 章学诚:《文史通义·再答周籭谷论课蒙书》。
③ 以上分别见章学诚:《文史通义》的《易教上》、《书教下》、《释通》、《史德》等篇。
④ 刘知幾:《史通·自叙》。

的运用上，说它"甚多疏略，或有抵牾"，但也肯定作者的"涉猎者广博"。在历史观点上，说它"是非颇谬于圣人"。在表述形式上，说它"善序事理，辨而不华，质而不俚"。在撰述态度上，说是"其文直，其事核，不虚美，不隐恶，故谓之实录"①。这几个方面，其实就是班固评论《史记》的几个标准。刘勰虽然不是史学家，但他的《文心雕龙·史传》篇的"赞曰"说的"善恶偕总"、"腾褒裁贬"、"辞宗丘明，直归南、董"，也是把史书的内容、褒贬、文辞和书法（指作史态度）作为史学评论的几个标准看待的。

在中国史学史上比较明确地讲到史学评论的标准的，是刘知幾。刘知幾论史才、史学、史识及其相互关系，虽然旨在说明"史才须有三长"②，因而史才难得，但实则已讲到评论史家的标准了。刘知幾还把史学家的工作划分成三个等第：第一个等第是"彰善贬恶，不避强御"，如董狐、南史；第二个等第是"编次勒成，郁为不朽"，如左丘明、司马迁；第三个等第则只能做到"高才博学，名重一时"，如周的史官史佚、楚的史官倚相即是。③ 这个看法，直接提出了评论史家的标准，可以看做是他的"史才须有三长"的论点的极好注脚。此外，他在《史通》的《采撰》、《言语》、《叙事》、《直书》、《曲笔》等篇的论述，也都关系到评论史书和史家的标准。

刘知幾的"史才须有三长"的论点，在宋人那里又被进一步具体化了。吴缜所撰《〈新唐书〉纠谬》是一本讲考异的书，但这书的序文却明确地提出了评论史书的标准。吴缜写道："夫为史之要有三：一曰事实，二曰褒贬，三曰文采。有事实而如是书，斯谓'事实'；因事实而寓惩劝，斯谓'褒贬'；事实、褒贬既得矣，必资文采以行之，夫然后成史。"他认为评论一部书的优劣、高下，要看它是否具备事实、褒贬、文采这三个基本条件。具备这三个基本条件的，可以认为是一部好的史书；否则，就不是一部好的史书，甚至根本不能称之为"史"。是否可以认为，吴缜讲的"事实"，相当于刘知幾说的"史学"，而"褒

---

① 班固：《汉书》卷62《司马迁传》后论。

② 刘昫等：《旧唐书》卷102《刘子玄传》。

③ 刘知幾：《史通·辨职》。

贬"相当于"史识","文采"则相当于"史才"。尤其值得注意的是，吴缜对于这三个基本条件，并不是作并列的或同等的看待的，而认为三者之中以"事实"最重要。他说："事得其实矣，而褒贬、文采则阙焉，虽未能成书，犹不失为史之意；若乃事实未明，而徒以褒贬，文采为事，则是既不成书，而又失为史之意矣。"吴缜把搞清事实即"事得其实"作为撰史的基础和评史的主要标准来看待，显示出他在史学评论上的卓识。

然而，无论是史才、史学、史识，还是事实、褒贬、文采，它们之间的关系毕竟是不可分割的，这就要求人们在评论史家或史书的时候，要有全局的观点。这个思想，在刘知幾、吴缜来说是都有的，而在章学诚那里则有了进一步的发展。章学诚的《文史通义》一书有很丰富的关于史学评论的见解，如他的"撰述欲其圆而神，记注欲其方以智"的论点,① "临文必敬"、"论古必恕"的论点,② "言以声其心之所得"、"立言之要，在于有物"的论点,③ "文与道为一贯，言与事为同条"的论点,④ "作史贵知其意，非同于掌故，仅求事文之末"的论点,⑤ 以及上文说的"能具史识者，必知史德"的论点,⑥ 等等，就是对史学评论各方面的标准作综合考察的典范。我们说《文史通义》是古代史学评论的总结性的著作，这是一个很重要的根据。

前人这些直接或间接涉及到史学评论的标准的见解，在今天来看，并不都是完全适用的。例如，他们讲的"褒贬"，跟我们说的历史评价就不是一回事；他们讲的"事得其实"，跟我们说的实事求是亦不可作同等的看待；他们讲的"史德"，跟我们今天说的史德，在阶级内容上也有很大的不同；等等。但是，他们的这些见解，作为史学遗产中的思想资料，是值得重视的。它们可以启发我们在史学评论方面作比较开阔的思考：有的，可以赋予它以新的含义，使其获得新的生命力；有的，也可以在一定的程度上为今天所用，并使其得到新的发展。这对于活跃史学思想，繁荣史学评论，推动史学工作有很大的好处。

---

① 章学诚：《文史通义·书教下》。
② 章学诚：《文史通义·文德》。
③ 章学诚：《文史通义·文理》。
④ 章学诚：《文史通义·言公上》。
⑤ 同上。
⑥ 章学诚：《文史通义·史德》。

古代史家史学批评的辩证方法

中国史学有连续性发展的特点，在史学发展的基础上所滋生、发展起来的史学批评也有这一特点。先秦、秦汉时期，孔子评论董狐、《左传》评论《春秋》、以至于司马迁之评论《春秋》，以及班彪、扬雄等评论司马迁《史记》等，都是对后世有很大影响的史学批评见解。魏晋南北朝以降至，史学批评进入更加自觉的深入发展。这反映在批评理论上的提升和专题评论的展开，其中不乏辩证的认识和方法，值得认真总结，以资借鉴。本文拟就唐宋元明时期在史学批评方面有较大影响者，略述梗概，以就教于读者。

一、史学批评自觉意识的新发展

东晋至唐初，在中国史学上，袁宏的《后汉纪》序、范晔的《狱中与诸甥侄书》、裴松之的《上三国志注表》、刘昭的《后汉书补注志》序、《隋书·经籍志》史部大序与诸小序等，都在不同程度上包含着史学批评的见解和方法。继而，中国史学批评史上出现了具有完整理论体系的史学批评专书，影响此后千余年史学批评的发展和史学理论的探索。这就是杰出的史学批评家刘知幾，于唐中宗景龙四年（710年）写出了《史通》一书。这是中国古代史学上一部划时代的史学批评著作。《史通》的问世，标志着中国史学进入到一个更高的自觉阶段，是史学思想发展和史学理论建设的新转折。

刘知幾（661—721年），于高宗永隆元年（680年）举进士而入仕，武则天长安二年（702年）开始担任史官，撰起居注。历任著作佐郎、左史、著作郎等职，并兼修国史，参与了《唐书》、《武后实录》、《姓族系录》、《睿宗实录》，重修《则天实录》、《中宗实录》等撰述活动。其间，他因不满武则天和唐中宗时史馆修史的紊乱和监修贵臣们对修史的横加干涉，曾在中宗景龙二年（708年）毅然辞去史职，"退而私撰《史通》，以见其志"。

刘知幾的史学批评意识，得力于他在史学上的修养。他自称："自小观书，喜谈名理，其所悟者，皆得之襟腑，非由染习。……其有暗合于古人者，盖不可胜纪。始知流俗之士，难与之言。凡有异同，蓄诸方寸。"[1] 这说明他在史学批评上有多年的积累。他的史学批评意识，因受到武则天、唐中宗时史馆修史活动的混乱与低效而更加强烈和自觉。他深沉地写道：

> 既朝廷有知意者，遂以载笔见推。由是三为史臣，再入东观。每惟皇家受命，多历年所，史官所编，粗惟纪录。至于纪传及志，则皆未有其书。……凡所著述，尝欲行其旧议。而当时同作诸士及监修贵臣，每与其凿枘相违，龃龉难入。故其所载削，皆与俗浮沈。虽自谓依违苟从，然犹大为史官所嫉。嗟乎！虽任当其职，而吾道不行；见用于时，而美志不遂。郁怏孤愤，无以寄怀。必寝而不言，嘿而无述，又恐没世之后，谁知予者。故退而私撰《史通》，以见其志。[2]

这里，最重要的一句话是"凡所著述，尝欲行其旧议"。所谓"旧议"，即是他多年积累的对于以往历史撰述的一些"得之襟腑"的独到

---

① 刘知幾：《史通·自叙》。
② 同上。

见解。他试图按照这些见解，撰写包含纪、传、志的唐史。但他的这个希望屡屡受挫，终于发出了"吾道不行"、"美志不遂"的感叹。这就更加促使他决心把批评的意识变成批评的行动。他上书监修国史萧至忠等，备言国史之修面临着"五不可"：史官泛滥，簿籍难见，权门干预，十羊九牧，坐变炎凉，以致"头白可期，而汗青无日"①。可见此时的史馆跟太宗、高宗时相比，实有天壤之别。刘知幾感叹之余，愤然辞去史职，写出了千古名作《史通》。

二、怎样看待同一史事的不同评论

刘知幾在《史通》中提出在史学批评方面具有普遍性的一个问题，即为什么对同一史事会有不同的评论，并试图从理论上阐明这个问题。《史通》中有《鉴识》篇、《探赜》篇，是为集中阐述史学批评理论与方法的专文，因涉及一些实例，读来不觉枯燥而饶有兴味。

《史通·鉴识》篇以评论人物开篇，随即转向评论史传。刘知幾写道：

> 物有恒准，而鉴无定识，欲求铨核得中，其唯千载一遇乎！况史传为文，渊浩广博，学者苟不能探赜索隐，致远钩深，乌足以辩其利害，明其善恶。

这里，刘知幾提出了"物有恒准，而鉴无定识"的命题。意思是说，事物自身本有一定的尺度，而人们对它的审察、评论往往是不一样的。他认为，这种情况是因为人们的学识、思想的差异造成的，所以才会出现对于同一事物的"毁誉以之不同，爱憎由其各异"的现象。因此，他提出了"探赜索隐，致远钩深"的重要，认为这是"辩其利害，明其善恶"的关键。

刘知幾把"鉴识"同"探赜"联系起来，从认识论上阐述了史学批评是一件严肃而又艰难的事情。这就是说，在史学批评问题上，人们只有通过"探赜"，才能达到"鉴识"。这是涉及史学批评中之主体修养与

---

① 刘知幾：《史通·忤时》。

正确认识客体之间的关系了。①

刘知幾认为"欲求铨核得中,其唯千载一遇乎",这是极而言之。他说的"世缺知音",显然是受了刘勰讲的"逢其知音,千载其一"②的影响。这正是刘知幾《史通·探赜》篇所要论述的主旨。

《探赜》篇首先指出评论的失误会造成不良的后果,这就是:"前哲所作,后来是观,苟失其指归,则难以传授。而或有妄生穿凿,轻究本源,是乖作者之深旨,误生人之后学,其为谬也,不亦甚乎!"如果评论曲解了作者的思想而贻误后学,这是双重的错误,自应是不良后果中最为严重的。这些话,反映出了刘知幾对于评论的严肃态度。

根据刘知幾的概括,史学批评大致有这样几种误区:

一是猜度。刘知幾针对孙盛"称《左氏春秋》书吴、楚则略,苟悦《汉纪》述匈奴则简,盖所以贱夷狄而贵诸夏"的说法,认为这是"强为庸音,持为足曲"的做法。刘知幾从春秋时期"诸国错峙,关梁不通"的历史实际,说明"史官所书,罕能周悉",同汉代"四海一家"史官所具备的条件是不可等量齐观的。他又举出《左传》详载戎子驹支、长狄、郯子之事,证明《左传》并不是要通过记载之略以表示"贱夷狄"的思想。他还指出《汉纪》取材于《汉书》,"其取事也,中外一概,夷夏皆均"并不是有意于"独简胡乡,而偏详汉室"。刘知幾对孙盛的批评,不仅有历史上的和史学上的根据,而且也反映出他在夷夏问题上的一贯的见解。《史通·称谓》篇说:西晋末年,"戎、羯称制,各有国家,实同王者",而晋朝史臣们"党附君亲,嫉彼乱华,比诸群盗",是一种"苟徇私忿,忘夫至公"的做法。这是刘知幾在史学批评上表现出来的民族问题方面的鉴识,实为难能可贵。

二是穿凿。葛洪评论《史记》说:"司马迁发愤作《史记》百三十篇,伯夷居列传之首,以为善而无报也;项羽列于本纪,以为居高位者

---

① 浦起龙《史通通释》按语说:《鉴识》篇是"人之辨史",《探赜》篇是"论论史"。他说的"史",指的是史书。这说明浦起龙是深于这两篇的论旨的。见《史通通释》,上海,上海古籍出版社,1978。

② 刘勰:《文心雕龙·知音》,周振甫译注本,北京,人民文学出版社,1981。

非关有德也。"① 刘知幾认为这属于"强为其说"。他指出，司马迁著《史记》，"驰骛今古，上下数千年"，春秋时期以前，得其遗事者，只有伯夷、叔齐二人；作者"考其先后，随而编次"，属于常理，有什么奇怪的呢。他进而论证说，如果一定要认为司马迁是以"善而无报，推为传首"，那么《史记》所记伍子胥、大夫种、孟轲、墨翟、贾谊、屈原等人，为什么作者不"求其品类，简在一科"呢。刘知幾从客观历史和史书编次两个方面批评葛洪，所驳甚是。至于刘知幾批评葛洪所谓"项羽列于本纪，以为居高位者非关有德也"的说法，可谓是非参半。所谓是者，刘知幾认为司马迁并不是以此来"怨刺"汉武帝。所谓非者，刘知幾认为司马迁以项羽列为本纪，正是他的"纰缪"之一，又"何必有凭"呢。这是他拘于史例而不察司马迁著述之深意所致。刘知幾曾为《汉书》为吕后立纪作了解释，说是"吕宗称制，故借其岁月，寄以编年"②。这无疑是对的，而《汉书》之前，《史记》已经这样的处置了。按大致相同的道理，司马迁为项羽立纪，是因为项羽"将五诸侯灭秦，分裂天下而封王侯，政由羽出，号为'霸王'，位虽不终，近古以来未尝有也"③。根据同样的道理，《史记》还列了《秦楚之际月表》的专篇。故刘知幾的"纰缪"之说，既不能完全澄清葛洪之误，又不足以使后人信服。仅此一点而论，或可说明"知音其难"，"欲求铨核得中，其唯千载一遇"。这也说明，史学批评的误区是极难避免的。

三是凭虚。隋朝内史李德林在北齐时，曾就《齐书》起元（纪年之始）事与魏收讨论，有书信往还。他在答魏收书中有一句话是："陈寿，蜀人，以魏为汉贼。宁肯蜀主未立，已云魏武受命乎？"④ 刘知幾把此事概括为："隋内史李德林著论，称陈寿，蜀人，其撰《国志》（即《三国志》——引者），党蜀而抑魏。刊之国史，以为格言。"刘知幾是尊汉的，认为刘备"方诸帝王，可比少康、光武；譬以侯伯，宜辈秦缪、楚庄"，可是陈寿的评论"抑其所长，攻其所短"。他还认为，曹操是"罪百田常，祸千王莽"式的人物，曹丕也不是像样的君主，而陈寿对他们的评论，

---

① 见《史通·探賾》篇所引。
② 刘知幾：《史通·鉴识》。
③ 司马迁：《史记》卷 7《项羽本纪》。
④ 魏徵等：《隋书》卷 42《李德林传》。

"皆依违其事，无所措言"。刘知幾的结论是：《三国志》"曲称曹美，而虚说刘非，安有背曹而向刘，疏魏而亲蜀也?"陈寿本是蜀汉臣子，后为西晋史官。他撰《三国志》，于蜀、魏关系的处置上，颇为棘手。但西晋"受禅"于魏，故《三国志》以魏为"正朔之国"，在当时实别无选择。他从《魏书》、《蜀书》、《吴书》分记三国史事，而于《蜀书》中称刘备为先主、刘禅为后主。这在历史编纂上确是一个创举，也隐约可见其不忘曾是蜀汉之臣的心迹。这些都是客观事实。刘知幾尊汉情重，对此缺乏冷静分析，故认为陈寿"曲称曹美"，"虚说刘非"，似有未妥。李德林从正统观念出发，也是尊汉的，认为"汉献帝死，刘备自尊崇"，陈寿既为蜀人，必当"以魏为汉贼"。可是李德林的说法，在《三国志》中实难找到有力证据，所以刘知幾批评他是"无其文而有其说，不亦凭虚亡是者耶"。应当承认，刘知幾对李德林的批评在总的结论上是对的，而他在批评李德林中涉及对陈寿的许多指摘，有些是难以成立的，以致不免也有凭虚之嫌。同时，这也使他陷于在陈寿评价上发生自相矛盾的困境。刘知幾在《史通·史官建置》篇中指出，为史之道，其流有二："当时草创者，资乎博闻实录，若董狐、南史是也；后来经始者，贵乎俊识通才，若班固、陈寿是也。"董狐、南史自不待言，班固也是备受刘知幾推崇的史家，陈寿能与他们并列，实在是非同小可之事。然而他在《探赜》篇中，其地位又跌落到如此地步。陈寿其人其书未变，而是刘知幾陷入了一个《探赜》篇中所没有说到的误区：抵牾。

上述种种误区，带有举例的性质，尚难以概括这一问题的全貌。史学批评的目的，是为了鉴别历史撰述在史事、思想、体裁、体例、文字表述等方面的高下优劣，考察史家的素养、职责和成就，探索史学在社会中究竟起了何种作用，以辨明得失，总结经验，推进史学的发展。《史通·自叙》篇说："《史通》之为书也，盖伤当时载笔之士，其义不纯。思欲辨其指归，殚其体统。"又说："夫其为义也，有与夺焉，有褒贬焉，有鉴诫焉，有讽刺焉。其为贯穿者深矣，其为网罗者密矣，其所商略者远矣，其所发明者多矣。"他的这些话，或有自我评价过高之嫌，但绝非有意自夸之辞，其诚恳愿望、良苦用心，流露于字里行间。然而欲达此崇高目的，则必须有正确的史学批评。倘若批评陷入误区，那就使任何良好愿望都付之东流，甚至会给史学发展造成新的障碍。从这一点来看，刘知幾在《史通》中撰《鉴识》、《探赜》两篇，尤其寄有深意。由此也可认识到，走出史学批评的误区，实为史学批评家们不能不再三思之的大问题。

那么，史学批评家怎样才能走出史学批评的误区呢？或者说，怎样才能不陷入或尽可能少地陷入这种误区呢？在刘知幾的史学批评论中，他没有着意于从理论上来正面阐述这个问题。他的见解，多包含在具体的批评之中，从上文所述可窥其大概。不过，他在《鉴识》篇开篇时提出的"物有恒准，而鉴无定识"的命题，对于强调批评者应重视鉴识的锤炼，是有理论和实践意义的。他引用"探赜索隐，致远钩深"的古训，作为人们提高鉴识水平的途径，也是有方法论的价值的。他在《探赜》篇中写道："明月之珠不能无瑕，夜光之璧不能无颣，故作者著书，或有病累。而后生不能诋诃其过，又更文饰其非。"这是指出了史学批评中应取辩证的态度，不苛求也不掩饰前人。此篇末了又写道："考众家之异说，参作者之本意，或出自胸怀，枉申探赜；或妄加向背，辄有异同。"这是总结了史学批评往往是在众说纷纭中展开的，而其最基本的方法是要"考众家之异说，参作者之本意"，以寻求正确的评价，避免发生"出自胸怀"、"妄加向背"等错误。他的这些认识，结合他在一些具体的评论中提出的见解，大致反映了刘知幾关于如何开展正确的史学批评的理论和方法。

三、怎样看待不同史书体裁的长短

史学批评在具体问题上的歧异，对不同史书体裁的不同记识是一个突出的事例。这里，我们可以举《史通·二体》篇为例，进一步说明刘知幾在史学批评方面的辩证方法。比如，中国古代史学家对编年体史书和纪传体史书孰优孰劣的辩难，经过几番深入的思考和长期的争论，大致形成了三种看法：

第一种看法，认为编年体优于纪传体。如东晋史家干宝"盛誉丘明而深抑子长"，其根据是《左传》一书"能以三十卷之约，括囊二百四十年之事，靡有遗也"①。这是以文字的多寡来判断编年、纪传的优劣。

---

① 刘知幾：《史通·二体》。

唐玄宗时，朝臣裴光庭提出，纪传体改变了《春秋》的体裁，"既挠乱前轨，又聋瞽后代。《春秋》之义，非圣人谁能修之"①。他进而倡议："撰《续春秋经传》，自战国讫隋，表请天子修经，光庭等作传。"② 他的这个荒唐的主张，竟然受到唐玄宗的赏识，然其计划并未实现，也不可能实现。这时，还有一位文史学家萧颖士，也积极提倡编年体，他说："仲尼作《春秋》，为百王不易法，而司马迁作本纪、书、表、世家、列传，叙事依违，失褒贬体，不足以训。"于是，他"乃起汉元年讫隋义宁编年，依《春秋》义类为传百篇"。③ 萧颖士撰的编年体史书未能流传下来，而他说的《史记》"失褒贬体"，强调"《春秋》大义"，这确是一些赞成编年体的史家批评司马迁的主要原因。唐德宗时，出身于史官世家的柳冕强调说："（司马）迁之过，在不本于儒教、以一王法，使杨朱、墨子得非圣人。"又说："求圣人之道，在求圣人之心，求圣人之心，在书圣人之法。法者，凡例、褒贬是也，而迁舍之。《春秋》尚古，而迁变古，由不本于经也。"④ 柳冕出于史学世家，这种看法自有一定的代表性，他所看重的是史家的价值判断问题。

第二种看法跟第一种看法相反，认为纪传体优于编年体。《后汉书》作者范晔在讲到他为什么采用纪传体撰史时，对《春秋》提出大胆的批评，指出："《春秋》者，文既总略，好失事形，今之拟作，所以为短。纪传者，史、班之所变也，网罗一代，事义周悉，适之后学，此焉为优，故继而述之。"⑤ 所谓"网罗一代，事义周悉"，是说纪传体能够容纳广泛的史事，更全面地反映作者的历史思想。唐初史家所修前朝八史，都采用纪传体。他们批评《晋纪》作者干宝和《晋阳秋》作者孙盛："有良史之才，而所著之书惜非正典。"⑥《晋纪》和《晋阳秋》都是编年体史书。在唐初史家看来，编年体史书写得再好，也不能视为"正典"即所谓"正史"。这反映了唐初史家的看法。针对前人批评司马迁"变古法"、"不本于经"、"失褒贬体"等论点，唐代后期学者皇甫湜

---

① 王钦若等编：《册府元龟》卷 562《国史部·非才》。

② 欧阳修等：《新唐书》卷 108《裴行俭传》附《裴光庭传》。

③ 欧阳修等：《新唐书》卷 202《文艺中·萧颖士传》。

④ 柳冕：《答孟判官论宇文生评史官书》，见《唐文粹》卷 82。

⑤ 见魏徵等：《隋书》卷 58《魏澹传》引范晔语。

⑥ 房玄龄等：《晋书》卷 82 后论。

撰写《编年纪传论》予以驳难。这是一篇略带总结性的文字，兹节录如下：

> 论曰：古史编年，至汉史司马迁始更其制而为纪传，相承至今，无以移之。历代论者，以迁为率私意，荡古法，纪传烦漫，不如编年。予以为合圣人之经者，以心不以迹，得良史之体者，在适不在同。编年、纪传，系于时之所宜、才之所长者耳，何常之有！故是非与众人同辩，善恶得圣人之中，不虚美，不隐恶，则为纪、为传、为编年，是皆良史矣。
>
> ……
>
> 又编年之史，束于次第，牵于深井，必举其大纲而简于叙事，是以多阙载、多逸文，乃别为著录，以备时之语言，而尽事之本末。……子长病其然也，出太古之轨，凿无穷之门，作为纪、传、世家、表、志，首尾具叙录，表里相发明，庶为得中，以是无愧。太初以来，千有余岁，史臣接踵，文人比踵，卒不能有所改张，奉而遵行，传以相授，斯亦奇矣。唯荀氏（悦）为《汉纪》、裴氏（子野）为《宋略》，强欲复古，皆为编年。然其善语嘉言细事详正所遗多失，如览正史，方能备明，则褒贬得失，章章于是矣。
>
> 今之作者，苟能遵纪传之体裁，同《春秋》之是非，文敌迁、固，直踪南、董，亦无上矣。倘谬乎此，则虽服仲尼之服，手握绝麟之笔，等古人之章句，署王正之月日，谓之好古则可矣，顾其书何如哉？！①

在关于编年、纪传孰优孰劣的辩难文字中，这是较精彩的一篇。它首先肯定：不论编年、纪传，只要做到"是非与众人同辩，善恶得圣人之中，不虚美，不隐恶"，都可以成为良史。这就比一般参与辩难的史家看得更全面一些，立论的起点更高一些。作者还提出了编年体史书"多阙载，多逸文"的缺点和司马迁"出太古之轨，凿无穷之门"，创立

---

① 李昉等编：《文苑英华》卷742。

纪传体的合理性。作者最后强调了不懂得继承创新，只是简单地模仿古人的史家，是不会有什么作为的。总之，这一篇文章，是从理论上说明了纪传体的产生及其存在的合理性。

第三种看法，认为编年、纪传各有得失，不可偏废。较早提出这种看法的是南朝梁人刘勰，他在《文心雕龙·史传》篇中写道："观夫《左氏》缀事，附经间出，于文为约，而氏族难明。及史迁各传，人始区详而易览，述者宗焉。"其后刘知幾撰《史通》，作《二体》篇置于《六家》篇之后，他不赞成编年、纪传"惟此二家，各相矜尚"的做法，主张"辩其利害"，以便使治史者有所遵循。他认为编年体的长处是："系日月而为次，列时岁以相续，中国外夷，同年共世，莫不备载其事，形于目前。理尽一言，语无重出。"它的短处是：其记述人物时，"论其细也，则纤芥无遗；语其粗也，则丘山是弃"。他认为纪传体的长处是："纪以包举大端，传以委曲细事，表以谱列年爵，志以总括遗漏，逮于天文、地理、国典、朝章，显隐必该，洪纤靡失。"它的短处是："同为一事，分在数篇，断续相离，前后屡出"；"编次同类，不求年月，后生而擢居首帙，先辈而抑归末章"。刘知幾的这些话，是分别针对《左传》和《史记》说的。他的结论是："考兹胜负，互有得失"，"欲废其一，固亦难矣"。因此，他主张编年、纪传"各有其美，并行于世"。刘知幾的这些看法，比起前两种看法来说，确有高屋建瓴之势，因而也就跳出了"唯守一家"的窠臼。这反映了刘知幾的卓识。

这种史学批评的辩证方法，在刘知幾以后的一些有影响的史学家那里，都有突出的反映。如本章第二节"会通思想与历史编纂的重大发展"中马端临评论杜佑《通典》时所说，"时有古今，述有详略"，评论司马光《资治通鉴》时所说，"简编浩如烟埃，著述自有体要，其势不能以两得也"，这是以辩证的方法来看待时代不同、体裁不同对史书详略、内容的影响，也是史学批评史上的卓见。

四、怎样看待历史撰述中诸因素的关系

宋代史家吴缜撰《新唐书纠谬》，认为"作史之难"是一个事实，在此基础上，他对史家在历史撰述活动中的具体要求也作了明确的阐述。尤其难得的是，他是中国史学上较早对"事实"作了理论说明的史

学批评家，同时也合理地阐述了事实、褒贬、文采之间的相互关系。他这样写道：

> 史之要有三：一曰事实，二曰褒贬，三曰文采。有是事而如是书，斯谓事实。因事实而寓惩劝，斯谓褒贬。事实、褒贬既得矣，必资文采以行之，夫然后成史。至于事得其实矣，而褒贬、文采则阙焉，虽未能成书，犹不失为史之意。若乃事实未明，而徒以褒贬、文采为事，则是既不成书，而又失为史之意矣。①

这一段话，阐述了"事实"、"褒贬"、"文采"这三个方面之于史书的相互关系，而尤其强调了事实的重要。其理论价值在于：首先，吴缜给"事实"作了明确的定义："有是事而如是书，斯谓事实。"意思是说，客观发生的事情，被人们"如是"地按其本身的面貌记载下来，这就是"事实"，或者说这就是历史事实。他不是单指客观发生的事情，也不是单指人们主观的记载，而是指的客观过程和主观记载的统一，这是很有深度的见解。其次，吴缜认为，事实、褒贬、文采这三个方面对于史家撰写史书来说，不仅有逻辑上的联系，而且也有主次的顺序。这就是："因事实而寓惩劝，斯谓褒贬。"有了事实和褒贬，即有了事实和史家对于事实的评价，"必资文采以行之，夫然后成史"。吴缜说的事实、褒贬、文采，可能得益于刘知幾的"史才三长"论。它们的区别是：在理论范畴上，后者要比前者内涵丰富和恢廓；在概念的界定上，前者要比后者显得明确。再次，吴缜认为，"为史之意"的根本在于"事得其实"，褒贬和文采都必须以此为基础。反之，如"事实未明"，则"失为史之意"，褒贬、文采也就毫无意义了。

吴缜对《新唐书》的"纠谬"究竟如何，自应作具体分析，而他关于事实、褒贬、文采之对于史书关系的认识，乃是中国史学批评史上的新发展，是史家关于信史标准之理论形态的新概括，也是对历史编纂理论最本质的阐述。

---

① 吴缜：《新唐书纠谬》序。

五、怎样看待史书的内容、形式及历史条件

如果说郑樵的会通思想主要是在阐发和继承司马迁的"通古今之变"的思想传统，是因为《通志》也是纪传体史书的话，那么从历史撰述内容着眼，分别对杜佑《通典》、司马光《资治通鉴》的会通旨趣作出分析和评论，则是由马端临完成的了。马端临以《文献通考》这一巨著和他对《通典》、《资治通鉴》的精辟评论，奠定了他在中国历史编纂学史上的重要地位。

《通典》面世后 400 余年、《资治通鉴》面世后二百余年，元初马端临于大德十一年（1307 年）撰成《文献通考》348 卷，他在此书的序言中对《通典》、《资治通鉴》二书，作了他那个时代的极好的比较和中肯的评论。马端临评论《资治通鉴》时这样写道：

> 《诗》、《书》、《春秋》之后，惟太史公号称良史，作为纪、传、书、表，纪、传以述理乱兴衰，八书以述典章经制，后之执笔操简牍者，卒不易其体。然自班孟坚而后，断代为史，无会通因仍之道，读者病之。至司马温公作《通鉴》，取千三百余年之事迹，十七史之纪述，萃为一书，然后学者开卷之余，古今咸在。然公之书详于理乱兴衰，而略於典章经制，非公之智有所不逮也，编简浩如烟埃，著述自有体要，其势不能以两得也。
>
> 窃尝以为理乱兴衰，不相因者也，晋之得国异乎汉，隋之丧邦殊乎唐，代各有史，自足以该一代之始终，无以参稽互察为也。典章经制，实相因者也，殷因夏，周因殷，继周者之损益，百世可知，圣人盖已预言之矣。爰自秦汉以至唐宋，礼乐兵刑之制，赋敛选举之规，以至官名之更张，地理之沿革，虽其终不能以尽同，而其初亦不能以遽异。如汉之朝仪、官制，本秦规也，唐之府卫、租庸，本周制也，其变通张弛之故，非融会错综，原始要终而推寻之，固未易言也。其不相因者，犹有温公之成书，而其本相因者，顾无其书，独非后学之所宜究心乎！

由上文看，马端临对"断代为史"的看法，与郑樵是一致的。他的新贡献是对历史中"相因"与"不相因"的现象作了阐述，实则也为《文献通考》之作申其大意，即"其本相因者，顾无其书，独非后学之所宜究心乎"。于是马端临对《通典》作了如下评论：

> 唐杜岐公始作《通典》，肇自上古，以至唐之天宝，凡历代因革之故，粲然可考。……今行于世者，独杜公之书耳。天宝以后盖阙焉。有如杜书纲领宏大，考订该洽，固无以议为也。然时有古今，述有详略，则夫节目之间，未为明备，而去取之际，颇欠精审，不无遗憾焉。①

在马端临看来，司马迁《史记》在内容上包含了"理（治）乱兴衰"和"典章经制"两个方面的内容，而《通典》和《资治通鉴》正是分别继承、发展了《史记》的这两个方面的撰述内容，并分别给予很高的评价。马端临的评论，提出了历史编纂上的三个理论问题：

第一，史书体裁和史书内容的一致性。他认为，《资治通鉴》"详于理乱兴衰，而略于典章经制"，并非司马光"之智有所不逮"，而是因为"简编浩如烟埃，著述自有体要，其势不能以两得也"，这就是说，一定的史书体裁所撰述的历史内容，本有其一定的规定性。

第二，时代不同，社会生活的方方面面繁简有异，这必然影响到历史撰述内容的详略。他称赞《通典》"纲领宏大，考订该洽"，同时又指出它"节目之间，未为明备，而去取之际，颇欠精审"，这是因为"时有古今，述有详略"的缘故。他举田赋、土贡等实际的社会生活为例，说明后出之书，定当详于前出之书，实际上是揭示了史书内容随着历史的发展由略而详的规律。

第三，治乱兴衰，多由具体原因所致，它们之间是"不相因"的；而典章经制，代代沿袭，它们之间是"相因"的。在这个问题上，马端临所言与郑樵略有不同，从本质上看，治乱兴衰还是有共同之处可以探讨的；而典章制度在相因之中也必有相革之处。"相因"、"不相因"不

---

① 以上均见马端临：《文献通考》序。

应作绝对的看待。

六、怎样看待不同类型史书的得失

如何从广泛的意义上对不同类型的史书作总体上的评论，这要求史家具有卓越的见识和高度概括的能力。明代史学家王世贞（1525—1590年）针对本朝史学，就国史、野史、家史的是非阐述了精辟的见解。他说：

> 国史人恣而善蔽真，其叙章典、述文献，不可废也；野史人臆而善失真，其征是非、削讳忌，不可废也；家史人腴而善溢真，其赞宗阀、表官绩，不可废也。①

这一段话，概括地指出了国史、野史、家史各自所存在的缺陷方面及其终于"不可废"的方面，言简意赅，可谓史学批评上的确论，王世贞所论，在史学史上都是存在的客观事实。如史家刘知幾"三为史臣，再入东观，竟不能勒成国典，贻被后来者"，固有"五不可"，其中就有"十羊九牧，其令难行；一国三公，适从何在"② 之难。刘知幾参与修《武后实录》，"有所改正，而武三思等不听"。③ 韩愈主持修《顺宗实录》，因涉及"禁中事"，牵连宦官，引起宦官集团的强烈不满，终于导致史臣对《顺宗实录》的修改，删去了"禁中事"④。这些都是"人恣而善蔽真"的反映。又如宋人洪迈《容斋随笔》仅凭所见私家笔记所记三件史事不确，便断言"野史不可信"⑤，显然失于偏颇。刘知幾《史通·杂述》篇列举10种"偏记小录之书"，虽一一指出其缺陷，但仍认为"书有非圣，言多不经，学者博闻，盖在择之而已"。近代史学名家陈寅恪治隋唐史，旁征博引，涉及多种唐人野史笔记，阐发诸多宏论，论证野史之"不可废"。再如家史问题，这曾经是引发魏收《魏书》风

---

① 王世贞：《弇山堂别集》卷20《史乘考误》引言。
② 刘知幾：《史通·忤时》。
③ 欧阳修等：《新唐书》卷132《刘子玄传》。
④ 参见瞿林东：《韩愈与〈顺宗实录〉》，见《唐代史学论稿》，305～315 页。
⑤ 洪迈：《容斋随笔》卷4，上海，上海古籍出版社，1978。

波的根源之一，使其被诬为"秽史"。而把《魏书》"号为'秽史'"的"诸家子孙"的根据，或是"遗其家世职位"，或是"其家不见记录"，或是家族地望不确等等，都同"家史"有关。《魏书》的修改，亦限于此。① 这件事表明：史家依据"家史"为史料来源之一，对此应格外依据"家史"为史料来源之一，对此应格外谨慎；而有关的"诸家子弟"或许确有可信材料应当受到重视。但"秽史"之论由此而起，在史学史上是应当予以澄清的。

总之，王世贞所论包含着在史学批评方法论上的辩证认识，反映了王世贞思想的深刻。他所总结的"人恣而善蔽真"、"人臆而善失真"、"人腴而善溢真"的三种情况及其有关的概念，尤其具有理论的意义。

在中国古代史学批评史上，这是经过漫长的道路和反复的认识才能达到的思想境界。

清代史家章学诚在《文史通义·书教》篇中，记述史书体裁之辩证发展的规律，更是把史学批评中的辩证方法推向一个新的阶段，因史学界已有专文讨论，此处不再赘述。

辩证方法是史学批评中的重要方法，古代史家所提供的思想资料和批评例证，在今日的史学批评中，仍有借鉴、参考价值。

---

① 参见李百药：《北齐书》卷37《魏收传》，北京，中华书局，1972。

从认识史学到认识历史

——中国古代史学观的理性发展

在人类的文明史上，自史学产生以后，人们很早就认识到史学的社会功能。从中国史学发展来看，春秋时期，人们认识到运用史书作为教材，向青年贵族进行历史教育和道德教育；战国时期，人们认识到史书在惩恶劝善方面具有广泛的社会影响，认识到"前言往行"对于自身"畜德"的重要。先秦时期的思想家们在阐述自己的思想时，往往也要征引史书中记载的史事或言论，以论证自己的学说等等。所有这些，都是在文明进程中潜移默化地、极其自然地发生和发展着。不论人们是否已经自觉地认识到，在这个过程中始终存在着一种思维的转换，即人们是从认识史学而走向认识历史，进而从历史中获得种种启示和教益，包括社会的、道德的、思想的等等。那么，这种思维的转换是怎样被人们认识到并从自觉阶段走向理性阶段的呢？本文旨在梳理、揭示中国古代史学家、思想家、政治家们的这一思维的转换过程及其思想成果，亦即其史学观的理论发展过程。

一、人们从史学而认识历史

先秦秦汉时期，人们对史学的社会功能的认识，已经提出了各自的见解，而孔子、孟子、司马迁、班彪、班固等人的见解尤其具有时代的特点，并对后世有很大影响。值得注意的是，先秦时期，人们已经具有通过阅读史书和文献而认识历史的思想。① 东汉班彪因司马迁作《史记》而受到启发，更加明确地指出史书对于人们认识历史的重要作用，他说："夫百家之书，犹可法也，若《左氏》、《国语》、《世本》、《战国策》、《楚汉春秋》、《太史公书》，今之所以知古，后之所由观前，圣人之耳目也。"② 这把史书对于人们能够"知古"、"观前"的作用表述得十分清楚了，而且还把这种作用比之于"圣人之耳目"。

魏晋以后，随着中国史学的不断发展，其社会影响日益扩大，史学家、思想家、政治家们对史学的社会功能的认识也不断深入，显示出一定的理论特色。大致说来，这种认识可以概括为以下几个方面：一是注重总结历史经验，作为当时社会活动尤其是政治活动的参考；二是重视制度史的撰述，从制度层面阐说治国安邦之道；三是阐述史学乃是人们认识历史、传承文明的路径和载体。这三个方面，都贯穿着史学的求真与经世，以及人们读史有裨于畜德与明道的思想传统。总的来看，这一时期的人们对史学的社会功能有了更深刻的感受和更开阔的认识，因而在理论上也有了新的进展。这里，我们着重讨论第三个方面的问题。

中国史学表明，从史学出现以后，它事实上在发挥着帮助人们认识历史同时也在承担着传承文明的作用。但是，当史学家、思想家和政治家们能够自觉地从理论上认识这一点并准确地把这一认识表述出来，那是南北朝以后的事情了。南朝梁人刘勰在《文心雕龙·史传》篇开篇写道："开辟草昧，岁纪绵邈，居今识古，其载籍乎！"意谓今人要知道往

---

① 《国语·楚语上》记楚大夫申叔时语："教之春秋，而为之耸善而抑恶焉，以戒劝其心"，"教之故志，使知废兴而戒惧焉"等等。《论语·为政》记孔子语："殷因于夏礼，所损益，可知也；周因于殷礼，所损益，可知也。"《论语·八佾》又记孔子的话说："夏礼，吾能言之；杞不足征也；殷礼，吾能言之；宋不足征也。文献不足故也，足，则吾能征之矣。"

② 范晔：《后汉书》卷40上《班彪列传上》。

古之事，依靠的是"载籍"。当然，这里说的"古"含义是很宽泛的，包括"载籍"中所记录的远古的传说。但从刘勰所记的性质来看，"居今识古，其载籍乎"无疑是一个精练的确论。

此后，史学家、思想家和政治家们对于史学在帮助人们认识历史和传承文明的社会功能方面，提出了一些有理论意义的问题和相关的阐述，成为古代史学理论成就的一个重要方面。

唐高祖的《命萧瑀等修六代史诏》和唐太宗的《修晋书诏》，是较早地明确提出这方面认识的两篇文字。武德四年（621年），大臣令狐德棻向唐朝开国皇帝唐高祖提出撰修前朝史的建议，他认为："至周、隋遭大业离乱，多有遗阙。当今耳目犹接，尚有可凭，如更十数年后，恐事迹湮没。陛下既受禅于隋，复承周氏历数，国家二祖功业，并在周时。如文史不存，何以贻鉴今古？如臣愚见，并请修之"。① 从这个建议来看，令狐德棻是一个很有历史见识和政治眼光的人，他后来参与了唐初一系列的史学活动，表明他作为唐代史学之开山的突出地位。② 唐高祖接受了这一建议，并于次年下达了《命萧瑀等修六代史诏》。诏书写道：

> 司典序言，史官记事，考论得失，究尽变通，所以裁成义类，惩恶劝善，多识前古，贻鉴将来。伏牺以降，周、秦斯及，两汉传绪，三国受命，迄于晋、宋，载籍备焉。自有魏南徙，乘机抚运，周、隋禅代，历世相仍，梁氏称邦，跨据淮海，齐迁龟鼎，陈建皇宗，莫不自命正朔，绵历岁祀，各殊徽号，删定礼仪。至于发迹开基，受终告代，嘉谋善政，名臣奇士，立言著绩，无乏于时。然而简牍未编，纪传咸阙，炎凉已积，谣俗迁讹，余烈遗风，倏焉将坠。朕据图驭宇，长世字人，方立典谟，永垂宪则。顾彼湮落，用深轸悼，有怀撰次，实资良直。③

---

① 刘昫等：《旧唐书》卷73《令狐德棻传》。

② 《令狐德棻和唐初史学》，见瞿林东《唐代史学论稿》，157～172页。

③ 刘昫等：《旧唐书》卷73《令狐德棻传》。

从这篇诏书所述，有三个方面的问题值得注意：一是强调了"史官记事"的重要作用和深远意义，即"惩恶劝善，多识前古，贻鉴将来"；二是对于前代历史，如魏、周、隋、梁、北齐、陈等南北各朝，均作同等看待，反映了一个统一朝代君主的宏大胸怀；三是指出撰修前朝史的的重大意义，即"方立典谟，永垂宪则"，"有怀撰次，实资良直"。从令狐德棻的建议到唐高祖的诏书，都不是一般的讨论史书"惩恶劝善"的社会功能，而是把史书和修史看做是政治上一件承前启后的历史性的工作。

贞观二十年（646 年），唐太宗的《修晋书诏》，把史书帮助人们认识历史的思想又向前推进了，使之更为具体，更便于人们理解。诏书写道：

> 朕拯溺师旋，省方礼毕；四海无事，百揆多闲。遂因暇日，详观典府，考龟文于羲载，辨鸟册于轩年。不出岩廊，神交千祀之外；穆然旒纩，临睨九皇之表。是知右史序言，由斯不昧；左官诠事，历兹未远。发挥文字之本，通达书契之源：大矣哉，盖史籍之为用也！
>
> 自沮诵摄官之后，伯阳载笔之前，列代史臣，皆有删著。仲尼修而采《梼杌》，倚相诵而阐《丘坟》。降自西京，班、马腾其茂实；逮于东汉，范、谢振其芳声。蕞尔当途，陈寿敷其《国志》；眇哉刘宋，沈约裁其帝籍。至若梁、陈、高氏，朕命勒成，惟周及隋，亦同甄录：莫不彰善瘅恶，激一代之清芬；褒德惩凶，备百王之令典。①

这一段话，是从总体上阐说了通过阅读史书而认识了历史，使之"神交千祀之外"，继而称赞史官和文字的结合而产生了史籍，进而发出了"大矣哉，盖史籍之为用也"的感叹。可以认为，这是从根本上道出了史学的社会功能。倘无史学的这种功能，则任何"惩恶劝善"，任何

---

① 宋敏求等：《唐大诏令集》卷 81。

历史借鉴，都只能依靠口耳相传而难以求得其实，以致湮没无闻。唐高祖的《命萧瑀等修六代史诏》中说的"顾彼湮没，用深轸悼"的担忧，不是没有道理的。

一般说来，皇帝诏书由大臣起草，经皇帝认可而颁发的。上述两道诏书，不论出于大臣之手还是出于史官之手，都反映了唐初最高统治集团中的一些代表人物对史学的这一社会功能的深刻认识，并得到最高统治者的认可而发布出来。当然，唐初的史官、史家们，也对此直接发表过明确的见解。唐高宗显庆元年（656年），史臣们撰写《五代史志》即《隋书志》，其总序开篇阐述了"经籍"对于"匹夫"、"王者"和社会的极其重大的作用，即"其为用大矣，随时之义深矣，言无得而称焉"。同时，又借用班彪之语说："今之所以知古，后之所以知今，其斯之谓也。"又说："书契以传，绳木弃而不用；史官既立，经籍于是兴焉。"① 这里，不止是阐述史籍的作用，而是综论全部"经籍"即经、史、子、集、佛、道的文献。但归根结底，有两点非常明确，一是"今之所以知古，后之所以知今"，是"经籍"的作用；二是"史官既立，经籍于是兴焉"。正是这两点，把史学帮助人们认识历史、传承文明的作用都讲到了。这里，我们不妨作一个逆向考察：唐初史家的上述言论，证明班彪所言极是；班彪说的"今之所以知古，后之所以由观前"的话，证明司马迁的"述往事，思来者"所言极是；司马迁的这一见解，证明《易·大畜》所谓"君子以多识前言往行以畜其德"之古训所言极是，等等，都可以归结为"多识前古，贻鉴将来"这一无可比拟的史学之认识历史的功能和传承文明的功能。这就是为什么唐太宗会发出"大矣哉，盖史籍之为用也"的赞叹。

二、对史学社会功能认识的理性发展

上距唐太宗颁发《修晋书诏》六十余年，史学家刘知幾在他撰写的《史通》一书中，进一步阐述了关于史学社会功能的认识，他写道：

---

① 魏徵等：《隋书》卷32《经籍志一》。

向使世无竹帛，时阙史官，虽尧、舜之与桀、纣，伊、周之与莽、卓，夷、惠之与跖、蹻，商、冒之与曾、闵，但一从物化。坟土未干，则善恶不分，妍媸永灭者矣。苟史官不绝，竹帛长存，则其人已亡，杳成空寂，而其事如在，皎同星汉。用使后之学者，坐披囊箧，而神交万古，不出户庭，而穷览千载，见贤而思齐，见不贤而内自省。若乃《春秋》成而逆子惧，南史至而贼臣书，其记事载言也则如彼，其劝善惩恶也又如此。由斯而言，则史之为用，其利甚博，乃生人之急务，为国家之要道。有国有家者，其可缺之哉！[①]

同上举两道诏书的庄严堂皇的用语相比，刘知幾的表述格外显得深入浅出、通俗易懂而又耐人寻味。他首先提出历史上善恶同在如何区分的问题，接着用"史官不绝，竹帛长存"的优良传统回答了这个"难题"，进而说到人们因拥有史书而可以"神交万古"、"穷览千载"，于是可以"思齐"、可以"自省"，进而揭示出"史之为用，其利甚博，乃生人之急务，为国家之要道"这一意义重大的结论。

不论是"多识前古"、"神交千祀"，还是"神交万古，穷览千载"，在此前的士人那里，本是重复了无数次的活动，而这些极平常的活动对人们会产生什么样的影响？这种影响对于社会进程会发挥怎样的作用？这些看似很平常的事情，却饱含着史学之深层价值的所在。经上述两道诏书和刘知幾等史学家的有关论说，真正从本质上揭示了史学存在于人类文明社会的必要性及其最根本的社会功能所在。

应当特别强调的是，史学这种对于人们认识历史和传承文明的重要作用，在以少数民族贵族为主建立的皇朝之下，同样受到高度重视。元世祖至元元年（1264 年），当时南宋尚未灭亡，全国尚未平定，时任"翰林学士承旨"、"资善大夫"的王鹗，即上奏元世祖，建议设立专门机构纂修实录及辽、金二史，他写道："自古帝王得失兴废可考者，以有史在也。我国家以神武定四方，天戈所临，无不臣服者，皆出太祖皇帝庙谟雄断所致，若不乘时纪录，窃恐久而遗忘，宜置局纂就实录，附

---

① 刘知幾：《史通·史官建置》。

修辽、金二史。"他又写道:"唐太宗始定天下,置弘文馆学士十八人,宋太宗承太祖开创之后,设内外学士院,史册灿然,号称文治。堂堂国朝,岂无英才如唐、宋者乎!"① 王鹗的奏章有两点尤其值得注意:一是开宗明义指出:"自古帝王得失兴废可考者,以有史在也",若不乘时纂修本朝史,"窃恐久而遗忘",这是把史学之有助于认识历史和传承文明二者也都讲到了。二是他举唐、宋为例并以其为榜样来建议元世祖,并得到"皆从之"的回应。由此可见,史学的这一本质性的社会功能对促进各族的历史文化认同具有无可替代的重要作用。同时,王鹗的奏章也从一个方面说明了中华文明发展之连续性的特点。

在中国史学上,这种史学使人们认识历史和传承文明的理性自觉,还可以从另一个侧面反映出来。这就是明朝统治者重实录而不修国史,因而引起学人的诸多忧虑,不解者有之,批评者有之,建言者有之,反映了学人对本朝国史的重视。正是在这种史学氛围中,娄坚的《读史商语序》却道出了不俗之言,可以上承先贤之意,他写道:

> 古今之变,圣人之所不能违也。而史于是焉重?固得失之林,而法戒之所从出也。史盖莫备于周,既经秦火而其书不尽传。汉初藏于民间者,相继复出于时,老生宿儒往往亦口传而笔授,若《春秋》一经,而《公羊》、《穀梁》、《左氏》专门之学,凡三家并行于世。非周监二代,一何文之郁郁若是盛哉!迁、固以降,何代无史氏,何国无史书,至天下分为南北而史益蹐驳,然至于今而尤得论其世者,固赖夫史之各有传也。是故胜国之绪余,而兴王必垂于纪。录前人之否臧,而后嗣亟为之叙次,惧夫迹之湮,而遂至于无可考耳。此诚王者所以垂宪百代之深意也。②

这段话很有见地,也很有力量。作者是从史学可以帮助人们认识"古今之变",这是"圣人"也不能违背的;而史书所记得失正是"法

---

① 宋濂等:《元史》卷 160《王鹗传》。
② 王志坚:《读史商语》卷首序,见《续修四库全书》第 449 册,上海,上海古籍出版社,1999。

戒"产生的根据；当今人们还能反过来去评论某一时代，不正是因为有史书的存在吗，可见修史的重要。

以上这些，足以说明，当真理被人们所认识并表述出来时，常常显得很自然、很平实。史学是人们认识历史的主要途径，是文明传承的载体，这一重大思想成果的产生也是如此。

三、从认识史学到认识历史的丰富性

人们从认识史学走向认识历史的认识活动，其中包含着这样一条客观规律，即随着史学的发展和史书体裁的演变与丰富，人们通过史学认识历史的途径越来越多，进而从理论上对这一认识活动的概括也就越来越明确。

刘知幾《史通·二体》篇针对编年体史书和纪传体史书的特点和长处，指出：

> 夫《春秋》者，系日月而为次，列岁时以相续，中国、外夷，同年共世，莫不备载其事，形于目前。理尽一言，语无重出。此其所以为长也。
>
> ……
>
> 《史记》者，纪以包举大端，传以委曲细事，表以谱列年爵，志以总括遗漏；逮于天文、地理、国典、朝章、显隐必该，洪纤靡失。此其所以为长也。[①]

这是对"二体"长处的概括，实质上也是人们通过这两种体裁的史书去认识历史的两种途径。其中，纪传体史书可以认为是帮助人们全面认识历史的途径，但需要人们在认识过程中善于综合纪传体史书各部分所提供的历史知识，使这一认识活动收到融会贯通的效果。至于编年体史书，以年代顺序记事，是其一大优点，而于历史人物及其主要言论涉及不多，因而需要从其他的史书体裁所记历史内容来补充这一认识活动，以丰富对历史的认识。

---

① 刘知幾：《史通·二体》。

杜佑《通典》一书，为人们从制度层面提供了认识社会历史演变的途径，提供了人们对国家职能及其政治结构之整体认识的清晰思路和逻辑联系。时人李翰《通典序》对此作了明确的阐述：

> 今《通典》之作，昭昭乎其警学者之群迷欤？以为君子致用，在乎经邦，经邦在乎立事，立事在乎师古，师古在乎随时。必参今古之宜，穷始终之要，始可以度其古，终可以行于今，问而辨之，端如贯珠，举而行之，审如中鹄。夫然，故施于文学，可为通儒，施于政事，可建皇极。故采《五经》群史，上自黄帝，至于有唐天宝之末，每事以类相从，举其始终，历代沿革废置及当时群士论议得失，靡不条载，附之于事。如人支脉，散缀于体。凡有八门，勒成二百卷，号曰《通典》。非圣人之书，乖圣人微旨，不取焉，恶烦杂也。事非经国礼法程制，亦所不录，弃无益也。若使学者得而观之，不出户知天下，未从政达人情，罕更事知时变，为功易而速，为学精而要。其道甚直而不径，其文甚详而不烦，推而通，放而准，语备而理尽，例明而事中，举而措之，如指诸掌，不假从师聚学，而区以别矣。非聪明独见之士，孰能修之。①

李翰序文的主旨是论述《通典》作者的经世致用的撰述旨趣，同时也阐述了《通典》一书对于人们认识历史的重要价值。这一认识把刘知幾所说的"志以总括遗漏"的思想提高到崭新的境界。

当司马光"专取国家盛衰，系生民休戚，善可为法，恶可为戒者"②，撰成《资治通鉴》一书并盛行于世时，中国古代的编年体史书的成就达到了它的高峰。于是元代史家马端临概括了《通典》和《资治通鉴》对于人们认识历史的不同途径及其重要意义。他指出："唐杜岐公始作《通典》，肇自上古，以至唐之天宝，凡历代因革之故，粲然可考"。又说："至司马温公作《通鉴》，取千三百余年之事迹，十七史之纪述，萃为一书；然后学者开卷之余，古今咸在。然公之书，详于理乱

---

① 李翰：《通典》序，见杜佑《通典》书首。
② 司马光：《进〈资治通鉴〉表》，见司马光《资治通鉴》附录。

兴衰，而略于典章经制，非公之智有所不逮也，编简浩如烟埃，著述自有体要，其势不能以两得也。"① 同刘知幾、李翰一样，马端临论述《通典》和《资治通鉴》二书内容的特点，同时也是指出了人们通过《通典》、《资治通鉴》去认识历史的两条途径：前者是"典章经制"的途径，后者是"理乱兴衰"的途径。应当指出，李翰和马端临同刘知幾的论述有一个明显的不同之处，即李翰、马端临的论述，在讲到史书内容及其特点时，都有鲜明的经世致用的思想，而刘知幾则只是就史书内容进行分析。

《资治通鉴》问世后，续作者、改编者、注释者蜂起，产生了许多新的历史著作。其中，南宋史家袁枢的《通鉴纪事本末》是重要的代表性著作之一。《资治通鉴》和《通鉴纪事本末》都是记事之书，前者重视事件的时间顺序，故于同一时间并列同时发生的诸多事件，依时间推移而逐一记之；后者重视每一事件之本末，故所记之事，皆一一详其始终。在中国古代学人的思维模式中，历来是重视事物的"本末"、"终始"、"源流"的。《礼记·大学》说："物有本末，事有终始。"《荀子·富国》也有"知本末源流之谓也"的说法。这里说的"本末"，有轻重、主次之意，也有详其始末、源流之意。司马迁撰《史记》，旨趣之一是"原始察终，见盛观衰"②；他在讲到自己的不幸遭遇时，也说"事本末未易明也"③。唐人皇甫湜撰《编年纪传论》，文中亦有"尽事之本末"④之句。任何客观历史事件，总是有本有末，有始有终；史学家通过纷繁的历史现象，原始察终，阐本述末，以记述一个个历史事件的发生、发展过程，是历史撰述中主体反映客体的基本特征。《左传》中已包含了这一认识和表述历史的特征。即以编年、纪传二体的全貌来看，这种认识和表述历史的特征也都是存在的，只是或被编年记事所限，或被纪表志传所隔，不能一目了然罢了。史书体裁的辩证发展和史家在认识历史上的渊源以及史家所处社会环境提出的要求，终于促成了中国史学上第四种主要史书体裁——纪事本末体的成熟和发展。

① 马端临：《文献通考》序。

② 司马迁：《史记》卷 130《太史公自序》。

③ 班固：《汉书》卷 62《司马迁传》。

④ 皇甫湜：《编年纪传论》，见李昉等编《文苑英华》卷 742。

南宋史学家袁枢是采用纪事本末的形式撰成独立的历史著作的第一人。《宋史》本传说他"常喜诵司马光《资治通鉴》,苦其浩博,乃区别其事而贯通之,号《通鉴纪事本末》"①。这个简略的记载说明,纪事本末体史书的出现,除了上面讲的那些原因之外,也还有一个极重要的具体条件,这就是编年体巨著《资治通鉴》的问世及其产生的广泛的社会影响。

袁枢把"浩博"的《资治通鉴》"区别"为239"事",因事命篇,合为42卷。而所谓"贯通",一则是指每事皆详其本末,明其首尾;一则是指事与事之间略依时间先后编次。全书以"三家分晋"开篇,以"世宗征淮南"收卷,仍保持通史的体例。对于不便独立成篇的事件,则附于有关事件之下;而于篇名之下,有时也注明人名或具体事目,使观者一目了然。全书卷次、所述史事的时期、事目多寡如下:卷1,述战国与秦事,事目3;卷2至卷8,述两汉事,事目43;卷9至卷12,述三国西晋事,事目18;卷13至18,述东晋十六国事,事目44;卷19至卷26,述南北朝与隋事,事目48;卷27至38,述唐事,事目62;卷39至卷42,述五代十国事,事目20。由此可以看出《通鉴纪事本末》一书的结构及其详略所在,以及它的通史特点。

自称跟袁枢"志同志,行同行,言同言","相劳苦,相乐,且相榷于学"的著名诗人杨万里,于宋孝宗淳熙元年(1174年)为《通鉴纪事本末》作序。序中讲到了本书特点和价值。他概括本书的特点是:"大抵搴事之成以后于其萌,提事之微以先于其明。甚情匿而泄,其故悉而约,其作宛而椵,其究遒而迩。其于治乱存亡,盖病之源、医之方也。"② 是道出了纪事本末体史书的主要特点,即阐述一件史事的结果之前,总要先阐述它的起因;说明一件史事的发生,总要渐次说到它的发展。中间四句,是评价本书在文字表述上的成功。末了两句,是强调本书对历史上治乱存亡的总结所具有的现实意义。序文一方面指出本书克服了《资治通鉴》"事以年隔,年以事析"的状态,一方面也认为本书是"入《通鉴》之户"的路径,还是肯定了《通鉴》的史学地位。

纪事本末体史书不同于以往编年、纪传、典制三种史书各以时间、

---

① 脱脱等:《宋史》卷389《袁枢传》。
② 杨万里:《通鉴纪事本末》序,见袁枢《通鉴纪事本末》。

人物、制度为纲，而是以事件为纲，着意于叙述每一件重大史事的发展过程、因果关系及其产生的影响；若干件重大史事的连缀，又会使人们在更长的时段和更大的空间里认识历史发展的过程及其因果关系，以及在更大范围里的影响。这是史家在认识历史上的发展和深化。此外，这种体裁的基本形式是因事立目，较少受到体例上的局限，有广阔的容量来容纳诸多史事，使形式和内容更便于协调一致；只要取舍适当，就能使史书内容丰满而形式又不显得臃肿。这两点，是它在历史认识上和历史编纂上的主要特点。

※　　　　　　　※　　　　　　　※

人们对历史的认识本源自历史本身，但随着时间的推移和史学的发展，人们对过往历史的认识不能不依据史书所记载的"历史"，这是从客体到主体，再由主体到客体循环往复的辩证关系。中国史学以其时代的连续性、内容的丰富性、体裁的多样性，为人们从认识史学走向认识历史、认识文明的传承开辟了广阔的道路。

唯物史观与中国史学发展

一、20 世纪中国史学最显著的
进步是历史观的进步

中国史学有悠久的历史。中国史学上的历史观点也在不断地发展、进步。19 世纪末至 20 世纪初，这种历史观点的发展、进步发生了两次重大变革。一次是西方近代进化论的传入，改变了中国人对于历史的看法；另一次是马克思主义唯物史观的传入，在更加深刻的意义上改变了中国人对于历史的看法。关于前者，梁启超、顾颉刚都有论述；[1] 关于后者，李大钊、郭沫若、翦伯赞等也各有阐说。[2] 由于进化论和唯物史观的引

① 见梁启超：《新史学》（1902 年），收在《饮冰室文集之九》，见《饮冰室合集》第 1 册，北京，中华书局，1989；顾颉刚：《当代中国史学》，重庆，胜利出版公司，1947。

② 见李大钊：《唯物史观在现代史学上的价值》（1920 年），见《史学要论》附录，石家庄，河北教育出版社，2000。郭沫若：《中国古代社会研究》自序（1929 年），见《郭沫若全集·历史编》第 1 卷，北京，人民出版社，1982。翦伯赞：《历史哲学教程》（1938 年），北京，北京大学出版社，1990。

入，尤其是唯物史观的引入，不仅加快了中国史学发展的步伐，而且推动了中国史学的科学化进程。

顾颉刚从三个方面比较了20世纪前半期同19世纪后半期中国史学发生变化的原因："第一是西洋的科学的治史方法的输入"，"第二是西洋的新史观的输入"，"第三是新史料的发现。"顾颉刚在讲到"新史观的输入"时认为："过去人认为历史是退步的，愈古的愈好，愈到后世愈不行；到了新史观输入以后，人们才知道历史是进化的，后世的文明远过于古代，这整个改变了国人对于历史的观念。如古史传说的怀疑，各种史实的新解释，都是史观革命的表演。还有自从所谓'唯物史观'输入以后，更使过去政治中心的历史变为经济社会中心的历史，虽然这方面的成绩还少，然也不能不说是一种进步。"① 诚然，顾颉刚所论，也有可议之处，但他认为"新史观的输入"促使人们对历史的认识发生了重大变化的估计，应是符合当时中国史学的实际的。

李大钊批评了"历史的宗教的解释"和"历史的政治的解释"，进而阐明了"历史的唯物的解释"，认为："这种历史的解释方法不求其原因于心的势力，而求之于物的势力，因为心的变动常是为物的环境所支配。"他批评唯物史观以前的历史观"只能看出一部分的真理而未能窥其全体"，而唯物史观的目的"是为得到全部的真实"。② 唯物史观的流行，在20世纪二三十年代曾被许多人所认可、所运用，因而也就不免泥沙俱下，鱼龙混杂。翦伯赞撰写《历史哲学教程》的目的之一，就是批评"对史的唯物论之修正、割裂、歪曲"的种种现象，进一步阐述了唯物史观的基本原理。他强调指出："我所以特别提出历史哲学的问题，因为无论何种研究，除去必须从实践的基础上，还必须要依从正确的方法论，然后才能开始把握其正确性。历史哲学的任务，便是在从一切错综复杂的历史事变中去认识人类社会之各个历史阶段的发生、发展与转化的规律性，没有正确的哲学做研究的工具，便无从下手。"③ 翦伯赞的这些话，同样也反映出20世纪前半期的中国史学界对历史观的发展

① 顾颉刚：《当代中国史学》引论。
② 李大钊：《唯物史观在现代史学上的价值》，见《史学要论》附录，188～194页。
③ 翦伯赞：《历史哲学教程》序。

的高度重视。

当我们对 20 世纪中国史学的思想的历程作认真考察的时候，我们不难发现一个事实：20 世纪中国史学最显著的进步，是历史观的进步。输入进化论，是一大进步；输入唯物史观，是更大的进步。

这里，我就唯物史观与中国史学发展的有关问题讲两点认识。

二、唯物史观怎样推动了 20 世纪中国史学的发展

这是一个带根本性的大问题，是一个人难以作出全面的和正确的回答的，我只是根据自己的肤浅认识，讲几点看法，和同行们共同探讨。

（一）唯物史观要求研究全部历史，也可以说是要研究整体的历史。

一部史学史，至少是一部中国史学史告诉我们，对人类社会历史作有系统的和整体的研究，这是从唯物史观传入中国以后才逐步发展起来的一种新的史学意识。当然，以往的史学，也都不同程度地涉及到社会历史的各个方面，但是对经济、政治、军事、文化、民族、中外关系等等，作有系统的、整体的、科学的把握，确是得益于唯物史观基本原理的启示和指导。

（二）唯物史观告诉人们，人类社会的历史是一个自然发展过程，因而是有规律可循的。

中国史学史上的许多先哲，着意于"通古今之变"，不断探讨社会治乱之"理"、朝代兴亡之"势"，努力解释"势"与"理"之中存在的"道"，即社会历史演变的法则与常规，其意颇近于后世人们所说的规律。故清代思想家龚自珍有言："欲知大道，必先为史。"[①] 尽管中国学人在这方面作了许多可贵的探索，也有丰富的思想积累，然而在马克思主义唯物史观传入中国以前，我们的先人们在这方面的思考所得，只是停留在朴素的阶段，从而限制了人们对社会历史的认识。唯物史观把人类社会历史看作是一个由低级到高级的自然发展过程，揭示生产力和生产关系的发展，以及阶级划分和阶级斗争的演变、发展对社会历史的影响，社会历史呈现出不同的阶段性特点，从而揭示出人们认识历史发展规律的方法论原则，也就使人们认识历史发展规律成为可能。

---

① 《龚自珍全集》第 1 辑《尊史》。

（三）唯物史观要求人们用辩证的观点、方法看待人类社会历史的发展，这是因为唯物史观同马克思主义的唯物辩证法是密切联系、不可分割的。大家知道，按照唯物史观的基本原理，揭示人类社会历史发展的根本原因，应从经济领域入手。但是，唯物史观同时承认政治制度、法律制度、思想文化、道德风尚等对经济社会发展的重大作用。在中国史学上，司马迁写出了《平准书》和《货殖列传》，《汉书》则创有《食货志》并为后来许多"正史"所效法，杜佑《通典》更是把《食货典》置于诸典之首等等，显示出重视经济生活的思想传统。杜佑甚至提出了教化同食货、职官、选举、礼乐、兵刑、州郡、边防之间的关系，把古代史家关于对社会结构、国家职能的认识提到了新的高度，以至于在此后的约千年之中，人们在这方面的认识的进展显得缓慢，并始终带有朴素的色彩。唯物史观的传入，人们的历史观念在这一领域同样产生了质的飞跃，经济、政治、文化相互间的关系及其在社会历史进程中的作用，才真正得到合理的解释，并在现实的历史运动中获得实践的意义。今天看来，这已经是一个常识问题了，但中国史学在历史观念方面发展到这一阶段，却走过了漫长的道路。

（四）唯物史观最鲜明地提出了人民群众对于推动历史发展的巨大作用。中国历史上很早就有民本思想的传统。司马迁还写出了《陈涉世家》这样的千古名篇，一些史家也一再强调"水能载舟，亦能覆舟"的道理，明清时期史学中的重民思想有了更大的发展，这些都是宝贵的思想遗产。但是，这样的思想传统发展到更高、更理性的阶段，也只有在唯物史观传入中国以后才有可能。只有到这时，中国史学界才能产生如同李大钊的《民彝与政治》（1916 年）、翦伯赞的《群众、领袖与历史》（1939 年）这样的鸿文，揭示出人民群众在历史进程中的伟大创造作用。李大钊说得好："历史上之事件，固莫不因缘于势力，而势力云者，乃以代表众意之故而让诸其人之众意总积也。是故离于众庶则无英雄，离于众意总积则英雄无势力焉。"[①] 这是对"众庶"和"英雄"在历史上的作用的合理解释。诚然，结合到历史的具体事件来说，其情形可能千差万别，但其根本原理，当不超出此论的范围。

---

① 李大钊：《民彝与政治》，见《史学要论》附录，87～88 页。

以上这四个方面，是就我个人的肤浅认识来看，唯物史观是怎样影响 20 世纪中国史学的面貌，怎样推进中国史学的发展，使其朝着科学化的道路前进的。

三、21 世纪的中国史学怎样运用和丰富唯物史观

从 20 世纪中国史学同唯物史观的关系来看，我们可以得到两点认识：一是 21 世纪中国史学仍将同唯物史观保持密切的联系，后者对于前者的意义仍将是十分重大的；二是要认真总结经验教训，在更高的科学程度上运用和丰富唯物史观，从而推进中国史学的发展。

从这两点认识出发，我认为要在思想上和实践上关注四个方面的问题：

（一）从严重教训的阴影中走出来。如前所述，20 世纪中国史学在唯物史观指导下取得了突出的成绩，这是问题的一个方面；另一个方面，在取得成绩的同时，由于种种原因，人们在运用唯物史观过程中也走了不少弯路。从学理上看，史学界对唯物史观的认识、理解、研究，确有一个发展过程，幼稚的情况是不可避免的。从历史条件上看，在唯物史观与中国史学相结合的过程中，曾经受到政治因素的干扰，特别是"左"的思潮的干扰。上述两种情况带来了两个严重后果，即或者把唯物史观简单化、教条化，以理论代替学术，或者把唯物史观片面化、绝对化，以原则代替具体研究。这两种后果的本质是一样的，既曲解了唯物史观本身，又阻碍了历史科学的研究和发展。这种情况，在改革开放前的那些年代，都有不同程度的反映，而"文化大革命"十年更使唯物史观遭到恣意篡改和践踏。现在，是到了我们完全走出这个严重教训所笼罩的阴影的时候了。我们应当像总结成就一样，认真总结教训，这就要求我们正视严重教训，深入拨乱反正，重新学习理论，改进运用方法。

（二）进一步认识唯物史观基本原理的科学价值。不论是总结成就，还是记取教训，我们都会碰到如何看待唯物史观基本原理的问题。这些基本原理，就是马克思、恩格斯在《德意志意识形态》中，马克思在《〈政治经济学批判〉序言》中，恩格斯在《卡尔·马克思〈政治经济学批判〉》、《卡尔·马克思》和《在马克思墓前的讲话》中提出的有关论

断。唯物史观基本原理的科学价值至少表现在两个方面：首先，它是一个完整的体系，到目前为止，还没有一种理论可以代替这个体系。其次，它经历了一百多年历史考验，没有被驳倒，更没有被人们遗忘和抛弃，这从另一个方面有力地证明了它的生命力，它的存在的合理性。

（三）在唯物史观与具体的研究对象相结合的过程中，推动理论上的创新。从史学前辈的治学经验中，我们可以得到这样的启示。翦伯赞在 20 世纪 60 年代提出的"如何处理历史上的阶级关系"、"如何处理历史上的民族关系"、"如何处理历史上的国际关系"、"怎样对待发展观点"、"怎样对待全面观点"、"人民群众与个别历史人物"、"政治、经济与文化"等重大问题，① 是从理论上作出了精辟的论述。白寿彝先生主编的《中国通史纲要》和多卷本《中国通史》导论卷，对中国封建社会中地主阶级、农民阶级身份的分析和国家职能的认识，对人、生产力、科学技术以及地理环境与社会发展关系的认识等，都是在唯物史观基本原理的基础上提出的新的结论。在这方面，中国史学界还有很多可以总结、可以借鉴的地方。事实证明，唯物史观不会窒息人们的创造力，而是要我们去发现这种创造的方法和途径。

（四）运用唯物史观，要有气度，要有吸收其他有益的理论和方法的雅量与勇气。这是从以往史学发展中总结出来的一条教训，也是从近 20 年来中国史学发展中总结出来的一条经验。遵循唯物史观的基本原理，不是一定要排斥任何其他的理论和方法；相反，对于那些有益的理论和方法，应当予以吸收，为我所用。这样做，一方面可以使唯物史观在同各种理论和方法的比较中显示自身的特点和活力，一方面也将使我们的研究工作具有广阔的视野、丰富的内容和时代的气息。

21 世纪的中国史学，面临许多新的问题。唯物史观仍将是帮助我们认识这些新问题的基本理论；而新的理论认识的创造和新的研究成果的取得，都需要我们在上述几个方面作出艰苦的努力。

---

① 翦伯赞：《翦伯赞史学论文选集》第 3 辑，59～71 页，北京，人民出版社，1980。

新中国史学 50 年的理论建设

伴随着共和国前进的步伐，新中国史学走过了 50 年历程。这 50 年，在中国史学史上是变革最深刻的时期。变革，反映在研究对象、研究范围、研究方法、研究手段、新的研究资料的发现以及研究成果形式等方面，但就最重要的环节来说，主要还是在理论建设方面。

一、发展的前提和发展的道路

新中国史学的发展，有一个比较好的前提。这个前提，就是 20 世纪前期中国史学的积累。第一，自 20 世纪初梁启超提出"新史学"的理论以后，中国史学在理论上加快了近代化的步伐。第二，20 世纪二三十年代，随着西方史学的输入，中国史学界异常活跃，思潮、学派应运而生，各陈其说，至 20 世纪三四十年代，形成齐流并进之势。其中，以历史考证学派成就尤为突出，如王国维、胡适、陈垣、陈寅恪、顾颉刚等史家，都有丰富的成果问世。第三，五四运动前后，马克思主义传入中国，以李大钊、郭沫若为代表，创立了中国马克思主义史学；20 世纪三四十年代，郭沫若、范文澜、吕振羽、翦伯赞、侯外庐等史家，以唯物史观为指导，撰写了一大批面貌一新的历史著作，使马克思主义史学有了重大的发展，在齐流并进中显示出强大的生命力。

这里，我们没有可能来开列有关成果的清单。我们需要弄清楚的，是对于这个时期的中国史学之总相的估量。1945 年，顾颉刚在《当代中国史学·引论》中，讲到"科学方法"和"新史观"对民国以来中国史学发展所产生的影响时，这样写道：

> 要到"五四"运动以后，西洋的科学的治史方法才真正输入，于是中国才有科学的史学可言。在这方面，表现得最明显的，是考古学上的贡献：甲骨文和金文经过科学的洗礼，再加上考古学上的其他发现，便使古代文化的真相暴露了出来……第二是西洋的新史观的输入。过去人认为历史是退步的，愈古的愈好，愈到后世愈不行；到了新史观输入以后，人们才知道历史是进化的，后世的文明远过于古代，这整个改变了国人对历史的观念。如古史传说的怀疑，各种史实的新解释，都是史观革命的表演。还有自从所谓"唯物史观"输入以后，更使过去政治中心的历史变成经济社会中心的历史，虽然这方面的成绩还少，然也不能不说是一种进步。

这里说的"科学方法"，是指新的考证方法，特别是以考古资料与文献资料相互比较、印证的方法；而"新史观"主要指西方进化论观点，附带提到了唯物史观。顾颉刚指出"新史观"的输入"整个改变了国人对历史的观念"。顾颉刚的这一估量和概括，是很深刻的。

1946 年 8 月，侯外庐在他的《中国古代思想学说史·再版序言》中说：

> 中国学人已经超出了仅仅仿效西欧的语言之阶段，他们自己会活用自己的语言而讲解自己的历史与思潮了……他们在自己的土地上无所顾虑地能够自己使用新的方法，掘发自己民族的文化传统了……同时我相信这一方面的研究会在业绩方面呈

现于全世界的文坛，虽则说并不脱离其幼稚性，而安步总在学步之时可以看出来的。

侯外庐强调的"新的方法"，是指马克思主义的理论和方法。他对当时史学发展的估量和概括，反映了中国马克思主义经过 20 多年的发展，已初步建立起来并显示出坚定的信心。

可以这样认为，20 世纪前期，中国史学在理论方面的发展是有成绩的。特别是马克思主义史学方面，从李大钊的《史学要论》到翦伯赞的《历史哲学教程》，在理论上已有了一定的积累。这就为新中国的史学在理论上的发展准备了前提。

然而，新中国史学的发展却经历了非常曲折的道路，直到 20 世纪八九十年代才逐步走上健康发展的大道。

1949 年中华人民共和国成立至 1966 年"文化大革命"开始前的近 17 年中，新中国史学的发展出现了一个很有生机的活跃局面，以唯物史观为指导的马克思主义史学从不合法的、只在局部范围得以存在的状态，转向合法的、可以在全国范围存在和发展的状态，这是一个历史性的变化。当唯物史观通过各种形式如同春风吹遍神州大地之时，它就不仅仅是"整个改变了国人对历史的观念"，而且使人们认识到自己在历史中所处的位置，从而产生了真正理性的觉醒——这是马克思主义史学具有根本意义的胜利。随着唯物史观的普及与提高，在唯物史观指导下，历史学界就中国历史上的一些重要问题展开了热烈的讨论和争辩，从而在历史理论领域取得了重大成就，进而使中国历史学在整体上发生根本性质的变革，马克思主义史学在全国范围内的主导地位由此而得以确立下来。但是，在这个过程中，对马克思主义的教条主义的理解和运用，日益发展起来，形成了严重的简单化和形式主义做法，损害了已经形成的自由争论的气氛；伴随着政治上"左"的倾向的发展，一个个政治运动的开展，历史研究中也逐步加重了"左"的倾向，使已经取得的理论成果蒙上了一层阴影，同时也给人们留下了许多困惑、思考和一些不应忘却的历史教训。

1966 年至 1976 年的"文化大革命"十年，新中国史学遭到空前的劫难。"文化大革命"以批判历史学家吴晗的新编历史剧《海瑞罢官》

为序幕，历史学家和其他许多学科的学者从此受到打击、迫害，随之而起的是"儒法斗争"、"批儒评法"猖獗一时，历史学几乎成了荒芜之地。

1976 年"文化大革命"结束，特别是 1978 年党的十一届三中全会的召开，国家政治生活重新走上了正常的轨道，历史学也在经过拨乱反正、正本清源之后，一方面廓清了被"四人帮"搞乱了的一些基本理论，一方面探索克服教条主义倾向的途径，逐步走上了健康发展的大道。近 20 多年来，理论上反思、研究领域中某些"禁区"的突破、新的研究领域的开拓、西方史学理论的大量引进、对传统史学的正确评价、新问题的提出、新方法的采用、新成果的层出不穷等等，一言以蔽之：历史学经过 20 世纪 80 年代的反思而进入 20 世纪 90 年代的全面进取时期。在新旧世纪交替之际，新中国史学正处于欣欣向荣的发展阶段。

新中国史学 50 年的道路是曲折的，不论是历史造成的这种曲折，还是史学自身难以避免的曲折，都在历史发展和史学发展中不断地得到了纠正。

二、唯物史观在中国大地上广泛传播

50 年回眸，新中国史学的理论建设，最重要的方面莫过于唯物史观的广泛传播。

新中国成立后，全国掀起了学习马克思主义理论的高潮。1949 年10 月创刊的《学习》杂志，是推动这个学习的重要刊物。《学习》创刊号上发表的艾思奇的《从头学起——学习马列主义的初步方法》一文指出：在国民党黑暗统治之下，学习马列主义就是死罪；新中国成立之后，马列主义思想对许多人来说还是陌生的。同时，由于解放区长期处于艰苦斗争的环境，马列主义的学习也受到相当大的客观上的限制。这两种情况说明，"目前我们一般的学习运动还应该是一个从头学起的时期"。对于从旧中国过来的广大史学工作者来说，当然也是要"从头学起"。当时，许多地方的学习运动所采取的步骤，一般都是以社会发展史——历史唯物主义作为第一步学习的主要内容。这样的学习步骤和要求，对广大史学工作者来说，具有突出的重要意义，这既是改造自己的世界观，又是改造旧的学科体系。这是两个密不可分的环节。在新中国成立前已有成就的一批马克思主义史学工作者，一面忙于宣传、阐释马克思主义的唯物史观；一面深入实际，调查研究，把理论学习和学科的改造有机地结合起来，这对推动全国史学界的马克思主义学习运动发挥了重要的作用。

从 20 世纪 50 年代初开始，我国大量翻译、出版了马克思、恩格斯、列宁、斯大林和毛泽东同志的著作，其中包括《马克思恩格斯全集》、《列宁全集》、《斯大林全集》、《毛泽东选集》，以及其他有关的选集和单行本。如此大规模地翻译、出版马克思主义经典著作，传播马克思主义，只有在新中国成立后才能做到。这是我国社会科学工作的基本建设，当然也是我国马克思主义史学工作的基本建设。

通过学习、讨论、批判，我国马克思主义史学的领域扩大了，水平提高了。在旧中国被禁锢的、只能在各种隐蔽形式下活动的马克思主义史学工作，现在成为大力提倡的了。这样，就使我国的马克思主义史学有可能在新的历史条件下创造出新的成绩。[1]

应当指出，学习马克思列宁主义、毛泽东思想，学习唯物史观，不论对于个人还是对于群体来说，都经历了严峻的、艰苦的过程。例如，侯外庐在 1949 年 4 月至 1951 年任北京师范大学历史系主任期间，鼓励教师们积极参与学习马克思主义，并把《中国人民政治协商会议共同纲领》中的一句话写成条幅，挂在历史系办公室："中华人民共和国文化教育为新民主主义的即民族的、科学的、大众的，提倡用科学的历史观点研究和解释历史、经济、政治、文化及国际事务，奖励优秀的社会科学著作。"他书写条幅勉励教师："锲而舍之，朽木不折；锲而不舍，金石可镂。"[2] 正是这种锲而不舍的精神，鼓舞着史学工作者进行历史观点的这一深刻的变革。

唯物史观的广泛传播，从根本上改变了人们对历史的认识，同样也为科学的历史学在中国大地上蓬勃发展开拓了新的广阔前景。是不是可以说，20 世纪 50 年代，新中国史学的重要任务就是要从理论上阐明在

---

① 参见白寿彝主编：《史学概论》，353～354 页。
② 参见刘淑娟：《侯外庐同志在北京师范大学历史系》，载《史学史研究》，1982（3）。

唯物史观指导下，历史学如何成为科学。当时的史学家为此作了许多努力。胡绳在1956年发表的《社会历史的研究怎样成为科学》一文，深刻剖析了几种关于历史学的错误见解，指出："马克思主义把辩证唯物主义的观点和方法应用到社会历史的研究上来，从错综复杂的历史现象中发现客观规律，并按照客观规律来说明社会历史的发展过程。这样，就使得社会历史的研究真正成为一门科学。"[①] 他在阐述了这一论点后写道：

> 马克思主义之所以能够使历史研究真正成为科学，就因为它是彻底消除在历史研究中的主观性和片面性的理论。但是马克思主义并不是保障人们无病无灾的灵符，而是引导人们克服各种困难而正确地前进的指针。我们已经看到，在历史研究中的各种困难曾经使得以往历史学者跳不出唯心主义的迷障，唯心主义历史学利用这些困难来构成他们的"理论"。应当知道，这些困难同样也横在马克思主义者的前进的道路上。这些困难不是不可征服的，但是如果我们"掉以轻心"，也同样会失足落到主观性和片面性的陷阱中去。因此，我们必须不断地克服唯心主义理论和主观主义方法的影响，不断地克服离开马克思主义的各种偏向，在马克思主义的原理的指导下进行艰苦的科学工作，才能真正保证历史科学健康地向前发展。[②]

尚钺于1953年发表了《我们为什么要学历史》，阐述了类似的问题，指出："马克思主义历史唯物主义，不仅是指导我们胜利地研究一切时代、一切社会、一切事件和人物的钥匙，同时也是指导我们参加工人阶级胜利地进行斗争，改造人类历史的最有效最锐利的武器。"[③]

然而，正如胡绳所说："马克思主义并不是保障人们无病无灾的灵符"，而离开马克思主义的各种偏向还是会出现的。在唯物史观得到广

[①] 胡绳：《枣下论丛》，47页，北京，人民出版社，1962。
[②] 同上书，182～183页。
[③] 尚钺：《尚钺史学论文选集》，68页，北京，人民出版社，1984。

泛传播过程中，教条主义日益发展起来，加上 20 世纪 50 年代中期以后政治上"左"的倾向的影响，历史研究领域中和史学工作中也逐渐滋长起"左"的思潮，更加重了本已存在的形式主义、简单化的分量，史学发展受到了损害。针对这种情况，翦伯赞在 1962 年和 1963 年先后发表《目前史学研究中存在的几个问题》、《对处理若干历史问题的初步意见》，指出：

> 我们研究历史，不仅要从各个不同的历史阶段上来观察历史发展的总的过程，还要从每个历史阶段来观察一定历史时代的历史发展过程。作为一个历史过程来说，相继出现于历史的每一个生产方式或社会制度，都是历史向前发展的一个步骤，都是生产力向上发展的结果，不能因为它们是剥削制度就一律骂倒。①
>
> ……
>
> 在阶级社会的历史中，充满了黑暗，这是事实。但是在任何黑暗的时代总有一线光明。如果连一线光明也没有，历史就停止了发展。然而历史从来没有停止发展。毛主席说："今天的中国是历史的中国的一个发展。"如果历史的中国只是一些罪恶的堆积，而没有任何值得继承的东西，那么今天的中国根据什么东西建立起来呢？难道我们要再来一次盘古所作的开天辟地的工作吗？应该历史主义地对待自己的历史，不应该对自己的历史采取虚无主义的态度。②
>
> 要歌颂历史上的劳动人民，歌颂他们英勇的革命斗争，但历史家不是诗人，除了歌颂以外，还要指出他们的历史局限性，指出他们在生产中的保守性、分散性和落后性。
>
> 要反对王朝体系，但反对王朝体系是反对以帝王为中心的思想体系，不是从历史上涂掉王朝和皇帝。王朝和皇帝是历史的存在，是不应该涂掉的，用不着涂掉的，也是涂不掉的。③

---

① 翦伯赞：《翦伯赞史学论文选集》第 3 辑，95 页。
② 同上书，96 页。
③ 同上书，68 页。

这些论述，显示出了一个马克思主义史学家对马克思主义的坚定信念和坚持真理的勇气。随着时光流逝，其理论光彩更显出耀眼的光辉。

新中国进入改革开放的新时期，经过拨乱反正洗礼的历史学，还要不要坚持唯物史观的指导？怎样以这一指导推动历史学的前进？这是摆在中国马克思主义史学面前的一个重大课题。许多史学工作者或从理论上予以阐述，或从具体研究成果上作出明证，认为中国历史学的发展，仍然需要坚持唯物史观。白寿彝教授在 20 世纪 80 年代初提出，"创新的学术才有生命力"，提倡"在唯物史观指导下进行新的理论创造"：一是坚持唯物史观的基本原则；二是不把唯物史观同创新对立起来，而是以后者去丰富前者；三是新的创造必须从唯物史观同研究的具体对象相结合中提出来。他在民族史、史学史、中国通史等领域的研究，反映出这种创新精神。① 近 20 年的许多历史著作，也都有极类似的表现。这个事实雄辩地证明：50 年来，唯物史观在中国大地上的广泛传播，已经深深地扎根，发展中所出现的种种曲折，不可能动摇它的科学地位和社会价值。

三、历史理论领域的重大成就

新中国史学 50 年的理论建设，又一个方面是历史理论领域的重大成就。

1983 年，《历史研究》编辑部编辑的《建国以来史学理论问题讨论举要》一书（齐鲁书社 1983 年 10 月出版），包含以下一些内容：亚细亚生产方式讨论的回顾，中国奴隶社会与封建社会分期讨论 30 年，中国封建社会内部分期的几种观点，封建土地所有制形式讨论中的分歧，中国资本主义萌芽讨论的两个阶段，中国封建社会长期延续讨论的由来和发展，农民战争研究的种种争论，关于汉民族形成问题的不同见解，略述中国古代民族关系的讨论，爱国主义与民族英雄讨论综述，关于历史人物评价的一些意见，近年来关于历史发展动力的讨论。其中，关于奴隶社会与封建社会分期问题、关于封建土地所有制问题、关于资本主

---

① 参见许殿才：《七十年心血铸就的丰碑》，载《史学史研究》，1999（3）。

义萌芽问题、关于农民战争问题、关于汉民族形成问题的讨论，被称为是 20 世纪五六十年代引起中国史学界热烈讨论的"五朵金花"；其他问题，除历史发展动力问题是 20 世纪 70 年代末提出并引起热烈讨论者外，大多也是五六十年代为史学界所关注的。

关于对这些问题的讨论，有几点是应当明确的：第一，这些问题都是中国历史上的重要问题，至少也是当前人们认识中国历史面貌的重要问题；同时，对于这些问题的认识，固然需要丰富的和可靠的历史资料作为依据，但更重要的是要从历史资料中概括出理论性的说明。近来有的论者著文说上述问题中有的是"假问题"，嘲笑当年参与讨论的历史学家。然而事实恰恰相反，指出某个问题是"假问题"的人，首先要了解一下当年参与讨论的那些史学家的论点，他们为什么会把某个问题当做"真问题"来讨论；其次，说某个问题是"假问题"的人，应当拿出一些"真的"论据来证明它是"假问题"，否则是不可随意嘲笑前人的。

第二，关于对这些问题的讨论，尽管有不少分歧，但大多数参与讨论的人，都是力图用自己所理解的唯物史观作为指导，来探讨中国历史上的一些带有规律性的认识。由于有这样一个共同点，因而使这些讨论一则推进了对唯物史观的学习、研究，一则也推进了对中国历史的研究、认识，同时也促进了二者的结合。这里，要特别提到范文澜撰写的《关于中国历史上的一些问题》一文。此文写于 1954 年，修改于 1963 年，先后作为《绪言》刊入《修订本中国通史简编》的第三版（1955 年）、第四版（1964 年）。作者首先检讨了自己的"非历史主义的观点"，然后从九个方面概述了自己的认识，即"劳动人民是历史的主人"、"阶级斗争论是研究历史的基本线索"、"在生产斗争中的科学发明"、"汉族社会发展史的阶段划分"、"汉族封建社会的分期"、"初期封建社会开始于西周"、"自秦汉起中国成为统一国家的原因"、"历史上的爱国主义"、"历史上战争的分类"等。这些认识，在今天看来，难免还有可议之处，但是我们首先应当看到的是，一个马克思主义史学家在追求真理方面的热情和虔诚。

第三，关于这些问题的讨论，也给人们留下长久的思考。这一点，恰如《建国以来史学理论问题讨论举要》一书的"前言"所指出的那样：

……尤应引起我们重视的是，从三十多年来的讨论中，我们不时发现，同是一条史料，同是一条马克思主义原理，往往能得出迥然不同的结论，再现出形态各异的历史具体，并由此引起无穷争论。发生这种现象的重要原因之一，大概是由于"从抽象上升到具体"或"从理论再回到实践"，本是一次能动的飞跃，其跃越的跨度越大，失误的机会也就必然愈多；同时，抽象与具体、理论与实践这两极之间，越是缺乏中间层次，上升的难度也就必然越大。这种现象的存在，是否表明，在具体的历史资料和抽象的理论观点之间，还需要加强乃至增添某些中间环节，以减少种种失误的可能呢？

我们的答案是肯定的。三十多年来的争论，从一定意义上来说，也正是在做着这样的工作。①

上面这两段话讲得很中肯。这个"中间环节"，就是历史理论体系，或曰历史哲学。翦伯赞在 1938 年出版了《历史哲学教程》一书，至《举要》一书问世时，已有 45 年之久，不曾有类似的著作产生出来。翦伯赞在 1963 年发表的《对处理若干历史问题的初步意见》中，讲到了如何处理历史上的阶级关系，如何处理历史上的民族关系，如何处理历史上的国际关系，怎样对待发展观点，怎样对待全面观点，人民群众与个别历史人物，政治、经济与文化，理论、史料与文章等问题；他在 1962 年发表的《目前史学研究中存在的几个问题》，讲到了史与论的问题，政策与理论，阶级观点与历史主义，客观规律性和主观能动性等问题。这是两篇纲领性的论文，有些问题就是针对上述有关讨论而发的。可惜的是，翦伯赞没有机会来修订、补充他的《历史哲学教程》，或者重新撰写一部历史哲学的著作。

这种"中间环节"的工作，近 20 年来，又取得了新的进展。如关于历史发展动力问题的讨论，关于历史创造者问题的讨论，关于历史发展的统一性和多样性问题的讨论，关于历史和现实的关系问题的

---

① 《历史研究》编辑部编：《建国以来史学理论问题讨论举要》，3 页，济南，齐鲁书社，1983。

讨论，关于社会形态发展模式问题的讨论，关于历史人物评价标准问题的讨论，关于怎样对待传统文化的讨论等；如关于地理条件和历史发展的关系的研究，关于中国历史上民族关系主流问题的研究，关于炎黄文化与中华民族的关系的研究，关于中华民族凝聚力的研究等。对于这些问题的讨论和研究，以及对一些讨论多年的老问题（如亚细亚生产方式、中国封建社会长期延续等问题）的继续探讨，都能在新的历史条件下充分地展开。当然，这些讨论还未能达到一致，这些研究的结论有的也未必能被史学界普遍地接受，但是这些讨论和研究的积极意义却是十分突出的：这是在新的历史条件下，显示了史学工作者在历史理论领域里向着新的高峰攀登的勇气和热情。值得注意的是，20世纪八九十年代的这些讨论和研究同20世纪五六十年代的讨论和研究相比较，二者之间无疑存在着历史的联系，但也有明显的不同：一是视野更开阔了，提出了许多新问题；二是教条主义少了，思想更加解放了；三是突破了一些研究"禁区"。举例来说，如地理条件与历史发展的关系，本是一个重要问题，但因斯大林有过有关论断，涉及到这个问题便有"地理条件决定论"之嫌，故长期以来很少有人进行研究。至于历史创造者问题、社会形态发展模式问题，更是不能展开讨论。这些情况，在近二十年中都发生了变化；人们对历史的认识也由此进一步深化，历史理论领域研究也发展到了一个新的阶段。以下几部著作，或许可以从几个不同的方面反映出历史理论领域在20世纪八九十年代所取得的成就。

——白寿彝主编《中国通史》第一卷（即《导论》卷，上海人民出版社1989年版）。本书共九章，阐述了以下问题：统一的多民族的历史；历史发展的地理条件；人的因素，科学技术和社会生产力；生产关系和阶级关系；国家和法；社会意识形态；历史理论和历史文献；史书体裁和历史文学；中国与世界。前六个问题和最后一个问题，是关于历史理论问题，另外两个问题是关于历史编纂的理论问题。本书以唯物史观为指导，结合中国历史进程和《中国通史》编撰，阐述了相关的重大理论问题，提出了不少新论点，是新中国史学关于中国历史理论的代表性著作。

——罗荣渠著《现代化新论——世界与中国的现代化进程》（北京

大学出版社 1993 版）。本书提出以生产力为社会发展中轴的一元多线历史发展观，以此论述世界的现代化发展总趋势，并对近百年中国探索现代化的启蒙思想演进过程作了专题考察，是对现代化大潮进行探索性研究的重要成果。

——蒋大椿著《历史主义与阶级观点研究》（巴蜀书社 1992 年版）。作者认为："马克思主义阶级观点与马克思主义历史主义，是马克思主义历史理论体系中两个极其重要的理论观点。"[①] 本书回顾了 40 多年来史学界在这两个观点上展开的讨论，在对讨论作系统概括的基础上，作者也阐述了自己的见解，多有理论上的启发。

——胡如雷著《中国封建社会形态研究》（三联书店 1979 年版）。本书把历史研究与政治经济学理论结合起来，对封建土地所有制，地租、剥削形式与农民的经济地位，自然经济与商品，农业经济的再生产与周期性经济危机，中国封建社会史的分期等问题进行论述，提出了作者对中国封建社会形态的基本经济规律的认识，是一部有独立见解的关于中国封建社会研究的理论著作。

——田昌五著《古代社会断代新论》（人民出版社 1982 年版）。本书是一部系统论述中国社会历史之战国封建论的著作，首先讨论了研究的理论与方法，其次概述了中国奴隶制形态的面貌，再其次分别论述了中国社会历史从奴隶制至封建制的经济变动、政治变动和思想变动。此前，作者有《古代社会形态研究》，此后，作者有《中国历史体系新论》，反映了作者从历史考察和理论探讨上对中国古代社会和中国历史体系所作的系统的研究。

——何兹全著《中国古代社会》（河南人民出版社 1991 年版）。本书是著者多年研究的成果，全书包含"由部落到国家"、"古代社会"、"古代到中世纪"三编，系统地阐述了汉魏之际的社会变化，是中国社会历史在汉魏之际进入封建时代这一学说的最有力的代表作。汉魏之际社会的变化是许多人都看到了的，"但认识这变化是由古代到封建的社会形态的变化而又给它以系统的理论说明，并以可靠的历史文献证成其

---

① 蒋大椿：《历史主义与阶级观点研究》小引，成都，巴蜀书社，1992。

说的，大约我是第一人"①。著者的这个自我评价，是坦率而中肯的。

因限于篇幅，不能作更多的罗列。仅从以上所举来看，它们都是有系统的著作，从不同的方面反映了历史理论领域在近 20 年所获得的突出进步。

总起来看，新中国史学 50 年的理论建设在历史理论领域所取得的成就是辉煌的。

四、史学理论研究的兴起

新中国史学 50 年的理论建设，还有一个方面，是史学理论研究的兴起。史学理论是关于历史学自身的理论，如历史学的特点、功能，史学家历史认识的特点，史学发展与历史发展的关系，历史文献与史学方法问题，史学遗产的批判继承问题，史学成果的社会表现形式，史学家的修养与时代使命等等，都属于史学理论领域，这同上面所说的关于客观历史的理论即历史理论是既有联系又有所区别的。

新中国成立以后，在很长的时间里，一般说来，人们认为唯物史观就是历史学理论，不曾讨论历史学本身是否还有理论，更谈不上区别历史理论与史学理论的内涵。20 世纪 80 年代初，一则有拨乱反正、正本清源的理论反思，二则有西方史学理论的纷纷引进，中国史学界关于理论的研究和讨论沛然兴起。人们各抒己见，发表了许多各不相同的见解。② 在这个讨论中，宁可的《什么是历史科学理论》一文，就"广泛意义上的历史科学理论和严格意义上的历史科学理论"、"历史学和历史科学理论"、"历史唯物主义和历史科学理论"等问题作了很好的分析，是当时有代表性的论文。③ 总的说来，那时人们讨论的"史学理论"问题，大多是历史理论问题；那时编写出版的一批史学概论著作，不少还是以阐述历史理论为主要内容的。只有极个别的著作，是明确地阐述史学理论的。20 世纪 80 年代中后期，经过反复的讨论，人们认识到，要

---

① 何兹全：《爱国一书生》扉页题词，上海，华东师范大学出版社，1997。

② 参见中国社会科学院历史研究所史学史研究室编：《历史科学的反思》，郑州，中州古籍出版社，1987。

③ 参见宁可：《什么是历史科学理论》，载《历史研究》，1984（3）。

使理论研究走向深入，有必要弄清楚历史理论和史学理论的区别与联系。[①] 但是，这一时期出版的关于史学理论的著作，大多是历史理论内容与史学理论内容兼而有之的。这种情况，或因历史理论与史学理论本有内在的联系，不便轻易取舍；或因教学的需要，包含的方面宽泛一些更便于讲授。

20 世纪 80 年代末以来，史学理论方面的研究有了进一步发展，其主要标志，一是把历史理论与史学理论加以区别的意识更加自觉了，二是就史学自身的理论问题展开研究的趋势更加突出了。如何兆武、陈启能主编的《当代西方史学理论》一书，对"什么是史学理论"作了明确的说明：

> 我们对历史的理解和对历史学的理解都有其理论的方面，前者是历史理论，后者为史学理论。然而，这种只研究历史学本身问题的史学理论，只是狭义上的。广义的史学理论应包括历史理论和这种狭义的史学理论。本书的内容就是两者兼有的，因此是广义的史学理论。[②]

有的研究者还从思想史的角度提出：

> 从内涵结构看，史学思想在总体上可以分为对客观历史的认知和对史学研究的认知两个部分，即所谓"历史Ⅰ"（客观历史）和"历史Ⅱ"（历史学）的理论思考。[③]

这里说的"史学思想"，是把两种认知活动即"理论思考"都包括了的。

---

① 参见陈启能：《历史理论与史学理论》，载《光明日报》，1986-12-03；瞿林东：《史学理论与历史理论》，载《史学理论》，1987 (1)。

② 何兆武、陈启能主编：《当代西方史学理论》，1 页，北京，中国社会科学出版社，1996。

③ 陈勇、罗通秀：《西方史学思想导论》，2～3 页，武汉，武汉大学出版社，1995。

这样的例子还可举出一些。值得注意的是，不少研究者十分重视对于"历史"与"史学"的含义及其理论思考对象的区别。这对史学理论的进一步研究和发展是至关重要的。

还有一些著作是着意于史学自身的理论问题的，如：

——陈启能、于沛、黄立茀合著的《苏联史学理论》一书①，所论述的问题，限于历史认识论研究和史学方法研究，即关于史学自身问题的理论思考。

——姜义华等合著的《史学导论》给自己的任务作了十分明确的界定："它不是直接考察客观的历史过程，而是以人类认识历史的主体活动为自己的研究对象。"② 本书所讨论的理论问题，都是史学自身的问题。

——瞿林东著《中国古代史学批评纵横》，是以比较活泼的形式，考察了中国古代史学理论的一些基本问题。

——肖黎主编的《我的史学观》③，是约请史学家们各抒己见，发表对于史学本身的见解，旨在通过史学家群体的思考，揭示史学自身的内涵和魅力。

这样的著作也还可以举出一些。

上述两种类型的论著，大致可以概括 20 世纪 80 年代末以来，史学理论研究的趋势。中国史学有研究自身有关理论问题的优良传统，唐代刘知幾所著《史通》，明代卜大有所辑《史学要义》，清代章学诚所撰《文史通义》，近人李大钊则有《史学要论》等，都以研究史学为旨趣，有许多可以继承和发展的思想遗产。在这方面，外国史学也有不少可以借鉴的地方。新中国史学的理论建设，在这个领域的前景是十分广阔的。

新中国史学 50 年的成就，不只是表现在理论建设方面；而理论建设的成就，也不只是这里所论述的几个方面，他如关于唯物史观的研究，关于历史学所含二级学科以至三级学科中有关学科的理论研究，关于史学方法的理论研究等，也都有很大的发展，都有不少积极的成果问

---

① 陈启能等：《苏联史学理论》，北京，经济管理出版社，1996。
② 姜义华：《史学导论》，西安，陕西人民教育出版社，1989。
③ 肖黎主编：《我的史学观》，广州，广东人民出版社，1997。

世。本文所论，只是新中国史学 50 年的理论建设的几个重要方面的成就。仅此而论，我们可以清楚地看到，有着悠久历史和丰富遗产的中国史学，在最近 50 年中经历了多么深刻的变革！我们对于这个变革的认识和总结，还仅仅是开始。这个变革的意义以及在这个变革中产生的经验教训，都需要我们作认真的思考和深入的研究，这是史学发展中积累的遗产，是新中国史学胜利地迈向 21 世纪的思想前提。

最近，江泽民同志在致白寿彝教授的一封信中指出：

> 我国的历史，浩淼博大，蕴含着丰富的治国安邦的历史经验，也记载了先人们在追求社会进步中遭遇的种种曲折和苦痛。对这个历史宝库，我们应该运用历史唯物主义的观点不断加以发掘，在前人研究的基础上不断作出新的总结。这对我们推进今天祖国的建设事业，更好地迈向未来，具有重要的意义。①

新中国史学在 21 世纪里将继续高举历史唯物主义的旗帜，去创造新的业绩。

---

① 《中共中央总书记江泽民给白寿彝同志的贺信》，载《史学史研究》，1999（3）。

历史学的理论成就与中国史学史研究的发展

新中国成立 60 年了，伴随着共和国前进的步伐，中国史学的理论研究与中国史学史研究，经历了历史的洗礼，在继承 20 世纪前期史学成就的基础上，都有了显著的进步和新的发展，为新中国的历史科学书写了光彩的一页。笔者阅读有限，思考未深，试对此作如下概括，祈同行教正。

一、唯物史观与中国马克思主义史学

20 世纪中国史学在各方面都有很大的进步，其中最显著的进步是历史观的进步。从进化论到唯物史观，是历史观进步的两次跨越。基于这一认识，在回眸新中国成立以来 60 年的史学时，首先就要说到唯物史观与中国马克思主义史学的发展。

新中国 60 年的历史学表明，中国马克思主义史学家在认识、理解和运用唯物史观研究历史方面，经历了两个阶段：1949年至1966年，是唯物史观广泛传播、学习、运用的阶段；1978年至今，是深入学习、全面理解和更加合理运用的阶段。从中国史研究来说，前一阶段的特点是重新认识中国历史的发展面貌及其规律，后一阶段的特点是深入认识中国历史的发展面貌及其规律。前一阶段，历史学界对中国历史上的一系列重大问题全面地展开了讨论、商榷、辩难，使人们对中国历史有了全新的认识，其成就、功绩之大，在中国史学发展史上，是前所未有的。但由于在那些年代里，多数史学工作者学习唯物史观尚处在起步阶段，加之史学因受到政治上"左"的倾向的影响，人们对马克思主义的认识产生了教条主义的偏颇，使这一时期的马克思主义史学走了一些弯路，经历了一些曲折，产生了一些教训。尽管如此，这一阶段历史学界对有关中国历史一些重大理论问题的讨论所获得的成果，仍然成为后一阶段人们深入认识中国历史及有关重大理论问题的基础。

在后一阶段，由于社会条件的变化，尤其是在解放思想、实事求是思想路线的感召之下，历史学界重新学习马克思主义，从而对以唯物史观指导历史研究，有了更加理性、更加自觉的认识，这主要表现在：第一，唯物史观是研究历史的指南，决不是可以随意套用的公式。尽管经典作家早已强调了这一点，但人们只有在经受了曲折和失误之后，才深切地懂得了这个道理，从而走出"套用公式"的误区。第二，唯物史观的基本原理是一个完整的科学体系，人们只有全面地认识这个体系、辩证地理解它的各个原理之间的关系，才不至于使它遭到误解或曲解，避免自身的研究走向片面以致错误。第三，唯物史观的生命力，在于人们以其基本原理为指导，结合具体的研究对象，从大量的历史事实中概括出新的理论认识，从而不仅使这一研究得到正确的或近于正确的结论，同时也丰富了唯物史观，以至于发展唯物史观。我们可以这样说，没有前一阶段的成就和教训，就不会有后一阶段认识的提高和发展，史学工作者对中国历史的认识，也不会达到现在这样的高度。

大家都知道，历史发展是不应被割断开来看待的，同样，史学发展也是不应被割断开来看待的。中国有句古话，叫做"鉴往而察来"，这是既指借鉴以往的成就，也指记取以往的失误，二者对于未来都是有益的。我们对新中国60年来的唯物史观与中国马克思主义史学，应作这样的看待，才是全面看问题的观点，也是实事求是的观点。

二、历史理论研究的突出成就

这里说的历史理论，是指在马克思主义唯物史观基本原理指导下，结合中国历史发展中的一些重大历史现象或重大历史问题，在作综合研究的基础上提出来的概括性和规律性认识。从总体上看，60年来中国史学在历史理论研究方面的发展，大致经历了三个相互联系又各有特点的阶段，这就是：全面提出问题、系统梳理问题、正面阐述问题。

在全面提出问题阶段（1949—1966年），随着唯物史观在中国大地上的广泛传播，广大史学工作者受到这一科学历史观的吸引、感召和影响，纷纷起而运用这一新的历史观重新审视中国历史，从而引发了对一系列重大历史问题、历史现象的热烈讨论，以至于激烈的辩难。[1] 其中，有的问题是20世纪三十年代社会史论战中已经提出来的，而大部分问题则是广大史学工作者在学习马克思主义唯物史观过程中，结合重新审视中国历史逐步提出来的。在这些讨论和辩难中，史学工作者各陈其说，形成"百家争鸣"的局面，在史学史上具有重要的意义。这是因为：第一，史学界所提出的一些问题，都是中国历史上的重大问题，从本质上看，它们大多同马克思主义社会形态学说、阶级斗争学说等社会历史发展规律的理论有直接、间接的关系，从而极大地推动了中国史学工作者对理论的关注和热情，这是中国史学在广度和深度上发生重大变革的序幕。第二，尽管这些讨论、辩难并没有完全取得共识，但有一点是非常重要的，那就是大多数参与讨论、辩难的史学工作者，都是以马克思主义唯物史观作为研究、阐发历史问题的理论指导。正因为如此，这些讨论、辩难的实际意义，一方面推进了对中国历史的研究、认识，一方面也促进了对唯物史观的学习、运用，为新中国史学的进一步发展奠定了理论、方法论的基础。我们应当注意到，在全面提出问题阶段，范文澜所撰《关于中国历史上的一些问题》和翦伯赞所撰《对处理若干

---

[1] 如关于中国古史分期问题的讨论，关于封建土地所有制问题的讨论，关于资本主义萌芽问题的讨论，关于农民战争问题的讨论，关于汉民族形成问题的讨论，以及关于中国封建社会长期延续问题、中国封建社会历史内部分期问题、历史人物评价问题的讨论等。

历史问题的初步意见》，是值得特别关注的两篇理论文章，① 它们反映了老一辈马克思主义史学家对中国历史上的一些重大问题的思考和认识，在当时产生了广泛的影响。

在系统梳理问题阶段（1977—1988 年），史学工作者在解放思想、实事求是思想路线鼓舞下，一方面提出新的历史理论问题展开讨论，一方面则出现了系统梳理问题的趋势，旨在把"文化大革命"前的关于历史理论问题的诸多讨论加以清理，以期推进理论研究的深入。这一清理工作的重要意义，还在于它是史学界拨乱反正、正本清源，纠正"文化大革命"中被所谓"儒法斗争史"搞乱了的中国历史进程的真相以及与之相关的种种谬说。这里，我们要特别提到《历史研究》编辑部组织撰写的《建国以来史学理论问题讨论举要》一书②，此书分专题对五六十年代史学界所讨论的历史理论问题，以及 70 年代末 80 年代初史学界所讨论的历史理论问题，作了比较详细的梳理。因其具有这样两个特点而在史学界产生了较大的影响。第一，这是新中国成立以来，第一次对有关中国历史的一些重大理论问题所作的系统的归纳；第二，这一梳理和归纳工作，是在尊重学术平等的原则上进行的，有关专题的作者多以平和的心态列举诸家之说，目的在于为史学界提供进一步探讨理论问题的思想资料。当然，更值得重视的是，此书在"前言"中提出了这样一个问题："从三十多年来的讨论中，我们不时发现，同是一条史料，同是一条马克思主义原理，往往能得出迥然不同的结论，再现出形态各异的历史具体，并由此引起无穷争论。"于是，"前言"提出了克服和避免此种现象的途径："这种现象的存在，是否表明，在具体的历史资料和抽象的理论观点之间，还需要加强乃至增添某些中间环节，以减少种种失

---

① 上述二文，分别见《范文澜历史论文选集》，北京，中国社会科学出版社，1979；《光明日报》，1963-12-22。

② 《建国以来史学理论问题讨论举要》，济南，齐鲁书社，1983。此书包含以下一些内容：亚细亚生产方式讨论的回顾，中国奴隶社会与封建社会分期讨论三十年，中国封建社会内部分期的几种观点，封建土地所有制形式讨论中的分歧，中国资本主义萌芽讨论的两个阶段，中国封建社会长期延续讨论的由来和发展，农民战争研究的种种争论，关于汉民族形成问题的不同见解，略述中国古代民族关系的讨论，爱国主义与民族英雄讨论综述，关于历史人物评价的一些意见，近年来关于历史发展动力的讨论。

误的可能。""前言"还认为："三十多年来的争论，从一定意义上来说，也正是在做着这样的工作。"我们或许可以认为，这是关于在"史料"和"原理"之间对于历史理论研究之重要性的一个自觉的和明确的认识。历史理论研究之所以重要，一方面可以避免用史料去注释原理，既夸大了史料的作用，又使原理庸俗化；另一方面也可以避免用原理作标签去给史料定性，重犯教条主义的错误。从这个意义上说，历史理论既具有唯物史观原理的普遍性品格，又具有说明具体的历史现象的特殊性品格。因此，这一梳理工作的重要意义在于：在一定程度上推动了史学工作者对唯物史观的深入理解，促进了史学工作者对历史理论的思考。

在正面阐述问题阶段（1989—至今），出现了不是为商榷、辩难而作的，有系统的、与中国历史的实际密切结合的历史理论专书和专文，显示出历史理论研究的发展和深入。在专书方面，可以白寿彝主编的多卷本《中国通史》第一卷《导论》为代表性著作。[①] 此书以唯物史观为指导，结合中国历史进程和《中国通史》编撰，阐述了相关的重大理论问题，提出了不少新论点。如把统一的多民族国家的历史作为首要问题提出来，论证了中国史学上有撰写多民族史的传统，而且出现过多民族史撰述的杰作；又如把人的因素、科学技术和社会生产力结合起来作综合考察，用以说明社会历史进程的面貌；中国地理条件的特点及其与中国历史发展的关系；再如对国家的社会职能和统治职能作有联系和有区别的分析，关于中国哲学、社会政治学说的特色的阐说；以及从理论上阐述中国历史的连续性的特点等等。事实证明，以唯物史观基本原理为指导，结合中国历史的研究和撰述，正面论述一些重大的历史理论问题，符合历史理论研究发展的客观规律。在专文方面，刘大年在 1997 年发表《当前近代史研究中的几个理论问题》，是一篇重要的文章。作者针对 20 世纪八九十年代史学界关于中国近代史上一些重大问题的众说纷纭的观点，就"近代科学与近代方法论"、"中国近代史上的两个基本问题"、"社会性质"、"阶级分析"、"革命与改良"、"中国当代与近代"、"勇敢坚持真理，勇敢追求真理"等问题，作了精辟的论述，[②] 显示出一个史学家的科学精神和

---

① 白寿彝主编：《中国通史》第 1 卷《导论》。
② 参见《刘大年集》，3～29 页。

坦荡胸怀。限于篇幅，类似的专书和专文，不能——胪列和论述。值得高度关注的是，2004 年启动的马克思主义理论研究与建设工程，更加明确地指出了中国哲学社会科学发展的正确方向，已经发挥出并将继续发挥出巨大的理论力量和学术力量。在这个过程中，中国史学在历史理论研究方面必将迈向更高的境界。

三、史学理论研究的展开

史学理论是关于史学作为一门学问、一个学科，在其自身发展中所面临的普遍现象和共同问题以及史学家的修养与撰述活动、史学同社会的关系等方面的概括性和规律性认识，史学理论同历史理论有所区别而又不可截然分开。

如同史学工作者在认识史料同原理的关系时，提高了对历史理论研究的自觉性一样，史学工作者在讨论加强历史理论研究时，进一步提出了研究史学理论的自觉要求。这是改革开放以后，中国史学工作者在理论研究方面又一个新的进展。20 世纪 80 年代初，尹达在讲到加强历史理论研究时，指出："我国历史学的发展告诉我们，重视史学理论的研究是我国史学的优良传统。"[1] 他举出刘知幾、章学诚、梁启超等人为例，用以证明他的观点。其后，有的史学工作者也提出了类似的论点并作了相应的论证。[2] 与此相关联的是，大学历史系史学概论教材建设的推动和西方史学理论著作纷纷引进的启示，自 20 世纪 80 年代以来，关于史学理论的研究在史学界逐步展开。

首先，反映在教材建设方面。20 世纪 80 年代以来，先后出版了各具特色的史学概论教材有数十种之多，在教学中发挥了积极作用。其中，以阐述史学理论为基本内容的史学概论教材，大致有这样几种类型：一是从中国史学遗产和中国马克思主义史学发展中提出问题进行论述；二是适当借鉴西方史学理论以历史认识论和史学方法论为主要内容，并结合中国史学的实际进行阐述；三是突出唯物史观为指导，在反映中外有关史学成果与问题的基础上，阐述历史学学科学习和研究的基

---

① 尹达：《尹达史学论著选集》，408 页。

② 参见陈启能：《历史理论与史学理论》，载《光明日报》1986-12-03；瞿林东：《史学理论与历史理论》，载《史学理论》，1987 (1)。

本问题。①

　　其次，反映在对中国史学遗产中的史学理论的研究，或从史学批评契入，或从史学思想提升，或从断代考察，或从史学变革过程进行分析，或以专题作系统探索等等，显示出内容丰富、形式活泼的面貌。② 至于研究史学理论的专题论文，则不可胜数。

　　再次，反映在中国学者对外国史学理论的研究。其中代表性的著作，有关于苏联史学理论的专书，着重于历史认识论和史学方法论的概述；有关于西方史学中的历史思维模式、历史科学的对象理论和历史科学的元理论等问题的论述；有近现代西方史学论著选译等，③ 显示出研究的重心在西方史学，无论在问题研究和资料选择方面，都有深厚的功底。值得注意的是，何兆武在批评史学界的两种不良倾向时尖锐地指出："理论的历史学家一贯习惯于先验之论，所谓研究只不过是为他那先验的理论框架填补例证而已；而实证的历史学家则一味沉浸于考据之中，往往言不及义，完全索然于历史的精神。"④ 在我们讨论理论研究成就的时候，或是讨论实证研究成就的时候，作这样的反思，应当是有益的。

---

　　① 分别参见白寿彝主编：《史学概论》，银川，宁夏人民出版社，1983；姜义华等：《史学导论》，上海，复旦大学出版社，2003；以及宁可：《史学理论研讨讲义》，厦门，鹭江出版社，2005；即将出版的马克思主义理论研究与建设工程教材《史学概论》。

　　② 参见刘家和：《史学、经学和思想》，北京，北京师范大学出版社，2005；瞿林东：《中国史学的理论遗产》，北京，北京师范大学出版社，2005；瞿林东：《中国古代史学批评纵横》，北京，中华书局，1994；吴怀祺：《中国史学思想史》，北京，商务印书馆，2006；罗炳良：《18世纪中国史学的理论成就》，北京，北京师范大学出版社，1999；刘俐娜：《由传统走向现代——论中国史学的转型》，北京，社会科学文献出版社，2006；陈其泰：《史学与中国文化传统》、《史学与民族精神》，北京，学苑出版社，1999。

　　③ 参见陈启能、于沛、黄立茀合著：《苏联史学理论》，北京，经济管理出版社，1996；朱本源：《历史学理论与方法》，北京，人民出版社，2007；何兆武主编：《历史理论与史学理论——近现代西方史学著作选》，北京，商务印书馆，1999。

　　④ 何兆武：朱本源《历史学理论与方法》序，9页，北京，人民出版社，2007。

四、中国史学史研究的发展

中国史学史研究在新中国成立以来的 60 年中，也有了重大的发展。这可以用三句话来概括：理论的提高，撰述的兴盛，研究的深入。

关于理论上的提高。20 世纪 60 年代初，中国史学界开展中国史学史研究的大讨论，[①] 是中国史学史研究从三四十年代的草创时期走向发展时期的序幕，其标志便是理论上的准备和提高。1961 年，全国文科教材会议的召开，唤起了人们对中国史学史研究的记忆和热情。北京、上海、广州、济南、西安、武汉等地史学工作者先后召开座谈会，就中国史学史问题展开了热烈的讨论。讨论的问题，大多集中在史学史研究的内容、对象、任务、分期、特点、发展规律、研究的目的、教科书的撰写原则与方法等。这种活跃的局面以及在许多问题的思考上，都是三四十年代所不可比拟的。

20 世纪 60 年代初关于史学史的大讨论，促进了人们的思考，激发了人们的研究热情，产生了不少有很高学术水平的专题研究论文。[②] 有些论文所讨论的问题是带有普遍意义的，反映了在有关理论认识上的深入。许多研究者都尝试着运用马克思主义唯物史观来看待中国史学发展中的问题和规律；同时，对于中国史学史研究的对象和任务等重要理论问题，受到研究者的普遍关注；教材建设的需要激发了中国

---

① 关于这方面讨论的报道，见 1961 年 1 月 4 日《光明日报》载吴高明文《西北大学历史系研究讨论史学史问题》，1961 年 12 月 6 日《光明日报》载《上海史学会座谈史学史问题》，1962 年 3 月 13 日《文汇报》载《关于中国史学史的讨论》，1962 年 3 月 14 日《光明日报》载《北京师大历史系邀请校内外史学工作者探讨中国古代史学史内容、分期问题》，1962 年 3 月 23 日《人民日报》载《关于中国史学史的讨论》，《北京师范大学学报》1962 年第 1 期载郭彭文《关于中国史学史的讨论》，《历史研究》1962 年第 2 期载《关于中国史学史的讨论》，《学术研究》1963 年第 1 期载《广东历史学会关于中国史学史的范畴、内容与分期问题的讨论》等。

② 参见吴泽主编的《中国史学史论集》第 1、2 册（上海人民出版社，1980）和《中国近代史学史论集》上册（华东师范大学出版社，1984），其中所收论文，不少都是 20 世纪 60 年代初面世的。

史学史研究者的热情。所有这些，都预示着中国史学史研究将要迈出新的一步。然而，十年"文化大革命"打断了这一发展势头。当一些史学工作者重新聚首于中国史学史研究领域时，已是 20 世纪 70 年代末了。

关于撰述兴盛的局面。1976 年"文化大革命"结束后，中国史学史研究迎来了它的美好的春天，史学工作者用辛勤的耕耘，装点着"百花盛开"的中国史学史园地。从 1980 年朱杰勤的《中国古代史学史》出版，到 2006 年白寿彝主编的六卷本《中国史学史》面世，在这 20 多年中，平均每年至少都有一部中国史学史著作出版，至于断代的、专题的、史家传记、史著研究、资料编纂等史学史方面的著作，则不胜枚举。从撰述的整体面貌上看，不论是在历史观点、史学视野方面，还是在内容的深入和形式的多样方面，都显示出中国史学史研究的生机和活力。这里，我们只能提到很有限的一些著作，以窥其一斑。

在贯通的中国史学史著作方面，刘节的《中国史学史稿》（中州书画社 1982 年版），反映了作者以历史编纂为主、历史哲学为辅的撰述旨趣。尹达主编的《中国史学发展史》（中州古籍出版社 1985 年版），着重以社会性质分期考察不同时代史学的思想和理论。瞿林东的《中国史学史纲》（北京出版社 1999 年版、台湾五南出版公司 2002 年版），注意在"通"的原则下突出各个时期史学发展的特点及其相互联系。白寿彝主编的六卷本《中国史学史》（上海人民出版社 2006 年版），阶段划分明确，论述深入细致，是目前规模最大的一部中国史学史著作，其长篇导论，反映了白寿彝对中国史学史研究之理论、规划和前景的精辟论说。

在中国近代史学史著作方面，有多种论著出版，其中吴泽主编的《中国近代史学史》上下册（江苏古籍出版社 1989 年版），由袁英光、桂遵义分撰，论述了 1840 年至 1919 年的中国史学，注重考察史学发展的政治背景和思想基础。值得注意的是，对于近代以来的中国史学，研究者对史学思潮、20 世纪中国史学、中国马克思主义史学发展、新中国史学成就，以至于近代史学学术史等，都有不同程度的关注。① 同时，我们也欣喜地看到，在新中国成立 60 周年的前一年，正值改革开放 30 周年之际，出版了张海鹏主编的《中国历史学 30 年》和于沛、周荣耀主编的《中国世界历史学 30 年》（均系中国社会科学出版社 2008 年版），分别以专论和专章概述了中国学者在中国史领域和外国史领域近 30 年中所取得的新进展，显示了中国马克思主义史学的新的生命力。

在资料编纂方面，杨翼骧以数十年的心血编纂了《中国史学史资料编年》，② 成为治中国史学史者不可不读之书。龚书铎、瞿林东主编的《中华大典·历史典·史学理论与史学史分典》（上海古籍出版社 2007 年版），含历史理论、史学理论、史学史三册，分部立目，以类相从，凡 604 万字，是目前所知史学理论与史学史方面的一部大型类书，初步展现了中国历史文献中所蕴涵的历史学的理论与历史的丰富遗产，也为专业工作者提供了利用古代文献资料的方便。

关于重要问题的提出和研究的深入。新中国成立以来的 60 年，中国史学史研究的成果，绝非这篇短文所能评述的，此亦情理中事。在本文的最后，我想提出中国史学史研究中人们所关注的几个重要问题，用以表明这一领域研究的深入、创新的活力和发展的广阔空间。这些问题是：（一）中国史学史上人们对历史本身之认识的发展过程；（二）中国

---

① 参见胡逢祥、张文建：《中国近代史学思潮与流派》，上海，华东师范大学出版社，1991；王学典：《二十世纪后半期中国史学思潮》，济南，山东大学出版社，1996；张书学：《中国现代史学思潮》，长沙，湖南教育出版社，1998；侯云灏：《20 世纪中国史学思潮与变革》，北京，北京师范大学出版社，2006；陈其泰主编：《20 世纪中国历史考证学研究》，北京，北京师范大学出版社，2005；肖黎主编：《20 世纪中国史学重大问题论争》，北京，北京师范大学出版社，2007；张广智主编：《20 世纪中外史学交流》，北京，北京师范大学出版社，2007；瞿林东：《20 世纪中国史学散论》，合肥，安徽人民出版社，2009；桂遵义：《马克思主义史学在中国》，济南，山东人民出版社，1992；肖黎主编：《中国历史学四十年》，北京，书目文献出版社，1989；周朝民等编著：《中国史学四十年（1949—1989）》，南宁，广西人民出版社，1989；张剑平：《新中国史学五十年》，文苑出版社，2005；张岂之主编：《中国近代史学学术史》，北京，中国社会科学出版社，1996。

② 杨翼骧：《中国史学史资料编年》第 1 册（1987 年）、第 2 册（1994 年）、第 3 册（1996 年），均系南开大学出版社出版。

史学史上人们对史学社会作用之认识的发展过程。白寿彝认为，这是史学工作"甩掉旧的躯壳，大踏步前进"，克服史学史撰述"内容贫枯"的两个方面。[①] （三）开展中国少数民族史学的研究，这对撰写多民族史学的中国史学史、从史学史上反映多民族历史文化认同的渊源，具有十分重要的意义。（四）中国史学上的史学批评研究，这对揭示中国史学发展的内在活力和清理中国史学的理论遗产，是十分重要的工作。（五）努力建设具有中国特色的马克思主义史学，这是老一辈马克思主义史学家的一个共同的特点，即"注意马克思主义历史科学的民族化"[②]。所谓"民族化"，是指中国史学既具有马克思主义史学的普遍性品格，又具有中国的特色、风格和气派。（六）重视中国史学史研究对加强历史教育的重大作用，这既是一个古老的问题，也是一个时代性极其鲜明的问题，从吴晗主编的《中国历史小丛书》到今天的中国史学史研究者，都在探讨历史教育的创新之路，积极维护中华民族共有的精神家园。

以上这六个问题，当然也还有其他一些重要问题，在现有的中国史学史论著中，都已有一定深度的研究，而对这些问题继续深入研究，将会为中国史学史书写更新的篇章。

※　　　　　　※　　　　　　※

新中国的成立，为马克思主义唯物史观在中国大地上广泛传播开辟了道路，使这一科学的历史观给古老的、博大精深的中国史学注入了新的生命力。随着广大史学工作者学习、理解、运用唯物史观水平的不断提高，中国史学在历史理论、史学理论和中国史学史研究等方面，都取得了具有历史性的新发展，为中国史学谱写了光辉的一页。我们可以相信，未来的中国史学，必将充满自信地带着自身的民族特点、风格和气派，在世界多元化的史学格局中扮演重要的角色。

[①] 白寿彝：《白寿彝史学论集》（下），603～605 页。

[②] 侯外庐：《侯外庐史学论文选集》（上），18 页。此外，尹达、白寿彝都有类似的论述。

中国史学：20 世纪的遗产与 21 世纪的前景（论纲）

本文所要讨论的内容，是一个很大的题目，也是近来史学界特别关注的一个题目。受专业和学识的局限，我对这个问题很难讲出有分量的见解。但是我认为，在 20 世纪的最后几年，史学工作者来思考和研究这个问题，以增强我们的历史感和时代使命感，坚持马克思主义史学的正确方向，进一步明确我们的研究任务，以促进中国史学的发展，是很有意义的。

一、中国史学在世纪之交的双重任务

世纪之交的中国史学面临着双重任务：总结和开拓。总结和开拓是分不开的，总结是为了进一步开拓，这才是积极的总结；开拓也只有在认真总结的基础上进行，才可能是扎实的和有成效的。总结和开拓，都是为了推动中国史学的发展和进步，使它在中国的社会主义现代化建设中发挥更大的作用。具体说来，就是：

第一，要花大气力研究和总结中国马克思主义史学发展的历史，尤其是要研究和总结老一辈马克思主义史学家的学术成果和治学经验。如果从 20 世纪 20 年代算起的话，那么中国马克思主义史学已有 70 多年的历史了。这是 20 世纪中国历史学最大的变革和最大的成就。因此，科学地总结中国马克思主义史学发展的历程，不论是成功的经验，还是发展中经历的曲折，以至它所遇到的挑战和考验，对当前的和今后的中国马克思主义史学建设与开拓来说，都是宝贵的财富，都具有启迪和鼓舞的作用。从史学工作的要求来看，这是当代史学工作者的一项义不容辞的责任。

第二，20 世纪的中国史学，涌现出一批史学大师。有老一辈马克思主义史学家郭沫若、范文澜、吕振羽、翦伯赞、侯外庐等，也有王国维、梁启超、陈寅恪、顾颉刚、陈垣等，他们的治史经验和学术成果，是 20 世纪中国史学的宝贵遗产。尽管他们的历史观和方法论并不相同，甚至存在着根本的差别；他们的治学旨趣和研究领域亦各殊异，学术成果的表现形式也各具特色。但是他们有一个共同的地方，就是都贵自得之学。他们对中国史学遗产的研究有很高的造诣，他们当中有不少人也十分了解当时外国史学发展的趋势，但他们不泥古，也不盲从，而潜心于继承和创新，各成一家。对于这些，我们是应当认真地从理论上进行总结的，并以此作为进行新的开拓的借鉴。

第三，继续加强研究和推进史学同社会的密切关系。丰富的中国史学表明，大凡经得起历史检验因而具有长久生命力的史学名著，都在不同程度上反映了时代的脉搏和社会的要求。在这方面，老一辈马克思主义史学家们的学风和成果，堪称典范。20 世纪，中国历史经历了伟大的革命性变革。他们的成果，既是历史科学上的丰碑，也记录了革命变革的呼唤。太史公司马迁说的"述往事，思来者"，在他们的著作中都有令人感奋的体现。中国史学的进一步开拓前进，就要研究这方面的经验，推进这方面的工作。

二、关于 20 世纪中国史学遗产的初步认识

对 20 世纪中国史学遗产的研究和认识，是需要有一个较长时间的

深入探讨才能做到的，本文所提出的只是一些初步认识。

（一）20世纪中国史学的发展趋势

通观20世纪中国史学发展的历程，于错综纷繁之中，大致可以看出这样的轨迹：

——"新史学"的提出及其影响。清光绪二十八年（1902年），梁启超继上年在《清议报》上发表《中国史叙论》之后，又在《新民丛报》上发表了著名的长文《新史学》。前者着眼于撰写"中国史"的构想，后者着力于从理论上批判"旧史"。作者自称"新史氏"，倡言"史界革命"，意在创立"新史学"。这两篇文章，是近代资产阶级史学家批判传统史学，为"新史学"开辟道路的标志。[1]

梁启超的"新史学"，讨论了历史撰述的性质和范围，历史哲学和史学的社会功能，史学与"他学"的关系，对"中国之旧史"的批判等史学上的重要问题。其理论价值在于：以近代学术观念阐述了史学的基本问题，提出了中国史学近代化之理论上的模式；提出了有关的新概念、新范畴，如广义之史、狭义之史、局部之史、全体之史、公理公例等等；对传统史学提出了批判性的总体认识。这些新的理论，在20世纪初至"五四"运动前后产生了很大的影响。"新史学"事实上成为20世纪中国史学发展的第一个阶段。

——马克思主义史学的产生和发展。从1924年李守常（大钊）出版《史学要论》到1930年郭沫若出版《中国古代社会研究》，标志着中国马克思主义史学的产生。至1949年新中国成立前，中国马克思主义史学已经有了很大的发展，并在历史观和方法论上，把中国史学从近代化阶段推向科学化道路，显示出了在多种学派齐流并进中的主流作用。

中国马克思主义史学的产生，同马克思主义唯物史观在中国的传播有直接的关系，李大钊、蔡和森、瞿秋白等在这方面都有杰出的贡献。李大钊所著《史学要论》，是中国第一部用唯物史观写成的史学理论著作，也是20世纪中国史学上中国学人撰述的最早的史学理论著作。中国马克思主义史学的发展，又是同中国共产党领导的中国革命的进程有直接的关系的，郭沫若、范文澜、吕振羽、翦伯赞、侯外庐等在这方面

---

[1]　这两篇文章，后来分别收入《饮冰室文集之六》和《饮冰室文集之九》，见《饮冰室合集》第1册。

都有杰出的贡献。郭沫若所著《中国古代社会研究》，是中国第一部用唯物史观写成的中国古史著作；其后，郭、范、吕、翦、侯等史家在抗日战争和解放战争的艰苦年代，在社会史、通史、思想史方面，都有重要的著作问世，使中国马克思主义史学成为一股强大的潮流。

——新历史考据学派。在"新史学"兴起的浪潮中，新历史考据学派亦开始萌生。它的特点，不是以批判"中国之旧史"为目标，而是一则借用西方实证主义史学方法，一则继承18世纪乾嘉时期考史学派的传统，提出了许多阐释中国历史专题研究的新成果。早在1921年，王国维的《观堂集林》即付梓刊行，成为20世纪新历史考据学派的先驱。王国维用"二重证据法"，以达到"古史新证"的目的。他对于考古学上的新发现表示出极大的重视，认为这是推动了新学问的出现。陈寅恪、陈垣是继王国维之后的最有成就的两位新历史考据学派大师。前者以诗文与史事互证见长，后者以探求史源、区分类例为宗，在考据和撰述上都取得了丰富的、创造性的学术成果。在历史考据方面，由"疑古"走向"考信"的顾颉刚，在古史考辨上也作出了突出的成绩，他主办的《古史辨》，曾经产生很大的影响。陈寅恪、陈垣、顾颉刚，都是跨越20世纪前期和后期的史家，为新中国的史学工作作出了许多贡献。

——马克思主义史学的广泛传播和"影射史学"的泛滥。新中国成立以后，马克思主义史学在中国大地上得到了广泛的传播。马克思主义成为新中国的指导思想，唯物史观在中国各族人民中开始普及，这为马克思主义史学的广泛传播提供了政治上和思想上的条件。从1949年至1966年，著名的马克思主义史家郭沫若、范文澜、吕振羽、翦伯赞、侯外庐等都纷纷写出了新的著作，在以马克思主义唯物史观阐述中国历史、中国思想史等方面，作出了新的贡献。马克思主义史学的广泛传播，还突出地表现在各级学校的历史课程和各种历史研究机构，都坚持以唯物史观为指导进行教学和研究工作。马克思主义史学广泛传播的重大成就，使越来越多的史学工作者自觉地接受马克思主义唯物史观的理论和方法作为研究历史的指南；其中，一批又一批年轻的马克思主义史学工作者迅速成长起来，这对中国马克思主义史学的连续性发展具有重大的意义。

1966 年至 1976 年，中国发生了"文化大革命"，国家的政治活动、经济活动、文化活动等都失去了正常的秩序。"四人帮"对《海瑞罢官》和"三家村"的批判，使学术界成为这场"革命"的锋芒所向，而史学界又首当其冲。继之而起的是"儒法斗争史"的泛滥和"批儒评法"的横行，历史被歪曲和篡改，史学被"四人帮"糟蹋成为用来搞政治影射的工具，完全失去了它的崇高尊严和科学价值。这是 20 世纪中国史学所遭受到的最大损失。这个教训，值得人们永远记取。当然，即使在这样的年代里，一些真诚的史学工作者并未放弃自己的学术信仰，坚持为史学工作的复兴而默默地耕耘。

总的来看，这是一个为史学发展积蓄了宝贵经验和教训的时期。

——新时期史学的繁荣和当前史学发展趋势。1976 年"四人帮"垮台后，特别是 1978 年中国共产党的十一届三中全会后，随着中国历史进程的改变，中国史学逐步进入到一个新的繁荣时期。政治上的思想解放，理论上的拨乱反正，史学上一些"禁区"的被突破，极大地鼓舞了史学工作者的热情，史学界所积蓄的"潜能"一下子被释放出来，化作无数的鸿篇巨制。这是 20 世纪中国史学的又一个春天。

这个时期，历史研究机构和学术团体增多了，历史学的专门刊物增多了，史学工作者队伍的人数增多了，这都是史学发展的标志。从深层次来看，史学工作者的视野扩大了，这表现在对学科理论、方法的关注，对国外史学发展状况和发展趋势的关注，以及对史学相关学科发展的关注；历史研究领域扩大了，如在重视经济史、政治史、思想史研究的同时，开始重视文化史与社会史的研究，民族史与宗教史的研究，地方史与区域史的研究，考古学研究与历史学研究的结合，以及中外文化交流史与国别史、地区史的研究等等，而对于历史人物的研究则尤其活跃，还有一些规模宏大的历史研究项目，在这个时期开始启动，其中有的已经完成。从 20 世纪 80 年代开始出版的《中国历史学年鉴》，真实地记录了新时期以来中国史学发展的轨迹。

这个时期，中国史学发展的趋势有两点是十分突出的。一个发展趋势是：史学工作者经过对 20 世纪 50 年代以来史学发展道路的反思，经过对当代外国史学发展状况的初步了解，并认真地考察了当代中国历史运动对史学发展所提出的要求，从而在理论、方法、研究课题的价值取向、研究的手段与模式等方面，都有比较深入的思考；可以预料，在 20 世纪末和 21 世纪初，将有一批面貌一新的、有影响的新成果问世。另一个发展趋势是：史学发展在客观上受到市场经济发展的影响，当史学更多地接触到社会层面时，便出现了高雅与平庸混杂、通俗与媚俗并存的局面，这有势使之然的一面，也有学风不正的一面。中国史学的进一步发展，必须清醒地看到这种趋势所带来的正面影响和负面影响。

（二）20 世纪中国史学的基本成就

——理论、方法论研究的成就。在历史理论方面，20 世纪中国史学有两个重大的转变，一是从朴素的历史进化观点向近代进化论的转变，一是从进化论向历史唯物论的转变。前一个转变始于 19 世纪末叶，康有为在西方进化论的影响下，结合中国传统的公羊三世说，创立了历史进化论。其后严复译述《天演论》，西方的进化论进一步广泛流传。至 20 世纪初梁启超发表《新史学》，明确提出历史撰述要写出人群之进化现象并求得公理公例的原则，从而使历史进化论在史学领域中获得了具体的表现形态，产生了广泛的影响。章太炎、孙中山阐述了革命在历史进化中的重要作用，把历史进化论又向前推进一步。后一个转变是更重要的转变，这是因为历史唯物论克服了历史进化论的种种局限性，向人们提供了科学地认识人类社会历史的历史观和方法论。1919 年至1920 年，李大钊发表了《我的马克思主义观》、《史观》、《唯物史观在现代史学上的价值》等文章，强调"吾侪治史学于今日的中国，新史观的树立，对于旧史观的抗辩，其兴味正自深切，其责任正自重大"[1]。他说的"新史观"即是唯物史观，并对其内容与价值作了阐述。其后，在马克思主义史学发展过程中，史学家们对唯物史观有十分丰富的阐述和运用，同时也有一些专门性质的研究论著问世。翦伯赞的《历史哲学教程》（1939 年）一书，系统论述了唯物史观的基本原理，这同他在 60 年代发表的著名论文《对处理若干历史问题的初步意见》、《目前史学研究中存在的几个问题》相互补充、发明，反映了作者对唯物史观的深刻理解。20 世纪 80 年代，侯外庐总结自己数十年治史的理论和方法，揭

---

[1] 李大钊：《李大钊史学论集》，72 页，石家庄，河北人民出版社，1984。

示了一个马克思主义史家理解和执行唯物史观的心迹与实践。① 白寿彝主编的《中国通史》第一卷《导论》（1989 年），反映了几代史学工作者运用唯物史观对中国历史作出理论说明的真诚的努力。这样的著作还有不少，不能一一列举。近 20 年来，史学界关于史学自身的理论研究，也有新的起步，取得了可喜的成绩。

——历史撰述的成就。20 世纪的中国史学在历史撰述上取得了辉煌的成就。据中国社会科学院历史研究所 1982 年编制的 1900—1980 年《八十年史学书目》（中国社会科学出版社 1984 年 10 月出版）的统计，这 81 年出版历史类著作大约 12400 余种，平均每年出版历史类著作约 150 种左右。另据《中国历史学年鉴》的统计，1979 年历史类著作的出版约 170 余种，而 1994 年历史类著作的出版则增加至约 750 种，足见近十几年来历史类著作出版数量增长的迅速。② 历史撰述上的辉煌，并不止是指出版数量之大而言，主要还在于它们涉及到广泛的历史领域，其中有许多著作具有很高的学术价值和科学水平，反映了 20 世纪中国史学的新发展。对此，林甘泉先生最近所撰《二十世纪的中国历史学》一文，已有中肯的和比较详细的论列，③ 本文不再赘述。

——历史编纂学的成就。20 世纪的中国史学，在历史编纂学上经历了重大的历史性变革。首先，在历史编纂思想上，注重于揭示历史发展的进程及其内在规律，揭示人民群众在历史发展中的作用和社会生产力作为推动社会历史前进的根本动力等。在历史编纂内容上，在传统的纪传史、编年史、典制史、纪事本末史的基础上，开创了各种专史的研究和撰述，如经济史、政治史、民族史、宗教史、学术思想史、文学史、史学史、艺术史、风俗史等等，从过去的着重于朝代兴亡为主要内容而发展到对社会制度、社会生活、意识形态方面的关注。在历史编纂形式上，章节体的出现和广泛运用，一方面是它能在容纳历史信息上有很大的回旋余地和灵活性，一方面也便于广大读者的阅读和理解，这是

---

① 《侯外庐史学论文选集》自序，见《侯外庐史学论文选集》（上），5～21 页。

② 这些数字，包括译著、重印书和考古学著作在内。

③ 林甘泉：《二十世纪的中国历史学》，载《历史研究》，1996（2）。

旧的史书体裁所不及的。当然，单一的章节体也会使多样的历史编纂形式变得单调起来，并且也不能完全适用于表现纷繁复杂的历史面貌和历史进程。近 20 年来，随着新综合体的创立，史学工作者开始注意到充分继承、发扬传统史书体裁的优点，促进了宏大的历史撰述工程的进行，这在中国通史、清史、太平天国史、民国史的撰述中尤为突出。

——历史文献学的成就。20 世纪的中国史学在文献学方面的成就，主要有三个方面，一是对新发现的文献的整理和研究，二是对传世的文献的整理和研究，三是对明清档案的整理和研究。新发现的文献，有甲骨文字、商周金文、侯马盟书、秦汉简牍帛书、敦煌写卷、吐鲁番文书、碑刻墓志等。其中《甲骨文合集》这一巨型工程的完成，以及关于敦煌写卷和吐鲁番文书的整理、研究所取得的成就，都引起了全世界学者的关注。这些新发现的历史文献，进一步丰富了中国历史的内容，更加突出地展现出中国古老而灿烂的文明。对传世的历史文献的整理和研究，其荦荦大者，如 20 世纪 30 年代《廿五史补编》的出版，50 年代《中国近代史料丛刊》、《中国近代经济史资料丛刊》等的编辑、出版，50 年代开始的对"二十四史"、《资治通鉴》、《清史稿》的点校、出版，以及近十几年来在国务院古籍整理出版规划小组统一规划下所展开的大规模的历史文献的整理与出版，在保存和利用历史文献方面作出了巨大的贡献，为人们研究历史提供了方便条件。明清档案的清理和利用，对于推进明清史的研究具有极其重大的意义。当然，对于 20 世纪历史文献的整理，尚待有计划、有步骤地进一步展开，这对 21 世纪历史学的发展是非常重要的。近十几年来，关于历史文献学理论和方法的研究，出版了不少专著，探索和认识也在不断深入。

——研究和继承中国史学遗产方面的成就。史学的发展，离不开对自身的反省和继承。20 世纪初，中国史学着眼于对自身的反省和突破；60 年代以后至今（其间，"文化大革命"十年例外），着眼于反省和继承。没有突破不能发展，忽视继承也不能发展。"新史学"的倡导，马克思主义史学的产生和发展，对传统史学起了突破的作用；在马克思主义史学得以广泛传播之时，史学家们有可能比较冷静地来思考史学遗产的继承问题，于是在 60 年代出现了中国史学史研究开始兴起的局面。"文化大革命"结束以后，中外史学史的研究有了新的发展，并且有专业学术季刊《史学史研究》的创办和在国内外的广泛发行，以及数十种有关史学史论著的出版，许多高校历史系开设了中国史学史课程，全国的和教委的社会科学基金资助项目也有一定数量的中国史学史课题。这种"史学寻找自己"的热情，必将进一步推动史学的发展。

——研究和借鉴外国史学有益成分的成就。20世纪中国史学的发展，就其整体来看，都是同研究、借鉴外国史学的积极成果，尤其是理论和方法方面的积极成果相联系的。这在20世纪二三十年代、五六十年代和八九十年代出现了三次高潮。最近，于沛先生有专文进行评论。① 这三次高潮，虽产生于不同的年代，引进的内容也有很大变化，但却出现了惊人的相似之处，即由简单搬用到认真辨析，再到具体对待。其中经验和教训，都是很深刻的。于文总结了三条"规律性现象"，是值得重视的：第一，"外国史学理论在中国的引入和传播，从来不曾脱离中国社会发展的广阔的历史背景"。第二，"外国史学的引入和研究，从来是和中国史学建设联系在一起的"。第三，"引入和研究外国史学理论，要立足于中国史学坚实的基础上。对其不加分析地全盘接受同盲目地排外、否定一样，都将对中国史学带来严重的危害"。这几点认识，可以引起人们深入的思考。从整体来看，20世纪中，中国学人对外国史学的研究与借鉴，成绩是不小的；从发展水平来看，以第三次高潮为例，我同意这样的评价："目前，西学之引进正处在转折点上：一般性的介绍与表层的移植已经过去，但真正独创性的深入地研究的时代尚未到来。"②

——考古发掘和考古学研究的成就。20世纪，是中国近代考古事业从起步而走向辉煌的世纪。近百年中的许多震惊世界的考古新发现，足以使中国学人重构上自西侯度文化、元谋人文化至夏文化间的中国古史的远古时代，而且也极大地丰富了文明时期中国历史的内容，更加显示出中国文明的悠久和灿烂。这是20世纪中国史学遗产极其重要的部分。

---

① 于沛：《外国史学理论的引入和回响》，载《历史研究》，1996（3）。

② 张广智：《超越时空的对话：我国新时期引进西方学术文化的若干思考》，载《天津社会科学》，1996（3）。

——普及历史知识、进行历史教育的成就。中国史学有注重通俗化的优良传统，这对于普及历史知识、进行历史教育有重要的意义。"新史学"的倡导，也包含有这方面的目的。马克思主义史学尤其重视这一工作。抗日战争时期，郭沫若的史论和史剧，在这方面有突出的贡献。1948 年，翦伯赞在《关于历史知识的通俗化问题》一文中指出："本国史知识之所以有普及的必要，就是因为我们可以通过科学的历史知识来肃清各种封建的、买办的、个人主义与英雄主义的旧思想，并且我们可以由历史发展规律的正确把握而加强对中国民族进步方向的信心与认识。"① 这是马克思主义史学关于普及历史知识、进行历史教育的基本观点。新中国成立以后，这项工作有了广泛的开展。吴晗在 20 世纪 60 年代主编的《中国历史小丛书》和《外国历史小丛书》曾一度成为史学界、知识界、读书界关注的事情，成为大众所关注的事情，堪称进行这项工作的典范，至今仍为人们所称颂。新时期以来，这方面的工作的范围更加扩大了，如历史文献的今注今译，图与文相结合的历史读物的增多，各种通俗的历史人物传记的出版，等等，使这一领域显得格外活跃。其中，一定会有经得起大众和时间的考验的产品流传下去，而媚俗和平庸之作，必然会被历史所淘汰。

20 世纪中国史学的成就还有许多具体的表现。以上所举八项，都是比较重要的方面，它们是 20 世纪中国史学遗产的主体。

（三）20 世纪中国史学的主要思潮

20 世纪中国史学思潮纷繁、复杂，对于它的研究、认识，实为从思想上、观念上总结 20 世纪史学遗产所必须，更是明确 21 世纪中国史学发展方向所必须。关于 20 世纪初中国史学思潮和新时期中国史学思潮，已见有专书、专文论述，② 但总的来看，这方面的讨论和研究还很不够，是应当引起注意的。

思潮，主要是指一种思想倾向。史学思潮主要是指史学观点上的某种倾向。但就广泛的意义上讲，史学方法上的不同，有时也会造成史学

---

① 翦伯赞：《翦伯赞史学论文选集》第 2 辑，165 页。

② 分别参阅胡逢祥、张文建：《中国近代史学思潮与流派》，上海，华东师范大学出版社，1991；王学典：《新时期史学思潮的演变》，载《中国社会科学》，1994（2）。

思潮上的歧异。这些都是相对而言的。这里，我们是否可以从宏观上来看待 20 世纪中国史学的主要思潮，以便把握它的基本思想脉络。这就是：

——早期"新史学"思潮，以历史进化论为指导，活跃于 20 世纪初，在批判传统史学、引进外国史学、推进中国史学的近代化方面，有重要的历史功绩。但是，早期"新史学"思潮有两个明显的局限性：一是它在理论上没有提出对客观历史的科学的说明，以及人们认识和研究历史的科学的方法论；二是没有提出系统的、有影响的中国历史论著，留下足以代表这一思潮的主要遗产。

——马克思主义史学思潮，以唯物史观为指导，产生于 20 世纪 20 年代和 30 年代初，三四十年代获得重大发展，五六十年代在中国广泛传播，经过"文革"十年的历史性考验后，八九十年代进入了健康发展的新时期。马克思主义史学思潮是在同各种反马克思主义的和非马克思主义的史学思潮的斗争中发展、壮大起来的，是在同中国的现实、中国的历史、中国的史学相结合的过程中，形成了自己的本质特征和民族风格的，因而具有强大的生命力。它以追求科学性与实践性相统一为史学发展的目标，在中国史学发展中占有中流砥柱的作用，代表着、反映着中国史学发展的方向和前途。当然，马克思主义史学思潮在发展中，也留下了严重的教训：一旦把理论当做教条并以其去剪裁历史，那就不仅曲解了历史、损害了史学，而且也使理论失去了指导的作用和科学的价值。中国马克思主义史学的进一步发展，必须记取这一严重的教训。

——新历史考据学派思潮，以重视治史方法、进化史观和新史料的发现相结合为基本特征，滥觞于 20 世纪初，在 20 年代至 40 年代获得丰硕成果。1945 年，顾颉刚在《当代中国史学·引论》中，概括了这一史学思潮的特征：

> 后期史学的面目，是颇为新颖的，他所以比前期进步，是由于好几个助力：第一是西洋的科学的治史方法的输入。过去的乾嘉汉学，诚然已具有科学精神，但是终不免为经学观念所范围，同时其方法还嫌传统，不能算是严格的科学方法。要到"五四"运动以后，西洋的科学的治史方法才真正输入，于是

中国才有科学的史学可言。……第二是西洋的新史观的输入，过去认为历史是退步的，愈古的愈好，愈到后世愈不行；到了新史观输入以后，人们才知道历史是进化的，后世的文明远过于古代，这整个改变了国人对于历史的观念。……第三是新史料的发现，在近百年中，新史料发现很多，一方面可以补充过去史籍的不备，一方面却又决定了后期史学的途径。

他说的"后期史学"，即指 20 世纪前期而言。我以为，这一段话，大致可以反映出新历史考据学派思潮的主旨。

——当代新史学思潮，这主要指新时期以来，以马克思主义为指导，以借鉴二战以来尤其是当代欧美史学发展中提出的新的理论和方法，探讨对社会历史作跨学科研究或对社会历史作某一层面的研究为基本特征的史学思潮。这一思潮的健康发展，将推动中国史学对外国史学的借鉴，有利于中国史学的发展。这里，应当注意的是：对外国史学的新理论、新方法的借鉴，应取分析的和慎重的态度。分析并不意味着保守，慎重亦并非拒绝。

三、学风建设和 21 世纪中国史学的前景

走向 21 世纪的中国史学，面临着许多历史性的任务。为了迎接这些新的任务，迎接新的挑战，史学队伍素质的提高，是一个迫切的问题。没有高素质的队伍，便不会有高水平的研究和出色的成果。

现在，使人感到忧虑的是，史学队伍的学风建设荒疏，在有些问题上反映出不良学风的严重倾向。学风问题是根本性质的问题，不端正学风，不提倡和建设起优良的学风，我们的历史科学以至整个哲学社会科学要去攀登 21 世纪的高峰，是十分困难的，甚至是不可能的。

学风建设，首先是指导思想方面的问题。20 世纪七八十年代以来，中国历史学在理论上的一个重要的突破，是反省了对马克思主义唯物史观的教条主义式的搬用，因而造成了历史研究中的简单化、公式化的倾向。这种反省是必要的和有益的。由此而产生的积极作用是巨大的，可以看做是 20 世纪中国史学在科学化道路上的又一次升华。这是问题的一个方面。问题的另一个方面是，中国史学在走向 21 世纪的过程中，

能不能坚持正确地运用唯物史观作为研究历史的指南，能不能在唯物史观指导下不断地进行理论上的创新，从而不仅在思想认识上而且在科学研究的实践中纠正以往的简单化、公式化的倾向，把对于唯物史观的运用推进到更高的、更科学的新阶段，这是中国史学能不能在21世纪创造新的辉煌的关键。这里，有两个认识上和实践上的症结。第一，纠正对于唯物史观的简单化、公式化的搬用，并不是由此证明唯物史观的根本原则不可以用来指导研究历史，更不是证明研究历史必须脱离唯物史观的指导。所谓"拨乱反正"、"正本清源"，最终还是要明确什么是"正"、什么是"源"，并把这个"正"、这个"源"坚持下去。第二，纠正对于唯物史观的简单化、公式化的搬用，使历史研究者的思想得到解放，从而能够在唯物史观的总的原则的指导下进行创造性的研究，并善于吸收当代国内外各个学科在理论、方法论上的新的进展，以丰富唯物史观的内涵。处在世纪之交的中国史学工作者，在对过去的反思进行反思的时候，有必要进一步明确这些问题。

其次，是尊重学术史上的积极成果，尊重当代人的论著所提出的积极成果。这是后人对前人所作的探索应取的态度，是个人对社会应取的态度。现在有的研究者，不考虑具体的历史条件而对前人的成果横加指责，甚至全盘否定，这种非历史主义的治学态度和批评方法，有时还受到赞扬和吹捧；现在也有的研究者，明明是参考了、借鉴了前人或今人的研究成果，而在自己的论著中不作说明、不注出处，以至故意向读者加以隐瞒，从而把自己装扮成某个观点、某种见解的提出者、首倡者。这两种情况，都严重地干扰了学术研究的正常秩序，都在助长着不良学风的泛滥。纠正这种不良学风的倾向是非常必要的。

再次，提倡进行开拓性、创造性研究。在历史学界，这些年来，出版了不少论著，发表了许多文章，其中有一些是很出色、很优秀的成果；也有一些是重复地做着前人做过的文章，甚至也重复地做着当代人做过的文章，而又没有新的创意，这对于通俗读物来说，未为不可，对于学术研究来说，是应当努力避免的。这里，是不是有一种平庸的学风在滋长呢？这种情况不改变，中国的历史学要创造21世纪的辉煌也是很困难的。

学风建设还表现在其他一些方面，如对于现代汉语的规范性使用，对于文风的重平实不尚浮华，对于克服治学上的浮躁情绪等等。所有学风上的问题，都直接同提高史学工作者队伍的素质有关，都同走向 21 世纪的史学的发展方向、发展水平有关，应当引起各方面的关注。

总之，只有加强学风建设，我们才能走出目前存在着的一些认识上和实践上的各种误区，使当代史学得以更加健康的发展，得以迈出更大的步伐，走向世界，走向 21 世纪。

21 世纪的中国史学，在研究方向上，一方面要有利于学科建设的发展，一方面要努力使之有利于促进改革开放的发展，有利于促进社会主义现代化建设的发展，有利于促进社会主义精神文明建设的发展，有利于促进中华民族整体素质的提高，使越来越多的人认识到"要懂得些中国历史，这是中国发展的一个精神动力"①。

21 世纪的中国史学，要努力探索和改进历史研究的模式，使之更加科学化和多样化，更加富于社会启示意义。

21 世纪的中国史学，要造就出一批能够同世界各国史学家对话的新型的史学家。这些新型的史学家，应有较高的马克思主义理论修养和中国学问的根底，应对世界历史和外国史学有相当的了解，应在专精的基础上努力向通识发展，应具有较高的古代汉语的修养、现代汉语的表述水平和外国语水平，应善于同外国同行合作而又具有中国作风和中国气派。因此，我们应当有一种探索造就新型的史学人才模式的自觉意识。中国史学会会长戴逸教授把"在改革开放中成长起来的一代"史学工作者，称为"探索的一代"②。是的，这是跨世纪而展宏图的一代史学工作者，希望在他们当中能够涌现出一些这样新型的史学家。

---

① 《邓小平文选》第 3 卷，358 页，北京，人民出版社，1993。
② 向燕南：《世纪之交的史学回顾与前瞻——访中国史学会会长戴逸先生》，载《史学史研究》，1996 (1)。

论中国马克思主义史学的史学观

中国马克思主义史学在发展过程中，在其关于理论问题的研究方面，逐步形成了关于史学的有系统的认识，这可以称之为中国马克思主义史学的史学观，这是中国马克思主义史学在史学理论方面的成就。本文试对此作初步的探讨，不当之处，希望得到同行的批评、指正。

一、关于历史学学科体系

1924 年，李守常（大钊）的《史学要论》一书由商务印书馆出版，它表明中国马克思主义史学从其诞生时起，就把对于史学的认识放在首要地位，此书题名"史学"之"要论"，绝非偶然。可见，一个学科之学科体系的建立，当从认识这门学科开始。

《史学要论》所反映出来的史学观，概括说来，主要有以下几个论点：

——明确区分"历史"和"历史学"的性质，提出把客观存在的历史同人们主观反映的历史加以区别的重要性。

什么是"历史"？李大钊从三个方面提出了

对客观存在之历史的认识：

第一，历史撰述所反映的"历史"，并不等同于"活的历史"即客观存在的历史本身。李大钊指出："不错，我们若想研究中国的历史，像那《史记》咧，《二十四史》咧，《紫阳纲目》咧，《资治通鉴》咧，乃至其他种种历史的纪录，都是很丰富、很重要的材料，必须要广搜，要精选，要确考，要整理。但是他们无论怎样重要，只能说是历史的纪录、是研究历史必要的材料，不能说他们就是历史。这些卷帙，册案，图表，典籍，全是这活的历史一部分的缩影，而不是这活的历史的本体。"① 作者指出这种区别和联系，在理论上使人们懂得"历史的本体"即"活的历史"比历史撰述所反映的内容更生动、更丰富，从而拓展了人们的历史视野；在实践上则使人们可以感受到自己也生活在"活的历史"之中，增强了对于历史的体察和责任。第二，历史就是社会的变革。阐明这一点，使人们懂得历史是变化的、进步的、生动不已。李大钊写道："这样讲来，我们所谓活的历史，不是些写的记的东西，乃是些进展的、行动的东西。写的记的，可以任意始终于一定的范围内；而历史的事实的本身，则永远生动无已。不但这整个的历史是活的东西，就是这些写入纪录的历史的事实，亦是生动的，进步的，与时俱变的。"② 第三，历史是一个整体，是不可能割断的。李大钊认为："历史是亘过去、现在、未来的整个的全人类生活。"③全人类的历史如此，一个国家、一个民族的历史也是如此。

那么，什么是"历史学"呢？其主要论点是：

第一，关于"历史学"的对象。李大钊写道："史学有一定的对象。对象为何？即是整个的人类生活，即是社会的变革，即是在不断的变革中的人类生活及为其产物的文化。换一句话说，历史学就是研究社会的变革的学问，即是研究在不断的变革中的人生及为其产物的文化的学问。"④李大钊对历史学所作的这一定义，对人们认识历史学的性质与作用，有深刻的启示。第二，历史学应着力于建立历史理论。李大钊认

---

① 李守常：《史学要论》，75 页，北京，商务印书馆，1999。

② 同上书，79 页。

③ 同上书，82 页。

④ 同上书，85 页。

为：在整理、记述历史事实的基础上，"建立历史的一般理论"即历史理论，才能使"今日的历史学"成为历史科学。这表明他在历史学的发展上是一个高瞻远瞩的人。第三，历史科学是可以建立起来的。针对当时的一种见解，即认为"历史是多元的，历史学含有多元的哲学"，因此"史学缺乏属于一般科学的性质"云云，李大钊阐述道："各种科学，随着他的对象的不同，不能不多少具有其特色；而况人事科学与自然科学不可全然同视，人事科学的史学与自然科学自异其趣。然以是之故，遽谓史学缺乏属于一般科学的性质，不能概括推论，就一般史实为理论的研究，吾人亦期期以为不可。人事现象的复杂，于研究上特感困难，亦诚为事实；然不能因为研究困难，遽谓人事科学全不能成立，全不能存在。将史实汇类在一起，而一一抽出其普通的形式，论定其一般的性质，表明普遍的理法，又安见其不能？"①各种科学"自异其趣"，都有自身的特点，史学亦然，历史科学是可以建立起来的。这就是作者的结论。

——指出历史学研究的对象包含"记述历史"和"历史理论"两个含义丰富的方面，认为这是"广义的历史学"。

李大钊把"狭义的历史学"称之为"历史理论"，即指个人的、氏族的、社团的、国民的、民族的、人类的"经历论"②。"狭义的历史学"加上记述历史，便构成"广义的历史学"。这使我们不禁想起中国古代史学中的"叙事"与"议论"，尽管二者不可同日而语，但毕竟存在着史学发展上的内在联系。

李大钊这样分析"记述历史"和"历史理论"的关系，他写道：

> 记述历史与历史理论，其考察方法虽不相同；而其所研究的对象，原非异物。故历史理论适应记述史的个人史，氏族史，社团史，国民史，民族史，人类史，亦分为个人经历论，氏族经历论，社团经历论，国民经历论，民族经历论，人类经历论等。为研究的便利起见，故划分范围以为研究。那与其所研究的范围了无关系的事项，则屏之而不使其混入；但有时为

---

① 李守常：《史学要论》，91 页。
② 同上书，96 页。

使其所研究的范围内的事理愈益明了，不能不涉及其范围以外的事项，则亦不能取不敢越雷池一步的态度。例如英雄豪杰的事功，虽当属之个人史，而以其事与国民经历上很有影响，这亦算是关于国民生活经历的事实，而于国民史上亦当有所论列，故在国民史上亦有时涉及个人民族或民族的事实。反之社会的情形，如经济状况，政治状况，及民族的血统等，虽非个人史的范围以内的事，而为明究那个人的生活的经历，及思想的由来，有时不能不考察当时他所生存的社会的背景，及其家系的源流。

记述历史与历史理论，有相辅相助的密切关系，其一的发达进步，于其他的发达进步上有莫大的裨益，莫大的影响。历史理论的系统如能成立，则就个个情形均能据一定的理法以为解释与说明，必能供给记述历史以不可缺的知识，使记述历史愈能成为科学的记述；反之，记述历史的研究果能愈益精确，必能供给历史理论以确实的基础，可以依据的材料，历史理论亦必因之而能愈有进步。二者共进，同臻于健全发达的地步，史学系统才能说是完成。①

这两段话，把"记述历史"同"历史理论"的关系阐述得十分透彻。此外，值得注意的是，李大钊把"历史研究法"、"历史编纂法"、"历史哲学"以及"特殊历史学"（即各种专史的记述部分与理论部分）同"普通历史学"（即前面所说的"广义的历史学"）合称为"最广义的历史学"。②尽管这里没有提到"自然史"，但仍使我们想起了马克思、恩格斯的那句名言："我们仅仅知道一门唯一的科学，即历史科学。历史可以从两方面来考察，可以把它划分为自然史和人类史。但这两方面是密切相联的；只要有人存在，自然史和人类史就彼此相互制约。"③李大钊所说的"最广义的历史学"，实已大大开阔了

---

① 李守常：《史学要论》，96～97 页。
② 同上书，107 页。
③ 《马克思恩格斯全集》第 3 卷，20 页，北京，人民出版社，1960。

人们对"历史学"的理解。

——阐明了史学在科学中的位置以及它与相关学科的关系。

关于"史学在科学中的位置"。这里所论述的，是关于史学在科学史上之地位的问题。作者以欧洲为例，指出在中世纪以前，史学"几乎全受神学的支配"；到了十六七世纪，随着文艺复兴的发展，近代科学产生；其后又经许多人"先后努力的结果，已于历史发现一定的法则，遂把史学提到与自然科学同等的地位，历史学遂得在科学系统中占有相当的位置"①。这就是说，只是当人们从历史中发现了"一定的法则"时，历史学在科学史上或者说在科学系统中才占有自己的位置。作者对马克思的有关理论作了如下的概括："马克思一派，则以物质的生产关系为社会构造的基础，决定一切社会构造的上层。故社会的生产方法一有变动，则那个社会的政治、法律、伦理、学艺等等，悉随之变动，以求适应于此新经变动的经济生活。故法律、伦理等不能决定经济，而经济能决定法律、伦理等。这就是马克思等找出来的历史的根本理法。"②作者认为历史学之所以能够成为科学，其主要根据即在于此。

关于"史学与其相关学问的关系"。李大钊把与史学相关的学问划分为六类，一一阐述。他认为，文学、哲学、社会学与史学的关系尤为密切，故择出分别论述，而又以论述"史学与哲学"最为详尽，足见作者的理论旨趣之突出。

——强调史学的社会价值和实践意义。

李大钊十分强调"现代史学的研究及于人生态度的影响"。关于这个问题，李大钊作了深刻而精辟的论述，他的主要论点是：第一，史学对于人生有密切的关系。他开宗明义地写道："历史学是研究人类生活及其产物的文化的学问，自然与人生有密切的关系；史学既能成为一种学问，一种知识，自然亦要于人生有用才是。依我看来，现代史学的研究，及于人生态度的影响很大。"③第二，现代史学研究可以培养人们的科学态度和脚踏实地的人生观。李大钊指出："有生命的历史，实是一

①　李守常：《史学要论》，113 页。
②　同上书，116 页。
③　同上书，132 页。

个亘过去、现在、未来的全人类的生活。过去、现在、未来是一线贯下来的。这一线贯下来的时间里的历史的人生，是一趟过的，是一直向前进的，不容我们徘徊审顾的。历史的进路，纵然有时一盛一衰、一衰一盛的作螺旋状的运动，但此亦是循环着前进的、上升的，不是循环着停滞的，亦不是循环着逆返的、退落的，这样子给我们以一个进步的世界观。我们既认定世界是进步的，历史是进步的，我们在此进步的世界中、历史中，即不应该悲观，不应该拜古，只应该欢天喜地的在这只容一趟过的大路上向前行走，前途有我们的光明，将来有我们的黄金世界。这是现代史学给我们的乐天努进的人生观。"①在李大钊看来，有什么样的历史观就会影响到有什么样的世界观，进而影响到有什么样的人生观。第三，历史教育的重要作用。李大钊很深刻地阐述了这个道理，他写道："即吾人浏览史乘，读到英雄豪杰为国家为民族舍身效命以为牺牲的地方，亦能认识出来这一班所谓英雄所谓豪杰的人物，并非有与常人有何殊异，只是他们感觉到这社会的要求敏锐些，想要满足这社会的要求的情绪热烈些，所以挺身而起为社会献身，在历史上留下可歌可哭的悲剧、壮剧。我们后世读史者不觉对之感奋兴起，自然而然的发生一种敬仰心，引起'有为者亦若是'的情绪，愿为社会先驱的决心亦于是乎油然而起了。"②史学的魅力就在于此。历史教育实在是一桩伟大的事业。

综上，可以看出，在 20 世纪 20 年代，李大钊从当时学术界所达到的认识水平，提出了关于历史学学科体系的新认识，其学术上的价值有两点是值得注意的：第一，它拓展了人们对历史学的认识，这是中国史学在走向近代过程中的又一个重大变化。第二，它以"马克思等找出来的历史的根本理法"为指导，使这一学科体系建立在科学理论的基础上。第三，它展示出一种积极的史学观，认为史学对社会前途、对人生道路具有乐观的、奋进的影响。

李大钊所提出的这一历史学的学科体系，在 20 世纪 80 年代产生的影响尤为突出，当时面世的一些史学概论教材，有的就是对《史学要

---

① 李守常：《史学要论》，134～135 页。
② 同上书，135～136 页。

论》的继承和发展。①

二、关于历史观和方法论

中国马克思主义史学的史学观同以往史学或其他史学的一个重要区别，是它十分强调历史观以及在历史观指导下的方法论原则。这个历史观就是马克思主义的唯物史观。在 1924 年前后，有一些论述史学的著作出版，它们当中有的也可看做是关于历史学学科之一种体系的表述。除了在一些具体内容上的异同外，历史观是它们同《史学要论》的根本区别。

李大钊作为中国马克思主义史学的奠基者之一，在传播唯物史观方面作出了重要贡献。1919 年，李大钊在《新青年》杂志上发表《我的马克思主义观》一文，以通俗和简明的笔触，表明了他对马克思主义理论精髓的理解和认识。他指出："唯物史观也称历史的唯物主义。他在社会学上曾经，并且正在表现一种理想的运动。"②它代替旧有的历史观是不可遏止的发展趋势，是历史观的本质上的变革。接着，他着重指出唯物史观的核心是："唯物史观的要领，在认经济的构造对于其他社会学上的现象，是最重要的；更认经济现象的进路，是有不可抗性的。"③ 李大钊认为，从经济现象去研究历史、说明历史，是唯物史观的核心，进而指出马克思的唯物史观"把从前的历史的唯物论者不能解释的地方，与以创见的说明，遂以造成马氏特有的唯物史观，而于从前的唯物史观有伟大的功绩"④。在中国史学上，这是第一次极明确地阐述唯物史观的内容与价值，因而在史学发展历程上具有划时代的意义，它标志着中国史学走向科学化道路的开端。

1923 年，李大钊发表《史观》一文，运用唯物史观的观点阐说什么是"历史"，揭示"历史"是运动的、连续的和有生命的内在本质，

---

① 白寿彝先生主编《史学概论》开篇也是论述"历史"与"史学"的区别，也讲到历史观的重要，讲到史学的姊妹学科，讲到史学同文学的关系，讲到史学工作者的任务，等等。

② 李大钊：《李大钊全集》第 3 卷，233 页，石家庄，河北教育出版社，1999。

③ 同上书，235 页。

④ 同上。

这在中国史学发展上也是第一次。李大钊强调"历史观本身亦有其历史，其历史亦有一定的倾向"；"吾侪治史学于今日的中国，新史观的树立，对于旧史观的抗辩，其兴味正自深切，其责任正自重大"。①从李大钊的这些论述来看，我们可以得到这样一个认识："五四"时期，随着马克思主义在中国的传播，中国史学上所固有的历史观即发生了极大的革命性的变化。20世纪20年代初，确是中国史学发展上的一座巨大的界标。这就是唯物史观的丰碑。

在提出马克思主义唯物史观之核心的基础上，李大钊在历史思想方面尤其重视如下一些原则：

——强调思想变动的原因应当到经济变动中去寻找。1920年，李大钊撰《由经济上解释中国近代思想变动的原因》，指出："凡一时代，经济上若发生了变动，思想上也必发生变动。换句话说，就是经济的变动是思想变动的重要原因。"②他分析了中国的农业经济因受到世界工业经济的压迫，从而使中国社会发生巨大变化；这变化中显著的一点是大家族制的崩颓，于是风俗、礼教、政治、伦理也都跟着发生变化，种种"思潮运动"、"解放运动"均由此而起。

——重视阶级斗争学说。李大钊在《我的马克思主义观》中写道：与马克思的唯物史观"很有密切关系的，还有那阶级竞争说"。"历史的唯物论者，既把种种社会现象不同的原因总约为经济的原因，更依社会学上竞争的法则，认许多组成历史明显的社会事实，只是那直接，间接，或多，或少，各殊异阶级间团体竞争所表现的结果。他们所以牵入这竞争中的缘故，全由于他们自己特殊经济上的动机。"③李大钊用阶级和阶级斗争的理论来看待历史、说明历史，这在中国史学发展上是第一次。

——突出人民群众在历史发展中的作用。李大钊早年曾撰《民彝与政治》一文，认为人民的意志和力量在历史运动中起着决定的作用。他写道："古者政治上之神器在于宗彝，今者政治上之神器在于民彝。宗

---

① 李大钊：《李大钊全集》第4卷，309、311页，石家庄，河北教育出版社。

② 同上书，433页。

③ 同上书，243页。

彝可窃，而民彝不可窃也；宗彝可迁，而民彝不可迁也。"①这是充分肯定"民彝"在历史运动中的重大作用。1918年，他写了《庶民的胜利》一文；1920年以后，他写的《平民政治与工人政治》、《平民主义》等文章，就是这种观念对于现实的历史运动的诠释。

——对"历史"的新概括。客观历史是什么，中外学人有不少解释。李大钊提出自己的独到见解，他说："什么是活的历史，真的历史呢？简明一句话，历史就是人类的生活并为其产物的文化。因为人类的生活并为其产物的文化，是进步的，发展的，常常变动的；所以换一句话，亦可以说历史就是社会的变革。这样说来，把人类的生活整个的纵着去看，便是历史；横着去看，便是社会。历史与社会，同其内容，同其实质，只是观察的方面不同罢了。"②他还指出："有生命的历史，实是一个亘过去、现在、未来的全人类的生活。过去、现在、未来是一线贯下来的。"③他说的"活的历史"、"真的历史"、"有生命的历史"包含这样几个特点：第一，它同"社会"的实质、内容是相同的；第二，它是变革的；第三，它不止是指的过去而是贯穿于过去、现在和未来。在李大钊之后，郭沫若是又一位奠基者。

郭沫若之所以成为中国马克思主义史学的又一位奠基者，也正在于他在运用马克思主义的历史观研究历史方面，走在同时代人的前面，使他成为一位"先知"。郭沫若认为，近代的科学方法，近代的哲学和社会科学知识，对于他的历史研究，是很重要的；但是，确立辩证唯物论的世界观，是更重要的。他强调说："尤其辩证唯物论给了我精神上的启蒙，我从学习着使用这个钥匙，才认真把人生和学问上的无门关参破了。我才认真明白了做人和做学问的意义。"④

这种认识，给了郭沫若巨大的智慧和胆识，他把恩格斯作为自己的"向导"，写出了《中国古代社会研究》，并把它称为《家庭、私有制和国家的起源》的"续篇"。他有一种强烈的责任感和创造精神："在这时

① 李大钊：《李大钊全集》第2卷，336页，石家庄，河北教育出版社，1999。

② 李守常：《史学要论》，76页。

③ 同上书，134页。

④ 郭沫若：《郭沫若全集·历史编》第2卷，465页，北京，人民出版社，1982。

中国人是应该自己起来，写满这半部世界文化史上的白页。"① 他针对
20 世纪 20 年代"整理国故"的学术思潮断然认为，只有掌握辩证唯物
论的观念，才能对"国故"作出正确的解释。郭沫若所作的研究，正是
这种开创性工作。他在 20 世纪 20—40 年代期间对于中国历史的卓有成
就的研究，以及他对唯物史观、对"辩证唯物论的观念"之重要性的见
识，把李大钊的认识丰富了、发展了、具体化了。这样，郭沫若也成为
中国马克思主义史学的一位杰出的先驱者。

　　郭沫若关于历史研究的方法论，同他重视史家确立正确的世界观的
认识是一致的。他在为 1954 年新版《中国古代社会研究》所写的引言
中指出："研究历史，和研究任何学问一样，是不允许轻率从事的。掌
握正确的科学的历史观点非常必要，这是先决问题。但有了正确的历史
观点，假使没有丰富的正确的材料，材料的时代性不明确，那也得不出
正确的结论。"② 这是强调了"正确的科学的历史观点"和"丰富的正
确的材料"，都是研究历史所不可缺少的。他还指出："任何研究，首先
是占有尽可能接触的材料，其次是具体分析，其次是得出结论。"③这可
以看做是他对于历史研究方法论模式的简要概括。从重要性来看，历史
观点是"先决问题"；从研究程序来看，"首先"要占有材料。他把两者
的关系阐说得很清楚。时至今日，这些论述仍然具有重要的方法论的指
导意义。

　　郭沫若的研究和认识表明，历史观和方法论是相互联系的。当然，
马克思主义的历史观在方法论方面的具体运用，是同研究者的研究对象
紧密联系的。在这方面，侯外庐的论述尤其值得关注。侯外庐结合自己
数十年的研究生涯，总结出他所遵循的一些理论、方法论原则。他对自
己研究中国社会史、思想史的原则和方法，不仅有坚定的信念，而且有
明确的和清晰的概括。侯外庐在 1986 年写道，他的基本信念是："总的
说来，依据马克思主义的理论和方法，特别是它的政治经济学理论和方

　　①　郭沫若：《郭沫若全集·历史编》第 1 卷，9 页，北京，人民
出版社，1982。
　　②　同上书，4 页。
　　③　郭沫若：《郭沫若全集·历史编》第 3 卷，443 页，北京，人
民出版社，1982。

法，说明历史上不同社会经济形态发生、发展和衰落的过程；物质生活的生产方式制约着整个社会生活、政治生活和精神生活的过程；以及经济基础与上层建筑、意识形态之间的辩证关系，是我五十年来研究中国社会史、思想史的基本原则和基本方法。"①马克思主义的原则和方法并不限于这几个方面，而侯外庐所概括的，无疑是最重要的几个方面，也是对他的社会史、思想史研究最具有直接指导意义的几个方面。在五十多年的学术生涯中，侯外庐从不动摇和改变这些"基本原则和基本方法"，足以证明他对自己的信仰的坚定，这正是一个杰出的哲人和史学家之所以取得辉煌成就的重要原因。

但是，侯外庐给予人们更深刻的启示在于：对于基本原则和基本方法的运用，只有在取得一定的理论模式和方法论模式的情况下，才能同具体的研究真正结合起来，使理论不至于流于空论或成为教条，而对具体问题的认识则能上升到理论的高度和有系统的认识。侯外庐从几十年的学术生涯中，总结出他所遵循的一些理论、方法论模式。即：第一，社会史研究，先从经济学入手。第二，研究中国古代社会，首先弄清亚细亚生产方式的理论。第三，对中国封建社会的研究，强调以法典化作为确定历史分期的标志。第四，依据马克思主义关于"土地私有权的缺乏"，"可以作为了解'全东方'世界的关键"的理论，分析中国自秦汉以来封建社会皇权垄断的土地所有制形式是封建的中央专制主义的经济基础。第五，对中国思想史的研究，以社会史研究为前提，着重于综合哲学思想、逻辑思想和社会思想（包括政治、经济、道德、法律等方面的思想）。第六，研究工作重在阐微决疑。第七，实事求是，谨守考证辨伪的方法。第八，注意马克思主义历史科学的民族化。第九，执行自我批判，聆听学术批评。②侯外庐所概括的这些理论、方法论模式，有的已经涉及对于中国社会史、思想史的若干具体的论断，其中仁智之见，在所难免，但像侯外庐对于自己治学的指导思想和方法论原则有如此自觉的和系统的认识，却并不多见。老一辈马克思主义史学家们留给后人的，不仅仅是许多辉煌的巨著，而且还有经过深思熟虑而总结出来的治学路径和学术宗旨。这后一个方面的遗产，在史学理论上有重要的

---

① 侯外庐：《侯外庐史学论文选集》（上），8～9 页。

② 同上书，9～19 页。

价值。它向所有有志于史学的后来者展现出一条艰难的但却是通向成功的道路。学海茫茫，前路悠悠，回首他们的治学之路，无疑是大有益处的。

还有一点是十分重要的，这就是侯外庐对于自己在治学上所遵循的理论、方法论原则本身都持有辩证的认识，而不作绝对的看待。这种理论上的造诣使他在具体的研究中始终处于创造性的、超越前人的境界，使他的学术始终保持着新鲜的活力。关于这一点，侯外庐在思想史研究的方法论上反映得最为突出。例如，他指出："经济发展虽然对思想史的各个领域起着最终的支配作用，但是，由于思想意识的生产又属于社会分工的特殊部门，因而思想史本身有其相对的独立性。""任何一个时代的任何一种思想学说的形成，都不可能离开前人所提供的思想资料。应当说，思想的继承性是思想发展自身必不可少的一个环链。"[①]既要看到经济发展对思想有"最终的支配作用"，也要看到思想的继承性对思想发展所起的作用。时代的脉搏和历史的传统总是在不同的程度上影响着思想家的思想发展的轨迹。侯外庐说："历史上有建树的思想家总是在大量吸收并改造前人思想资料的基础上，形成自己的思想学说。"[②]同样，中国历史学家在理论上的进步、发展，只有在马克思主义指导下，"大量吸收并改造"前人和外国同行思想资料的基础上，才可能实现。

近一二十年来，史学界关于方法论的研究有不少成果问世，成绩是不小的。但是也应当看到，有些关于这方面的论述，或者过分地夸大某种方法的作用，或者只强调方法论的重要而忽略了历史观的重要，或者又因某种思想学说在世界观上的不可取而轻视了客观存在所具有的积极意义的方法论，这对于理论的发展和具体研究的深入，都是不利的。侯外庐的关于方法论的辩证认识及具体运用，对当前史学方法论的深入研究有重要的借鉴价值。[③]

---

① 侯外庐：《侯外庐史学论文选集》（上），12～13页。
② 同上书，第14页。
③ 关于马克思主义唯物史观指导下的历史观和方法论，翦伯赞的《历史哲学教程》（1938年）有系统的论述，白寿彝主编的《中国通史》导论卷以唯物史观与中国历史相结合而展开的论述，都是有代表性的论著。本文重点不在于此，故不详述。

三、关于史学遗产

马克思主义不排斥人类历史上的优秀遗产。马克思主义的中国化，同样不会排斥中国历史上的优秀遗产。毛泽东有一段名言，是许多人所熟知的。他在 1938 年指出：

> 学习我们的历史遗产，用马克思主义的方法给以批判的总结，是我们学习的另一任务。我们这个民族有数千年的历史，有它的特点，有它的许多珍贵品。对于这些，我们还是小学生。今天的中国是历史的中国的一个发展；我们是马克思主义的历史主义者，我们不应当割断历史。从孔夫子到孙中山，我们应当给以总结，承继这一份珍贵的遗产。这对于指导当前的伟大的运动，是有重要的帮助的。[①]

但是，应当承认的是，在中国马克思主义史学发展史上，由于种种原因，对于史学遗产的重视，是相对滞后的。在这方面，白寿彝对于总结史学遗产的重要性以及如何总结史学遗产等问题的论述、如何致力于这方面的具体的研究，是作出了重要贡献的。他关于这方面的论述，形成了系列文章，即《谈史学遗产》、《谈史学遗产答客问》、《谈历史文献学》、《谈史书的编撰》、《谈历史文学》、《再谈历史文献学》等。[②]《谈史学遗产》这篇长文撰于 1961 年，其余五篇撰于 1981—1982 年，前后相隔 20 年，而其撰述旨趣是一脉相承的。

中国是一个史学大国，拥有连续不断的和丰富厚重的史学遗产。所谓史学遗产，是历史上流传下来的前人在史学活动中的创造和积累，是文化遗产的重要部分。把史学遗产从历史遗产中突出出来，并把它作为一个专门的学术领域和理论问题提出来进行研究，白寿彝的这几篇文章

[①] 《毛泽东选集》第 2 卷，542～543 页，北京，人民出版社，1992。

[②] 见《白寿彝史学论集》（上）。近年，北京出版社把这 6 篇文章辑为一书，名曰《史学遗产六讲》，收入"大家小书"第 3 辑（2004 年 1 月出版）。

不仅开其先河，而且从理论上和研究对象上奠定了探讨这一领域的基础，因而产生了较大的学术影响。

《谈史学遗产》一文从理论上阐述了研究史学遗产的重要性及研究史学遗产的方法。关于研究对象，作者从七个方面作了概括，即归纳了史学遗产中的主要成就，并将其比喻为一个个"花圃"。这就是：中国史学上有关基本观点的遗产，包含历史观、历史观点在史学中的地位、在史学工作中的作用；史料学遗产；历史编纂学遗产；历史文献学遗产；重大历史问题研究成果；有代表性的史学著作；历史启蒙书方面的遗产。关于研究史学遗产的必要性，作者指出：第一，研究史学遗产，可以更具体更深刻地理解史学在社会中的作用；第二，研究史学遗产，可以逐步摸索出来中国史学发展的规律；第三，研究史学遗产，可以把历史上人们提出来的一些史学问题作为当前研究的资料，丰富我们的研究内容。这些见解，在今天看来仍有重要的启发意义。

作者在 20 世纪 80 年代撰写的五篇文章，集中讨论了四个问题，即历史观点、历史文献学、历史编纂学、历史文学。

关于历史观点问题。作者在《谈史学遗产答客问》一文中，着重分析了中国史学上关于历史进程的看法、关于地理环境的看法、关于社会经济的看法、关于政治统治之得失成败的看法、关于有民主思想内容的看法。作者继《谈史学遗产》之后，再次提出了在马克思主义史学出现以前，中国史学上是否存在"历史唯物主义的萌芽"的问题。从作者的观点来看，他的回答是肯定的。同时他也指出，这些问题需要做长期的讨论。

关于历史文献学问题。作者首先指出了历史文献学的重要性，认为："历史文献学可以帮助我们搜集、分析并正确地运用历史文献，使我们的历史工作在文献方面具有良好的条件，这就是历史文献学的主要用处。"其次，作者提出了历史文献学学科建设的设想，指出："历史文献学，或者更正确地说，中国历史文献学，可以包含四个部分。一、理论的部分。二、历史的部分。三、分类学的部分。四、应用的部分。这样的分法，未必合适。现在这样分，也只是便于说明问题。"从这四个方面着手来建设历史文献学，是作者的一个创见。其中，关于"理论的部分"，提出了"历史文献学的多重性"问题；关于"历史的部分"，提出了历史文献同历史时代的关系；关于"分类学的部分"，提出了历史文献学的分类学与目录学有一定的区别，即前者"有统观全局的要求"；关于"应用的部分"，认为可以包含目录学、版本学、校勘学、辑佚学和辨伪学等。这些论点开阔了人们关于历史文献学的理解和认识，对历史文献学的学科建设有重要的参考价值。

关于史书编撰问题。作者全面地评价了中国古代的各种史书体裁，指出了它们各自的特点及相互间的联系，以及前人在对史书体裁的认识方面留给后人的启示，反映了作者的历史编纂学思想。尤其值得注意的是，作者第一次提出了"综合体"史书的概念并强调这样一个论点："历史现象是复杂的，单一的体裁如果用于表达复杂的历史进程，显然是不够的。断代史和通史的撰写，都必须按照不同的对象，采取不同的体裁，同时又能把各种体裁互相配合，把全书内容融为一体。"作者总主编的《中国通史》，正是在这一撰述思想指导下进行并获得重大成功的。

关于"历史文学"问题。他首先区别了两种不同的"历史文学"的含义和性质：一种含义，"是指用历史题材写成的文学作品，如历史小说和历史剧"。另一种含义，"是指历史著作中对历史的文字表述"，如写人物、写语言、记战争、表世态，都有优良的传统。作者从史文的运用上举《左传》、《国语》、《战国策》、《史记》、《资治通鉴》为例进行论述，并有广泛的涉及；又从理论上举《史通》、《日知录》的有关论述作进一步分析。在讲到文与史的关系时，作者的这一段话是值得格外予以关注的，这就是："是否有这样的作品，既可以说是历史书，又可以说是文学书？""《史记》、《汉书》、《后汉书》、《三国志》既是历史书，也可以说是文学书，但究竟是历史书。它们是历史书，而具有相当高的文学水平。但确实有一些书，同时具备了历史书和文学书的性质，而不好说它主要是属于哪种性质的。如《盐铁论》、《世说新语》等就是这样的书。但这样的书毕竟不多。"这些见解，对于人们正确认识历史书和文学书的界限是有帮助的。作者除了阐述中国史学上的历史文学的优良传统外，还有一个鲜明的旨趣，就是为了说明这样的道理："一个历史工作者必须有一定的文学修养。不要说我们历史上的大历史家都是文学家了，仅就一个普通的历史工作者来说，他对于文学没有一定的修养，是不能胜任这个工作的。"当今的史学工作者，如能在这方面有所提高，对于史学成果走向社会并广泛传播，进而充分发挥史学的社会功用，是大有裨益的。

白寿彝从理论上对中国史学遗产进行系统的发掘、梳理的开创性成果，反映了作者恢弘的视野和渊博的学识。他对史学遗产之精华所作的分析及其在当今史学事业中之价值的阐释，其真知灼见，在在多有，成为人们走进史学遗产这一辽阔繁茂的园地、从而走进宏伟庄严的史学殿堂的一条路径。

四、关于建设有民族特点的马克思主义史学

这个问题，从本质上看，就是马克思主义史学的中国民族特点问题，就是马克思主义史学的中国学派问题，在一定的意义上，它也是马克思主义中国化的一个方面。

侯外庐曾提出"注意马克思主义历史科学民族化"的问题。什么是"民族化"？侯外庐认为："所谓'民族化'，就是要把中国丰富的历史资料，和马克思主义历史科学关于人类社会发展的规律，做统一的研究，从中总结出中国社会发展的规律和历史特点。马克思主义历史科学的理论和方法，给我们研究中华民族的历史提供了金钥匙，应该拿它去打开古老中国的历史宝库。"①侯外庐在这方面作出了突出的贡献，他自谦地说："对于古代社会发展的特殊路径和古代思想发展的特征的论述，对于中国思想史上唯物主义和反封建正宗思想的优良传统的掘发，都是我在探索历史科学民族化过程中所做的一些尝试。"②其实，侯外庐在这方面所作出的努力，岂止是尝试。他不仅是一位自觉的先知者，而且是一位杰出的成功者。早在 20 世纪 40 年代，他对这个问题的重要性已经提出了极为明确的认识，他指出："中国学人已经超出了仅仅于仿效西欧的语言之阶段了，他们自己会活用自己的语言而讲解自己的历史与思潮了，""他们在自己的土地上无所顾虑地能够自己使用新的方法，掘发自己民族的文化传统了。"③侯外庐所概括的这种情况，可以看做是中国马

① 侯外庐：《侯外庐史学论文选集》（上），18 页。
② 同上书，18～19 页。
③ 侯外庐：《中国古代思想学说史》，3 页，香港，文风书局，1946。

克思主义史学走向成熟阶段的标志。如果说"仿效"或"模仿"在特殊的条件下是不可避免的话，那么"仿效"或"模仿"终究不能代替创造也是必然的。因此，对于从"仿效"或"模仿"走向创造，不能没有自觉的意识和艰苦的努力。这是侯外庐治学的原则和方法给予人们的又一个重要的启示。侯外庐在这方面所取得的成就，是世所公认的，正如许涤新所评价的："他根据马克思主义的理论和方法，结合丰富的历史文献和考古资料，对几千年来中国的社会史和思想史，做了广泛而深入的探索，写出了完整的系统的著作，并且提出了自己的独立的见解。"①这个评价，语言是质朴的，含义是准确的，位置是崇高的；缺少其中任何一句话，都是不足以概括侯外庐在"注意马克思主义历史科学的民族化"方面所取得的成就。研究这个成就的具体方面，固然需要继续下工夫，但更值得人们思考的一个问题，就是为什么在时隔40年后侯外庐重新提出这个"民族化"的问题？他批评的"五四"以来"史学界出现一种盲目仿效外国的形式主义学风"，并表示"对这种学风深不以为然"的态度，在今天是否还有值得人们思考的地方？

侯外庐在40年中两次讲到有关"民族化"的问题，一方面是因为这个问题本身的重要，另一方面也是因为它在今天仍须引起史学界同行的重视。20世纪80年代以来，中西文化又一次出现大面积、多层次交会的形势，介绍和仿效仍是不可避免的，但真正的出路和发展却在于创造。我们对待马克思主义历史科学都要注意"民族化"的问题，更何况形形色色的外国史学流派、史学思潮呢。"民族化"的主要标志是什么？从根本上说，是"总结中国社会发展的规律和历史特点"。要做到这一点，没有马克思主义历史科学的理论和方法是不行的，没有中国丰富的历史资料也是不行的。这个道理，适用于历史学的各个领域，其中也包括史学理论这个领域。近一二十年来，我国史学界在史学理论的研究方面有了一定的发展，取得了可喜的成绩。同时我们也应当十分冷静地看到，这方面的研究跟侯外庐说的"注意马克思主义历史科学的民族化"相比较，还有很大的距离。正因为如此，我们就应更加自觉地认识到注意史学理论民族化的重要。侯外庐的辉煌巨著和理论认识，给人们提供

---

① 侯外庐：《侯外庐史学论文选集》（上），4页。

了启示和榜样。

"民族化"的要求是要注意到民族的特点和通过一定的民族形式表现出来的，它在本质上并不是排他的。关于这一点，毛泽东在1940年写成的《新民主主义论》中有明确的论述。他在1945年发表的《论联合政府》一文中讲到"中国应当建立自己的民族的、科学的、人民大众的新文化和新教育"时，也指出对于外国文化应当避免排外主义的错误和盲目搬用的错误。是否可以这样认为，只有正确地吸收了外国优秀的或有益的文化成分，中国文化的"民族化"就不仅具有民族的特点，而且也具有时代的高度。历史研究也不例外，史学理论研究自亦不能例外。我们应当把"注意马克思主义历史科学民族化"的事业继续向前推进。

侯外庐提出并实践的马克思主义史学民族化的问题，是中国马克思主义史学发展的正确方向。从历史经验教训来看，这是走出教条主义误区的正确道路；从未来前景着眼，这是中国史学不断开拓创新的正确途径。当我们回顾20世纪中国史学潮起潮落的历史，展望21世纪中国史学的前进道路时，更加强调这个问题，是有重要意义的。

这里，有必要提到白寿彝的《关于建设有中国民族特点的马克思主义史学的几个问题》。白寿彝讲的几个问题：第一，关于历史资料的重新估计，认为历史资料有记载过去历史的作用，也有解释现在的作用，还是多种学科的研究资料，这是历史资料的二重性。第二，关于史学遗产的重要性，涉及历史思想、历史文献、史书编著、历史文学。第三，关于对外国史学的借鉴。第四，强调历史教育的重大意义。第五，重视历史理论和社会现实之间的关系，认为中国是一个大国，是一个发展中的国家；我们的理论是先进的，但是我们社会的发展是不平衡的，这是正常的现象。第六，史学队伍知识结构的问题。[①] 这些问题，同侯外庐说的历史科学民族化的思想是相通的，前者是对后者的进一步发挥，而这个问题在现阶段可能有更重要的意义。当中国进入改革开放时期，人们接触到大量的外国著作特别是历史理论和史学理论著作的时候，历史理论和史学理论的发展要不要具有中国民族的特色，这一点非常重要。

---

① 白寿彝：《白寿彝史学论集》（上），307～321页。

我们要培养、造就出和外国历史学家平等对话的史学工作者，就不能没有中国的民族特色和民族精神；如果中国学者只会模仿外国学者，用他人的话语来解说我们的学术遗产和学术研究，中国学者就不可能和别人平等对话，以致会被别人误解为中国史学的贫乏，这个道理是显而易见的。总之，马克思主义史学的中国化，这个任务是非常艰巨的，确是任重道远。

五、关于史家修养的新境界

中国史家历来重视自我修养，中国马克思主义史学在史家修养方面又达到一种新的境界。这主要表现在：

第一，关于史学与时代之关系的深刻认识。史学同社会有十分密切的联系，这是中国史学的优良传统。郭沫若等中国马克思主义史家，从一开始就自觉地把研究中国历史同中国革命任务密切结合起来，从而把中国史学经世致用的优良传统发展到现代意义的高度，赋予它以崭新的含义。在《中国古代社会研究·自序》中说："对于未来社会的待望逼迫着我们不能不生出清算过往社会的要求。古人说：'前事不忘，后事之师。'认清楚过往的来程也正好决定我们未来的去向。"[1]在大革命失败后被迫流亡日本的郭沫若于1929年写出这些话，反映了作者思想的深沉和对于"未来社会"的信念。历史学的时代价值之高和社会作用之大，从郭沫若的这一论述中得到了有力的说明。如果说郭沫若的文学作品、艺术创作是时代的号角、历史行程的记录；而他的史著和史论，便是在更深层的历史意识上揭示出时代的使命和社会的未来去向。

郭沫若对史学与时代之关系的认识，蕴涵在他的丰富的历史撰述中，可以说他是真正继承和发展了司马迁"寓论断于序事之中"的历史表述艺术。大凡站在时代潮流前头的人，都会从他的历史著作中得到启迪，以至于引起思想上的震撼。他的著名史论《甲申三百年祭》，被毛泽东"当作整风文件看待"，被评价为"有大益于中国人民"，"精神决不会白费的"。[2] 这一事例，再一次表明在史学与时代的认识上，马克

---

[1]　郭沫若：《郭沫若全集·历史编》第1卷，6页。
[2]　《毛泽东书信选集》，241～242页，北京，人民出版社，1983。

思主义史家高出于同时代的许多学人。20 世纪三四十年代的一大批马克思主义史学著作，都具有这一特点。后人如果不能从这一意义上去认识它的学术价值和社会价值，也难得对它作出正确的评价。

第二，关于批判、继承和创新。郭沫若自称是"生在过渡时代的人"，先后接受过"旧式教育"和"新式教育"①，并最终接受了马克思主义。在由旧而新的转变中，在从"知其然"而追求"知其所以然"的过程中，他是一直在走着一条批判、继承、创新的路。对此，郭沫若有深刻的感受和认识。他指出："我们要跳出了'国学'的范围，然后才能认清所谓国学的真相。"不懂"国学"，当然谈不上"跳出"；掌握了"国学"而又能用批判的眼光来审视它，就可能对国学有新的认识，进而提出创造性的见解。这里包含着批判、继承和创新的辩证法。郭沫若对古代社会的研究，目的在于探索"未来社会"的"去向"，即认为历史、现实、未来是不可截然分开的。他研究古代学说思想，也基于这样的认识，他说："我是以一个史学家的立场来阐明各家学说的真相。我并不是以一个宣教师的态度企图传播任何教条。在现代要恢复古代的东西，无论所恢复的是那一家，事实上都是时代的错误。但人类总是在向前发展的。在现代以前的历史时代虽然都是在暗中摸索，经过曲折迂回的路径，却也和蜗牛一样在前进。因而古代的学说也并不是全无可取，而可取的部分大率已溶汇在现代的进步思想里面了。"② 这是用思想发展的辩证法来说明对待思想遗产应取的辩证态度。郭沫若的历史研究和这些理论性认识，对于当前的历史研究、思想文化研究中有关批判、继承和创新的一些重要问题，依然有借鉴的作用。

第三，关于自得与自省的境界。对于治学上的"自得"的追求和对于学术上的"自省"境界，是马克思主义史家自我修养的又一个特点。侯外庐作为中国社会史、思想史研究的一代宗师，胸襟博大，虚怀若谷，一方面倡导坚持真理、敢于创新，一方面"执行自我批判，聆听学术批评"。他说："我认为，学贵自得，亦贵自省，二者相因，不可或缺。前者表现科学探索精神，后者表现自我批判勇气。历史科学如同其他科学一样，总是在探索中前进的，难免走弯路，有反复，

① 郭沫若：《郭沫若全集·历史编》第 2 卷，465 页。
② 郭沫若：《郭沫若全集·历史编》第 1 卷，611 页。

因而不断执行自我批判，检点得失，总结经验教训，是十分必要的，否则就会固步自封。"①侯外庐这种对待历史科学的态度，对待自己学术研究的态度，字里行间洋溢着实事求是的精神。侯外庐举例说："我和我的合作者可以互相改稿，没有顾虑，即或是青年同志，只要他们对我的稿子提出了意见，我总是虚心考虑，将不妥之处反复修改。仅以《老子》研究而言，我从30年代撰写《中国古代社会与老子》，至50年代修订重版《中国思想通史》第一卷的20年间，曾四易其稿。每易一稿，都可以说是执行一次自我批判。"学人的自我批判，尤其是名家的自我批判，是需要勇气的；而这种勇气，总是跟超凡脱俗的自省意识结合在一起。这种自省意识愈是自觉、愈是强烈，就愈显出名家的风范、学者的本色。侯外庐说："就资质而论，我是个常人，在科学道路上自知无捷径可走，惟有砥砺自学，虚心求教，深自省察，方能不断前进。"凡认真读了侯外庐这些文字和他的皇皇巨著的史学工作者，都会从中得到深刻的启发，增强自己的"自省"意识，促进自己学术的前进。

值得人们深思的是，侯外庐所强调的"自省"精神即自我批判精神，正是老一辈马克思主义史学家的共同的治学方法和精神品质。郭沫若对先秦诸子的研究、对奴隶制时代的研究，范文澜对中国通史的研究和撰述，都提出过认真的自我批判。这种郑重的自我批判，无损于他们的成就的辉煌，反而越发显示出了他们对历史科学的真诚和宽阔胸怀，赢得史学界同仁的尊敬。

这种执行自我批判的精神，在郭沫若、范文澜的治学道路上，同样有突出的反映。郭沫若的自我批判的自觉意识和理论勇气，是非常突出的，这贯穿于他在20世纪40年代至50年代的许多论著中，从而发展了中国史家重视自我修养的优良传统。范文澜撰写的《中国通史简编》出版于20世纪40年代初，是中国马克思主义史学最早的中国通史著作之一，对于唤起中国人民的抗日激情产生了很大的影响。但书中也存在一些理论、方法论和史实上的不妥与错误。新中国成立后，范文澜对于书中的错误，诚恳地作了检讨。其后，他又在1954年、1963年作了进

① 侯外庐：《侯外庐史学论文选集》（上），19页。

— 337 —

一步反思，撰写了《中国历史上的一些问题》予以发表，同时作为"绪言"收入《修订本中国通史简编》①。范文澜在此文中指出："旧本《中国通史简编》有很多缺点和错误，我在一九五一年写了一篇自我检讨，希望引起大家的批评，帮助我改正。我在那篇检讨中所得到的对本书缺点的初步认识，可以归纳为以下两个方面。"他说的这两个方面，一是"非历史主义的观点"，一是"在叙述方法上缺乏分析，头绪紊乱"。②范文澜的这种认真地"自我检讨"的态度，既反映了他的实事求是的科学态度，也反映了一个马克思主义史学家的胸怀坦荡荡的精神。对此，诚如刘大年所评价的那样："历史研究的科学性，就是坚持以马克思主义理论为指导，坚持阶级斗争、阶级分析的观点。这在《中国通史简编》等著作里是首尾贯彻的。除此以外，范老对科学性的重视，还表现为客观地对待材料，实事求是和高度的自我批评精神。""旧本《中国通史简编》借古说今，是从革命的愿望出发，斥责国民党、蒋介石，以激发人民的爱国、革命义愤。即使这样，作为科学研究，也是极不足取的。"③从这件事情可以看出，不论是范文澜的自我检讨，还是刘大年的评论，都反映出马克思主义史家的宽阔胸怀和严谨学风。

第四，关于史与论的诠释。关于史与论的关系，中国马克思主义史学提出了与过去有本质区别的认识。在中国史学上，以往的史论关系，一般是指史事与议论而言，即在记述史事或人物的基础上，发表有关的评论。马克思主义史学继承了这一古老的传统和形式，但却增添了新的内涵，使其发生了本质的变化。马克思主义史学所说的史与论的关系，或者说论与史的关系，简而言之，主要是指理论如何统率史料，以及如何从史料中抽象出理论性结论。

1962年，翦伯赞在《史与论》一文中指出："在历史研究工作中，必须把史和论结合起来，所谓史就是史料，所谓论就是理论。我们所说的理论，就是马克思列宁主义。要做到史与论的结合，必须先掌握史料与理论。掌握史料与理论，是做好史与论结合的前提条件。"由此可以看出，马克思主义史学是非常鲜明地表明它是运用马克思主义为指导研

---

① 范文澜：《范文澜历史论文选集》，17 页。
② 同上书，17～18 页。
③ 同上书，5～6 页。

究历史，这同一些掩盖或否认自身是以何种理论为指导的史学学派有明显的区别。同时还可以看出，马克思主义史学同样非常重视史料；这是因为，没有史料，历史研究就无从下手，理论指导也失却了指导的对象，成了一句空话。

对于怎样学习理论的问题，翦伯赞认为：

> 学习理论不是一件容易的事情。第一要记得，第二要懂得，但最重要的还是要能应用。记得不等于懂得，懂得不一定就会应用。我们之中有些同志，能背诵马克思主义经典著作中的名言，也懂得这些名言的意思，但是每当把这些理论结合到具体历史问题的时候，理论和史料就分了家。如果说也有结合，那不过是把史料贴上理论的标签，或者把理论加上史料的注释而已。这不能算结合，只能算生搬硬套。当然学习应用马克思主义，经过这样的阶段是不足为奇的。但必须承认，史与论没有结合好，就是由于马克思主义还没有学好。那种满足于贴标签、作注释，自以为马克思主义已经学好了的态度，是不对的。

这里，翦伯赞批评了对理论"生搬硬套"、"贴标签"、"作注释"的错误做法。同时，他也指出了学习理论是很不容易的事情，一要"记得"，二要"懂得"，三要"会应用"。马克思主义是科学的体系，博大精深，老一辈马克思主义史家从学习、记得、懂得到应用，走过了艰难的历程，其间也不免走了弯路，才达到他们那个时代的境界。

对于怎样"掌握史料"的问题，翦伯赞写道：

> 掌握史料不是一件容易事情。就中国史来说，历史书籍，浩如烟海，每一个历史问题的资料，散见各书，从那里找到这些资料，这是第一个难题。找到了，问题并没有完结，因为一大堆资料，哪些是重要的，哪些是次要的，哪些是可靠的，哪些是不可靠的，还要经过审查、判断。根据什么标准来审查、判断，这是第二个难题。审查、判断了，还不等于掌握了。要掌握史料还需要通过思考，把史料放在整个问题的发展过程

中，安排在恰当的地方。怎样才能把史料安排在恰当的地方，这是第三个难题。必须解决这三个难题，才能算掌握了史料。①

这里也提出了三个"难题"，一是来源，二是判断，三是安排或曰处置。

在掌握了理论和史料的基础上，才真正谈得上如何"结合"。从历史学的观点来看，这种"结合"，也可以看做是理论与实际的结合。正如吕振羽指出的那样："学习和研究历史，必须坚持和贯彻理论和实际相结合的方针。马克思主义的观点和方法是理论和实际的统一，'史'和'论'的统一。'论'就是观点，就是马克思主义理论，毛泽东思想的基本原理；'史'就是史料。'史'和'论'的统一，就是运用马克思主义的理论和方法，通过对具体历史进行具体分析，揭示出历史发展的规律性。"②为了真正做到这种结合，吕振羽认为，必须克服"历史公式主义"。他尖锐地批评道："公式主义者则不是以马克思主义的理论作为研究历史的指南，而是任意裁割史料，或只罗列一些个别历史事例去填充他们现成的公式。这就是历史公式主义。所谓'以论代史'或'以论带史'，实质上也无非是公式主义或类似公式主义。"③理论同实际的结合，是在理论的指导下，通过对具体的研究对象的分析、判断，从中得到结论。脱离史料的理论和脱离理论的史料，都不可能做到真正的理论同实际的结合。

对于这个问题，尚钺在 1957 年曾作了这样的阐述："我们在谈到理论与实际问题，就包含着三个问题：一个是理论问题，亦即马列主义关于人类发展规律的认识与掌握；第二个是历史材料的选取与掌握；第三个才是理论与实际联系，建立我们的历史科学。这三个问题是必须结合为一而且是缺一不可的。"④尚钺强调了理论、材料、结合三者缺一不可，可以认为是对史、论结合作了最简明的概括。同时，尚钺还指出：

---

① 翦伯赞：《翦伯赞史学论文选集》第 3 辑，78～79 页。

② 吕振羽：《吕振羽史论选集》，610 页，上海，上海人民出版社，1981。

③ 同上书，611 页。

④ 尚钺：《尚钺史学论文选集》，22 页，北京，人民出版社，1988。

"历史家不能要求历史为自己主观成见服务"，同时也"不能作史料的尾巴与俘虏"。这就是说，在研究历史过程中，夸大主观意愿和失却主观判断，都是不对的。

在这个问题上，胡绳结合自己的研究和撰述，强调了真实性与科学性的统一，他作了这样的总结："作者当然不需要在写时丝毫离开历史事实的真相，恰恰相反，越是深入揭露历史事实中的本质、规律性的东西，越是能说明问题。"[①]理论和实际的结合，正是在这个过程中得以实现的。

六、结语：三个重大转折

中国马克思主义史学在其发展过程中，有三个重大的转折。第一个转折，是从理论奠基到理论与中国历史实际相结合，从李大钊到郭沫若，实现了这一转折。第二个转折，是唯物史观在局部地区传播到在全国范围传播，并成为中国史学的主流，新中国的成立实现了这一转折。第三个转折，是从教条主义、实用主义以及简单化、绝对化的缺陷中走出来，走向更加健康的发展道路。对于这后一个转折，可以以1979年理论界、学术界的思想解放、拨乱反正为界标，黎澍对此作了很透彻的阐述。他写道："一九七九年是在思想解放的高潮中度过的。……历史科学工作者对于以马克思主义为指导思想和研究方法等问题，有了更深刻的理解，这是思想解放带来的有重大意义的发展。"对于"重大意义的发展"，黎澍列举了如下三条。第一条是："一九七九年历史学界在思想解放运动中一个最重要的收获，就是摆脱了现代迷信、教条主义和实用主义的精神枷锁，逐步回到了马克思主义的轨道。"第二条是："一九七九年，历史学界还有一个重要收获，就是开始抛弃过去那种简单化、绝对化的形而上学方法，使实事求是的学风逐渐得到发扬。"第三条是："一九七九年历史学在思想解放运动中所取得的进展和收获，还表现在通过双百方针的贯彻，学术空气渐见活跃，科学研究中的创造精神进一步得到发扬，从而大大调动了历史学家的积极性，为历史研究工作实现重点转移创造了有利条件。"[②]黎澍所概括的这三条，对于中国马克思主

---

① 胡绳：《历史与现实》，210页，上海，上海三联书店，1988。
② 黎澍：《再思集》，122～130页，北京，中国社会科学出版社，1985。

义史学的发展，都是至关重要的，是历史学上的一次真正的思想解放的里程碑。正是在这种历史条件下，史学界才有可能积极开展关于史学自身在发展中的理论问题的探讨。1982年，白寿彝在他主编的《史学概论》的题记中，详细地讲到了"历史唯物主义"同史学概论的区别，认为后者是在马克思主义基本学理指导下的一门课程，不应当同前者混同起来。①这一思想的变化过程，自与思想解放有关。20世纪80年代中期，有多种史学概论著作出版，有些就属于此类情况。

可见，关于史学理论的建设，已越来越受到重视。尹达在1983年初提出，一方面要加强马克思主义历史理论研究，同时也应加强历史学科的理论探讨。他认为：

> 在加强马克思主义历史理论研究的同时，我们还应当对历史这门学科的理论探讨给予充分的重视。我国历史学的发展告诉我们，重视史学理论是我国史学的优良传统。刘知几、章学诚、梁启超在对历史学这门科学的理论总结方面都做出过有重要影响的贡献。我们今天，在马克思主义理论指导下，应该写出超越《史通》、《文史通义》、《新史学》和《中国历史研究法》等的史学理论论著，在这方面做出更大的贡献。②

这里提出的写出"史学理论论著"的问题，同样也是在上述历史条件下才有这样的可能。当然，在中国马克思主义史学有了八十多年历史的今天，撰写这样的史学理论论著，必须充分考虑到中国马克思主义史学在史学观上的成就，这应是现时代史学理论著作的思想基础和学术基础。

本文所论，倘能有助于此，是所幸焉。

---

① 白寿彝主编：《史学概论》，1～2页。
② 尹达：《尹达史学论著选集》，408页。

中　篇

司马迁怎样总结秦汉之际的历史经验

　　司马迁的《史记》是一部通史，也是一部社会史（从汉代社会来看，尤其如此），是一部关于古代社会的经济、政治、思想、文化的百科全书。从现代的学科分类来看，不论是史学、文学、哲学、经济学、政治学、社会学、民俗学、美学，还是天文学、地理学等等，都可以选择一个角度对《史记》进行研究，而且也都可以总结出来司马迁在这些方面的成就，并对我们有所启发。这些研究，无疑都是很有意义的，都具有科学史研究的价值。但是，《史记》毕竟首先是一部史书，是一部通史著作。从史学的本来的意义和主要的目的来看，从《史记》的着力所在和精彩之笔来看，从司马迁所处的时代条件和他本身所意识到的肩负的历史责任来看，我认为《史记》最重要的历史价值在于它详尽地、深刻地而且也是生动地总结了秦汉之际的历史经验。这是司马迁奉献给当时的特别是后来的人们的一笔巨大精神财富和蕴涵丰富的历史智慧。

中国史学的理论遗产

— 345 —

司马迁对秦汉之际历史经验的总结，从比较开阔的视野来看，上起秦国的兴起，下迄武帝时的强盛，内容极为丰富。概而言之，我以为主要集中在以下四个问题上。

——落后的秦国为什么能够击败东方六国，完成统一大业？它为什么又招致速亡？

——楚汉战争中，为什么力量强大的项羽终于遭到失败，力量弱小的刘邦反而获得成功？

——汉初统治者为巩固统治、发展经济制订了什么样的国策？

——极盛时期的汉武帝统治面临着什么新的问题？

这些问题，是战国中期以来至西汉前期大约二百七八十年间的重大历史问题，也是司马迁所处时代的近现代史上的重大问题，有的则是属于他那个时候的当代问题。司马迁真不愧是一个伟大的历史学家，他非但没有回避这些重大问题，而是以严肃的态度、深邃的思想、卓越的见识和神奇的史笔回答了这些问题。

那么，司马迁是怎样总结秦汉之际的历史经验，又是如何回答这些问题的呢？

一、关于秦国的崛起和秦朝的兴亡

落后的秦国为什么能够击败东方六国，完成统一大业？它为什么又招致速亡？

关于这个问题，司马迁在《秦本纪》和《秦始皇本纪》中，并没有以自己的口气作许多评论。他只是在《秦始皇本纪》的后论中简略而含蓄地写道："自缪公以来，稍蚕食诸侯，竟成始皇。始皇自以为功过五帝，地广三王，而羞与之侔。"这两句话，既概括地写出了秦国发展、强大的过程，秦始皇完成统一大业后的宏大的超越前人的政治抱负，也隐约地揭露了他蔑视历史、目空一切、专横自恣的政治品质。从根本上说，这两句话也就是对《秦本纪》和《秦始皇本纪》所记秦国历史的一个总结。接着，司马迁大段引用了汉初贾谊的《过秦论》，并说"善哉乎贾生推言之也"。显然，司马迁是同意贾谊《过秦论》所提出的看法的，他是要借用贾谊的看法来回答上述问题的。这是司马迁历史评论的一种独特的形式。

贾谊的《过秦论》分析秦国自缪公以来不断强大、终于统一全国的原因，主要有三条。一是有利的地理形势，即所谓"被山带河以为固，四塞之国也"。这种地理形势在军事上的优胜之处是：六国攻秦，秦可以逸待劳，"守险塞而军，高垒毋战，闭关据阨，荷戟而守之"；于是六国逐渐疲惫，而秦国则锐气养成，加之政治上的"远交近攻"方略，乃能逐一击败各国，完成统一事业。关中地区在地理上的这种优势，在中国历史上的政治斗争和军事斗争中曾经保持了相当长的时期，历代政治家、思想家、史学家都有论述。贾谊是较早总结这一历史经验的思想家，他的这一看法对后人有很大的影响，司马迁就是最先接受这种看法的人之一。二是能用人，"当此之世，贤智并列，良将行其师，贤相通其谋"，同时采取了"安土息民，以待其敝"的政策。秦国国君善于广揽人才，用其所长，这有长久的历史，也是它逐步强大起来的一个重要原因。对此，贾谊之前，已有人作过评论，李斯的谏除逐客之令的上书是典型的概括。他指出："昔缪公求士，西取由余于戎，东得百里奚于宛，迎蹇叔于宋，来丕豹、公孙支于晋。此五子者，不产于秦，而缪公用之，并国二十，遂霸西戎。孝公用商鞅之法，移风易俗，民以殷盛，国以富强，百姓乐用，诸侯亲服，获楚、魏之师，举地千里，至今治强。惠王用张仪之计，拔三川之地，西并巴、蜀，北收上郡，南取汉中，包九夷，制鄢、郢，东据成皋之险，割膏腴之壤，遂散六国之从（纵），使之西面事秦，功施到今。昭王得范睢，废穰侯，逐华阳，强公室，杜私门，蚕食诸侯，使秦成帝业。此四君者，皆以客之功。由此观之，客何负于秦哉！向使四君却客而不内，疏士而不用，是使国无富利之实而秦无强大之名也。"① 这是讲的缪公、孝公、惠王、昭王善于用人的历史，也是讲的秦国由弱变强的历史。司马迁作《李斯列传》，全文收录这篇上书，他是赞同李斯和贾谊的看法的。三是得力于商鞅变法和张仪之谋："内立法度，务耕织，修守战之备，外连衡（横）而斗诸侯。"关于商鞅变法和张仪之谋，李斯已有评论。从秦国的历史来看，商鞅变法是许多重大事变中最重要的一件，所以司马迁说：商鞅之法，"行之十年，秦民大说（悦），道不拾遗，山无盗贼，家给人足，民勇于

---

① 司马迁：《史记》卷87《李斯列传》。

公战，怯于私斗，乡邑大治"①。把这个评价同上文所引李斯的评价结合起来看，商鞅变法对于秦国后来的富强确实起了关键的作用。以上三条，即地理形势、用人和改革，是秦国强大的主要原因。所以到了秦王嬴政时，"奋六世之余烈，振长策而御宇内，吞二周而亡诸侯，履至尊而制六合，执棰拊以鞭笞天下，威振四海"，成就了统一大业。

那么，从秦国发展成为秦皇朝后，为什么反倒招致速亡呢？贾谊认为，这完全是执行了错误的政策所致。第一，"秦王怀贪鄙之心，行自奋之智，不信功臣，不亲士民，废王道，立私权，禁文书而酷刑法，先诈力而后仁义，以暴虐为天下始"。贾谊认为，"兼并"时期与安定时期应有不同的政策，叫做"取与守不同术也"。可是秦始皇不懂得这个道理，用对付六国诸侯的办法来对待民众，这是极大的错误。第二，"废先王之道，焚百家之言，以愚黔首……秦王之心，自以为关中之固，金城千里，子孙帝王万世之业也"。企图用愚民政策来巩固"万世之业"，却没有制订出如何进一步安定"黔首"的政策，这跟秦国历史上曾经实行过的"安土息民"政策相比，同商鞅变法时实行的有关政策相比，自是一个历史的退步。第三，是"多忌讳之禁"，拒绝谏谋。贾谊指出，秦皇朝在政策上的错误，当时并不是没有人看出来的，即"世非无深虑知化之士也"，但"忠臣不敢谏，智士不敢谋"，这是因为"忠言未卒于口而身为戮没矣"，人们只好"倾耳而听，重足而立，拑口而不言"。这种紧张的政治局面，同战国时期各国国君广揽人才、认真听取各种富国强兵之道的生动活泼的政治气氛实有天壤之别，就是同后来的一些英明的封建君主肯于纳谏的情况也有很大的不同。所以贾谊感叹地说：秦末，"天下已乱，奸不上闻，岂不哀哉！"秦二世时，非但不知改弦更张，反而使这些错误的做法有增无减。在这种情况下，陈胜等人"斩木为兵，揭竿为旗，天下云集响应"，最后导致秦皇朝的灭亡。

司马迁并没有用太多的话直接评论秦朝在政治上的种种失误，只是据事直书（如他写焚书坑儒事件等）。但他在这里借贾谊《过秦论》批评秦朝统治者的为政之失，充分表达了自己的看法，这不仅贯穿着一种历史的联系，而且也增强了对于历史判断的说服力。

---

① 司马迁：《史记》卷68《商君列传》。

二、关于项羽的败亡和刘邦的成功

楚汉战争中，为什么力量强大的项羽终于遭到失败，力量弱小的刘邦反而获得成功？

司马迁对于这个问题的回答在方法上与上面所讲的有所不同，他在《项羽本纪》中是直接而又明确地阐述了自己的看法的。毋庸置疑，司马迁对于项羽这个失败的英雄是带有几分同情的。依我的浅见，这种同情主要是出于对项羽的英雄气概和直率性格的赞赏，并不含有更多的深意。而这种赞赏，在《项羽本纪》中随处可见。如：

> （汉四年）楚汉久相持未决，丁壮苦军旅，老弱罢转漕。项王谓汉王曰："天下匈匈数岁者，徒以吾两人耳，愿与汉王挑战（按：指挑身独战）决雌雄，毋徒苦天下之民父子为也。"汉王笑谢曰："吾宁斗智，不能斗力。"

项羽的直率（甚至略带几分天真）跃然纸上，这同刘邦的冷静和老谋深算比起来，相去何止千里！又如：刘邦父母、妻子为项羽所俘，置于军中。后刘邦派人同项羽讲和，"项王乃与汉约，中分天下，割鸿沟以西者为汉，鸿沟而东者为楚。项王许之，即归汉王父母、妻子。……项羽已约，乃引兵解而东归"。项羽的诚意亦跃然纸上，但他的这种诚意却使他陷入了困境，因为刘邦已经部署好了对项羽的袭击。

从垓下之战至项羽乌江自刎的一段记述，是司马迁对项羽深寄同情之心最突出的地方，其中有一段文字是：

> （汉五年）项王军壁垓下，兵少食尽，汉军及诸侯兵围之数重。夜闻汉军四面皆楚歌，项王乃大惊曰："汉军已得楚乎？是何楚人之多也！"项王则夜起，饮帐中。有美人名虞，常幸从；骏马名骓，常骑之。于是项王乃悲歌慷慨，自为诗曰："力拔山兮气盖世，时不利兮骓不逝。骓不逝兮可奈何，虞兮虞兮奈若何！"歌数阕，美人和之，项王泣数行下，左右皆泣，莫能仰视。

今天读来，仍然使人感到，这是一幅多么悲壮的历史画面！后人据此编写出"霸王别姬"的故事并搬上舞台，广为流传，当非偶然。接着，司马迁写了项羽不愿一人渡江（"天之亡我，我何渡为！且籍与江东子弟八千人渡江而西，今无一人还，纵江东父兄怜而王我，我何面目见之？纵彼不言，籍独不愧于心乎？"）、赐马亭长（"吾知公长者，吾骑此马五岁，所当无敌，尝一日行千里，不忍杀之，以赐公。"）、自刎于故人吕马童之前（"吾闻汉购我头千金，邑万户，吾为若德。"）等等。司马迁的史笔可谓写尽了其人的性格与气质，有很大的感人力量。

但是，司马迁毕竟是一位严肃的史学家，他对项羽又是采取批判态度的：对项羽的刚愎自用，不懂得罗织人才和总结经验教训，以及过分相信自己的武力等等，都是予以否定的。从中可以看出项羽为什么终于遭到失败的历史教训。如司马迁写其垓下之战失败后，仅存二十八骑，而汉军追者数千人：

> 项王自度不得脱。谓其骑曰："吾起兵至今八岁矣，身七十余战，所当者破，所击者服，未尝败北，遂霸有天下。然今卒困于此，此天之亡我，非战之罪也。"

他甚至要采用"快战"的战术，"必三战之"，以"令诸君知天亡我，非战之罪也"。到了此时，他还要用这种匹夫之勇来证明"天亡我，非战之罪也"，足见项羽刚愎自用几乎达到了愚蠢的地步！他对乌江亭长说的"天之亡我，我何渡为！"表明他始终认为，他的失败，其意在天，自己是毫无责任的。

正因为项羽是这样一个人，所以司马迁在《项羽本纪》后论中，一方面充分肯定他"将五诸侯灭秦，分裂天下，而封王侯，政由羽出，号为'霸王'，位虽不终，近古以来未尝有也"。另一方面又批评他不懂得谋略，"放逐义帝而自立"；迷信武力，"自矜功伐，奋其私智而不师古，谓霸王之业，欲以力征经营天下，五年卒亡其国，身死东城，尚不觉悟而不自责，过矣。乃引'天亡我，非用兵之罪也'，岂不谬哉！"从轰轰烈烈走向失败，然不知何以失败，至死不悟，这真是英雄的双重悲剧。

而与这个悲剧恰成鲜明对照的则是刘邦的喜剧。

楚汉战争中，刘邦多次失败，以至父母、妻子都成了项羽的俘虏，为什么最后终于获得成功？司马迁虽然没有如同《项羽本纪》后论那样，集中地、明确地写出自己的看法，但通观《史记》全书，他是回答了这个问题的。如《高祖本纪》后论说："秦政不改，反酷刑法，岂不谬乎！故汉兴，承敝易变，使人不倦，得天统矣。"这里说的"承敝易变"，指的是变秦苛法。关于这一点，《高祖本纪》有具体而生动的记载：

> （汉元年十月）还军霸上。（刘邦）召诸县父老豪杰曰："父老苦秦苛法久矣，诽谤者族，偶语者弃市。吾与诸侯约，先入关者王之，吾当王关中。与父老约，法三章耳：杀人者死，伤人及盗抵罪。余悉除去秦法。诸吏人皆案堵如故。凡吾所以来，为父老除害，非有所侵暴，无恐！……"乃使人与秦吏行县乡邑，告谕之。秦人大喜，争持牛羊酒食献飨军士。

这应当就是司马迁说的"承敝易变"的主要内容。项羽是"欲以力征经营天下"，而刘邦是懂得人心向背对于政治活动的得失起着重要作用的，因而是懂得政治大局。经验与教训，成功与失败，竟是如此泾渭分明。

这样的历史认识，司马迁在《萧相国世家》后论中也有类似的表述。他称赞萧何辅佐刘邦，"谨守管籥，因民之疾秦法，顺流与之更始"。这里，"顺流"一词用得很好，既形象，又深刻。这是顺民心之所向，在一定的程度上说，也是顺应历史潮流。

刘邦在楚汉战争中获得成功，原因当然是多方面的，但"承敝易变"，顺应民心，"顺流与之更始"，则是最根本的原因。善于用人，是刘邦成功的很重要的原因。关于这一点，以往的许多论著讲得不少了，这里不再重复。

楚汉战争是秦汉之际的重大事件，其间得失成败当然不只是项羽、刘邦个人的事情，也不只是他们个人的才能、品质、性格的较量。唯其如此，我们从司马迁所总结的这一出历史悲喜剧的经验教训中，可以得到许多有益的启示。而对于刘邦来说，楚汉战争中的胜利，也只是初步的成功；他的更大的成功，是要在完成对于西汉政权的巩固之后才能获得。

三、关于汉初巩固统治和发展经济的基本国策

汉初统治者为巩固统治、发展经济制订了什么样的国策？

这是司马迁在《史记》中写得最丰富、最精彩的部分，也是他对秦汉之际的历史经验总结得最深刻的部分。因此，本文不可能对司马迁所作的这一总结作比较详尽的评论。这里，我想指出一个带根本性质的问题，即司马迁对汉初统治者所制订的并历经几代连续贯彻的基本国策的记述与评价。

我想先讲一讲陆贾这个人，因为他跟这里所要讨论的问题有极大的关系。陆贾是楚地人，以有辩才而从刘邦定天下，深得刘邦的信任。司马迁记下了他在汉初所做的一件具有重大历史意义的事情。这就是：

> （汉初定）陆生时时前说称《诗》、《书》。高帝骂之曰："乃公居马上而得之，安事《诗》、《书》！"陆生曰："居马上得之，宁可以马上治之乎？且汤、武逆取而以顺守之，文武并用，长久之术也。昔者吴王夫差、智伯极武而亡；秦任刑法不变，卒灭赵（秦）氏。向使秦已并天下，行仁义，法先圣，陛下安得而有之？"高帝不怿而有惭色，乃谓陆生曰："试为我著秦所以失天下，吾所以得之者何，及古成败之国。"陆生乃粗述存亡之征，凡著十二篇。每奏一篇，高帝未尝不称善，左右呼万岁，号其书曰《新语》。[1]

可以想见，这在当时是何等庄严、深沉而又富有生气的场面！值得注意的是，刘邦这个人的文化素养并不高，有时还带有几分无赖习气，但他毕竟是一个政治家，不像项羽那样"自矜功伐，奋其私智"，因而

---

[1] 司马迁：《史记》卷97《郦生陆贾列传》。

能够采纳臣下的合理建议。他命陆贾总结秦何以失天下、汉何以得天下及古成败之国的历史经验，实在是一个极其英明的决定。汉初统治集团，以皇帝为首这样重视总结历史经验，对于西汉初年乃至西汉前期基本国策的制订和贯彻，无疑产生了重大的影响。还有一点值得注意的是，陆贾说的"逆取而以顺守之，文武并用，长久之术也"的话，跟后来贾谊说的"取与守不同术也"的话，是相通的。从这个历史的联系中，可以窥见汉初知识分子在总结历史经验、思考当代治国方略上，有不少共同的认识，也作出了重大的贡献。

陆贾《新语》十二篇，今存。有人认为是后人伪托，但也有认为是大致可信的，我倾向后一种说法。十二篇中的第四篇即《无为》篇指出："秦非不欲为治，然失之者，乃举措暴众而用刑太极故也。"认为实行"宽舒"、"中和"之政是非常必要的。是否可以认为，"无为"、"宽舒"、"中和"，既是对秦朝"用刑太极"政策的否定，也是直接影响到西汉前期基本国策的理论根据之一。汉初统治者内部在政治上存在着激烈的斗争，有朝廷同异姓封国的斗争，有刘氏集团同诸吕集团的斗争，有同姓封国同朝廷的斗争等等，但"无为"、"宽舒"、"中和"为理论根据的基本国策却相沿未改，在较长的时期里得到了贯彻。

司马迁显然十分重视这一历史经验。他在考察这个问题的时候，一方面注意到它的连续性，另一方面也注意到它的实际效果。他在《吕太后本纪》后论中指出："孝惠皇帝、高后之时，黎民得离战国之苦，君臣俱欲休息乎无为，故惠帝垂拱，高后女主称制，政不出房户，天下晏然。刑罚罕用，罪人是希；民务稼穑，衣食滋殖。"《吕太后本纪》所记述的史事，大多是关于诸吕同刘氏宗室及开国功臣争夺权力的斗争，是关于吕后在这个斗争中的种种残酷手段。从上文所引司马迁语来看，说明他在总结惠帝、吕后统治时期的功过得失时，没有局限于统治集团内部的纷争，而着眼于这一时期的总的社会发展趋势。这正是司马迁的历史见识的非同凡响之处。而所谓"君臣俱欲休息乎无为"，同刘邦废秦苛法，萧何"顺流与之更始"，陆贾提出"逆取而以顺守之"的历史经验和"无为"的主张等等，是一脉相承的。这里贯穿着一个基本的国策，即顺应民心，与民休息。这一国策在文、景时继续得到贯彻，所以司马迁一再称颂文帝的"盛德"："汉兴，至孝文四十有余载，德至盛也"①。"汉兴，孝文施大德，天下怀安。"② 司马迁这样盛赞文帝是有道理的，因为正是在他统治的二十多年中，西汉的社会经济得到了恢复并迅速发展起来，在惠帝、吕后时期"民务稼穑，衣食滋殖"的基础上，进而发展到"海内殷富，兴于礼义"的局面。对于文帝本人的政治才能和治国方略，司马迁有一段记载，写得平实、感人，使人能于细微处见其不平凡的政治家风度，兹录于下：

> 孝文帝从代来，即位二十三年，宫室苑囿狗马服御无所增益，有不便，辄弛以利民。尝欲作露台，召匠计之，直百金。上曰："百金中民十家之产，吾奉先帝宫室，常恐羞之，何以台为！"上常衣绨衣，所幸慎夫人，令衣不得曳地，帏帐不得文绣，以示敦朴，为天下先。……与匈奴和亲，匈奴背约入盗，然令边备守，不发兵深入，恶烦苦百姓。……群臣如张武等受赂遗金钱，觉，上乃发御府金钱赐之，以愧其心，弗下吏。专务以德化民，是以海内殷富，兴于礼义。③

从这里所列举出的一些事例，可以看出文帝时期的政治特点。值得注意的是，司马迁用了"海内殷富"这四个字，反映出这个时期的社会经济状况已完全摆脱了汉初那种"天子不能具钧驷，而将相或乘牛车，齐民无藏盖"的贫困局面。这是自西汉建立至文帝时四十余年中的根本性变化。从惠帝、吕后时期的"无为"到文帝时期的"以德化民"，这也是基本国策的一脉相承。可见，汉初社会经济得以迅速恢复和发展，确与这一基本国策的正确制订和长期延续有极大的关系。

我们还应当看到，这一国策的延续性在大臣中的反映。史载，曹参代萧何为相，不理事，遭到惠帝斥责，曹参解释说："高帝与萧何定天下，法令既明，今陛下垂拱，参等守职，遵而勿失，不亦可乎。"④ 惠

① 司马迁：《史记》卷10《孝文本纪》后论。
② 司马迁：《史记》卷11《孝景本纪》后论。
③ 司马迁：《史记》卷10《孝文本纪》。
④ 司马迁：《史记》卷54《曹相国世家》。

帝认为曹参说得对。曹参是刘邦旧臣，对刘邦和萧何的政治举措自然了解至深。从刘邦的"承敝易变"、萧何的"顺流与之更始"，到惠帝、吕后的"无为"和曹参的"遵而勿失"，这正是秦汉之际封建皇朝政策转换中的两种不同表现形式，是"易变"和稳定的统一。汉初统治者的成功之处，是他们比较恰当地把握住了这一政策转换中的两个不同的环节；而司马迁的高明之处，是他完全洞察了这种"变"与不变的政治举措对当时社会生活的重要性，故而能对它们进行深刻而生动的总结。然而，司马迁的这一总结并不限于此，他还引用当时的民谣来说明上述国策的连续性在民间的反映："萧何为法，斠若划一；曹参代之，守而勿失。载其清净，民以宁一。"又说："参为汉相国，清静极言合道。然百姓离秦之酷后，参与休息无为，故天下俱称其美矣。"① 这是从历史的高度来看待当时的民谣和评价曹参的思想与做法，是历史经验的形象的表示和理论的概括的统一。

以上这些，说明司马迁是从秦的酷法役民到汉的"清净"、"无为"、"与民休息"这一政策的变化，来总结汉初统治者是如何巩固统治、发展社会经济的。不论是处置封国问题，还是解决民族矛盾问题，汉初统治者都没有改变"与民休息"的基本国策，这就证明汉初统治者是真正总结了秦亡的教训。司马迁不愧是伟大的史学家，他非常准确地把握住了这一重大的历史经验，并在《史记》中一再反映出来，其深意所在，可以想见。这就是他总结历史经验不仅仅是为了说明历史，他还以此来观察现实。他对于汉武帝统治时期的政治的认识，正是他上述历史认识的合乎逻辑的产物。

四、关于西汉盛世时期的社会矛盾

极盛时期的汉武帝统治面临着什么新的问题？

这是司马迁所亲身经历的历史变化。应当说，司马迁所处的时代，正是西汉最富庶、最强大的时期。如他自己所说："汉兴五世，隆在建元。"②"建元"元年是公元前140年，而司马迁就诞生于公元前145年或公元前135年，可谓生当其时。古往今来，有不少政治家、思想家、

① 司马迁：《史记》卷54《曹相国世家》。
② 司马迁：《史记》卷130《太史公自序》。

史学家对汉武帝统治时的盛世讴歌备至。但是他们忽略了一个重要的事实，即身处汉武帝时代的司马迁，却没有陶醉于对盛世的歌颂。他以一个冷静的、负责任的史学家的眼光，看到了这个盛世表象后面的社会问题，并在《史记》中有所记载，从而显示出他的卓越的史识和实录的精神。

司马迁于盛世之中洞察到事物的变化和存在的问题，当从《史记》的《今上本纪》、《封禅书》、《平准书》等篇中看得尤其突出。可惜《今上本纪》已佚，今《史记·孝武本纪》为后人以《封禅书》所补，所以我们只能以《封禅书》和《平准书》作为主要根据来考察司马迁的这一思想。司马迁在《封禅书》后论中说："余从巡祭天地诸神名山川而封禅焉。入寿宫侍祠神语，究观方士祠官之意，于是退而论次自古以来用事于鬼神者，具见其表里。后有君子，得以览焉。"十分清楚，他是要以自己的所见所闻来揭露方士祠官的虚妄和笃信鬼神的帝王们的荒诞。《封禅书》除记述了历代的封禅活动外，主要落笔在对汉武帝笃信神仙、受方士愚弄的揭露和讽刺上。篇中说到汉武帝"尤敬鬼神之祀"，先后为方士李少君、少翁、栾大、公孙卿等人的一再耍弄而执迷不悟，以至于"东至海上，考入海及方士求神者，莫验，然亦遣，冀遇之"，达到了欲罢不能的地步。篇末有几句带有结论性的话是："今上封禅，其后十二岁而还，遍于五岳、四渎矣。而方士之候祠神人，入海求蓬莱，终无有验。而公孙卿之候神者，犹以大人之迹为解，无有效。天子益怠厌方士之怪迂语矣，然羁縻不绝，冀遇其真。自此之后，方士言神祠者弥众，然其效可睹矣。"这无异是说，入海求仙，不过是一出出闹剧而已。汉武帝本人虽久求而不可得，未免感到厌恶，但还是抱着希望，能够见到神仙。由于皇帝的笃信不改，毒化了社会风气，相信神仙的人愈来愈多，但那结果不是十分清楚吗？

显而易见，司马迁正是通过《封禅书》从一个方面揭示了汉武帝统治时期盛世表现背后的阴暗面，汉武帝的这些愚蠢行径使他看到了"物盛而衰"的历史变化。这种历史变化，已不只是表现为对于神仙的笃信和求访，而是人世间的活生生的反映。司马迁在《平准书》中描绘了汉武帝即位后不久，西汉经过七十余年的发展而达到的繁荣局面，可谓一派盛世景象。但他接着就写道："当此之时，网疏而民富，役财骄溢，或至兼并豪党之徒，以武断于乡曲。宗室有士公卿大夫以下，争于奢侈，室庐舆服僭于上，无限度。物盛而衰，固其变也。"司马迁以朴素的辩证观点来看待和解释这种变化，即他说的"物盛而衰，固其变也"。从今天的观点来看，这种变化正是封建的经济关系和政治统治固有矛盾发展的结果；武帝不同于高祖、文、景，因为他处在这个矛盾发展的新阶段上。从这个意义上说，最高统治者的变化，不应看做是上述变化的原因，而恰恰是这个变化的一部分。但是，最高统治者的变化因其所处地位的特殊性，他的变化必然会在相当的程度上影响到社会的变化。司马迁虽然还不能科学地说明这二者之间的关系，但他毕竟是十分敏感地观察到了这两种变化。他在概括地描绘了社会的变化之后，又从一些具体方面揭示了"物盛而衰"的种种表现。如：由于通西南夷道和筑卫朔方，弄得"府库益虚"；由于对匈奴的连年用兵，"于是大农陈藏钱经耗，赋税既竭，犹不足以奉战士"；由于置赏官武功爵，"军功多用越等，大者封侯卿大夫，小者郎吏。吏道杂而多端，则官职耗废"，由于"张汤用峻文决理为廷尉，于是见知之法生"；由于"有腹诽之法比"，于是"公卿大夫多诏谀取容矣"；以及"富商大贾或蹛财役贫，转毂百数，废居居邑，封君皆低首仰给。冶铸煮盐，财或累万金，而不佐国家之急，黎民重困"；"县官往往即多铜山而铸钱，民亦间盗铸钱，不可胜数。钱益多而轻，物益少而贵"；等等。这些现象是以前所没有的，或者虽然有但却没有显露得如此突出。当然，武帝时代的西汉社会比惠、吕、文、景时代的西汉社会是向前发展了，于是新的社会问题也就跟着产生了。司马迁以朴素的辩证思想来说明他看到的这些变化，认为："物盛则衰，时极而转，一质一文，终始之变也。"他当然还不能完全跳出循环论的窠臼，但他毕竟敏感地揭示了社会的变化，于盛世之中看到了新的社会问题。这些变化，这些问题，固不可完全视为盛衰之变，但也确实包含着盛衰之变。惟其如此，司马迁才给后人留下了永远值得思考的历史课题。

※　　　　　※　　　　　※

司马迁不愧是伟大的史学家。他不仅能够以冷静的态度看待历史，也能够以同样冷静的态度看待现实。他善于以历史的经验来揭示现实的问题，也善于以现实的问题去反衬历史的经验。他的思想上无疑还带着历史循环论的印记，但他确实是那个时代的思想巨人，因为他对历史与现实中发生的变化从不感到惊奇和困惑。他的历史哲学是："物盛而衰，固其变也"；"事势之流，相激使然，曷足怪焉！"

要之，司马迁所总结的秦汉之际的历史经验中包含的历史智慧，是他留给后人的一笔丰厚的精神遗产。

范晔《后汉书》史论的成就

范晔对于自己所作的史论，十分自信。他自我评价说：

> 既造《后汉》，转得统绪，详观古今著述及评论，殆少可意者。班氏最有高名，即任情无例，不可甲乙辨。后赞于理近无所得，唯志可推耳。博赡不可及之，整理未必愧也。吾杂传论，皆有精意深旨，既有裁味，故约其词句。至于《循吏》以下及"六夷"诸序论，笔势纵放，实天下之奇作。其中合者，往往不减《过秦》篇。尝共比方班氏所作，非但不愧之而已。

他还认为："赞，自是吾文之杰思，殆无一字空设，奇变不穷，同合异体，乃自不知所以称之。"① 一个史家，如此坦率而又如此自誉来评论本人的史记，在中国史学上实属罕见。

范晔这里提到的几个问题是值得注意的。一是范晔在史学上明确地提出了"著述及评论"这

---

① 范晔：《狱中与诸甥侄书》，见沈约《宋书》卷69《范晔传》。

样的概念，把"著述"与"评论"并列地提出来，这是第一次，显示出他对于"评论"的重视。二是作为皇朝史来说，《汉书》在当时"最有高名"，影响甚大，范晔著史撰论，都以其为参照，为"比方"。三是贾谊的《过秦论》是范晔心目中史论的典范，故以其自况。

近年来，关于范晔史论的研究，屡有论文面世，[①] 读后颇多启发。本文所论，或有异同，祈望读者和同好予以指正。

一、关于范晔史论的几种不同的评价

对于范晔的这种自我评价，后人有种种看法。第一种看法是嘲笑。宋人洪迈评论说："……晔之高自夸诩如此。至以谓过班固，固岂可过哉？晔所著序论，了无可取，列传如邓禹、窦融、马援、班超、郭泰诸篇者，盖亦有数也，人苦不自知，可发千载一笑。"[②]

第二种看法是宽容。宋人叶适认为："范晔类次齐整，用律精深，但见识有限，体致局弱，为可恨耳。其序论欲于班氏之上增华积靡，缕贴绮绣以就篇帙，而自谓'笔势纵放，实天下之奇作'；盖宋、齐以来文字，自应如此，不足怪也。"[③] 尽管叶适认为范晔"见识有限"，但对范晔所撰的序论、赞语及自我评价，都视为当时文风所致，不应引以为怪。

第三种看法是以称赞为主要倾向，而持这种看法的人较多，由此可以证明范晔对于自己在《后汉书》中所撰写的"评论"的评论，大致是中肯的。

首先，从流传和影响来看。范晔的史论在南朝就有很大的影响。梁朝萧统所编《文选》，第四十九卷共辑选史论九首，其中班固一首，干宝二首，范晔四首（即《皇后纪》论、二十八将论、《宦者传》论、《逸民传》论），沈约二首；赞语四首，其中班固三首，范晔一首（即《光

---

① 赵国华：《谈范晔〈后汉书〉的序、论、赞》，载《华中师范大学学报》，1988（1）；施丁：《谈谈范晔的史论》，载《学术月刊》，1988（8）；舒江辉：《范晔〈后汉书〉史论探讨》，载《杭州师范学院学报》，1989（4）；臧云浦：《范晔〈后汉书〉研究二题》，载《徐州师院学报》，1993（1）等，不一一列举。

② 洪迈：《容斋随笔》卷15"范晔作史"。

③ 叶适：《习学记言序目》卷26"后汉书三·总论"。

武纪》赞）。范晔的史论被选入的最多，反映了当时人们对它的评价。据《隋书·经籍志二》著录，有范晔《后汉书赞论》四卷；《旧唐书·经籍志上》著录，有范晔《后汉书论赞》五卷，《新唐书·艺文志》著录同此。可见，自南朝至北宋，范晔史论始终受到人们的重视。

其次，从对范晔史论的整体评价来看。刘知幾是不大赞成史家撰写史论的；而在诸家史论当中，最为推重班固，说他"辞惟温雅，理多惬当。其尤美者，有典诰之风，翩翩奕奕，良可咏也"。而班固以下，"必择其善者，则干宝、范晔、裴子野是其最也，沈约、臧荣绪、萧子显抑其次也，孙安国都无足采，习凿齿时有可观"。① 不论怎么说，在刘知幾看来，班固以下，当首推干宝、范晔等人了。清人王鸣盛从范晔史论的精神境界着眼作总的评价，他认为：

> 《班彪、固父子传》论云："彪、固讥迁，以为是非颇谬于圣人。然其论议常排死节，否正直，而不叙杀身成仁之为美，则轻仁义、贱守节愈甚矣。"此虽华峤之辞，而蔚宗取之，故蔚宗遂力矫班氏之失。如《党锢》、《独行》、《逸民》等传，正所以表死节，褒正直，而叙杀身成仁之为美也。而诸列传中，亦往往见重仁义、贵守节之意。善读书者当自知之，并可以想见蔚宗之为人。②

王鸣盛这一段话所作的结论，是从范晔对班彪、固父子对司马迁《史记》之批评中引申出来的；也可以说，是从《史记》、《汉书》、《后汉书》的比较中所得到的认识。这里涉及的史家，有司马迁、班彪、班固、华峤、范晔，以及王鸣盛本人，的确值得人们反复比较和思考。王鸣盛不仅赞同范晔对班氏父子的批评，而且明确地肯定了《后汉书》史论的精神境界。

关于这一点，在王鸣盛之前，顾炎武论两汉风俗时，曾有所涉及，可与王鸣盛之论相互印证，顾炎武指出：

---

① 刘知幾：《史通·论赞》。
② 王鸣盛：《十七史商榷》卷36"范矫班失"。

汉自孝武表章《六经》之后，师儒虽盛，而大义未明。故新莽居摄，颂德献符者，遍于天下。光武有鉴于此，故尊崇节义，敦厉名实，所举用者，莫非经明行修之人，而风俗为之一变。至其末造，朝政昏浊，国事日非；而党锢之流，独行之辈，依仁蹈义，舍命不渝，风雨如晦，鸡鸣不已。三代以下，风俗之美，无尚于东京者。故范晔之论，以为"桓、灵之间，君道秕僻，朝纲日陵，国隙屡启，自中智以下，靡不审其崩离；而权强之臣，息其窥盗之谋，豪俊之夫，屈于鄙生之议"（原注：《儒林传》论）。"所以倾而未颠，决而未溃，皆仁人君子心力之为"（原注：《左雄传》论）。可谓知言者矣。①

从顾炎武所论中可以获得这样的认识，即认为范晔史论的精神境界，是有切实的社会历史根据的，并不只是反映他的思想倾向与"为人"操守。

清人赵翼也是推崇范晔史论的，他举例说：

又其论和熹后终身称制之非，而后崩后则朝政日乱，以见后之能理国。论隗嚣谓其晚节失计，不肯臣汉，而能得人死力，则亦必有过人者。论李道虽为光武佐命，而其初信谶记之言起兵，致其父及家族皆为王莽所诛，亦不可谓智。此皆立论持平，褒贬允当，足见蔚宗之有学有识，未可徒以才士目之也。②

赵翼是精于考史又擅长史学批评的史家，他所举的这几个例子，都是极容易引起歧异认识的人物；因此，用范晔对这几个人所作的评论来说明范晔史论的面貌，当是比较有说服力的。赵翼末了所作的"立论持平，褒贬允当"、"有学有识"的结论，应该说是很高的评价了。

王鸣盛在《十七史商榷》中除上文曾提到党锢、独行、逸民等传外，直接评论范晔《后汉书》史论的，还有邓禹论、窦宪论、马蔡论

---

① 顾炎武：《日知录》卷13"两汉风俗"。
② 赵翼：《廿二史札记》卷4"后汉书编次订正"。

赞、《陈蕃传》论、《党锢传》总叙、《孔融传》论等。即使是嘲笑范晔的洪迈，对其邓禹、窦融、马援、班超、郭泰诸传论，多少也是肯定的。综合以上诸家所论，对范晔史论表示推崇和肯定者，有 24 首，除去三首重复提到者，尚有 21 首，范晔史论受到普遍的重视和好评，自无疑义。

二、评论平允与致意风俗

范晔史论之所以受到重视，除上述顾炎武、王鸣盛、赵翼分别说到的有关因素外，还有哪些原因呢？这里，不妨从王鸣盛所论诸例作具体分析。通观王鸣盛所举诸论，对范晔史论大致可概括为三个特点，一是评论平允，二是推明忠义，三是致意风俗。

关于评论平允。王鸣盛在"邓禹论"条下引《后汉书·邓禹传》后论并对此发表评论说：

> "论曰：邓公功虽不遂，道亦宏矣！及威损枸邑，兵散宜阳，襦龙章于终朝，就侯服以卒岁，荣悴交而下无二色，进退用而上无猜情，君臣之美，后世莫窥其间"云云。蔚宗此论，不甚贬禹，而亦深许光武，最为平允。袁宏《后汉纪》第七卷为禹论，乃深责光武，以为功高不赏，反复为禹惋惜、呼冤。愚谓禹粗定长安，旋为赤眉所败，废然而返，功颓业丧，虽归大司徒印，仍封侯食邑，及中元元年复行司徒事，为幸多矣。宏此论殊不平。①

王鸣盛认为范晔对邓禹及光武的评论"最为平允"，是有几个方面的因素作为根据的。第一个因素，是从邓禹同光武的关系来看，他同意范晔的认识。第二个因素，是从邓禹的全部宦途来看。第三个因素，是从范晔史论同袁宏史论的比较来看。这末了一点很值得注意。《后汉纪》先于《后汉书》而书，但范晔并不受前者史论的局限，而是独立地提出自己的见解。正是从范、袁二人史论的比较中，王鸣盛得到了"平允"与

---

① 王鸣盛：《十七史商榷》卷 35 "邓禹论"。

"不平"的两种结论。王鸣盛关于"平允"的结论，还见于他对"马蔡论赞"的评价，他写道："《马融》、《蔡邕传》各为一卷，而论分赞合，变例也。马论虽贬之实惜之，反复有味，蔡论则全是申雪矣；赞亦抑马扬蔡，平允而意致深长。"① 此处所论，不仅是"平允"，还加上了"反复有味"、"意致深长"，史论要达到这一意境，可谓难矣。

关于推明忠义。如上文所说，王鸣盛对于范晔史论的精神境界尤为称颂，其论《陈蕃传》后论，便是突出一例。范晔《后汉书·陈蕃传》后论是这样写的：

> 桓、灵之世，若陈蕃之徒，咸能树立风声，抗论昏俗。而驱驰险厄之中，与刑人腐夫同朝争衡，终取灭亡之祸者，彼非不能洁情志，违埃雾也。愍夫世士以离俗为高，而人伦莫相恤也。以遁世为非义，故屡退而不去；以仁心为己仁，虽道远而弥厉。及遭际会，协策窦武，自谓万世一遇也。憔憔乎伊、望之业矣！功虽不终，然其信义足以携持民心。汉世乱而不亡，百余年间，数公之力也。②

这一首史论，从陈蕃个人际遇结局，论到了士人的志向及不同的处世态度，进而论到信义、民心、朝代存亡，其旨趣、情志，溢于字里行间，诚可谓"反复其味"、"意致深长"。对于这首史论，王鸣盛是这样评价的："《陈蕃传》论推明忠义，心事悲愤壮烈，千载下读之，凛凛犹有生气。以王允与蕃合传，其与允也至矣。"③ 从这里，可以看出范晔史论对后人确有感染力；这种感染力，出于他对社会进步、朝代兴亡的深切的关注之情，以及他对那些为进步和正义而"抗论"、而"争衡"的士人的崇敬之意。

关于致意风俗。这个特点与上文所作论有密切关联，因其言及风俗本亦着眼于社会进步与朝代兴衰存亡大势。对此，王鸣盛写道：

---

① 王鸣盛：《十七史商榷》卷 37 "马蔡论赞"。
② 范晔：《后汉书》卷 66 后论。
③ 王鸣盛：《十七史商榷》卷 37 "陈蕃传论"。

《党锢传》首总叙说两汉风俗之变，上下四百年间，了如指掌；下之风俗成于上之好尚，此可为百世之龟镜。蔚宗言之，切至为此，读之能激发人。

《后汉书·党锢传》序，约一千五百字，文长不引。在这篇序文中，范晔概说两汉风俗的几次变化，指出："上好则下必甚，矫枉故直必过，其理然矣。"这就是王鸣盛所说的"可为百世之龟镜"的论点。在这首序文中，范晔对于一些士人"清心忌恶，终陷党议"，深致不平之意。王鸣盛对此表示钦佩，指出："袁宏《后汉纪》第二十二卷论党锢一段，蔚宗虽亦稍取之，然彼乃深斥党人之非，用意与蔚宗不同。"① 查《后汉纪》此论，亦可谓一首宏论，然其意在强调"野不议朝，处不谈务，少不论长，贱不辩贵"的"先王之教"，与范晔论旨迥然不同。在这里，王鸣盛仍然运用比较的方法，指出范、袁史论的异趣，很可发人深思。

三、笔势纵放的类传史论

综上所述，我们对于范晔自己所说"吾杂传论，皆有精意深旨，既有裁味，故约其词句"云云，当有一个大致的认识。而"至于《循吏》以下及'六夷'诸序论，笔势纵放，实天下之奇作"云云，当作何看待呢？

《后汉书·循吏列传》以下，有《酷吏列传》、《宦者列传》、《儒林列传》、《文苑列传》、《独行列传》、《方术列传》、《逸民列传》、《列女传》，以及东夷、南蛮、西南夷、西羌、西域、南匈奴、乌桓鲜卑等传。这十五篇传的序论，难以尽述，兹举数例，略作评析。

《循吏列传》序概述了东汉一朝循吏简史，认为光武时期与章帝、和帝以后，是循吏辈出、往往不绝的两个时期。而循吏的特点是"仁义笃诚，使人不欺"，"可以感物而行化"，做到"明发奸伏，吏端禁止"，"移变边俗"，等等。范晔着重指出了循吏的出现，其最重要的原因是最高统治者的政治风范，故序文用了近一半的篇幅称赞光武帝的"勤约之风，行于上下。数引公卿郎将，列于禁坐。广求民瘼，观纳风谣。故能

---

① 王鸣盛：《十七史商榷》卷38"《党锢传》总叙"。

内外匪懈，百姓宽息。自临宰邦邑者，竞能其官"。充分肯定了这种垂范作用对于循吏政治的重要影响。《循吏列传》后赞进而指出了循吏政治的社会作用是："推忠以及，众瘼自瘳，一夫得情，千室鸣弦。"作为史学家，范晔对循吏表示出"怀我风爱，永载遗贤"的崇敬之意，表达了他的一种社会理想。

同循吏相对的是酷吏。《酷吏列传》的序、赞表明范晔对酷吏政治的朴素辩证认识。他一方面认为酷吏的出现是政治统治中不可避免的，酷吏的特点是"肆情刚烈，成其不桡之威"。他们敢于"揣挫强势，摧勒公卿"的执法精神"亦为壮也"，故能"厌快众愤"；但毕竟手段严酷，"末暴虽胜，崇本或略"。这个评价自然不如对循吏的称颂，但范晔也没有完全否定酷吏的作用，认为前者是本，后者是末，他们的关系，是为政之中的本末关系。

《后汉书·宦者列传》序，也可视一篇宦官小史，而以论东汉为详。从历史上看，范晔认为，宦人中"其能者"可有功于国，"其敝也"则为国之祸。西汉时的宦人，"勤心纳忠，有所补益"者有之，"以佞险自进"、"损秽帝德"者有之。东汉时期，宦官权重，以至于"手握王爵，口含天宪"，"举动回山海，呼吸变霜露"，"汉之纲纪之乱矣"。范晔在后论中还分析了宦人的权力是历朝历代逐渐滋长起来的，其危害终于发展到"忠贤所以智屈，社稷故其为墟"的地步，"今迹其所以，亦岂一朝一夕哉！"应当说，这是一篇极为深刻的宦官参与政事的历史经验教训的总结。但历代皇朝体制又决定了它无法割去自身肌体上的这个赘瘤，以致一再重复因宦人掌权而造成"纲纪大乱"、"社稷为墟"的政治悲剧。

《后汉书·儒林列传》的序与论，是范晔史论之佳作中的突出者，历来为论者所重，上文已经涉及于此，笔者亦拟另撰专文，予以评论，此不赘述。

以上《循吏》、《酷吏》、《宦者》、《儒林》四传的序、论，都反映了范晔对政治统治、国家兴衰的关注，反映了他的积极的、进步的社会历史观和历史人物评价标准。

《后汉书》"六夷"传的序、论，分别论述周边各民族、各地区同三代、秦汉的关系，而尤着意其与东汉联系的密切。他写道："自中兴之后，四夷来宾，虽时有乖畔，而使驿不绝，故国俗风土，可得略记。东夷率皆土著，喜饮酒歌舞，或冠弁衣锦，器用俎豆。所谓中国失礼，求之四夷者也。凡蛮、夷、戎、狄总名四夷者，犹公、侯、伯、子男皆号诸侯云。"① 尽管范晔于"六夷"传的序论及传文中，对各族仍难免有不恰当的评论，然上引这段话所确定的基本看法，反映出他对各族关系的认识，大致上是继承了司马迁的思想传统，是难能可贵的。

《后汉书·循吏列传》以下各传诸序、论，有一个共同的特点，即纵向论历史演变，横向评得失利害，以陈述史事为目的，以总结经验为归宿，有吞吐古今之志，无矫揉造作之意，此即其所谓"笔势纵放"之由来。

四、政治、哲学及学术思想

范晔的史论，是《后汉书》的精华所在。除了上述前人所作的有关评价外，从今天的认识来看，他在史论中所反映出来的政治、哲学及学术思想，都是十分重要的史学遗产。

首先，他对东汉时期的大治乱得失问题，提出了自己的看法。他论王莽、东汉之际的形势说："传称'盛德必百世祀'，孔子曰'宽则得众'。夫能得众心，则百世不忘矣。观更始之际，刘氏之遗恩余烈，英雄岂能抗之哉！然则知高祖、孝文之宽仁，结于人心深矣。"② 从历史的形势来看，范晔所论未必中肯，但他提出了"得众心"、"结于人心深矣"对于政治上的成功的极端重要性，无疑是深刻的见解。他论"中兴之业，诚艰难也"，认为光武"闭玉门以谢西域之质，卑词币以礼匈奴之使"是明智之举。③ 认为光武吸取西汉初年分封异姓诸侯王的教训，"鉴前事之违，存矫枉之志"，仅以少数功臣"与参国议，分均休咎，其余并优以宽科，完其封禄，莫不终以功名、延庆于后"，也是明智之举。论末总结说："崇恩偏授，易启私溺之失；至公均被，必广招贤之路，意者不其然乎！"④ 这是把不同的政策上升到理论认识的高度。范晔在

---

① 范晔：《后汉书》卷85《东夷列传》序。
② 范晔：《后汉书》卷12后论。
③ 范晔：《后汉书》卷18后论。
④ 范晔：《后汉书》卷22后论。

《皇后纪》序论中，也还指出了东汉"皇统屡绝，权归女主，外立者四帝，临朝者六后，莫不定策维帝，委事父兄，贪孩童以久其政，抑明贤以专其威。任重道悠，利深祸速"的弊端。① 在《宦者列传》的序论中，范晔一方面分析宦官和外戚勾结的原因，一方面又分析了宦官得势的种种不同情况，以及造成"纲纪大乱"、"败国蠹政"的严重后果。凡此，都是着眼于政治得失所作的历史评论。

其次，范晔的史论还表明了他在历史观上的朴素唯物论倾向。他批评佛教"好大不经，奇谲无已"，"故通人多惑焉"。② 他批评种种方术"斯道隐远，玄奥难原，故圣人不语怪神，罕言性命"；方术怪诞之论"纯盗虚名，无益于用"，不过是有人"希之以成名"的工具罢了。③ 他对武帝"颇好方术"，光武"尤信谶言"，桓帝"修华盖之饰"，都采取批评的态度。他在《光武帝纪》后中引卜者王长语，举方士夏贺良上言，望气者苏伯阿语，以及道士西门君惠、李守等人的预言，以证明"其王者受命，信有符乎"，这在《后汉书》史论中是极特殊的一例，自然不值得称道。他极少讲"天命"，即使讲到了，也是采取保留的态度。他说："天命符验，可得而见，未可得而言也。然大致受大福者，归于信顺乎！"④ 他是把顺乎天、信乎人结合在一起来看待的。这虽多少带有一点折中的色彩，但范晔的思想倾向不是折中的，所以直到临死前还说："天下决无佛鬼！"

第三，范晔的史论，显示出他对东汉时期学术史的兴趣和见解。如他论道术，一方面说它"有补于时，后人所当取鉴"，一方面指出"然而其蔽好巫，故君子不以专心焉"。⑤ 他论经学，批评经学的烦琐、误人；同时指出"郑玄括囊大典，网罗众家，删裁繁诬，刊改漏失，自是学者略知所归"的成绩。他论史学，肯定"司马迁、班固父子，其言史官载籍之作，大义粲然著矣"。又对迁、固作了比较，并给予班固很高的评价；但不同意班固对司马迁的批评，认为班书"论议常排死节，否

---

① 范晔：《后汉书》卷 10 上后论。

② 范晔：《后汉书》卷 88《西域传》后论。

③ 范晔：《后汉书》卷 82 上《方术列传上》序；《后汉书》卷 82 下《方术列传下》后论。

④ 范晔：《后汉书》卷 75 后论。

⑤ 范晔：《后汉书》卷 30 下后论。

正直，而不叙杀身成仁之为美，则轻仁义、贱守节愈矣"①。这个评论在史学史上有很大的影响。他论应奉、应劭父子说："应氏七世才闻，而奉、劭采章为盛。及撰著篇籍，甄纪异知，虽云小道，亦有可观者焉。"② 他把王充、王符、仲长统三位唯物思想家合传，说王充《论衡》"释物类同异，正时俗嫌疑"，王符《潜夫论》"指讦时短，讨谪物情，足以观见当时风政"，说仲长统所著《理乱篇》、《损益篇》、《法诫篇》都"有益政者"。③《后汉书》其他类传如党锢、循吏、酷吏、文苑、独行、逸民、列女等传的序、论，也都是对不同类型的历史人物的政治作用和社会影响作了精彩的评论。范晔的史论，言深意远，用词典雅，在史学上是不多见的。

---

① 范晔：《后汉书》卷 40 下《班彪列传下》后论。

② 范晔：《后汉书》卷 48 后论。

③ 范晔：《后汉书》卷 49 后论。

柳宗元史论的理论价值和
历史地位

一、一个被忽略的问题：
柳宗元和历史学

柳宗元作为文学家和诗人，他在中国文学史上的崇高地位是早已被承认了的。作为思想家，他在中国唯物主义无神论发展史上的杰出贡献，也为当代的中国思想史研究者所肯定。本文所提出和讨论的问题，是关于柳宗元和历史学的关系以及他在唐代史学的历史理论发展上所取得的光辉成就。毋庸讳言，这是一个被我国历史学界长期忽略的问题。

自我涉足于唐代史学以来，逐渐形成了这样一个看法：柳宗元在文学史上和思想史上的成就，"掩盖"了他在史学史上的建树，然而，一个异常明显的事实是，如果从史学的观点来看，柳宗元的学术活动及其撰述，实为中唐史学的重要组成部分。我的这个看法的根据是：

——柳宗元年轻时即有志于史学，他曾说过："昔与退之（韩愈）期为史，志甚壮。"①

——柳宗元爱读史书，且以观察古今得失成败为其旨趣，他有诗作《读书》一首，首六句是："幽沈谢世事，俛默窥唐虞。上下观古今，起伏千万途。遇欣或自笑，感戚亦以吁。"②

——柳宗元谙究《国语》，作《非国语》2卷，这是就一部史著进行评论的专书；唐人以前所撰此类著作流传至今者，已甚寥寥。

——柳宗元曾作《与韩愈论史官书》，同韩愈论辩史官职责，是为"柳韩争辩文字中一巨案"③；柳书代表了古代史家的优良传统，并对启迪史家的自我意识和自身修养产生了深远的影响。他在实地调查的基础上写成的《段太尉逸事状》，反映出他在历史撰述上的实录精神和他对史学工作的关注与支持。

——柳宗元所撰的《贞符》、《封建论》、《天说》、《天对》等大文章，都是中唐时期历史理论方面的杰作，以此为标志，形成了唐代史学在史论发展上的一个新的高峰等等。

因此，很久以来，我就想提出一个命题："作为史学家的柳宗元"。这倒不是一定要给柳宗元戴上"史学家"的桂冠，也不是担心柳宗元研究被文学史研究者和思想史研究者所"垄断"了。我的目的是，希望通过对于这个问题的思考和探索，能够引起人们以冷静的和审慎的眼光来看待唐代史学发展的历史进程，看待柳宗元撰述活动的史学意义及其理论价值与历史地位。这对于唐代史学的研究，乃至对于整个古代史学的研究，或许都会有一点启发。

侯外庐先生说，柳宗元"有一种巨大的'历史感'"④。有的研究者也指出，柳宗元在永贞改革失败后被贬官永州时期所从事的理论研究，"有着更丰富的历史知识做基础，渗透着深刻的历史发展观念"⑤。显然

---

① 柳宗元：《与史官韩愈致段秀实太尉逸事书》，见《柳河东集》卷31。

② 柳宗元：《柳河东集》卷43。

③ 章士钊：《柳文指要》上卷，920页，北京，中华书局，1971。

④ 侯外庐：《柳宗元哲学选集》序，香港，中华书局香港分局，1976。

⑤ 孙昌武：《柳宗元传论》，235页，北京，人民文学出版社，1982。

他们是分别从思想史和文学史的研究来看待这个问题的，如果我们从史学发展上对柳宗元的思想和著作进行探讨的话，则这种探讨不仅是史学史研究所必需的，而且也有助于人们从文、史、哲三个方面去全面评价柳宗元在中国文化史上的地位。

柳宗元史论涉及的方面很广阔，但重要的是这三个方面：历史观；如何认识历史和撰写史书，这里有历史观的问题，也有历史文献学和历史编纂学的问题；史家修养。在他的史论中，这三个方面的问题有时是互相交织在一起的；为了论述上的方便，本文是分别从它们各自的着重点上来评论它们的。

二、《天说》、《天对》：对天人相分理论的发展

殷周时期的"天命"思想在历史上有长远的影响，尽管西周末年开始出现了人们对于"天命"的怀疑，春秋时期有的政治家公开表示轻"天道"而重"人道"，战国时期荀子提出"制天命而用之"的主张和"天人之分"的理论，[1] 但在汉初却出现了董仲舒的"天人感应"论的思想体系，鼓吹"唯天子受命于天，天下受命于天子"[2]，"灾"与"异"都是上天告警等等。董仲舒的"天人感应"论不仅给皇权编织了神秘的外衣，也为天人合一的思想制造了新的理论。接着便是司马迁提出了"究天人之际，通古今之变，成一家之言"[3] 的撰述思想，这是中国史学家第一次明确地把推究"天人之际"的问题作为历史撰述上的重要内容提出来，因而在史学思想发展上有重大的理论价值。此后，在很长的历史年代里，关于"天人之际"的问题一直为史学家、思想家、政治家所关注。它既是哲学问题，又是史学问题和政治问题。唐肃宗时人尚衡曾撰《文道元龟》，指出："古人之贵有文者，将以饰行表德，见情著事，杼轴乎天人之际，道达乎性命之元，正复乎君臣之位，昭感乎鬼神之奥"[4]。他讲的是"文道"，其实同史学、

---

① 荀子：《荀子·天论》，见《诸子集成》本。
② 董仲舒：《春秋繁露·为人者天》，见程英辑《汉魏丛书》本，长春，吉林大学出版社，1992。
③ 班固：《汉书》卷62《司马迁传》。
④ 董诰等编：《全唐文》卷394。

思想、政治都有关系。

关于"天人之际"的讨论，代有其人，主要有两种看法：一是天人相合说，一是天人相分说。这两种看法，是中国思想史上唯心主义和有神论同唯物主义和无神论之间斗争的重要内容。这个斗争，从东汉至中唐以前，有几次大的较量，都跟史学有关。如东汉章帝建初四年（79年）的白虎观会议及其所产生的官方典籍《白虎通义》（《白虎通德论》），使董仲舒的"天人合一"说法典化，史学家班固是这部"钦定的哲学、神学、经义的法典"① 的撰稿人。与此同时，则有王充对天人感应说的批判。南朝梁武帝天监六年（507年），由皇帝下诏批驳范缜《神灭论》，僧人法云作《与王公朝贵书》动员王公朝贵六十余人"围剿"《神灭论》，史学家沈约撰《答释法云书难范缜〈神灭论〉》、《神不灭论》、《难范缜〈神灭论〉》等文，② 反复申明他的"神本不灭，久所服膺"的思想。隋末唐初，佛教在南北朝大盛的基础上继续发展，武德七年（624年）科学家傅奕上疏，请求废除佛教，根据之一是："生死寿夭，由于自然；刑德威福，关之人主。乃谓贫富贵贱，功业所招，而愚僧矫诈，皆云由佛。窃人主之权，擅造化之力，其为害政，良可悲矣！"此后"又上疏十一首，词甚切直"，但当"高祖付群官详议"时，只有太仆卿张道源一人支持傅奕。太宗继位，傅奕又指出，佛教"于百姓无补，于国家有害"，太宗"颇然之"。傅奕跟唐初史学也有关系，他曾"集魏、晋已（以）来驳佛教者为《高识传》十卷，行于世"③。值得注意的是，这一时期的"正史"撰述，大多没有跳出"天命"论的窠臼。《宋书》、《南齐书》、《魏书》自不待言，④ 就是以重人事著称的魏

---

① 白寿彝：《中国史学史》第 1 册，55 页。

② 严可均辑：《全梁文》卷 28、29，北京，中华书局，1958。

③ 欧阳修等：《新唐书》卷 107《傅奕传》。其《高识传》，《新唐书》卷 58《艺文志二·杂传记类》有著录。

④ 沈约《宋书》卷 27《符瑞志》序："夫龙飞九五，配天光宅，有受命之符，天人之应。"《宋书》卷 33《五行志》序："夫天道虽无声无臭，然而应若影响，天人之验，理不可诬。"萧子显《南齐书》卷 2《高帝纪下》赞："于皇太祖，有命自天。"其帝纪后论多称说"天命"、"天意"。魏收《魏书》卷 1《序纪》后论："帝王之兴也，必有积德累功博利，道协幽显，方契神祇之心。"《魏书》卷 2《太祖记》后论："将人事不足，岂天实为之"，等等。

— 373 —

徵在其所撰史论中亦难免有所流露。① 即便是以对前史进行严肃批评而著称的刘知幾，也没有否认"天道"的存在和"灾祥之作，以表吉凶"的传统观念，他只是怀疑一切"天道"都与"人事"有联系、怀疑前史有关灾祥与休咎的记载的可靠性和必要性。他在这些问题上的态度是："子曰：'盖有不知而作之者，我无是也。'又曰：'君子于其所不知，盖阙如也。'又曰：'知之为知之，不知为不知，是知也。'呜呼！世之作者，其鉴之哉！谈何容易，驷不及舌，无为强著一书，受嗤千载也。"②他是主张把不可捉摸的"天道"搁在一边，只研究和撰述"人事"就是了。刘知幾具有唯物主义倾向，但他并没有对"天道"进行解释，更没有对它作较系统的批判。这不仅是刘知幾史学思想的缺陷，也是汉唐之际历史理论发展中尚未解决的重大课题。柳宗元的关于天人相分的理论就是在这样的历史条件下提出来的。

柳宗元的天人相分的理论，上承荀子、王充等进步思想家的唯物主义、无神论传统，并密切结合中唐时期思想领域的斗争而逐步展开的。他对"天"的纲领性看法，是在为批评韩愈的"天可赏罚"的论点而写的《天说》一文中。从柳宗元《天说》所引韩愈的论点来看，后者是在反复说明"天"是有意志的，可以赏功罚祸；认为人们"呼天"、"怨天"虽不是"知天"的表现，但却都是有作用的。韩愈说："吾意天闻其呼且怨，则有功者受赏必大矣，其祸焉者受罚亦大矣。"这仍然是天人感应论的说教。柳宗元针对韩愈的这种说法，明确地指出：

> 天地，大果蓏也；元气，大痈痔也；阴阳，大草木也。其焉能赏功而罚祸乎！功者自功，祸者自祸，欲望其赏罚者大谬。呼而怨，欲望其哀且仁者，愈大谬矣。③

在柳宗元看来，天地、元气、阴阳都是物质，是没有意志的，因而

---

① 姚思廉《梁书》卷 6 本纪总论，北京，中华书局，1973："上天降鉴，此焉假手，天道人事，其可诬乎！"魏徵等《隋书》卷 2《高祖纪下》后论："斯乃非止人谋，抑亦天之所赞也。"

② 刘知幾：《史通·书志》。

③ 柳宗元：《天说》，见《柳河东集》卷 16。

不具有赏功、罚祸的能力；功与祸都只有通过其自身去说明，希望"天"来赏罚、给予人们同情和爱护，真是再荒谬不过了。我们知道，天人感应论在社会实践中的主要作用，是为"君权神授"制造理论根据。宣扬"天"能赏功罚祸，无非是要人们敬畏"天"，从而敬畏"天"所庇护的人君，承认现成的社会等级秩序和伦理秩序。柳宗元指出"天"是物质，不能赏功罚过，当然也不会庇护人君。这就从根本上否定了君权神授的种种编造，对于人们重新认识历史和社会，有很大的积极意义。

饶有兴味的是，柳、韩关于"天"的辩难，引出了刘禹锡的《天论》3篇和柳宗元的《答刘禹锡〈天论〉书》，从而把这个讨论推向更深入的程度。刘禹锡认为柳宗元的《天说》"非所以尽天人之际"，因此他"作《天论》以极其辩"。刘禹锡《天论》在理论上的贡献是：第一，把天的作用和人的作用作了严格的区别。他指出："天，有形之大者也；人，动物之尤者也。天之能，人固不能也；人之能，天亦有所不能也，故余曰：天与人交相胜耳。"这就补充了柳宗元《天说》只说了"天"而没有说"人"的不足，同时划清了"天之能"与"人之能"的界限。第二，论证了"天之能"是自然作用，"人之能"是社会作用，他指出：

> 天之道在生植，其用在强弱；人之道在法制，其用在是非。阳而阜生，阴而肃杀；水火伤物，木坚金利；壮而武健，老而耗眊；气雄相君，力雄相长：天之能也。
>
> 阳而蓺树，阴而揪敛；防害用濡，禁焚用光，斩材竷坚，液矿硎；义制强讦，礼分长幼；右贤尚功，建极闲邪：人之能也。

通过说明"天之能"和"人之能"的不同的表现形式，进一步论证了"天"是客观存在的自然，是万物"生植"的条件，而"人"则是按照"法制"进行生产活动和政治活动、伦理活动的。当然，刘禹锡把"气雄相君，力雄相长"也看做是"天之能"，显然是不对的；但他在这里所表达的主要思想倾向大致是不错的。第三，试图从认识论根源上说明人们在"天人之际"问题上的不同看法。刘禹锡结合对于社会历史的考察，认为在"法大明"、"法小弛"、"法大弛"的不同社会条件下，人们对于"天命"的认识是不同的。他的结论是："生乎治者，人道明，咸知其所自，故德与怨不归乎天；生乎乱者，人道昧，不可知，故由人者举归乎天，非天预乎人尔。"① 这就是说，"天命"是乱世造成的；"天命"本不存在，是人们在"是非易位"的情况下，无法解释现实中的问题而"举归乎天"，并不是"天"真的能够干预人事。刘禹锡的《天论》补充和丰富了柳宗元的《天说》，所以柳宗元说："其归要曰：非天预乎人也。凡子之论，乃吾《天说》传疏耳，无异道焉。"② 由韩、柳的争论而引起刘、柳的切磋，把中唐时期关于"天人之际"问题的认识推进到一个前所未有的高度。

如果说《天说》还只是柳宗元关于"天人相分"的一个论纲的话，那么他为答复屈原《天问》而作的《天对》，则包含着他在这方面的极其丰富的思想和论点。《天问》是文学作品，但它提出了有关自然和历史方面近二百个问题，在一定程度上反映了战国时人的思想和认识，因而在思想史和科学史上占有重要的地位。千年以下，柳宗元首次为之作"对"，以当时所能达到的自然知识和历史知识的水平，回答了屈原所提出的问题，其理论价值同样是很高的，在历史理论发展史上占有突出的地位。

在《天问》里，关于"天人之际"的问题和关于远古历史的问题常常是结合在一起提出来的。如《天问》一开始就提出：

> 曰遂古之初，谁传道之？上下未形，何由考之？冥昭瞢暗，谁能极之？冯翼惟像，何以识之？

屈原问的是：关于远古开始的情形，是谁传说下来的？天地还未形成，根据什么来考察？昼夜未分，浑沌一片，谁能弄得清楚？天地未形成时，只有盛满的大气，这种无形的象是怎么认识的呢？

---

① 刘禹锡：《天论上》，见《刘禹锡集》卷5，上海，上海人民出版社，1975。

② 柳宗元：《答刘禹锡〈天论〉书》，见《柳河东集》卷31。

　　柳宗元《天对》的回答是果断而又明确的："本始之茫，诞者传焉。鸿灵幽纷，曷可言焉！"意思是：关于天地形成以前的种种恍惚无凭的情形，都是荒诞的人传述下来的。那些开天辟地的神灵事迹，都是混乱不清的传说，有什么可讲的呢！①

　　接着前面的问题，屈原继续问道："明明暗暗，惟时何为？阴阳三合，何本何化？"意思是说：昼夜交替，这是为了什么？（阴、阳、天）这三者的结合，什么是本源？又如何变化？柳宗元回答说："窅黑晰眇，往来屯屯，庞昧革化，惟元气存，而何为焉！合焉者三，一以统同，吁炎吹冷，交错而功。"意为：昼夜交替，万物从蒙昧状态变化发展起来，这一切都是由于存在着"元气"的缘故，哪里是谁造成的呢！阴、阳、天的结合，同样是受"元气"支配的。"元气"缓缓地吹动，造成炎热的天气，迅疾地吹动，造成寒冷的天气，冷热交替而发生作用。

　　此外，柳宗元还反复讲到："天"是由"阳气"凝聚而成的，是出于自然，谁也没有为此建立功绩，有过劳作（"无营以成，沓阳而九"，"冥凝玄厘，无功无作"）；"天"没有边极，它广大无垠（"无极之极，漭渺非垠"），没有中心和边缘（"无中无旁"）等等。

　　从《天对》对《天问》的这些"回答"中，可以清楚地看出，柳宗元在关于宇宙起源、运动等问题上，继承了自荀子、王充以来的"元气"一元论的思想，认为"天"是物质构成的，是自然形成的；自然的变化，是"元气"运动所造成的等唯物主义和无神论观点。柳宗元完全否定了任何造物主的存在，从而比较彻底地揭穿了自古以来人们对于"天"的神秘感和敬畏感，为重新探讨"天人之际"问题开辟了一条接近于科学认识的道路。侯外庐先生指出：《天对》说的"合焉者三，一以统同。吁炎吹冷，交错而功"，是"明确肯定阴阳二气之外没有其他动力；它们参错相合为一；阴阳二气本身的'吁炎吹冷'的相反相成的作用，这就是它们'交错而功'的内在根源。很明显，柳宗元将运动的主体归结为'元气'本身对立物'交错'的作用，这在中国唯物主义史

――――――――――――――――

　　① 上引《天问》，依《楚辞集注》；《天对》，依《柳河东集》；译语，参照复旦大学中文系古典文学教研组《天问天对注》，上海，上海人民出版社，1973。下同。

上是值得大书特书的见解"①。对于这个评价，柳宗元应是当之无愧的。

《天对》中的唯物主义思想，同样贯穿在作者对于历史的看法上。《天问》所提出的历史问题，自远古迄于当代，涉及到许多事件和人物。这些问题，有些在当时可能是带有普遍性的，有些显然是屈原本人在探索中提出来的。例如，屈原问道："授殷天下，其德安施？乃成乃亡，其罪伊何？"上天把天下授予殷，是因为殷施行了什么德政吗？殷朝兴了又亡了，它的罪过是什么呢？这里问的是关于殷朝兴亡的大问题。柳宗元不认为"天"与殷有什么授受关系，认为它的兴与亡都跟人事有关："位庸庇民，仁克莅之。纣淫以害，师殛圮之。"王位是用来保护民众的，有仁德的人才能居于此位。纣王荒淫无道而害民，所以众人把他推翻了。在直接回答有关"天命"的问题时，柳宗元同样坚持他的"天人相分"的思想。如屈原问齐桓公的成败与"天命"究竟是什么关系："天命反侧，何罚何佑？齐桓九合，卒然身杀？"天命反复无常，根据什么进行惩罚和施加保佑？齐桓公九合诸侯，为什么最后还是被杀死？"天命靡常"，这是西周末年以来产生的对"天"表示怀疑的思想的一种表现，屈原以齐桓公的霸业和杀身为例重新提出了这个问题。柳宗元回答说："天邈以蒙，人么（yāo 妖）以离。胡克合厥道，而诘彼尤违？桓号其大，任属以傲。幸良以九合，逮孽而坏。"天高高在上而又昏昧无知，人渺小而与天无关，怎么能够把人事同天道相附会，去责问上天赏罚不当呢？齐桓公自恃强大，就傲慢地对待臣属。幸而得到良臣，才能九合诸侯；后来遭逢奸臣，事业就败坏了。在柳宗元看来，不论是殷朝的兴亡，还是齐桓公的成败，都是"功者自功，祸者自祸"，跟昏昧无知的"天"毫无关系。像这样对于历史变化所作的唯物主义的解释，在《天对》里还可以举出不少。

恩格斯曾经这样说过："我们要求把历史的内容还给历史，但我们认为历史不是'神'的启示，而是人的启示，并且只能是人的启示。"②

---

① 侯外庐：《柳宗元哲学选集》序。按：侯外庐先生将"合焉者三，一以统同"释为阴阳二气参错相合而为一，与上文所引将"三"解释为阴、阳、天有所不同。

② 《马克思恩格斯全集》第 1 卷，650 页，北京，人民出版社，1956。

柳宗元的认识当然还不能达到这样明确、这样科学的高度。但是，当我们以这样的认识去看待柳宗元的上述思想和论点时，就会惊异地发现：《天对》中这些以回答问题的方式所阐述的对于历史的种种看法，都是力图在否定传统观念中所宣扬的"天命"的启示，而努力揭示"人事"的启示。从这个意义上看，柳宗元的《天说》、《天对》在中国古代历史理论发展史上无疑应占有崇高的地位。而《天对》对后世唯物主义思想发展的影响，从南宋杨万里作《天问天对解》、明代王廷相作《答天问》和明清之际王夫之在《楚辞通释》中对《天问》的注释等撰述中，足可窥其源渊。

还应当说明的是，柳宗元关于"天人相分"的理论，在他的另外一些论著中也有不少精彩的论述。如他在《裼说》中写道："夫圣人之为心也，必有道而已矣。非于神也，盖于人也。"① 在《时令论上》中说："圣人之道，不穷异以为神，不引天以为高，利于人，备于事，如斯而已矣。"认为《月令》之说"特瞽史之语，非出于圣人者也"。在《断刑论下》中更是直言不讳地指出："古之所以言天者，盖以愚蚩蚩者耳，非为聪明睿智者设也。"② 此外，在《贞符》里，尤其是在《非国语》里，还有许多这样的论述（本文下面将作专题阐述）。所有这些，都表明柳宗元在思想上力图把"天"与"神"完全从历史领域中排除出去的意向。这在中国古代历史理论发展上具有划时代的意义。诚如章太炎所说：

> 昔无神之说，发于公孟（原注：《墨子·公孟》篇："公孟子曰：'无鬼神。'"是此说所起，非始晋代阮瞻。阮瞻但言无鬼，而公孟兼言无神，则识高于阮矣）；排天之论，起于刘、柳（原注：王仲任已有是说，然所排者惟苍苍之天而已，至刘、柳乃直拨天神为无）。③

我们不妨把这看作是对柳宗元天人相分理论所作的历史结论。

---

① 柳宗元：《柳河东集》卷 16。
② 柳宗元：《柳河东集》卷 3。
③ 章太炎：《章太炎全集》（4），372 页，上海，上海人民出版社，1985。

三、《贞符》、《封建论》：关于国家起源和
历史进程的新认识

柳宗元对"天人之际"问题所作的批评性总结，还表现在他对国家起源、历史进程这些重大理论问题上提出了新的认识。如果说他对"天命"的否定，是廓清了有关天神的历史的种种迷障的话，那么他对"圣人之意"的否定，则是为了矫正人们对于世俗的历史的种种曲解。在这方面，他跟他的前辈哲人王充颇有共同之处：王充"不仅把'天'从自然界驱逐出去，而且还把'天'从历史的领域内驱逐出去"；柳宗元"对神学天命论的斗争，从自然观一直贯穿于历史观"，从而展开了"对神学历史观的批判"。① 不同的是，柳宗元在这两个方面的理论建树，都比王充更丰富、更彻底，这有柳宗元本身的条件，也有历史为他提供的社会条件。以往，我们都是从思想史上来看待柳宗元的此种成就，这诚然是对的；现在，我们从史学史上来看待他的这些成就，同样会惊叹地认识到，他是如何超出了前辈和同辈的史学家。

在柳宗元的论著中，《贞符》和《封建论》比较集中地讨论了有关国家起源和历史进程问题，在他以前的浩繁的历史文献中，这样的理论著作并不多见。《贞符》是一篇宏文，作者视此文甚重，认为："苟一明大道，施于人代（世），死无所憾。"可见他是把生命倾注在这篇论文中的。《贞符》的主旨是要以历史事实批判传统的符命之说，阐明"生人之意"（即"生民之意"）在历史发展中的作用。柳宗元在《贞符》序文中写道：

> 负罪臣宗元惶恐言：臣所贬州流人吴武陵为臣言："董仲舒对三代受命之符，诚然非也？"臣曰："非也。何独仲舒尔？自司马相如、刘向、扬雄、班彪、彪子固，皆沿袭嗤嗤，推古瑞物以配受命，其言类淫巫瞽史，诳乱后代，不足以知圣人立

---

① 侯外庐主编：《中国思想史纲》上册，166、263、265 页，北京，中国青年出版社，1981。

极之本，显至德，扬大功，甚失厥趣。……"①

此文始作于作者在长安任尚书郎时，完成于永贞改革失败作者贬谪永州之时，故称"负罪臣"。序文一开始就把批判的锋芒指向前代名儒硕学，斥责他们关于"受命之符"的种种说教类似"淫巫瞽史"之言，起了"诳乱后代"的坏作用。这是何等巨大的理论勇气！

柳宗元不赞成所谓"古初朴蒙空侗而无争，厥流以讹，越乃奋欻斗怒震动，专肆为淫威"的说法，自称对此"是不知道"。如上文所说，他在《天对》中也表明了对于一些没有根据的有关远古的传说是不相信的。他认为人类最初的历史进程是：

> 惟人之初，总总而生，林林而群。雪霜风雨雷电暴其外，于是乃知架巢空穴，挽草木，取皮革；饥渴牝牡之欲驱其内，于是乃知噬禽兽，咀果谷，合偶而居。交焉而争，睽焉而斗，力大者搏，齿利者啮，爪刚者决，群众者轧，兵良者杀，披披藉藉，草野涂血。然后强有力者出而治之，往往为曹于险阻，用号令起，而君臣什伍之法立。德绍者嗣，道怠者夺。于是有圣人焉曰黄帝，游其兵车，交贯乎其内，一统类，齐制量，然犹大公之道不克建。于是有圣人焉曰尧，置州牧四岳而纲之，立有德有功有能者参而维之，运臂率指，屈伸把握，莫不统率。尧年老，举圣人而禅焉，大公乃克建。由是观之，厥初罔匪极乱，而后稍有可为也，非德不树。②

这是柳宗元勾勒出来的一幅人类从初始时期开始进入国家产生时代的历史画卷。从今天的眼光来看，这幅画卷未免过于粗糙、幼稚，有的地方距离历史真实太远。但是应当看到，在他之前能够作这样的历史描绘的人是不多见的。当然，从思想渊源上看，柳宗元无疑是继承了荀子和韩非关于国家起源的进化观点，③ 其中《王制》和《五蠹》对他的影

---

① 柳宗元：《柳河东集》卷1。
② 同上。
③ 侯外庐说，见侯外庐《柳宗元哲学选集》序。

响会更大一些；同时，他也会参考前人某些在他看来是有益的思想资料。值得注意的是，柳宗元在描绘这幅历史画卷时，是从外在的自然条件（"雪霜风雨雷雹暴其外"）和人类的生理欲望（"饥渴牝牡之欲驱其内"）来说明人类社会的进化的。即人类为了吃、穿、住、"牝牡之欲"而逐步懂得"架巢空穴"、"噬禽兽，咀果谷"、"合偶而居"；而后由于对物质生活资料的争夺，而产生交争、搏斗，于是才有"强有力者出而治之"，才有"君臣什伍之法立"，才有"州牧四岳"，才达到"大公之道"；而"大公之道"的实现，又是"非德不树"。可见，柳宗元在阐述人类初始生活状况和国家起源问题时，是从人类自身的历史来说明的，这里完全排除了任何"天"与"神"的意志和作用。他的这些看法，包含着对于人类如何从原始社会进入阶级社会的"天才的猜想"，在古代历史理论发展上闪现出耀眼的光辉。从世界范围来说，诚如恩格斯所指出的：在 19 世纪 60 年代以前，"根本谈不到家庭史。历史科学在这一方面还是完全处在摩西五经的影响之下"；这是就家庭史说的，如果从原始社会史来说，那是在 1877 年摩尔根的《古代社会》一书出版后，才"在原始历史观中"引起了革命。① 这说明，整个人类对于本身初始阶段的历史的认识，确是一个十分艰难的过程。柳宗元在 9 世纪初提出的这些看法，是很难得的。

《贞符》的理论意义，是通过对于历史的考察，证明"唐家正德，受命于生人之意"，并进而证明历代皇朝的兴起"受命不于天，于其人；休符不于祥，于其仁"，强调人事的作用和政策的作用。作者痛斥历史上那些"妖淫嚚昏好怪之徒"制造"诡谲阔诞"，"用夸诬于无知氓"，并公开反对帝王的封禅活动。所有这些，对于揭去笼罩在历史上的神秘外衣，恢复历史的世俗面貌，启发人们正确地认识历史，都起了积极的作用。但是，柳宗元关于历史进程的理论并没有只停留在这个认识上，他在《封建论》一文中进一步探讨了历史变化、发展的原因，从而把他的史论又推向一个新的境界。

《封建论》的主旨，是作者提出"势"这个哲学范畴作为"圣人之意"的对立面来说明历史变化、发展的原因。下面是《封建论》开始的

---

① 《马克思恩格斯选集》第 4 卷，4～5 页。

两段话，文稍长，但有必要引证：

> 天地果无初乎？吾不得而知之也。生人果有初乎？吾不得
> 而知之也。然则孰为近？曰：有初为近。孰明之？由封建而明
> 之也。

> 彼封建者，更古圣王尧、舜、禹、汤、文、武而莫能去
> 之，盖非不欲去之也，势不可也。势之来，其生人之初乎？不
> 初，无以有封建；封建，非圣人意也。彼其初与万物皆生，草
> 木榛榛，鹿豕狉狉，人不能搏噬，而且无毛羽，莫克自奉自
> 卫。荀卿有言：必将假物以为用者也。夫假物者必争，争而不
> 已，必就其能断曲直者而听命焉。其智而明者，所伏必众；告
> 之以直而不改，必痛之而后畏：由是君长刑政生焉。故近者聚
> 而为群，群之分，其争必大，大而后有兵有德。又有大者，众
> 群之长又就而听命焉，以安其属，于是有诸侯之列，则其争又
> 有大者焉。德又大者，诸侯之列又就而听命焉，以安其封，于
> 是有方伯、连帅之类，则其争又有大者焉。德又大者，方伯、
> 连帅之类又就而听命焉，以安其人，然后天下会于一。是故有
> 里胥而后有县大夫，有县大夫而后有诸侯，有诸侯而后有方
> 伯、连帅，有方伯、连帅而后有天子。自天子至于里胥，其德
> 在人者，死必求其嗣而奉之，故封建非圣人意也，势也。①

这里说的"生人果有初乎"的"初"，同上文所引《贞符》里说的
"惟人之初"，是同一个意思，即从无"封建"到"有封建"的发展过
程。柳宗元说的"封建"，是历史上沿袭下来的一个政治概念，即指所
谓"封国土，建诸侯"的分封制。作者从分封制的产生和沿袭去推究分
封制产生的原因，这在方法论上是由近及远、由现代去认识过去的一种
方法。从今天的观点来看，柳宗元所阐述的分封制产生的历史原因显然
是很肤浅的；他把分封制一直上溯到尧、舜、禹时代，也是不符合历史
事实的。但是，我们不能以此来判断《封建论》的理论价值。《封建论》

---

① 柳宗元：《柳河东集》卷3。

的理论价值在于，它提出了"不初，无以有封建"和"封建，非圣人意也"这两个前后相关联的命题。作者从人类处于"草木榛榛，鹿豕狉狉"的初始阶段，为了"自奉自卫"必须"假物以为用"到"假物者必争"，从"争而不已"到听命于"能断曲直者"，从"告之以直而不改"到"君长刑政生焉"，一直说到里胥、县大夫、诸侯、方伯、连帅、天子的出现。对于这样一个历史发展过程，柳宗元认为是"封建"出现的过程。如同上文所指出的，其实作者是触到了人类从野蛮步入文明亦即国家起源的那一段历史。在这一点上，《封建论》同《贞符》是有共同之处的。《封建论》与《贞符》的不同之处，是前者特别强调了"势"是历史发展的动因，而后者强调的是"生人之意"的作用。

"势"作为"圣人之意"的对立面而提出来，柳宗元是以丰富的历史知识和深刻的理论洞察力来加以说明的。除了阐明"封建，非圣人意也"之外，他又历举周、秦、汉、唐四朝为例，认为："周之丧久矣，徒建空名于公侯之上耳！得非诸侯之强盛，末大不掉之咎欤？"这是"失在于制，不在于政"。秦朝废"封建"，设郡县，"此其所以为得也"；但"不数载而天下大坏"，是因为它"亟役万人，暴其威刑，竭其货贿"的缘故，此所谓"咎在人怨，非郡邑之制失也"，或者叫做"失在于政，不在于制"。汉代，"有叛国，而无叛郡"，可见"秦制之得，亦以明矣"。唐代，"有叛将，而无叛州"，证明"州县之设，固不可革也"。他反复论证：在殷周时代，实行分封制是带有必然的趋势："圣贤生于其时，亦无以立于天下，封建者为之也。岂圣人之制使至于是乎？吾固曰：'非圣人之意也，势也。'"他对分封制和郡县制得失的分析，从政治和历史的角度看，都包含了不少真知灼见。他反复强调"封建"的出现是"生人"初始阶段不可避免的一种现象，是客观情势所决定的，并不是"圣人"的主观意图的实现；同样，自秦以下，废分封而设郡县，也是一种必然的趋势，"其不可变也固矣"，不能看做是违背了"圣人"的意愿。这些论述不仅在历史理论上有重要的价值，从中唐社会藩镇林立的局面来看，它也有重大的现实意义。我们可以认为：柳宗元的《封建论》，是为唐宪宗等人从政治上和军事上对藩镇势力进行斗争提供了历史的根据和理论的根据。

历史证明：自秦始皇废分封、立郡县，逮至柳宗元的时代，上下1000余年，关于分封与郡县在政治实践中的反复和理论上得失优劣的争论，出现过多次。只唐代而言，贞观五年（631年）就出现这样的反复和争论，由于多数大臣不主"封建"，事遂未行。① 安史之乱后，藩镇割据势力迅速发展，逐渐形成"末大不掉"之势，成为中唐严重的政治问题。有识之士，无不关注于此。柳宗元的《封建论》不能不受到前人的启发，但由于他对历史的洞察和对政治的识见，都有过人之处，所以他的论证带有浓厚的理论色彩和鲜明的现实意义。《封建论》真正是作者的历史感和时代感闳于其中而肆于其外的杰作。宋人苏轼说："昔之论'封建'者，曹元植、陆机、刘颂，及唐太宗时魏徵、李百药、颜师古，其后有刘秩、杜佑、柳宗元。宗元之论出，而诸子之论废矣，虽圣人复起，不能易也"。② 这是对《封建论》的很高的评价。当然，自柳宗元以下，一千余年来，对《封建论》研究、评论，赞扬訾议，褒贬轩轾，代有其人，但它在历史理论发展上所起的辉煌的作用，却是人们无法抹杀的。近人章士钊著《柳文指要》，对《封建论》作历史的研究和理论的分析，多所发明，他认为这是"从来无人写过之大文章"。值得注意的是，章士钊是从史论的角度评价了《封建论》的学术影响："从来史论扎定脚跟，无人动得分毫，唯见子厚（宗元）此论，闳识其他。"他赞扬叶适之政治论，"叹其洞明天下大势，为柳子厚后一人"，甚至不无浪漫地说，"吾安得挈子厚、水心（叶适）两公，同登天安门重与细论之"。他认为顾炎武的《郡县论》，"论中未提及子厚一字，文字声气之求，固千载犹旦暮云"。他指出，魏源《古微堂内集·治篇九》"有论封建者二则，其言熟于史例，足与子厚所论互为发明"。他批评袁枚之论柳宗元《封建论》的文章"全是诡辩，此殆帖括家风檐见巧之作，不足与于史家通识也"；而龙翰臣之《续柳子厚封建论》则"词旨瞀乱，语无可采"，"瞢于史识"③ 等等。一千余年来，视《封建论》为史论并进行系统研究，章士钊可谓第一人矣。

《贞符》和《封建论》都讲国家起源和历史进程，这是它们的共同

---

① 范祖禹：《唐鉴》卷2。

② 苏轼：《东坡志林》卷5"秦废封建"。

③ 章士钊：《柳文指要》上卷，83～118页。

之处。但《贞符》提出"生人之意"以与"天命"对立,《封建论》提出"势"以与"圣人之意"对立,这是它们的不同之处。"生人之意"认为历史变化的动力是人们的意志、愿望和要求,还没有摆脱历史唯心主义的束缚;"势"是情势、趋势,接近于认为历史发展是一种自然过程的看法,属于历史唯物主义之萌芽的一种见解。《封建论》作于《贞符》之后,于此可以看到柳宗元历史思想的变化和发展。末了,我还要指出一点:柳宗元提出的"势"这一范畴,是对前人如司马迁所讲的"形势"的继承和发展,又为后人如王夫之讲"势"与"理"的统一提供了新的思想资料,在有关"势"与"理"的理论发展上占有承前启后的重要地位。

四、《非国语》:史学批判的理论价值

柳宗元关于"天人之际"的看法,关于国家起源和历史发展动力的看法,都带有鲜明的批判性。批判"天人感应"论,批判"圣人之意"说等等,这些批判,如上面所举诸文,都是从历史事实出发所作的理论批判,且具有宏观的性质和普遍的意义。在柳宗元的著作中,还有一种批判是从具体的史学著作入手的。这种批判,从史学来说则具有直接的意义,但因其涉及的问题是多方面的,所以同样具有普遍的意义和理论的价值。这两种批判在形式上有所不同,在思想上、理论上则是互相联系、互为补充的。《非国语》就是这后一种批判的代表著作。

《非国语》67 篇,[①] 一般被看做是柳宗元的哲学著作,这当然是可以的。但依我的浅见,它更是一部史学评论著作:评史事,评人物,评史家,评史书编撰,而于其中见作者的思想和旨趣。

《国语》这部书,是战国早期的私人撰述之一,也是记述春秋时期史事的重要著作之一。《国语》的作者,相传为左丘明,但不可信。[②]可是在历史上这种说法有长时期的影响,认为左丘明同时撰有《左传》

---

① 柳宗元:《柳河东集》卷 44、45,是为《非国语》上、下卷。下引《非国语》,不另注。

② 白寿彝:《中国史学史》第 1 册,228 页。

和《国语》,《左传》为"内传",《国语》为"外传"①,柳宗元似亦执此说。他为什么把史学批判的锋芒首先对着《国语》? 这并不是偶然的。柳宗元撰《非国语》,既有理论上的原因,又有社会实践方面的考虑。他在《非国语·序》中写道:

> 左氏《国语》,其文深闳杰异,固世之所耽嗜而不已也;而其说多诬淫,不概于圣。余惧世之学者溺其文采而沦于是非,是不得由中庸以入尧舜之道,本诸理,作《非国语》。

"本诸理",这就是从理论上的考虑。他在《非国语》书末跋文中又写道:

> 吾乃今知文之可以行于远也。以彼庸蔽奇怪之语,而黼黻之,金石之,用震曜后世之耳目,而读者莫之或非,反谓之近经,则知文者可不慎耶? 呜呼! 余黜其不臧,以救世之谬,凡六十七篇。

柳宗元担心后世读者不能看出其中错误,甚至把它抬高到近于经书的地步;他为了"救世之谬",而作《非国语》67 篇。"救世之谬",也还是从理论上说的。他撰《非国语》的社会实践的目的,在他给友人的两封书信中讲得很真切、具体。一是《与吕道州温论〈非国语〉书》,一是《答吴武陵论〈非国语〉书》。柳宗元在前一封书信的一开始就说:"近世之言理道者众矣,率由大中而出者咸无焉。其言本儒术,则迂回茫洋而不知其适;其或切于事,则苛峭刻覈,不能从容,卒泥乎大道。甚者好怪而妄言,推天引神,以为灵奇,恍惚若化而终不可逐,故道不明于天下,而学者之至少也。"这是指出当时从事政治活动的人缺少正确的治世之道的几种表现,最严重的当是"好怪而妄言,推天引神,以

---

① 如《隋书》卷 32《经籍志一》春秋类著录《春秋外传国语》注本 5 种,注者为贾逵、虞翻(《新唐书·艺文志》作翻)、韦昭、孔晁、唐固,以及王肃《春秋外传章句》1 种;《新唐书》卷 57《艺文志一》春秋类首录左丘明《春秋外传国语》。

为灵奇"一类的人了。接着他再次讲了他对《国语》的看法，最后表示："苟不悖于圣道，而有以启明者之虑，则用是罪余者，虽累百世滋不憾而恧焉。"只要对世人有所启迪，他不担心因《非国语》之作而被加上种种罪名。一种强烈的社会责任感，使柳宗元产生了巨大的批判的勇气。在后一封书信里，他申述了自己的"以辅时及物为道"的志向，自永贞事件后这种志向已无法实现了，"然而辅时及物之道，不可陈于今，则宜垂于后。言而无文则泥，然则文者固不可少耶？"柳宗元是要通过著书来发挥他的"辅时及物之道"的社会影响和历史影响。他比喻《国语》的危害"是犹用文锦覆陷阱也，不明而出之，则颠者众矣"；他撰《非国语》，是"为之标表，以告夫游乎中道者焉"。① 这两封书信，除了继续讲到作者撰《非国语》的理论上的原因外，着重讲了在社会实践方面的目的和作者深沉的用心。《非国语》撰于柳宗元被贬永州之后，作者以"身编夷人，名列囚籍"的"罪人"的身份，仍然具有这样的思想和抱负，读来令人感动！

《非国语》据《国语》所记史事而择其"诬怪"、"阔诞"之处，予以分析、评论。其体例大致是先转录《国语》有关记载，继而在"非曰"之下"黜其不臧"，以明作者之意，内容广泛，笔锋犀利，文字简洁。像这样系统的、有强烈批判意识的、专就一部书进行评论的史学著作，在《非国语》以前尚不多见。作为史学评论的专书，《非国语》提出的主要理论问题是天人关系问题，历史发展中的因果关系问题，历史评价的标准问题，史家书法问题等。

（一）关于天人关系问题

这是《非国语》中最突出的部分和最重要的成果。据粗略统计，《非国语》67篇中约有三分之一的篇幅是批评《国语》在天人之际问题上的错误观点的，如《三川震》、《料民》、《神降于莘》、《问战》、《卜》、《杀里克》、《伐宋》、《祈死》、《褒神》诸篇，则尤为突出。

前文已经讲到，柳宗元在"天人之际"问题上继承和发展了"天人相分"的唯物主义、无神论传统。他运用这样的观点来审视历史和现实，也运用这样的观点来审视前人撰写的史书。他批评《国语》"其说

---

① 以上所引均见柳宗元：《柳河东集》卷31。

多诬淫"，主要是就天人关系来说的；这跟他批评现实中有的人"好怪而妄言，推天引神"，是完全一致的。联系到作者在《天说》、《天对》中对"天人感应"论的批判，我们可以看到柳宗元在这方面的思想的丰富性和连贯性。

《非国语》在天人关系问题上的基本思想，是明确地否定"天命"的存在，同时指斥种种占卜、预言、梦寐、童谣与人事相比附的虚妄。如《国语·周语上》记：周幽王二年（前780年），"西周三川（按：指泾、渭、洛三水）皆震。伯阳父曰：'周将亡矣！……夫国必依山川，山崩川竭，亡之征也。川竭，山必崩。若亡国不过十年，数之纪也。夫天之所弃，不过其纪。'是岁也，三川竭，岐山崩。十一年，幽王乃灭，周乃东迁。"《国语》所记"印证"了伯阳父说的"亡国不过十年"的话。此外，伯阳父还讲到自然条件跟国家盛衰、兴亡的关系，并且从历史上来论证这一看法。从今天的观点来看，在这一点上伯阳父所说未必没有一定的道理。但是，他的这段话的基调是在宣扬"天命"，是为了证明"天之所弃，不过其纪"（按：10年为1纪）的"天数"难逃，以及"天地之气，不失其序；若过其序，民乱之也"的"天人感应"论。这在《国语》宣扬"天人相合"的观点中是很典型的一段文字。柳宗元在《非国语·三川震》中批判了伯阳父的这些说法，认为：

> 山川者，特天地之物也；阴与阳者，气而游乎其间者也。自动自休，自峙自流，是恶乎与我谋？自斗自竭，自崩自缺，是恶乎为我设？彼固有所逼引而认之者，不塞则惑。

这就是说，自然界的运动、变化都是出自其内在的原因，既不是为人们作打算的，也不是为人们所安排的；自然界自身就存在着互相排斥和互相吸引的现象，而把这看做是与国家兴亡有关的征兆，那是太可笑了。柳宗元进而质问说：所谓"天之所弃，不过其纪"，那就更加荒谬了！我不能同意这种毫无道理的说法。侯外庐先生在评论《三川震》的理论价值时写道：

> 柳宗元不仅肯定"天地"为物质的自然存在，而且在自然

运动问题上提出了"自"的观点，即自然自己运动的观点。……

按"自"这一范畴，取之于道家，王充以来的旧唯物主义者对它作了唯物主义改造，以与"天"意的"故"作（有目的有意志的最初推力）对立起来。柳宗元的这种自然自己的运动观，更含有朴素辩证法因素。在自然界运动的根源问题上，他继承并发展了王充的传统，肯定无穷的阴阳二气在宇宙间不断运动，必然呈现出各种形态（如"动"与"休"、"峙"与"流"等等），它们并不受任何意志力的支配，而是"自动自休，自峙自流"、"自斗自竭，自崩自缺"，这八个"自"的四对命题是超越前人的理论。①

这是从思想史上对柳宗元所提出的"自"的范畴之极高的评价，对我们从历史理论的发展上来评价这一问题有很大的启发。这是因为：第一，"天人之际"的问题，首先要辨明"天"是什么？是神，还是物？是有意志的，还是没有意志的？第二，是"天人相合"（"天人感应"），还是"天人相分"？第三，"人事"（社会、历史）变化的原因是什么？（是"天"？是"圣人之意"？是"生人之意"？是"势"？）仅仅回答了这三个问题，关于"天人之际"的问题还没有完全解决，即："天"作为自然界，其运动的根源何在？柳宗元关于自然自己运动的观点，正确地回答了这个问题。这样，他就把司马迁提出"究天人之际"以来有关这方面的认识，推进到一个新的阶段。当人们不仅在对历史的认识中驱逐了"天命"的影响，而且也在对自然的认识中驱逐了"天命"的影响时，"天命"就无处藏身而最终失去欺骗的作用。《三川震》所提出的理论创见，可以看做是古代历史理论在"天人相分"问题上走向更加成熟的标志。在其他有关各篇，柳宗元反复阐述了"天命"是不存在的。如在《伐宋》篇中针对赵宣子宣扬"天诛"、"天罚"之说，指出："若乃天者，则吾焉知其好恶而暇征之耶？"并从历史事实上证明"天之诛"的说法是没有根据的。如在《神在于莘》篇中针对所谓"有神降于莘"

① 侯外庐：《柳宗元哲学选集》序。

的记载，更进一步指出："力足者取乎人，力不足者取乎神。"这无疑是说"神"不过是那些"力不足者"制造出来的、用以为自己壮胆或用来欺骗他人的偶像罢了。

柳宗元从否定"天"有意志进而批判一切怪异神奇之事。如《晋孙周》篇批评单襄公说晋国孙周这个人具备11种好的品德正符合"天六地五"的说法，并非"德义之言"；至于"又征卦、梦以附合之，皆不足取也"。《虢梦》篇嘲笑虢国的舟之侨因虢公做了一个梦，"众谓虢不久"，于是率领族人适晋是——"由梦而去，则吾笑之矣"！柳宗元不仅指出以梦寐来附会人事是"不足取的"，而且对梦的产生做了唯物主义的说明。《黄熊》篇认为："凡人之疾，魄动而气荡，视听离散，于是寐而有怪梦，罔不为也。夫何神奇之有？"这是从生理现象上来说明梦寐的产生和"神奇"的虚无。《祈死》篇转述了这样一条记载：晋国的范文子因"君骄而有烈"，必将有祸，为避免连累自己，乃请宗、祝为其"祈死"；次年，范文子竟然达到了目的：死了。① 接着，柳宗元幽默而辛辣地指出："死亡长短而在宗、祝，则谁不择良宗、祝而祈寿焉？文子祈死而得，亦妄之大者。"这几句话，反映出柳宗元的唯物主义、无神论观点的坚定性，也表现了他作为一个思想家的幽默感。在历史上，有多少帝王、显贵为了"祈寿"干了多少蠢事！在柳宗元看来，这实在是可悲、可叹而又可笑！作者针对晋献公"卜伐骊戎"一事，在《卜》篇中指出："卜者，世之余伎也，道之所无用也。"又说："卜史之害于道也多，而益于道也少，虽勿用之可也。"跟鄙夷"卜史"相联系的，作者在《童谣》篇中明确地指出："童谣无足取者，君子不道也。"柳宗元从否定"天命"而旁及梦寐、卜史、童谣等与人事的关系，表明他把朴素的唯物主义思想贯穿到社会和历史方面，确比他的前辈们更加彻底。《非国语》中所包含的这一部分思想与《天说》、《天对》互相发明，构成柳宗元的唯物主义、无神论思想的独特的体系，亦是他把"天人相分"问题推进到比较完整的理论化形式。

（二）关于历史发展中的因果关系问题

历史现象是复杂的，有些历史现象之间存在着一定的联系，甚至有

---

① 《国语·晋语六》。

因果的关系；而有些历史现象之间并不存在这样的联系。人们在认识和记载史事的时候，对于这些不同的情况，应作具体的分析。《国语》一书，有时把本来并没有任何联系的历史现象生拉硬扯到一块，甚至说成是因果关系，其思想认识上的根源仍是"天命论"在作怪。《非国语》对此有不少评论。如《国语》记周灵王二十二年（前550年），谷水、洛水暴涨，因为洪水冲击，王宫受到威胁。灵王打算堵塞洪水，以保王宫。太子晋认为不能这样做，讲了一大篇理由，并断言："王将防斗川以饰宫，是饰乱而佐斗也，其无乃章祸且遇伤乎？自我先王厉、宣、幽、平而贪天祸，至于今未弭。我又章之，惧长及子孙，王室其愈卑乎？其若之何？"灵王不听，命人堵塞洪水。《国语》接着写道："及景王多宠人，乱于是始生。景王崩，王室大乱。及定王，王室遂卑。"①这一段记载，是把灵王堵塞洪水这件事，跟后来景王时期的"乱于是乎始生"和定王时期的"王室遂卑"直接联系起来，看成是因果关系。针对这一记载，柳宗元在《谷洛斗》篇中评论道：

> 谷洛之说，与"三川震"同。天将毁王宫而勿壅，则王罪大矣，奚以守先王之国？壅之诚是也。彼小子之试诡诡者，又足记耶？王室之乱且卑，在德，而又奚谷洛之斗而征之也？

柳宗元尖锐地指出，《国语》的这个记载，同在《三川震》篇里他所批判的错误观点是一样的，即仍是宣扬"上天示警"的"天人感应"论。他认为灵王为保护王宫而堵塞洪水的行动并没有什么不对；至于说王室的"乱"且"卑"，那完全是由于政治上的原因，怎么能以谷、洛二水相激这件事作为预兆呢！柳宗元这一段话的理论意义在于，他不是停留在就事论事的水平上，而是从《三川震》和《谷洛斗》所批判的错误观点上，上升到普遍性的认识。所谓"谷洛之说，与'三川震'同"，就是从对个别事物的认识上升到对一般事物的认识；在这里，也就是从具体的批判到理论的批判。柳宗元说的"彼小子之诡诡者，又足记耶？"当是从这个意义上提出来的。

《国语》还记了这样一件事：周敬王十年（前510年），刘文公和

---

① 以上见《国语·周语下》。

苌弘计划扩建成周城，晋国魏献子也同意这么做，并打算会合各诸侯国一齐来进行此事。卫国的彪傒得知此事后，对单穆公说：苌弘不得好死，而且灾祸来得很快；魏献子也将不免于灾难；至于刘文公，不仅他本人，就是他的子孙也会有祸的。果然，第二年魏献子就在大陆这个地方被火烧死了；周敬王二十八年（前492年），苌弘被杀；到了周定王时，刘文公的子孙亦遭灭亡。① 对这一记载，柳宗元的友人吕温曾撰《古东周城铭》（并序）予以驳斥，其中有两句是："无天无神，惟道是信"；"兴亡理乱，在德非运，罪之违天，不可以训"。② 柳宗元在《城成周》篇中肯定了吕温的这些看法，也肯定了牛僧孺在《颂忠》一文中对苌弘忠诚于周王室的赞扬；同时认为，所谓苌弘、魏献子、刘文公的子孙都会遭到灾祸的说法，不过是"巫之无恒者之言也，追为之耳"，是不怀好心的巫者之说，并在事后追合附会的罢了，跟他们城成周之举并无直接联系。《城成周》和《谷洛斗》都是说明周王室的衰微的原因应从政治方面去考察，以毫不相干的史事进行附会并同"天命"联系起来，那就都成了无稽之谈。这两条都跟宣扬"天命"论有关；《国语》中也有这种记载，即撇开了"天命"而讲事情的因果关系。这在当时无疑是一种进步，但也有讲得不尽恰当的。其记周简王十一年（前575年），诸侯会于柯陵。单襄公因见晋厉公"视远步高"、郤锜"其语犯"、郤犨"其语迂"、郤至"其语伐"、齐国佐"其语尽"，即断言："晋将有乱，其君与三郤其当之乎！""虽齐国子亦将与焉。"果然，第二年"晋杀三郤"，第三年晋厉公被弒，"齐人杀国武子"。在单襄公同鲁成公谈论此事时，鲁成公问单襄公是根据"天道"还是根据"人故"来判断的，单襄公自称"吾非瞽、史，焉知天道"。③ 这说明他是根据人事来作这些判断的，即根据人们的仪态、举止、言论来判断的。柳宗元认为这种判断是极不尽情理的，他在《柯陵之会》篇中写道：

是五子者，虽皆见杀，非单子之所宜必也；而曰"合诸

① 《国语·周语下》。
② 董诰等编：《全唐文》卷630。
③ 《国语·周语下》。

侯，人之大事，于是乎观存亡"，若是，则单子果巫史矣。"视
远步高"、"犯"、"迁"、"伐"、"尽"者皆必乎死也，则宜死者
众矣！夫以语之迂而曰宜死，则单子之语，迂之大者，独无
谪邪？

在柳宗元看来，虽然单襄公不承认自己是瞽、史，但他的言论证明他是
在起着巫史的作用。柳宗元尖锐地反问道：如果一个人因为说话"迂"
就一定有杀身之祸的话，那么单襄公说的话是最"迂"不过的了，为什
么偏偏他不受到惩罚呢？在这里，柳宗元的辛辣的幽默感又一次表现
出来。

在《非国语》有关类似的评论中，柳宗元坚持以唯物的观点来看待
历史现象，包括事情的因果、国家的兴亡、人物的祸福等等，反对把毫
无关系的自然现象或社会现象联系到一起并用以说明历史现象的因果关
系，反对以人们的言谈举止来判定人们的命运。他把这些统统斥为类似
巫史的无稽之谈。这对于人们正确地认识历史现象和分析它们之间的内
在的联系，是有理论上的启发作用的。

（三）关于历史评价的标准问题

《非国语》对一些史事和人物的评论，往往反映出柳宗元在历史评
价上的独到的见解和他的历史评价的标准。如《国语·晋语二》记：晋
国大夫里克杀死奚齐、卓子以后，派屠岸夷至狄地请公子重耳返国，重
耳要狐偃拿主意。狐偃认为不可返国，说："以丧得国，则必乐丧，乐
丧必哀生。因乱以入，则必喜乱，喜乱必怠德。"后来秦穆公派公子絷
至狄，也请重耳返回晋国，重耳还是要狐偃拿主意。狐偃认为返国"不
仁不信，将何以长利？"于是重耳没有返国，其弟夷吾却返国，是为惠
公。柳宗元在《狐偃》篇就此事对狐偃作了评论，认为狐偃的主张是迂
阔的。后来"晋国不顺而多败，百姓之不蒙福"，是狐偃失策所造成的，
在柳宗元看来，狐偃不仅犯了"国虚而不知人"的错误，而且大讲乐、
德、仁、信一类的空话，"徒为多言，无足采者"。这里实际上是提出了
一个评价人物的标准：对于人物的言行，应以考察其实际效果为主，不
能以仁、信一类的空话为根据。在《获晋侯》篇，柳宗元认为秦穆公听

信了公孙枝不杀晋惠公而以惠公太子为晋国人质、以控制晋国的主张,① 是"弃至公之道而不知求",一心只想着分离惠公父子并从晋国得到一部分土地,是"舍大务小,违义从利也甚矣",过分看重了眼前的一点小利,没有从长远的霸业上考虑。秦穆公倘能"以王命黜夷吾而立重耳,咸告于诸侯曰:'吾讨恶而进仁,既得命于天子矣,吾将达公道于天下。'则天下诸侯无道者畏,有德者莫不皆知严恭欣戴而霸秦矣"。这里,柳宗元又提出了一个评价人物的标准:评价政治人物,应以其是否认清全局的政治形势并有恰当的举措为主,不能以其是否能够获得一点眼前的利益为根据。

在《非国语》中,还可以看出柳宗元在对历史人物的评价上往往以其是否"知变"为重要标准之一。如《命官》篇批评晋文公以旧姓掌近官、诸姬之良掌中官、异姓之能掌远官的用人政策,提出用人应以"材"不以"姓",而晋文公"不知变是弊俗以登天下之士",可见其政策的浅薄。《救饥》篇则嘲笑晋国大夫箕郑提出用"信"来解救饥荒的主张,② "是道之常,非知变之权也。"道理很显然:"人之困在朝夕之内,而信之行在岁月之外。"以"信"救饥,是远水不能解近渴,是政治上的空谈。这两件事都讲到有关历史人物是否知"变"的问题:前一个"变"的范围大一些,是指对一种旧的制度的变革;后一个"变"是指在具体问题上的应变能力。评价历史人物,尤其是政治方面的历史人物,不应忽视其是否能顺应历史的变化而采取相应的步骤,也不应忽视其是否能把"道之常"与"变之权"结合起来。这一点启示,是值得重视的。柳宗元在《董安于》篇提出了这样一个问题,即"自洁"和"谋国"、个人和大局的关系,我以为也是评价历史人物的一个标准。董安于是晋国大夫赵简子的家臣,在晋国一次内乱而引起的下邑之役中,他立有战功。赵简子要奖赏他,他说过去做了许多好事,主人都没有特别看重,这次就像得了狂疾一样不顾生命危险去作战,就说要奖赏,这种奖赏不如不要。他终于拒绝了赵简子对他的奖赏。③ 针对这样一件小事,柳宗元评论道:

---

① 《国语·晋语三》。

② 以上见《国语·晋语四》。

③ 见《国语·晋语九》。

功之受赏也，可传继之道也。君子虽不欲，亦必将受之。今乃遁逃以自洁也，① 则受赏者必耻。受赏者耻，则立功者怠，国斯弱矣。君子之为也，动以谋国。吾固不悦董子之洁也。其言若怼焉，则滋不可。

柳宗元认为，一个人不能为了"自洁"而有功不受赏，以致造成"受赏者耻"的舆论和风气，那样国家就要衰弱了。因此他明确指出："功之受赏也，可传继之道也。"而"董子之洁"是不值得称道的，因为他可能会造成一种消极的社会效果。这里就涉及到"自洁"和"谋国"、个人和大局孰轻孰重的问题了，也涉及到主观愿望和客观效果的关系问题。在柳宗元看来，无疑应以"谋国"和大局为主来评价历史人物言行的功过得失，而不应拘于董安于式的"自洁"。

柳宗元在《非国语》中反映出来的历史评价的理论，具有鲜明的现实感。这些评论，或表达了他的政治抱负，或借以讽喻时政，或启迪人们对是非的辨别，使人们在对历史的评价中受到教育。

（四）关于史家作史态度及书法问题

《非国语》不仅在历史理论上和历史评价上有不少独到的见解，它们大多针对《国语》所记内容而发；而且在史学理论上也有广泛的涉及，它们大多针对《国语》作者而发。这后一部分评论，仍然是从批评的角度来提出问题，所论则多关于史家作史态度及书法问题。综观《非国语》在这方面的评论，大致有四个方面的内容：

第一，批评《国语》作者记事"迁诞"。如《神降于莘》篇："斯其为书也，不待片言而迁诞彰矣！"《卜》篇："左氏惑于巫而尤神怪之，乃始迁就附益，以成其说，虽勿信之可也。"等等。这是指出《国语》作者有神论思想的危害，以致把"迁诞"、"神怪"之事以及巫者之言用来附会人事，写入史书，这种记载是不可信的。

第二，批评《国语》作者把预言当做历史，并拼凑"证据"，宣扬宿命论。如柳宗元在《灭密》篇批评密国康公之母关于命数的谈话，而

---

① 按：董安于有"不如亡"之语，意谓"不如无"；柳宗元释"亡"为"遁逃"，似误。

"左氏以灭密征之，无足取者"。《不藉》篇指出《国语》作者把"宣王不藉千亩"跟后来"战于千亩，王师败绩于姜氏之戎"联系起来，显然是附会之说："败于戎，而引是以合焉，夫何怪而不属也？"柳宗元甚至认为，所谓"战于千亩"当是杜撰出来的，所以他写道："又曰'战于千亩'者，吾益羞之。"作为史家，竟用附会的手法杜撰历史，这实在是一种耻辱。《国语·晋语二》记了这样一件事：周襄王元年（前 651 年），齐桓公盟诸侯于葵丘。晋献公将与会，途中遇到周王卿士宰孔。宰孔先是挑拨齐、晋关系，阻止献公赴会；然后又对自己手下的人说："晋侯（按：指献公）将死矣！……今晋侯不量齐德之丰否，不度诸侯之势，释其闭修，而轻于行道，失其心矣。君子失心，鲜不夭昏。"《国语》作者在写了这一段话后接着写道："是岁也，献公卒。"柳宗元在《宰周公》篇中批评说："假令一失其道以出，而以必其死，为书者又从而征之，其可取乎？"这里说的"无足取者"、"吾益羞之"、"其可取乎"等等，都是批评《国语》作者把毫无根据的预言当做真实的历史看待，以至从历史记载上来"证明"这些预言的不诬，这种作史态度是不可取的，甚至是可耻的。

第三，批评《国语》作者把"后之好事者为之"当做当时的历史写入史书。如《葬恭世子》篇批评晋国国人歌谣和郭偃预言，说什么 14 年后重耳就可以回国图霸了等等，[1] "是好事者追而为之，未必郭偃能征之也"。柳宗元认为，人们对于"政之善恶"的议论，不是不可以写入史书的，因为这关系到一个国家的利害得失，但是他反对把后来的"好事者"的编造当做当时的历史加以记载。《乞食于野人》篇也是批评《国语》作者的这种书法：重耳在外流亡 12 年，一次乞食于野人，后者以土块与之，重耳大怒。狐偃乃据此事预言 12 年后重耳可以得到这块土地。[2] 柳宗元明确指出："是非子犯（狐偃）之言也，后之好事者为之。"这两个例子说明柳宗元对于史料的鉴别是非常认真而又十分敏感的，哪些记载确是当时发生的事情，哪些记载确是"后之好事者为之"进行附会牵合的事情，他都详加分辨，予以澄清。他对《国语》的这一批评，是中国史学家求实精神之优良传统的突出表现。

---

① 《国语·晋语三》。

② 《国语·晋语四》。

第四，批评《国语》作者还存在一些书不当书之处。如《筮》篇认为：晋国司空季子"博而多言，皆不及道者，又何载焉？"这是反对以空言入史。《国语》记："叔鱼生，其母视之，曰：'是虎目而豕喙，鸢肩而牛腹，谿壑可盈，是不可餍也，必以贿死。'遂不食。杨食我生，叔向之母闻之，往，及堂，闻其号也，乃还，曰：'其声，豺狼之声，终灭羊舌氏之宗者，必是子也'。"① 这一荒唐的记载，显然也是后人附会之词，带着浓厚的宿命论色彩。柳宗元在《叔鱼生》篇尖锐地批评这一记载：

> 君子之于人也，听其言而观其行，犹不足以言其祸福，以其有幸有不幸也。今取赤子之形声，以命其死亡，则何耶？或者以其鬼事知之乎？则知之未必贤也。是不足书以示后世。

柳宗元主张用唯物的观点来看待历史和撰写历史，对于人的判断也是如此。像这样毫无根据的说法，是不值得写入史书给后人去读的。这里，我们可以感受到柳宗元对于史学工作所怀抱着的认真的精神和严肃的感情。

此外，柳宗元还指出《国语》记事有自相矛盾的地方，有"嗜诬"前人的地方，也有粉饰前人的地方，甚至还批评《春秋》记事有不真实之处，② 等等，不一一赘述。

《非国语》一书是柳宗元的史学批判的代表著作。在这部书里，柳宗元对史家的历史观点、历史见识、历史评价的标准，以及史家对史料的鉴别和运用、书法当否，都有所论及；所论主旨，是反复强调历史撰述的真实性和严肃性。在他以前，除刘知幾外，还没有别的史家能够这样全面地、具体地来总结史学工作在这些方面的经验教训，并从历史理论上提出这么多问题。刘知幾《史通》是一部杰作，其成就主要在史学

---

① 《国语·晋语八》。韦注："叔鱼后为赞理，受雍子女而抑邢侯，邢侯杀之。食我既长，党于祁盈，盈获罪，晋杀盈及食我，遂灭邢氏、羊舌氏，在鲁昭公二十八年。"
② 参见柳宗元：《非国语》的"韩宣子忧贫"、"料民"、"长鱼矫"、"荀息"等篇。

理论方面；柳宗元《非国语》也是一部杰作，其成就主要在历史理论方面。这是刘、柳在中国史学上的贡献之不同之处。然而《史通》和《非国语》的历史命运却有某些相似之处：《史通》问世后，晚唐人柳璨"以刘子玄（知幾）所撰《史通》议驳经史过当，纪子玄之失，别纂成十卷，号《柳氏释史》，又号《史通析微》"①。《非国语》问世后，既有人反其道而行之作《是国语》，② 更有人针锋相对地作《非〈非国语〉》。如宋人江惇礼撰《〈非国语〉论》，苏轼表示赞同说："鄙意素不然之，但未暇为书尔。"③ 元人虞集之弟槃"尝读柳子厚《非国语》，以为《国语》诚非，而柳子之说亦非也，著《非〈非国语〉》"④。这种情况，正表明了刘、柳的批判史学触动了正宗史学的弊端，从一个方面反映出他们的史学批判精神所产生的历史影响。

柳宗元同刘知幾在史学思想上也有不少共同之处，重视史家自身的修养即是其中之一。刘知幾倡言史家须有"三长"，即史才、史学、史识，他在《史通》中也写了如同《直书》、《曲笔》这样一些名篇。柳宗元除了在《非国语》中讲到这方面的问题以外，还撰有有关专篇；其论述之精到，与刘知幾相比则自有另一番气象。

五、《与韩愈论史官书》：史家的信念与职责

柳宗元的史论，除了《天说》是为回答韩愈"言天之说"外，《与韩愈论史官书》也是为批评韩愈而作。这虽然是韩、柳之争的问题之一，但其在中国史学上的意义却远远超出了这一争论的界限。概括地说，柳宗元的《与韩愈论史官书》是一篇阐述史家信念与职责的杰作，是中国古代史家重视自我修养的一份宝贵遗产。

宪宗元和八年（813 年），韩愈任史馆修撰。有位刘秀才致书韩愈，希望他在史事方面有所贡献。韩愈不摆史官架子，复书刘秀才，谈到他对史事的一些看法。次年正月，谪降永州的柳宗元读到了韩愈的《答刘

①　王溥：《唐会要》卷 63 "修前代史"。

②　脱脱等：《宋史》卷 202《艺文志一》春秋类著录："叶真《是国语》七卷。"

③　苏轼：《东坡续集》卷 5 "与江惇礼秀才"，北京，商务印书馆，1958。

④　宋濂等：《元史》卷 181《虞集传》附《虞槃传》。

秀才论史书》①，当即致书韩愈，阐述了他同韩愈的不同看法，此即《与韩愈论史官书》②。

这两封书信所反映的对于史事的不同见解，从历史观点来看，仍然是天命论历史观同朴素的唯物论历史观的辩论，而与韩愈"言天之说"同柳宗元《天说》的辩论在性质上是一致的。韩愈在信中列举历代史家如孔子、齐太史、左丘明、司马迁、班固、陈寿、王隐、习凿齿、崔浩、范晔、魏收、宋孝王、吴兢等，都因作史而没有好结果，结论是："夫为史者，不有人祸则有天刑，岂可不畏惧而轻为之哉？"又说：

> 且传闻不同，善恶随人所见；甚者附党，憎爱不同，巧造语言，凿空构立。善恶事迹，于今何所承受取信，而可草草作传记，令传万世乎？若无鬼神，岂可不自心惭愧？若有鬼神，将不福人。

这里讲的"为史者，不有人祸则有天刑"以及"若有鬼神，将不福人"，同韩愈的"言天之说"一样，认为"天"是有意志的，可以赏福罚祸。这里也还讲到史学工作上的一些具体困难，但它是属于另一种性质的问题。

柳宗元的信，严肃而又充满激情。他直率地表明：见到韩愈信稿，"私心甚不喜，与退之（韩愈）往年言史事甚大谬"。他从唯物主义、无神论观点出发来看待史学工作，并对韩愈的观点提出批评，指出："退之以为纪录者有刑祸，避不肯就，尤非也。"柳宗元根据历史事实，具体分析前代史家的种种不幸结局，并不都是因为作史才造成的。因此，他认为："'不有人祸则有天刑'，若以罪夫前古之为史者然，亦甚惑。"这表明他同韩愈在所谓"刑祸"看法上的根本分歧。柳宗元进而热情地鼓励韩愈："凡鬼神事，眇茫荒惑无可准，明者所不道，退之之智而犹惧于此"，这是使人不能理解的。应当指出：关于唯物主义、无神论同唯心主义、有神论的争论，直接与史学工作联系起来，甚至影响到史学工作的开展的，这两封信很有代表意义，在中国史学史上不应忽略。

---

① 见韩愈：《韩昌黎集》外集卷2。
② 见柳宗元：《柳河东集》卷31。

从史学工作来看，尤其是从史家应当如何对待自己的工作来看，柳宗元的《与韩愈论史官书》也具有重要的理论意义。在他看来，一个史官贵在有坚定的信念和崇高的职责感。信念，就是"思直其道"，为此还须有勇气；职责感，就是一旦位居其职，则以撰述一代史事为己任。

主张"直道"，这是柳宗元这封书信中十分突出的思想。他认为："凡居其位，思直其道。道苟直，虽死不可回也；如回之，莫若亟去其位。"一个史官为尽其"直道"，"虽死不可回"，这就是坚定的信念。柳宗元著作里有不少讲"中道"的地方；① "中道"，即中正之道。这里讲"直道"，意谓正直之道、公正之道，跟"中道"应是同一含义。所以他在此书中向韩愈指出："退之宜守中道，不忘其直，无以他事自恐。退之之恐，唯在不直、不得中道，刑祸非所恐也。"可见"宜守中道，不忘其直"与"思直其道"是一致的，柳宗元视此为做人的信念和准绳，亦为史官应有的德行。中国史家历来有讲求史德的传统，董狐笔法，司马迁实录精神，刘知幾讲"直书"，柳宗元言"直道"，都是这种传统的表现。当然，史家要恪守自己的信念，还必须有足够的勇气。柳宗元针对韩愈"不敢率尔为也"的思想，指出：

> 史以名为褒贬，犹且恐惧不敢为。设使退之为御史中丞大夫，其褒贬成败人愈益显，其宜恐惧尤大也，则又扬扬入台府，美食安坐，行呼唱于朝廷而已耶？在御史犹尔，设使退之为宰相，生杀出入，升黜天下士，其敌益众，则又将扬扬入政事堂，美食安坐，行呼唱于内庭外衢而已耶？何以异不为史而荣其号、利其禄者也？

这些话都是就"人事"来说的。柳宗元认为：一个史官，不应当"不为史而荣其号、利其禄"，要敢于"居其位而直其道"，真正去做点事情。这可以看做是柳宗元提出的一个原则，不仅封建史官应受到它的检验而确定其高下，就是一般封建官吏也应当受到它的检验而区分其清浊。

---

① 章士钊：《柳文指要》下卷，《通要之部》卷 1 "柳志·大中"。

　　史家不仅要有坚定的信念，而且要使这种信念落到实处，这就需要有职责感。柳宗元在致韩愈的信中反问道：关于有唐二百年史事，"今退之曰：'我一人也，何能明。'则同职者又所云若是，后来继今者又所云若是，人人皆曰'我一人'，则卒谁能纪传之耶？"这是一个很尖锐的问题，如果人人都说"我一人，无可为"，这将是一种十分悲哀的局面，"非有志者所忍恣也"！柳宗元所热烈希望的，是人人"孜孜不敢怠"地勤奋工作，则唐代历史"庶几不坠，使卒有明也"。而对于每一个史家来说，"果有志，岂当待人督责迫蹙，然后为官守耶？"柳宗元讲史家职责有一个明显的特点，即把史家不仅看作是单个的人，而且看作是一个群体，一个前后相承的崇高事业之承担者的群体。从史学家的自我意识来看，这包含着认识上的新的迈进。

　　《与韩愈论史官书》，是柳宗元在永贞革新失败、他被贬官将近十年的情况写的。岁月流逝，人事沧桑，但他对于友人的情谊却没有改变，甚至理论的分歧也没有影响热烈的期望。他赞叹韩愈的"史才"，希望他"更思"，鼓励他"可为速为"，不要贻误时光。柳宗元的这种积极的情绪和真诚的精神是非常感人的，即使今天来读他的这封信，恐怕也会为之动容、为之感奋的。

　　继《与韩愈论史官书》之后，同年，柳宗元又写了《与史官韩愈致段秀实太尉逸事书》，[①] 对韩愈的热忱期待之心溢于言表，书中说："太史迁死，退之复以史道在职，宜不苟过日时。昔与退之期为史志甚壮，今孤因废锢，连遭瘴疠羸顿，朝夕就死，无能为也，第不能尽其业！"这段话，还非常真切地透露出韩、柳早年共事时"期为史志甚壮"。联想到他们对于史学事业曾经有过豪迈的抱负，我们对柳宗元在史学上的修养和在历史理论上的造诣的认识，或许会更加深刻些；我们对韩愈能够写出使宦官集团为之颤栗的《顺宗实录》，或许也会认识得更全面些。

　　《与史官韩愈致段秀实太尉逸事书》还反映出柳宗元在历史撰述上的认真的实践精神，说明他在史学上并不是只擅长于理论思维的人。他向韩愈推荐的《段太尉逸事状》，[②] 是他亲身调查所得，并多方核实无误。所以他在此书中写道："太史迁言荆轲，征夏无且；言大将军，征

---

① 柳宗元：《柳河东集》卷31。
② 柳宗元：《柳河东集》卷8。

苏建；言留侯，征画容貌。今孤囚贱辱，虽不及无且、建等，然比画工传容貌尚差胜。《春秋·传》所谓传言传著，虽孔子亦犹是也，窃自以为信且著。"他在这里充分肯定了司马迁为撰写历史而进行社会调查的求实精神，同时也坦率地估量自己的作品"信且著"。《段太尉逸事状》在柳宗元的丰富的史学撰述中虽非重要作品，但它却给他的历史理论作了一个极好的注脚。大约 250 年后，《段太尉逸事状》为《新唐书》作者之一宋祁所采用，写入《段秀实传》。宋祁在传后赞语中写道：

> 唐人柳宗元称："世言段太尉，大抵以为武人，一时奋不虑死以取名，非也。太尉为人姁姁，常低首拱手行步，言气卑弱，未尝以色待物，人视之，儒者也。遇不可，必达其志，决非偶然者。"宗元不妄许人，谅其然邪，非孔子所谓仁者必有勇乎。①

这可以看作是宋人对柳宗元治史作风的评价。

六、简短的结语：高峰和局限

唐代的史论，盛唐以虞世南、魏徵、朱敬则、刘知幾等最为知名，中唐则以杜佑、柳宗元为杰出代表。刘知幾的成就，主要在史学理论方面。他的《史通》，是我国古代第一部系统的史学评论著作，在中国史学之自身反省的历史上，是一座重要的里程碑。刘知幾与柳宗元在史学上的贡献的不同，已如上文所述。虞世南、魏徵、朱敬则等，都不愧为史论名家。在他们的著作中，如《帝王略论》,《隋书》史论及梁、陈、齐等书的总论，《十代兴亡论》等，不乏真知灼见，奇语宏论，往往使人惊叹不已。但他们的史论，大多针对具体的史事和人物而发，其理论价值主要在于对历史经验教训的总结。而杜佑和柳宗元的史论，则是在通观历史的全部行程的基础上展开的，其理论价值主要在于对历史进程的规律性的探讨。我认为，唐代的史论，至杜佑和柳宗元而达到发展中的高

---

① 欧阳修等：《新唐书》卷 153《段秀实传》。文中所引柳宗元评段秀实语，出自宗元上史馆书，见《柳河东集》卷 8，然文字稍有变动。

— 403 —

峰。而杜、柳史论又各具特色：杜佑的史论，是从丰富而连贯的历史发展上来阐述自己的见解的，因而较多地带着历史的形式；柳宗元的史论，是从对历史的整体认识和宏观把握上来阐述自己的见解的，因而鲜明地带着哲学的形式。他们的史论形成了唐代史论的高峰，且又各呈异彩，这不独是唐代史学的奇观，也是整个古代史学发展中的光华灿烂的一幕。

现在，我们可以对柳宗元史论的理论价值和历史地位作如下概括：第一，柳宗元的史论，坚持和发展了天人相分的唯物主义和无神论思想传统，进一步廓清了笼罩在世俗历史上的种种神秘主义的光环。他对于"天"的唯物的解释和对于历史进程的唯物的说明，是中国古代思想史和史学史上的光辉成果。这一成果表明：早在9世纪初，中国的思想家和史学家在按照历史发展本来面貌说明历史方面，已经达到了相当高的认识水平。第二，柳宗元的史论，表现在对自然、对历史、对史学等各方面的认识上，都具有其一贯性和整体性，从而构成了一定的理论体系。在中国历史理论发展史上，这个理论体系是对司马迁以下、汉唐间历史理论成果的新概括，因而具有划时期的意义。第三，柳宗元的史论，既是对历史的总结，又是对现实的启迪。关于"天人之际"的争论，关于历史发展趋势的争论，他的总结性的阐述都达到了他那个时代的最高成就；而这些阐述又是同中唐的社会实际和他的"大中之道"的社会理想结合在一起。柳宗元的一生，通晓历史而面对现实，所以他的史论具有鲜明的历史感与时代感相统一的特色。在这一点上，他和他的同时代人杜佑是完全一致的。这是中唐史学发展的一个很重要的趋势。对后来的经世致用史学的进一步发展有很大的影响。

当然，柳宗元的史论也有明显的局限性。这有时代的原因，也有他个人的原因。如柳宗元提出"生人之意"的命题，用以和"君权神授"的神学历史观相对立；他又提出"势"是社会历史发展的动因，用以和"圣人之意"决定社会历史面貌的唯心史观相对立。这无疑是进步的。但"生人之意"跟"势"究竟是什么关系，柳宗元并没有作进一步的探讨；这样，他就没有把他的朴素唯物史观继续推向前进，而"生人之意"这个命题也就不能不拖着一条唯心史观的尾巴。柳宗元史论的最重要的局限或缺陷，是由于他笃信佛教而造成其思想体系上的矛盾，以至于不可能把他的朴素唯物史观贯彻到对宗教的认识领域中去，柳宗元的唯物主义、无神论思想发端甚早，至永贞革新失败被贬后则有了更大的发展；同时，他从少年时代起就相信佛教，至中年时期则通晓佛教经典。但是，柳宗元却从来没有把"天"、"神"、"鬼"跟"佛"放到一起一并加以反对，这当然不是一种疏忽，恰恰证明他的朴素唯物史观在宗教面前却步了，这是一方面。另一方面，柳宗元的笃信佛教，又跟一般的佞佛者有所不同，他主要是把佛教当做一种学问、一种思想来看待的。他在回答韩愈"尝病余嗜浮图言，訾余与浮图游"时，认为："浮图诚有不可斥者，往往与《易》、《春秋》合，诚乐之，其于性情爽然，不与孔子异道。……吾之所取者与《易》、《论语》合，虽圣人复生不可得而斥也"①。他认为佛教经论"往往与《易》、《论语》合"，这就把佛教作了世俗的理解；认为"虽圣人复生不可得而斥也"，这是要证明佛教存在和发展的合理性。由于柳宗元思想上的这种弱点，所以他不能像前辈唯物主义思想家如范缜那样反佛，甚至也不能像同辈唯心主义思想家如韩愈那样辟佛，对佛教作比较合理的说明。造成柳宗元史论的这种局限或缺陷，也还有政治环境的原因和个人遭际的原因。柳宗元说："与其人游者，未必能通其言也。且凡为其通者，不爱官，不争能，乐山水而嗜闲安者为多。吾病世之逐逐然唯印组为务以相轧也，则舍是其焉从？吾之好与浮图游以此。"中唐以来的政治腐败现象，尤其是永贞革新前后的种种变故，使柳宗元对现实看得更清楚了，"爱官"、"争能"、"逐逐然唯印组为务以相轧"的龌龊现象使他厌恶，也使他厌倦，这促使他"嗜浮图言"、"与浮图游"。这些话，固然反映出柳宗元于积极奋发之中确也存在着消极悲观的一面，但这不也正是他对当时腐败政治的愤怒的斥责吗！清人章学诚说："不知古人之世，不可妄论古人文辞也；知其世矣，不知古人之身处，亦不可以遽论其文也。"② 章学诚的话，对于我们认识柳宗元史论之局限或缺陷产生的社会原因和个人原因，是有启发的。柳宗元的唯物主义和无神论思想在佛教面前停止不前了，他的史论也跟着在这里停止不前了，这是难以置信的，但这毕竟又是一个不可改变的事实——就像近代哲人黑格尔的辩证法在"绝对观念"面前停止不前、费尔巴哈的唯物主义在历史面前停止不前一样。

---

① 柳宗元：《柳河东集》卷 25《送僧浩初序》。

② 章学诚：《文史通义·文德》。

姚莹和夏燮的史学

姚莹（1785—1852 年），安徽桐城人，字石甫，号明叔、展和，晚称幸翁。夏燮（1800—1875 年），安徽当涂人，字嗛甫（一作嗛父），又字季里，别号江上蹇叟、谢山居士。他们是鸦片战争后中国史学发展新趋势中的两位杰出的皖籍史家。

姚莹和夏燮的史学之共同的特点是：审势察几，据事直书，寄深忧于硕画，存信史于纪事，饱含经世之旨，洋溢爱国之情，在中国近代史学起步之时，显示出鲜明的时代特征。对此，学界多有评论，本文不再重复。这里我想从另一个角度，谈谈姚莹和夏燮史学的一点启示。

一、鸦片战争与中国史学发展的新趋势

1840 年，英国殖民主义者发动了侵略中国的鸦片战争，由此产生的一系列事变，极大地震动了中国社会。中国史学的发展，由于历史的剧变而出现了新的趋势。强烈的时代特色和鲜明的民

族意识,是这一新趋势的主要内涵,而救亡图强的爱国精神则是其核心。

从史学思想和历史撰述来看,中国史学发展的新趋势的主要标志是:

第一,重视鸦片战争史的撰述。对于鸦片战争及其结局,史学家们痛定思痛,乃纷纷记述其经过,评论其因果,为的是有助于人们总结经验教训,增强忧患意识,"防患于未然","补过于来时"。这方面的代表作有魏源撰写的《道光洋艘征抚记》、梁廷枏撰写的《夷氛闻记》、夏燮撰写的《中西纪事》。这三部书除有共同的旨趣外,也有各自的特点。《道光洋艘征抚记》重在用历史事实说明,欲求自强御侮之道,必须"购洋炮洋艘","练水战火战","尽收外国之羽翼为中国之羽翼,尽转外国之长技为中国之长技",并指出尽快作出抉择的紧迫性,强调"时乎时乎,惟太上能先时,惟智者能不失时;又其次者,过时而悔,悔而能改,亦可补过于来时"。① 魏源提出了富国强兵的战略原则及其紧迫性。同《道光洋艘征抚记》从政治和军事着眼不同,《夷氛闻记》一书着眼于从经济上揭示出英国殖民主义者发动鸦片战争的深层原因,并根据英国殖民主义者攻据印度海口"凡租地开花取液出口,四征其税,所以资于鸦片者甚厚"的历史事实,论证其"争市牟利,倾国以求尝试"之侵略中国的方针不会改变,驳斥主和派、投降派的种种谬说,歌颂了主战派和人民群众的抗英斗争。《中西纪事》以纪事本末体记述了两次鸦片战争的史实,这是它在内容上、形式上不同于《道光洋艘征抚记》和《夷氛闻记》之处;在撰述思想的侧重点上,它是要达到反映出"中西争竞之关键"以备"异日史家之采择"② 的双重目的。

第二,重视边疆史地的考察与撰述。鸦片战争的结局与《南京条约》的签订,国人无比震惊;国土意识、中华民族之整体的民族意识,都在付出巨大的代价之后有了新的觉醒。史学家们在 20 世纪四五十年代孜孜于边疆史地的考察与撰述,正是这种觉醒的有力表现之一。张穆

---

① 魏源:《道光洋艘征抚记》后论。见魏源《圣武记》卷 10,光绪四年(1878 年),上海,申报馆排印本。

② 夏燮:《中西纪事》之《次叙》、《原叙》,光绪二十四年(1898 年)蔡照书屋刻本。

的《蒙古游牧记》、何秋涛的《朔方备乘》、姚莹的《康輶纪行》是这方面的几部杰作。《蒙古游牧记》一书，以方域为骨骼，以史实为血肉，记述了内外蒙古自古代迄于清道光年间的地理沿革和重大史事，"尊宠命"、"志形胜"、"贵朝宗"，尤其"详于四至、八到以及前代建置"，其主旨是"稽史籍，明边防，成一家之言"。①《朔方备乘》一书，着重考察东北、北方、西北的边疆沿革、攻守形势和中俄关系的历史，作者的撰述宗旨是"旁搜博采，务求详备，兼方志外纪之体，揽地利戎机之要"。作者认为，"是书备用之处有八：一曰宣圣德以服远人，二曰述武功以著韬略，三曰明曲直以示威信，四曰志险要以昭边禁，五曰列中国镇戍以固封圉，六曰详遐荒地理以备出奇，七曰征前事以具法戒，八曰集夷务以烛情讹"②。《康輶纪行》是一部关于西藏历史、地理、政治、宗教、戍守的札记体著作，对于外国史地、政治以及外国侵略者觊觎中国领土亦表示关注和忧虑。因作者有抵抗英国侵略军的实际经历，故于"留心世务"反复致意。这三部书所关注的边疆史地诸问题，均可谓远见卓识。

第三，重视外国史地的研究与撰述。鸦片战争使国人感到震惊的另一个方面，是中国以外的世界，竟有能够制造坚船利炮的国家，中国的士大夫们确有坐井观天、夜郎自大之悲了。于是先进的中国人产生了了解世界的要求，而林则徐则是较早睁眼看世界的代表人物，他主持编写的《四洲志》是中国人关于外国史地撰述的先驱。此后，魏源的《海国图志》、梁廷枏的《海国四说》、徐继畬的《瀛环志略》、王韬的《法国志略》、黄遵宪的《日本国志》等先后问世，蔚然大观，影响所及，超出中国，成为中国近代史学走向世界的开端。《海国图志》按亚洲、澳洲、非洲、欧洲依次叙述了世界各国的历史、地理，反映了东方学者的世界眼光，而"御侮"的撰述宗旨和科技所占的分量，都十分突出。魏源在《原叙》中写道："是书何以作？曰：为以夷攻夷而作，为以夷款夷而作，为师夷长技以制夷而作。"黄遵宪在《日本国志·自序》中说："日本士夫类能读中国之书，考中国之事；而中国士夫好谈古义，足以自封，于外事不屑措意，无论泰西，即日本与我仅隔

---

① 张穆：《蒙古游牧记》自序，上海，复古书局石印本，1894。
② 何秋涛：《朔方备乘》凡例，咸丰八年（1858年）刻本。

一衣带水，击柝相闻，朝发可以夕至，亦视之若海外三神山，可望而不可即！"他认为这是中国士大夫的悲哀，强调了了解外国历史、现状的必要。魏源、黄遵宪的这些认识，反映出了当时史家关于外国史地撰述的基本宗旨。

以上这几个方面所汇聚起来的中国史学发展的新趋势，反映了当时中国历史的时代特点和志士仁人救国图强的愿望，在中国史学上具有划时代的意义。

二、姚莹史学的近代意识

姚莹和夏燮，都是鸦片战争后中国史学发展新趋势中的优秀史家。他们的史学，在其主要的或基本的方面，都反映着这一新的趋势。同时，他们的史学，也都有自己的特点。

姚莹史学的特点，是具有鲜明的近代意识。

首先，姚莹较早地意识到殖民主义者侵略中国的野心和危害。他自述道："莹自嘉庆中每闻外夷桀骜，窃深忧愤，颇留心兹事，尝考其大略，著论于《识小录》矣。"① 这是指嘉庆十四年（1809 年）姚莹作为百龄的幕僚相随入粤，目睹英军屡屡在广东海面武装挑衅；姚莹为协助粤督防备英军挑衅，乃购求外国书报，了解"夷情"，其《识小录》便是此时所撰，而内容则多涉及边防与外事。后来他到台湾任职，并于道光九年（1829 年）撰成《东槎纪略》一书，反映了他对台湾事务的关注。鸦片战争期间，他又直接率军抵抗英军的入侵，捍卫了祖国的领土。这些亲身经历，使姚莹对外国侵略者觊觎中国领土，始终抱有极大的敏感和深切的忧虑，而以英国殖民主义者对西藏的窥伺最为关注。可以认为，他的《康辅纪行》一书，主要即为此而作。诚如他在《〈西藏外各国地形图〉说》中指出：英吉利在"东印度全境已据其七八"；"先是哲孟雄与披楞隔界有大山，甚险阻，无路，有一线道可容羊行。近为英人所据，屯兵其上，凿宽山道，可以长驱抵藏矣"；"近年英、俄二夷，在西北二印度之间构兵，盖俄罗斯之垂涎印度，亦犹英吉利之垂涎

---

① 姚莹：《康辅纪行》自叙，见《申挼堂全集》，同治六年（1867 年）刊本。

前、后藏也。今为此图，俾吾中国略知其形势云"。① 从 19 世纪 40 年代起，这始终是姚莹最关注的问题，并贯穿于其论著之中。

其次，姚莹出于对外国侵略者的深刻认识，故而十分重视边疆事务，重视对边疆史地的考察与撰述。他在鸦片战争前撰写的《东槎纪略》，详述台湾的防务、关隘、里道、开发及治台方略，显示出对国家东南之海上屏障的重视和远见。书中《筹建鹿耳门炮台》一文，系转录道光四年（1824 年）观喜等人"上议建炮台于鹿耳门"文。其文开宗明义写道："台湾孤悬海外，屏障四省。郡城根本重地，设险预防，尤为紧要。"② 在《台湾班兵议（上）》中，姚莹写道：自康熙朝管辖台湾以来，"于今一百三十三载。设立重镇，总摄师干，畀以专杀之典，为东南沿海数十郡外藩。日本、荷兰无敢窥伺者，台湾之功也"③。这两段话，有力地表明了台湾在国家防务上的重要地位。姚莹在本书《自序》中说："余以羁忧，栖迟海外，目睹往来论议区画之详，实能明切事情，洞中机要。苟无以纪之，惧后来者习焉不得其所以然，设有因时损益，莫能究也。乃采其要略于篇，附及平素论著涉台政者，而以陈周全之事终焉。世有审势察几之君子，尚其有采于兹。"十余年后，鸦片战争爆发，姚莹在台湾率军抗击入侵英军，功劳显著，其《东槎纪略》一书的远见卓识和经世价值，受到了严峻而有效的检验。姚莹友人吴德旋序其书曰："石甫（姚莹字——引者）方以高才硕画，见重当世，造物者盖将有以大用之，非仅于此书为足自表见也。然即此而观，后之从事台湾者，必取其言以为鉴，岂非不朽之盛业也哉！"此论可谓知人知言。在经历了鸦片战争之后，姚莹的边疆意识和关于边疆史地考察之重要性的认识更加鲜明、更加深刻了，又以极大的热忱和深切的忧患撰写了《康輶纪行》。《康輶纪行》凡 16 卷，内容很丰富，姚莹自己概括说："大约所纪六端：一、乍雅使事始末；二、刺麻及诸异教源流；三、外夷山川形势风土；四、入藏诸路道里远近；五、泛论古今学术事实；六、沿途感触杂撰诗文。"其中：一、二、四，多论西藏的历史、地理、宗教、戍守等；三，多论外国史地；五、六，多是学术与杂感，亦往往

---

① 姚莹：《康輶纪行》卷 16。
② 姚莹：《东槎纪略》卷 1，见《申耕堂全集》。
③ 姚莹：《东槎纪略》卷 4，见《申耕堂全集》。

与西藏事务相关涉。姚莹对西藏史地、事务的研究，在认识上确有深入于《东槎纪略》的地方，如他在《诸路进藏道里》一文末了写道："中国舆地，历代文人学士多详考之，本朝一统无外，殊方异域，皆我版图，况今夷务纷纭，岂可不于此加之意乎。"①"况今夷务纷纭"这六个字，足以反映这位史家深刻的忧患意识。正因为如此，他认为，边疆史地的研究首先是为着时务的需要，不应仅仅视为书斋里的学问。他真诚地说："疆域要隘，通诸外藩形势，尤为讲边务者所当留意，不仅供学人文士之披寻也。"② 这些话，不仅反映了他本人经世之学的宗旨，也反映了那个时代的边疆史地研究潮流的宗旨。姚莹在此书的《自序》中还写道："昔苏子瞻在海南，杨升庵在滇，皆多所论著。莹何敢望前贤，庶赍同志明所用心而已。"这是他的谦词，从时代意义和经世致用的价值上说，他已经超过"前贤"了。

再次，姚莹认为，要有效地抵御外侮和加强边务，必须认真了解外国、认识世界。这是姚莹从19世纪初开始几十年中所追求的。《康輶纪行·自序》说："莹自嘉庆中每闻外夷桀骜，窃深忧愤，颇留心兹事，尝考其大略，著论于《识小录》矣。然仅详西北陆路，其西南海外，有未详焉。及乎备兵台湾，有事英夷，钦奉上询英地情事，当时第据夷酋颠林所言，绘陈图说，而俄罗斯距英地近，莫能明焉，深以为恨，乃更勤求访问。适友人魏默深贻以所著《海国图志》，大获我心。故乍雅之役，欣然奉使，就藏人访西事，既得闻所未闻，且于英人近我西藏之地，与夫五印度、俄罗斯之详，兹有征焉。"这是他对自己几十年中所作努力的简要概括，这种意识，确是前人所没有的。他说《海国图志》"大获我心"，反映了他的欣慰之情。《康輶纪行》一书中，十几处提及《海国图志》，绝非偶然。值得注意的是，在考察边疆事务过程中，致力于询访"西事"，正是姚莹治学的特点。故书中撰有《俄罗斯方域》、《英吉利》、《佛兰西》、《英吉利幅员不过中国一省》等诸多篇目，以及外国地图的解说等篇目，涉及到"外夷山川形势风土"。姚莹认为，要了解外国、认识世界，当从留心外国文字入手。他从"外夷留心中国文字"的事实，论证这一必要性，从而语重心长地写道："及秦、汉以来，

---

① 姚莹：《康輶纪行》卷 3。
② 姚莹：《康輶纪行》卷 9 "《西藏赋》言疆域"。

天下一统，则昔之所要荒者，今皆吾接壤，直侯、甸耳，岂勤远略哉！谓固我屏藩，不劳师于异域可也，若坐井观天，视四裔如魑魅，暗昧无知，怀柔乏术，坐致其侵凌，曾不知所忧虑，可乎！甚矣，拘迂之见，误天下国家也！平居大言，谓一事不知为耻，乃勤于小而忘其大，不亦舛哉！观英吉利、普鲁社、耶马尼之留心中国文字，日本、安南、缅甸、暹罗之讲求记载，是彼外夷者，方孜孜勤求世务，而中华反茫昧自安，无怪为彼所讪笑、轻玩，致启戎心也。然如西洋士罗所印，说英吉利留心中国史记、言语，亦不过十二人，礼拜庙中尚无坐位，岂叶公好龙，中外有同慨耶！余于外夷之事，不敢惮烦，今老矣，愿有志君子，为中国一雪此言也".① 这些话，反映了姚莹之史学的世界意识，即使在今天看来，也还具有启发后人之价值。除文字外，姚莹还强调"详考外域风土"的必要性。他说："习其山川，则知形势之险易；习其人物风土，则知措置之所宜：非如文人词客，徒资博雅助新奇也。故留心世务者，皆于此矻矻焉。"② 他热忱希望人们致力于外域状况的考察，在"夷务纷纭"的年代，这关系到国家和民族的命运。

吴德旋称颂姚莹说："石甫尝谓余：有志立言之士，遇所闻见，善恶皆宜据事直书，以寓劝惩之旨，乃克扶树教道，而有补于人心。读石甫之书，足以知其识之宏，而志之所存者远矣。"③ 经过历史的积淀，回首细察，我们从姚莹的"识之宏"、"志之远"中，确能真切地窥见他的史学的近代意识。

三、夏燮史学的世界意识

夏燮的史学也具有近代意识，而其近代意识的突出之点即是近代的世界意识。

同样是记载鸦片战争的历史，夏燮为自己的著作取名为《中西纪事》，这跟《道光洋艘征抚记》、《夷氛闻记》比较起来，其特点极为突出。它的思想倾向虽不如后者鲜明，但却显示出恢廓的视野。具体说来，夏燮是从中西关系这一大背景下来认识和撰述鸦片战争这段历史

---

① 姚莹：《康輶纪行》卷12。
② 姚莹：《康輶纪行》卷5"详考外域风土非资博雅"。
③ 姚莹：《东槎纪略》序。

的。魏源著《海国图志》、梁廷枏著《海国四说》，也都是具有世界意识的史家；但在鸦片战争史的撰述上，夏燮是独具特色的。

其一，把鸦片战争放到中西关系中来考察。夏燮认为："猾夏起于通番，漏卮原于互市，边衅之生由梽于此。"[1] 故《中西纪事》开篇即记"通番之始"。此篇详叙欧罗巴洲及其主要国家东来的始末，文中屡屡提到《海国图志》、《瀛环志略》，说明夏燮是深受它们影响的，但夏燮却是运用它们的某些材料来揭示鸦片战争的世界历史背景。

其二，从西方国家在中国的传教和通商，揭示了英国发动侵略中国的鸦片战争的必然性。夏燮以丰富的史实揭露西方传教士在中国"妄行传教"的活动，以至于传教士"皆与大吏分庭抗礼"[2]。而在通商活动中，西方国家亦往往提出非分之要求，动辄"连兵"入侵，以武力相威胁，以达到它们在通商中所不能达到的目的。尽管夏燮还不可能认识到这正是近代资本主义野蛮掠夺的强盗行径，但他客观上已从世界范围内揭露出这种野蛮掠夺的事实。从这一基本认识出发，夏燮驳斥了所谓"中西之衅自烧烟启之"的论调（这实际上是把鸦片战争的责任推到以林则徐为代表的禁烟派身上的论调），指出："今载考前后，乃知衅端之原于互市，而非起于鸦片也。夫互市者，实中西交争之利，而关胥牙侩必欲专之，外洋因利而得害，乃思以害贻中国而阴收其利。"从"互市"即通商来揭示"中西之衅"即鸦片战争的深层原因，确是夏燮的卓见。"外洋"为了逐利而采用非法手段也是势在必然。当然，夏燮对"外洋"与中国通商本质上是为了"利"的认识，也还是有局限性的，因此他不免夸大了"关胥牙侩"在"中西之衅"中的作用。正如他在另一处所说："即使鸦片不入中国，亦未能保外洋之终于安靖而隐忍也。且鸦片之来，亦为货物之亏折起见耳；货物不得其利，乃思取违禁之物以补偿之。"[3] 夏燮一方面看到"外洋"之来中国通商，绝不会安分的，目的是为了"利"，这是完全正确的；但他认为"外洋"以走私鸦片求得"补偿"似是不得已而为之，这就不对了。英国鸦片贸易史的本质，是不择手段地对印度、中国等亚洲国家进行掠夺，"补偿"一说，不免失

---

① 夏燮：《中西纪事·目录后序》。
② 夏燮：《中西纪事·猾夏之渐》。
③ 夏燮：《中西纪事·互市档案》后论。

于幼稚。正因为如此，夏燮在鸦片走私的"源"与"流"的判断上，亦陷于失当。他认为："西人之言曰：'若想印度人不栽波毕（即罂粟——引者），除非中国人不食鸦片。'是则中国之害虽自外洋贻之，而外洋之利实自中国启之。"① 其所引"西人"之言，恰是"西人"自我开脱之词。以此为据辨别"源"、"流"，岂不谬哉。这是夏燮的局限，也可以说是那个时代许多人的局限。这里所要肯定的，是夏燮从中西通商、"夷人惟利是趋"的世界眼光来阐明鸦片战争爆发的必然性，显示出他对"外洋"的深刻认识。

其三，注意到从复杂的国际关系来分析列强对中国侵略的一致性。夏燮在《四国合纵》篇中，先是一一阐述了"英法和战之始末"、"英弥（美）和战之始末"、"英俄交恶及中西构衅之始末"，继而阐述英、法、弥（美）、俄"四国联盟而合纵称兵"一齐侵略中国，以武力攫取种种特权，直至咸丰十年（1860 年）英军"入寇京师"而"上狩滦阳"。篇中，夏燮对英、法、美、俄四国的侵略野心颇有揭露和抨击，尤其对俄国强迫清廷割让大片领土表示极大愤慨，显示了一个爱国史家的明确立场。他还引用《西人月报》的评论，指出："中西相持，俄人又将从中窥衅，以收渔人田父之利。此不可不虑者也。"② 不幸的是恰被他言中了。

如果说第一次鸦片战争中的国际关系还比较简单的话，那么第二次鸦片战争中的国际关系就变得更加复杂、多变和险恶了。这是《中西纪事》给予今人的一个非常重要的启示。夏燮正以一种在当时是至为难得的世界意识，把两次鸦片战争置于中西关系总的历史背景下进行考察和叙述，指出鸦片战争是不可避免的，从深层次上揭示了"外洋"之"惟利是趋"的侵略本质。夏燮史学之世界意识的价值即在于此。

同姚莹比起来，夏燮没有直接参与抗击列强入侵的斗争，也缺少同主战派人物的交往，故对林则徐销烟抗敌的气概，对魏源师夷制夷的战略，在书中缺乏足够的评论，甚至还有误解之处。当然，此是枝节，不必苛求。夏燮还著有《明通鉴》等书，因不在本文论题讨论范围之内，

---

① 夏燮：《中西纪事·漏厄本末》后论。
② 夏燮：《中西纪事·天津新议续议》。

兹不赘述。

1997 年是安徽建省 330 周年，又欣逢香港回归祖国之世纪性的历史大事，重读前贤之著作，阐扬他们作为爱国者的时代精神和作为史学家的经世致用的学术宗旨，对我们做好今天的史学工作是有深刻的启示的。

梁启超《新史学》的理论价值

一、《新史学》——中国史学走向变革的宣言

100 年前，梁启超在《新民丛报》上发表了《新史学》一文。梁启超纵观中外社会历史的进程和现状，联系中外史学之差异，乃大声疾呼："呜呼，史界革命不起，则吾国遂不可救。悠悠万事，惟此为大。《新史学》之著，吾岂好异哉，吾不得已也。"此文依次阐述了六个问题：中国之旧史，史学之界说，历史与人种之关系，论正统，论书法，论纪年。文章主旨在于批判"旧史学"，倡导"新史学"，而其根本目的则在于"提倡民族主义，使我四万万同胞强立于此优胜劣败之世界"。

在中国史学史上，此文的发表，不啻一声巨雷，有发聩振聋之效。20 世纪前三四十年的中国史学，多受到它的重大影响。

清人章学诚强调知人论世（《文史通义·文德》），认为欲论其人之文，必知其人之世。此可

谓古今通理。梁启超作为一个改良主义者，在他那个时代，经历了太多太多的历史：甲午中日战争、中日马关条约、戊戌变法失败、八国联军入侵等等。在民族危难，国人扼腕之际，那些站在历史潮流前头、面对民族危机的人们，都在选择民族自强之途。梁启超的《新史学》，就是在这样的历史条件下面世的。

当然，民族的自强，要靠综合国力的提高，经济的发展，政治的清明，军事的保障，科学文化教育的进步等等，都是必不可少的。但是，史学在唤起国民的民族意识、激发国民的民族精神方面，确有不可替代的巨大作用。从这个意义上说，梁启超所谓"悠悠万事，惟此为大"，实是中肯而紧迫的呼声。百年之后的今天，我们来看待《新史学》的发表及其历史价值，似应特别关注于此。

从学理上看，《新史学》在中国史学史的发展上，无疑是中国史学走向变革的一份宣言。它所提出的问题很多，主要是以下三个问题：如何看待"中国之旧史"，倡言历史哲学的重要，强调发展史学对于民族自觉自强的必要性。

二、对"旧史"的评判及其影响

中国史学有三千多年的历史，有丰富的典籍和连续不断的历史记载与历史撰述，有优良的传统和广泛的社会影响，其整体面貌，为世界各国所仅见，这是无庸置疑的。这是一方面。另一方面，史学本是历史的反映。历史变动了，人们对历史的认识提高了，史学自亦随之而有所变革。这是史学发展的规律之一。19 世纪中期以后，在西方殖民主义者的频频武力侵略下，中国社会历史发生了巨大的变动，中国人也加快了对外国尤其西方各国的历史与现状的研究，其中包括对它们的文化各领域的研究。因此，《新史学》的立论，多以西方近代以来的历史和史学为依据，进而结合中国过去的史学和作者的认识而展开论述。

《新史学》抨击"中国之旧史"有"四蔽"、"二病"即缘于此。所谓"四蔽"是："一曰知有朝廷而不知有国家"，"二曰知有个人而不知有群体"，"三曰知有陈迹而不知有今务"，"四曰知有事实而不知有理想"。诚然，古代史家对于"朝廷"和"国家"之区别的认识，确实模糊。但对这种区别的萌芽认识，并非全无，而至明清之际，黄宗羲、顾炎武、王夫之等人已有了进一步的认识。中国史书中的"群体"意识，亦并非全无，如《史记·陈涉世家》及后来史书中所记述的各种"民变"，以及史学家的民本思想，还有对于类传的设置与区分等等，或多或少还是涉及到了"群体"的地位和价值。至于说"今务"和"理想"，前者指忌讳研究本朝史，后者指考察史事的前因后果。梁启超针对"今务"说："凡著书贵宗旨，作史将为若干之陈死人作纪念碑耶？为若干之过去事作歌舞剧耶？殆非也。将使今世之人，鉴之裁之，以为经世之用也。故泰西之史，愈近世则记载愈详。中国不然，非鼎革之后，则一朝之史不能出现。"这一点，梁启超说得十分中肯。汉武帝曾说《史记》是"谤书"，崔浩国史案使许多人遭到杀戮，唐玄宗时"唐国史"已有百余卷却不能公诸于众，明朝则只修实录而不撰国史。凡此种种表现，弊端丛生，影响深远。说到"理想"即对重大历史事件的深层认识，中国古代史家还是有成就的，司马迁记秦汉之际的历史经验，唐初史家论隋朝之亡与秦、隋历史的比较、历代史家的辩兴亡之论，王夫之纵论历朝治乱盛衰之故，多不乏深刻见解。当然，他们所论，都不能超越一定的历史条件，这是显而易见的。

所谓"二病"，"其一，能铺叙而不能别裁"，"其二，能因袭而不能创作"。"铺叙"是指记述，"别裁"是指见识，铺叙多于别裁，即记述胜过见识，使人苦读史书而难得增长见识。这种现象是存在的，但不是绝对的。中国史家历来重视"别裁"，从孔子重"义"到司马迁的"好学深思，心知其意"，从刘知幾所论"独断"之学和"才、学、识"三长到章学诚推重"史意"和"别识心裁"，反映了重"别裁"的传统。历史典籍的积淀，本是好事，但若处置不当，也会为其所累。梁启超所论，提醒了人们应当重视这个问题，是很有意义的。至于"创作"，梁启超肯定了六位史家，即司马迁、杜佑、司马光、郑樵、袁枢、黄宗羲，这是肯定了他们在纪传体、典制体、编年体、纪事本末体和学案体方面的创造性发挥（其中郑樵，是推崇其《通志·略》，似可看做是界于纪传体与典制体之间的人物）。对于其他众多史家，梁启超则一概否定他们的"创作"。其实，这里是大有思考余地的。第一，中国古代史家能有如此多样的创造，为世界史学上所罕见，实为难得。这本是一大优胜之处，应充分肯定。第二，中国古代的其他史家，如刘知幾、章学诚、王夫之、顾祖禹、崔适等，近代史家如魏源、王韬、黄遵宪、姚莹、张穆、何秋涛等，在各自的领域内也多有创造；即使像班固、李焘、马端临等，在原有的体裁基础上，也不是没有任何创造的。第三，"因袭"也有它的另一面，那就是历史编撰的连续性，这种内容和形式相统一的历史编撰的发展，对于反映中国悠久的历史文化和文明进程，具有重大的意义。因此，似不能认为"中国之旧史"是"不能创作"的"因袭"。如此看来，《新史学》对"中国之旧史"的批评（包括对正统、书法、纪年的批评），是不是不能成立呢？不。它的批评在整体上和方向上，是能够成立的。今天来看待这些批评，自然应采取分析的和辩证的观点和方法，对于批评中的片面性应放在当时的历史环境中去理解，而不必苛求于作者当时的认识。

三、重视历史哲学的"历史"观

《新史学》强调历史哲学的重要，认为："历史者，叙述人群进化之现象而求得其公理公例者也。凡学而必有客观主观二界。……史学之客体，则过去、现在之事实是也。其主体，则作史、读史者心识中所怀之哲理是也。有客观而无主观，则其史有魄无魂，谓之非史焉可也（偏于主观而略于客观者，则虽有佳书亦不过为一家言，不得谓之史）。是故善为史者，必研究人群进化之现象，而求其公理公例之所在，于是有所谓历史哲学出焉。历史与历史哲学虽殊科，要之，苟无哲学之理想者，必不能为良史，有断然也。"这一番话，显示出梁启超在吸收了当时中外学人有关论点的基础上所达到的认识境界：一是对史学研究之客体与主体的区别与联系，二是对史学与历史哲学的区别与联系，三是认为没有历史哲学的史家不能成为"良史"。是否可以认为，梁启超所说的"公理公例"，同古代史家说的"势"与"理"有一定的联系，同近代以来所说的"规律"也有一定的联系。值得注意的是，梁启超把"历史哲学"同"良史"联系起来，强调了史家主体修养的重要性，其中自然包含了对历史观的重视。这是《新史学》的思想精髓所在。

四、倡言以史学激扬民族精神

《新史学》始终贯穿着史学应当经世致用的论点。它开宗明义写到：

"于今日泰西通行诸学科中，为中国所固有者，惟史学。史学者，学问之最博大而最切要者也，国民之明镜也，爱国心之源泉也。今日欧洲民族主义所以发达，列国所以日进文明，史学之功居其半焉。"又写道："今日欲提倡民族主义，使我四万万同胞强立于此优胜劣败之世界乎？则本国史学一科，实为无老、无幼、无男、无女、无智、无愚、无贤、无不肖所皆当从事，视之如渴饮饥食，一刻不容缓也。"梁启超在讲历史哲学的重要时又说："夫所以必求其公理公例者，非欲以为理论之美观而已，将以施诸实用焉，将以贻诸来者焉。历史者，以过去之进化，导未来之进化者也。"作者的这些论述，虽未能十分准确，但其看重以史学激扬国民的民族自觉与民族精神的热忱之心，充溢于字里行间，今天读起来，仍然使人产生共鸣而为之振奋。史学同社会、民族、国家是何种关系？100 年前，梁启超已经讲得十分透彻了。

《新史学》问世 100 年了。一篇论文，如同《新史学》这样，对中国史学影响至深至广，在中国史学史上是不多见的。《新史学》所论，有片面性的地方（如对古代史学的评价），因而也不免有负面的影响；这种片面性和负面影响，有的已为梁启超本人后来的撰述所纠正，有的则为史学发展本身所纠正。而其所倡言的史学贵在创新、良史当看重历史哲学、史学对于民族命运至关重要等论点，至今仍有其借鉴价值和现实意义。

郭沫若的史学理论遗产

郭沫若的史学，在中国史学发展上矗立起一
座划时代的里程碑。郭沫若对中国史学发展的影
响，存在于过去、现在，也将存在于将来。在他
留给后人的丰富的史学遗产中，史学理论方面的
遗产，是一个重要的部分。他的半个世纪的史学
生涯，在史学理论方面所提出的许多问题，既反
映了他个人的追求，也反映了本世纪中国历史科
学发展的趋势。

一、关于世界观和方法论

人们认识历史、研究历史、解释历史，应当
确立正确的世界观。在这个问题上，郭沫若走在
他同时代的学人的前头。这除了客观历史条件起
了重要的作用外，他在主观上的努力也使他成了
一位"先知"者。郭沫若认为，近代的科学方
法，近代的哲学和社会科学知识，对于他的历史
研究，是很重要的；但是，确立辩证唯物论的世
界观，是更重要的。他强调说："尤其辩证唯物
论给了我精神上的启蒙，我从学习着使用这个钥

匙，才认真把人生和学问上的无门关参破了。我才认真明白了做人和做学问的意义。"①

这种认识，给了郭沫若巨大的智慧和胆识，把恩格斯作为自己的"向导"，写出了《中国古代社会研究》，并把它称为《家庭、私有制和国家的起源》的"续篇"。他有一种强烈的责任感和创造精神："在这时中国人是应该自己起来，写满这半部世界文化史上的白页。"② 他针对20世纪20年代"整理国故"的学术思潮断然认为，只有掌握辩证唯物论的观念，才能对"国故"作出正确的解释。1920年，李大钊发表《唯物史观在现代史学上的价值》一文，在历史思想上率先提出唯物史观对于研究历史的重要，指出："研究历史的重要用处，就在训练学者的判断力，并令他得着凭以为判断的事实。成绩的良否，全靠所据的事实确实与否和那所用的解释法适当与否。"③ 郭沫若所做的研究，正是这种开创性工作。他在20至40年代期间对于中国历史的卓有成就的研究，以及他对唯物史观、对"辩证唯物论的观念"之重要性的见识，把李大钊的认识丰富了、发展了、具体化了。同时，郭沫若也成为中国马克思主义史学的一位杰出的先驱者。

新中国成立以后，郭沫若以更大的热情在历史学界倡导学习马克思列宁主义，以推动历史科学的发展。他还始终把学习唯物史观同研究中国历史、说明中国历史在世界历史中的位置结合在一起。

郭沫若关于历史研究的方法论，同他重视史家确立正确的世界观的认识是一致的。他在为《中国古代社会研究》1954年新版所写的引言中指出："研究历史，和研究任何学问一样，是不允许轻率从事的。掌握正确的科学的历史观点非常必要，这是先决问题。但有了正确的历史观点，假使没有丰富的正确的材料，材料的时代性不明确，那也得不出正确的结论。"④ 这是强调了"正确的科学的历史观点"和"丰富的正确的材料"，都是研究历史所不可缺少的。他还指出："任何研究，首先

---

① 郭沫若：《郭沫若全集·历史编》第2卷，465页。
② 郭沫若：《郭沫若全集·历史编》第1卷，9页。
③ 李大钊：《李大钊史学论集》，145～146页。
④ 郭沫若：《郭沫若全集·历史编》第1卷，4页。

是占有尽可能接触的材料,其次是具体分析,其次是得出结论。"① 这可以看做是他对于历史研究方法论模式的简要概括。从重要性来看,历史观点是"先决问题";从研究程序来看,"首先"要占有材料。他把两者的关系阐说得很清楚。时至今日,这些论述也仍然具有重要的方法论的指导意义。

二、关于史学与时代

史学同社会有十分密切的联系,这也是中国史学的优良传统。郭沫若创立中国马克思主义史学,从一开始就自觉地认识到把研究中国历史同中国革命任务密切地结合起来,从而把中国史学经世致用的优良传统发展到现代意义的高度,赋予它以崭新的含义。他在《中国古代社会研究·自序》中说:"对于未来社会的待望逼迫着我们不能不生出清算过往社会的要求。古人说:'前事不忘,后事之师。'认清楚过往的来程也正好决定我们未来的去向。"② 在大革命失败后被迫流亡日本的郭沫若于 1929 年写出这些话,反映了作者思想的深沉和对于"未来社会"的信念。历史学的时代价值之高和社会作用之大,从郭沫若的这一论述中得到了极有力的说明。如果说郭沫若的文学作品、艺术创作,是时代的号角、历史行程的记录;而他的史著和史论,便是在更深层的历史意识上揭示出时代的使命和未来社会的去向。

郭沫若对史学与时代之关系的认识,蕴涵在他的丰富的历史撰述中,可以说他是真正继承和发展了司马迁"寓论断于序事之中"的历史表述艺术。大凡站在时代潮流前头的人,都会从他的历史著作中得到启迪,以至于引起思想上的震撼。他的著名史论《甲申三百年祭》,被毛泽东"当作整风文件看待",被评价为"有大益于中国人民","精神决不会白费的"。③ 这一事例,再一次表明郭沫若在史学与时代的认识上高出于他同时代的许多学人;即便是后人,如果不能从这一意义上去认识它的学术价值和社会价值,也是难得对它作出正确的评价的。1959

---

① 郭沫若:《郭沫若全集·历史编》第 3 卷,443 页。
② 郭沫若:《郭沫若全集·历史编》第 1 卷,第 6 页。
③ 毛泽东:《致郭沫若》(1944 年 11 月 21 日),见《毛泽东书信选集》,241~242 页。

年，郭沫若在讲到"历史研究的方向问题"时说："在今天，作为学术研究总的方向来说，应该是为人民服务，为社会主义建设服务。史学研究的任务自然也不能例外。"① 他的这个论点以及在此基础上的许多具体的设想，在今天的史学工作中仍具有指导的意义和参考的价值。

三、关于批判、继承和创新

郭沫若自称是"生在过渡时代的人"，先后接受过"旧式教育"和"新式教育"，② 并最终接受了马克思主义。在由旧而新的转变中，在从"知其然"而追求"知其所以然"的过程中，他是一直在走着一条批判、继承、创新的路。对此，郭沫若有深刻的感受和认识。他指出："我们要跳出了'国学'的范围，然后才能认清所谓国学的真相。"不懂"国学"，当然谈不上"跳出"；掌握了"国学"而又能用批判的眼光来审视它，就可能对国学有新的认识，进而提出创造性的见解。这里包含着批判、继承和创新的辩证法。郭沫若对古代社会的研究，目的在于探索"未来社会"的"去向"，即认为历史、现实、未来是不可截然分开的。他研究古代学说思想，也基于这样的认识，他说："我是以一个史学家的立场来阐明各家学说的真相。我并不是以一个宣教师的态度企图传播任何教条。在现代要恢复古代的东西，无论所恢复的是哪一家，事实上都是时代的错误。但人类总是在向前发展的。在现代以前的历史时代虽然都是在暗中摸索，经过曲折纡回的路径，却也和蜗牛一样在前进。因而古代的学说也并不是全无可取，而可取的部分大率已溶汇在现代的进步思想里面了。"③ 这是用思想发展的辩证法来说明对待思想遗产应取的辩证态度。郭沫若的史学实践和这些理论性认识，对于当前的历史研究、思想文化研究中有关批判、继承和创新的一些重要问题，依然有借鉴的作用。

郭沫若的史学理论遗产，还表现在其他不少方面，其中如关于自我批判的自觉意识和理论勇气，贯穿于他在 20 世纪 40 年代至 50 年代的许多论著中，从而发展了中国史家重视自我修养的优良传统，同样值得我们认真地总结和继承。

---

① 郭沫若：《郭沫若全集·历史编》第 3 卷，477 页。
② 郭沫若：《郭沫若全集·历史编》第 2 卷，465 页。
③ 郭沫若：《郭沫若全集·历史编》第 1 卷，611 页。

范文澜史学风格的几个特点

老一辈马克思主义史学家范文澜，对 20 世纪中国史学的发展，尤其是中国马克思主义史学的发展，作出了杰出的贡献，受到史学界的广泛钦佩和敬重。正如刘大年先生所评价的那样：范文澜是以他的优异成就，在中国马克思主义历史学的发展史上树立起了自己的纪念碑。①

重温范老的著作，再次受到许多教益和启示，深为他的史学风格的特点和魅力所感染。

一、鲜明的"通史家风"气度

范老的杰出的史学成就，首先表现在他继承、发扬了中国史学上"通古今之变，成一家之言"、具"通史家风"的优良传统，在中国通史的研究和撰述上作出了重大贡献。

清代史学理论家章学诚有一段名言，他说：

---

① 刘大年：《范文澜历史论文选集》序，见《范文澜历史论文选集》。

所以通古今之变而成一家之言者，必有详人之所略，异人
之所同，重人之所轻，而忽人之所谨，绳墨之所不可得而拘，
类例之所不可得而泥，而后微茫杪忽之际，有以独断于一心；
及其书之成也，自然可以参天地而质鬼神，契前修而俟后圣，
此家学之所以可贵也。①

　　章学诚的这段话，深刻地反映出了中国史学的历史渊源和学术积
淀。大家知道，自司马迁提出"究天人之际，通古今之变，成一家之
言"而撰成《史记》这部不朽巨著后，司马迁的历史思想和撰述境界就
成了后辈史家学习和追求的崇高目标。尽管班固所撰《汉书》受到后世
的极大重视，以至在隋唐之际就形成了"《汉书》学"，但在整个中国封
建社会史学发展史上，太史公马迁的影响还是要超出班固的影响。
《汉书》受到重视，是因为它更适合于撰写朝代史即皇朝史的需要；而
《史记》受到重视，正是它的历史思想和撰述旨趣的深邃。正因为如此，
我们看到，在中国史学上，有许多史家和思想家，不论其是否撰写过通
史，他们对"通古今之变，成一家之言"的旨趣，都是十分推崇并努力
追求。南宋郑樵在《通志·总序》中，阐述了司马迁的历史思想和撰述
旨趣，并对"会通之义"、"会通之旨"、"会通之道"反复论说，再三致
意，从而产生了很大的影响。当然，郑樵在评价马、班时，有所偏颇，
即没有充分注意到历史上史学家"断代为史"的必要性。但是郑樵的
"会通"思想及其所著《通志》一书，还是受到后人的高度评价。章学
诚评价马、班，在认识上比郑樵来得更深刻些。他说《汉书》是"方以
智"，"智以藏往"；《史记》是"圆而神"，"神以知来"。这是把二者的
特点都说到了。但是章学诚也并非没有倾向，他明确指出："迁书通变
化，而班氏守绳墨"。② 毫无疑问，章学诚更重视史家的"通变化"。
　　我们可以认为，用章学诚的这些话来看待范老的治史及其成就，是
非常贴切的，即在历史观点、内容详略、评价异同、轻重取舍、学风之
严谨、类例之灵活等方面，尤其是"独断于一心"的见解，都显示出
"成一家之言"的突出成就。

---

① 章学诚：《文史通义·答客问上》。
② 章学诚：《文史通义·书教下》。

值得特别注意的是，范老在中国通史的研究和撰述上，反映出了他的鲜明的"通史家风"。范老指出：

> 史学工作者不要自己跑到"禁闭室"里去坐"禁闭"。研究古代史的人，说我只读有关古代史的东西就可以，不必读近代史，研究近代史的人，也说我只读有关近代史的东西就可以，不必读古代史。这样想，就是自己坐"禁闭"。我们研究某一部分历史，着重地读有关这一部分的理论和资料书，是非常必要的，但不读前前后后的历史，这就不对了。学古代史的读了近代史，学近代史的读了古代史，如果不读今天的历史，那还是在"禁闭室"里。①

范老用"坐'禁闭'"这个生动的比喻，来说明研究历史而不通古今的弊病，犹如自己"画地为牢"一般。同时，范老也是实事求是地提出问题，因为他并不反对史学工作者着重地"研究某一部分历史"；他所不赞成的是，用"某一部分历史"限制了自己对整个历史的视野。我理解范老的本意是：希望史学工作者在着重"研究某一部分历史"的基础上，还要努力开拓历史视野，注意到历史发展的前后联系和古今贯通的客观逻辑；这样，在历史认识和历史评价上就会更全面、更深刻、更"自由"。按照范老的比喻来说，就是可以从"禁闭室"里走出来了。当今，研究历史有越来越细化的趋势，比之于"古代史"、"近代史"的"画地为牢"似乎更为突出。范老这些话的针砭作用，仍有它的现实意义。

在历史分期上的独立见解，可以说是在理论意义上反映了范老的"通史家风"，是对古代"通史家风"的重大发展。《范文澜全集》第十卷收录了范老关于中国历史分期问题的论文和演讲有：《关于上古历史阶段的商榷》（1940年）、《中国近代史的分期问题》（1955年）、《略谈中国近代史的分期问题》（1956年）、《中国近代史的分期问题》（1956年）；此外，在《关于中国历史上的一些问题》（1963年修改稿）一文

---

① 范文澜：《历史研究中的几个问题》，见《范文澜全集》第10卷，394页，石家庄，河北教育出版社，2002。

中，第四、五、六共三节，是讨论中国古代史的分期问题。这就是说，在二十多年中，范老始终在探索中国历史的分期问题。范老在古代史分期、近代史分期问题上，都提出独到的见解，实为 20 世纪中国史学界第一人。尤其值得注意的是，范老讲历史分期问题，都是从根本问题着眼，如经济状况、阶级关系、社会基本矛盾等等。他论中国古代史分期，讲得很详细；论中国近代史分期，也讲得很详细，这从一个方面反映了他在"通古今之变"上的长期追求。

指出通史编撰的艰难，反映出了范老对待自己所从事的事业认识上的理性和勇气。范老研究、撰写中国通史数十年，对这项工作的艰难有深刻的认识。范老这样写道：

> 通史的工作是这样艰难的，要认真做好通史，就必须全国史学工作者很好的组织起来，分工合作，或研究断代史，或研究专史，或研究少数民族史（没有少数民族史的研究，中国历史几乎无法避免地写成汉族史），或研究某一专题，局部性的研究愈益深入，综合性的通史也就愈有完好的可能。以局部性的深入来帮助综合性的提高，以综合性的提高来催促局部性的再深入，如此反复多次，庶几写出好的通史来。①

范老说的这些话，不仅对于写出一部好的中国通史是必要的，对于培养具有中国通史见解的史学家来说，也是必要的。在范文澜之前，梁启超曾讲过类似的话。他认为，先把各种"专史"做好了，然后就"可以把一部顶好的中国全史做出来"。② 但是范文澜所讲的，比梁启超讲的要深刻得多。一是范老强调了局部同全局的辩证关系，不是简单的加减关系；二是范老指出了撰写多民族的统一国家的历史的重要性。这是他数十年研究和撰写中国通史的感受和经验，是留给后人的宝贵遗产。

---

① 范文澜：《关于中国历史上的一些问题》，见《范文澜文集》第 10 卷，267～268 页。

② 梁启超：《中国历史研究法补编》总论第 3 章，见《中国历史研究法》（外二种），198 页。

　　为人民写通史，反映了范老崇高的历史使命感。范老曾满怀激情地写道：

　　　　中国人民需要好的中国通史，这是因为中国各民族人民千辛万苦，流血流汗，一直在创造着自己的祖国，创造着自己的历史。既然是自己创造的，产生热爱祖国，热爱历史的心情，也是很自然的。今天人民革命胜利了，劳动人民真正当了自己祖国的家，对自己祖先创造历史的劳动和伟大，特别感到亲切与尊敬，要求知道创造的全部过程，为的继承历史遗产，从那里吸收珍贵的经验，作更伟大更美好的新创造。

　　　　……我希望全国史学工作者，在全心全意为人民服务的决心下，同心协力，为写出一本好的中国通史而奋斗。[①]

　　从这里可以看出，范老对人民的深厚感情，对自己的历史使命的高度自觉，真是溢于言表。

　　在 20 世纪中国史学上，从 1901 年梁启超发表《中国史叙论》、1902 年发表《新史学》，到 1999 年白寿彝先生总主编的《中国通史》全部出版，百年之中，几代中国史学家为了写出中华民族的历史——中国通史，倾注了不可估量的心血。在这个漫长的过程中，为了民族的生存、国家的兴盛，成为史学家们精神的动力、力量的源泉。范老所说的话，也可以看做是几代史学家心声的反映。

二、在史学工作中把马克思主义中国化的自觉意识

　　范老史学风格的又一个重要特点，表现在唯物史观指导下，结合中国历史的特点，为马克思主义史学中国化作出了重大贡献。

　　范老是德高望重的老一辈马克思主义史学家，是中国马克思主义史学的开拓者之一。他的中国通史研究，是推动马克思主义史学中国化的一个里程碑。正如蔡美彪先生所概括的那样："本书的编写宗旨和特定的需要，都要求编者不能沿用旧有的历史著作或教科书的编写成例，而必须自辟蹊径。马克思主义传入中国后，郭沫若等学者曾应用马克思主

---

　　① 范文澜：《关于中国历史上的一些问题》，见《范文澜全集》第 10 卷，268 页。

义学说研究中国古代社会。30 年代的中国社会史论战中，也有一些专论刊布。但是，应用马克思主义观点叙述中国整个历史的全面贯通的著述，还是前此所未有。范文澜曾说：本书属于'尝试着用马克思主义观点、方法写的历史'。"① 从这个意义上说，《中国通史简编》是科学的中国通史撰述的开山之作。

范老之所以能够取得这样的成就，除了范老在中国历史方面有深厚的造诣以外，他对马克思主义理论的理解和运用，是一个极其重要的条件。

1959 年，范老在《历史研究中的几个问题》演讲中指出：

> 学习马克思主义要求神似，最要不得的是貌似。学习理论是要学习马克思主义处理问题的立场、观点和方法。学了之后，要作为自己行动的指南，把马克思主义理论和实践联系起来，也就是把普遍真理和当前的具体问题密切结合，获得正确的解决。问题的发生新变无穷，解决它们的办法也新变无穷，这才是活生生的富有生命力的马克思主义，这才是学习马克思主义得其神似。貌似是不管具体实践，把书本上的马克思主义词句当作灵丹圣药，把自己限制在某些抽象的公式里面，把某些抽象的公式不同时间、地点和条件，千篇一律地加以应用。这是伪马克思主义，是教条主义。②

范老这里说的"神似"是马克思主义，而"貌似"则是教条主义。他用"神似"和"貌似"来作比喻，既深刻，又形象。这使我想起刘知幾这位唐代的史学批评家说过的一段话，他认为，学习前贤，有两种情况，一种情况是"貌异而心同"即形式上有差别，而思想上是相通的，这是从本质上学习了前贤；一种情况是"貌同而心异"，即形式是相同的，而思想上却相差甚远，这是从表面上学习前贤，而真正要学习的东西并未学到。他认为，学习前贤，应该是"貌异而心同"才好，即形式

---

① 河北教育出版社编：《二十世纪中国史学名著叙录》，18 页，石家庄，河北教育出版社，2002。
② 范文澜：《范文澜全集》第 10 卷，387～388 页。

上有所创新，而思想上却是相通的。① 清人章学诚在论及中国古代史学发展、演变时写道："《尚书》一变而为左氏之《春秋》，《尚书》无成法而左氏有定例，以纬经也；左氏一变而为史迁之纪传，左氏依年月，而迁书分类例，以搜逸也；迁书一变而为班氏之断代，迁书通变化，而班氏守绳墨，以示包括也。就形貌而言，迁书远异左氏，而班史近同迁书；盖左氏体直，自为编年之祖，而马班曲备，皆为纪传之祖也；推精微而言，则迁书之去左氏也近，而班史之去迁书也远。盖迁书体圆用神，多得《尚书》之遗，班氏体方用智，多得《官礼》之意也。"② 我们可以把章学诚说的"形貌"理解为"貌似"，把"精微"理解为"神似"。在章学诚看来，《左传》和《史记》，一为编年，一为纪传，形貌大不一样，而史家旨趣却相近。反之，《汉书》和《史记》同为纪传之书，形貌相同，而史家旨趣却相去甚远。以上刘、章两位史学批评家所论，对于我们理解范老关于学习马克思主义理论问题思之甚深，有很大的帮助。

我认为，范老用"神似"来比喻真正把马克思主义学好，学到手，而且也能运用得当，是他的深刻体会的反映和概括。他的《中国通史简编》，"全书很少引用马克思主义经典作家的文句，绝少教条式的空泛议论，而是具体分析具体事物，夹叙夹议，显示出中国历史的特点。所以本书出版后，既反对了'离开中国特点谈论马克思主义'的教条主义，又开拓了以马克思主义的历史唯物主义观点编写中国历史的新境界，从两个方面取得了具有时代特征的成就，开一代之学风。"③ 读范老的历史撰述和他的有关言论，对于我们今天深入学习马克思主义，促进马克思主义中国化，有重要的启迪意义。

三、强烈的时代感和历史使命感

范老十分强调史学与社会的关系，具有鲜明的经世致用思想。一部中国史学史表明，史学同社会的关系是十分密切的，史学同政治也有紧密的联系。

---

① 参见刘知幾《史通·摸拟》。
② 章学诚：《文史通义·书教下》。
③ 河北教育出版社编：《二十世纪中国史学名著叙录》，183 页。

　　范老是一位有强烈的时代感和历史使命感的史学家，他力倡史学应与社会保持密切的联系，以先进的史学为社会进步服务。1958 年，他撰写《历史研究必须厚今薄古》的文章。对于这个提法，今天仍有不同的理解和不同的认识。但是范老提出这个问题的实质，是强调重视史学同社会之间的关系，是有针对性的，也是十分有意义的。他批评史学脱离社会的现象是一种"衰暮的现象"，是在"象牙之塔"研究历史的现象。

　　为了说明史学同社会的关系，尤其是同政治的关系，他列举《春秋》、《史记》、《资治通鉴》这三部影响很大的史书为例，指出：《春秋》是"整个封建时代的基本政治学"（范老是西周封建论的主张者）；《史记》的《今上本纪》、《平准书》、《封禅书》批评汉武帝，与政治有密切的关系；《资治通鉴》中的"臣光曰"，"哪一条不是谈政治的？"因此，他进而认为：

　　　　这三部最著名的史书以外，不论正史或野史，总是为一定的政治目的而写成的。正史叙述一个朝代或若干朝代的政治活动，在叙述中就含有写作者的政治观点，更不用说，赞、评、论、史臣曰等等专为褒贬而作。①

　　他还指出，中国资产阶级的早期代表人物章太炎、刘师培等，并无学术应该和政治分离的说法。

　　范老所反复强调史学与政治是有密切联系的这一论点，是十分正确的。在当今史学界，有一种观点，认为史学应当同社会保持一定的距离，史学不应同政治有任何联系，甚至认为史学与意识形态无关等等。这些观点，从史学史上是很难找到充分的根据的。我曾经写过一篇文章，叫做《史学家和政治》②；后来我又写了一篇文章，叫做《一个政治家的史学自觉——论唐太宗和历史学》③，都是试图阐述史学同政治的关系，以及人们应当怎样处理这种关系。我始终认为，对于这个问

① 以上见《范文澜文集》第 10 卷，426~427 页。
② 见《史学史研究》，1991 (4)。
③ 见《山西师大学报》，2003 (4)。

题，史学工作者不应采取否定的或回避的态度，而应作深入的研究，从中找到合理的答案，以有利于史学的发展和社会的进步。至于"文化大革命"中的"儒法斗争史"的宣传，那已经不是史学，那是政治，是披着史学外衣的政治，在这种政治之下，史学家被打倒，史学被践踏。在这一点上，我们确有认真思考、正确总结历史经验的必要。正因为如此，今天重温范老的这些论点，尤觉十分必要。

四、质朴平实的文风是范老史学风格的又一个特点

范老的著作，语言朴实，易懂，而说理十分深刻，这在他的《中国通史简编》中看得十分清楚，"本书采用口语文体，力求做到明白易懂。由于著者具有较深厚的古典文学修养，行文造句，独具风格，一洗教条主义'洋八股'的积习，富有民族化、大众化的特色，读来引人入胜。"①

范老把古人的经验同自己的经验结合起来，给后学指出写好文章的"诀窍"，强调文史应有适当的联系，强调写文章、学文章、读文章的相互联系。他指出：

> 近代文史分家是应该的，因为文史各有广泛的领域，二者不可得兼，只好舍一而取一，但也不可分得太截然。这对史学工作者来说，就是写出文章来，应该切实些、清楚些、简要些、生动些，一方面能够适当地表达自己想要说的话，另方面使人看了不讨厌。
>
> ……
>
> 写文章就得学文章，学文章就得读文章。清朝的戴震是个大考据家。考据家写文章难免写得罗罗嗦嗦干燥乏味，桐城派的方东澍，嘲笑考据家的文章是豆腐白菜帐，不是没有理由。戴震这位大考据家，却与众不同，在他的年谱里，说他选出《史记·项羽本纪》等十篇，圈圈点点，读得十分认真。我们也应该这样做。②

---

① 河北教育出版社编：《二十世纪史学名著叙录》，183 页。
② 范文澜：《范文澜文集》第 10 卷，395～396 页。

范老批评的现象,现今还是存在的。模仿西方学者的语言,完全不顾及中国学术界大多数人和大多数公众的语言环境,写出来的文章,让人读不懂。这不仅不符合正确的学风建设,也违背了"五四"时期提倡白话文的精神实质和优良传统。

范老举戴震读《史记》为例,以提高文字表达的修养,这使我想起了白寿彝先生在20世纪五六十年代任系主任时,向北京师范大学历史系的青年教师提出熟读《史记》纪传20篇左右的要求,可见古今名家的思想是相通的,他们倡导的方法也是很有道理的。

五、虚怀若谷、积极进取的高贵品质和自强精神

范老作为老一辈的马克思主义史家,从不居功自傲,而早在1948年、1951年和1953年,就不断地检讨《中国通史简编》的错误。按范老自己的说法,一是理论上的错误,即非历史主义的观点;二是方法上的不当。认为"借古说今"而损害了实事求是的历史观点。这些话,读来令人感动,对于《中国通史简编》存在的不足和缺陷,我们都可以从时代、从作者本人的具体情况得到合理的说明。重要的是,范老的这种品质和精神,却是后人难以学到的。这不禁使我们联想到,老一辈马克思主义史学家们,大多具有这种自我批评的精神。郭沫若不断检讨自己在历史研究中的失误,是人们所熟知的。侯外庐把"执行自我批判"作为他的治学宗旨之一,也是为许多人所了解的。贤者已逝,来者如何?我想,凡是中国马克思主义史学的研究者,不论作出怎样的评价,都不应忽视他们的这种品质和精神,并从中受到教益。范文澜作为杰出的史学家的人格风范,永远值得人们学习和怀念。

侯外庐史学理论遗产的
科学价值

侯外庐先生是中国马克思主义史学大师之
一。他的深邃的思想和丰富的著述，是 20 世纪
中国史学界、思想界的遗产中最富有创造力和生
命力的珍贵品质的重要部分；它们引导了两三代
人的学术道路的发展，而这种引导作用还会继续
延伸下去。

外庐先生以治中国思想史、社会史而著称。
他在这两个方面的撰述，均被国内外同行公认为
权威性的著作。关于这方面的评论和研究成果，
已见到不少；而系统的研究论著，也一定会逐渐
增多起来。

这里，我想就目前研究得较少的一个方面，
即外庐先生在史学理论方面的遗产，讲几点初步
的认识，作为纪念外庐先生诞辰 90 周年的一份
心迹。

外庐先生在 1982 年写成、1986 年修改的
《侯外庐史学论文选集》的序言中，总结了自己
的学术经历和治学原则。这对他本人来讲，是表

明他对社会、对读者的庄严的责任心；而对于广大的学术晚辈来说，它的确是一份珍贵的理论遗产，应当以同样庄严的心情来接受它。诵读这些思想深刻的文字表述，我们总是感觉到：一位哲人和史学家虽然停止了思考，而他的思想却还是活泼泼地在延续着和扩大着。同时，我们从中可以看到：他的史学理论遗产，对当前和未来的中国历史学界，都是具有积极意义的存在。

一、马克思主义的科学方法论

外庐先生对自己研究中国社会史、思想史的原则和方法，不仅有坚定的信念，而且有明确的和清晰的概括。他的基本信念是："总的说来，依据马克思主义的理论和方法，特别是它的政治经济学理论和方法，说明历史上不同社会经济形态发生、发展和衰落的过程；物质生活的生产方式制约着整个社会生活、政治生活和精神生活的过程；以及经济基础与上层建筑、意识形态之间的辩证关系，是我五十年来研究中国社会史、思想史的基本原则和基本方法。"[1] 当然，马克思主义的原则和方法并不限于这几个方面；而外庐先生所概括的，无疑是最重要的几个方面，也是对他的社会史、思想史研究最具有直接指导意义的几个方面。在五十多年的学术生涯中，外庐先生从不动摇和改变这些"基本原则和基本方法"，足以证明他对自己的信仰的坚定，这正是一个杰出的哲人和史学家之所以取得辉煌成就的重要原因。

但是，外庐先生给予我们更深刻的启示在于：对于基本原则和基本方法的运用，只有在取得一定的理论模式和方法论模式的情况下，才能同具体的研究真正结合起来，使理论不至于流于空论或成为教条，而对具体问题的认识则能上升到理论的高度和有系统的认识。外庐先生从几十年的学术生涯中，总结出他所遵循的一些理论、方法论模式。即：1. 社会史研究，先从经济学入手。2. 研究中国古代社会，首先弄清亚细亚生产方式的理论。3. 对中国封建社会的研究，强调以法典化作为确定历史分期的标志。4. 依据马克思主义关于"土地私有权的缺乏"，"可以作为了解'全东方'世界的关键"的理论，分析中国自秦汉以来

---

[1]　侯外庐：《侯外庐史学论文选集》（上），8～9页。

封建社会皇权垄断的土地所有制形式是封建的中央专制主义的经济基础。5. 对中国思想史的研究，以社会史研究为前提，着重于综合哲学思想、逻辑思想和社会思想（包括政治、经济、道德、法律等方面的思想）。6. 研究工作重在阐微决疑。7. 实事求是，谨守考证辨伪的方法。8. 注意马克思主义历史科学的民族化。9. 执行自我批判，聆听学术批评。[①] 他对每一条都作了扼要的说明，而对第 5 条则有进一步的申述，又从六个方面作了概括。外庐先生所概括的这些理论、方法论模式，有的已经涉及到对于中国社会史、思想史的若干具体的论断，其中仁智之见，在所难免，但像外庐先生对于自己治学的指导思想和方法论原则有如此自觉的和系统的认识，却并不多见。当然，这也是老一辈马克思主义史学家们的共同特点。他们留给后人的，不仅仅是许多辉煌的巨著，而且还有经过深思熟虑而总结出来的治学路径和学术宗旨。这后一个方面的遗产，在史学理论上有重要的价值。它向所有有志于史学的后来者展现出一条艰难的但却是通向成功的道路。中国古代著名学人，给我们积累了治学重在把握"宗旨"的优良传统。诚如黄宗羲所说："大凡学有宗旨，是其人之得力处，亦是学者之入门处。天下之义理无穷，苟非定以一二字，如何约之使其在我。故讲学而无宗旨，即有嘉言，是无头绪之乱丝也。学者而不能得其人之宗旨，即读其书，亦犹张骞初至大夏，不能得月氏要领也。"[②] 治学贵有宗旨，读书亦贵在能明所读之书的宗旨，外庐先生继承、发扬了这个优良传统，不仅自己有明确的治学宗旨，而且希望"读其书"的人也能明其宗旨，俾便于"进行批评"。这种学术境界，确实给了我们很大的启发。我们不禁要自问：自己的治学究竟有无宗旨？是怎样的宗旨？读名家论著是否得其宗旨？所得于己又有何益？学海茫茫，前路悠悠，作这样的自问和思考，无疑是大有益处的。

二、辩证的史学方法论

外庐先生对于自己在治学上所遵循的理论、方法论原则本身都持有辩证的认识，而不作绝对的看待。这样理论上的造诣使他在具体的研究

① 侯外庐：《侯外庐史学论文选集》（上），9～19 页。
② 黄宗羲：《明儒学案发凡》，见《明儒学案》卷首。

中始终处于创造性的、超越前人的境界，使他的学术始终保持着新鲜的活力。关于这一点，外庐先生在思想史研究的方法论上反映得最为突出。例如，他指出："经济发展虽然对思想史的各个领域起着最终的支配作用，但是，由于思想意识的生产又属于社会分工的特殊部门，因而思想史本身有其相对的独立性。""任何一个时代的任何一种思想学说的形成，都不可能离开前人所提供的思想资料。应当说，思想的继承性是思想发展自身必不可少的一个环链"。① 既要看到经济发展对思想有"最终的支配作用"，也要看到思想的继承性对思想发展所起的作用。时代的脉搏和历史的传统总是在不同的程度上影响着思想家的思想发展的轨迹。大致说来，在研究前人的思想学说的时候。人们能够比较自觉地运用这一方法论原则；而在研究前人的思想学说跟今天的思想学说的关系时，便容易忽略这一方法论原则，而误以为今天的某种思想学说仅仅是从今天时代来加以说明。这种忽略的结果之一，是容易导致对于思想遗产的轻视而不利于今天的思想学说的发展。我以为这种情况在历史学界是存在的。以对史学自身的研究来说，我们对于古代的、近代的史学思想的研究及其与当今的史学发展的关系的重视，还没有形成比较普遍的自觉意识；而我们对于 20 世纪以来的史学特别是马克思主义史学在史学思想上的成就，跟当今史学发展有什么关系，重视和研究就显得更加薄弱了。诚然，这种缺陷，只有当人们真正建立理性认识的基础上才可能逐步地有所克服。外庐先生说："历史上有建树的思想家总是在大量吸收并改造前人思想资料的基础上，形成自己的思想学说。"中国历史学家在理论上的进步发展，只有在马克思主义指导下，"大量吸收并改造"前人和外国同行思想资料的基础上，才可能实现。为此，我们只有加倍努力。

又如，外庐先生认为："世界观和方法论相联系。一般说来，二者是一致的，但有时也会出现矛盾。或者世界观是先进的，方法论是陈旧的；或者世界观是陈旧的，方法论是先进的。问题都要作具体分析，不可一概而论。"② 这一辩证的认识，对于评价前人今人、中外学术，都有重要的指导意义。结合中国史学史的研究来说，近代史家中有些人并

---

① 侯外庐：《侯外庐史学论文选集》（上），12～13 页。
② 同上书，14～15 页。

没有接受唯物史观，但他们的方法论是先进的，因而也取得了突出的成就；同样，当代西方史家当中，也有在方法论上是可取的，我们在吸收的过程中自然应当把它跟世界观不作完全相同的看待。这一方法论原则，可以帮助我们对前人或今人思想学说的评价更近于全面和真实，避免或减少片面性。

近十几年来，史学界关于方法论的研究有不少成果问世，成绩是不小的。但是也应当看到，有些这方面的论述，或者过分地夸大某种方法的作用，或者只强调方法论的重要而忽略了世界观的重要，或者又因某种思想学说在世界观上的不可取而轻视了客观存在所具有的积极意义的方法论，这对于理论的发展和具体研究的深入，都是不利的。外庐先生的许多关于方法论的辩证认识及具体运用，对当前史学方法论的深入研究有很重要的借鉴价值。

三、自得、自省的治学方法

外庐先生作为中国社会史、思想史研究的一代宗师，胸襟博大，虚怀若谷，一方面倡导坚持真理、敢于创新，一方面"执行自我批评，聆听学术批评"。他说："我认为学贵自得，亦贵自省，二者相因，不可或缺。前者表现科学探索精神，后者表现自我批判勇气。历史科学如同其他科学一样，总是在探索中前进的，难免走弯路，有反复，因而不断执行自我批评，检点得失，总结经验教训，是十分必要的，否则就会固步自封。"[①] 外庐先生这种对待历史科学的态度，对待自己学术研究的态度，是严肃的，也是科学的，字里行间，洋溢着实事求是的精神；这种精神，在今天的历史学界是需要大加发扬的。外庐先生举例说："我和我的合作者可以互相改稿，没有顾虑，即或是青年同志，只要他们对我的稿子提出了意见，我总是虚心考虑，将不妥之处反复修改。仅以《老子》研究而言，我从 30 年代撰写《中国古代社会与老子》，至 50 年代修订重版《中国思想通史》第一卷的 20 年间，曾四易其稿。每易一稿，都可以说是执行一次自我批评。"学人的自我批判，尤其是名家的自我批判，是需要勇气的；而这种勇气，总是跟超凡脱俗的自省意识结合在

---

① 侯外庐：《侯外庐史学论文选集》（上），19 页。

一起。这种自省意识愈是自觉、愈是强烈，就愈显出名家的风范、学者的本色。外庐先生说："就资质而论，我是个常人，在科学道路上自知无捷径可走，惟有砥砺自学，虚心求教，深自省察，方能不断前进。"读着一位史学大师说的这些话，联想到自己，也"深自省察"，不觉汗颜，于是益生"砥砺自学"之心。我想，凡认真读了外庐先生这些文字和他的皇皇巨著的史学工作者，都会从中得到深刻的启发，增强自己的"自省"意识，促进自己学术的前进。更值得我们深思的是，外庐先生所强调的"自省"精神即自我批判精神。正是老一辈马克思主义史学家的共同的治学方法和精神品质。郭沫若对先秦诸子的研究、对奴隶制时代的研究，范文澜对中国通史的研究，都提出过认真的自我批判。这种郑重的自我批判，无损于他们的成就的辉煌，反而越发显示出了他们对历史科学的真诚和宽阔胸怀，赢得史学界同仁的尊敬。

外庐先生说的"自省"，不止是"执行自我批判"，还要"聆听学术批评"。他说："我觉得学术批评之所以值得欢迎，主要是自己可以借助于这些批评（哪怕在自己看来是不能同意的批评）来启发思考，帮助自己提高学术水平。"在外庐先生看来，学术批评是"启发思考"、"提高学术水平"的一个动力；因此，作为一个学人，是不应该"拒绝批评"的。在这里，学术批评被赋予一种崇高的责任。由此引申开来，我们可以得到这样一个启示：学术思想的发展，学术水平的提高，学术批评起了重要作用，因而是不可或缺的。根据外庐先生对学术批评的这种理性认识，反省当前的史学界，是否可以认为：史学批评大有提倡的必要。应当承认，在这方面，我们对已有的传统的继承和发扬是不够的。外庐先生从他的亲身感受说："我的著作出版之后，经常受到并世学者和读者的批评。我在《中国古代思想学说史》再版序言中说过这样一句话：'我对于奖勉我者，益生谨慎恐惧之感，而一句一字之教言，则使我反复思考，检点得失。'我至今仍以此自勉。"① 学术批评，有"奖勉"，也有"教言"，它对于名家如外庐先生能产生这么大的作用，固然表明外庐先生的学术境界之高，但也表明学术批评本身所具有的魅力。我们的史学工作要有更大的发展，我

---

① 侯外庐：《侯外庐史学论文选集》（上），19～20 页。

们的历史研究水平要有更大的提高，就应当大力开展史学批评，就应当像外庐先生那样对待史学批评。

四、历史科学民族化的丰富内涵

我想就外庐先生提出的"注意马克思主义历史科学民族化"的问题，再讲一点认识。什么是"民族化"？外庐先生认为："所谓'民族化'，就是要把中国丰富的历史资料，和马克思主义历史科学关于人类社会发展的规律，做统一的研究，从中总结出中国社会发展的规律和历史特点。马克思主义历史科学的理论和方法，给我们研究中华民族的历史提供了金钥匙，应该拿它去打开古老中国的历史宝库。"[1] 外庐先生在这方面作出了突出的贡献，他自谦地说："对于古代社会发展的特殊路径和古代思想发展的特征的论述，对于中国思想史上唯物主义和反封建正宗思想的优良传统的掘发，都是我在探索历史科学民族化过程中所做的一些尝试"。[2] 其实，外庐先生在这方面所做出的努力，岂止是尝试。他不仅是一位自觉的先知者，而且是一位伟大的成功者。早在20世纪40年代他对这个问题的重要已经提出了极为明确的认识，他指出："中国学人已经超出了仅仅于仿效西欧的语言之阶段了，他们自己会活用自己的语言而讲解自己的历史与思潮了"，"他们在自己的土地上无所顾虑地能够自己使用新的方法，掘发自己民族的文化传统了"。[3] 外庐先生所概括的这种情况，可以看做是中国马克思主义史学走向成熟阶段的标志。如果说"仿效"或"模仿"在特殊的条件下是不可避免的话，那么"仿效"或"模仿"终究不能代替创造也是必然的。因此，对于以"仿效"或"模仿"走向创造，不能没有自觉的意识和艰苦的努力。这是外庐先生治学的原则和方法给予我们的又一个重要的启示。外庐先生在这方面所取得的成就，是世所公认的，正如许涤新先生所评价的："他根据马克思主义的理论和方法，结合丰富的历史文献和考古资料，对几千年来的中国社会史和思想史，做了广泛而深入的探索，写出了完

---

① 侯外庐：《侯外庐史学论文选集》（上），18 页。

② 同上书，18～19 页。

③ 侯外庐：《中国古代思想学说史》再版前言，上海，上海文风书局，1946。

整的系统的著作,并且提出了自己的独立的见解。"① 这个评价,语言是质朴的,含义是准确的,位置是崇高的;缺少其中任何一句话,都是不足以概括外庐先生在"注意马克思主义历史科学的民族化"方面所取得的成就。研究这个成就的具体方面,固然是需要继续下工夫的,但更值得人们思考的一个问题,就是为什么在时隔 40 年后外庐先生重新提出这个"民族化"的问题?他批评的"五四"以来"史学界出现一种盲目仿效外国的形式主义学风",并表示"对这种学风深不以为然"的态度,在今天是否还有值得人们思考的地方?

以我的浅见,外庐先生在 40 年中两次讲到有关"民族化"的问题,一方面是因为这个问题本身的重要,另一方面也是因为它在今天仍须引起史学界同行的重视。20 世纪 80 年代以来,中西文化又一次出现大面积、多层次交会的形势,介绍和仿效仍是不可避免的,但真正的出路和发展却在于创造。我们对待马克思主义历史科学都要注意"民族化"的问题,更何况形形色色的外国史学流派、史学思潮呢。"民族化"的主要标志是什么?从根本上说,是"总结中国社会发展的规律和历史特点"。要做到这一点,没有马克思主义历史科学的理论和方法是不行,没有中国丰富的历史资料也不行。这个道理,适用于历史学的各个领域,其中也包括史学理论这个领域。近十几年来,我国史学界在史学理论的研究方面有了一定的发展,取得了可喜的成绩。同时我们也应当十分冷静地看到,这方面的研究跟外庐先生说的"注意马克思主义历史科学的民族化"相比较,还有很大的距离。正因为如此,当我们在讨论外庐先生的史学理论遗产的科学价值时,就应更加自觉地认识到注意史学理论民族化的重要。外庐先生的辉煌巨著和理论认识,给我们提供了启示和榜样。我们要根据马克思主义史学的理论和方法,结合中国丰富的史学遗产,总结出中国史学发展的规律和特点,推进史学理论民族化的发展。

"民族化"的要求是要注意到民族的特点和经过一定的民族形式表现出来,它在本质上并不是排他的。关于这一点,毛泽东同志在 1940年写成的《新民主主义论》中有明确的、科学的论述。他在 1945 年发

---

① 许涤新:《侯外庐史学论文选集》序,见《侯外庐史学论文选集》(上),4 页。

表的《论联合政府》一文中讲到"中国应当建立自己的民族的、科学的、人民大众的新文化和新教育"时，也指出对于外国文化应当避免排外主义的错误和盲目搬用的错误。① 是否可以这样认为，只有正确地吸收了外国优秀的或有益的文化成分，我们中国文化的"民族化"就不仅具有民族的特点，而且也具有时代的高度。历史研究不能例外，史学理论研究自亦不能例外。我们应当继承外庐先生的遗志，把"注意马克思主义历史科学民族化"的事业继续向前推进。

侯外庐先生作为中国马克思主义史学一位大师，在中国史学走向现代意义的科学化的历程中，发挥了重大的作用，树立了不朽的丰碑。他的皇皇巨著，他的理论建树，以及以他为首所形成的一个有宗旨、有成就、有影响、有传人的史学学派，是他对中国马克思主义史学的杰出贡献。

外庐先生在史学理论方面的遗产，洋溢在他的许多论著当中，并不止限于他为《选集》所写的《自序》讲到的那些；他的史学理论遗产的科学价值，也不止限于本文所讲到的这几个方面。本文所讲到的几个方面，只是我思考得较多一些问题，认为它们对于当前史学工作的理论建设和学风建设，具有认识上和实践上的重要价值。

纪念侯外庐先生诞辰 90 周年，我们要学习他追求真理的一生，勤奋治学的一生；学习他在社会史、思想史研究上的丰富成果；同时也要认真总结和继承他在史学理论方面的遗产，以促进史学理论建设的发展，促进史学工作的发展。

---

① 《毛泽东选集》第 3 卷，1083 页。

尹达和中国马克思主义史学的理论研究

在中国马克思主义史学发展史上，尹达先生占有重要的一页。自 20 世纪 30 年代起，在半个多世纪的学术生涯里，他追随老一辈马克思主义史学家，为推进中国马克思主义史学的发展，作出了重要的贡献。尤其是他对马克思主义史学的坚定信念和在历史科学理论研究方面的许多真知灼见，在今天仍具有突出的现实意义和指导作用。这里，我仅以自己的一点粗浅认识，就尹达先生和中国马克思主义史学的理论研究讲几个问题，作为对这位马克思主义史学家的缅怀和敬意，纪念他的百年诞辰。所论如有不妥之处，请史学界同行和读者朋友指正。

一、关于对唯物史观的阐述

马克思主义史学家历来重视理论指导，即坚持以马克思主义唯物史观指导研究历史。在这个问题上，马克思主义史学家的特点是，第一，并不因为唯物史观曾经被看做是"时髦"的思潮而盲目地追逐它；① 第二，并不因为它在同中国史学结合过程中出现这样那样的缺点，走了一些弯路而放弃它。一个真诚的马克思主义史学家，正因为经历了历史的考验，有正面的经验，也有反面的教训，所以更加坚定了马克思主义史学的信念。从理论上看，这里的关键在于如何看待马克思主义唯物史观的价值和意义。

尹达在20世纪50年代初，撰写了《怎样学习祖国的历史》一文，强调"我们用辩证唯物论与历史唯物论——马克思列宁主义的科学方法来研究祖国的历史"。他指出："我们只有用无产阶级的立场、观点和思想方法分析祖国的历史，才能够具体地发见祖国社会历史发展的规律，才能够从严肃的斗争的历史中吸取经验和教训，发见广大劳动人民创造的雄厚的力量，才能区别那些是民族传统中落后的、消极的、反动的东西，那些是进步的、积极的、革命的东西；对任何污蔑农民革命斗争，污蔑中国历史，污蔑中国民族的反动宣传，必然会以极大愤怒去揭发它，批判它。"② 在新中国成立之初，在马克思主义史学开始在祖国大地上广泛传播之际，尹达的这些论述无疑具有鲜明的针对性，同时也反映出了一个马克思主义史学家的高度的原则性和社会责任感。

事隔30年，尹达在一次学术报告中对马克思主义的唯物史观作了进一步论述，他讲道："马克思主义的唯物史观是一个完整的科学体系，是统一的、有机的整体。某一个时期，或针对问题，强调其中的某些基本理论是可以的，但是要把这样一个完整的科学体系肢解开，各取所需，甚至不惜歪曲、阉割，那是绝对不允许的！否则，我们的研究工作必然迷失方向，走入歧途。完整地、准确地、系统地学习、掌握马克思主义的思想体系，对我们从事社会科学研究，从事历史研究，十分重要。我们不要为一时的现象所迷惑，一定要学会完整地掌握和运用马克思主义的唯物史观，在自己的实际工作中加以消化，变成自己的思想、方法。这样，才能避免左右摇摆，保证我们的史学研究坚持正确的方

---

① 1920年李大钊在《新青年》上发表《唯物史观在现代史学上的价值》一文，指出："晚近以来，高等教育机关里的史学教授，几无人不被唯物史观的影响，而热心创造一种社会的新生。"（见《李大钊史学论集》，149页）这里，既有真诚信仰者，也有追逐"时髦"者，自无疑义。

② 尹达：《尹达史学论著选集》，359、362页。

向，取得科学成果。"① 显然，在 20 世纪 80 年代初，他的这番话也是
有鲜明的针对性的。当时，一方面是理论上的拨乱反正，重新学习和理
解马克思主义；一方面是诸说蜂起，唯物史观受到来自多方面的"挑
战"。在这种历史条件下，尹达指出唯物史观是一个"完整的科学体系，
是统一的、有机的整体"，对于维护唯物史观的精神本质和科学地位，
具有积极的影响。20 世纪八九十年代以来的史学发展证明，大凡在史
学上取得突出成就并为社会所认同的学术成果，不论作者是否作出明确
的表述，都是同正确地运用唯物史观的指导分不开的。

二、关于历史研究和社会责任

尹达是一个历史学家，也是一个革命者。在他身上，这二者是完全
统一的，这也是老一辈马克思主义史学家的共同特点。他认为："为了
当前的革命实践而钻研祖国的历史"，是我们学习和研究祖国历史的目
的。史学工作者应当有明确的社会责任感，应当以自己所学到的历史知
识推进祖国历史的前进。他这样写道："只有具备着坚定的无产阶级立
场，只有对现实的社会实践抱着极大的责任感，只有对现实祖国的一切
建设事业具有无限的热爱，才能够从祖国的历史中摄取伟大的力量，用
以推动祖国历史的前进。这正是纠正学院式的历史学习的重要关键，假
若以这样的立场和态度去学习历史，那么，对那些比较遥远而自己尚未
掌握更多材料的问题，自然会搁置起来，把精力集中到更生动的具有更
大积极意义的问题上去了。"② 这些话，是尹达在 20 世纪 50 年代初所
说的。从今天的观念来看，这些话给我们的启示是：历史的内容是丰富
的，可供我们研究的问题非常之多，人们当然可以根据自己的兴趣和知
识结构，选择其中的有关问题进行研究。但是，在许许多多的问题中，
哪些问题对"推动祖国历史的前进"有更大的作用，具有更重要的意
义，这是任何一个有社会责任感的史学工作者不能不认真考虑而有所抉
择的。

---

① 《关于史学研究中的几个问题——在郑州大学历史系的学术
报告》，见《尹达史学论著选集》，384 页。
② 尹达：《怎样学习祖国的历史》，见《尹达史学论著选集》，
360～361 页。

值得注意的是，尹达在 20 世纪 80 年代又进一步发展了他的上述论点。概括说来，他的这一发展可以表述为：一是用什么理论指导历史研究，二是为着什么目的进行历史研究。他认为这两个问题都是历史研究中的"方向性"问题。他写道："承认以马克思主义为指导理论，还仅仅是第一步，紧接着就是，马克思主义指导下的史学研究为了什么？直接说，就是史学研究与现实的关系问题。这也是一个方向性的问题。"对于中国马克思主义史学来说，这两个问题，始终是最根本的问题，草创时期如此，发展时期如此，今天依然如此。尹达特别提到："史学服务于现实政治，是中国史学的一个传统。"董狐、齐太史、司马迁、司马光等，莫不如此。在他看来，史学服务于社会现实，并不是马克思主义史学的独创，它只是把这一传统发展到科学的和更高的阶段罢了。这就是："我们研究历史，是为了探寻历史发展的必然规律，引导人们向前看。就是说，我们不仅要作历史的研究者，更重要的是要成为历史前进的推动者。司马迁指出'述往事，思来者'，记述历史，为了未来，他虽然不可能找到历史规律，但提出这种思想，足以显示其具有远见。中国历史上有作为的史学家都不曾把自己的史学著述仅仅局限于记述往事上，而是有着一种对未来的寄托或向往。我们有马克思主义作指导，应该通过研究历史，树立坚定的信念，引导人们前进，为历史的发展做出应有的贡献。"[①] 与此相联系的是，尹达不赞成那种"作小题目，就事论事"的研究倾向，认为应当学习司马迁的"网罗天下放失旧闻，考之行事，稽其成败兴坏之理"的治史旨趣，学习他的"究天人之际，通古今之变，成一家之言"的宏大气魄，"后来的史学家，可以说，凡是有作为、有成就的，都分别在这几个方面有所继承和发展。"[②] 依我的浅见，尹达所说的这些话，除了强调唯物史观作指导外，关键是在说明一个史学工作者应当具备什么样的史识。这在当前的史学工作中，仍然是一个十分值得关注和思考的问题。

---

① 尹达：《关于史学研究中的几个问题——在郑州大学历史系的学术报告》，见《尹达史学论著选集》，385～386 页。

② 同上书，38 页。

三、关于马克思主义怎样改变了中国史学的面貌

作为马克思主义史学家，尹达十分重历史学的理论研究，尤其重马克思主义历史理论研究。1983 年，尹达发表了题为《马克思主义与中国历史学的发展》一文。他在此文的引言中写道："今天，我们为开创历史科学研究的新局面，努力建设具有中国特色的马克思主义历史学，回顾和总结中国历史学的发展以及马克思主义给中国历史学带来的变化，是十分有意义的。"[1] 不难看出，作者是带着一种使命感来撰写这篇文章的。

在这篇文章中，作者以三个方面论述马克思主义给中国史学带来的重大变化，使中国史学出现了崭新的面貌。

第一个变化，是中国史学出现了"关于社会发展一般规律的理论及其运用"。在中国史学史上，中国古代有突出成就的史学家，大多讲变化，讲"会通"，讲"势"，讲"理"，讲"道"等等，这些概念，有的近于"法则"之意，有的近于"常规"之说，有的又难免于循环论的窠臼。而近代史学家如梁启超则倡言揭示历史演变中的"公理公例"。所有这些，都未能阐明历史发展中存在的不依人的意志为转移的客观规律。正如尹达所指出的："人类社会是不断地演变和进化的，然而，以往的历史学却不能正确地说明社会的发展，解释其变化的规律。问题的最终解决，只有赖于马克思主义的历史理论。"[2] 这丝毫没有贬低以往中国史学的理论成就之意。马克思主义史学观察问题的原则之一，是历史主义的方法。但是，在马克思提出社会形态学说的理论之前，人们对社会历史的演变，众说纷纭，莫衷一是；当恩格斯借助于摩尔根的《古代社会》一书的学术成果以及马克思关于摩尔根《古代社会》摘要中所提出的论点，并结合他本人的研究，从而写出了《家庭、私有制和国家的起源》这一巨著之前，人们对于人类社会如何从"野蛮"进入"文明"阶段，还处在神话和传统的懵懂之中，最多也只是处于天才的猜想阶段。这些，都是人所共知的事实。因此，运用人类社会历史发展规律的理论来研究和说明中国历史，无疑是中国史学之根本性的变化。

---

① 尹达：《尹达史学论著选集》，394 页。
② 同上书，398 页。

第二个变化，是充分肯定人民群众在历史上的重要作用。中国古代史学家和学者，也承认"民者君之本也"①，也讲过"民为贵，社稷次之，君为轻"② 的话，司马迁还充分肯定了陈胜、吴广在"亡秦"中的重大作用③，唐太宗君臣也每每强调"君，舟也；人（民），水也；水能载舟，亦能覆舟"④，等等。这些思想都表现出不同程度的进步性，但都不能视为从根本上肯定人民群众在历史上的重要作用，甚至往往把被迫起来进行反抗斗争的人民群众称之为"寇"、"贼"。这是中国古代史学最突出的局限性之一。尹达指出："以往的历史理论恰恰没有人民群众的活动，而贯穿全部封建主义'正史'的一条主线，就是'帝王中心'论。梁启超讲的'国民'、'群体'，也是指他所代表的那个经济上要求长足发展、政治上要求统治权力的资产阶级，而不是作为社会生产力主要承担者的劳动人民群众。"⑤ 在中国古代史学名著中，《史记》记载了大量的人的活动，从而确定了中国古代史学的人本主义传统，具有重要的理论意义和深远的历史影响，但这同强调人民群众在历史上的重要地位也不可同日而语。显然，这也是马克思主义史学与以往史学的本质区别之一。

第三个变化，是关于历史上民族问题的正确处理和深入研究。中国自先秦时期起，就是一个多民族国家，《春秋》、《左传》、《国语》等先秦史书，记载了古代中国境内多民族的历史活动。自秦统一以后，中国成为一个不断发展的统一的多民族国家。同时，在中国史学上，历来存在着两种不同的民族观念，如孔子、司马迁、杜佑等都具有恢宏的民族观念，能够比较合理地看待民族间的关系。但是，"华夷之辨"、"夷夏之防"的思想却长久地影响着历代史学家对民族和民族关系的偏见，妨碍他们正确地对待统一的多民族国家的历史。从这个意义上看，尹达明确地指出："在历史研究中如何正确处理我国历史的民族问题，从一个方面反映着历史科学的成熟程度和发展水

---

① 《春秋穀梁传·桓公十四年》。
② 《孟子·尽心下》。
③ 司马迁：《史记》卷 48《陈涉世家》。
④ 吴兢：《贞观政要·政体》。
⑤ 尹达：《尹达史学论著选集》，401 页。

平。"① 尹达列举了 1929 年李达出版的《民族问题》一书运用马克思主义的理论，对民族的特征、民族的产生和发展，以及民族运动的重要性等，作了重要的阐述。同时，他又肯定了中国马克思主义史学家较早撰写的几部中国通史，"把历史上各个民族放在平等的地位上"加以论述，并引用吕振羽的有关论点，认为"中国的历史应该是全国各兄弟民族共同的历史，各民族劳动人民共同创造的历史"。尹达回顾 1956 年在全国各少数民族地区进行的社会历史调查所取得的成就，回顾 1957 年召开的全国规模的民族问题讨论会。他兴奋地写道："从此，关于民族问题的探讨更加深入，涉及的方面也更为广泛。例如关于历史上中国的疆域、民族和民族政权，关于历史上民族关系的主流，关于历史上民族战争的性质，关于民族英雄和爱国主义问题，关于民族同化与民族融合问题，以及汉民族的形成，各民族的形成、发展、社会形态演变、社会经济结构、思想意识、语言文字、宗教、民俗、与汉民族的关系、对祖国历史的贡献，等等。"② 他强调地指出：尽管在一些问题上仍然有分歧，但有一点是学术界的共识，即"在现今中华人民共和国境域之内（包括台湾）的各族的历史都为我们的研究对象。"尹达认为："我们讲一部马克思主义的完全崭新的中国通史，就要完整地反映中国疆域内各民族的发展和变化，而抛弃过去一切旧史的陈规，即仅仅把中国史写成实质是夏、商以来的一些中央王朝的更替。当然，真正地做起来并非容易。截至'十年浩劫'前，从整理资料到撰述专著，这方面已经获取了相当可观的成果。毫不过分地说，少数民族史和民族关系史的研究是建国以来中国历史学发展中进展最为显著和迅速，成就最为辉煌的门类之一。"③ 从尹达的这些论述中，可以看出他对于统一的多民族国家历史的高度重视，对于学术界在这方面的研究所取得进展的高度评价。一个马克思主义史学家对祖国历史的拳拳真情和对史学事业的至诚之心，跃然纸上，洋溢于字里行间。

马克思主义给中国史学带来的重大变化和历史性的进步，还表现在其他一些方面，如关于人们的社会存在决定人们的思想，经济基

---

① 尹达：《尹达史学论著选集》，403 页。
② 同上书，404 页。
③ 同上书，405～406 页。

础、上层建筑、意识形态相互间的辩证关系，历史主义地看待历史上的事件之得失和人物之功过等等。但是，尹达所举出的这三个方面，确是历史研究中最重要的几个方面。由此可见，他在把马克思主义同中国历史研究相结合的问题上，思考之深刻、见识之卓越、概括之精当，不仅令人钦佩，而且在今天的历史研究中也还具有指导的意义。

四、关于加强历史科学的理论研究

尹达对唯物史观的阐述，对历史研究与现实社会之关系的阐述，以及对马克思主义怎样改变了中国史学面貌的阐述，都是属于马克思主义史学在理论上的研究和探讨。在尹达看来，这些都属于唯物史观基本理论范围，还不能表明史学工作者在历史科学的理论方面的创造性研究。他认为，李大钊的《史学要论》、《史学思想史》在理论研究上"开了新风"；翦伯赞的《历史哲学教程》的出版，在当时有很大的影响；解放后，"马克思主义历史理论研究工作有着新的突破和发展"。尹达强调说："如何适应新时期的要求，把史学理论的研究工作大大提高一步？很重要的一点，就是根据中国历史的实际，对马克思主义历史学理论作出系统的、创造性的阐发。"他具体地指出："在我们的史学研究中，对于唯物史观的形成、发展，及其基本原理，缺少完整的、系统的探讨和研究。……今天，我们完全有责任来写好一部《唯物史观的发展史》，用以总结一百多年，尤其是近半个世纪以来自然科学和社会科学研究的新成果，使得我们都能较完整地掌握这一科学理论的形成、发展过程，掌握这一历史理论的完整体系。"他着重讲道，历史理论的研究和创造，必须同中国历史实际相结合，指出："我们还应看到，马克思、恩格斯健在时，对于资本主义社会和原始社会以外的几种形态的研究尚不充分，他们尤其少于接触像中国这样大的文明古国的实际材料，因此对于东方国家（包括中国）的一些论断，难免具有假想的成分。今天，在我们祖国历史文献和出土材料日益丰富的情况下，我们应当义不容辞地写出高水平的中国《原始社会论》、《奴隶社会论》、《封建社会论》和《半殖民地半封建社会论》，以充实和丰富马克思主义关于社会形态的学说。"① 这种对于

---

① 以上均引自尹达：《马克思主义与中国历史学的发展》，见《尹达史学论著选集》，406～408 页。

马克思主义的实事求是的看法，对于在马克思主义指导下进行新的理论研究和理论创造的设想，显示了作者的严肃的科学态度和勇敢的创新精神。从一定的意义上说，这是尹达对于中国马克思主义史学未来前景的热切期待，对于后学的热切希望。

这里，本文要特别强调地指出，在 20 世纪 80 年代，尹达是较早提出把历史理论和史学理论加以区分的史学家。他在阐述了加强马克思主义历史理论研究的同时，还提出了要重视史学理论研究的问题。他指出："在加强马克思主义历史理论研究的同时，我们还应当对历史这门学科的理论探讨给予充分的重视。我国历史学的发展告诉我们，重视史学理论是我国史学的优良传统。刘知幾、章学诚、梁启超在对历史学这门科学的理论总结方面都做出过有重要影响的贡献。我们今天，在马克思主义理论指导下，应该写出超越《史通》、《文史通义》、《新史学》和《中国历史研究法》等的史学理论专著，在这方面做出更大的贡献。"①依我个人的看法，这段话可以作这样的理解：第一，历史理论同史学理论是有区别的，尹达所提出的"唯物史观的发展史"、"原始社会论"、"奴隶社会论"、"封建社会论"、"半殖民地半封建社会论"等等，都是历史理论问题。而他说的"对历史这门学科的理论探讨"，则是史学理论问题。第二，指出了中国史学有重视史学理论的传统，刘知幾、章学诚、梁启超等在这方面都作出了有重要影响的贡献。尹达指出这一点是十分必要的，是有现实意义的。因为在 20 世纪 70 年代末至 80 年代初，大量西方史学理论著作被介绍到中国来，受到许多青年史学工作者的关注，于是产生了一种中国史学没有理论的误解，这显然是对上述优良传统不够了解的缘故。即使在今天，这样的误解也不是不存在的，因此，我们仍然要认真发掘中国史学的理论遗产，继承和发扬这一优良传统，推进当今史学理论的研究。第三，提出了撰写超越《史通》、《文史通义》等史学理论著作的宏伟目标。当然，这是一个非常艰巨的学术工作，需要几代人的努力才能做到。从刘知幾到章学诚，经历了一千多年；从章学诚到梁启超，也经历了一百多年；从李大钊到现在，已经历了八十多年，可见理论研究和创造十分艰难。但是，只要史学工作者不

---

① 以上均引自尹达：《马克思主义与中国历史学的发展》，见《尹达史学论著选集》，408 页。

懈地追求，不间断地努力，经过几代人的研究、积累，一定能够有新的史学理论著作问世。对此，我们应当有充分的信心。

尹达对历史学的理论研究有很开阔的认识，这同他洞察中国史学的发展有密切的关系。他在讲到历史研究中理论和资料都很重要的时候，回顾了中国史学的发展，指出重视理论是中国史学的一个传统。他这样写道："理论与资料本来是编写历史中的不可或缺的两个方面。在一定的理论指导下，根据史实编写历史，这是中国史学发展进程中长期遵循的路数。所谓孔子作《春秋》推崇的'义'，是不是那时他所强调的理论呢？司马迁'网罗天下放失旧闻，考之行事'，可以说是收集了大量的资料，进行了细致的考变；为了什么？用他的话说，即'稽其成败兴坏之理'。明确地提出'理'来，是不是在搞理论？以后的班固，提出'究汉德'等等，不都是他们的理论吗？至于刘知幾、章学诚就更着力于封建史学理论探讨了。刘知幾提出的史家三长，其中的史识是不是指的史学思想、史学理论？史识同史才、史学相比，刘知幾把它放到更重要的位置上。章学诚对同时期的考据之学，则认为不是史学。他说：'整辑排比，谓之史纂；参互搜讨，谓之史考，皆非史学。'这些思想、认识，多为治史者所首肯，认为像孔子、司马迁、刘知幾、章学诚等注重史学理论是应当充分肯定的，而他们的史学成就也为人们公认。是不是可以说，注重史学理论，是中国史学的一个传统？……凡是有作为的、有成就的，可以说无一不是注重史学理论的。"[1] 这些话表明，尹达是站在正确看待祖国史学遗产的立场上来讨论理论问题的，他在谈话中所举的史学上的这些实例，恰恰指出了中国古代史学在理论上的特点，这个特点反映了中国史学的民族风格、民族气派，而不是以别国史学的理论模式来度量中国史学有没有理论。这些话，启发当今的史学工作者要认真学习和总结中国史学的理论遗产，揭示其主要成就、民族风格、发展规律以及在当今历史学的理论研究中的价值和意义，从而改变那种动辄以外国史学的理论模式为坐标的做法，推进历史科学的理论研究。

---

① 尹达：《从考古到史学研究的几点体会——1982 年 4 月 22 日在母校河南师大的谈话》，见《尹达史学论著选集》，377～378 页。
按：这里说的河南师大即今河南大学的前称。

尹达坚定地认为:"历史科学理论研究的天地极其广阔,我们要彻底改变近几年来一度出现的冷清和漠视的状况,在坚持马克思主义的基础上,开辟出发展马克思主义历史学理论的新局面。中外史学发展的实际经验反复证明,历史学的每次大发展都是以历史学理论研究的昌盛和重大突破为先导和衡量标尺的。"① 这些语重心长的话,在今天仍显出作者的深刻见识和现实意义。理论研究的天地"极其广阔",是因为历史的内容十分丰富,可供研究的对象层出不穷,只要善于在马克思主义唯物史观指导下,结合一定的研究对象进行深入的探讨并提出新的见解、新的结论,就可能丰富历史科学的理论内涵,推进历史科学研究的发展。在这里,重视历史科学理论研究的自觉意识是一个关键,如果"漠视"理论成为一种倾向,那么理论研究的"冷清"局面就难以得到根本的改变。从这些话里,我们感受到一个马克思主义史学家的深深的忧虑。近二十多年来,关于历史科学的理论研究有了一定的进步,但需要关注、改进、提高的空间的确"极其广阔",需要有更多的史学工作者的积极投入,促进历史科学理论的更大发展。

至于说到历史学的重大发展与历史学理论的昌盛和突破的关系,20世纪的中国史学进程可以作出极其明确的回答:梁启超等"新史学"的倡导,影响了20世纪前三四十年史学的发展;李大钊、郭沫若等对唯物史观的宣传、运用和推广,影响了并指导了中国史学的发展,这在新中国成立后表现得尤为突出;改革开放以来,理论界、学术界拨乱反正、重新学习马克思主义,在总结经验教训的基础上,廓清了迷雾,坚定了信念,开阔了视野,拓展了研究领域,历史学迎来了一个新的春天,走上更加符合科学精神的发展道路。所有这些,都从宏观上证明,历史学的理论的发展,有力地推动了历史研究的发展,而其影响所及还会超出历史学的领域。在另一个层次的理论问题上也是如此,如20世纪五六十年代,史学界关于中国古史分期问题的讨论和中国封建社会中资本主义萌芽问题的讨论,大大加深了人们对中国古代历史的认识;关于汉民族形成问题的讨论和民族关系史的讨论,大大加深了人们对中国作为一个统一的多民族国家之发展过程的认识;又如20世纪70年代末

---

① 尹达:《马克思主义与中国历史学的发展》,见《尹达史学论著选集》,408页。

至 80 年代初史学界关于历史发展动力问题的讨论，大大加深了人们对社会历史发展中诸多因素的复杂关系的认识；再如现今兴起的学术界关于环境与社会发展关系问题的讨论，已经引起而且必将进一步引起人们对于历史进程中人与自然关系的重新审视，等等。所有这些，都表明历史学的理论研究的发展，必将引发历史学的新的进步。

如果上述这些认识大致可以成立的话，那么尹达在论述理论与资料的重要性时，关于重视历史科学的理论研究的见解，确是史学工作者应当认真思考的。

※　　　　※　　　　※

尹达先生关于中国马克思主义史学的理论研究的论述，还反映在关于历史学与考古学的关系问题、关于学科建设和人才培养问题、关于史学批评的原则问题、关于学风建设问题、关于学术群体的协作精神问题、关于马克思主义史学家自我修养问题，以及对老一辈马克思主义史学家的著作的深入研究和中肯评价等诸多方面，都有许多精辟论断，值得今天的史学工作者认真研读，从中得到宝贵的教益。

最后，我谨借用 20 多年前侯外庐先生说的一句话，用来表达我对尹达先生的纪念，同时作为本文的结语："尹达同志的史学遗产，无论从哪个角度看，都应当认真地加以总结，这对于研究当代中国史学的发展，是有重要价值的。"[1]

---

① 侯外庐：《尹达史学论著选集》序言，见《尹达史学论著选集》，7 页。

略论白寿彝的民族史思想

白寿彝先生（1909—2000 年）是 20 世纪中国著名的史学家，尤其是 20 世纪八九十年代，他成为中国最有学术影响的史学家之一，受到国内外同行的关注。

白寿彝的学术成就主要反映在中国史学史研究、中国民族史研究、中国封建社会史研究和中国通史编撰，以及有关历史学的理论研究等领域。[①] 白寿彝是中国唯一一份史学史专业杂志《史学史研究》的创办者，并长期担任主编直至他逝世为止。这本学术杂志在促进学科建设、联系国内外同行方面，发挥了重要作用。

我的这篇文章，拟着重探讨白寿彝在民族史

[①]　白寿彝所著《白寿彝史学论集》上、下卷（北京师范大学出版社 1994 年版）、《民族宗教论集》（北京师范大学出版社 1992 年版、河北教育出版社 2001 年版）、《中国史学史论集》（中华书局 1999 年版）等，他主编的《中国通史纲要》（上海人民出版社 1980 年版）、《中国通史》（多卷本，上海人民出版社 1999 年版）、《中国史学史》（6 卷本，上海人民出版社 2006 年版）、《回族人物志》（凡 4 册，宁夏人民出版社 1985—1997 年先后出版）、《中国回回民族史》（中华书局 2003 年版），以及《史学概论》（宁夏人民出版社 1983 年版）等，都是具有广泛学术影响的著作。

思想方面的见识及其学术价值。

　　白寿彝在民族史研究方面的成就，受到了学术界尤其是民族史研究者的高度重视，并发表了许多有深度的研究论文。①本文在此基础上，着重就以下三个方面问题作一点粗浅的述评，以就教于各位同行和先进。

一、论史学上撰写多民族统一国家历史的传统

　　中国历史是多民族共同创造的，这在最早的传世文献如《尚书》、《诗经》中有突出的反映。在《春秋》、《左传》等书中，更有进一步的记述。自秦统一后，中国事实上成为一个统一的多民族国家。尽管在历史的进程中，民族间的矛盾、冲突时有发生，但统一多民族国家的发展趋势却是一个基本的历史潮流。在这个历史潮流中，中国先贤们的民族观呈现出复杂的情况。面对这样的历史事实，白寿彝善于把握历史现象中的本质问题，进而揭示出历史的真相。譬如他对孔子的民族观，就提出了与传统看法不同的见解。他认为："在思想上，由于民族区别的存在，就不免在民族关系上出现这样或那样的看法。孔子被后世的经学家宣传为'尊周室，攘夷狄'的圣人，好像孔子对于所谓'夷狄'是很严厉的。其实，孔子在这个问题上的态度是很理智的。"他列举孔子的有关言论并作分析，以证明孔子在民族观上是"理智"的。如孔子说："言忠信，行笃敬，虽蛮貊之邦行矣。言不忠信，行不笃敬，虽州里行乎哉！"②"居处恭，执事敬，与人忠，虽之夷狄，不可弃也。"③白寿彝对此如下解释，并结合孔子的其他言论，作进一步发挥，他写道："这

---

　　①　这方面的论文主要有：刘先照：《中国民族史研究的一代开拓者》，陈连开：《开拓·创新·富于启发的理论成果》、《回族史研究是一门很艰苦的学问》，以上见《历史科学与历史前途——祝贺白寿彝教授八十五华诞》，河南人民出版社1994年版，285～321页。武尚清：《科学的民族史观的主要成果——读多卷本〈中国通史·导论〉第1章》，陈振：《白寿彝先生史学思想中的民族平等思想——谈主编〈中国通史〉第7卷的一点体会》，李松茂：《白寿彝先生关于回族史和伊斯兰教史的研究》，杨怀中：《积累四十年　终成四册书——记白寿彝先生主编〈回族人物志〉》，以上见《历史科学与理论建设——祝贺白寿彝教授九十华诞》，北京师范大学出版社1999年版，381～456页。

　　②　《论语·卫灵公》。

　　③　《论语·子路》。

在口气上对夷狄蛮貊，有点不以平等相看，但认为他们和诸夏之间存在着共同的道德标准，是与一些持狭隘的民族观念的人大不相同的。孔子还认为，夷狄也有长处，有的地方比诸夏还好。他说：'夷狄之有君，不如诸夏之亡也'①。对于'夷狄'的一些落后的东西，孔子认为是可以改变的。有一次，他表示要到九夷去，有人说：'那地方陋，怎么能住下去啊？'孔子答复说：'君子居之，何陋之有！'② 对于夷狄的干扰，孔子是反对的，所以他虽不大赞许管仲之为人，却推重管仲能联合诸侯，保卫诸夏的功绩，而说：'管仲相桓公，霸诸侯，一匡天下，民到于今受其赐。微管仲，吾其被发左衽矣。'③ 这种看法，无疑也是正确的。"④ 白寿彝对孔子民族观的认识，有几点是值得重视的。第一，他不赞成前人的传统看法，认为孔子在民族问题上的态度是比较"理智"的。我理解这里说的"理智"，意即不偏激，能持冷静的态度。第二，他认为孔子的民族观中包含着朴素辩证的思想，即认为夷狄中落后的东西是可以改变的。第三，认为孔子肯定管仲"攘夷狄"，是表明孔子不赞成夷狄对中原的干扰，反映了孔子对民族间复杂关系的全面认识。白寿彝对孔子民族观的分析，其基本的思想方法，是对具体问题作具体分析，避免作绝对肯定或绝对否定的评价。

运用同样的方法，白寿彝对古代"圣贤"的错误的民族观，也不讳言。如他论孟子的民族观，指出："孟子在一次责备楚人陈良的弟子陈相时说：'吾闻用夏变夷者，未闻变于夷者也。陈良，楚产也，悦周公仲尼之道，北学于中国，北方之学者未能或之先也。彼所谓豪杰之士也。子之兄弟，事之数十年，师死而遂倍之。''今也南蛮鴃舌之人，非先王之道，子倍子之师而学之。……吾闻出于幽谷迁于乔木者，未闻下乔木而入于幽谷者。《鲁颂》曰：戎狄是膺，荆舒是惩。周公方且膺之。子是之学，亦为不善变矣。'⑤ 孟子的话，不只是表示了学术上的门户

---

① 见《论语·八佾》。这句话有不同解释。朱熹《论语集注》引程子曰："夷狄且有君长，不如诸夏之僭乱。"这个解释近是。按：注中按语系白寿彝先生所加。

② 《论语·子罕》。

③ 《论语·宪问》。

④ 以上见白寿彝主编《中国通史》第1卷《导论》，5～6页。

⑤ 《孟子·滕文公上》。

之见，而且表示了他对其他民族的严重歧视。所谓'南蛮鴃舌'简直就是骂人了。"① 由此可以看出，孟子的民族观比之于孔子来说，显得十分狭隘，而且表示出对"夷狄"、"南蛮"的"严重歧视"。看来所谓"圣人"和"亚圣"在民族问题认识上的差异是非常突出的。正如白寿彝进一步指出的那样："孔孟对民族关系的两种态度，实际上是民族关系史上两种观点上的根本分歧，到了秦汉以后就更为明显了。"② 这一判断，显然也是从中国历史上不同民族观的存在而作出的。如司马迁、班固的民族思想就表现出明显的不同。而西晋江统著《徙戎论》，强调所谓"内诸华而外夷狄"，对战国、秦汉、三国以来的民族关系作消极的评价。③ 当然，江统的主张并未得到统治集团的采纳。其后，又有唐太宗的比较开明的民族思想和民族政策及其实施所带来的积极效果。而西夏、辽、宋、金、元时期，是中国历史上民族纷争和进一步走向融合的时期，民族思想出现了更为复杂的情况。尽管如此，辽、金最高统治者还是认同中原文化和以炎黄为始祖。元朝扩大了大一统政治格局，并且修撰了宋、辽、金三朝正史，而清朝在民族政策的执行方面也有许多新的创造，并最终奠定了统一多民族国家的版图。所有这些，都是同一定时代的民族观相关联的。

正是在这样的历史背景之下，中国史学上存在着撰写多民族统一国家的历史传统。对此，白寿彝从历史发展进程作了这样的概括，即："古老的传说和记录"；"多民族撰述的杰作"；"民族重新组合的历史记录"；"民族史撰述和地方志、纪事本末的发展"；"民族史撰述的近代化倾向"。这既是一个历史的划分，同时也显示出各个发展阶段的特点。如关于"古老的传说和记录"，作者通过对《诗经》的有关篇章的举例，指出："荆蛮、淮夷、氐羌，还有猃狁，都是殷周以外的重要民族，各有自己的文化系统。"他在引用《尚书·牧誓》后指出："友邦冢君等是一类人，庸、蜀、羌、髳、微、卢、彭、濮是八个民族的名称，这些民族是又一类人。这可见，武王伐纣的队伍，是一支多民族的联军。"作者认为："《春秋》、《左传》、《公羊传》、《穀梁传》和被称为'春秋外

---

① 白寿彝主编：《中国通史》第1卷《导论》，6页。
② 同上。
③ 参见房玄龄等：《晋书》卷56《江统传》。

传'的《国语》，都是政治史性质的书，但记载了大量的民族史材料，这可以说是民族史撰述的正式开始。"同时指出这些文献中所记述的一些古代民族及当时活跃的许多民族，"经过春秋、战国长时期的历史陶冶，其中大量融合为汉族，也有不少成为秦汉以后的少数民族。"值得注意的是，白寿彝还明确地指出：《春秋》经传所记述的民族史料，因为它们是编年体史书，故还不能对民族作出比较集中的反映。而《国语》按王国和侯国记述的"政治史资料"，其中《楚语》、《吴语》都是记述南方民族的史料，而《郑语》中也记述了史伯论南方民族的言论，都是很有民族史史料价值的内容。①

又如，关于"多民族史撰述的杰作"，作者着重评论《史记》、《汉书》、《后汉书》在这方面的贡献，他这样写道："司马迁是中国史学的奠基人，他的《史记》和班固的《汉书》、范晔的《后汉书》，都是有卓越成就的史书。他们在民族史方面也都有杰出的撰述。"作者评论《史记》在这方面的成就，着墨最多，第一，他从总体上评价《史记》所具有的民族史价值，写道："《史记》把环绕中原的各民族，尽可能地展开一幅极为广阔而又井然有序的画卷。它写了《匈奴列传》、《南越尉佗列传》、《东越列传》、《朝鲜列传》、《西南夷列传》、《大宛列传》，分别按地区写出北方、南方、东南、东北、西南、西北的民族历史。把这六个专篇合起来，可以说是一部相当完整的民族史，其中有些记载是超越当时和今日国境范围的。这与先秦记载之局限于一个民族或几个民族的有关事迹，是大不相同的。秦汉的空前统一局面及其对外交通的发展，使当时人大开眼界，也使我们的历史家能写出这样包容广大的民族史。"这一段话，不仅概括了《史记》在民族史上的重要贡献，而且也扼要地指出了《史记》之所以取得这一重大贡献的历史条件。

第二，他从民族的区域分布上评价了《史记》各个民族传记所记内容的历史价值，而以详细评价《匈奴列传》为其重点。作者评价《匈奴列传》，很宏观，也很细致。从纵向看，《匈奴列传》分为三个部分，一是"从夏后氏少康之衰说起，直到冒顿称单于之前"的历史及其"与汉族先民的关系"；二是冒顿称单于，写出"匈奴最强盛的时期"；三是写

---

① 白寿彝主编：《中国通史》第1卷《导论》，2～5页。

老上单于即位直至天汉四年（前 97 年）。这是司马迁笔下匈奴历史的三个重要阶段。从细致方面来说，作者指出：《匈奴列传》"还写了在老上单于时，汉降人中行说'教单于左右疏记，以计刻其人众畜物'。这也是关系匈奴社会发展的一项重要记事。对于这一类好像细小但有历史意义的事，司马迁往往不轻易放过"。这几句话，反映了作者对民族史史料的重视和细致观察，并给予应有的评价。尤其重要的是，作者揭示出司马迁对汉匈关系的独到见解，指出：在老上单于在位时，"在这一时期，因汉降人对匈奴的教唆和汉家将相贪图战功，匈奴跟汉朝的关系复杂化了。列传在写这一时期的双方关系时，很有分寸，透露了作者对双方关系的独到见解。"上面这两处评论，反映了作者对司马迁的民族观和民族关系的态度，有深刻的认识，故不放过每一个历史事件中的"细节"。

白寿彝还从民族史的全局观念出发，指出了司马迁写《匈奴列传》的意义，他写道："匈奴的活动，主要是在今内蒙古自治区和蒙古人民共和国境内。后来，鲜卑、突厥、回纥、蒙古等几个在全国历史上有重大影响的民族也都在这里活动，使这里成为中国历史上少数民族特别活跃的地方，因而《匈奴列传》也就越来越加强它在民族史文献上的重要地位。"他的这一评价，是从更广泛、更深层的意义上揭示出《匈奴列传》所记内容与后世民族史及民族关系史的历史联系，在一定的意义上使人们对中国古代北方民族的历史渊源有一个整体的认识，从而使人们对司马迁的民族观与民族史撰述之历史意义产生了深深的钦佩和崇高的敬意。

当然，人们的这种钦佩和敬意，还会因白寿彝的这一见解而有进一步的加深。白寿彝在概括《匈奴列传》所记汉、匈关系时，这样写道："《匈奴列传》对于汉廷在民族问题上所犯的错误，是微婉其词的。所以在列传的结尾，感慨于《春秋》'隐、桓之间则章，至定、哀之际则微，为其切当世之文而罔褒，忌讳之辞也。'但以《平准书》和《匈奴列传》合观，可见作者对自己的真实思想还是不愿掩盖的。司马迁死后两千多年的悠久岁月中，在汉与匈奴的问题上，很少有人能像他这样看的。"作者对司马迁在民族关系史上的卓识，一则反映了作者透过现象看本质的治学方法，再则也反映了他作为一个少数民族出身的史学家的敏锐观察力，这或许就是司马迁所说的"好学深思，心知其意"① 吧！

总的看来，作者对《史记·匈奴列传》所作的多方面、多角度的分析，不论是在历史方面，还是在理论方面，都显示出其独到的见解。

作者对于《汉书》和《后汉书》在民族史方面的成就，也作了评价。白寿彝写道："班固的《汉书》和范晔的《后汉书》，继承《史记》，在民族史方面，对前史或续或补，对创兴的新史专立篇目。它们在资料上可说是收集得不少，而见识上要比司马迁差得多。"作者强调《汉书》、《后汉书》是对《史记》的"继承"，这就越发显示出《史记》在民族史撰述方面的开创性贡献。当然，作者也肯定了《汉书》、《后汉书》的新贡献，即一是对《史记》的"或续或补"，一是专立新的篇目。对此，白寿彝作了十分具体的分析，认为《汉书》主要在资料和史事的续与补上，而《后汉书》除续与补外，还多立新的篇目，如："《后汉书》的民族史部分，收罗繁富，甚见工力。《西域传》、《南匈奴传》接续前史，记录了匈奴和西域在东汉时期的重大变化。《东夷传》、《南蛮西南夷传》好像是因袭旧规，而记载翔实，过于前史。西羌问题是东汉时期比较突出的民族问题，乌桓和鲜卑是这时期新兴的民族，而鲜卑对后来中国历史的发展大有影响。《西羌传》和《乌桓鲜卑传》是《后汉书》新创的篇章。陈寿的《三国志》，一向同《史记》、《汉书》、《后汉书》并称'四史'，而陈书民族史部分很简略，仅有乌丸、鲜卑、东夷传，但也可与《后汉书》有关部分相参证。"这一段评论，把《后汉书》在民族史撰述上的贡献写得十分明确，给人们以清晰的认识，其中尤其强调了"鲜卑对后来中国历史的发展大有影响"，这从三国史、十六国史和北朝史看得十分清楚。这段评论中，还兼及对《三国志》的有关评论，其记述虽简略，亦可与《后汉书》"相参证"。值得注意的是，白寿彝对《汉书》、《后汉书》在民族史撰述方面的评价，是把"资料"和"见识"分开来讨论的，认为它们在见识上"要比司马迁差得多"。对此，本文就不一一征引了。

综上，我们是否可以认为，白寿彝是以《史记》为重点，而《史记》中又以《匈奴列传》为重点，兼及《汉书》、《后汉书》、《三国志》，

---

① 《史记》卷1《五帝本纪》后论。以上所引白寿彝的论述，见白寿彝主编《中国通史》第1卷，12页。

从而写出了"多民族史撰述的杰作"的基本面貌。

关于其他几个阶段的民族史撰述，白寿彝也都对它们的特点作了概括性评论。他论"民族重新组合的历史记录"，指出："三国两晋南北朝隋唐时期是民族重新组合的时期。五代辽、宋、夏、金、元时期是民族重新组合的又一时期。关于这两个时期的历史记录，在数量上的丰富是远远超过前代的。"①

这是从总体上的评价，即指出数量上的丰富远远超过前代。而对于这两个时期关于民族史记录之丰富具有什么具体的特点，作者进而论道："关于这两个时期的民族史，资料是相当多的，但真正说得上是民族历史撰述的并不多，系统地记述民族重新组合的书简直就没有了。至于记述民族重新组合中某一过程或某一过程的片断记载是不少的。在这两个时期，汉文撰述以外，用少数民族文字的有关撰述究竟还有些什么，这还需要进行长期的工作。"② 这两个具体特点是：第一，系统记述多民族重新组合的著作极少见；第二，出现了少数民族文字撰述的有关文献，对此，尚需作进一步研究。按我的肤浅理解，白寿彝在这里说的"民族重新组合"，"组合"是一个含义丰富的词汇，既包含了不同民族之间的冲突，也包含了不同民族间的融合。值得注意的是，作者对这个时期之民族史的多种撰述形式作了概括，并给予充分的肯定。

白寿彝认为，"明清时期的民族史撰述跟地方志和纪事本末的发展有密切关系"③，这一个特点，同史学上明清时期方志的大发展和清代以"方略"为主体的纪事本末体史书的大发展是一致的，在某种意义上也是相互促进的。而关于"民族史撰述的近代化倾向"，白寿彝指出："鸦片战争前夜和战后百余年间，中国民族史撰述上出现了近代化倾向"。其具体表现是："第一，它反映了各民族联合反清反封建压迫的历史。""第二，少数民族的历史地位，在这时期有了重大改变。""第三，民族史在中国史中的地位受到重视。"第四，在 20 世纪 20 年代，"开始有近代形式的中国民族史出现。所谓近代形式，主要是指它基本上脱离了政治史的附属地位，而向一个有丰富内容、有自己体系的独立学科发

---

① 白寿彝主编：《中国通史》第 1 卷《导论》，14 页。
② 同上书，17 页。
③ 同上书，21 页。

展。梁启超倡之于前，王桐龄、吕思勉、林惠祥、吕振羽等相继编写于后。"① 作者从民族史的撰述思想、撰述内容、历史地位和撰述形式，概括地阐述了中国民族史撰述从古代史学的窠臼里走出来，这同中国近代历史的特点、中国近代史学的萌生、发展的步伐是一致的。文中提到的几位史学家，可以看做是中国近代史学中的民族史撰述的开拓者，为20世纪30年代以后中国民族史的撰述开辟了新的道路。

白寿彝在总结中国历史上的民族史撰述传统时，这样写道："我们简单而扼要地回顾了新中国创立前，我国多民族历史撰述的一些情况。它们已形成了悠久的历史传统，留下了相当多的历史资料，运用了各种不同的撰述体裁，表达了不同的民族思想，反映了各个时期的历史特点。这些宝贵的遗产为我们研究民族史，提供了大量资料和编写上的借鉴。那些认为中国史书只记载汉族不记载少数民族的历史的看法，是没有根据的。"② 我们知道，20世纪以来，中国民族史的研究和撰述有了很大发展，尤其是20世纪八九十年代，这方面的撰述出版甚多。但是，学术界对中国民族史的撰述史作总结性研究的论著尚不多见。白寿彝的上述研究与评论，从民族史思想、民族史资料、民族史撰述形式等几个方面的结合上，总结并评价了中国历史上不同时期的民族史撰述成就及其特点，反映了他本人是自觉地从中国历史、中国民族史和中国史学史的结合上，对中国民族史撰述成就和时代特点，作出了全面的、系统地和独到的评论，显示了他的学术风格和学术特点。

二、少数民族地区的社会发展是中国历史进程标志之一

在中国史学界，关于历史进程和社会分期的问题，主要有两个方面的问题，一是古史分期问题，即奴隶制社会和封建制社会的分期问题，一是封建社会内部分期问题。③ 这两种分期，史学界有许多不同的看法，每一种看法都提出各自的理由和根据，这里不来讨论。

---

① 白寿彝主编：《中国通史》第1卷《导论》，27～28页。
② 同上书，32页。
③ 参见田人隆《奴隶社会与封建社会分期讨论简述》、瞿林东《中国封建社会内部分期的不同见解》，见肖黎主编《20世纪中国史学重大问题论争》，40～86页。

在封建社会内部分期问题上，白寿彝提出了十分明确的、有独立见解的观点。他认为，中国封建社会内部的分期，很难采用一个单一的标准来划分它的发展的阶段性，而应以能够贯穿始终的、综合的标准来考察其阶段划分的特点。因此，他认为"光抓农民起义、农民战争，解决不了中国封建社会历史发展的问题。不是说打仗了，才有阶级斗争。阶级斗争的表现形式不一样：有时是显著的，有时是潜伏的；有时是紧的，有时是松的；有时是高的，有时是低的。专讲农民战争是不够的。那应该怎么讲？讲社会发展规律。首先还要讲经济基础。不从经济基础上解决这个问题，讲农民战争就有好多问题不好解释。讲农民战争的发展，也要从经济基础的发展上来讲。那么讲经济基础，讲什么呢？生产力、生产关系嘛。封建社会生产力发展很缓慢，抓这个，困难大。生产关系抓哪一个呢？要抓农民阶级，但首先要抓地主阶级。为什么？因为地主阶级是封建社会矛盾的主要方面。看封建社会变化，在地主阶级身上体现得清楚些，材料也多些。有了这个材料，在分析农民阶级、分析农民战争，就好办得多。在封建社会两三千年里面，阶级斗争有一定的量的变化，在不同的阶级里，显示着不同的情况。这一点可以帮助咱们对于封建社会发展线索，多知道一点。我个人的意思，就是先从这儿来分析：从地主阶级变化来分析；从农民战争的口号、行动来分析。还有一个，从民族关系上来分析。"[1] 我们从这一段话里，可以看出他对于封建社会历史分期问题的观点和方法。后来，白寿彝在《中国历史的年代：一百七十万年和三千六百年》[2] 和《中国通史纲要·叙篇》[3] 里，明确提出了划分封建社会历史分期的标准是：（1）社会生产力（包括科学技术）的发展。他主张从生产工具、生产技术、生产规模的发展，以及不同地区的生产力水平的提高、经济重心的转移和资本主义萌芽的出现等方面，说明封建社会生产力发展的阶段性。（2）生产关系的相对变化。作者着重阐述了作为封建生产关系主导方面的地主阶级的变化，认为世家地主、门阀地主、品官地主、官绅地主分别是封建社会各个发展

① 白寿彝：《中国封建社会发展的阶段性问题》，载《历史知识》，1981（6）。

② 见《北京师范大学学报》，1978（6）。

③ 上海人民出版社1980年版。

阶段中占主要地位的剥削阶级；与其相应的被剥削阶级则是编户农民、荫附农民、佃农，反映出农民阶级封建身份性印记逐渐淡化的发展过程。(3)阶级斗争的发展。在封建社会的前两个阶段，农民起义表现为争取人身生存权的斗争，后两个阶段则表现为争取财产权的斗争，这种不同的斗争要求，反映了农民封建性身份的逐渐松弛。(4)少数民族地区的封建化。这反映了封建社会不断发展在地域上逐步扩大的过程。把这个问题提到封建社会分期标准上来认识，一方面可以如实说明中国是一个多民族的统一国家，一方面也从根本上回答了少数民族地区的发展在中国封建社会历史发展中的作用和地位问题。(5)中外关系的发展。隋唐以前，中国加强了同外域的联系。在对外关系上，隋、唐、宋、元都居于主动的地位，明清时期出现逆转，显示了封建社会末世的腐败、保守和虚弱。① 在这几条标准中，我们尤其要关注的是其中的第四条，因为在关于封建社会内部分期问题上，像白寿彝这样提出问题的学者甚为罕见。

白寿彝对历史分期有一个总的认识。指出："建国以来，史学界对于中国历史分期展开了不同意见的争论，至今仍在继续。但对于这个问题的讨论，基本上是关于中原地区奴隶社会跟封建社会的分期问题。我们应当放开视野，努力在全国的范围内考察这个问题，不要局限于中原地区。封建社会历史很长，记载很多，对中国历史的发展影响也很大。我们也应该重视封建社会内部的分期问题。近代史距离我们的时代近，跟今天现实关系密切，我们更应该重视近代史的分期。"他接着写道："历史上，我国各民族的发展是不平衡的，但不平衡是社会发展的正常现象。各民族之间的发展不平衡，一个民族内部的发展也不平衡，我们应当从不平衡的状态上掌握一个历史时期的整体性。"② 白寿彝在这里提出了两个突出的问题，一是关于历史分期问题的讨论，不要局限于中原地区，"应当放开视野"；二是中国历史上各民族发展不平衡，关于历史分期问题的讨论应从整体上来把握这种不平衡状况。正是从这一认识出发，白寿彝在封建社会内部分期问题

---

① 瞿林东：《中国封建社会内部分期的不同见解》，见肖黎主编《20世纪中国史学重大问题论争》，75~76页。
② 白寿彝主编：《中国通史》第1卷《导论》，81~82页。

上，把少数民族地区或广大边区的社会发展，提到分期标准上来处置。具体地说，白寿彝认为"我国封建社会可以分为四个时期"："秦汉时期，在中原地区，是中国封建社会的成长时期。"关于这时期的民族状况，作者写道："秦汉的统治范围，大大超越了前代，包括了黄河流域、长江流域和珠江流域的广大地区。围绕中原地区的少数民族，有相当部分登上历史舞台，而匈奴、羌族特别活跃，有时还给中原皇朝以武力的威胁。但当时所有的少数民族，都还处在前封建社会阶段。作为中国主体民族的汉族，是经过有关部落和民族的融合而在秦汉时期形成的。汉族的名称，也是跟这一个伟大朝代的名称相一致的。"① 作者明确指出，这个时期的社会分期所考虑的主要因素，是"中原地区"，但关于少数民族状况，作者指出了三点：一是有的少数民族登上了历史舞台，二是所有少数民族都还处在"前封建社会阶段"，三是中国主体民族汉族的形成。这几点，在民族发展史上固然十分重要，同时在中国封建社会发展史上也十分重要。

关于封建社会发展的第二个时期，作者写道："三国两晋南北朝隋唐时期，是中国封建社会的发展时期。在这时期，发生了民族间的长期斗争，发生了民族的大规模流动和移居。本来在两汉时期就已开始内迁的匈奴人和羌氏人，现在他们深入内地，并且又有鲜卑人、突厥人、回纥人及其他少数民族的内迁。结果是无论在北方和南方，民族杂居的地区都扩大了。因而，汉族充实了自己，少数民族提高了生产水平和生活水平。久而久之，内迁的少数民族，跟汉人很难区别。这就在新的民族关系的局面出现后，有了民族重新组合的出现，而促进了原来地区封建化过程。这是封建社会发展时期的一个重要特征。"② 这一段论述，把民族状况同社会分期的关系阐述得更加清楚了。而民族状况的特点是：大规模的流动和移居，民族杂居地区进一步扩大，民族重新组合的出现，尤为重要的是促进了原来地区的封建化过程。这样的视野，就把少数民族地区或民族杂居地区的经济社会发展状况，同中原密切结合起来，从而真正进入到中国历史进程的大潮之中了。

---

① 以上引文，见白寿彝主编《中国通史》第 1 卷《导论》，82、83 页。

② 白寿彝主编：《中国通史》第 1 卷《导论》，83～84 页。

关于封建社会的第三个时期中的民族状况，白寿彝写道："五代以后，到了元末，是中国封建社会的进一步发展时期。在这时期，先有五代十国，继有辽、西夏、金跟北宋、南宋的分立，后有元的统一。广大的边区，从东北的部分地区到西北，再到西南，基本上都进入了封建社会，而汉族与各民族间又经历了一次新的组合。这是封建社会进一步发展时期的重要标志。"① 从分裂走向新的统一，这是政治上的特点，而民族状况的特点，一则是广大边区基本上进入了封建社会，二则是汉族同各民族间再次经历了新的组合。作者把这些看做是"封建社会进一步发展时期的重要标志"。显然，这个时期的民族状况比之于前一个时期的民族状况，又有了很大的发展。

值得注意的是，白寿彝对元朝统治下的民族状况和社会发展，采取辩证的分析方法，而不是作简单的或绝对的判断。他这样写道："元统一全国后，南宋地主阶级的势力基本上保存下来了。他们所在的地区是当时封建经济最有代表性的地方。元代有一大批蒙古贵族地主的出现，还规定了形形色色担负封建义务的民户，又扩大了奴隶的数量。但这基本上是北方的情况。在北方出现的这种生产关系，是这一时期局部地区的倒退现象。广大边区的封建化，是元代社会生产发展的新气象。"② 在封建制度下扩大了奴隶的数量，这无疑是一种倒退的现象，而广大边区的封建化又是社会生产中的新气象。在同一个历史阶段中，承认倒退和进步的共存，这一认识符合历史的辩证法则。从这里，我们可以看到白寿彝对待民族史上的问题的真知灼见，可以称得上严峻公正，卓尔不群。

对于封建社会的第四个时期，白寿彝作了这样的概括："明朝及清朝的大部分年代，是中国封建社会的衰老时期。"他认为，在这个时期，一方面是人民所担负的"封建束缚有较多的解除"，另一方面是明清统治集团"企图保持高度的封建专制统治"。白寿彝指出，这"正是一个问题在不同方面的表现"。作者在这样一个总的历史背景下来看待这一时期的民族状况，即"在民族关系上也是这样。一方面，民族间的关系

---

① 白寿彝主编：《中国通史》第 1 卷《导论》，84 页。
② 同上书，85 页。

比前一历史时期要密切了，但属于民族性质的封建枷锁却更加沉重了。"① 对于作者的这一扼要的概括，我们或许可以更多地从清代的民族状况来理解。在明清时期，尤其是在清代，由于政治上的长时期的大统一和国家疆域的最终奠定，使全国各民族的联系进一步加强了，相互间的关系更加密切了，这也是各民族间不断重新组合的历史产物。同时，也应该看到，清朝统治者是以满族贵族为主而组成的统治集团，其在统一过程中对其他各族所居地区的用兵以及统一局面下的专制统治的强化，从而造成"属于民族性质的封建枷锁却更加沉重了"。

通观白寿彝把少数民族地区、民族杂居地区以及广大边区的经济社会发展状况，纳入到中国封建社会的总的进程中进行考察，并以此作为封建社会内部分期的标志之一，反映了他对民族史的重视，也体现了他对中国作为一个统一多民族国家之历史进程的通观全局的器识。

三、民族关系的主流与主体——民族历史作用的重要性

关于我国历史上的民族关系中的主流问题，多年来，史学界存在着不同的认识。有的研究者认为，友好、合作是民族关系史上的主流；而有的研究者则认为，历史上各民族之间的矛盾、斗争是民族关系的主流。究竟应当怎样看待这个问题，是民族关系史的研究工作者和其他许多史学工作者十分感兴趣的。1981 年，白寿彝在参加一次学术研讨会上发表了自己的意见，并发表了题为《关于中国民族关系史上的几个问题》的文章。② 文章第二部分着重阐述了"民族关系的主流"，提出了很有启发的见解。

他认为，对于民族关系史上的主流问题的探讨和研究，可以看得开阔一点。我们研究历史，不能采取割裂历史的方法。从一个历史阶段看问题，固然是必要的；从整个历史发展趋势看问题，则是更为重要的。在民族关系史上，"友好合作"不是主流，"互相打仗"也不是主流。主流是什么呢？几千年的历史证明：尽管各民族之间好一段、歹一段，但

---

① 白寿彝主编：《中国通史》第 1 卷《导论》，86 页。
② 见《北京师范大学学报》，1981（6）。

总而言之，是许多民族共同创造了我们的历史，各民族共同努力，不断地把中国历史推向前进。这是主要的，也可以说这就是主流。

白寿彝首先从方法论上回答这个问题，他说："在民族关系史上，民族关系的主流是什么？有两种意见。一种意见。认为友好合作关系是民族关系的主流。这是我们开会以来说得最多的。有些同志不同意这种意见，认为光说友好合作，说不过去。历史上很清楚：今天你打我，明天我打你，老打仗，不能说这也是'友好合作'吧。用友好合作来概括民族关系的主流，恐怕说不通。究竟哪一种意见对呢？是不是像过去的那种说法，民族间的关系只有民族间的斗争，民族间的抗争？但这些年来，我们发现了一些材料，各族之间确实存在着友好合作的关系。这个问题到底是怎样认识才好呢？我认为，无论主张第一说，还是主张第二说，都不可能完全否定对方的提法，因而也就不可能完全说服对方。这个问题也可以看得开阔一点，不要争论不休：哪个是主流，哪个是支流。这样争论下去解决不了问题。这是因为：在这个历史阶段里，可能友好合作比较多，不管什么形式的友好，朝贡也罢，会盟也罢，和亲也罢，总算是和好吧。在另一个历史阶段里，也可能民族间打得难解难分，汉族跟少数民族打，少数民族之间也打。这如何解释呢？一定要在这两种现象之间找出个'主流'，定出个'支流'来，我看不好办。我们研究历史，不能采取割裂历史的方法。从一个历史阶段看问题，固然是必要的；从整个历史发展趋势看问题，则是更为重要的。"① 这里提出研究和认识历史的两种不同的视角，但归根结蒂，则是两种不同的方法论。方法论的问题不解决，这两种意见的争论或许会长期延续下去。我想，这就是为什么白寿彝提出"不能采取割断历史的方法"的必要性。

在讨论了方法论之后，白寿彝从三个方面论证了他的上述见解。

第一，各民族在社会生活、社会生产中的互相依赖、互相支援，对促进历史发展是很重要的。首先，在衣、食、住、行等许多方面，民族关系是很密切的。例如，棉花是从哪儿来的呢？有两条路。一路从海面上过来，一路从新疆过来。马是从哪儿来的？从蒙古来的，从西北来

---

① 白寿彝：《民族宗教论集》，57～58 页，石家庄，河北教育出版社，2001。

的。中原人骑马，也是跟北方民族学会的。中原人懂得坐椅子，也是从北方民族那儿学来的。反过来说，少数民族离开汉族行不行呢？比如，北方民族、西北民族不吃盐行不行？不行。另外，天天吃肉，不喝茶，也过不了日子。盐、茶都是由汉族供应的。日常生活中这类事情多得很，这就是互相依赖、互相支援。另外，各民族之间这种互相依赖关系，在生产上表现得也极突出。比如，在历史上，一些少数民族在生产上需要汉族地区的铁器。这个问题处理得不好，就会引起民族间的矛盾。

第二，从整个国家历史的发展来看，凡是盛大的皇朝，没有少数民族的支持是不行的。汉，是个大皇朝。它是在它的统治范围内得到了很多少数民族的支援、拥护才强盛起来的。唐，是当时世界上的大国。李世民的成就反映在好多方面，其中有一条，他是"天可汗"。这个称号是少数民族给他取的，表示佩服他、尊重他。李世民当了"天可汗"，唐朝就显得特别强盛。当时长安成为国际市场，经商的有各少数民族商人，还有许多外国商人。从这些事实来看，大的皇朝，没有少数民族的支持，不跟少数民族搞好关系，是不行的。

第三，从历史发展的阶段来看，少数民族的进步，同样是中国整个社会进步的重要标志。秦汉时封建社会的成长时期，这时期各少数民族登上历史舞台，但还没有起显著的作用。到了魏晋南北朝隋唐时期，中国的封建社会进入了第二个阶段，是封建社会的发展阶段。所谓发展阶段，其中一个重要的标志，是民族杂居地区进入了封建化。在北方，魏孝文帝提倡'汉化'，按其本质来说就是封建化。在南方，因汉族的大量南迁，促进了汉族跟南方少数民族的杂居，也促进了杂居地区的封建化。如果我们离开了这一时期北方和南方民族杂居地区的封建化，来说明封建社会的发展，那是很不够的。宋元时期，封建社会又进一步发展了。其中，也有一个重要的标志，就是广大边疆地区进入封建化。有了这个变化和进步，我们才能说封建社会继续发展了。明清时期，民族地区的封建化程度加深了。事实证明，每当进入一个新的历史阶段，总是有少数民族的发展，总是有少数民族出了力量、作出贡献。同时，汉族的先进生产技术对他们也有很大影响。这是不可能分开的。

此外，各民族共同促进历史前进，还有一个特点，那是越到后来越反映出共同反对民族压迫，共同反对殖民主义、帝国主义的压迫。这种共同的斗争，不一定是这个民族和那个民族经过商量后才去进行的，但事实上是反对了共同的敌人。这也促进了历史的前进。①

白寿彝最后作结论说："究竟什么是民族关系中的主流？我看各民族共同促使历史前进是主要的，也可以说这就是主流。在历史上，各民族之间尽管不断打些仗，不断搞些民族不和，但我们要从整个历史的发展去看问题。"② 我们可以毫不夸大地说，白寿彝此论一出，原来的"斗争"说与"和好"说，大致可以停止争论了。

同民族关系上的主流问题相联系的，是民族关系中的主体民族问题。在这个问题上，白寿彝也发表了十分重要的见解。他说："汉族是中国历史上的主体民族，这个提法对不对？我说对。为什么？因为汉族在全国各民族中，无论在哪个时期，都是人数最多、生产水平和文化水平最高的民族。在某些方面，汉族可能不如少数民族，少数民族超过了汉族。但总的讲，汉族水平是比较高的。还有一点非常重要，汉族在全国各民族中，始终成为我们国家的稳定力量。没有这个民族不行。值得注意的是，这个稳定力量，并不因为元代是蒙古贵族的统治、清代是满洲贵族的统治而有所削弱或受到排挤。元代和清代的统治，尽管是少数民族的贵族当权，但必须得到汉族地主阶级的拥护，没有汉族地主阶级的拥护，蒙古贵族、满洲贵族的统治也不可能稳定。这个看法，是符合历史实际的。中国历史几千年连续不断，在世界史上是少有的。这个功劳，汉族应居第一位。如果没有汉族，少数民族做不到这一点。当然，我们说汉族是主体民族，并不是说少数民族无关紧要，并不是说这个老大哥可以欺侮兄弟、压迫兄弟。绝不是这样。我们说尊重汉族的历史地位。这跟大汉族主义是两回事。汉族成为主体民族，可能成为大汉族主义思想滋长因素之一；但不等于说，汉族作为主体民族就一定要产生大汉族主义。"③ 我之所以说这段话十分重要且作长篇引证，并不在于白

---

① 以上，是笔者对白寿彝先生在此文中提出的论点的概括。

② 白寿彝：《关于中国民族关系史的几个问题》，见《民族宗教论集》，61 页。

③ 白寿彝：《关于中国民族关系的几个问题》，见《民族宗教论集》，61～62 页。

寿彝是一位少数民族史学家，而且是一位有很大学术影响和很高学术声望的少数民族史学家，而是因为他真正理解了历史，理解民族关系史，并敢于实事求是地把他的这些认识表述出来。这里，最重要的论点至少有三个方面：第一，汉族及其所在地区历来是生产力水平和文化发展水平最高的，这不仅对其他各族有很强的吸引力，而且也代表着历史发展的趋势。第二，汉族人口多，加上上述原因，它始终是中国社会历史进程中的稳定因素，尤其在政治上能够使国家保持稳定、保持统一，尽管这种稳定和统一不是绝对的而是相对的，其作用亦不可低估。第三，由于上述两个原因，中国历史和中华文明具有连续发展的特点和优点，这是世界上所有文明古国都未曾具备的。因此，我们说白寿彝的上述论点是十分重要的见解。当然，当白寿彝强调"主体民族"的重要作用的时候，他仍然指出少数民族的重要地位，并认为大汉族主义是不可取的。他的这一番话，又一次显示出他在中国历史和中国民族史之关系认识上的卓见和大家气度。

四、结语

白寿彝先生的民族史思想，不仅反映了一个史学家对于中国历史的深刻理解和总揽全局的通识器局，而且反映出一个史学家对祖国历史的挚爱和责任。尤其他作为一个回族出身的学者和史家，他的这些认识具有更加突出的学术影响和社会意义。本文所述评的几个问题，只是白寿彝民族思想中同历史研究、历史撰述关系较密切的几个问题。应当看到，他的其他一些关于民族史的见解，同样是十分重要的，如关于"民族与国家"的认识、关于对"统一的多民族国家"的认识、关于"爱国主义思想教育和少数民族史的结合"的认识、关于"历史上祖国国土问题的处理"的认识等等，① 都具有重要的学术价值和社会启示意义。一言以蔽之，这位史学前辈，留给后人的民族史与民族思想史的遗产极为丰富，值得我们这些后学认真研读和借鉴。

---

① 以上均见白寿彝：《民族宗教论集》。

下　篇

《帝王略论》
——唐初史论的杰作

　　唐初虞世南所撰的《帝王略论》一书，凡 5
卷，是我国史学史上较早的系统评论历代帝王的
专书。然此书自元代以后，传布渐稀，以致清代
学人于此书已不甚了然。所幸的是：敦煌文书中
尚存其残卷一卷有余；唐人赵蕤所撰《长短经》，
内中保存其部分佚文；而唐人马总所撰编年体通
史《通历》10 卷，则以《帝王略论》的有关评论
分系于所述帝王事迹之末，从而保存了它的更多
的佚文。1987 年，我曾考察马总《通历》，进而
考察《帝王略论》，认为后者确是唐初一部很有
特色、很有价值的历史评论著作，堪为唐初史论
的杰作之一。探索、诵读之间，既感其见解之独
到，亦叹其湮没之甚久。掩卷沉思，撰为此文，
供学术界同好和读者参考。

一、一个重要的问题

　　虞世南（558—638 年），字伯施，越州余姚
（今属浙江）人。他在少年及青年时代，受业于
著名学者顾野王，属文则祖述徐陵，又随智永学

书，笃志勤学，深得师辈真传，且有创新，声名远播。仕隋，先后任秘书郎和起居舍人。唐初，李世民引为秦府参军。唐太宗时，任著作郎，兼弘文馆学士，最后官至秘书监。他跟唐太宗在政治上有很深的关系，他们个人之间的友情也很重。史载：

> 太宗重其博识，每机务之隙，引之谈论，共观经史。世南虽容貌儒貌懦愞，若不胜衣，而志性抗烈，每论及古先帝王为政得失，必存规讽，多所补益。太宗尝谓侍臣曰："朕因暇日与虞世南商略古今，有一言之失，未尝不怅恨，其恳诚若此，朕用嘉焉。群臣若皆世南，天下何忧不理。"①

前人曾经指出，唐太宗时，净谏之臣非魏徵一人，这话是对的。别人且不说，虞世南就是一个。

值得注意的是，唐太宗跟虞世南经常讨论的是一个很重要的问题，即评论"古先帝王为政得失"，也就是唐太宗说的"商略古今"。唐太宗不愧是古代的英明君主，作为政治家，他对于历史，尤其是有关古今得失成败的经验教训，是非常重视的。这一点，吴兢《贞观政要》一书记载得尤为详尽。从虞世南来说，也有值得注意的地方：李世民即位时，虞世南已经六十八九岁了，但他对于政治关心的热情，却没有减退。他一方面同唐太宗"商略古今"；一方面又面对现实的政治，对山陵制度提出合理的建议，对山崩、地震、大水、彗星出现等自然现象都给予有利于启发唐太宗改进政治的解释，对于唐太宗的"好猎"也进行谏阻，等等。他这样做，越发赢得了唐太宗对他的亲近和尊重。唐太宗称赞虞世南有"五绝"：一是德行，二是忠直，三是博学，四是文辞，五是书翰。唐太宗把"德行"、"忠直"放在"五绝"的第一二位，说明他重才但更重德，同时也说明他是知人之君。

贞观十二年（638 年），虞世南去世，终年 81 岁。唐太宗十分悲痛，"哭之甚恸"。他亲自给他的儿子魏王李泰写了一篇敕书，说："虞世南于我，犹一体也。拾遗补阙，无日暂忘，实当代名臣，人伦准的。

---

① 刘昫等：《旧唐书》卷 72《虞世南传》。

吾有小失，必犯颜而谏之。今其云亡，石渠、东观之中，无复人矣，痛惜岂可言耶。"① 真情实感，溢于言表，而"当代名臣，人伦准的"这样的评价，自然不是可以妄加的。虞世南死后不久，唐太宗写了一首诗，"追述往古兴亡之道"，但想到世南已经辞世，便不胜感慨地说："朕之此诗，将何以示？"这再一次表明，唐太宗与虞世南的君臣之谊，是建立在一个共同的旨趣之基础上的，这就是：评论"先古帝王为政得失"，"追述往古兴亡之道"。唐太宗终于让人将此诗在虞世南灵前焚去，以告慰于这位已经故去的知音；同时命人图其形于凌烟阁，以为永久的纪念。

还在虞世南担任秦王记室参军的时候，他就被列为"十八学士"之列。褚亮撰的《十八学士赞》称誉虞世南"笃行扬声，雕文绝世；罔罗百世，并包六艺"②。可见他的德行、学问，备受时人称颂，非只太宗一人。然而，太宗把虞世南跟他"商略古今"看得如此之重，当无第二人可比。这，正是《帝王略论》的旨趣所在。

二、残卷之谜和佚文巧合

《帝王略论》敦煌本残卷是研究此书之面貌的基本依据，《长短经》和《通历》所存此书之佚文多为残卷所无，亦为研究此书提供了重要依据。故本文拟对《帝王略论》的残卷和佚文作比较具体的说明，并以此作为进一步研究的起点。

（一）残卷之谜

据《新唐书·艺文志》著录，虞世南的撰述有：他与裴矩合撰的《大唐书仪》10 卷，《帝王略论》5 卷，《北堂书钞》173 卷，《虞世南集》30 卷。③《大唐书仪》，已佚。文集，多已散失，《全唐诗》和《全唐文》编辑了他的极少量的佚诗、佚文。④《北堂书钞》，今存 160 卷，有明万历陈禹谟刻本。

---

① 刘昫等：《旧唐书》卷 72《虞世南传》。
② 董诰等编：《全唐文》卷 147。
③ 欧阳修等：《新唐书》卷 57《艺文志》之仪注类、杂家类、类书类、别集类。
④ 曹寅等编：《全唐诗》卷 36，北京，中华书局，1960；《全唐文》卷 138。

《帝王略论》，宋人得见此书，似无疑义。晁公武记马总《通历》云：

> 纂太古十七世、中古五帝三王，及删取秦、汉、三国、晋、十六国、宋、齐、梁，陈、元魏、北齐、后周、隋世纪兴灭，粗述其君贤否，取虞世南《略论》分系于末，以见义焉。①

若非亲眼见到《帝王略论》，或以《通历》与《帝王略论》对读，则不可能有如此明确的说法。《宋史·艺文志·杂家类》尚有著录，元初或许还有流传。及至清嘉庆年间，阮元与其门人撰《通历》（原作《通纪》）"提要"时，人们已经见不到《帝王略论》了。② 道光十三年（1833年），徐松抄录《通历》后所撰的题记，则明确指出《帝王略论》"久已散佚"③。这个事实说明，在明清两代（至少在清代）学人的案头上虽无此书，但人们对于它的湮没却是感到惋惜的。

直到20世纪30年代，王重民先生游学欧洲，在巴黎国立图书馆发现被伯希和盗劫去的敦煌本《帝王论》残卷，才证明此书原先在国内并未完全散失，并为近人研究此书的真正面貌提供了宝贵的依据。王重民先生为了揭开《帝王论》残卷之谜，即证明它乃是虞世南《帝王略论》的一部分，于1935年5月至1936年4月，先后撰写了四篇题记，足见他对于这个问题的重视和在治学上锲而不舍的精神。在这四篇题记中，王先生首先以《新唐书·艺文志·杂家类》和藤原佐世《见在书目》杂史家为据，指出：敦煌古书伯2636号《帝王论》残卷，疑即虞世南之《帝王略论》的一部分。进而以东洋文库购得镰仓时代写本虞世南《帝王略论》残卷（存1、2、4卷），与《帝王论》残卷相印证，证明"与此正是一书"。又进而以《郡斋读书志》、《困学纪闻》皆云《通历》一书保存了虞世南《帝王略论》的说法，并参照《唐文拾遗》卷13纂辑

---

① 晁公武：《郡斋读书志》卷2上史部编年类，张猛校证本，上海，上海古籍出版社，1990。

② 阮元：《揅经室外集》卷5，仅征阮氏文选楼道光刻本。

③ 马总：《通历》卷首，湖南叶氏梦篆廎刊本，1915。

"《通历》所引《要略》(按:原文为《论略》,当是《略论》之误)三十八事"和"《长短经》所引九事",指出:《帝王论》残卷之"所存者适在《通历》缺卷中,亦巧合矣"。最后,则以《太平御览》卷 129 所载虞世南《公子先生论》一条与《唐文拾遗》辑本相校,结论是:"正在马总所引卷内,因确知即《帝王略论》也。"① 上述论证,令人折服,伯 2636 号《帝王论》残卷即虞世南《帝王略论》传抄本之残卷无疑,这一论证的学术价值之一,是对唐初史学而尤其是对唐初历史评论的研究,有重要的意义。然而事隔 50 余年,这一论证的价值并未引起治中国史学史者的重视。我开始研究《帝王略论》,是因研究《通历》而受到启发的,亦未曾注意到王重民先生的那些论证;虽然在对《帝王略论》一书的看法上得到了与王先生大致相同的结论,但忽略了其残卷的存在,则是明显的疏失。学海无涯,可不慎欤!

近来,我查阅了《敦煌宝藏》② 第 123 册中所载伯 2636 号《帝王论》残卷的影印件,颇觉对《帝王略论》的认识有了新的进展。这里,我首先对王重民先生在 50 多年前为揭开残卷之谜所撰的题记作两点补证。

第一,王先生为证明残卷《帝王论》即唐初虞世南的《帝王略论》,举出了一系列证据。我认为,这些证据都是可以成立的。但是,有一条最直接的、也是最早的证据却没有被引证,即刘知幾关于《帝王略论》的评论。其文见《史通·杂说上》:

> 夫推命而论兴灭,委运而忘褒贬,以之垂诫,不其惑乎?
> 自兹以后,作者著述,往往而然。如鱼豢《魏略议》、虞世南《帝王论》,或叙辽东公孙之败,……或述江左陈氏之亡(原注:虞世南《帝王略论》曰:永定元年,有会稽人史溥为扬州从事,梦人著朱衣武冠,自天而下,手执金版,有文字。溥看

---

① 王重民:《敦煌古籍叙录》卷 2《史部·帝王略论》,97 页,北京,中华书局,1979。

② 黄永武主编:《敦煌宝藏》,台北,新文丰出版服务有限公司,1981。

之，有文曰："陈氏五主，三十四年。"谅知冥数，不独人事。）

其理并以命而言，可谓与子长同病者也。

刘知幾是在批评司马迁以"推命"而论成败的做法，进而兼及《魏略议》和《帝王论》的。值得注意的是：（1）刘知幾在正文中称"虞世南《帝王论》"，而在注文中则称"虞世南《帝王略论》"，可见《帝王论》即是《帝王略论》。（2）查《史通》原注所引《帝王略论》论陈氏之亡的一段话，与《通历》卷七所引《帝王略论》之"先生曰"，意思完全相同，只是文字略有删节。可见《通历》所引之"公子曰"、"先生曰"确出自《帝王略论》无疑。

第二，王先生据陆心源《唐文拾遗》卷13所辑唐人赵蕤《长短经》所引《帝王略论》九事，乃作出如下推断："《长短经》所引九事，始于西汉文、景，迄于东汉之末，当在原书卷二、卷三中，赵蕤殆亦未见全书耶？"王先生当时游学海外，寻书不便，乃作此种推断，是可以理解的。今查赵蕤《长短经》卷2《君德》篇，[①] 其正文征引《帝王略论》20首，注文征引1首，共21首。上起西汉文、景，下迄隋朝文帝，其间并不着意于连贯征引，而视其需要采择之。陆心源《唐文拾遗》卷13所以只辑录其9首者，皆《通历》所缺也；以下均与《通历》重复，故不取。其意当如此，并非赵蕤未见全书。值得注意的是，从揭示《帝王论》残卷之谜来说，《长短经》也提供了有力的佐证。其征引《帝王略论》（即"或曰"、"虞南曰"。按：因避唐太宗李世民讳，故略去"世"字）有3首论与残卷重合，即论西汉之文、景，武帝，宣帝，二者相校，亦可证残卷确为虞世南《帝王略论》无疑。

王先生已经辞世，不然当持此以求教正。

（二）佚文巧合

《帝王略论》现存佚文，除《史通·杂说上》所引"先生曰"1首、王重民先生引证的《太平御览》卷129所引"公子先生论"1首外，主要有：（1）敦煌本《帝王略论》残卷；（2）赵蕤《长短经》所引"或曰"、"虞南曰"；（3）马总《通历》所引"公子曰"、"先生曰"；（4）王

---

① 赵蕤：《长短经》，见《读画斋丛书》己集，嘉庆四年桐川顾氏刻本，书名题为《儒门经济长短经》。

重民先生提到的日本东洋文库所得镰仓时代写本《帝王略论》残卷（存1、2、4卷）。其中，《史通》、《御览》所引2首均见于《通历》，而日本镰仓时代写本残卷今日则又未可得见，故引下考察《帝王略论》现存佚文，无疑当以敦煌本残卷、《长短经》和《通历》为主要依据。

敦煌本残卷存部分序文、第1卷目录及全部正文、第2卷目录及大约1/2卷正文。这使我们大致上能够认识全书的结构、特点和规模。残卷正文由事略和评论两部分构成，事略书"略曰"，评论则书"公子曰"、"先生曰"，采用问答形式。全书略按历代帝王所处时代先后编次，而在有的朝代起始处还特别标出其朝代名称，如"殷略"、"周略"、"秦略"等。正文中还有少许简要的自注，如卷1于黄帝后注曰"右三皇"，于舜后注曰"右五帝"，于夏桀后注曰"论在殷纣章"，等等。卷1有事略（"略曰"）26章、评论（"公子曰"、"先生曰"）12首，卷2存事略9章、评论6首，合计事略35章、评论18首。事略之文最长者如述汉高祖刘邦，凡27行，约700字；最短者如述颛顼、帝喾、周平王，均不足2行，只三四十字。评论桀、纣二主之文最长，凡13行；评论周平王之文最短，仅3行。可见，不论是"略"还是"论"，文字多少不拘，显示出撰述上的灵活性。《帝王略论》一书的结构大致如此。它在体例上的特点，一是有"略"、有"论"，故称《略论》；一是"论"以问答形式表述，增强了本书的生动性和启发性。本书的规模，以敦煌本残卷结合《长短经》与《通历》所存之论考之，当是：第1卷，三皇至秦末；第2卷，两汉；第3卷，三国、两晋；第4卷，南朝；第5卷，北朝。

王重民先生当年曾兴奋地写道：残卷所存者，适在《通历》缺卷中，"亦巧合矣"。诚然，这种"巧合"对于我们认识《帝王略论》一书的全貌，特别是有关评论部分的全貌，至关重要。那么，这种巧合究竟"巧"在何处？我想作一简要说明，并对王先生的说法提出一点补充。上文讲到，残卷存评论18首，所论上起夏禹，下迄汉宣帝。马总《通历》10卷，前3卷早佚，今存后7卷；后7卷中征引《帝王略论》的评论34首，[①] 所论上起晋宣帝，下迄隋文帝。残本与《通历》共存评论

---

① 陆心源《唐文拾遗》卷13辑为39首，然其中有5首（即论南朝宋武帝、梁武帝、陈后主、北魏孝文帝、北周武帝等）提行不妥，应予以合并，实为34首。参见《全唐文》第11册。

52 首，且毫无重复，可互相补充，此一"巧合"也。此外，赵蕤《长短经》征引《帝王略论》的评论 21 首，所论上起西汉文、景，下迄隋朝文帝。其前 3 首（即论西汉文、景，武帝，宣帝）与残卷相重，其后 12 首（即论晋宣帝以下直至隋文帝）皆《通历》所有；而中间 6 首（即论西汉元帝，王莽，东汉光武帝，汉祖、光武之臣，东汉桓、灵二帝，魏、蜀、吴三国君主）恰为汉宣以下、晋宣以上，弥补了残卷与《通历》所存评论的一大"缺口"，此又一"巧合"也。以上三书合计，共存《帝王略论》之"论" 73 首，若重复者不计，仍可得 58 首。其中，三皇至秦 12 首，两汉 11 首，三国两晋 9 首，南朝 11 首，北朝至隋 15 首。① 我认为，《帝王略论》之"论"的部分，于此庶可还其本来面目。

三、在史学上的价值

本文第一部分指出："商略古今"是《帝王略论》的旨趣所在。这一点，在敦煌本残卷所保存的部分序文中可以得到进一步的证明。残序为序文的后半部分，9 行，上端已残缺，每行缺 2～4 字不等，然其意大致可以看出。第一，序文中有"将为子说治乱之迹，贤愚二贯"，这应是本书主旨。第二，三皇五帝，"非凡庸所敢轻议，但略陈其事，存而不论"；三代以下，"世有治乱，兴亡之运，可得而言"，故择其明者可为轨（规）范、昏者可为鉴戒"试论之"。这是说明三代以上只"略陈其事"，有"略"无"论"；三代以下则有"略"有"论"。第三，"至于守文承平、无咎无誉"，非规范、鉴戒所由者，"亦所不谈也"。这是进一步说明了本书对记述与评论之对象的取舍及其缘由。要之，本书并

---

① 这 58 首论所评论的人物是：夏禹、太康、成汤、伊尹与傅说、桀与纣、周文王、武王、周公、宣王、幽王与厉王、平王、秦始皇、汉高祖、文帝与景帝、武帝、昭帝、昌邑王、宣帝（以上见敦煌本残卷）、元帝、王莽、光武帝、汉祖与光武之臣、桓帝与灵帝、三国君主（以上见《长短经》）、晋宣帝、景文帝、武帝、惠帝、元帝、明帝、孝武帝、桓玄、宋高祖、文帝、孝武帝与明帝、齐高帝与武帝、明帝、宋齐废主、梁武帝、元帝、陈高帝、文帝与宣帝、后主、魏道武帝、太祖与太武、献文帝、孝文帝、孝明帝、孝庄帝、齐神武帝、文宣帝、武成帝、后主、宇文泰、宇文護、周武帝、宣帝、隋文帝（以上见《通历》）。以上，除十六国外，对各朝君主均有所评论。

非泛泛而论"古今",而是要在确有可"商略"处做文章。王重民先生据《玉海》卷62引《中兴书目》语及《新唐书·虞世南传》,判定虞世南撰《帝王略论》"盖在秦府时",我以为是可以成立的。序文"将为子说"云云,以及论中所谓"公子曰"、"先生曰",从口气上看,亦可证此书撰于李世民即位之前。当时,唐朝建立不久,天下未定,书中谈论的内容,确是当时的形势和李世民本人所迫切需要的。

尽管《帝王略论》是一部记帝王之事略、论帝王之贤愚的著作,但其价值显然不在于"略"而在于"论"。从我对《帝王略论》残卷及佚文所作的初步考察来看,我认为它在评论历代君主方面或由此而涉及到对其他历史问题的评论方面,不论在见解上还是在方法上,都有深入研究的价值。

(一)提出了关于"人君之量"的见解。如《通历》记东晋末年桓玄所建"伪楚"及其为刘裕所败的史实后,引《帝王略论》说:

> 公子曰:桓玄聪敏有夙智,英才远略,亦一代之异人,而遂至灭亡,运祚不终,何也?
>
> 先生曰:夫人君之量,必器度宏远,虚己应物,覆载同于天地,信誓合于寒暄,然后万姓乐推而不厌也。彼桓玄者,盖有浮狡之小智,而无含弘之大德,值晋室衰乱,威不逮下,故能肆其爪牙,一时篡夺,安国治人无闻焉。尔以侥幸之才,逢神武之运,至于夷灭,固其宜也。①

这里说的"人君之量",不只是君主的个人品德问题,它还包含着君主在政治上的远见卓识,以及由这样的远见卓识为指导而制订的种种措施和这些措施所产生的积极的社会效果。只有具备这种气度的君主,才能使"万姓推而不厌也"。虞世南认为,像桓玄这样的"浮狡小智"、"侥幸之才",是不能成就大事业的,而遭到毁灭则是理所当然的。

"人君之量"是一个很高的道德标准和政治标准。在虞世南看来,不独桓玄这样的人与此无涉,历史上有一些看来还说得过去的君主也不

---

① 马总:《通历》卷4所引。

曾达到这样的标准。如他论北周武帝宇文邕，是这样说的：

> 公子曰：夫以周武之雄才武艺，身先士卒，若天假之年，
> 尽其兵算，必能平一宇内，为一代之明主乎？
> 先生曰：周武骁勇果毅，有出人之才略。观其卑躬厉士，
> 法令严明，虽句践、穰苴亦无以过也。但攻取之规有称于海
> 内，而仁惠之德无闻于天下，此猛将之奇才，非人君之
> 度量。①

"人君之度量"不同于种种"奇才"的地方，在于前者应建立在很高的道德素养和政治素养之上，因而能产生影响于社会的"仁惠之德"。在封建社会里，君主具有至高无上的权力。虞世南提出"人君之度量"的看法，尽管带着很重的理想主义的色彩，但他在主观上是希望人君能对自己提出更高的要求。这一点，还是有积极意义的。

同"人君之量"的见解相关联的，虞世南还评论了"人君之才"与"人君之德"。《帝王略论》在评论汉元帝的时候，讲到了关于"人君之才"的问题——

> 或曰：汉元帝才艺温雅，其守文之良主乎？
> 虞南曰：夫人君之才在乎文德武功而已。文则经天纬地、
> 词令典策，武则禁暴戢兵、安人和众，此南面之宏图也。至于
> 鼓瑟吹箫、和声度曲，斯乃伶官之职，岂天子之所务乎。②

人的才华是多种多样的，对于不同身分的人来说，亦要求与之相适应的才华。作为一个君主，其才能应反映在"经天纬地"、"禁暴戢兵"方面，否则将与身份不相吻合。这是提出了怎样看待"人君之才"的标准。在讲到"人君之德"时，虞世南极力称赞刘备，说："刘公待刘璋

---

① 马总：《通历》卷 10 所引。
② 赵蕤：《长短经》卷 2《君德》篇所引，《读画斋丛书》本。
按：赵蕤在征引时，将"公子曰"改为"或曰"，"先生曰"改为"虞
南曰"，因避唐太宗李世民讳，故不书"世"。下同。

以宾礼，委诸葛而不疑，人君之德于斯为美。"[1] 他把尚礼和诚信看做是"人君之德"的两个重要方面，这无疑是从儒家传统观念着眼的，但这两条对于当时的李世民和后来的贞观之治，特别对于维系唐太宗统治集团的稳定，或许不无关系。

（二）大胆肯定一些君主的历史作用。虞世南对历史上一些君主的评价，往往反映出他的卓越的史识。他对魏孝文帝和宋高祖的评价，就是很典型的例证。下面是关于宋高祖刘裕之评价问题的问答：

> 公子曰：宋高祖诛灭桓玄，再兴晋室，方于前代，孰可比伦？
>
> 先生曰：梁代裴子野，时以为有良史之才，比宋祖于魏武、晋宣。观彼二君，恐非其类。
>
> 公子曰：魏武一代英伟，晋宣频立大功，得比二人，以为多矣。季孟之间，何为非类？
>
> 先生曰：魏武，曹腾之孙，累叶荣显，濯缨汉室三十余年，及董卓之乱，乃与山东俱起，诛灭元凶，曾非己力。晋宣历任卿相，位极台鼎，握天下之图，居既安之势，奉明诏而诛逆节，建瓴为譬，未足喻也。宋祖以匹夫挺剑，首创大业，旬月之间，重安晋鼎，居半州之地，驱一郡之卒：斩谯纵于庸蜀，擒姚泓于靖函，克慕容超于青州，枭卢循于岭外，戎旗所指，无往不捷。观其豁达宏远，则汉高之风；制胜胸襟，则光武之匹，惜其祚短，志未可量也。[2]

在魏晋南北朝隋唐时期门阀风气很盛的政治氛围中，虞世南这样赞扬"匹夫"出身的宋高祖，不仅要有见识，而且也要有勇气。值得注意的是，在虞世南的时代看历史，西汉开国之君刘邦和东汉新兴之主刘秀，恐怕是最受人尊崇的两位君主了；他把刘裕跟他们相比拟，可以看出他对东晋灭亡的毫不惋惜和对刘宋建立的充分肯定之情。他似乎认识到，晋宋更迭是一个不可扼止的趋势。而他对魏孝文帝的评价是从另一

---

① 赵蕤：《长短经》卷2《君德》篇所引。

② 马总：《通历》卷6所引。

个方面予以强调的：

> 公子曰：魏之孝文，可方何主？
>
> 先生曰：夫非常之人，固有非常之功。若彼孝文，非常之人也。
>
> 公子曰：何谓非常之人？
>
> 先生曰：后魏代居朔野，声教之所不及，且其习夫土俗，遵彼要荒。孝文卓尔不群，迁都瀍涧，解辫发而袭冕旒，祛毡裘而被龙衮，衣冠号令，华夏同风。自非命代之才，岂能至此。①

这是从民族关系上，特别是从"声教"（这大概是今天人们所说的许多个"文化"概念中的一个）方面高度评价了魏孝文帝的汉化措施，并把魏孝文帝称为"非常之人"、"命代之才"。在当时的历史条件下，作者能够对民族关系有这样的见解，能够对所谓"异族"统治者作这么高的评价，不能不说是一种卓识。

（三）着意于成败得失的总结。《帝王略论》从多方面评论历代君主的贤愚、明昏，根本的一条，是着意于对历代政治统治成败、得失的分析和总结。虞世南论秦始皇和秦朝的历史，既注重于政策的当否，又涉及到有关人的才能的高下，包揽的面是很宽的——

> 公子曰：秦始皇起秦陇之地，蚕食列国，遂灭二周而迁九鼎，并吞天下，平一宇内，其规摹功业亦已大矣。何为一身几殂，至子而亡乎？
>
> 先生曰：彼始皇者，弃仁义而用威力，此可以吞并而不可以守成，贻训子孙，贪暴而已。胡亥才不如秦政，赵高智不及李斯，以暗主而御奸臣，遵始皇贪暴之迹，三载而亡，已为晚矣。②

---

① 马总：《通历》卷8所引。
② 敦煌本《帝王略论》残卷（伯2636号）卷1。

这里着重批评了秦始皇一味任用"威力"的政策,殊不知在"守成"时亦需要以仁义相辅;而这种政策作为贻训,又影响到秦二世的统治。联想到贞观初年,唐太宗与群臣讨论"教化"问题,魏徵力主教化,而封德彝则提出"秦任法律,汉杂霸道"的先例,以致引起一场争论;① 以及唐太宗与群臣探讨"草创与守成孰难"的问题,引起热烈的争论,② 可以看出虞世南的上述评论并不是毫无意义的。他评论的是历史,但却包含着对于未来的某种预见。

在总结历代皇朝成败得失的时候,虞世南还能够指出那些获得巨大成功的君主的失误处,决不因其功业之大而讳言其短。他论汉高祖刘邦是这样说的:

> 公子曰:汉高拨乱反正,为一代英主,可谓尽善者乎?
>
> 先生曰:汉祖起自卑微,提三尺剑以取天下,实有英雄之度量焉!故班氏《王命论》云……加之以信诚好谋,达于礼爱,见善如不及,用人如由己,从谏如顺流,趋时如响赴,此其所以得天下也。然知吕后之耶(邪)辟而不能正,爱赵王如意而不能全,身没之后,几亡社稷。若无刘章、周勃,吕氏几代汉矣。此之为过,甚于日月之食,岂尽善之谓乎。③

作者充分肯定了刘邦在政治上的谋略和成功,但也批评了他在对待吕后的"邪辟"上的迁就和无力,以致弄到"几亡社稷"的地步,这是重大的过失,怎么能说他是尽善尽美的人呢!可见在作者看来,所谓明者可为规范、昏者可为鉴戒,二者也不是截然分开的。这里面包含着作者在评论历代帝王时的朴素辩证观点。

(四)重人事而斥天命。中国古代史学家在论述历史事件或评价历史人物时,常常摆脱不了"天命"的束缚;这种束缚的程度,自然因人而异。不过,也确有少数史学家是不大相信"天命"的,甚至对"天命"进行指斥。从总的倾向来看,《帝王略论》是属于后一种情形。它

---

① 范祖禹:《唐鉴》卷 3。

② 吴兢:《贞观政要·君道》。

③ 敦煌本《帝王略论》残卷(伯 2636 号)卷 2。

关于宋文帝的评价，是涉及到对于"天命"的态度的：

> 公子曰：宋文宽仁之君，享国长久，弒逆之祸，为何所由？善而无报，岂非命也？
>
> 先生曰：夫立人之道，曰仁与义。仁有爱育之功，义有断制之用，宽猛相济，然后为善。文帝沉吟于废立之际，沦溺于嬖宠之间，当断不断，自贻其祸，孽由己作，岂命也哉。①

这一段话表明，宋文帝的"弒逆之祸"，并不是不可避免的，恰恰相反，这正是他自己的种种失误所酿造出来的。"沉吟于废立之际，沦溺于嬖宠之间"，这在历代封建君主中是带有普遍性的现象，也是许多次政治动乱、甚至引起朝代更迭的重要原因之一。作者此论，对宋文帝来说固然不错，对后世的封建君主也有警诫的意义。

在讲到南朝宋齐二代"废主"之多的问题时，作者把自己关于天命同人事的看法说得更明确了：

> 公子曰：宋、齐二代，废主有五，并骄淫狂暴，前后非一，或身被杀戮，或倾覆宗社，岂厥性顽凶，自贻非命，将天之所弃，用亡大业者哉？
>
> 先生曰：夫木之性直，匠者揉以为轮；金之性刚，工人理以成器。岂天性哉，盖人事也。惟上智与下愚特禀异气，中庸之才皆由训习。自宋、齐以来，东宫师傅，备员而已，贵贱礼乐，规献无由；且多以位升，罕由德进。善乎哉。②

这里，不仅强调了"人事"的作用，而且把人事也讲得很具体，很切实，即教育的作用。《帝王略论》着重于论，但它在这里，也从史实上概括了宋、齐二代"废主"之多的原因。这对最高的封建统治集团来说，无疑也是一条重要的历史教训。当然，作者对待"天命"，也不是

---

① 马总：《通历》卷6所引。
② 同上。

彻底否定的；有时，他还相信"冥数"的存在,① 这是他的局限所在。

（五）儒、佛、道融合汇聚的文化意识。虞世南在《帝王略论》中，还涉及到对一些历史现象的评论，从佚文来看，其中关于论儒、佛、道相互关系的看法，反映了作者的儒、佛、道融合汇聚的文化意识，具有突出的时代意义。关于儒与释的关系，他是这样讲的：

> 公子曰：梁武帝夷凶翦暴，克成帝业，南面君临五十余载，盖有文武之道焉。至于留心释典，桑门比行，以万乘之君为匹夫之善，薰莸不验，危亡已及，岂其道非邪，何福谦之无效也？

> 先生曰：夫释教者，盖出世之津梁，绝尘之轨躅，运于方寸之内，超于有无之表，尘累既尽，攀缘已息，然后入于解脱之门。至于凡俗之法，则有布施、持戒、忍辱、精进、禅定、智慧，是为六波罗密，与夫仁、义、礼、智、信，亦何殊焉。②

这里提出的一个看法，是把佛教的"六波罗密"与儒家宣扬的"五常"联系起来，认为它们之间本没有什么区别。这种文化意识，一方面固然是东汉以来佛教广泛传播的结果，一方面也表明儒家思想在吸收、融化外来思想方面的能力，反映了一定的文化背景和时代特色。虞世南不认为君主笃信佛教是可以非议的，但他强调人君修道应当"以弘济为怀，仁恕为体"，否则，"区区一介之善，亦何取焉？"这跟上文所引的"人君之度量"的说法是一致的。

在讲到释、道二教的社会作用时，虞世南把它们跟"王化"、"舆俗"的关系说得更清楚了：

> 公子曰：其（按：指周武帝）毁灭二教，是耶非耶？
> 先生曰：非也。
> 公子曰：请闻其说。
> 先生曰：释氏之法，则有空而无滞，人我兼忘，超出生

---

① 马总：《通历》卷7之末"先生曰"。
② 马总：《通历》卷7所引。

死，归于寂灭，象外之谈也。老子之义，则谷神不死，玄牝常
存，长生久视，腾龙驾鹤，区冲之教也。至于止恶尚仁，胜残
去杀，并有益于王化，无乖于舆俗。今以众僧犯律，道士违
经，便谓其教可弃，其言可绝，奚异责梼杌而废尧，怨有穷而
黜禹，见瓠子之泛滥远塞河源，睹昆岳之方阳遽投金燧？曾不
知润下之德为利已远，变腥之用其功甚博。井蛙观海，局于所
见轮回长夜之迷、自贻沉溺之苦。疑误学者，良可痛焉。①

从这一段议论中，可以看出虞世南对于释、道二教在精神统治方面
所起的作用是了解得十分透彻的，即所谓"有益于王化，无乖于舆俗"。
因为它们所起的作用很大，所以不应以"众僧犯律，道士违经"为由而
毁灭它们；那些毁灭释、道的人，就跟井底之蛙一样，眼光狭小，是很
可悲的。如果不是从文化的角度而是从政治的角度来看，虞世南简直是
在进行说教了。但他毕竟是一个文人，是一个学者。他是从儒、释、道
各自所宣扬的最高境界来判断它们之间的关系的，所以他对它们在现实
中所产生的冲突就采取了斥责的态度。从史学的角度来看，这样的文化
意识，表明佛学已经深深地渗透到史学中来了。虞世南的上述看法，对
于了解整个唐代史学跟佛学的关系是很重要的。

《帝王略论》残卷和佚文还涉及到对其他不少历史人物的评价，这
里就不一一详述了。

从封建社会的政治统治和最高统治者的"为君之道"来看，或者从
当时的时代特点来看，《帝王略论》所讨论的问题是很重要的；在一些
具体论点上，或发前人之所未发，或具有鲜明的历史启发作用。这些，
对于研究历史和研究史学的人，都有一定的参考价值。在这个问题上，
我对王重民先生的看法未敢苟同。王先生说："是书文辞肤浅，诚为初
学而作；然若以此疑非出于虞氏手，虞氏固有《兔园册》，颇行于时
矣。"依我的浅见，此书文辞固不深奥，但它讨论的问题却重在"治乱
之迹，贤愚二贯"，使人认识到明者可为规范，昏者可为鉴戒。因此，
似不便把通俗说成"肤浅"；也不能把讨论皇朝成败、人君贤愚这样重

---

① 马总：《通历》卷10所引。

要的问题视为"为初学而作"。至于说"虞氏固有《兔园册》,颇行于时矣",以《兔园册》作为旁证来证明《帝王略论》的"肤浅",也是有问题的。《兔园册》是否为虞世南所作,王国维早已提出怀疑,认为"世南入唐,太宗引为记室,即与房玄龄对掌文翰,未必令撰此等书"。① 王氏所疑,是有根据的。另据《困学纪闻》所云,《兔园册府》乃"唐蒋王恽令僚佐杜嗣先仿《应科目策》,自设问对,引经史为训注"。李恽为太宗第七子,贞观十年(636 年)封蒋王,② 时虞世南为秘书监,且已 79 岁高龄,绝无为是书之理。王国维考证此书写成当在蒋王为安州都督任上,亦可证此书与虞氏毫无关系。《兔园册府》后来成为一部流传很广的通俗读物,③ 故有人嫁名于虞氏,那就是另一回事了。

此外,我以为《帝王略论》在史学上的价值还表现在以下两个方面。第一,它是中国史学史上较早的历史评论著作。中国史学中的历史评论,有长久的传统和多种多样的形式。从《左传》的"君子曰"到《史记》的"太史公曰",这是一种很突出的历史评论形式。而司马迁的于叙事中寓论断的方法,则是历史评论发展的一种高级形式。同时,先秦时期以来的史学家、思想家、政治家也有不少历史评论的专篇。但作为历史评论的专书,在唐代以前却不多见,而作为贯穿古今的历史评论专书则寥若晨星。《帝王略论》很可能是我们今天所知道、所见到的这方面的最早著作。第二,以问答的形式撰写历史评论,这是《帝王略论》的一个创造。中国古代典籍,很早就有较多采用问对形式进行表述的,如《论语》,如《孟子》。在一些较早的史书中,也有在一些篇章里把问对写得十分精彩的,如《左传》、《国语》、《战国策》,如"前四史"等。但运用问答的形式撰写一部完整的历史评论著作,《帝王略论》实属首创。如前所述,它的每一首史论都由"公子曰"、"先生曰"这样一问一答构成,有的多至三问三答。这种形式有两个好处,一是容易把问题提得明确,便于理解;二是生动活泼,以利流传。盛唐时期赵蕤撰

① 王国维:《唐写本〈兔园册府〉残卷跋》,见王国维《观堂集林》卷 21。此文亦收入王重民著《敦煌古籍叙录》,205 页。

② 刘昫等:《旧唐书·太宗诸子传》。

③ 孙光宪:《北梦琐言》卷 19"诙谐所累":"北中村墅多以《兔园册》教童蒙。"上海,上海古籍出版社,1981。欧阳修《新五代史》卷 55《刘岳传》:"《兔园册》者,乡校俚儒教田夫牧子之所诵也。"

《长短经》和中唐时期马总撰《通历》，部分或全部采用《帝王略论》中的评论，绝非偶然。《帝王略论》在历史比较方法上有广泛的运用，我已另有专文评论，此不赘述。所有这些，对我们今天的史学工作还是有一定的启发的。

要之，《帝王略论》不独是唐初史论的杰作，就是在整个唐代史论中，在中国历史评论发展史上，也占有不可忽视的地位。

《隋书》的史论

一、魏徵与《隋书》史论

唐朝初年官府所修的《隋书》，是我国古代所谓正史的"二十四史"之一。在中国史学史中，它不仅是有代表性的一部官修史书，而且其史论还颇具当时统治者言论的一些特色。

隋唐封建皇朝，是继秦汉之后又一次出现的两个蝉联的封建统一政权，唐初统治者从维护统一和巩固统治的需要出发，着手修撰《隋书》。唐高祖李渊在《命萧瑀等修六代史诏》中清楚地表明：唐初统治者十分重视修撰前朝历史，乃是出于当时的政治需要，即所谓"握图御宇，长世字民"。尤其是对于《隋书》的修撰，具有更为直接的现实意义。这是因为：第一，唐朝的封建统一政权是隋朝封建统一政权的直接继承和发展，没有隋朝，就没有唐朝。因此，唐初统治者对隋朝的统一大业，是极为推崇的，称赞隋文帝顺乎潮流，"乘兹机运，遂迁周鼎"，"勧劳日昃，经营四方"，致使"金陵失险"、"单于款塞"，出现了"《职方》所载，并入疆理，《禹贡》所图，咸受正朔"的统一局面，对隋文帝在统一事业中的作用给予很高的评价。第二，唐初统治者对于隋朝初年的政治，也是异常钦慕的，认为：隋文帝时，"七德既敷，九歌已洽，要荒咸暨，尉候无警。于是躬节俭，平徭赋，仓廪实，法令行，君子咸乐其生，小人各安其业，强无凌弱，众不暴寡，人物殷阜，朝野欢娱。二十年间，天下无事，区宇之内晏如也。考之前王，足以参踪盛烈"。① 第三，一个"甲兵强盛"、"风行万里"的隋皇朝，为何在很短的时间内，竟然"率土分崩"、"子孙殄灭"② 了呢？这样触目惊心的现实，又不能不引起唐初统治者的警惕和深思。可见，撰述隋朝历史，对于唐朝统治者来说，有着切身的利害关系，有许多引为鉴戒的历史经验教训。因此，唐皇朝建立不久，最高统治集团立即着手修撰《隋书》及其他史书。

武德五年（622年），唐高祖李渊诏令"兼中书令封德彝、中书舍人颜师古可修隋史"③。这次修史工作"绵历数载，不就而罢"。逮及贞观三年（629年），唐太宗李世民乃令"秘书监魏徵修隋史"④，魏徵就做了《隋书》的主编。《旧唐书》卷71《魏徵传》记："征受诏总加撰定，多所损益，务从简正。隋史序、论，皆徵所作。"可见，魏徵不仅主编《隋书》，而且还亲自撰写了《隋书》的序、论。⑤

魏徵是唐初著名的政治家之一。他与唐太宗在政治上有密切关系，是唐太宗统治集团的主要谋划人物和决策人物之一。《隋书》史论，不仅反映了以魏徵为代表的一批谏官、元臣的思想，而且在很大的程度上反映了唐太宗统治集团的政治思想和历史观点。

因此，研究《隋书》史论所提出的一些主张、观点和理论，对于揭示唐朝统治集团，特别是唐初统治集团的政治思想和历史观点，进而说明史学发展与历史发展的关系，是不无益处的。

---

① 魏徵等：《隋书》卷2《高祖纪》后论。

② 刘昫等：《旧唐书》卷71《魏徵传》。

③ 《唐大诏令集》卷81。

④ 刘昫等：《旧唐书》卷73《令狐德棻传》。

⑤ 《隋书》纪、志、列传共85卷，其中有序、论77首，计："纪"有"后论"3首，"志"有"序"7首，"列传"有"后论"50首、"序"14首。除"志"以外，序、论皆徵所作。

二、探究隋朝何以骤兴骤亡的原因

"隋之得失存亡，大较与秦相类。"这是《隋书》史论对于隋朝历史经验教训的最重要的概括。

唐继隋而起。隋何以亡，唐何以兴？对于这样一个问题的回答，犹如西汉初年陆贾受刘邦之命作《新语》一样，[①] 成为《隋书》史论极为重视的中心问题。

《隋书》史论的作者注意从变化的观点来分析历史现象，认为隋朝"衰怠"、"乱亡"的原因，"所由来远矣，非一朝一夕"[②]；而着重分析了隋亡"成于炀帝"的种种政治原因，指出：隋炀帝"负其富强之资，思逞无厌之欲，狭殷、周之制度，尚秦、汉之规摹。恃才矜己，傲狠明德，内怀险躁，外示凝简，盛冠服以饰其奸，除谏官以掩其过。淫荒无度，法令滋章，教绝四维，刑参五虐，锄诛骨肉，屠剿忠良，受赏者莫见其功，为戮者不知其罪。骄怒之兵屡动，土木之功不息，频出朔方，三驾辽左，旌旗万里，征税百端，猾吏侵渔，人不堪命。乃急令暴条以扰之，严刑峻法以临之，甲兵威武以董之，自是海内骚然，无聊生矣"[③]。这一段评论，把隋炀帝统治时期骄横残暴的政治揭示得极为深刻。联系到隋炀帝严刑峻法、穷兵黩武、营造无日、巡幸不止等等做法，这个评论基本是符合历史事实的。其中有些见解，如说隋炀帝"淫荒无度，法令滋章"，"骄怒之兵屡动，土木之功不息"，"猾吏侵渔，人不堪命"等等，就是以今天的眼光来看，也不失为正确的论断。这些议论，是接触到了隋朝灭亡的某些根本问题了。

没有比较，便没有鉴别。《隋书》史论为了深入地阐明隋亡的教训，还进一步把文帝、炀帝时期的政治作了比较，指出："夫以开皇之初，比于大业之盛，度土地之广狭，料户口之众寡，算甲兵之多少，校仓廪之虚实，九鼎之譬鸿毛，未喻轻重，培塿之方嵩、岱，曾何等级！论地险则辽隧未拟于长江，语人谋则句丽不侔于陈国。高祖扫江南以清六

①　司马迁：《史记》卷97《郦生陆贾列传》。

②　魏徵等：《隋书》卷2《高祖纪》后论。

③　魏徵等：《隋书》卷4《炀帝纪》后论。

合，炀帝事辽东而丧天下。其故何哉。"① 经过这样的对比，又提出如此尖锐的问题，既表明了《隋书》史论的撰著者对历史事件的深刻的理解，同时也能更强烈地唤起人们的注意而发人深省。魏徵处在唐代第二个皇帝唐太宗时期，提出这个问题，当然是寓有深意的。《隋书》史论认为：文帝、炀帝"所为之迹同，所用之心异也"。就是说，他们的做法似乎是一样的，而他们的目的却完全不同。文帝的统一战争，"十有余载，戎车屡动，民亦劳止，不为无事。然其动也，思以安之，其劳也，思以逸之。是以民致时雍，师无怨讟，诚在于爱利，故其兴也勃焉。"炀帝则不然，"嗣承平之基，守已安之业，肆其淫放，虐用其民，视亿兆如草芥，顾群臣如寇仇，劳近以事远，求名而丧实。兵缠魏阙，陁危弗图，围解雁门，慢游不息。天夺之魄，人益其灾，群盗（？）并兴，百殃俱起，自绝民神之望，故其亡也忽焉"。这就是"高祖之所由兴，而炀帝之所以灭"② 的原因。《隋书》史论的这个见解是十分难能可贵的。在这里，魏徵认为，隋文帝对人民的"动"是为了使其"安"，对人民的"劳"是为了使其"逸"，故其能以兴；隋炀帝"肆其淫放，虐用其民，视亿兆如草芥，顾群臣如寇仇"，故其必然亡。这无疑是说明人心的向背，决定着隋朝的"兴"、"亡"。魏徵的这种认识，是带有一贯性的。他曾多次引用《荀子·王制》上的话劝告唐太宗："君，舟也；民，水也。水能载舟，亦能覆舟。"③ 唐太宗本人也曾用这样的话诲谕太子。④《隋书》史论有不少真知灼见，上面所引，便是其中突出一例。

《隋书》史论除了以隋朝自身的历史作比较外，还进而把隋朝的历史与秦朝的历史作了比较，并得出这样的结论："其隋之得失存亡，大较与秦相类。始皇并吞六国，高祖统一九州，二世虐用威刑，炀帝肆行猜毒，皆祸起于群盗（？），而身殒于匹夫。原始要终，若合符契矣。"⑤《隋书》史论的撰者在此明确指出：隋亡和秦亡一样，都是被"群盗"

---

① 魏徵等：《隋书》卷70后论。
② 同上。
③ 吴兢：《贞观政要·政体》及《君臣鉴戒》。
④ 吴兢：《贞观政要·教戒太子诸王》。
⑤ 魏徵等：《隋书》卷70后论。

所推翻。这就是全部问题的症结所在。可见。他不仅希望唐朝统治者要记取隋亡的教训，而且要记取秦亡的教训。《隋书》史论用这种历史教训来唤起唐朝统治者的警惕，它的政治目的与阶级实质也就表露得再清楚不过了。

此外，《隋书》史论还从经济上探讨了隋朝灭亡的原因，指出："取之以道，用之有节，故能养百官之政，励战士之功，救天灾，服方外，治国安人之大经也。"这可以说是《隋书》史论的撰者的根本的经济原则。其具体主张是："不夺其时，不穷其力，轻其征，薄其赋，此五帝三皇不易之教也。"相反，"若使之不以道，敛之如不及，财尽则怨，力尽则叛"，那时人民就要起来造反。质而言之，就是剥削、奴役百姓要有一个"限度"，不超过这个"限度"，就可以"治国安人"；超过这个"限度"，使"怨"、"叛"丛生。《隋书》史论从剥削阶级的立场来评论封建皇朝的经济政策，并提出上述的主张，应当说是很难得的。

《隋书》史论分析了隋朝末年由于劳役、兵役过重，造成了生产力的巨大破坏，以致出现了"……比屋良家之子，多赴于边陲，分离哭泣之声，连响于州县。老弱耕稼，不足以救饥馁，妇工纺绩，不足以赡资装"的悲惨局面，加之"租赋之外，一切征敛，趣以周备，不顾元元，吏因割剥，盗其太半"，终于弄得全国各地"盗贼（？）充斥"，故而"隋氏之亡，亦由于此"。于是《隋书》史论总结出这样的历史经验："富而教之，仁义以之兴，贫而为盗，刑罚不能止。"[①] 这些议论，从阶级实质来看，无疑是为了巩固唐皇朝的地主阶级的统治，并非在为人民着想；从历史观点来看，则比较明确地认识到社会生产的发展与破坏，对于政权的兴盛和衰亡有着直接的关系，这种见解还是应当肯定的。唐初统治集团比较注重发展生产、稳定统治秩序，其思想基础，就在于此。

三、寄寓理想的政治统治秩序

"所居而化，所去见思。"这是《隋书》史论竭力提倡的一种封建吏治和统治秩序。《隋书》史论认为，要避免重蹈秦、隋之亡的覆辙，还

---

① 魏徵等：《隋书》卷24《食货志》序。

必须对各级封建官吏提出"立身从政"的严格要求，从而建立起一种比较稳定的统治秩序。

魏徵在《隋书》史论中，突出地宣扬"循吏"的作用，认为："古之善牧人者，养之以仁，使之以义，教之以礼，随其所便而处之，因其所欲而与之，从其所好而劝之。"这就是所谓"化人"的办法；做到这些，就能统治人民，管理政务，天下安定。他还认为，"有无能之吏，无不可化之人"①，主张主要通过教化来达到统治人民的目的。他的这个思想，颇像是道家思想的延续，又如同汉初黄老学说的翻版。其实，这种思想恰是唐初历史条件的合乎规律的反映。处在隋末动乱后的唐初社会，犹如处在秦末动乱后的汉初社会一样，当务之急是要稳定统治秩序，"与民休息"；故汉初有黄老政治，鼓吹"无为"，唐初有魏徵的"教化"之说，主张"化人"。这都是历史发展的必然产物。魏徵的高明之处，在于他比其他人更加面对现实，因而也就更清晰地洞察了当时的社会。他在给唐太宗的一篇奏疏中还说过："知臣莫若君，知子莫若父。父不能知其子，则无以睦一家；君不能知其臣，则无以齐万国。万国咸宁，一人有庆，必藉忠良作弼，俊乂在官，则庶绩其凝，无为而化矣。"② 可见，他的这种主张教化的思想也是一贯的；而且认为实行这个主张，是要借助于"忠良"、"俊乂"即各级封建官吏的。因此，魏徵激烈地抨击隋炀帝的种种暴政，称赞循吏梁彦光等人"立严察之朝，属昏狂之主，执心平允，终行仁恕，余风遗爱，没而不忘，宽惠之音，足以传于来叶"③，给予他们极高的评价。他尤其赞扬梁彦光等人"内怀直道，至诚待物，故得所居而化，所去见思"④。一个封建官吏，做到居官实行教化，离任被人思念，恐怕是十分不容易的。魏徵的评论，不无夸大之嫌。至于他提出的"化人"的办法和标准，在封建社会里也是不可能完全付诸实行的。而其教化的目的，也还是为了巩固地主阶级的统治。魏徵曾说："古语云：善为水者，引之使平，善化人者，抚之使静。水平则无损于堤防，人静则不犯于宪章。"足见"化人"的阶级实

① 魏徵等：《隋书》卷73《循吏传》序。
② 吴兢：《贞观政要·择官》。
③ 魏徵等：《隋书》卷73《循吏传》序。
④ 魏徵等：《隋书》卷73《循吏传》后论。

质是极其鲜明的。

但是问题在于：魏徵在这里借评论历史，既提出了一个理想的统治秩序和政治环境，同时也对各级封建官吏提出了"立身从政"的严格要求。这是一件事情的两个方面，没有后者，便没有前者；为了实现前者，必然要求后者。这在唐初的政治生活中，当然是很重要的课题。一个新建的皇朝，怎样才能巩固自己的统治？为了达到巩固统治的目的，应当采取什么样的统治方略？这不能不成为唐初统治集团十分关注并亟待解决的问题。正是在这个重大问题上，唐初统治集团中存在两种完全不同的认识。宋代著名史家范祖禹记载说："帝（按：指唐太宗——引者）之初即位，尝与群臣语及教化。帝曰：'今承大乱之后，恐斯民未易化也。'魏徵对曰：'不然。久安之民骄佚，骄佚则难教；经乱之民愁苦，愁苦则易化；譬犹饥者易为食，渴者易为饮也。'帝深然之。封德彝非之曰：'三代以还，人渐浇讹，故秦任法律，汉杂霸道，盖欲化而不能，岂能之而不欲？魏徵书生，未识时务，若信虚论，必败国家！'徵曰：'五帝三王不易民而化，昔黄帝征蚩尤，高阳征九黎，汤放桀，武王伐纣，皆能身致太平，岂非承大乱之后耶？若谓古人淳朴，渐致浇讹，则至于今日，当悉化为鬼魅矣，人主安得而治之？'帝卒从徵言。"① 这一番争论驳难，在魏徵与封德彝之间，自然是十分激烈的；对唐太宗来说，究竟采取什么统治方略，也是极为关键的。由于唐太宗采纳了魏徵的意见，几年之内，收到了预期的效果。《旧唐书》卷3《太宗纪下》记：贞观四年（630 年），"断死刑二十九人，几致刑措。东至于海，南至于岭，皆外户不闭，行旅不赍粮焉"。所以唐太宗曾经兴奋地对长孙无忌等人说，"贞观之初，上书者皆云：'宜振耀威武，征讨四夷。'唯徵劝朕偃武修文，中国安，四夷来服……徵之力也"②。联系唐初这一段历史，对于魏徵在《隋书》史论中提倡"所居而化，所去见思"的封建吏治和统治秩序的积极作用，就看得更清楚了。当然，唐太宗等人并非完全依靠"教化"来建立稳定的统治秩序的，他们一手抓"教化"，一手制定《贞观律》，这是唐初统治集团巩固统治的两种手法。

---

① 范祖禹：《唐鉴》卷2。吴兢《贞观政要·政体》记于贞观七年下，似误。

② 范祖禹：《唐鉴》卷3。

《贞观律》虽对旧有刑律作了"削繁去蠹，变重为轻"①的调整与修改，但它毕竟是封建国家机器的主要成分之一；教化，只是他们实行统治的一种补充手段罢了。

魏徵在表彰循吏的同时，在《隋书》史论中还对那些庸俗、贪婪、无能的官吏给予有力的鞭笞。譬如：他嘲笑李穆，说他先事周，后事隋，"见机而动"，既无"贞烈"，亦无"忠信"，而其子孙"特为隆盛"，这是："得之非道，可不戒欤。"②他抨击刘昉、郑译"虑难求全，偷安怀禄"，事周"靡忠贞之节"，奉隋"愧竭命之诚"，而又祈望"不陷刑辟，保贵全生，难矣"。③他鄙薄宇文述、郭衍之辈"以水济水，如脂如韦，便辟足恭，柔颜取悦。君所谓可，亦曰可焉，君所谓不，亦曰不焉。无所是非，不能轻重，默默苟容，偷安高位，甘素餐之责，受彼己之讥。此固君子所不为，亦丘明之深耻也"④。他蔑视卫玄，说他"西京居守，政以贿成，鄙哉鄙哉，夫何足数"!⑤在魏徵看来，这些人，既不是君主的忠良之臣，又不配充当教化百姓的"父母官"，而是一些贪生怕死、只懂得牟取私利的小人和败类！这同那些"所居而化，所去见思"的循吏们比起来，实在不可同日而语。魏徵在《酷吏传》后论中，甚至发出这样的警告："后来之士，立身从政，纵不能为子高门以待封，其可令母扫墓而望丧乎？"他在宇文化及等传的后论中又说："枭獍凶魁，相寻菹戮，蛇豕丑类，继踵诛夷，快忠义于当年，垂炯戒于来叶。呜呼，为人臣者可不殷鉴哉！可不殷鉴哉。"⑥显然，魏徵之所以对这些人要奋笔怒斥，大加挞伐，有着两个目的：一是提醒唐朝统治集团，绝不可依靠这班人来治理国家，统治人民；二是告诫唐朝各级官吏，要以这些人为鉴戒，从中汲取教训。对于这，唐太宗也是与魏徵有着共同的认识的。唐太宗曾说："为政之要，惟在得人，用非其才，必难致治。今所任用，必须以德行、学识为本。"⑦他讨厌那些"阿旨顺

① 刘昫等：《旧唐书》卷50《刑法志》。
② 魏徵等：《隋书》卷37后论。
③ 魏徵等：《隋书》卷38后论。
④ 魏徵等：《隋书》卷61后论。
⑤ 魏徵等：《隋书》卷63后论。
⑥ 魏徵等：《隋书》卷85后论。
⑦ 吴兢：《贞观政要·崇儒学》。

情，唯唯苟过"①、"承意顺旨，甘言取容"② 的庸俗小人；要求官员们敢于说话，大胆办事，"若惟署诏敕、行文书而已，人谁不堪？何烦简择，以相委付"③？不难看出，魏徵在《隋书》史论中的这些评论，正是在很大的程度上反映了"贞观之治"关于用人方面的某些做法和政策。而这些评论的现实意义，则是希望唐初统治集团能够不断地选拔一批真正的人才，以稳固唐代地主阶级的统治秩序。

四、评价历史人物的卓识

《隋书》史论在评价历史人物的时候，提出了这样一个见解："大厦云构，非一木之枝，帝王之功，非一士之略。长短殊用，大小异宜，栋梁，莫可弃也。"④ 这种见解，从历史观点来说，它注意到了众人的智慧和力量以及各种人才的不同作用，比之于把历史事件的发生、发展完全归于一人一谋的论点，是很大的进步。从政治目的来看，《隋书》史论的撰著者正是通过肯定"有隋多士"来肯定一大批唐代的开国元臣、宿将，进而希望唐代统治者继续广开贤路，选拔人才的。

魏徵的这个思想与唐太宗的思想是完全相通的。早在贞观元年（627 年），"上（按：指唐太宗）令封德彝举贤，久无所举。上诘之，对曰：'非不尽心，但于今未有奇才耳！'上曰：'君子用人如器，各取所长，古之致治者，岂借才于异代乎？正患己不能知，安可诬一世之人！'德彝惭而退。"⑤ 在"举贤"的问题上，魏徵的思想要比封德彝深刻得多，眼光要比封德彝远大得多。魏徵说的"长短殊用，大小异宜，栋梁，莫可弃也"，同唐太宗说的"君子用人如器，各取所长"，是完全一致的。

基于上述观点，魏徵在《隋书》史论中称道李谔等人各有所长，"皆廊庙之榱桷，亦北辰之众星"⑥，充分肯定他们各自在某个方面的专

---

① 吴兢：《贞观政要·政体》。

② 吴兢：《贞观政要·悔过》。

③ 吴兢：《贞观政要·政体》。

④ 魏徵等：《隋书》卷 66 后论。

⑤ 《资治通鉴》卷 192，唐太宗贞观元年。《贞观政要·择官》载此事于贞观二年。

⑥ 魏徵等：《隋书》卷 66 后论。

长和作用。魏徵夸奖李德林"幼有操尚,学富才优,誉重邺中,声飞关右。王基缔构,协赞谋猷,羽檄交驰,丝纶间发,文诰之美,时无与二"①,高度评价了李德林的才华出众及其在隋皇朝建立过程中的作用。魏徵突出地表彰了隋朝在南下灭陈、统一全国的事业中的将领,指出:"贺若弼慷慨,申必取之长策,韩擒奋发,贾余勇以争先,势甚疾雷,锋逾骇电。隋氏自此一戎,威加四海。"② 赞叹他们在这历史性的事件中所发挥的极不平凡的作用,等等。总之,魏徵认为,一个强大的、统一的隋皇朝的建立,本是各种各样人才发挥作用的结果,并非"一士之略"所能成功的。由于他们在历史上都作出过贡献,因而他们的事迹将"留于台阁",不可磨灭,并不因为隋朝的灭亡,而使这些"北辰之众星"失去光辉。魏徵能够用这种观点去评价前朝的历史人物,的确是十分难得的。

此外,《隋书》史论在评价历史人物时,还注意到客观环境对人们的影响和作用。譬如,《隋书》史论在评论李圆通、来护儿等人时指出:"圆通、护儿之辈,定和、铁杖之伦,皆一时之壮士,困于贫贱。当其郁抑未遇,亦安知其有鸿鹄之志哉!终能振拔污泥之中,腾跃风云之上,符马革之愿,快生平之心,非遇其时,焉能至于此也。"③ 这就是说,杰出人物的出现,除了自身的条件(如"皆一时之壮士")而外,还必须具备一定的客观条件(如"遇其时")。这同许多封建史家宣扬的"英雄造时势"的传统认识比较起来,是大大地向前迈进了一步。

魏徵提出的"大厦云构,非一木之枝,帝王之功,非一士之略"的认识,反映了他的历史思想和政治观点的一个重要的侧面。这个认识,不仅符合隋皇朝建立过程中的基本历史事实,而且对于刚刚建立起来的唐皇朝来说,则具有更为直接的现实意义。首先,他希望巩固唐代开国元臣的地位,充分肯定他们的历史功绩。唐太宗以凌烟阁为名臣图形,应当说就是基于与魏徵相同的认识。其次,他认为"守成"是比"创业"更为艰难的事业,④ 因而希望唐朝统治者能够招纳更多的人才,为

---

① 魏徵等:《隋书》卷 42 后论。
② 魏徵等:《隋书》卷 52 后论。
③ 魏徵等:《隋书》卷 64 后论。
④ 参见《贞观政要·君道》、《新唐书》卷 96《房玄龄传》。

巩固唐皇朝的统治服务。唐太宗批评封德彝认为当代"未有奇才"的错误认识是"诬一世之人",正反映了唐太宗求贤的渴望和真诚。于此,我们进一步看到:魏徵的这个认识,固然是他的历史观点、政治思想的表露,同时也是唐初统治集团的意志的反映。大气磅礴、盛极一时的"贞观之治"的兴旺局面,归根到底是当时各族劳动人民创造出来的。但是,这同唐初统治集团的历史观点、政治思想,以及在此基础上制定的种种政策和方略,其中包括对各方面人才的选拔和任用,是有密切关系的。

五、影响与局限

以上所论,并未包括《隋书》史论的全部问题。然而,仅就这几个方面的问题来看,魏徵在《隋书》史论中反映出来的历史观点,在中国史学史上,尤其在封建皇朝的官修史书中,确实具有独到的见解和突出的成就。

《隋书》史论不仅在当时的政治生活和史学发展中产生了积极的作用,而且也深刻地影响着后世史学的发展。譬如:魏徵提出的"隋之得失存亡,大较与秦相类"的见解,就颇为后人所重视。南宋学者洪迈指出:"自三代讫于五季,为天下君而得罪于民,为万世所麾斥者,莫若秦与隋,岂二氏之恶浮于桀、纣哉?盖秦之后即为汉,隋之后即为唐,皆享国久长,一时论议之臣,指引前世,必首及之,信而有徵,是以其事暴白于方来,弥远弥彰而不可盖也。"[1] 他虽然没有提到《隋书》史论,但秦、隋相较,发端于魏徵,洪迈加以发挥,是异常明显的。明末清初著名思想家王夫之说:"秦与隋虐民已亟,怨深盗(?)起,天下鼎沸而以亡国,同也。"[2] 这是完全赞同魏徵的观点了。再如:针对着魏徵与封德彝关于是否实行教化政策的争论,后人也发表了不少评论。北宋范祖禹说:"魏徵,仁义之言也;封德彝,刑罚之言也,欲咈天下之性而治之。夫民莫不恶危而欲安,恶劳而欲息,以仁义治之则顺,以刑

罚治之则怫矣。故治天下，在顺之而已；怫之而能治者，未之闻也。"①
这些话，是着重于从政治上的得失考虑来肯定魏徵的主张的。王夫之则
进而指出："魏徵之折封德彝曰：'若谓古人淳朴，渐至浇讹，则至于今
日，当悉化为鬼魅矣。'伟哉其为通论已。"② 王夫之是着重从历史发展
进化的观点来肯定魏徵的主张的。比之于范祖禹的评论自然又进了一
步，因为王夫之窥见并且肯定了魏徵的发展进化的历史观。范、王二人
从不同的侧面肯定了魏徵在同封德彝辩论中的立场，自然也就肯定了魏
徵在《隋书》史论中提出的"所居而化，所去见思"的主张和见解，这
是不言而喻的。又如：魏徵的"大厦云构，非一木之枝，帝王之功，非
一士之略"的思想，亦曾为洪迈所发挥："帝王之功，非一士之略，必
待将如韩信、相如杜公（按：指唐相杜如晦），而后用之，不亦难乎！
惟能置萧（何）、房（乔）于帷幄中，拔茅汇进，则珠玉无胫而至
矣。"③ 这说的也是知人善任、选拔人才的问题。

当然，《隋书》史论也曾遭到后人的责难。南宋学者叶适指责说：
"魏徵作杨玄感、李密赞，并论隋文、炀帝之所以兴亡，略用贾谊《过
秦》语意，全不知史家体统。"④ 这个非难，是不公允的。魏徵从谏官
做到侍中，又亲身经历隋亡唐兴之变；他的这种亲身经历和政治生涯，
使他不独从历史的角度，而且也从政治的角度来总结隋朝的历史经验，
从而把文帝、炀帝二朝的政治略作比较，这是无可厚非的。魏徵开始主
持《隋书》的修撰工作，事在贞观三年（629 年），上距隋朝灭亡（618
年）仅 11 年时间，唐皇朝百废待举，要做的事情很多；为了给唐太宗
统治集团提供历史借鉴，魏徵对文帝、炀帝的政治进行比较，以便从中
得到启发，这是很现实、很必要的事情，也是入情入理的。唐皇朝以朝
廷的名义和胜利者的姿态为前朝修史，出于自身统治的需要，往往议论
横生、大胆褒贬，即便"略用贾谊《过秦》语意"，亦不足为怪。叶适
所谓"全不知史家体统"云云，未免责难过分了。

总之，不论赞同也罢，指责也罢，《隋书》史论在史学史上的影响

---

① 范祖禹：《唐鉴》卷 3。

② 王夫之：《读通鉴论》卷 20 "唐太宗"。

③ 洪迈：《容斋随笔》卷 13 "萧房知人"。

④ 叶适：《习学记言序目》卷 37 "隋书二"。

是不小的。

　　如同许多有成就的封建史家一样，魏徵在《隋书》史论中反映出来的历史观点也是充满着矛盾的。

　　魏徵的历史观的矛盾，首先表现在他对人民群众的态度上。魏徵无情地揭露隋炀帝的残暴统治导致"海内骚然，无聊生矣"①，百姓"皆苦于上欲无厌，下不堪命，饥寒交切，救死萑蒲"②；他抨击酷吏，表彰循吏，反对严刑，主张教化。这些，或多或少反映了他对人民群众的某些同情。然而，对于人民群众的起来造反，魏徵则完全抱着仇视的态度，把农民起义诬为"山东群盗"③、"群盗蜂起"④、"群盗侵扰"⑤、"群盗并兴"⑥，等等。他还吹捧镇压农民起义的刽子手杨义臣"名重当年，声流后叶"⑦。这些又都说明他基本的统治阶级的立场，对人民群众的同情是很有限度的。

　　其次，《隋书》史论是重视"人事"的，但却未能摆脱"天命"论的影响。例如，《隋书》史论认为："虽天道有盛衰，亦人事之工拙也。"⑧ 显然，这是着眼于从"人事"来看问题的。但又认为："斯乃非止人谋，抑亦天之所赞也。"⑨ 这样一来，又把"天"的地位抬高了。这说明《隋书》史论的撰著者没有，也不可能完全摆脱"天命"思想的束缚。

　　再次，在对历史人物评价的问题上，魏徵提出了不把封建皇朝的兴起归于一人一谋的见解，主张不是从一个人的活动，而是从许多人的活动来说明重大的历史事件。这是很可贵的见解。可是，魏徵毕竟没有跳出英雄史观的窠臼。在《隋书》史论中，他从未正面论及到人民群众的作用。不仅如此，他甚至认为，"一人失其道，故亿兆罹其毒"⑩，"一

---

① 魏徵等：《隋书·炀帝纪》后论。

② 魏徵等：《隋书》卷70后论。

③ 同上。

④ 魏徵等：《隋书》卷5《恭帝纪》后论。

⑤ 魏徵等：《隋书》卷63后论。

⑥ 魏徵等：《隋书》卷84后论。

⑦ 魏徵等：《隋书》卷63后论。

⑧ 魏徵等：《隋书》卷84后论。

⑨ 魏徵等：《隋书》卷2《高祖纪》后论。

⑩ 魏徵等：《隋书》卷83《西域传》后论。

人失德，四海土崩"①。把皇朝的衰败、天下的动乱，完全归结到某个君主的罪恶上。他还宣扬什么"君犹天也，天可仇乎"②！把封建君主偶像化、神圣化了。这与《隋书》史论的许多精辟论断比较起来，却又大相径庭。

魏徵的这种矛盾的历史观，是他所处的历史条件和阶级地位决定的。他目睹隋末人民的种种苦难，因而对人民寄予一定的同情；但他又亲眼看到农民战争推翻了隋皇朝的统治，所以对农民起义总是抱着仇视的态度。他处在唐初百废待举的时期，认识到"守成"的艰难和广开贤路、选拔人才的重要；但他的这种眼光也只是局限在统治阶级圈子里，而看不到人民群众的伟大创造力量。他热切而虔诚地祈望唐皇朝富强兴盛，长治久安；但是秦、隋二朝短祚而亡的教训，又使他担心唐代的最高统治者不能"克终其美"③，重蹈历史的覆辙。这些条件和因素，都在不同的程度上影响和决定着魏徵的历史观的矛盾性。

魏徵毕竟是一个处在封建时代的地主阶级的思想家和政治家。我们在评论《隋书》史论的时候，有必要指出他的历史观的矛盾性和局限性；但我们又是不可过分苛求于魏徵的。

---

① 魏徵等：《隋书》卷5《恭帝纪》后论。
② 魏徵等：《隋书》卷85序。
③ 吴兢：《贞观政要·慎终》。

《南史》、《北史》的史论

一、问题的提出

唐初史家李延寿据宋、齐、梁、陈和魏、齐、周、隋八朝正史，复又"猎略"他书，"千有余卷"，抉择去取，撰成《南史》80 卷、《北史》100 卷，于唐高宗显庆四年（659 年）上奏朝廷。《南史》、《北史》也被朝廷承认为正史。清代，人们习惯上把上述 10 部正史概括地称作"八书"、"二史"。

"二史"出于"八书"，但并非简单地删节而成，而是包含了李延寿本人的许多创获，在史文、史论和撰述思想上都有所反映。关于"八书"、"二史"在史文上的比较，并论其长短得失，赵翼《廿二史札记》所论甚详，大多允当。其在撰述思想上的异趣，李延寿在《北史·序传》（这篇《序传》实是《南史》、《北史》的总序）中已有明确的表述，这就是他继承了父亲李大师"编年以备南北"的宗旨，同时效法了司马迁著《史记》的通史体例。这两点，笔者都曾有初步的阐述。① 本文拟就王鸣盛提出的一个问题，对《南史》、《北史》的史论作进一步考察，以有助于全面地、正确地认识这两部正史的面貌和价值。

王鸣盛认为："李延寿论赞，全是剿袭，不以为耻，独于梁纪末称'郑文贞公论'云云。姚思廉、魏徵本无差别，姚则夺之，魏则让之，于意云何。"② 王鸣盛对《南史》、《北史》史论的这个批评，分量极重，不仅涉及到书的品位，也涉及到人的史德了。诚然，"全是剿袭"是最关键的四个字，本文对两史史论的考察亦当由此入手。

"二史"出于"八书"，故在史文、史论方面多沿用后者，对此，李延寿没有作任何掩饰和隐瞒。他在《序传》中十分明确地说明了这一点。他说他对于"八书"的做法是："除其冗长，捃其菁华。若文之所安，则因而不改，不敢苟以下愚，自申管见。"这正是他"连缀改定"原书的一个原则。显然，既明言"连缀"，就不是全部改写，而是根据他的撰述思想和方法对原书史文作适当的处置；同时，既又有"改定"，就不可能"全是剿袭"，而一定包含有不完全同于原书的地方。李延寿是一位诚实的史家，他的这些说法，不是一种表白，而是如实地反映了他的撰述情况。以"二史"与"八书"相比较，其史文如此，史论亦如此。倘若不是如此，李延寿就无须来说这些多余的话了。明确这一点，是实事求是地看待"二史"和"八书"之关系的前提。

以"二史"的史论同"八书"纪传的史论相比较，在文字上至少有三种情况：一是删，二是增，三是改写。若对这些增删、改写的部分作进一步推敲的话，则可发现"二史"作者在撰述思想和历史评价上有许多不同于"八书"原作的地方。概括说来，这些不同之处主要表现为"二史"史论的去谀、补实、主通这三个特点。

二、特点之一：去谀

"八书"当中，《宋书》、《南齐书》、《魏书》的史论多有谀词，这跟它们的作者及撰述的环境自有一定的关系。"二史"撰于唐初，去宋、

---

① 参见拙作《〈南史〉、〈北史〉散论》，见《唐代史学论稿》，189～200页；拙著《〈南史〉和〈北史〉》，北京，人民出版社，1987。
② 王鸣盛：《十七史商榷》卷55"梁纪论称郑文贞公"。

齐、北魏已久，故对以上三部史书之史论中的诔词，有一定的删削。例如，《宋书·武帝纪》后论为了"证明"刘宋代晋比魏、晋的立国更加"合理"，它这样写道："魏武直以兵威服众，故能坐移天历，鼎运虽改，而民未忘汉。及魏室衰孤，怨非结下。晋藉宰辅之柄，因皇族之微，世擅重权，用基王业。至于宋祖受命，义越前模。"下文还说：宋高祖（武帝）刘裕"祀晋配天，不失旧物"。李延寿显然是不同意这些看法，所以他在《南史·宋本纪上》后论中删去了这些话。又如，《南齐书》作者萧子显为了说明萧道成所建立的齐皇朝是顺天应人而非得之于武力，跟汉、魏、晋、宋都有所不同，他在《南齐书·高帝纪下》后论中写道："孙卿有言：'圣人之有天下，受之也，非取之也。'汉高神武骏圣，观秦氏东游，盖是雅多大言，非始自知天命；光武闻少公之论谶，亦特一时之笑语；魏武初起义兵，所期'征西'之墓；晋宣不内迫曹爽，岂有定霸浮桥；宋氏屈起匹夫，兵由义立：咸皆一世推雄，卒开鼎祚。"这是对汉、魏、晋、宋等朝之"有天下"，都是凭武力"取之"，还不能做到如同圣人之有天下，是德之所至，"受之"而已。而萧道成之有天下，则近于圣人了："虽至公于四海，而运实时来，无心于黄屋，而道随物变。应而不为，此皇齐所以集大命也。"他认为，萧道成本无心于做皇帝，而其所以做了皇帝，建立齐朝，是其知天命而不得不如此的。萧子显是萧道成的孙子，他在梁朝时撰《南齐书》是得到梁武帝赞同的，而梁武帝在齐朝也处于宗室的地位，所以萧子显才放着胆子大肆美化萧道成，写了这么多诔词。对此，李延寿是不以为然的，他在《南史·齐本纪上》后论中删去了这些过分渲染的诔词。"二史"对"八书"史论的去诔，不限于帝纪，在列传中也有反映。如《魏书·尔朱荣传》后论在胪列尔朱荣的"功绩"后写道："苟非荣之致力，克夷大难，则不知几人称帝，几人称王矣。"这里，《魏书》作者魏收是借用了曹操的自我评价来评价尔朱荣的。①《北史·尔朱荣传》后论删去了这几句话，以示其不赞成以尔朱荣比拟曹操的论点。《魏书·尔朱荣传》后论针对尔朱荣终被孝庄帝所杀一事，不无惋惜之意，说他是"末迹见猜"，又

---

① 陈寿：《三国志》卷1《魏书·武帝纪》"建安十五年"（210年），裴松之注引《魏武故事》所载曹操十二月令曰："设使国家无有孤，不知当几人称帝，几人称王。"

把他同汉初名将韩信的结局相提并论。李延寿则将"末迹见猜"改为"末迹凶忍",认为他的被杀实由于此,同时删去了以尔朱荣同韩信相比附的文字,等等。以往的研究者只注意到"二史"对"八书"史文的删节,很少注意到对原书史论的删节。从以上所举数例,可以看出:李延寿对原书史论的删节,又不仅仅是文字上的删繁就简,而是包含着对历史人物评价上有不完全同于原书的地方,既有评价分寸上的差别,又有历史观点上的异趣。从这些差别和异趣中,进而深究原书的史论,固然也各有成就,然好为谀词当是一个通病。李延寿正是敏锐地看到了《宋书》、《南齐书》、《魏书》的这一通病,故把去谀作为他删节原书史论的一个重要的出发点。

三、特点之二:补实

补实,是补叙事实,或据所补事实而发之论。《梁书·武帝纪》后论对梁武帝极力歌颂,对于他昏庸的一面,作者仅仅说了"及乎耄年,委事群幸"。这样的评论,就没有概括出梁武帝的全貌,显然是片面的。以《南史·梁本纪中》后论之论梁武帝的文字与《梁书·武帝纪》后论相比,它们之间有很大的不同。第一,《南史·梁本纪中》后论的前半部分,是据《梁书·武帝纪》后论的前半部分改写而成。但删去原书史论针对南朝萧齐皇朝所说的几句话:"齐季告终,君临昏虐,天弃神怒,众叛亲离。"这些话,本是意在说明梁之代齐的"合理"。同时,也删去了原书史论对梁武帝统治时的过分美化之词:"四聪既达,万机斯理,治定功成,远安迩肃。加以天祥地瑞,无绝岁时。征赋所及之乡,文轨傍通之地,南超万里,西拓五千。"这些夸大不实之词,不符合梁武帝统治时的政治和国力,何况还有"天祥地瑞"一类的妄说。第二,《南史·梁本纪中》后论的后半部分,不取《梁书·武帝纪》后论的后半部分指斥"朱异之徒"的乱政,把梁的衰败的责任推给臣下,而是根据李延寿的见解,写出了对梁武帝昏庸一面的评价:"然先王文武递用,德刑备举,方之水火,取法阴阳,为国之道,不可独任;而帝留心俎豆,忘情干戚,溺于释教,弛于刑典。既而帝纪不立,悖逆萌生,反噬弯弧,皆自子弟,履霜弗戒,卒至乱亡。"这段文字说明,梁朝的"乱亡",梁武帝本人是要负主要责任的。由此,李延寿进一步总结了这样一条历史经验，他继续写道："自古拨乱之君，固已多矣，其或树置失所，而以后嗣失之，未有自己而得，自己而丧。追踪徐偃之仁，以致穷门之酷，可为深痛，可为至戒者乎！"梁武帝死后，梁朝还存在了 10 年，但却换了 7 个帝王，处于极度混乱之中，所以李延寿说是"自己而得，自己而丧"，对于"拨乱之君"来说，实在是深刻的教训。

又如，齐、梁帝室都是萧姓。《南齐书·高帝纪上》称萧道成系"汉相国萧何二十四世孙"、汉御史大夫萧望之之后，《梁书·武帝纪上》也说萧衍是"汉相国何之后"、汉太子太傅萧望之之所出。魏晋南北朝时期，世风崇尚门阀。《南齐书》作者萧子显作为齐之宗室、梁之显贵，为抬高齐、梁两朝皇室的历史地位和社会地位，妄相攀附，以萧何、萧望之为其先世；《梁书》、《陈书》作者姚思廉因其所误，写入《梁书》。对此，李延寿确知其不实，故在《南史·齐本纪上》后论中明确地写道：

> 据齐、梁纪录，并云出自萧何，又编御史大夫望之以为先祖之次。案何及望之于汉俱为勋德，而望之本传不有此陈，齐典所书，便乖实录。近秘书监颜师古博考经籍，注解《汉书》，已正其非，今随而改削云。

所说"随而改削"，是指从齐、梁本纪中删去有关跟萧何、萧望之有联系的字样。这里，李延寿所补之事实，是吸收了同时代史家颜师古所作考订的成果。颜师古在《汉书·萧望之传》的第一个注文中写道：

> 近代谱牒妄相托附，乃云望之萧何之后，追次昭穆，流俗学者共祖述焉。但酂侯汉室宗臣，功高位重，子孙胤绪具表、传。长倩（按：萧望之字）巨儒达学，名节并隆，博览古今，能言其祖。市朝未变，年载非遥，长老所传，耳目相接，若其实承何后，史传宁得弗详？《汉书》既不叙论，后人焉所取信？不然之事，断可识矣。

酂侯，即萧何封号。《汉书·萧何传》叙萧何后人直至王莽之时，而未曾言及萧望之；其《萧望之传》亦未论及他与萧何有什么关系，可见《南齐书》、《梁书》所说，不足取信。颜师古的考订，揭示了"近代谱牒妄相托附"之弊，也指出了那个时代崇尚门阀的风气。颜师古与姚思廉是同时代人，又曾同在史馆修史，故没有说明"流俗学者共祖述焉"是指何而言。李延寿也曾与姚、颜同在史馆修史，但《南史》、《北史》写定进呈时，姚、颜谢世已各有二十余年和十余年之久，故李延寿能够把颜注同《梁书》直接联系起来而不会有什么顾忌。

四、特点之三：主通

"八书"纪、传以皇朝断限，"二史"分别贯穿南朝史和北朝史，是相对意义上的通史。"二史"史论反映出主通的特点，是其体例上的必然要求。这一点，从"二史"诸类传的史论看得十分清楚。

《北史·儒林传》序，是一首长达 2900 字左右的史论。它的前半篇约 2000 字是根据《魏书》、《北齐书》、《周书》、《隋书》有关旧文改写的，但已写成了北朝至隋的"儒林史"论纲。它的后半篇约 900 字是按《周易》、《尚书》、《三礼》、《毛诗》、《春秋》、《论语》、《孝经》分类，写出了北朝的学术流派、师承关系。兹录其论研习《周易》、《尚书》者如下：

> 自魏末，大儒徐遵明门下讲郑玄所注《周易》。遵明以传卢景裕及清河崔瑾。景裕传权会、郭茂。权会早入邺都，郭茂恒在门下教授，其后能言《易》者，多出郭茂之门。河南及青齐之间，儒生多讲王辅嗣所注，师训盖寡。
>
> 齐时，儒士罕传《尚书》之业，徐遵明兼通之。遵明受业于屯留王聪，传授浮阳李周仁及勃海张文敬、李铉、河间权会，并郑康成所注，非古文也。下里诸生，略不见孔氏注解。武平末，刘光伯、刘士元始得费甝《义疏》，乃留意焉。

其论《三礼》以下至《论语》、《孝经》，亦皆如此。尤为难得者，这首序文的末了还对南北学术作了一个概括的比较。李延寿写道：

> 大抵南北所为章句，好尚互有不同。江右，《周易》则王

辅嗣，《尚书》则孔安国，《左传》则杜元凯。河洛，《左传》则服子慎，《尚书》、《周易》则郑康成。《诗》则并主于毛公，《礼》则同遵于郑氏。南人约简，得其英华；北学深芜，穷其枝叶。考其终始，要其会归，其立身成名，殊方同致矣。

这一段话，把南北学术各有所"好尚"以及学术面貌之总的特点，作了明确而扼要的说明。通观此序全文，颇有论列北朝学术思想史的气势，非具有主通的意识与能力不能达此境地。

《南史·恩幸传》序，其篇中部分，是据《南齐书·幸臣传》序文写成，但于篇首、篇末，李延寿都增写了若干文字。篇首增写的文字，指出"古之哲王"对于任用身边亲近之人，"莫不斯慎"，然"自汉氏以来，年且千祀，而近习用事，无乏于时，莫不官由亲近，情因狎重"。这是一个很值得注意的历史现象。李延寿在篇末写道："爰及梁、陈，斯风未改。其四代之被恩幸者，今立以为篇，以继前史之作云尔。"这首史论，经过李延寿的增益、润色，起到了对"恩幸"现象作历史考察的作用。

《北史·孝行传》序，是根据《魏书·孝感传》序、《周书·孝义传》序、《隋书·孝义传》序旧文写成，但李延寿也增写了一段文字，说明"孝"的作用。他写道：

> 孝之为德至矣，其为道远矣，其化人深矣。故圣帝明王行之于四海，则与天地合其德，与日月齐其明；诸侯卿大夫行之于国家，则永其宗社，长守其禄位；匹夫匹妇行之于间阎，则播徽烈于当年，扬休名于千载。是以尧、舜、汤、武居帝王之位，垂至德以敦其风；孔、墨、荀、孟禀圣贤之资，弘正道以励其俗。观其所由，在此而已矣。

这一段话，说明了政治家、思想家们为什么要重视"孝"，也说明了史学家们撰写"孝义传"的目的。他如《南史·循吏传》序系据《宋书·良吏传》序改写，而作者在文前增写了关于循吏的作用的一段文字；《南史·儒林传》序是根据《梁书·儒林传》序改写，并增写了强调儒者作用的一段文字;《南史·文学传》序根据《梁书·文学传》序写成,文前增写了有关文学的作用的文字等等。李延寿在"二史"许多类传的前序和后论中增写的文字,或多或少,都把类传的宗旨表述得更为明确,反映了作者对于历史和历史人物的新的认识。在这方面,《北史·艺术传》序以及作者对《艺术传》的具体处理,是诸类传中具有代表性的。此序前半篇系据《隋书·艺术传》序改写,后半篇出于作者自撰。其自撰部分,一方面,交代了"自魏至隋,年移四代"以来的众多的"艺术"家名单;另一方面,说明了本传不按朝代编次而按"以类区分"的体例编次的缘由。李延寿这样写道:

> [至于游心艺术者]前代著述,皆混而书之。但道苟不同,则其流异,今各因其事,以类区分。先载天文、数术,后载医方伎巧云。

这短短的几句话,表明了贯通的思想和体例上的创新。《北史》通数史为一史,而《艺术传》所记人物又有"道苟不同,则其流异"的特点。因此,李延寿改变了原史按时间先后编次"艺术"家列传的方法,采用"以类区分"的体例,从而鲜明地反映出这个时期"艺术"家的总体面貌以及不同的"道"与"流"的状况。这种改变,显示了作者的通识。

在"二史"的史论中,有关去谀、补实、主通的实例,还可以举出不少。仅就这几个方面来看,所谓"李延寿论赞,全是剿袭"的说法,是不符合事实的,因而是站不住脚的,应当予以澄清。不仅如此,从"二史"史论的去谀、补实、主通这几个方面来看,还显示了李延寿在历史观点和史学思想上的一些特点与优点。

五、赘语

当然,"二史"史论也存在着一些可议之处,甚至也有明显的缺点。李延寿在"八书"史论基础上,增写的一些文字,有的是多余的,甚至是诬妄的。如《南史·陈本纪下》后论中竟引用童谣为据阐发己论,他写道:

始，梁末童谣云"可怜巴马子，一日行千里。不见马上郎，但见黄尘起。黄尘汙人衣，皂荚相料理。"及〔王〕僧辩灭，群臣以谣言奏闻，曰：僧辩本乘巴马以击侯景，马上郎，王字也；尘谓陈也；而不解皂荚之谓。既而陈灭于隋，说者以为江东谓杀羊角为皂荚，隋氏姓杨；杨，羊也，言终灭于隋。然则兴亡之兆，盖有数云。

童谣的荒谬，是很显然的："梁末"的童谣，竟然把后来发生的梁、陈、隋三朝兴亡更迭之事都暗示出来，可谓荒谬之至。这无疑出于后人的杜撰与附会，李延寿把它写入史论，并由此而联系到"兴亡之兆，盖有数云"，这就是双层的荒谬了。对于"二史"史论中的这种缺点自亦不必讳言。

最后，还有一点是要为李延寿辨诬的。这就是：王鸣盛针对《南史·梁本纪》之末引证了"郑文贞公论"，提出"姚思廉、魏徵本无差别，姚则夺之，魏则让之，于意云何"的问题，指责李延寿不当有"夺"、有"让"。其实，这里并不存在特意"夺"谁、"让"谁的问题。第一，李延寿"二史"史论所据"史书"史论旧文，都没有一一标出史论旧文出于谁人之手，非姚思廉一人为例外，所谓"夺之"是没有根据的。第二，唐初修梁、陈、齐、周、隋"五代史"时，魏徵"受诏总加撰定，多所损益，务存简正。《隋史》（按即《隋书》）序论，皆徵所作，《梁》、《陈》、《齐》各为总论，时称良史。史成，加左光禄大夫，进封郑国公，赐物二千段"①。故《梁书》、《陈书》本纪之末，都有魏徵写的总论，题为"史臣侍中、郑国公魏徵曰"；《北齐书》本纪之末，则题为"郑文贞公魏徵总而论之曰"，其谥号"文贞"当是后人传抄时加上去的。李延寿"二史"史论，吸收了《梁书》、《北齐书》的总论，于《南史·梁本纪》之末题为"郑文贞公论之曰"，于《北史·齐本纪》之末题为"郑文贞公魏徵总而论之曰"。《南史》、《北史》写定时，魏徵已

---

① 刘昫等：《旧唐书》卷71《魏徵传》。

辞世多年，故李延寿都用了谥号"文贞"。① 而对于《陈书》总论，李延寿则弃而未取。可见，李延寿对待魏徵所写的史论跟对待"八书"中的其他史论，是采取相同的态度的，并不存在特意"让之"的心理和做法。王鸣盛对"二史"史论的批评和对李延寿的指责，或许是由误会所致。由误会而引发出来的批评和指责，自与事实相悖，因而是应当予以澄清的。

"八书"史论各有成就，其中《隋书》史论最为突出。② 本文所说"二史"史论有去谀、补实、主通的特点，相对于"八书"来说，亦各有程度上的不同，不应由此而对"八书"史论作简单的看待。这一点，是必须说明的。

---

① 《北齐书》散佚严重，其帝纪多以《北史·齐本纪》补缀而成，故《北齐书》帝纪之末所称"郑文贞公"云云，实系移用《北史》帝纪史论所致。
② 请参阅拙作《〈隋书〉的史论》，见本书第 495～508 页。

《通典》的史论

　　杜佑所著的《通典》一书，是一部历史名
著。它所记"历代沿革废置及当时群士论议得
失"，有很高的文献价值和思想价值；它的体裁
和体例，是中国古代历史编纂学上的一次重大的
创新；而杜佑本人在《通典》一书中所撰写的史
论，在中国古代历史理论的发展上占有非常重要
的位置，历来为研究者所重视。①

　　本文是一篇札记性质的文字，不是重复过去
人们对《通典》史论的评价，也不是重复阐述作
者本人的研究，而是就几个视之似小、思之甚大
的问题，讲一点新的认识，庶可视为《通典》史
论研究的拾遗补阙吧。

一、史论的形式：序和论

　　《通典》的史论，有丰富的形式，包含序、

---

　　① 参见李之勤：《杜佑的历史进化论》、陈光崇：《杜佑在史学
上的贡献》，见吴泽主编《中国史学史论集》（二），170～200 页，上
海，上海人民出版社，1980；拙作《论〈通典〉在历史编纂上的创
新》、《论〈通典〉的方法和旨趣》，见拙著《唐代史学论稿》，249～
290 页。

论、说、议、评。对此，有的研究者已经指出过。这里要讨论的是，《通典》史论的这几种形式有什么区别？也就是说，杜佑赋予这几种史论形式各有何种含义？

据我的粗略统计，《通典》史论约为70余首，其中序近20首；论、说、议、评50余首，而说与议占了半数以上。

什么是"序"？刘知幾《史通·序例》引孔安国的话说："序者，所叙作者之意也。"《通典》的序，有三种情况：一是叙全书之意，二是分叙各典之意，三是叙某典之中某篇之意。《通典》叙全书之意的序，仅227字，加上自注57字，也只有284字。但它说明了作者的治学旨趣，指出了《通典》的撰述目的和逻辑结构，是古代史书中的一篇名序。大凡研究《通典》的人，都极重视这篇序，这里不再细说。《通典》除《食货》以外，其余《选举》、《职官》、《礼》、《乐》、《兵》、《刑》、《州郡》、《边防》八典均有叙本典之意的序。这些序，反映了杜佑对上述诸典所述领域的认识，集中地表明了他的历史观点、政治思想和社会主张。概括说来，《选举》序指出了人才的重要和"以言取士"的失误；《职官·历代官制总序》概述了自传说中的伏羲氏到唐开元二十四年（736年）历代职官制度简史；《礼》序以很长的篇幅阐述了礼的性质、礼的文献和《通典》纂集礼制"将以振端末、备顾问"的目的；《乐》序讲了乐的作用及其与社会治乱的关系；《兵》序简述兵制而着重阐述历代用兵得失及《兵典》编纂原则；《刑法》序简述了刑法的产生和种类以及善用刑法的标准；《州郡》序阐述了作者的以德为尚的政治思想；《边防》序阐述了作者的民族思想和处理民族关系的政治主张。《食货典》处于全书之首，为什么反倒没有总序呢？我想，这或许是在全书的序中，作者已经强调了食货所处特殊重要位置的缘故。关于叙某典某篇之意的序，如"总序三师三公以下官属"、"将军总叙"、"东宫官叙"、"王侯总叙（以上《职官典》）、"东夷序略"、"南蛮序略"、"岭南序略"、"海外序略"、"西戎序略"、"北狄序略"（以上《边防典》），则集中在职官、边防二典之中，或叙其沿革，述其总相，或论其得失，辨其利害。其中"王侯总叙"实是一篇辨析封国制与郡县制之得失利害的大文章，作出了"欲行古道，势莫能遵"的历史结论，可与柳宗元的《封建论》相媲美。此外，如《食货一·田制》的序、《食货四·赋税》的序、《食货八·钱币》的序等，虽无序之名，而有序之实，反映了作者在这些领域的深刻见解。如《食货一·田制》的序起首就写道："谷者，人之司命也；地者，谷之所生也；人者，君之所治也。有其谷则国用备，辨其地则人食足，察其人则徭役均。"作者重视谷、地、人相互关系的思想，在经济思想史上有重要的价值。综上，《通典》这三个不同层次的序文，从结构上和理论上确定了《通典》全书的内容与规模，是全书的支柱。

刘知幾《史通·论赞》说："夫论者，所以辩疑惑，释凝滞。"他总结前人的史论，有多种名称：称"曰"，称"赞"，称"论"，称"序"，称"诠"，称"评"，称"议"，称"述"等等。按照刘知幾的看法，这些名称都没有性质上的差别，所以他总起来称为"论赞"。可是从下文中我们可以看到，杜佑对于"议"、"评"以及这里没有提到的"说"，是有他的不同的理解和运用的。在这里，我们还是先说《通典》的"论"。《通典》的"论"有两种：一种是前论，一种是后论。前论一般置于某典某篇之首，后论一般则在某典某篇之末。前论，如《职官四·尚书上》之下有"尚书省并总论尚书"、《职官七·诸卿上》之下有"总论诸卿，少卿附"、《职官十四·州郡上》之下有"总论州佐"、《职官十五·州郡下》之下有"总论郡佐"及"总论县佐"等。这些"论"带有综述的性质，属于作者本人的评论并不多。后论，如《食货七·历代盛衰户口、丁中》文末的长篇后论，论述户口对于"国足"、"政康"的重要，以及历代户口的盛衰和唐朝在安史之乱之后户口锐减的严重局面与应采取的对策。这篇史论，多为唐史研究者和经济史研究者所引用。又如《选举五》后论论述了选拔人才的标准，强调对于传统的"身、言、书、判"四个标准，应以"判"作为重点，"以观理识"，提出改革考试制度的具体办法。《通典》的史论，直接题为"论"、"后论"的并不多，但它们有一个非常突出的特点，就是引古论今，有强烈的时代感，反映了作者对于社会现实的关注和自觉的"以富国安人之术为己任"的责任意识。

二、史论的形式（续前）：说、议、评

如前所述，《通典》的史论，"说"和"议"占了较多的数量，而"评"也比"论"来得多。在杜佑看来，"说"、"议"、"评"同"论"是

不一样的，否则就没有必要作这些区别；不仅如此，就是"说"、"议"、"评"三者之间，也有各自的界限，否则也没有必要作这些区别。那么，"说"、"议"、"评"三者之间究竟有什么区别呢？

杜佑在《礼二·沿革二·吉礼一》的一首"说曰"的文末自注说："凡义有经典文字其理深奥者，则于其后说之以发明，皆云'说曰'。凡义有先儒各执其理，并有通据而未明者，则议之，皆云'议曰'。凡先儒各执其义，所引据理有优劣者，则评之，皆云'评曰'。他皆同此。"这一段话，对于理解《通典》史论的含义，理解杜佑的所谓"说"、"议"、"评"的真谛，具有至关重要的意义。从这段引文的本义来看，杜佑所谓"说"、"议"、"评"是属于三个层次上的史论：说，是阐说"经典"的深奥；议，是议先儒的"未明"之义；评，是评"先儒"所据之理的优劣。概括说来，这三个层次就是经典、义、理的区别，故分别用说、议、评表示出来。这里，除了反映出作者在三者之间所把握的极鲜明分寸感之外，还有对前人思想遗产的极谨慎的态度。

关于"说"。《通典》的"说"，约有十七八首，都分布在《礼典》之中，故其所要阐说的经典的深奥所在，也都是关于礼的制度的。如《礼五·沿革五·吉礼四》在讲到祭社稷之礼时，指出："王者诸侯所以立社稷者，为万人求福报功也。人非土不立，非谷不生，不可遍敬，故立社稷而祭焉。"诸说之中，杜佑赞同郑玄注据《孝经》的说法，认为"社者土地之神，稷者能生五谷之神"。但杜佑又说："今按，本无正神，人感其功，欲美报之，因以稷名。所以稷名神者，五谷之长故也。"杜佑对祭社稷之礼，作了清晰的和唯物的解说。又如《礼十六·沿革十六·嘉礼一》在讲到冠礼时，杜佑不同意"天子无冠文"的说法，他引证《大戴礼·公冠》"公冠四加，天子亦四加"的话，证明天子也行冠礼。他进而指出："自天子至于诸侯，非无冠礼，但因秦焚书，遂同荡灭。其周制《士冠礼》颇备，王者时采行焉。"其余诸"说"，亦多类此。

关于"议"。《通典》的"议"约20首，分布在《职官》、《礼》、《刑》、《州郡》诸典，以《礼典》为多，这比"说"的分布显然要广泛一些。从"议"先儒之义所"未明"的宗旨来看，《通典》的"议"在很多方面是提出了与前人不同的看法或是对前人见解的批评。《职官四》

在讲到丞相、仆射的名实时，杜佑简略地考察了丞相、仆射职守的由来和演变，然后结合唐代开元以后，仆射不加"同中书门下平章事"及"参知机务"等，即不具有丞相之实，于是指出这不合乎仆射之职的原义："安有仆射因改丞相之名，都无丞相之实，而为百寮师长也？"《礼八·沿革八·吉礼七》在讲到古代祭尸礼时，杜佑批评主张演习、恢复祭尸礼的人是"是古者"，是"甚滞执者"，是守旧的表现。他指出："古之人朴质，中华与夷狄同，有祭立尸焉，有以人殉葬焉，有茹毛饮血焉，有巢居穴处焉，有不封不树焉，有手抟食焉，有同姓婚娶焉，有不讳名焉。中华地中而气正，人性和而才惠，继生圣哲，渐革鄙风。今四夷诸国，地偏气犷，则多仍旧。"这段话表明：第一，中华与四夷的差别，是文明发展程度上的不同，而在古代，这种差别是很小的，甚至是不存在的；第二，造成这种差别的原因，是地理环境的影响；第三，历史是发展的、不断进步的，因此不应当再去恢复已被革除了的"鄙风"陋俗。从这里，可以看出杜佑的民族观、朴素历史进化观以及对地理环境与社会历史发展之关系的认识。《礼三十·沿革三十·嘉礼十五》在讲到唐开元二十六年（738年）宣政殿大臣读时令一事时，杜佑指出："读时令，非古制也。自东汉始焉，其后因而沿袭。"他引用《周礼》中的《天官·太宰》、《春官·太史》及《礼记·玉藻》以证己说，并证明前人关于"元月受朝读令"的错误理解等等。杜佑的"议"，对于典章制度的研究，有突出的参考价值。

关于"评"。《通典》的评，大多是对于礼制中的某一制度而发，比之于"议"，更加具体、细微。但也有特例，即从宏观方面对历代制度进行评论的。在《选举六·杂议论下》卷末，杜佑总结了历代选拔人才制度上的得失，而特别指出了魏、晋、宋、齐、梁、隋等朝"风流弥扇，体非典雅，词尚绮丽，浇讹之弊"的危害；唐开元、天宝之际，"一岁贡举，凡有数千"，而"众名杂目，百户千途，入为仕者，又不可胜纪"所造成的"重设吏职，多置等级"的弊端；以及隋文帝时，选拔人才，尽归吏曹，"铨综失叙，受任多滥"的局面。杜佑最后指出："凡为国之本，资乎人甿；人之利害，系乎官政。欲求其理，在久其任；欲久其任，在少等级；欲少等级，在精选择；欲精选择，在减名目。俾士寡而农工商众，始可以省吏员，始可以安黎庶矣。诚宜斟酌理乱，详览古今，推仗至公，矫正前失，或许辟召，或令荐延，举有否臧，论其诛赏，课绩以考之，升黜以励之，拯斯刑弊，其效甚速，实为大政，可不务乎！"这篇评论，实在是一篇关于如何选拔、任用人才的大文章；而上引这段文字，尤其集中反映了杜佑在人才同国本与官政之关系上的认识，以及他关于改革吏治的逻辑思考和具体主张。

说、议、评还有交叉，有时说与议中也包含有评，兹不赘述。

三、方法论："不可"将后事以酌前旨"

《通典》史论的特点之一，是重视事实，反对臆说。从认识历史来看，这具有方法论的意义。杜佑的这一思想，在《职官十三·王侯总叙》中阐述主封国者与主郡县者的争论时，反映得最为鲜明和最具有理论价值。杜佑认为："夫君尊则理安，臣强则乱危。是故李斯相秦，坚执罢侯置守。其后立议者，以秦祚促，遂尔归非。向使胡亥不嗣，赵高不用，闾左不发，酷法不施，百姓未至离心，陈、项何由兴乱？自昔建侯，多旧国也。周立藩屏，唯数十焉，余皆先封，不废其爵，谅无择其利遂建诸国，惧其害不立郡县。"① 这段话的意思是：秦朝的废分封、立郡县，是从"君尊"、"臣强"两种不同的政治结局的经验中得到的启示而抉择的；秦的"祚促"，有许多其他具体原因，并非立郡县所致。至于古代的建侯，都以"旧国"为基础，周朝为"藩屏"而建侯，只有几十个。这些都是当时的实际情况所决定的，并不是当时的人已经看到了"建诸国"就有利，"立郡县"就有害。在看待分封与郡县的问题上，这是从历史实际出发，实事求是的分析方法。

更发人深思的是，杜佑在上引这段话的下面，有一段自注，注文说："自五帝至于三王，相习建国之制，当时未先知封建则理，郡县则乱。而后人睹秦汉一家天下，分置列郡，有溃叛陵篡之祸，便以为先王建万国之时，本防其萌，务固其业，冀其分乐同忧，飨利共害之虑。乃将后事以酌前旨，岂非强为之说乎？"② 这段注文同上引正文的基本思想是一致的，只是在措词上有些不同。除文中所说"自五帝至于三王，相习建国之制"的说法，不适当地把封国的历史提前了而外，这段注文

① 杜佑：《通典》卷31。
② 同上。

主要阐明了认识历史的一个重要的方法论原则：不可"将后事以酌前旨"。一般地说，理论是从对具体事物的认识中抽象出来的。杜佑分析那些主封国说者的论点和根据时，一针见血地指出，他们是看到了秦汉两朝都出现了"溃叛陵篡之祸"，便断言"先王"已经看到了分封可以治，郡县必致乱。杜佑的意思是：当着秦汉两朝还没有在历史上出现的时候，当着郡县制还没有被人提出来并加以施行的时候，"先王"又怎能知道有郡县制的提出及其实施所带来的"溃叛陵篡之祸"呢？杜佑对于这种看法的结论是："乃将后事以酌前旨，岂非强为之说乎？"用今天的话来说，这是以后来历史发展事态去推测前人的思想、主张，完全是强词夺理的说法。杜佑这一认识的理论价值在于：在分析、判断、评价历史事件的时候，必须从这一事件所处的历史环境出发，而不应以这一事件之后的历史环境去妄测与这一事件有关的人的思想和主张。从今天的认识来看，杜佑的这一思想成果，包含着历史主义成分。

《通典》成书于唐德宗贞元十七年（801年），而稍晚于《通典》的柳宗元的《封建论》，也提出了类似的看法。柳宗元反复论证这样一个命题："封建非圣人意也，势也。"① 在具体的论证上，柳宗元发挥了杜佑"自五帝至于三王，相习建国之制"的看法，他的新贡献是指出了这种"相习建国之制"并不是圣人的意旨所能决定的，而是当时的历史形势所决定的，从而丰富了杜佑的认识。《封建论》的价值还在于，作者以历史事实证明：在汉代，"有叛国，而无叛郡；秦制之得，亦以明矣"。在唐代，"有叛将，而无叛州；州县之设，固不可革也"。② 柳宗元的这些结论，可以看做是朴素的历史主义方法的具体运用而得到的。柳宗元没有说明他的《封建论》是否得益于杜佑《通典》的启示，但他们的思想无疑是相通的。

在中国古代史学上，历史主义方法论的成分不仅在历史理论中有所反映，同时在史学理论中也有反映。在这个问题上，章学诚提出的理论是最具有代表性的。章学诚在《文史通义·文德》中写道："凡为古文辞者，必敬以恕。临文必敬，非修德之谓也；论古必恕，非宽容之谓也。敬非修德之谓者，气摄而不纵，纵必不能中节也；恕非宽容之谓

① 柳宗元：《柳河东集》卷3。
② 同上。

者，能为古人设身而处地也。"他举出陈寿、习凿齿、司马光、朱熹等人因所处时代不同，故对"正统"的理解、处理各有不同，"诸贤易地则皆然，未必识逊今之学究也"。他又写道："是则不知古人之世，不可妄论古人文辞也；知其世矣，不知古人之身处，亦不可以遽论其文也。身之所处，固有荣辱、隐显、屈伸、忧乐之不齐，而言之有所为而言者，虽有子不知夫子之所谓，况生千古以后乎！"这是古代史家关于朴素的历史主义方法论的极精彩的论述。所谓"古人之世"和"古人之身处"，既顾及到人们所处的时代，也顾及到虽处同一时代而每人不同的遭际。章学诚是史学理论家，他的这些见解对于古代史学批评方法论的发展，具有重要的意义。

从朴素的历史主义方法论的发展来看，章学诚的论述比起杜佑的论述，自然要细致得多、深刻得多，然而杜佑（735—812 年）生活在 8—9 世纪，而章学诚（1738—1801 年）则生活于 18 世纪，二者相距约千年。显然，在章学诚千年之上的杜佑能够提出不可"将后事以酌前旨"的见解，是多么难能可贵。

四、关于史学批评

《通典》是一部讲典章制度的书，它涉及到许多历史文献。《通典》的史论，有时就是针对某些历史文献而发，其中不乏史学批评的段落、论点。

《通典》史论的史学批评，极重视史家的见识。《刑法四》在讲到春秋时期郑国大夫子产铸刑书而遭到晋国大夫叔向作书责问这一事件时，杜佑议曰："古来述作，鲜克无累，或其识未至精，或其言未至公。观左氏之纪叔向书也，盖多其义，而美其词。孟坚从而善之，似不敢异于前志，岂其识或未精乎？"[1] 这里，是在批评《左传》所记这一史事以及班固（孟坚）《汉书·刑法志》引用了《左传》的这一记载。他说《左传》所记是"多其义，而美其词"，这是说《左传》在此事上的"其言未至公"。而对于班固援引《左传》不敢有异，是"其识未精"。杜佑提出这一批评的根据，是"五帝以降，法教益繁"、"周氏三典，悬诸象

---

① 杜佑：《通典》卷 166《刑法四·杂议上》。

魏",以及《左传》记孔子评论晋国事说:"晋国将守唐叔之所受法度,以经纬其民。"这是说的"令守晋国旧法"。据此,杜佑认为"铸刑书"之前,已有公开的法度,因而叔向的指责既不能成立,《左传》所记自非至公之言,而《汉书》又据《左传》"从而善之",则表明班固"其识未精"。当然,从今天的认识来看,杜佑提出上述批评所依据的文献以及所说"五帝以来,法教益繁",未必都是确切的;但他在当时人们对这些文献的理解的基础上,提出的疑问和批评是有很重的分量的,表明他不迷信经典和名家的可贵的批判精神。

《通典》史论的史学批评,注重于从事物全局的逻辑关系上着眼。《刑法七》在讲到西汉张释之执法严明时,杜佑发表评论说:"释之为理官,时无冤人,绵历千祀,至今归美。所云:'法者,天子所与天下公共。廷尉,天下之平。若为之轻重,是法不信于民也。'斯言是矣。又云:'方其时,帝使诛之则已。'斯言非矣。"① 杜佑钦佩张释之的执法,但对他所说的这两句话,则赞扬前者而批评后者。张释之的这两句话,是针对一件具体事情说的,《汉书·张冯汲郑传》记:张释之为廷尉。"顷之,上行出中渭桥,有一人从桥下走,乘舆马惊。于是使骑捕之,属廷尉。释之治问。曰:'县人来,闻跸,匿桥下。久,以为行过,既出,见车骑,即走耳。'释之奏当:'此人犯跸,当罚金。'上怒曰:'此人亲惊吾马,马赖和柔,令它马,固不败伤我乎?而廷尉乃当之罚金!'释之曰:'法者天子所与天下公共也。今法如是,更重之,是法不信于民也。且方其时,上使使诛之则已。今已下廷尉,廷尉,天下之平也,壹倾,天下用法皆为之轻重,民安所措其手足?唯陛下察之。'上良久曰:'廷尉当是也。'"② 杜佑的议论,就是针对此事而发。但是,杜佑所要批评的,并不是张释之说了"方其时,上使使诛之则已"的话,而是批评班固在记载此事时,应全面考虑到张释之的为人及其在处理这一案件时的基本倾向,而不必把一些枝枝节节都写入传中,以致对后人产生不良影响。他说:"纵释之一时权对之词,且以解惊跸之忿,在孟坚将传不朽,固合刊之,为后王法。以孝文之宽仁,释之之公正,犹发斯言,陈于斯主,或因之淫刑滥罚,引释之之言为据,贻万姓有崩角之

---

① 杜佑:《通典》卷 169《刑法七·守正》。
② 班固:《汉书》卷 50《张释之传》。

忧，俾天下怀思乱之志，孙皓、隋炀旋即覆亡，略举一二，宁唯害人者矣。呜呼！载笔之士，可不深戒之哉！"杜佑的这一看法，是否与史学上的直笔传统相悖？细考杜佑此言，第一，所谓"方其时，上使使诛之则已"，似是"权对之词"，并非张释之的本意；第二，"以孝文之宽仁，释之之公正"，这样的事情也难得发生。这正是从事物全局的逻辑关系上来看待历史记载的，与直笔原则并不相悖。在此基础上，再说到历史记载可能产生的历史影响，则杜佑所论是中肯的。

《通典》作为典章制度的通史，它的史论所反映出来的史学批评涉及到制度沿革者要更多一些。如《州郡二》在讲到古九州时，杜佑根据先秦文献及后人的注，证明禹治水当在尧时，分天下为九州；舜时，更为十二州。而《史记》记禹的治水在舜时，《汉书》则称尧时天下为十二州，禹治水后，更制九州。所以杜佑说："若稽其证据，乃子长、孟坚之误矣。"又如，《州郡二》在讲到周末"国之分野"的时候，引《汉书·地理志》所述秦地、魏地、韩地、周地、赵地、燕地、卫地、宋地、齐地、鲁地、楚地、吴地、越地等十三个地理区域。尔后，杜佑评论说："所列诸国分野，具于班固《汉书》及皇甫谧《帝王代纪》。下分区域，上配星躔，固合同时，不应前后。当吴之未亡，天下列国尚有数十。其时韩、赵、魏三卿又未为诸侯，晋国犹在，岂分其土地？自吴灭至分晋，凡八十六年，时既不同，若为分配？又按诸国地分，略考所在封疆，辨详隶属，甚为乖互，不审二子依据。"① 这里，杜佑提出了三个问题，即吴国未灭之时，还没有韩、赵、魏；韩、赵、魏的成为诸侯，上距吴灭已有 86 年：不是同时存在的地理区域，怎么好放在一起论列呢。此外，也还有封疆划分上的具体讹误。杜佑在评论的最后写道："凡为著述，诚要审详。若也但编旧文，不加考核，递相因袭，是误后学。……然已载前史，历代所传，今且依其本书，别其境土，盖备一家之学，示无阙也。其诸郡历代所属，则各具正于本篇。有览之者，当以见察。"一方面指出其不妥之处，一方面也考虑到"已载前史，历代所传"这一事实，即既爱护前人，又不至于贻误后学，这就是杜佑不得不提出批评的缘故。同时，这也反映了杜佑治学的严谨和做人的

---

① 杜佑：《通典》卷 172《州郡二·序目下》。

宽厚。

　　杜佑撰《通典》，参考经史百家，群士论议，而于论礼之书和论地理之书，尤为重视。《通典·礼典》占了全书半数，而《通典》史论的"说"和"议"，多在《礼典》之中，便是他重视礼和论礼的明证。从上文论九州、十二州孰先孰后以及对《汉书·地理志》和《帝王世纪》的批评，可见他对于地理书和论地理之书的重视。杜佑在《州郡序》中说："凡言地理者多矣，在辨区域，徵因革，知要害，察风土；纤介毕书，树石无漏，动盈百轴，岂所谓撮机要者乎！如诞而不经，偏记杂说，何暇编举（自注：'谓辛氏《三秦记》、常璩《华阳国志》、罗含《湘中记》、盛弘之《荆州记》之类，皆自述乡国灵怪，人贤物盛。参以他书，则多纰谬，既非通论，不暇取之矣'）。或览之者，不责其略焉。"① 从这里可以看出：杜佑对地理书的要义是极明确的，他不赞成把灵怪之事写入地理书中也是有识之见；但杜佑把《华阳国志》等书一概斥为"诞而不经"，则未免过分。与此相类似的，是杜佑对《水经》等书，也持否定态度。他在《州郡四》后议中写道："佑以《水经》僻书，代〔世〕人多不之睹，或有好事者于诸书中见有引处，谓其审正，此殊未之精也。……又按《禹本纪》、《山海经》，不知何代之书，详其恢怪不经，宜夫子删诗、书以后尚奇者所作，或先有其书，如诡诞之言，必后人所加也，若《古周书》、《吴越春秋》、《越绝书》诸纬书之流是矣。"② 对于杜佑的这种看法，今天应作辩证的认识。一方面，《通典》作为一部十分严肃的典章制度通史，杜佑在采撰上采取严肃的、审慎的态度，无疑是必要的、正确的，一千多年来，《通典》始终受到人们的重视，这是根本的原因之一。另一方面，在杜佑所处的时代，一般地说，对于杜佑所批评的这些书，人们还难以作出正确的说明和恰当的利用。这不仅是杜佑个人在史学批评上的局限，也可以说是那个时代的局限。

五、人物评价及其他

　　《通典》史论也涉及到对历史人物的评价。作为一个有多年宦途的

---

① 杜佑：《通典》卷171《州郡一·州郡序》。
② 杜佑：《通典》卷174《州郡四》后议。

史家，杜佑对执法公正的官员十分崇敬，上文说到他对西汉张释之的评价，就是一例。他对本朝的徐有功也十分钦佩。《刑法七》详记徐有功执法之事，说徐有功处在"周唐革命"之际，"告密之辈，推核之徒，因相诬构，共行深刻"，"朝野屏气，道路以目。于斯时也，谁敢忠正？"而徐有功"遂于群邪之侧，众谄之旁，孑然介立，守法不动，抑扬士伍，慷慨朝端，始卒不渝，险易如一。于是酷法之吏，诬告之人，见嫉甚于仇雠矣"。于是杜佑评论说："详观徐大理之断狱也，自古无有斯人，岂张、于、陈、郭之足伦，固可略举其事。且四子之所奉，多是令主，（自注：'西汉，张释之，文帝时为廷尉；于定国，宣帝时为廷尉；东汉陈宠、郭躬，章帝时为廷尉，皆遇仁明之主。'）诚吐至公，用能竭节。若遇君求治，其道易行。武太后革命，欲令从己，作威而作周政，寄情而害唐臣。徐有功乃于斯时，而能定以枉直，执法守正，活人命者万计；将死复舍，忤龙鳞者再三。以此而言，度越前辈。"[1] 杜佑评价历史人物，不仅仅是一般地从历史人物的品质或事功去论其高下，而是特别着重于说明历史人物所处的历史环境，从而加重了评论的分量。同时，他也注意到从历史人物的比较中作出不同的评价。

反对轻薄浮华、主张务实"从宜"，是《通典》史论所一再强调的。在《食货七·历代盛衰户口》的史论中，杜佑在论到玄宗天宝末年户口锐减的问题时指出："直以选贤授任，多在艺文，才与职乖，法因事弊。隳循名责实之义，阙考言询事之道。崇秩之所至，美价之所归，不无轻薄之曹，浮华之伍。习程典，亲簿领，谓之浅俗；务根本，去枝叶，目以迂阔。风流相尚，奔竞相驱，职事委于群胥，货贿行于公府，而至此也。"这是无情地揭示了轻薄浮华之辈误国的事实。在同一篇史论中，杜佑高度评价了隋朝高颎的务实精神，说他"先敷其信，后行其令，烝庶怀惠，奸无所容。隋氏资储遍于天下，人俗康阜，颎之力也"。

杜佑出身于门阀士族，《通典》又以百卷之巨叙述沿革礼和开元礼，从这两点来看，杜佑有重礼的一方面。但杜佑的重礼，并非陶醉于礼，更不是迷恋于礼的繁文缛节。他对"礼"的总的认识是："自古至周，天下封建，故盛朝聘之礼，重宾主之仪，天子诸侯，卿大夫士，礼数服

---

[1] 杜佑：《通典》卷169《州郡七·赦宥》。

章，皆降杀以两。秦皇帝荡平九国，宇内一家，以田氏篡齐，六卿分晋，由是臣强君弱，终成上替下陵，所以尊君抑臣，列置郡县，易于临统，便俗适时。滞儒常情，非今是古。《礼经》章句，名数尤繁，诸家解释，注疏庞杂。方今不行之典，于时无用之仪，空事钻研，竞为封执，与夫从宜之旨，不亦异乎!"① 在这里，杜佑从历史上说明了宾礼是怎样产生的，进而说明了宾礼是天子诸侯、卿大夫士们的事情。自秦统一后，实行郡县制，这种宾礼也就变得不像原先那样重要了。他不赞成人们热衷于"方今不行之典，于时无用之仪"，认为这同"从宜之旨"是大相径庭的。可见杜佑对礼的解释，一是包含着朴素的历史主义成分，二是显示出明确的批判精神。上文所提到的他对祭尸礼的看法，在性质上也是如此。这跟他自己郑重表明的"不为章句之学"是表里一致的。由此可以证明，杜佑对于礼，也有严肃批判的一方面；在这一点上，我们过去对《通典》的认识是不够的。

---

① 杜佑：《通典》卷74《礼三十四·沿革三十四·宾礼一》总叙。

《通典》的方法和旨趣

　　唐代有两部历史著作在中国史学史上极负盛名，一是刘知幾（661—721年）所撰的《史通》，一是杜佑（735—812年）所撰的《通典》。《史通》着意于对史学活动的反省，意在作出评论和总结；《通典》则注重于沟通史学与社会的联系，意在推动史学的经世致用。刘知幾和杜佑分别生活在唐盛世和唐中叶，他们的历史撰述以不同的风貌和成就反映了那个时期我国史学发展的特点。本文仅就《通典》的方法和旨趣作初步的分析，不当之处，祈请学术界同志批评指正。

一、历史与逻辑相统一的史学方法

　　杜佑的《通典》跟它以前的历史著作比较，在史学方法上有很大的发展，从而在一定程度上反映了历史和逻辑的一致。

　　恩格斯在讲到对经济学的批判时指出，"逻辑的研究方式"实际上无非是"历史的研究方式"，二者是一致的。他说：

　　历史从哪里开始，思想进程也应当从哪里开始，而思想进程的进一步发展不过是历史过程在抽象的、理论上前后一贯的形式上的反映；这种反映是经过修正的，然而是按照现实的历史过程本身的规律修正的，这时，每一个要素可以在它完全成熟而具有典型性的发展点上加以考察。①

　　恩格斯在这里所阐明的，是历史发展和人类思想进程的一致性的原则。然而，就历史家个人（当然，也包括其他任何个人）来说，其认识能力究竟能够在多大的程度上反映客观的"历史过程"，则是千差万别的。唯物主义和唯心主义的歧异，对历史上思想资料积累和继承的多寡，以及对现实生活经验的总结和吸收的程度，等等，都可能造成这种差别。这种差别，毫无疑义地要表现在历史家研究历史，撰写历史的方法上。

　　《通典》问世以前，最有影响的历史著作莫过于《史记》和《汉书》。因此，考察《史》、《汉》的史学方法，对于我们认识《通典》的史学方法究竟在何等意义上取得了重大的发展，是有很大的启发的。司马迁在谈到他著《史记》的具体方法时说：

　　　网罗天下放失旧闻，王迹所兴，原始察终，见盛观衰，论考之行事，略推三代，录秦、汉，上记轩辕，下至于兹，著十二本纪，既科条之矣。并时异世，年差不明，作十表。礼乐损益，律历改易，兵权、山川、鬼神、天人之际，承敝通变，作八书。二十八宿环北辰，三十辐共一毂，运行无穷，辅拂股肱之臣配焉，忠信行道，以奉主上，作三十世家。扶义俶傥，不令己失时，立功名于天下，作七十列传。②

　　这里说的纪、表、书、世家、列传，反映着社会历史的五个方面，也是《史记》一书的五个层次。在司马迁看来，他所制定的纪、表、

────────────

　　① 《马克思恩格斯选集》第2卷，43页，北京，人民出版社，1995。
　　② 司马迁：《史记》卷130《太史公自序》。

—— 533 ——

书、世家、列传，是有其自身的逻辑的，不论他是否意识到这一点。那么，司马迁所提出的逻辑和客观历史进程是什么关系呢？它们在多大的程度上达到了一致呢？依我的浅见：《史记》写了大量的、不同社会地位的人物的活动和思想，写了政治、经济，写了天文、地理，写了有关的制度；其中，有许多是光辉的篇章，也有不少卓识。但是，从它的纪、表、书、世家、列传这五个方面或五个层次来看，还不能说它基本上（或者说在一定程度上）反映了历史和逻辑的一致。不错，这五个部分是相互补充、相互联系的，但这种联系毕竟不同于客观历史进程中的那种联系。

班固断代为史，撰写《汉书》百卷，他的方法是：

> 叙帝皇，列官司，建侯王（按：以上指帝纪、《百官表》及《诸侯王表》）。准天地，统阴阳，阐元极，步三光（按：以上指《天文志》、《五行志》、《律历志》）。分州域，物土疆，穷人理，该万方（按：以上指《地理志》、《沟洫志》、《古今人表》及《郊祀志》）。纬《六经》，缀道纲，总百氏，赞篇章（按：以上指《艺文志》和人物列传）。函雅故，通古今，正文字，惟学林（按：以上是说《汉书》文字的典雅和内容的宏富）。①

这一段话，集中反映了班固撰写《汉书》的逻辑方法，即首叙帝、王、百官，天文、五行、律历次之，地理、沟洫、郊祀又次之，艺文又次之，末叙各种人物。班固提出的这个逻辑，同样也没有反映出客观的历史进程。但是，有一点是应当注意到的，就是：班固在表述他的逻辑方法时，好像比司马迁表述自己的逻辑方法更清楚一些，而这主要表现在班固对《汉书》十志的作用的认识上。

《史记》和《汉书》在中国古代史学史上都有很高的地位，但如果从历史和逻辑的一致这一要求来看，从它们所反映出的史学方法来看，证明它们还处在史学发展的早期阶段。这并不奇怪，因为它们都是我国

---

① 班固：《汉书》卷100下《叙传下》，括号中语为引者所加。

封建社会成长时期的史学著作。

《通典》产生于封建社会的发展时期，它的作者所处的历史环境，所能够继承的历史上的思想资料，所能够接触的当时的社会思潮，都比马、班时代广泛得多、丰富得多、深刻得多。这些，都会反映在杜佑对社会历史的观察和分析上，反映在他研究、撰写历史的方法上。

先从宏观方面考察。杜佑明确地指出：

> 夫理道之先，在乎行教化；教化之本，在乎足衣食。……夫行教化在乎设职官，设职官在乎审官才，审官才在乎精选举，制礼以端其俗，立乐以和其心：此先哲王致治之大方也。故职官设，然后兴礼乐焉；教化隳，然后用刑罚焉；列州郡，俾分领焉；置边防，遏戎狄焉。是以食货为之首，选举次之，职官又次之，礼又次之，乐又次之，刑又次之，州郡又次之，边防末之。或览之者，庶知篇第之旨也。①

杜佑的这一段话，是用大手笔勾画出的封建社会的经济、政治结构及其相互关系。在杜佑看来：应当通过教化去达到"致治"的目的，而"教化"，则应以食货为基础；在这个基础上，制定出一套选举办法和职官制度；礼、乐、兵、刑，乃是职官的职能；州郡、边防是这些职能在地域上的具体实施。因此，作者在《通典》中首先论述经济制度，然后依次论述选举制度和职官制度，礼、乐制度，战守经验，刑罚制度，最后论述地方政权的建置和边防的重要。

这里应当指出两点：

第一，杜佑把《食货》置于《通典》各门之首，然后分别论述了上层建筑的一些重要方面。作者这一研究和表述历史的方法，可以说是在根本点上体现了历史和逻辑的一致。杜佑这一方法的理论根据是："《洪范》八政，一曰'食'，二曰'货'。《管子》曰：'仓廪实，知礼节；衣食足，知荣辱。'夫子曰：'既富而教。'斯之谓矣。"② 乍看起来，这些理论根据并没有什么新奇之处，只是集中了古代思想家在同一问题上的

---

① 杜佑：《通典》自序。
② 杜佑：《通典》自序；又见《通典》卷7《食货七》后论。

一些思想资料的片断而已。但是我们应该注意到：在杜佑之前的所有历史家，都没有像他这样重视前人的这些思想资料，并把它们作为首先必须研究社会经济制度的理论根据。仅此而论，杜佑的史学思想和史学方法已经远远超过了他的前辈。马克思和恩格斯指出：

> ……一切人类生存的第一个前提，也就是一切历史的第一个前提，这个前提就是：人们为了能够"创造历史"，必须能够生活。但是为了生活，首先就需要吃喝住穿以及其他一些东西。因此第一个历史活动就是生产满足这些需要的资料，即生产物质生活本身，而且这是这样的历史活动，一切历史的一种基本条件，人们单是为了能够生活就必须每日每时去完成它，现在和几千年前都是这样。……因此任何历史观的第一件事情就是必须注意上述基本事实的全部意义和全部范围，并给予应有的重视。[1]

马克思和恩格斯在这里说的是唯物史观的基本原则。科学的唯物史观，在马克思、恩格斯以前，人们是不可能提出的。但是，在中国哲学史和史学史上，唯物史观的萌芽是早就存在的。是否可以这样认为：杜佑已朦胧地意识到物质生活本身在人类历史发展中的重要作用。他的《通典》一书以"食货为之首"的见识和方法，是中国中世纪史家"为历史提供世俗基础"[2] 的天才尝试。杜佑虽然从他的先辈那里继承了某些思想资料，但他对它们都进行了一定的改造，并赋予它们新的含义和新的生命。本来只是某些思想片断，而在杜佑这里却成了一种史学观点和史学方法，成了一种学术思想的基础和出发点。毫无疑义，杜佑取得了他的前辈们所不曾达到的思想成果。

诚然，这一新的思想成果，与其说是思维发展的必然结果，毋宁说是历史现实的必然产物。《通典》以"食货为之首"的思想和方法，无疑反映了时代的精神。唐代自安史之乱（755—763 年）以后，不仅政

---

① 《马克思恩格斯选集》第 1 卷，79 页，北京，人民出版社，1995。

② 同上。

治上从极盛的顶点跌落下来，社会秩序极不安定，而且社会经济也出现了日益严重的危机，国家财政十分窘迫。对于这样一个巨大的历史变化，盛唐以后的政治家、思想家、史学家、诗人在他们的著述、作品和言论里都有强烈的反映。而整顿社会经济，增加财政收入，则是人们关注的重大问题。于是，在肃、代、德、顺、宪、穆、敬、文、武等朝的八九十年间，讨论经济问题的学者纷至沓来，相继于世。其中，比杜佑略早或大体跟杜佑同时的，有刘晏、杨炎、陆贽、齐抗；比杜佑稍晚的，有韩愈、李翱、白居易、杨于陵、李珏等。[1] 刘晏的理财，"常以养民为先"[2]。杨炎倡议和实行的两税法，以及朝廷围绕实行两税法所展开的激烈的争论，是唐代经济制度史上很重要的事件。陆贽的经济思想在某些方面跟杜佑很相近，他认为："君养人以成国，人戴君以成生。""故立国而不先养人，国固不立矣；养人而不先足食，人固不养矣。"[3] 这些政治家的经济改革活动和经济思想，都是当时的历史现实的产物。而这样的历史现实、经济改革和经济思想，在很大程度上影响着、启迪着杜佑的史学理论和史学方法。我们是否可以这样说：杜佑在《通典》里以"食货为之首"，正是一个卓越的历史家在自己的历史著作中回答了现实所提出的问题。《通典》之所以在根本点上反映了历史和逻辑的一致，这是一个重要原因。

第二，从《通典·食货》以下所叙各门来看，它们之间的逻辑联系也是很显然的，反映了作者对封建社会上层建筑各部门的关系及其重要性的认识。杜佑认为，在选举、职官、礼、乐、兵、刑、州郡、边防各门中，职官制度是最重要的，所谓"行教化在乎设职官"，就是着重强调了这一点。选举制度是为职官制度服务的；而礼、乐、兵、刑等则是各级官吏代表最高封建统治者行使的几种职能，这些职能主要地表现为两个方面：一是教化，一是刑罚，所谓"职官设然后兴礼乐焉，教化隳然后用刑罚焉"，就是这个意思。至于州郡，需要各级官吏"分领"；边

---

① 参见胡寄窗：《中国经济思想史》（中），450 页，上海，上海人民出版社，1963。

② 司马光：《资治通鉴》卷 226，唐德宗建中元年。"养民"，一作"爱民"。

③ 陆贽：《请以税茶钱置义仓以备水旱》，参见《陆宣公文集》卷 3，见《丛书集成初编》本，上海，商务印书馆，1937。

防，也需要各级官吏处置：这是实施上述各种职能的必不可少的环节。由此可以看出，杜佑所叙封建社会上层建筑的各个部分，大致有三个层次：第一，选举、职官；第二，礼、乐、兵、刑；第三，州郡、边防。这三个层次，把封建国家在政治领域的几个主要方面都论到了，反映了作者对历史和现实的卓越的认识。

现在，我们再从微观方面考察。杜佑《通典》对封建社会历史的观察和分析，一方面是用大手笔勾画轮廓，另一方面是对每一领域作细致的解剖，而于后者也同样略见其逻辑的研究方法，体现出历史同逻辑的一致。以《食货典》而论，它共包含 12 卷，即：（1）田制上；（2）田制下，水利田，屯田；（3）乡党，土断、版籍并附；（4）赋税上；（5）赋税中；（6）赋税下；（7）历代盛衰户口，丁中；（8）钱币上；（9）钱币下；（10）漕运，盐铁；（11）鬻爵，榷酤，算缗，杂税，平准（均输附）；（12）轻重。人们不能不注意到：这是一个很严密的逻辑体系。作者首先叙述土地制度，因为土地是封建经济中最基本的生产资料；其次叙述与这种封建土地制度相适应的农村基层组织；再次，叙述以这种土地所有制形态为基础的赋税制度；再次，叙述历代户口盛衰，这关系到劳动人手的多寡和赋税的数量；再次，从第 8 卷以后，叙述到货币流通、交通运输、工商业、价格关系等等。这样一个逻辑体系，极其鲜明地反映了作者研究封建社会经济的几个层次：从基本的生产资料出发，依次叙述劳动组织形式、赋税关系、人口关系及其他社会经济关系。在这里，作者研究问题的逻辑方法，跟封建经济的特点是相吻合的。因此，可以认为："《通典·食货门》，从生产论到流通，从土地关系论到一切社会经济关系，这种逻辑体系应该说在当时的历史条件下是最能反映社会经济中基本问题的。"[①] 毫无疑问，这又体现出杜佑的卓识。

然而，杜佑的这种卓识，并不仅仅限于他对"食货"所作的剖析，在《通典》其他各门中也有不同程度的反映。例如，《职官典》包括 22卷：首先论历代官制要略（第 1 卷），然后分别论述三公、宰相、尚书、御史、诸卿、武官、东宫官属、王侯封爵、州郡、散官（第 2 卷至第

---

① 胡寄窗：《中国经济思想史》（中），452 页。

16 卷），最后论禄秩和秩品（第 17 卷至第 22 卷）。作者从京官论到外官，从职事官论到散官，从禄秩论到秩品，逻辑体系十分严密。值得注意的是，杜佑即便在这样一个具体的领域里，也是采用鸟瞰全局和剖析局部相结合的研究方法。如他论宰相，首先是把这个官职放在整个职官的全局中加以考察，然后才对这一官职进行细致的分析。而进行细致分析的时候，则是层层推进，条分缕析。如作者在《宰相》条下，列子目"门下省"、"侍中"、"中书省"、"中书令"；进而于"侍中"之下又分细目"侍郎"、"给事中"、"散骑常侍"、"谏议大夫"、"起居"、"补阙"、"拾遗"、"典仪"、"城门郎"、"符宝郎"、"弘文馆校书"等等。作者用这种研究方法，把历代职官制度剖析得清清楚楚，洪纤无失。《通典》全书除《兵典》一门外，其他各门，亦多类此。

总之，不论是从宏观方面还是从微观方面来考察，可以说《通典》都有其自身的逻辑体系。这个逻辑体系，是作者观察和分析历史、特别是观察和分析现实社会所取得的成果。对于这个成果，当时人的评价是："若使学者得而观之，不出户知天下，未从政达人情，罕更事知时变。为功易而速，为学精而要。其道甚直而不径，其文甚详而不烦。推而通，放而准，语备而理尽，例明而事中，举而措之，如指诸掌，不假从师聚学，而区以别矣。非聪明独见之士，孰能修之。"[1] "（杜佑）阅天下之义理，究先王之法志，著《通典》二百篇，诞章闳议，错综古今，经代立言之旨备焉"[2]。这些评论，虽有过誉之处，但这里说的"推而通，放而准，语备而理尽，例明而事中，举而措之，如指诸掌"、"诞章闳议，错综古今"，却都不失为中肯的评价。当然，我们的认识还有超出前人的地方，这就是：我们是把《通典》一书及其逻辑体系放在客观历史和作者主观认识之相互关系的位置上来考察的。通过上面的分析，是否可以认为，杜佑研究历史，并不是按照某种传统的思想模式（特别是儒家的思想模式）来铸造历史；恰恰相反，他大致上是按照历史发展的本来面貌来撰写历史。虽然他也照例要受到历史条件和阶级地位的局限，但跟他的那些杰出的前辈或同辈比起来，他毕竟又朝着历史的真实向前跨越了一步。因此，是否可以进而认为，杜佑《通典》所反

---

[1] 李翰：杜佑《通典》序。

[2] 权德舆：《唐丞相岐国公杜公墓志铭并序》，见《唐文粹》卷 68。

映的逻辑体系，是那个时代历史家对客观历史之认识所达到的最高成就。

　　杜佑之所以能获得这样的成就，是有几个方面的原因的。第一，我国封建社会的经济制度、政治制度经过将近一千年的发展，至唐代中叶已臻于完备，这就为历史家进行系统的总结提供了可能。诚如陈寅恪先生所说："隋唐两朝为吾国中古极盛之世，其文物制度流传广播，北渝大漠，南暨交趾，东至日本，西极中亚。"① 对这样的文物制度作出总结，并考镜源流，厘清脉络，阐明得失成败，本是历史提出的课题。第二，杜佑的历史见识，是他能够完成这个课题的主观条件。李翰说杜佑"雅有远度，志于邦典，笃学好古"，是"聪明独见之士"，② 这当不是凭空吹捧的谀辞。《旧唐书·杜佑传》谓：杜佑"敦厚强力，尤精吏职"；"性嗜学，该涉古今，以富国安人之术为己任"。要之，宦途的实践，渊博的学识，对史学的兴趣和时代的责任感，是造成杜佑这种历史见识的内在因素。第三，前人的思想资料，特别是同时代的一些政治家、历史家、学者的思想的启迪，是杜佑获得如此成就的又一个原因。第四，这是最直接、最重要的一个原因，就是唐代中叶以后的社会动乱，尤其是封建国家财政收入日益窘迫的现实，把作为政治家和历史家的杜佑，推到了他应当占据的位置之上。关于这一点，本文下面还要详细地加以论述。

二、"征诸人事，将施有政"的著述旨趣

　　杜佑的卓越的史识，固然反映在《通典》写作方法的成就上，但这仅仅是从史学发展的一个方面即史学如何反映一定的经济、政治这个方面来考察的。如果从另一个方面即史学如何反作用于一定的经济、政治这个方面来考察的话，那么，杜佑的卓识，还有其更重要的意义和价值。这主要表现在他的历史撰述的旨趣上。

---

　　① 陈寅恪：《隋唐制度渊源略论稿》，1、158 页，北京，中华书局，1963。

　　② 李翰：杜佑《通典》序。

为《通典》作序的李翰①，因为"颇详旨趣，而为之序"，可以说是深得《通典》要旨的第一人。有的论者认为，杜佑在大历初年请李翰为《通典》作序，是想借助于李翰作为左补阙的官职及其名气，以扩大《通典》的影响。这无疑是把李翰的《通典序》理解得过于狭窄了。李翰说：

> ……学者以多阅为广见，以异端为博闻，是非纷然，颓洞茫昧，而无条贯：或举其中而不知其本，原其始而不要其终，高谈有余，待问则泥；虽驱驰百家，日诵万字，学弥广而志弥惑，闻愈多而识愈疑，此所以勤苦而难成，殆非君子进德修业之意也。今《通典》之作，昭昭乎其警学者之群迷欤！以为君子致用在乎经邦，经邦在乎立事，立事在乎师古，师古在乎随时；必参古今之宜，穷终始之要，始可以度其古，终可以行于今，问而辨之，端如贯珠，举而行之，审如中鹄。夫然，故施于文学，可为通儒；施于政事，可建皇极。……非圣人之书，乖圣人微旨，不取焉，恶烦杂也；事非经国礼法程制，亦所不录，弃无益也。②

在李翰看来，杜佑撰《通典》，绝非为了追求广见博闻，高谈阔论，为史学而研究史学；反之，他是为了"经邦""致用"而撰述《通典》的。"度其古"是为了"行于今"，"问而辨之，端如贯珠"最后还是要落实到"举而行之，审如中鹄"上。因此，《通典》跟一般的"文章之事，记问之学"迥然不同。此即李翰所窥见的《通典》一书的旨趣所在。这同上文所引另一个杜佑的同时代人权德舆所说的《通典》"诞章闳议，错综古今，经代（世）立言之旨备焉"，是完全一致的。

当然，考察一部史书的旨趣，更重要的还要看作者撰述的目的。杜佑撰述《通典》的目的，在《通典》自序、《上〈通典〉表》以及他后来撰写的《理道要诀》自序、《上〈理道要诀〉表》中，都有明确的说明。

---

① 李翰，《旧唐书》卷190下《文苑传下》及《新唐书》卷203《文艺传下》均有传。
② 李翰：杜佑《通典》序。

在《通典》自序里，他开宗明义地写道："不达术数之艺，不好章句之学。所纂《通典》，实采群言，征诸人事，将施有政。"这几句话，集中地反映了《通典》一书的旨趣所在。杜佑在《进〈通典〉表》中，进一步阐述了他的撰述旨趣，着重指出两点：第一，《孝经》、《尚书》等儒家经典，多属空泛言论，"罕存法制"，使人不得要领。第二，历代前贤论著，大多是指陈"紊失之弊"，往往缺少"匡拯之方"。因此，他主张："理道不录空言"，必须"探讨礼法刑政"①，仅仅停留在对最高统治者的"规谏"上是远远不够的，要研究"政理"的具体措施。② 杜佑的这些看法，贯穿着一个主旨，就是"理道"。他在贞元十九年（803 年），辑录《通典》要点，另成《理道要诀》33 篇（一说 32 篇），"详古今之要，酌时宜可行"③。《理道要诀》可以认为是《通典》的"简本"或缩写本，杜佑用"理道要诀"名之，可见他撰述《通典》的主旨本在于此。说"《通典》的精华是'理道'的'要诀'"④，可谓切中肯綮。

杜佑说的"理道"、即"治道"，同李翰《通典序》说的"经邦"、"致用"是一致的。李翰自称"颇详旨趣，而为之序"，当是实话。这里，有一点需要特别指出：像杜佑这样明确地宣布，其历史撰述就是"征诸人事，将施有政"、为现实"理道"服务的，在他以前的史家中，几乎还不曾有过。从中国古代史学发展来看，杜佑以前的史家，主要地是通过他们的历史撰述来反映客观的历史，总结历史经验，从而给人们提供丰富的历史借鉴。据说，"孔子成《春秋》而乱臣贼子惧"⑤。但这只是孟子的说法；孔子是怎么讲的，人们并不清楚。而所谓"乱臣贼子惧"，主要也是从"君君臣臣父父子子"的关系上来说的，还谈不到具有"经世"的意义。司马迁是伟大的史家，他撰《史记》是要"究天人之际，通古今之变，成一家之言"，是要"述往事，思来者"，设想和成就都是很高的，但他却宣布要把《史记》"藏之名山，副在京师，俟后

---

① 杜佑：《进〈理道要诀〉表》，见王应麟《玉海》卷 51，浙江书局，光绪九年（1883 年）刻本。
② 参见杜佑：《理道要诀》自序，见王应麟《玉海》卷 51。
③ 杜佑：《进〈理道要诀〉表》，见王应麟《玉海》卷 51。
④ 范文澜：《中国通史》第 4 册，363 页。
⑤ 《孟子·滕文公下》。

世圣人君子"①，并非要用它来"经邦"、"致用"。至于班固撰《汉书》，本是为了证明"汉绍尧运，以建帝业"②，格调就低得多了。陈寿著《三国志》，时人称为"辞多劝诫，明乎得失，有益风化"③。其实，他着力宣扬的不过是皇权神授的思想和封建伦理观点，苍白的历史观和政治观决定了他不可能考虑"经邦"、"致用"的问题。杜佑不赞成前人"多主于规谏而略于体要"④的撰述宗旨，把历史撰述跟"理道"直接联系起来，这是对史学作用认识的一个很重要的发展。当然，这决不是说杜佑以前的历史撰述是脱离现实、不为现实服务的。恰恰相反，《春秋》以下的任何一部史书，都是和现实有密切联系的，都是在一定程度上为现实服务的，而且在有些方面已经达到了很高的成就。例如，西汉初年的政治家、思想家、历史家在总结秦亡汉兴的历史经验方面，唐初的政治家、思想家、历史家在总结隋亡唐兴的历史经验方面，都有比较深刻、系统的见解；《史记》、《隋书》分别集中了这方面的成果，特别是《隋书》总结的历史经验，对于唐太宗贞观年间的政治是有直接的影响的。⑤杜预说孔子作《春秋》，"上以遵周公之遗制，下以明将来之法"⑥；司马迁"述往事，思来者"；唐初李渊《命萧瑀等修六代史诏》说"多识前古，贻鉴将来"⑦等等，都包含着要以史学为现实和将来服务的思想。这样的例子在史学上是很多的。那么，杜佑在把史学和现实直接联系起来这个问题上，比起他的前辈究竟有什么不同呢？我以为至少有两个方面：第一，从认识的自觉程度来看。杜佑宣布他撰《通典》是"征诸人事，将施有政"，为"理道"服务，表明他在这个问题的认识上有较高的自觉性，这是中国古代史家对史学的社会作用之认识的一个飞跃。第二，从撰述的内容来看。杜佑对"术数之艺"、"章句之学"、"文章之事，记问之学"，都没有很大兴趣。故《通典》一书"不录空

---

① 以上见班固：《汉书》卷62《司马迁传》；司马迁：《史记》卷130《太史公自序》。
② 班固：《汉书》卷100下《叙传下》。
③ 房玄龄等：《晋书》卷82《陈寿传》。
④ 杜佑：《理道要诀》自序，见王应麟《玉海》卷51。
⑤ 参见本书495～508页《〈隋书〉的史论》一文。
⑥ 杜预：《春秋左氏经传集解序》。
⑦ 宋敏求编：《唐大诏令集》卷81。

言"，专事"探讨礼法刑政"；"事非经国礼法程制"者，不录。这样，《通典》在内容上就突破了"规谏"、"劝诫"的窠臼，更讲求实际，其所叙历代典章制度，多与现实有直接联系。这是杜佑不同于他以前的史家的又一个重要之处。

诚然，杜佑以史学著作"理道"、"施政"的经世致用的主张，并不是他思想上固有的模式，而是时代的产物，是时代潮流的反映。杜佑生活在唐中叶的变乱时期。从玄宗后期起，至宪宗末年，朝政的紊乱，朝廷和藩镇割据势力的斗争，藩镇之间的斗争，以及民族间的矛盾、斗争，是这一时期政治上和军事上的特征。由于变乱的不断发生，人民流离失所，生产遭到破坏，社会经济和国家财政面临着严重的困难，则是这一时期经济上的特征。唐中叶变乱的转折关键是历时八年之久的安史之乱，而其影响所及，则终唐之世。然而，正是这样的社会变乱，造就了一大批人才。中唐时期，地主阶级中的有识之士接踵而至，形成了继唐初之后又一个人才高峰。其中，比较著名的有：政治家如陆贽、李吉甫、裴度，军事家如郭子仪、李晟、李愬，理财家如刘晏、杨炎，思想家和文学家如韩愈、柳宗元、刘禹锡，诗人如杜甫、白居易，等等。他们大多是一些思想进取、锐意改革的人。他们的言论、行事、著作和作品，一般都反映了时代的精神和特征。杜佑和他的这些同时代人一样，是站在历史潮流前面的人，而他的"以富国安人之术为己任"的政治胸怀和经世致用的学术思想，也都可以从他们那里找到同好或共鸣。史称：理财家刘晏力主"富其国而不劳于民"[1]，"体国安民之心，不可没矣"[2]。政治家陆贽"以天下事为己任"，对"理道"、"理兵"、"足食"有许多切中时弊的建议，他的"经国成务之要，激切仗义之心"[3] 对当时和后世都有极大的影响。柳宗元、刘禹锡都是"永贞革新"的积极参加者，这次革新虽然失败了，但他们的改革精神是应该肯定的。特别是柳宗元的政论、史论、杂文和其他作品，都贯穿着"不以是取名誉，意欲施之事实，以辅时及物为道"[4] 的宗旨。白居易在宪宗元和十年

---

① 刘昫等：《旧唐书》卷 123《刘晏传》后论。
② 王夫之：《读通鉴论》卷 24。
③ 刘昫等：《旧唐书》卷 139《陆贽传》。
④ 柳宗元：《答吴武陵论〈非国语〉书》，见《柳河东集》卷 31。

（815 年）写道："自登朝来，年齿渐长，阅事渐多，每与人言，多询时务；每读书史，多求理道：始知文章合为时而著，歌诗合为事而作。"①白居易的这种文学思想，无疑也是中唐时期的经世致用的社会思潮在文学创作上的反映。李吉甫当国，史称其"该洽多闻，尤精国朝故实，沿革折衷，时多称之"；他撰的《六代略》、《元和郡县图志》、《元和国计簿》和《百司举要》等书，都有鲜明的经世致用的特点，用他的话说，就是"成当今之务，树将来之势"②。清代学者孙星衍说李吉甫主要行事"皆切时政之本务"，所著诸书"悉经世之学"③，是很中肯的。上面所举这些事实证明，在唐代中叶，倡导并致力于经世之学者，绝非三两个人而已；经世之学，至少在地主阶级的一些有识之士中，已逐渐形成一种倾向。而杜佑正是这种倾向在史学领域的先驱和突出代表，《通典》一书可以认为是开中国史学史上经世史学的先河。

杜佑的经世致用的主张，在《通典》一书各部分内容中都有具体的反映，兹撮述其要点如下：

（一）经济思想方面。杜佑经济思想之最重要的方面，首先是他认为物质经济生活是一切政治措施的基础。他在给部帙浩繁的《通典》所写的极其简短的序言中，用画龙点睛之笔勾勒出他的"教化之本在乎足衣食"的经济思想和《通典》在编次上以"食货为之首"的撰述意图，序言末强调了"或览之者，庶知篇第之旨也"，尤其显示出他对序言中所写的这些话的高度重视。有的研究者认为：杜佑的这种认识和做法，"在某种程度上，反映了经济基础对建筑在其上的全部庞大的上层建筑的主要的决定作用"④。这种评价是并不过分的。我们可以认为，在经济和政治的关系的认识上，杜佑是我国古代史家中第一个达到这种成就的人。其次是《通典·食货典》的逻辑体系，反映出杜佑对封建社会经济各部门及其相互联系的认识，已经达到了基本上符合当时历史实际的

---

① 白居易：《与元九书》，见《白居易集》卷 45，北京，中华书局，1979；《旧唐书》卷 166《白居易传》。

② 以上均见李吉甫：《元和郡县图志》序，北京，中华书局，1983。

③ 孙星衍：李吉甫《元和郡县图志》序，见岱南阁丛书本，嘉庆二年南陵孙氏藏版。

④ 胡寄窗：《中国经济思想史》（中），450 页。

程度。如果说以上这两个方面主要地表现为认识上的价值的话，那么以下几个方面则反映了杜佑经济思想在实践上的意义，即：（1）谷、地、人，是从经济上达到"治政"的三个关键。他说："谷者，人之司命也；地者，谷之所生也；人者，君之所治也。有其谷则国用备，辨其地则人食足，察其人则徭役均：知此三者，谓之治政。夫地载而不弃也，人著而不迁也，国固而不动，则莫不生殖。"①在杜佑看来，只要解决好粮食、土地、劳动人手这三个问题，就能达到"国用备"、"人食足"、"徭役均"的目的，社会经济才能不断发展。（2）在经济政策上要处理好"国足"和"家足"的关系。他认为："国足则政康，家足则教从"；家足的办法不是逃税而是土著，国足的办法不是重敛而是相反的做法。②杜佑还说："宁积于人，无藏府库。百姓不足，君孰与足"③，认为"家足"是"国足"的基础，"国足"不能离开"家足"，这样社会才能安定。（3）在财政思想方面主张"薄敛"和"节用"。杜佑说："夫欲人之安也在于薄敛，敛之薄也在于节用；若用之不节而敛之欲薄，其可得乎。"④他高度评价了唐代开国初的"薄赋轻徭"的政策在稳定社会秩序方面的作用，多次指出"厚敛"必然导致社会的动乱和政权的败亡。因此，他主张国家应该"省不急之费，定经用之数"，改变当时"甲兵未息，经费尚繁"的状况。杜佑的这些具体经济主张，都是为了避免"赋阙而用乏，人流而国危"⑤的局面的出现。

（二）人才思想方面。杜佑认为，人才对于管理国家政治起着决定的作用，他说："为国之本资乎人，甿人之利害系乎官政。"⑥他不认为政治的好坏只是"明君"或"昏君"一个人的事情，即所谓"君不独理，故建庶官"，所以"官政"如何，于"国本"关系极大。这是杜佑人才思想的一个基本出发点。他在人才思想方面的具体主张是：第一，以教育促进人才的成长。杜佑认为："上材盖寡，中材则多，有可移之

---

① 杜佑：《通典》卷 1《食货一·田制上》序。
② 杜佑：《通典》卷 7《食货七·历代盛衰户口》后论。
③ 杜佑：《通典》卷 4《食货四·赋税上》序。
④ 杜佑：《通典》卷 12《食货》后论。
⑤ 同上。
⑥ 以下所引，凡未注明出处者，均见杜佑《通典》卷 13《选举》序、卷 18《选举六》评。

性，敦其教方善；若不敦其教，欲求多贤，亦不及已。非今人多不肖、古人多材能，在施政立本使之然也。"这里有两点是值得重视的：一是人才不是"天生"的，是要靠教育的手段才能得到的；二是今人并非不如古人，人才都是在政治活动的实践中造就成的。第二，反对以言取士。杜佑对魏晋以来的取士制度颇持批判的态度，他主张选拔人才，要注意到"行备，业全，事理，绩茂"这样几个因素，即着重从其实际才能方面进行考察，那么真正的人才就会被选拔出来。所以，他坚定地认为："以言取士，既已失之；考言唯华，失之愈远。若变兹道，材何远乎！"第三，主张采用多种办法和途径选拔人才，鼓励人才发挥作用。杜佑认为，在人才问题上，"诚宜斟酌理乱，详览古今，推仗至公，矫正前失。或许辟召，或令荐延，举有否臧，论其诛赏，课绩以考之，升黜以励之。拯斯刊弊，其效甚速，实为大政，可不务乎！"这里，他提出了一套综合的人才管理办法，包括古今的经验教训，当事人的公正态度，考核制度和升黜制度。杜佑把这看做是一件"大政"，足见他对人才问题的重视。正因为如此，他极不赞成"行教不深"而"取材务速"的急躁做法和"以俄顷之周旋定才行之优劣"的轻率态度。

（三）吏治思想方面。杜佑的吏治思想有两点是很突出的：一是省吏员，一是用有才。他在《通典·职官典》后论中引用唐睿宗时监察御史韩琬的话说："量事置官，量官置人，使官称其人，须人不虚其位。"[1]又引他自己在唐德宗建中年间的"上议"说："详设官之本，为理众庶，所以古昔计人置吏。"所以他认为历史上那种"约人定员，吏无虚设"的办法是正确的。杜佑从经济的观点和财政收入的具体状况考虑，认识到维持一个庞大的官吏队伍，这对封建国家本身来说实在是一个严重的负担，是一个"大弊"，不改革是不行的。这就是杜佑关于省吏员的基本出发点。他断然说："有才者即令荐用，不才者何患奔亡！"在他看来，在"并省官吏"的改革中，起用"有才者"，淘汰"不才者"，是很正常的事情，有什么可以担心的呢！这是他的用有才的主张。

（四）法制思想方面。杜佑的法制思想也有两点是很突出的。首先，他认为对于刑罚的"善用"和"不善用"，直接影响到社会的"治"和

---

① 杜佑：《通典》卷40《职官二二》。

"乱"。所谓"善用"，关键"在乎无私绝滥，不在乎宽之与峻"。其次，他认为法律不可随意解释，并须有相当的稳定性，不应"斟酌以意，变更屡作"①。

（五）军事思想方面。杜佑饱读兵书，而且熟悉中唐以前的全部战争史。他的《通典·兵典》部分，不记历代兵制，而叙军事理论和战争胜败的经验。早在宋代，"世之言兵者，或取《通典》"②，足见《兵典》影响之大。我认为，《兵典》不记兵制而专论用兵之道，是因为作者认识到后者比前者有更重要的实践意义。杜佑写道："语有之曰：'天时不如地利，地利不如人和'，诚谓得兵术之要也。以为孙武所著十三篇，旨极斯道。故知往昔行师制胜，诚当皆精其理。今辄捃摭与孙武书之义相协并颇相类者纂之，庶披卷足见成败在斯矣。"③ 研究兵事，目的在于了解行师制胜的道理，这就要涉及到战争史上的各种战例，而不是靠着记述历代兵制所能达到的。作者的撰述意图即在于此，这应是我们评价《通典·兵典》的一个基本出发点。杜佑的军事思想可以从两方面来看，一个方面是战略思想，另一个方面是战术思想。在战略思想方面，杜佑认为，国家在军事上应始终保持着"强干弱枝之势"。他引用贾谊的论点说："治天下者，令海内之势如身之使臂，臂之使指，莫不制从。若悍而不能改作，末大本小，终为祸乱。"他认为安史之乱的发生，就是"边陲势强"、"朝廷势弱"的缘故。他主张在政治上和军事上加强朝廷对地方的控制，以保持社会的安定局面。在战术思想方面，杜佑认为，每一战役的胜利，主要在于指挥者的应变能力，即"因我便而乘敌"，这也就是他进而解释的"凡兵以奇胜，皆因机而发"。因此，他主张在军队的训练上应讲究实际，将帅还要善于"抚众"，这样就可"用无弱卒，战无坚敌"。④ 可见，杜佑在战役应变思想方面，主要立足于从实际情况出发，他基本上摆脱了战争理论上的神秘因素，这是很可贵的。《兵典》凡 15 卷，下列 130 余条子目，大多是关于战术方面的理论。由于《兵典》是以《孙子兵法》为纲撰述的，所以从一定的意义上

---

① 以上所引，均见杜佑：《通典》卷 163《刑典》序。
② 苏轼：《东坡志林》卷 4 "房琯陈涛斜事"。
③ 杜佑：《通典》卷 148《兵典》序。
④ 杜佑：《通典》卷 148《兵典》序及序末自注。

来说，它是一部对《孙子兵法》作了最详尽的阐发的军事著作。

（六）民族思想方面。杜佑在民族思想方面的一个突出的贡献，是他提出了"古之中华，多类今之夷狄"的论点。用我们今天的观点来看，他是从民族学和民俗学的角度来论证这个论点的。杜佑写道："人之常情，非今是古，其朴质少事，信固可美；而鄙风弊俗，或亦有之。缅惟古之中华，多类今之夷狄：有居处巢穴焉，有葬无封树焉，有手团食焉，有祭立尸焉，聊陈一二，不能遍举。"① 对此，他在自注中都作了明确的解释。杜佑从民族习俗上证明，上古之时，"中华"也有许多"鄙风弊俗"，跟"夷狄"是没有什么两样的。他在讲到古代礼俗的时候，甚至认为："古之人朴质，中华与夷狄同。"② 杜佑的这些看法在理论上有重要的意义：它们进一步打破了中国历史上这样一个传统观念，即"中华"一向就是先进的民族，而"夷狄"从来就是落后的民族；同时，作者已经朦胧地认识到，上古之时"中华"与"夷狄"本是"一家"。杜佑的这些论点是有意义的，甚至可以说是包含着某些真理的成分。恩格斯曾经说过：

> 我们越是深入地追溯历史，同出一源的各个民族之间的差异之点，也就越来越消失。一方面这是由于史料本身的性质，——时代越远，史料也越少，只包括最重要之点；另一方面这是由这些民族本身的发展所决定的。同一个种族的一些分支距他们最初的根源越近，他们相互之间就越接近，共同之处就越多。……这一种或那一种特点，可能只有地方性的意义。但是它所反映的那种特征却是整个种族所共同具有的，而史料的年代越是久远，这种地方性的差别就越是少见。③

杜佑当然不可能懂得这样的科学观点和科学方法，但他在一千多年前能够提出"古之人朴质，中华与夷狄同"的论点，的确是难能可贵

① 杜佑：《通典》卷 185《边防》序。
② 杜佑：《通典》卷 48《礼典八》后议。
③ 恩格斯：《爱尔兰史》，见《马克思恩格斯全集》第 16 卷，570～571 页，北京，人民出版社，1964。

的。在民族关系上，杜佑反对对周边少数民族滥施兵革，提出"来则御之，去则备之"的方针；他批评秦始皇、汉武帝、隋炀帝在这方面的失误，造成了"万姓怨苦"的局面，称赞汉光武帝在这方面"深达理源"，有所节制。他的结论是："持盈固难，知足非易"；"持盈知足，岂特治身之本，亦乃治国之要道欤！"为了进一步证明这个看法的正确，杜佑针对玄宗以来的历史现实写道："向无幽寇内侮，天下四征未息，离溃之势，岂可量耶？前事之元龟，足为殷监（鉴）者矣。"① 关于民族间的战争，其情况是非常复杂的，杜佑不可能对它们作出具体的分析、判断；但是，他对民族间战争的总的看法，还是有积极意义的。

从以上列举的杜佑的几个方面的思想来看，贯穿于其中的一个鲜明的特点，是他十分重视把历史经验跟当时的社会现实结合起来，他的许多见解和主张都有相当的准确性和突出的针对性，具有直接为现实服务的作用和价值。这是他"征诸人事，将施有政"的经世致用学术旨趣的反映。关于这一点，不仅仅是与杜佑同时代的李翰、权德舆等非常重视，而且也引起了后人的十分注意。朱熹一语破的地指出："杜佑可谓有意于世务者。"② 乾隆《重刻通典序》谓："此书……本末次第，具有条理，亦恢恢乎经国之良模矣！"这个看法，也可以说是深得《通典》的要旨。后永瑢、纪昀等修《四库全书总目》，称《通典》是："凡历代沿革，悉为记载，详而不烦，简而有要。元元本本，旨为有用之实学，非徒资记问者可比。"③ 在考据之学盛行的年代，清人尚能如此称道《通典》，说它是"经国之良模"、"有用之实学"，正可以反衬出《通典》在经世致用方面的特点是何等突出。近人梁启超认为：杜佑"《通典》之作，不纪事而纪制度，于国民全体之关系有重于事焉者也"④。这是从《通典》的内容来说明它的经世致用的旨趣。要之，自唐代至近世，人们对杜佑的经世致用的学术思想是给予了很高的评价的。

关于经世致用之学，我国学者一般都认为它产生于明末清初，而在

---

① 杜佑：《通典》卷185《边防》序。
② 《朱子语类》卷136，北京，中华书局，1986。
③ 《四库全书总目》卷81《史部·政书类一》。
④ 梁启超：《新史学》第1章《中国之旧史》，参见《饮冰室文集之九》第5页，见《饮冰室合集》第1册。

清嘉（庆）道（光）年间得到发展。但是，根据唐代中叶一些思想家、政治家、历史家、文学家的学术思想，尤其是根据杜佑在《通典》中所反映的经世致用的学术旨趣判断，上述看法是可以商榷的。我初步认为：中国历史上的经世致用之学，滥觞于唐中叶，从代宗大历年间至宪宗元和年间则显得尤其活跃；这时期的经世致用之学，用杜佑的话来说，它是作为"术数之艺"、"章句之学"的对立物而出现的。其后，南宋学者陈亮、叶适主张"功利"之学和"务实"之道，对朱熹学派宣扬的义理说教进行批判，是经世致用之学在理论上的前进；明末清初顾炎武等人更进一步把对理学的批判跟著述的实践结合起来，力倡"文须有益于天下"①。所有这些，都是嘉、道年间勃兴起来的经世致用之学的前驱。

《通典》的旨趣，反映了作者的鲜明的时代感。这就是说，杜佑在《通典》中不仅反映了他所处的那个时代的特点和问题，而且在一定的程度上回答了这些问题。《通典》的时代感，上承司马迁《史记》实录精神的遗风，下开经世史学的先河，在中国史学史上起着继往开来的重要作用。《通典》的旨趣，建立在作者的朴素的唯物主义历史哲学的基础上。这样一种历史哲学，在作者的认识论和方法论上都有比较充分的表现。《通典》的旨趣，还反映了作者的历史进化思想。进化的观点，讲"形势"、讲"事理"的观点，以及变革的观点，是杜佑历史进化思想的几个主要方面，而核心则在于主张对陈旧的、过时的制度进行变革。正因为如此，杜佑在《通典》中反复阐明"随时立制，遇事变通"②、"随时拯弊，因物利用"③、"弊而思变"④、"便俗适时"⑤的论点。这里，最重要的，一是"变通"，二是"适时"。离开"变通"和"适时"，经世致用也就成了空话。在杜佑的历史哲学中，还有一点也不可忽视，这就是他的朴素的辩证思想。是否可以认为，杜佑是以"《食货》为之首"作为构筑其著作大厦的基础的；但是，他并不是只强调

---

① 顾炎武：《日知录》卷19"文须有益于天下"。
② 杜佑：《通典》卷40《职官二二》引杜佑《省官议》。
③ 杜佑：《通典》卷185《边防》序。
④ 杜佑：《通典》卷12《食货一二》后论。
⑤ 杜佑：《通典》卷74《礼典三四》之《宾礼一》序。

"食货"的作用，无视或轻视其他领域的作用，恰恰相反，他对于后者的作用是给予极大的注意的。他在《兵典》序中指出：对于甲兵，"若制得其宜，则治安；失其宜，则乱危"。他对于刑罚的作用也是这么看的："善用则治，不善用则乱。"① 他甚至对于音乐和人的情绪的关系，也持有这种朴素的辩证观点，认为："夫音，生于人心，心惨则音哀，心舒则音和；然人心复因音之哀和，亦感而舒惨。"② 像这样带有朴素辩证观点的认识，在《通典》里还可以举出不少。这是《通典》的作者留给后人的一份宝贵的思想资料。

《通典》是我国史学史上的巨制，甚至可以说是史学史上的一座丰碑。但是，它也不是没有缺陷的。

首先，从历史编纂来看。《通典》以100卷、占全书二分之一的篇幅写"礼"，其中"沿革篇"65卷、"开元礼"35卷，不仅失于重复，而尤其失于烦琐。这是它在历史编纂上最突出的缺陷。

其次，从历史思想来看。在杜佑的历史哲学中，朴素的唯物观点、朴素的辩证观点和历史进化的观点，是其积极的一面。其消极的一面，主要表现为"英雄史观"，而与此相联系的则是对人民群众的作用的漠视，并把人民群众的起来造反斥为"群盗蜂起"③。他还说："民者，瞑也，可使由之，不可使知之。审其众寡，量其优劣，饶赡之道，自有其术。"在杜佑看来，人民群众完全成了等待"贤者"、"圣者"恩赐的、消极的历史因素。反之，那种"成王业兴霸图"、"富国强兵"的伟大事业，都是个别杰出人物造成的，而这样的人物又是很难得出现的，以至自汉代以降，"不可多见"④。这种把历史的活动归结为个别杰出人物活动的英雄史观，不仅同杜佑自己说的"非今人多不肖、古人多材能，在施政立本使之然也"相矛盾，而且同唐初史家如魏徵等人在这个问题的看法上相比也是一个退步。⑤

再次，从社会思想来看。《通典》从经济制度和政治制度方面对封

---

①　杜佑：《通典》卷163《刑典》序。

②　杜佑：《通典》卷141《乐典》序。

③　杜佑：《通典》卷171《州郡》序。

④　杜佑：《通典》卷12《食货》后论。

⑤　参见魏徵等《隋书》卷66后论及吴兢《贞观政要·君臣鉴戒》等。

建社会确有不少深刻的揭露，本文已择其重要者作了评论。这是《通典》的民主性精华方面。但是，《通典》的作者毕竟是封建社会秩序的积极的维护者，是一个"始终言行，无所玷缺"① 的标准的士大夫。因此，要求改革封建社会的某些弊端同从根本上为封建统治秩序作辩护，构成了杜佑社会思想中两个相反相成的方面。而他的这种辩护，有时甚至成了对封建统治的粉饰。这是《通典》的封建性糟粕方面。其中，杜佑对封建国家的刑罚的看法，是最能说明问题的。如他论唐代的刑罚说："圣唐刑名，极于轻简……如罪恶既著，制命以行，爱惜人命，务在哀矜，临于剿绝，仍令数复。获罪自然引分，万姓由是归仁，感兹煦妪，藏于骨体……国家深仁厚德，固可侔于尧、舜。夏、殷以降，无足征矣。"② 在这里，严峻的法律，被说成是阳光雨露、"深仁厚德"！杜佑还认为：武则天以周代唐、安史之乱倾陷两京的事件所以不能长久，是因为唐开国以来"刑轻故也"，这就近于奇谈了。更有甚者，杜佑还替帝王执法过程中"急于黎庶，缓于权贵"③ 的屈法行为作辩护。在他看来，衣冠（士族）受刑，虽罪有应得，亦应为之"伤悯"；黎庶（匹庶）被戮，虽法不当罚，也无须为之"嗟叹"。这二者的区别，就像"摧茂林"和斩野草那样的不同。④ 像杜佑这样直率地为最高统治者徇情枉法作辩护、宣扬"黎庶"和"权贵"在法律面前本应受到不平等待遇的论调，在封建统治者的言论中，也是比较突出的。可见，杜佑毕竟是他那个阶级的忠实的历史家和代言人。

《通典》的这些缺陷，究其原因，或是受着总的时代条件和阶级地位的限制，或是由于具体历史环境的影响，或是因为作者见识上的局限，等等。对此，本文不再作详细的论述。尽管《通典》一书存在着这些缺陷，但作者从许多方面提出了前人不曾提出的见解，取得了前人不曾达到的成就，这是必须给予恰当的评价的。

---

① 刘昫等：《旧唐书》卷 147《杜佑传》。
② 杜佑：《通典》卷 170《刑法八·宽恕》后论。
③ 杜佑：《通典》卷 170《刑法八·舞察》。
④ 杜佑：《通典》卷 164《刑法二·刑制中》。

《通志》的"会通"与"自得"

一、关于"会通之义"

郑樵一生与宦途无缘，亦终未借重皇家藏书，但他还是撰成了《通志》这部巨著。司马光《进〈资治通鉴〉表》称："臣之精力，尽于此书。"郑樵毕生精力，也是尽于《通志》了。

《通志》是一部纪传体通史，共 200 卷，含帝纪 18 卷、年谱 4 卷、略 52 卷、世家 3 卷、载记 8 卷、列传 115 卷（内有后妃传 2 卷，附于帝纪之后；宗室传 8 卷，附于同姓世家之后；四夷传 7 卷，置于载记之后，以及其他列传 98 卷）。全书记事，起于三皇，迄于隋末，诸略所记下及于唐。其所综合的 6 种体例，略由书、志而来，年谱系年表别称，世家继承《史记》，载记采自《晋书》。它是《史记》以后纪传体通史著作发展的新成果。

《通志》集中反映出作者以"会通"为主的史学思想。这一方面表现在本书的结构上即其表述形式上，另一方面表现在本书的《总序》中，而后者具有理论价值。《通志·总序》开宗明义写道：

> 百川异趋，必会于海，然后九州无浸淫之患；万国殊途，必通诸夏，然后八荒无壅滞之忧；会通之义大矣哉！

> 自书契以来，立言者虽多，惟仲尼以天纵之圣，故总《诗》、《书》、《礼》、《乐》而会于一手，然后能同天下之文；贯二帝、三王而通为一家，然后能极古今之变；是以其道光明百世之上，百世之下不能及。

这里说的"同天下之文"，是从空间上也是从文献上着眼的；他说的"极古今之变"，则是从时间上亦即从历史进程上着眼的。"会通之义"在学术方面的含义主要就在于此。当然，他评价孔子为"百世之下不能及"，显然是过分夸大了。

从"会通之义"来看，在孔子之后，郑樵只推重司马迁一人。认为："司马氏世司典籍，工于制作，故能上稽仲尼之意，会《诗》、《书》、《左传》、《国语》、《世本》、《战国策》、《楚汉春秋》之言，通黄帝、尧、舜至于秦、汉之世，勒成一书……使百代而下，史官不能易其法，学者不能舍其书。六经之后，惟有此作。"他对司马迁的"会通"之作《史记》，评价也是很高的。不过从郑樵的观点来看，他也提出了司马迁有两个方面的"不足"：一是司马迁所处的时代，使其"得书之路未广"，"博不足也"；一是司马迁之对待前人之书，"全用旧文，间以俚语，良由采摭未备，笔削不遑"，"雅不足也"。他的这个批评，可谓得失参半：前者所得多，后者所失亦多。司马迁自称"成一家之言"，郑樵从后者出发，认为司马迁似还不能"自成一家言"，亦未见中肯。但由此倒是更可看出郑樵对于"会通"的认识和要求。他在《献皇帝书》中自谓，"入山之初，结草之日，其心苦矣，其志远矣：欲读古人之书，欲通百家之学，欲讨六艺之文，而为羽翼，如此一生，则无遗恨"。这说明他的"会通"思想由来已久，并不断发展和丰富起来。

通观《通志·总序》，郑樵所谓"会通之义"、"会通之旨"、"会通之道"，其主旨在于：一是重视古今"相因之义"，意在贯通历史的联系；一是重视历代损益，意在揭示"古今之变"。在这一点上，他无愧是司马迁历史哲学的继承者和发扬光大者。惟其如此，郑樵批评班固

"断汉为书，是致周、秦不相因，古今成间隔"；"自班固断代为史，无复相因之义；虽有仲尼之圣，亦莫知其损益，会通之道，自此失矣"。他感叹"司马氏之门户，自此衰矣"！

要之，郑樵的"会通"思想的理论价值，反映在历史文献学方面，是提出"大著述者，必深于博雅，而尽见天下之书，然后无遗恨"。在历史观方面，是强调重古今之相因、极古今之变化。这两个方面体现在历史撰述上，为的是克服和防止"烦文"、"断绠"、"曲笔"（亦即所谓"伤风败义"）等弊病，是很有意义的。不过，有一点是应当指出来的：刘知幾推崇班固"断代为史"而贬抑通史之作的价值，是片面的见解；郑樵与之相反，推崇通史而贬抑"断代为史"的价值，也是片面的见解。他们的论点恰恰证明，会通与断代，反映了史家两种不同的历史视野，在历史撰述中都是不可缺少的。

二、《通志·略》的"自有所得"

从历史撰述的发展来看，唐代史家在通史著作上的多方面成就和北宋司马光《资治通鉴》的广泛影响，无疑会对《通志》的撰写有思想上的启迪和文献上的借鉴。而《通志》作为纪传体即综合体通史，成就也是多方面的。首先，《通志》的问世，是在纪传体通史撰述上恢复了司马迁的"通古今之变"的优良传统；其《总序》对"会通之义"的阐释，是论说通史撰述之必要性的一篇宏文，是古代史学理论中涉及这方面问题的杰作，对继承、发扬中国史学的会通之史有理论上的价值。其次，《资治通鉴》的问世，证明编年体通史撰述的必要性；而《通志》的问世，证明了在《史记》之后千余年、断代的纪传体史书盛行于世的情况下，纪传体通史的撰述不仅是必要的，而且是可能的。再次，在撰述方法和体例思想方面，郑樵提出："纪传者，编年纪事之实迹，自有成规，不为智而增，不为愚而减。故于纪传即其旧文，从而损益。若纪有制诏之辞，传有书疏之章，入之正书，则据实事；置之别录，则见类例。"[①] 从今天的观点来看，这是针对文献浩繁提出了撰述纪传体通史的方法论。郑樵的这个撰述思想，后来为章学诚所继承、阐扬。《通志》

---

① 郑樵：《通志》总序，北京，中华书局，1987。

在这三个方面的成就，是应当肯定的。至于郑樵认为"古者记事之史谓之志"，故名其书为《通志》；"古者纪年别系之书谓之谱"，故"复表为谱"，倒是无可无不可的了。

然而，《通志》成就之最突出者，还在于它的《二十略》。郑樵在《总序》中，除阐释"会通之义"外，主要是对《二十略》作了提纲挈领的说明，他对此自许甚高。郑樵引用南朝江淹的话"修史之难，无出于志"，然后说："诚以志者，宪章之所系，非老于典故者，不能为也。"这里说的"志"，司马迁称"书"，班固称"志"，蔡邕称"意"，华峤称"典"，张勃称"录"，何法盛称"说"，郑樵均不采，而独以"略"称。他说："臣今总天下之大学术而条其纲目，名之曰'略'。凡二十略，百代之宪章，学者之能事，尽于此矣。"《二十略》名称，卷帙如下表：

名称	氏族	六书	七音	天文	地理	都邑	礼	谥	器服	乐
卷帙	6	5	2	2	1	1	4	1	2	2
名称	职官	选举	刑法	食货	艺文	校雠	图谱	金石	灾祥	昆虫草木
卷帙	7	2	1	2	8	1	1	1	1	2

《二十略》共52卷，约占《通志》全书卷数的四分之一。郑樵自谓：其中礼、职官、选举、刑法、食货五略，"汉、唐诸儒所得而闻"，它们"虽本前人之典，亦非诸史之文"，另外十五略，"汉、唐诸儒所不得而闻也"。又说："臣之《二十略》，皆臣自有所得，不用旧史之文。"（均见《总序》）今细察《二十略》的立目与内容，以其同前史书志及典制体史书相比较，大致可以区别出三种情况。第一种情况是：立目与内容都依据前史。郑樵所说"五略"即礼、职官、选举、刑法、食货，从标目到史文，基本上出于杜佑《通典》，或直接移用，或加以隐括。郑樵说它们"本前人之典"是对的，说它们"非诸史之文"则不确。第二种情况是：立目参照前史，而在内容上有所继承和发展，这包含天文、地理、器服、乐、艺文、灾祥六略。于《地理略》，尊《禹贡》之说，其序云："今之地里（理），以水为主。水者，地之脉络也：郡县棋布，州道瓜分，皆由水以别焉。中国之水，则江、河、淮、济为四渎，诸水所归。苟明乎此，则天下可运于掌。"故首叙四渎、诸水，次叙历代封畛，末叙"开元十道图"。于《艺文略》，对历史文献分类不采七分法和

四部分类法，而把历史文献分为经类、礼类、乐类、小学类、史类、诸子类、艺术类、医方类、类书类等。从今天的眼光来看，文化史、医学史的地位突出了。其史类之下，分为正史、编年、霸史、杂史、起居注、故事、职官、刑法、传记、地里、谱系、食货、目录等 13 个子类。"食货"之书独立于历史文献分类尚属初创。各类的子类之下，或以类相从，或以时代相别，又分为若干个小类，建立了比较完整的三级分类体系。这种情况包含了作者不少创见。第三种情况是：立目与内容多属作者自创，这包括氏族、六书、七音、都邑、谥、校雠、图谱、金石、昆虫草木等九略。这涉及到广泛的领域：《氏族略》、《谥略》是关于中国社会的传统和特点的两门学问；《都邑略》是关于政治地理的学问，它同《氏族略》的设立，都是受到刘知幾《史通·书志》篇思想的启发；《六书略》、《七音略》是关于文字、音韵的学问；《校雠略》、《图谱略》、《金石略》是历史文献学范围的几个新的领域；《昆虫草木略》是在天文、地理、灾祥之外，扩大了对自然史认识和研究的范围。这都是前史诸志不曾专门论述的，可以看做是郑樵的新贡献。

总的来看，《二十略》有继承、发展前人的部分，也有作者首创的部分，在总的格局上，其创造性方面居于主导地位。它在史学上的价值可以概括为：

第一，它继《隋书》志和《通典》之后，进一步扩大了史学对于典章制度的研究和撰述范围。作者在综合、损益前人成果的基础上，突破了主要以记述政治方面典章制度的樊篱，开拓了有关社会、文化、自然等方面的撰述途径。这一方面开扩了人们的历史视野，一方面也为发展新的专史研究和撰述提供了思想资料与文献资料。从当时的历史条件和史学发展来看，郑樵说《二十略》是"总天下之大学术"，并非夸大之词。

第二，在天人之际问题上，贯穿了作者的无神论思想。作者撰《天文略》，是要说明"民事必本于时，时序必本于天"，他要把以往关于"天"的那些"惑人以妖妄，速人于罪累"的说法清除出这个领域。他批评董仲舒的阴阳之学是"牵合附会"，慨叹"历世史官自愚其心目，俛首以受笼罩而欺天下"（以上均见"总序"）。郑樵认为："国不可以灾祥论兴衰"，"家不可以变怪论休咎"。他撰《灾祥略》，"专以纪实迹，削去五行相应之说，所以绝其妖"①。这都反映出作者的无神论战斗精神。

第三，倡言实学。《昆虫草木略·序》云：

> 学者皆操穷理尽性之说，而以虚无为宗，至于实学，则置而不问。孔子之时，已有此患。故曰："小子何莫学夫《诗》！《诗》可以兴，可以观，可以群，可以怨，迩之事父，远之事君；多识于鸟兽草木之名。"其曰"小子"者，无所识之辞也。其曰"何莫"者，苦口之辞也。

他把"实学"与"无识"的区别，提到了历史的高度来认识，实则是针对当时一味"穷理尽性"的学风而言。在这个问题上，郑樵已走到了重视理论同实践相结合之真理认识的边缘。他说："大抵儒生家多不识田野之物，农圃人又不识《诗》、《书》之旨，二者无由参合，遂使鸟兽草木之学不传。"为改变这种状况，郑樵自谓："少好读书，无涉世意，又好泉石，有慕弘景心。结茅夹漈山中，与田夫野老往来，与夜鹤晓猿杂处，不问飞潜动植，皆欲究其情性。"他的《昆虫草木略》就是在参考前人成果而结合实际考察的基础上写成的。

第四，是理论上的价值。这反映在历史理论、史学理论和历史文献学理论方面。《地理略·序》写道："州县之设，有时而更。山川之形，千古不易。所以《禹贡》分州，必以山川定经界，使兖州可移，而洛河之兖不能移；使梁州可迁，而华阳黑水之梁不能迁。是故《禹贡》为万世不易之书。后之史家，主于州县，州县移易，其书遂废。"这里有些论点似不可取，但他实际上是提出了自然地理和政区地理的关系的理论认识。于《都邑略·序》，郑樵阐述了"建邦设都"的地理条件，并征引唐末朱朴的献迁都之议以证己说，涉及到地理条件和政治统治之关系的一些理论认识。这是历史理论方面的问题。在史学理论方面，《灾祥略·序》批评了"务以欺人"的"妄学"和"务以欺天"的"妖学"，认为："凡说《春秋》者，皆谓孔子寓褒贬于一字之间，以阴中时人，

---

① 郑樵：《通志二十略·灾祥略》序，北京，中华书局，1995。

使人不可晓解。'三传'唱之于前，诸儒从之于后，尽推己意，而诬以圣人之意，此之谓欺人之学。"他的这个认识，在史学理论和史学批评上，反映出严肃的求实精神，这同他作《灾祥略》以反对"欺天之学"的朴素唯物思想是一致的。郑樵在历史文献学的理论方面，是论证了"款识"的史学价值，指出："方册者，古人之言语；款识者，古人之面貌。经数千万传，款识所勒，犹存其旧。盖金石之功，寒暑不变，以兹稽古，庶不失真"①，撰为《金石略》。这个认识，开阔了史家关于文献的视野，有利于史家把历史撰述写得更加丰腴、真切。郑樵自信地写道："观晋人字画，可见晋人之风猷；观唐人书踪，可见唐人之典则。此道后学安得而舍诸。"② 郑樵在八百多年前说的这番话，在今天显得越发重要了。他在《通志·总序》中，还为历史文献的三级分类作了理论上的说明。总之，《二十略》在理论上的价值是很丰富的。

明朝人龚用卿撰《刻通志二十略序》，引时人之言，称《二十略》是郑樵"自得之学，非寻常著述之比"，可谓确论。从以上四个方面，或可窥其"自得"之处。

《通志》是一部500多万字的巨制，全书成于一人之手，这在中国史学上是不多见的。清人于敏中称赞郑樵："爰自著此书，推天地之中，极古今之变，网罗数千载之典籍，而才与识足以贯之"，"可谓良史才也已"。然如此巨制，可议之处，在所难免；其评论前人或自我估量，亦非全然中肯。这是大醇小疵，不足为怪，也不难作历史的说明。

---

① 郑樵：《通志》总序。
② 郑樵：《通志二十略·金石略》序。

《文献通考》的理论价值

一、马端临撰《文献通考》的
　　指导思想

　　杜佑《通典》巨制，大为后人钦慕。宋时已有学人续作，因其平庸而不传于世。真正继承和发展了《通典》撰述规模的，是马端临的《文献通考》。

　　马端临（约 1254—约 1323 年）①，字贵与，饶州乐平（今属江西）人。他有良好的家学传统，其父马廷鸾在宋理宗、度宗二朝屡任史职，并于咸淳五年（1269 年）进为右丞相兼枢密使；不久归乡里，以著述、课子自娱。马端临早年学习朱子之学，19 岁时，以父荫补承事郎。20 岁时，即咸淳九年（1273 年），"漕试第一"。后因父罢归，侍疾，不曾赴京应试。旋宋亡，不复事科举业。

---

　　① 关于马端临的生卒年，另有他说：生年，有 1260 年说；卒年，有 1322 年及 1324 年说。

马端临撰《文献通考》，大约始于元至元二十二年（1285 年）前后，历时 20 余年，至大德十一年（1307 年）成书。延祐五年（1317 年）十二月，饶州路儒学教授杨某向奉旨寻访"道行之士"的王寿衍推荐《文献通考》一书，希望"早为转申上司，令人缮写成帙，校勘完备，官为镂板，以广其传"。次年四月，王寿衍即将已经"誊书于楮墨"的《文献通考》随表上奏朝廷。泰定元年（1324 年），《文献通考》刊印于杭州西湖书院，正式面世。① 《文献通考》自始撰至刊印，历元朝世祖、成宗、武宗、仁宗、英宗、泰定帝六朝，首尾约 40 年。

马端临撰《文献通考》，有明确的史学思想作为指导。其要旨大致有三条。第一，是主张"会通因仍之道"。他认为："《诗》、《书》、《春秋》之后，惟太史公号称良史。作为纪、传、书、表，纪传以述理乱兴衰，八书以述典章经制。后之执笔操简牍者，卒不能易其体；然自班孟坚而后，断代为史，无会通因仍之道，读者病之。"② 他说的"会通因仍之道"，至少包含两个方面：一是"理乱兴衰"，二是"典章经制"。从这一认识出发，他十分推崇《资治通鉴》和《通典》二书。他指出："司马温公作《通鉴》，取千三百年之事迹，十七史之纪述，萃为一书，然后学者开卷之余，古今咸在。"这是前一个方面的"会通因仍之道"。他又指出：杜佑"始作《通典》，肇自上古，以至唐之天宝，凡历代因革之故，粲然可考"。这是后一个方面的"会通因仍之道"。他进而认为，这两部书并不是尽善尽美的：司马之书"详于理乱兴衰，而略于典章经制。非公之智有所不逮也，编简浩如烟埃，著述自有体要，其势不能以两得也"；"杜书纲领宏大，考订该洽，固无以议为也。然时有古今，述有详略，则夫节目之间，未为明备，而去取之际，颇欠精审，不无遗憾焉"。马端临史学思想的高明之处，是能够实事求是地看待《通鉴》和《通典》所承担的任务及所产生的历史条件。所谓"著述自有体要"，所谓"时有古今，述有详

① 关于马端临家世及其撰《文献通考》一书的经过，参见《宋史·马廷鸾传》以及陈光崇《马端临家世考略》一文（收在《中国史学史论丛》一书，沈阳，辽宁人民出版社，1984）。

② 马端临：《文献通考》序。

略"，称得上是真知灼见。

第二，是对历史"相因"提出了新的认识。他认为："理乱兴衰，不相因者也。晋之得国异乎汉，隋之丧邦殊乎唐，代各有史，自足以该一代之始终，无以参稽互察为也。典章经制，实相因者也。殷因夏，周因殷；继周者之损益，百世可知。"马端临关于理乱兴衰"不相因"、典章经制"实相因"的认识，显然是把二者的关系绝对化了。《通鉴》以"监前世之兴衰，考当今之得失"，说明治乱兴衰虽代各其异，但也有"相因"之处。《通典》以论述"法制"、"政经"为主旨，在考察历代"损益"、"因革"之中，也必然可见"不相因"的成分。再者，"理乱兴衰"在很大程度上也同"典章经制"有关联，未可截然分开。尽管如此，马端临看到了"会通因仍之道"表现在历史撰述上的这种区别，还是有理论价值的。

第三，是从理论上对"文献"的含义作了界定。他认为："凡叙事，则本之经史，而参之以历代会要，以及百家传记之书，信而有证者从之，乖异传疑者不录，所谓'文'也。凡论事，则先取当时臣僚之奏疏，次及近代诸儒之评论，以至名流之燕谈，稗官之记录，凡一语一言，可以订典故之得失，证史传之是非者，则采而录之，所谓'献'也。"他把自己所据的材料，从大的方面划分为"叙事"和"论事"两个部分，以确定"文"、"献"的内涵，这在历史撰述上和在文献学的发展上，也具有理论和方法论的价值。

《文献通考》就是在这样的指导思想之下撰成的。

二、《文献通考》对《通典》的发展

《文献通考》348 卷，凡 24 门，记事起自上古，迄于南宋宁宗嘉定之年（1208—1224 年）。

马端临撰《文献通考》，意在继承和发展杜佑《通典》开创的典制体通史的事业，他不仅补充了唐玄宗天宝以后至宋宁宗嘉定以前的典章经制，而且增加了门类，从而扩大了典制体通史的内容范围。这是马端临的新贡献。

下面是《通典》各门名称同《文献通考》各门名称的对照表：

《通典》各门名称	《文献通考》各门名称	《通典》各门名称	《文献通考》各门名称
食货	田赋　钱币　户口 职役　征榷　市籴 土贡　国用	兵	兵
		刑	刑
选举	选举　学校		经籍 帝系 封建 象纬 物异
职官	职官		
礼	效社　宗庙　王礼	州郡	舆地
乐	乐	边防	四裔

从上表可以看出，马端临从杜佑《通典》中的食货、选举、礼3门中析出10门，又新增《通典》所无者5门，两项合计超出《通典》15门；而新增门类中，以《经籍考》部帙最大（共76卷），也最有价值。从上表还可以看出，马端临不仅继承了杜佑的《通典》各门之间的逻辑体系，而且着意强化了《通典》以"食货为之首"的历史见识，把《食货典》析为8卷。这突出反映了马端临在继承前人基础上的创新。

马端临之于《通典》各门，或析、或增，都概括地作了理论上的说明。他认为："古者因田制赋，赋乃米粟之属，非可析之于田制之外也。古者任土作贡，贡乃包筐之属，非可杂之于税法之中也。乃若叙选举则秀孝与铨选不分，叙典礼则经文与传注相汨，叙兵则尽遗赋调之规而姑及成败之迹。诸如此类，宁免小疵？"这是说明他为什么要把《通典》的《食货典》、《选举典》、《礼典》进行厘析的原因，以及把《兵典》专论"成败之迹"改成阐述兵制的根据。他又认为："至于天文、五行、艺文，历代各有志，而《通典》无述焉。"这是交代了为什么要增添象纬、物异、经籍三考的理由。他还认为："马、班二史，各有诸侯王列侯表；范晔《东汉书》（当作《后汉书》——引者）以后无之，然历代封建王侯，未尝废也。王溥作唐及五代《会要》，首立'帝系'一门，以叙各帝历年之久近，传授之始末，次及后妃、皇子、公主之名氏、封爵，后之编会要者仿之，而唐以前则无其书。凡是二者，盖历代之统纪、典章系焉，而杜书亦复不及，则亦未为集著述之大成也。"

马端临的这些理论上的说明，有的是很有见地的，如对于《通典》的食货、选举、礼、兵诸典的看法；有的则反映了他跟杜佑在撰述旨趣上的不尽相同,如他对新增五考的申述。杜佑跟马端临在撰述旨趣上的区别在于:前者着意于"将施有政"、"经邦"、"致用";后者用力于"集著述之大成"。《文献通考》扩大了典制体通史内容的范围,其主要之点即在于此。

三、马端临进步的历史观

马端临在《文献通考》中所反映出来的历史思想,是一种进步的历史观。这主要表现在马端临对历史的认识既包含着朴素的唯物因素和辩证因素,也包含着进化的观点。在这些方面,他继承了前辈史学家、思想家的优秀遗产,同时也在不少地方反映了自己提出来的新的思想表述形式。人们对于《文献通考》这部巨著,犹如对于《通典》这部巨著一样,较多的是把它作为文献资料使用,而很少对它的思想资料进行清理、总结。这种情况是有待于改变的。马端临十分重视历史上的社会经济活动,发展《通典》"食货为之首"的唯物思想。他不仅仍以食货居于《文献通考》之首,而且对于"食货"所包含的一些主要部门之相对独立和相互关系提出了更明确的认识。如上文表中所示,《通典·食货典》所述内容在《文献通考》里已分为八个相互联系的独立部门,这首先是中国封建社会经过两宋时期,社会经济的发展在国家经济制度上有了更明确、更细致的规定的反映,同时也是在考察前代史家在这个问题上分门立目的得失而提出来的。马端临以田制与赋税合为田赋,以土贡从赋税中析出而自成一考,都有别于《通典》,这说明他对于"食货"这一领域思考之深。他的许多认识,是基于"生民所望,曰衣与食"的唯物观点提出来的。

马端临的唯物观点,反映在他对异常的社会现象和自然现象的解释方面,也是很突出的。他在列举前人关于妖祥的说法后,以事实反驳说:"妖祥之说,固未易言也。"譬如:通常认为"治世"则凤凰见,故有虞之时,有来仪之祥;然汉桓帝元嘉之初、汉灵帝光和之际,凤凰亦屡见,而桓、灵并非"治世"之时。通常认为"诛杀过当,其应为恒寒",故秦始皇时有四月雨雪之异;然汉文帝四年也出现六月雨雪,而汉文帝并非"淫刑之主"。他如斩蛇、夜哭,在秦则为妖,在汉则为祥;僵树、虫文,在汉昭帝则为妖,在汉宣帝则为祥,等等。于是马端临认为："前史于此不得其说，于是穿凿附会，强求证应而卒有所不通。窃尝以为，物之反常者，异也……妖祥不同，然皆反常而罕见者，均谓之异，可也。故今取历代史五行志所书，并旁搜诸史本纪及传记中所载祥瑞，随其朋类，附入各门，不曰妖，不曰祥，而总名之曰'物异。'"《文献通考·物异考》就是按这个思想编纂的。用"反常"、"罕见"谓之"异"来代替唯心主义的妖祥说，这是继承了古代史学里的唯物思想传统，并提出了具有独到见解的表述形式，从而进一步揭去了笼罩在社会历史上的神秘外衣，这是马端临唯物思想中很可贵的地方。

马端临的历史思想中也包含着辩证的因素。他论国用与政治统治的关系时，引用了贾山《至言》中讲到周秦财之多寡与祚之延促的历史经验教训，结论是"国之废兴，非财也。财少而国延，财多而国促，其效可睹矣"。马端临进而分析说，两汉以下财赋所得，一归"国家之帑藏"，一归"人主之私蓄"，关键在于处理好这里的"公"、"私"关系："恭俭贤主，常用内帑以济军国之用，故民裕而其祚昌；淫侈僻王，至糜外府以供耳目之娱，故财匮而其民怨。此又历代制国用者龟鉴也。"马端临一方面认为贾山所论是有道理的，一方面还是主张增长财富而推崇"恭俭贤主"。"民裕而其祚昌"，这其中包含着朴素的辩证思想。

关于"封建"问题，马端临也是从"公"心出发来分析的，认为"必有公天下之心而后可以行封建"，而汉代以下"为人上者苟慕美名，而实无唐虞三代之公心；为诸侯者既获裂土，遽欲效春秋战国之余习，故不久而遂废"。此后，魏晋分封，也都没有达到"藩屏之助"的目的。马端临总结了两汉、魏晋、南朝的历史经验教训，指出："封建之得失不可复议，而王绾、李斯、陆士衡、柳宗元所论之是非亦不可得而偏废。"他用"公心"来说明"封建"之可行，其见识显然远逊于柳宗元，但他认为两汉以下不可再行"封建"，并应全面考虑在"封建"问题上两种不同意见中合理的因素，这是从更深一层提出了如何处理皇权和地方关系的问题，其中也包含着辩证思想的因素。

马端临的历史进化思想，从上举各例中已大致可以看出一些。此外，他针对一些主张恢复"封建"和井田的议论，尖锐地批评说：对于秦制，"所袭既久，反古实难，欲复封建，是自割裂其土宇以启纷争；欲复井田，是强夺民之田亩以召怨讟。书生之论，所以不可行也"。他在讲到货币的质地和形式的变化时说："夫珠玉、黄金，可贵之物也；铜虽无足贵，而适用之物也……至于楮为币，则始以无用为用矣……然铜重而楮轻，鼓铸繁难而印造简易。今舍其重且难者，而用其轻且易者，而又下免犯铜之禁，上无搜铜之苛，亦一便也。"他认为这种变化的原因，是"古者俗朴而用简，故钱有余；后世俗侈而用糜，故钱不足。于是钱之直（值）日轻，钱之数日多"。在这种发展趋势下，乃有飞券、钞引、交子、会子的出现，乃有以楮为币。这些认识，都是从承认历史的变化中看出了历史的进化。

《文献通考·自序》及诸多按语中所反映出来的马端临的历史思想是很丰富的，上面提到的是比较重要的几个方面。这足以说明，《文献通考》并非只是文献的简单排比，它是一部有明确的历史思想作指导而编纂起来的巨制。马端临在观察、阐述历史的方法论方面，给后人留下了不少值得总结的遗产。

四、《文献通考》的文献学价值

马端临以"文献"名书，其着意于文献是极显然的。清乾隆《重刻文献通考序》说："会通古今，该洽载籍，荟萃源流，综统同异，莫善于《通考》之书。其考核精审，持论平正，上下数千年，贯穿二十五代。于制度张弛之迹，是非得失之林，固已灿然具备矣。"这一段话主要是从文献方面评论了《文献通考》的价值，肯定了它在历代制度的荟萃、综统上的会通、该洽、考核、评论的成就。清代四库馆臣几乎对《文献通考》各考都指出了失载、阙略处，但是总的来说，还是认为此书"条分缕析，使稽古者可以按类而考。又其所载宋制最详，多《宋史》各志所未备；按语亦多能贯穿古今，折衷至当。虽稍逊《通典》之简严，而详赡实为过之"①。这里指出的两点是很重要的：第一，《文献通考》叙宋代典制最详，不少是《宋史》各志所未能包括的。以《文献通考·钱币考二》与《宋史·食货志下二》、《食货志下三》所论钱币、会子相比较，则前者援引元丰间毕仲衍所记"诸路铸钱总二十六监"的名称、地点及铸钱数，以及"铜钱一十三路行使"、"铜铁钱两路行使"、

---

① 《四库全书总目》卷81《史部·正史类一》。

"铁钱四路行使"等名称，后者均不载，而前者所叙交子、会子、川引、淮交、湖会，亦远比后者为详。他如《学校考》因是从选举门析出，其论宋代地方学校之盛，更非《宋史·选举志》所能包容。至于《经籍考》因列举评论，卷帙浩大，自非《宋史·艺文志》仅限于著录书目所能比拟。第二，是《文献通考》比《通典》详赡。这主要反映在三个方面。一是《通考》接续了自唐天宝之末至宋嘉定之末 460 年典制发展的历史，二是补充了《通典》不曾论到的五个门类，三是改变了《通典》以"礼"占全书半数的格局，而大大充实了所析各门类的分量，又如《兵考》主要叙历代兵制，亦为《通典·兵典》所无。

以上，都表明《文献通考》在文献方面的重要价值。此外还必须注意到《文献通考·经籍考》在文献学上的价值。《经籍考》共 76 卷，约占《文献通考》全书 22%，是 24 门中卷帙最多的。它录先秦至宋"存于近世而可考"的各类文献约 5000 种，[①] 按四部分类编次，部类有序，著录之书皆有题解。题解多援引前人所论，间或也自撰按语。《经籍考》具有相对独立性，是一部辑录性的目录书，其辑录诸家所论，多出于宋代，如崇文总目、郑樵、晁公武、陈振孙、洪迈等，故在相当程度上，它也是一部荟萃评论文献的著作。

《经籍考》反映了马端临具有明确的文献学史的思想，其《总叙》列举前代史传之有关文献论述和文献流传的情况，以明"历代收书之数，藏书之所"，实为一篇文献史大纲。《经籍考》在文献分类上也有自己的特点。举史部为例，它以"正史各门"包含正史、编年、起居注 3 类，以"杂史各门"包含杂史、杂传（传记）、霸史伪史、史评史钞 4 类，以"故事各门"包含故事、职官、刑法、地理、时令、谱系（谱牒）、目录 7 类。以上，史部共分为 3 门 14 类。这在以往的史部文献分类上还不曾有过，反映了马端临的独到的文献分类思想。从他论杂史、杂传的性质与联系，可见一斑。他说："杂史、杂传，皆野史之流出于正史之外者。盖杂史，纪志、编年之属也，所纪者一代或一时之事；杂传者，列传之属也，所纪者一人之事。然固有名为一人之事，而实关系一代一时之事者，又有参错互见者。前史多以杂史第四，杂传第八，相

---

① 参见《文献通考·经籍考》校点本"出版说明"，上海，华东师范大学出版社，1985。

去悬隔，难以参照。今以二类相附近，庶便检讨云。"① 马端临对杂史内涵的界定，以及一代之事、一时之事、一人之事的区别和联系，还有对于前史分类的不愿苟同，都反映出他的丰富的历史文献学思想。

要之，后人以《通典》、《通志》、《通考》称为"三通"，固有一定的道理，但追本溯源，《通志》意在继承司马迁事业，而《通考》则是《通典》业绩的光大。从总的方面看，《通志》和《通考》在历史思想上都赶不上《史记》和《通典》，但它们和《通鉴》一样，在继承、发展中国史学的"通史家风"方面，成就和影响都是很大的。

---

① 马端临：《文献通考》卷 195《经籍考二二》史部"杂史各门类"。

《史学要义》的特点与价值

一、卜大有和《史学要义》

《史学要义》4 卷，补卷 1 卷，凡 5 卷，明代卜大有辑、徐栻作叙，万历五年（1577 年）刻本，距今已 422 年，后世未曾重刻。今仅存两部，分别收藏于国家图书馆和山东省图书馆。

《史学要义》卷 1 至卷 4，卷首各有目录；补卷卷首无目录，其目，视所补内容分别列于上述各卷目录之后，并冠以"补集"二字，以示区分。

《史学要义》所辑之文，是历代学人讨论史学之作，上起西汉，下迄明代。诸文体例，有疏、表、事状、书、论、序、跋、传记等。其编次，卷 1 所辑之文，前一部分是关于史官、史官制度、作史义例、史馆修史、史法、正史、杂史等综论性质方面的议论，后一部分以及"补集"所列是关于《史记》、《汉书》、《后汉书》及其作者的评论。卷 2 所辑之文，是关于《三国志》、《晋书》、《宋书》、《南齐书》、《梁书》、《陈书》、《魏书》、《北齐书》、《周书》、《隋书》、《南史》、

《北史》两《唐书》两《五代史》、《宋史》、《辽史》、《金史》、《元史》及有关作者的评论，"补卷"所列大致同此。卷 3 所辑之文，是关于《资治通鉴》、《资治通鉴纲目》、《资治通鉴外纪》、《续资治通鉴长编》、《通鉴续编》、《通鉴纪事本末》、《通鉴前编》、《大事记》、《世史正纲》以及关于《史通》、《古史》等书与有关作者的评论，"补卷"增列有关《稽古录》、论正统的议论。卷 4 所辑之文，是关于《战国策》、《汉纪》、《后汉纪》、《人物志》、《续后汉书》、《唐鉴》、《唐史论断》、《南唐书》、《建隆编》、《经世纪年》、《宋元通鉴》、《通典》、《通志》、《路史》、《文献通考》等书及有关作者的评论，"补卷"所列仅限于《唐鉴》、唐论。通观全书所辑之文，凡 200 余篇，多是关于史家、史书的评论，或论得失、辨是非，或溯源流、探新途，都是关乎史学本身的认识，一言以蔽之曰"史学要义"，是名副其实的。书中所辑之文，也有几篇是讨论历史问题的，如卷 4 之论东、西周，补卷中之论唐八司马，《通鉴纲目》之论正统等文，虽与"史学要义"之本意不尽吻合，但寥寥数篇，不影响全书的性质和面貌。

辑者卜大有没有关于此书之编次的任何说明，根据各卷所辑内容来看，大致可以作这样的概括：卷 1 是关于史学的总的面貌和关于"三史"（即《史记》、《汉书》、《后汉书》）的评论，卷 2 是关于《三国志》至《元史》历代正史的评论，卷 3 是关于《资治通鉴》及与之相关的多种历史撰述的评论并兼及对于《史通》等书的评论，卷 4 诸文涉及到的史书在内容上和体裁上广泛而驳杂，似乎是相对于"正史"以外的"杂史"。按照刘知幾《史通》的分类方法，纪传体、编年体的皇朝史均为"正史"，其他体裁的史书大多归于"杂述"之下。卜大有于卷 1 收入刘知幾论"史氏流别"、《隋书·经籍志二》的"正史"、"杂史"小序，于卷 3 收入评论刘知幾和《史通》之文，或者包含了他关于本书的编次思想，即首先是综论，继之以"正史"，最后是"杂史"。

徐栻的叙文在揭示《史学要义》一书的内涵、价值以及表明他对于史学的期待等方面，都有明确而不俗的见解。他写道：

> 卜大夫究心史事，既得其旨趣，间尝采辑古今论著有切于
> 史学者若干卷，题其端曰《史学要义》。予得而读之，见其陈

叙事之义例，原载笔之职司，析编年、纪传之同异，以暨辨正杂，别良秽，罔弗备焉。乃叹曰："勤哉，大夫之志乎！精哉，大夫之取裁乎！"

这段话把《史学要义》的内涵即"史学"的"要义"作了很好的概括："陈叙事之义例"，是指作史的思想和体例、内容和形式；"原载笔之职司"，是指史官、史家的职责及其源流；"析编年、纪传之同异"，是指对有关史书体裁的认识和运用；"辨正杂，别良秽"，是指史学批评及其作用。文中所谓"究心史事"、"切于史学"，是把"史事"、"史学"区别看待的；所谓"精"于"取裁"，是强调了"切于史学"实为本书采辑之主旨。

至于《史学要义》的价值，徐叙开篇就这样指出：

载籍博矣，而义有要焉；得其要义，则会通有机。是学史者，要义尚矣。嗟夫！事以代殊，文缘人异，纷纭述作，迷目瞀心，自非博雅之士，恶足以与于斯。

这里讲的"博"与"义"的关系，本质上是知识与思想的关系；又讲到"要义"是"会通"的关键，表明作者重视会通并指出"要义"与"会通"的关系；还讲到只有"精明博雅之士"才有可能与之探讨"要义"。作者的这些见解，都是很有启发性的。"得其要义"的重要，是讲的一般原则，"精明博雅之士"的难得，自然就实指辑者卜大有了，二者都着眼于强调本书的价值。

徐栻从对于《史学要义》一书的介绍和推崇，进而谈到他对于史学的一种期待。他在叙文中说：

是书之作，真学海之舟楫、文艺之要旨也。当世贤豪励志"三长"者，固幸得指南。……孔子以圣神之心而窃取鲁史之义，则心，其史学之尤要乎！是故公其心以定夺，明其心以辨正雅，大其心以尽人物之变，斯无负于《要义》之作也。

徐杜认为，这书对有志于把"史才三长"即史才、史学、史识作为努力目标的人来说，是有指导作用的。他举孔子为例，再次强调"义"的突出地位，指出"心"即思想是史学的核心。所谓"公其心"、"明其心"、"大其心"云云，就其本质而言，是关系到史学批评的标准、原则和气度。

从中国古代史学思想发展来看，徐杜叙文所论，一是中肯地阐述了《史学要义》的旨趣；二是提出了一些有意义的见解，如知识与思想的关系，"会通"与"要义"的关系，以及在思想上把握史学批评的标准、原则和气度的重要等，都是可以作进一步研究的。

徐叙末了有一句话，叫作"归诸心学，以为史学者劝焉"，同叙文讨论史学处多不协调，由此亦可见陆王心学唯心论在当时的影响。这是我们应当注意到的。

本书辑者卜大有是嘉兴府秀水县（今属浙江嘉兴）人。《明史》无传，其《艺文志一》诸经类著录"卜大有《经学要义》五卷"[1]、《艺文志二》史钞类著录"卜大有《史学要义》四卷"。这两部书，《四库全书总目》未著录，而《经学要义》已失传。[2]《万历秀水县志》卷五于"先达"一目中记卜大有兄弟三人行事，略述如下：

卜大同，字吉夫，嘉靖戊戌（1538年）进士，授刑部主事，迁湖广参议，再迁福建巡海副使，闽赖以安。弟大有、大顺，皆举进士。

卜大有，字谦夫，嘉靖丁未（1547年）进士，初知无锡县（今属江苏无锡），执法不挠，称"强项令"，中忌者调潜山县（在今安徽西南），莅政刚明，凤奸畏服；历南仪曹郎，以忤时宰，出为寻甸（在今云南中部偏东北）守，致仕。

卜大顺，字信夫，嘉靖癸丑（1553年）进士，初令当涂（今安徽当涂），治行称最，擢刑部主事，寻改吏部，历司勋郎。能留意人才，却问遗，不脂韦逐时好，卒于官，人共惜之。

据明人文集及焦竑《国朝献征录》所记，卜氏兄弟之父卜宗洛，生

---

① 《万历秀水县志》卷7《艺文志·典籍》作4卷，见《中国地方志集成》，上海，上海书店影印本，1993。
② 曾有友人见告，《经学要义》今有传本，然笔者至今未见原书，姑依旧说。

于成化二十一年（1485 年），卒于嘉靖十七年（1538 年），即大同进士及第之年，号长醉翁，曾为太学生。① 卜大同生于正德四年（1509 年），卒于嘉靖三十四年（1555 年），是为大顺举进士后二年（见徐阶《经世堂集》卷一七《卜公墓志铭》）。卜大顺生于正德十五年（1520 年），卒于嘉靖四十年（1561 年），享年 42（见《国朝献征录》卷 26 郑晓撰《卜君墓志铭》）。大有生卒年不详。今据大同 29 岁举进士，大顺 33 岁举进士，姑以大有 31 岁前后举进士推之，他当生于正德十一年（1516 年）前后，而其卒年不会早于万历五年（1577 年），是卜氏父子中年寿最长的人。这样一个进士屡出的官宦之家，同巡抚浙江的徐栻有所交往，是很自然的。

徐栻（1519—1581 年），字世寅，号凤竹，苏州府常熟县（今江苏常熟）人。《明史》卷 220《刘应节传》、卷 87《河渠志五》略记其行事。明人关于徐栻事迹的记载，主要见于王世贞《江右奏议序》、《徐尚书传》②、《徐公墓志铭》③，以及《万历常熟县私志》、《崇祯常熟县志》等。徐栻于嘉靖二十六年（1547 年）举进士，从宜春（在今江西西部）知县做起，"凡十五政"，曾先后巡抚江西、浙江，最后拜南京工部尚书，旋归里，里居二年而卒，终年 63 岁。徐栻先后为卜大有《经学要义》、《史学要义》作叙，而他的《江右奏议》又是王世贞作的序，这都是他在浙江巡抚任上的事情。

二、《史学要义》的理论价值

古往今来，不少治史者对于历史（或曰史事）与史学的区分不甚关注，这颇有碍于对史学理论的探讨。本书的理论价值在于，辑者十分明确地把握了关于"史学"自身方面的问题，并把它概括为"要义"。我们从书中所辑诸文可以看到，卜大有受到刘向、《隋书·经籍志》、《史通》、曾巩、郑樵、马端临等史家、史书的启发颇多。可以认为，《史学

---

① 见《屠渐山文集》卷 4《卜君墓志铭》，崇祯补刻本。

② 王世贞：《江右奏议序》、《徐尚书传》，见《弇州山人续稿》卷 40、卷 77，明刻本。

③ 王世贞：《徐公墓志铭》，见焦竑《国朝献征录》卷 520，明万历四十四年（1616 年）刻本。

要义》大致上勾画出了上起西汉、下迄明代人们关于史学之认识的轨迹。如果说在此之前，唐代史家刘知幾的《史通》是以作者自己的评论来描绘唐初以前的这一轨迹的话，那么卜大有的《史学要义》则是以诸家所论来铺筑汉、明间的这一轨迹；二书的识见和影响自有高下之分，但其旨趣确有相通之处。从这个意义上说，《史学要义》在中国古代史学思想史上是应当占有一席之地的。

辑者的勤于搜求和精于取裁，使《史学要义》在文献上的价值也很突出。书中所辑之文，重要而常见者自不必论说，贵在辑者的视野开阔，采撷广泛，多有新的发掘。如宋人唐庚论"古史官不专注记"，王安国"后周书目录序"，张唐英"读《史通》"；明人陆深论"历代史官建置"、"论作史义例"、"作史法"，杨慎论《史通》等，多不甚为人们所关注。此类文章，占有一定分量。这对于从文献发掘方面推动中国史学史的研究，提供了有益的借鉴。

当然，《史学要义》也存在一些明显的疏漏和缺点。第一，失收一些重要论述，如司马迁《报任安书》、刘勰《文心雕龙·史传》、唐高祖和唐太宗修史诏书、吴缜《新唐书纠谬序》等。第二，所收诸文，多有出处不详者，如凡署作者姓名之文，均无出处，不便于查对、校勘。第三，标目错误或不当，如卷1所收《范晔传》，作者却署为"陈寿"。查此传辑自《南史》卷33《范泰传》附《范晔传》，作者应署为李延寿。同卷目录中有《答韩愈论史官书》，当作《与韩愈论史官书》；"杂史"之下署为"《隋书·艺文志》"，当作《隋书·经籍志》；"司马谈司马迁"之下署为"司马迁自序"，当作"《史记·太史公自序》"。卷2目录中的《陈寿传》、《习凿齿传》、《干宝传》，均署为"唐太宗"，实误，这是受了《晋书》曾被题为"御撰"的影响而致误；"李大师李延寿"下署为"《北史·李延寿自序》"，当作"《北史·序传》"。卷4有"宋史九朝实录"，文录自宋人洪迈《容斋三笔》，原作"九朝国史"，所改非是，等等。第四，补卷称"史学要义补卷之五"，于义不妥，且文、目分离，不符合史书编纂体例，于阅读亦颇不便。产生以上这些疏漏和缺点的原因是多方面的，而誊抄、刻印、校勘中出现的问题较多，这或许也反映了明人刻书的通病。

尽管《史学要义》有这样那样的缺陷和不足之处，但因其旨趣卓尔不群，采撰见识独到，有不容忽视的思想价值；且其流传未广，近代以来，鲜为人知，今影印出版，使之得以广泛传播，以便于治史学者参考、研究，自是一件有意义的事情。

三、正确评价明代史学

最后，我想就明代史学讲一点认识，这对于如何看待《史学要义》一书，也是有联系的。有明一代，朝廷只修实录，不撰国史，大为时人所诟病。王世贞说过："国史之失职，未有甚于我朝者也。"[①] 这个批评，是指出了一个事实。有的学人则因所修实录存在一些问题，便断言明代"无史"[②]。有的学人更进而认为："有明一代，国史（按：指实录——引者）失诬，家史失谀，野史失臆，故以二百八十年，总在一个诬妄之世界。"[③] 像这样的批评，显然是过分了，而其影响所及直至于今。从唯物的和辩证的观点来看，明代史学确无可与《史记》、《汉书》、"三通"、《资治通鉴》相媲美的著作，但这并不是全面看待和评价一个朝代之史学成就的唯一标准。明代史学确有不少可议之处，然而它在以下几个方面还是显示出它的分量的：一是2900余卷的实录的撰成及流传至今，虽存在不少问题（历代实录都存在这样那样的问题），但却不能从根本上动摇其历史价值；二是方志和野史的发达；三是有关社会经济领域的多种专史的兴起；四是通俗史学的发展；五是历史批判和史学批评均有新的成就；六是晚明史家群体的形成及私家历史撰述之盛亦无愧于前朝，等等。因此，我们对于类似"有明一代，史学不振"的论点，应从时代与史学的关系上作具体分析，尽可能还其本来面貌。希望《史学要义》一书的影印出版，对促进关于明代史学的研究也能发挥应有的作用。

国家图书馆所藏《史学要义》，卷2缺第45页，补卷缺第68至第71页，可惜已非完帙。所幸的是，山东省图书馆藏本完好无损，仍为全编。在全国公共图书馆古籍文献编辑出版委员会的指导下，山东省图

---

① 王世贞：《弇山堂别集》卷20《史乘考误》引言。
② 郎瑛：《七修类稿》卷13"三无"。
③ 张岱：《石匮书自序》，见《琅嬛文集》卷1，上海，广益书局，1935。

书馆与全国图书馆文献缩微复制中心合作，拟影印山东省图书馆藏本《史学要义》，予以出版，以供研究与收藏之需。主其事者要我为影印本《史学要义》作一篇评论性的文字，以便于读者对它的了解和研究。仓促之际，勉强成篇，不当之处，盼方家予以教正。

《史学要论》与中国马克思主义史学

通观李大钊的论著，其与历史学之关系，有两个方面的特点是应当受到重视的：第一，李大钊的思想、理论往往是通过对历史和对史学的阐发而表现出来的。第二，李大钊"夙研史学"，在史学方面不仅有兴趣，而且有造诣。他任北京大学图书馆主任和北京大学教授后，曾在北京大学、朝阳大学、北京女子师范大学、北京师范大学、中国大学讲授唯物史观研究、史学思想史等课程，今《李大钊文集》中有关论著即是当年之讲义；而《史学要论》一书，则是一本可贵的系统论著。这两个方面的原因，确立了李大钊在20世纪中国史学上的重要地位——中国马克思主义史学的开拓者和奠基人之一。

一、关于历史观

李大钊的历史观的核心是唯物史观，他是中国最早接受马克思主义唯物史观并把它系统地介绍给中国读者的学人。1919年，李大钊在《新青年》杂志上发表《我的马克思主义观》一文，以通俗和简明的笔触，表明了他对马克思主义理论精髓的理解和认识。他首先指出："唯物史观也称历史的唯物主义。他（它）在社会学上曾经，并且正在表现一种理想的运动"，它代替旧有的历史观是不可遏制的发展趋势，是历史观的本质上的变革。接着，他着重指出唯物史观的核心是："唯物史观的要领，在认经济的构造对于其他社会学上的现象，是最重要的；更认经济现象的进路，是有不可抗性的。"① 李大钊认为，从经济现象去研究历史、说明历史，是唯物史观的核心，进而指出马克思的唯物史观"把从前的历史的唯物论者不能解释的地方，与（予）以创见的说明，遂以造成马氏特有的唯物史观，而于从前的唯物史观有伟大的功绩"②。同年，他发表的《物质变动与道德变动》一文，对此也有深刻的论说。在中国史学上，这是第一次极明确地阐述唯物史观的内容与价值，因而在史学发展历程上具有划时代的意义，它标志着中国史学走向科学化道路的开端。

1920 年，李大钊发表《史观》一文，运用唯物史观的观点阐说什么是"历史"，他写道："吾兹之所谓历史，非指过去的陈编而言。过去的陈编，汗牛充栋，于治史学者亦诚不失为丰富参考的资料，然绝非吾兹所谓活泼泼的有生命的历史。吾兹所云，乃与'社会'同质而异观的历史。同一吾人所托以生存的社会，纵以观之，则为历史，横以观之，则为社会。横观则收之于现在，纵观则放之于往古。此之历史，即是社会的时间的性象。一切史的知识，都依他为事实，一切史学的研究，都以他为对象，一切史的记录，都为他所占领。他不是僵石，不是枯骨，不是故纸，不是陈编，乃是亘过去、现在、未来、永世生存的人类全生命。对于此种历史的解释或概念，即此之所谓历史观，亦可云为一种的社会观。"③ 运用这种"史观"来解释"历史"，揭示"历史"是运动的和有生命的内在本质，在中国史学发展上也是第一次。李大钊还强调"历史观本身亦有其历史，其历史亦有一定的倾向"；"吾侪治史学于今

---

① 李大钊：《李大钊文集》（上），51、52 页，北京，人民出版社，1984。

② 同上书，52 页。

③ 同上书，264～265 页。

日的中国，新史观的树立，对于旧史观的抗辩，其兴味正自深切，其责任正自重大"。① 从李大钊的这些论述来看，我们可以得到这样一个认识：五四时期，随着马克思主义在中国的传播，中国史学上所固有的历史观即发生了极大的革命性的变化。可见，20 世纪 20 年代初，确是中国史学发展上的一座巨大的界石。这就是唯物史观的丰碑。

在提出马克思主义唯物史观之核心的基础上，李大钊在历史思想方面尤其重视如下一些原则：

——强调思想变动的原因应当到经济变动中去寻找。1920 年，李大钊撰《由经济上解释中国近代思想变动的原因》，指出："凡一时代，经济上若发生了变动，思想上也必发生变动。换句话说，就是经济的变动是思想变动的重要原因。"② 他分析了中国的农业经济因受到世界工业经济的压迫，从而使中国社会发生巨大变化；这变化中显著的一点是大家族制的崩颓，于是风俗、礼教、政治、伦理也都跟着发生变化，种种"思潮运动"、"解放运动"均由此而起。

——重视阶级斗争学说。李大钊在《我的马克思主义观》中写道：与马克思的唯物史观"很有密切关系的，还有那阶级竞争说"，"历史的唯物论者，既把种种社会现象不同的原因总约为经济的原因，更依社会学上竞争的法则，认许多组成历史明显的社会事实，只是那直接，间接，或多，或少，各殊异阶级间团体竞争所表现的结果。他们所以牵入这竞争中的缘故，全由于他们自己特殊经济上的动机。"③ 他又撰写《阶级竞争与互助》一文指出："所谓阶级，就是指经济上利害相反的阶级。"④ 李大钊用阶级和阶级斗争的理论来看待历史、说明历史，这在中国史学发展上是第一次。

——突出人民群众在历史发展中的作用。李大钊早年曾撰《民彝与政治》一文，认为人民的意志和力量在历史运动中起着决定的作用。他写道："古者政治上之神器在于宗彝，今者政治上之神器在于民彝。宗

① 李大钊：《李大钊文集》（上），266、268 页。
② 同上书，177 页。
③ 同上书，60 页。
④ 同上书，17 页。

彝可窃，而民彝不可窃也；宗彝可迁，而民彝不可迁也。"① 这是充分肯定"民彝"在历史运动中的重大作用。1918年，他还写了《庶民的胜利》一文，指出第一次世界大战的结局，究竟应当为谁而庆祝："我们庆祝，不是为哪一国或哪一国的一部分人庆祝，是为全世界的庶民庆祝。"② 这些都反映了李大钊的历史观念中民众占有极重要的分量。1920年以后，他的这种观念又有了新的发展，他写的《平民政治与工人政治》、《平民主义》等文章，就是这种观念对于现实的历史运动的诠释。

——对"历史"的新概括。客观历史是什么，中外学人有不少解释。李大钊提出自己的独到见解，他说："什么是活的历史，真的历史呢？简明一句话，历史就是人类的生活并为其产物的文化。因为人类的生活并为其产物的文化，是进步的，发展的，常常变动的；所以换一句话，亦可以说历史就是社会的变革。这样说来，把人类的生活整个的纵着去看，便是历史；横着去看，便是社会。历史与社会，同其内容，同其实质，只是观察的方面不同罢了。"③ 他还指出："有生命的历史，实是一个亘过去、现在、未来的全人类的生活。过去、现在、未来是一线贯下来的。"④ 他说的"活的历史"、"真的历史"、"有生命的历史"包含这样几个特点：第一，它同"社会"的实质、内容是相同的；第二，它是变革的；第三，它不止是指的过去而是贯穿于过去、现在和未来。

二、关于史学观

——历史与史学的区别及联系。李大钊明确地指出"历史"是"活的历史"、"有生命的历史"即客观历史运动。与此相联系的是，他对史学也作了解释。他认为史书不是历史："这类的书，固然浩如烟海，但不是历史，而是供给吾人研究历史的材料。从前许多的旧历史学家，都认为这是历史。其实这是研究历史的材料，而不是历史。"此其一。其

① 李大钊：《李大钊文集》（上），155页。
② 同上书，593页。
③ 李大钊：《李大钊文集》（下），714页，北京，人民出版社，1984。
④ 同上书，763页。

二，"历史学是起源于记录"，"发生事件而记录起来，这是史学的起源"。① 其三，史学包括记述历史和历史理论，他说："今日的历史学，即是历史科学，亦可称为历史理论。史学的主要目的本在专取历史的事实而整理之，记述之；嗣又更进一步，而为一般关于史的事实之理论的研究，于已有的记述历史以外，建立历史的一般理论。严正一点说，就是建立历史科学。"② 把历史与史学的关系作如此明确的论说，在中国史学上也是第一次。

——唯物史观在现代史学上的价值。李大钊最早对这个问题作出了概括，他指出："因为人类的生活，是人在社会的生活，故个人的生存总是在社会的构造组织以内进动而受他（它）的限制，维持生存的条件之于个人，与生产和消费之于社会是同类的关系。在社会构造内限制社会阶级和社会生活各种表现的变化，最后的原因，实是经济的。""这就是历史的唯物的解释。这种历史的解释方法不求其原因于心的势力，而求之于物的势力，因为心的变动常是为物的环境所支配。"李大钊在比较了旧史观与唯物史观在解释历史方法及其结果的种种不同之后指出："我们要晓得一切过去的历史，都是靠我们本身具有的人力创造出来的，不是哪个伟人、圣人给我们造的，亦不是上帝赐予我们。将来的历史亦还是如此"。③ 从他的论述可以看出，唯物史观实为现代史学的核心，也是现代史学各种思潮的试金石。

——历史认识是一个不断发展的过程。李大钊认为："历史是有生命的，僵死陈腐的记录不能表现那活泼泼的生命，全靠我们后人有新的历史观念，去整理他（它），认识他（它）。果然后人又有了新的理解、发明，我们现在所认为新的又成了错误的，也未可知。我们所认为真实的事实，和真理的见解并不是固定的，乃是比较的。""所以历史是不怕重作改作的，不但不怕重作改作，而且要改作重作，推翻古人的前案，并不算什么事，故吾人应本新的眼光去改作旧历史"。④ 20 世纪的中国历史学的发展，在这个意义上说，就是"本新的眼光去改作旧历史"的

① 李大钊：《李大钊文集》（下），673、674 页。
② 同上书，724 页。
③ 同上书，360、362、365 页。
④ 同上书，677~678 页。

过程。

——重视史学思想史。这是李大钊史学思想中一个很重要、很有特色的方面。1920 年起，李大钊在北京大学等一些高等学校的史学系讲授史学思想史课程，持续数年之久。李大钊之所以对此有浓厚的兴趣，旨在探索、说明唯物史观的产生由来已久，马克思主义的唯物史观又怎样克服了它以前的唯物史观的缺陷而具有科学的意义。这个思想，在他的《我的马克思主义观》一文中已有所表露。李大钊的这一研究方法，同样适合于用来考察中国历史上的朴素的唯物史观的历史，在方法论上具有重要的价值。

三、关于《史学要论》

1924 年 5 月，李大钊（署名李守常）所著《史学要论》一书，由商务印书馆出版。

《史学要论》是李大钊系统地阐述他的史学思想的一部精粹之作。全书凡六章，结构严谨，言简意赅，具有理论的深刻与实践的激情相结合的特点。

第一章论述"什么是历史"。其主要论点是：（1）历史撰述所反映的"历史"，并不等同于"活的历史"即客观历史本身。李大钊指出："不错，我们若想研究中国的历史，像那《史记》咧，《二十四史》咧，《紫阳纲目》咧，《资治通鉴》咧，乃至其他种种历史的纪录，都是很丰富、很重要的材料，必须要广搜，要精选，要确考，要整理。但是他（它）们无论怎样重要，只能说是历史的纪录，是研究历史必要的材料，不能说他（它）们就是历史。这些卷帙，册案，图表，典籍，全是这活的历史一部分的缩影，而不是这活的历史的本体。"① 指出这种区别和联系，在理论上使人们懂得"历史的本体"即"活的历史"比历史撰述所反映的内容更生动、更丰富，从而拓展了人们的历史视野；在实践上则使人们可以感受到自己也生活在"活的历史"之中，增强对于历史的体察和责任。（2）历史就是社会的变革。阐明这一点，使人们懂得历史是变化的、进步的、生动不已的。李大钊写道："这样讲来，我们所谓

---

① 李大钊：《李大钊文集》（下），713～714 页。

活的历史，不是些写的纪的东西，乃是些进展的、行动的东西。写的纪的，可以任意始终于一定的范围内；而历史的事实的本身，则永远生动无已。不但这整个的历史是活的东西，就是这些写入纪录的历史的事实，亦是生动的，进步的，与时俱变的。"① （3）历史是一个整体，是不可能割断的。李大钊认为："历史是亘过去、现在、未来的整个的全人类生活。"② 全人类的历史如此，一个国家、一个民族的历史也是如此。

第二章论述"什么是历史学"。本章的主要论点是：（1）关于"历史学"的对象。李大钊写道："史学有一定的对象。对象为何？即是整个的人类生活，即是社会的变革，即是在不断的变革中的人类生活及为其产物的文化。换一句话说，历史学就是研究社会的变革的学问，即是研究在不断的变革中的人生及为其产物的文化的学问。"③ 李大钊对历史学所作的这一定义，对人们认识历史学的性质与作用，有深刻的启示。（2）历史学应着力于建立历史理论。李大钊认为：在整理、记述历史事实的基础上，"建立历史的一般理论"即历史理论，才能使"今日的历史学"成为历史科学。这表明他在历史学的发展上是一个高瞻远瞩的人。（3）历史科学是可以建立起来的。针对当时的一种见解，即认为"历史是多元的，历史学含有多元的哲学"，因此"史学缺乏属于一般科学的性质"云云，李大钊阐述道："各种科学，随着他（它）的对象的不同，不能不多少具有其特色；而况人事科学与自然科学不可全然同视，人事科学的史学与自然科学自异其趣。然以是之故，遽谓史学缺乏属于一般科学的性质，不能概括推论，就一般史实为理论的研究，吾人亦期期以为不可。人事现象的复杂，于研究上特感困难，亦诚为事实；然不能因为研究困难，遽谓人事科学全不能成立，全不能存在。将史实汇类在一起，而一一抽出其普通的形式，论定其一般的性质，表明普遍的理法，又安见其不能。"④ 各种科学"自异其趣"，都有自身的特点，史学亦然，历史科学是可以建立起来的。这就是作者的结论。

第三章论述"历史学的系统"。在这个问题上，尤其值得注意的是：

---

① 李大钊：《李大钊文集》（下），717 页。
② 同上书，720 页。
③ 同上书，722 页。
④ 同上书，727 页。

（1）李大钊把历史学划分为"广义的历史学"与"最广义的历史学"两个系统，而后者则包含前者。（2）作者始终重视历史学的记述部分与理论部分的区别，如"广义的历史学"包含"记述的历史"与"历史理论"（亦称"狭义的历史学"）两个子系统；又如"最广义的历史学"包含"普通历史学"（即"广义的历史学"）、"特殊历史学"、"历史哲学"三个子系统，其中"特殊历史学"则又包含"记述之部"与"理论之部"两个子系统，足见作者对理论部分的重视。从学科发展史来看，李大钊所构建的"历史学的系统"，以恢宏的视野来观察历史学的内涵与外延，是一个创举。

第四章论述"史学在科学中的位置"。这里所论述的，是关于史学在科学史上之地位的问题。作者以欧洲为例，指出在中世纪以前，史学"几乎全受神学的支配"；到了十六七世纪，随着文艺复兴的发展，近代科学的产生；其后又经许多人"先后努力的结果，已于历史发见一定的法则，遂把史学提到与自然科学同等的地位，历史学遂得在科学系统中占有相当的位置。"[①] 这就是说，只是当人们从历史中发现了"一定的法则"时，历史学在科学史上或者说在科学系统中才占有自己的位置。作者对马克思的有关理论作了如下的概括："马克思一派，则以物质的生产关系为社会构造的基础，决定一切社会构造的上层。故社会的生产方法一有变动，则那个社会的政治、法律、伦理、学艺等等，悉随之变动，以求适应于此新经变动的经济生活。故法律、伦理等不能决定经济，而经济能决定法律、伦理等。这就是马克思等找出来的历史的根本理法。"[②] 作者认为历史学之所以能够成为科学，其主要根据即在于此。

第五章论述"史学与其相关学问的关系"。李大钊把与史学相关的学问划分为六类，一一阐述。他认为，文学、哲学、社会学与史学的关系尤为密切，故择出分别论述，而又以论述"史学与哲学"最为详尽，足见作者的理论旨趣。

第六章论述"现代史学的研究及于人生态度的影响"。关于这个问题，李大钊作了深刻而又精辟的论述，他的主要论点是：（1）史学对于人生有密切的关系。他开宗明义地写道："历史学是研究人类生活及其

---

① 李大钊：《李大钊文集》（下），745 页。
② 同上书，748 页。

产物的文化的学问，自然与人生有密切的关系；史学既能成为一种学问，一种知识，自然亦要于人生有用才是。依我看来，现代史学的研究，及于人生态度的影响很大。"① （2）现代史学研究可以培养人们的科学态度和脚踏实地的人生观。李大钊指出："有生命的历史，实是一个亘过去、现在、未来的全人类的生活。过去、现在、未来是一线贯下来的。这一线贯下来的时间里的历史的人生，是一趟过的，是一直向前进的，不容我们徘徊审顾的。历史的进路，纵然有时一盛一衰、一衰一盛的作螺旋状的运动，但此亦是循环着前进的、上升的，不是循环着停滞的，亦不是循环着逆返的、退落的，这样子给我们以一个进步的世界观。我们既认定世界是进步的，历史是进步的，我们在此进步的世界中、历史中，即不应该悲观，不应该拜古，只应该欢天喜地的在这只容一趟过的大路上向前行走，前途有我们的光明，将来有我们的黄金世界。这是现代史学给我们的乐天努进的人生观。"② 在李大钊看来，有什么样的历史观就会影响到有什么样的世界观，进而影响到有什么样的人生观。（3）历史教育的重要作用。李大钊很深刻地阐述了这个道理，他写道："即吾人浏览史乘，读到英雄豪杰为国家为民族舍身效命以为牺牲的地方，亦能认识出来这一班所谓英雄所谓豪杰的人物，并非有与常人有何殊异，只是他们感觉到这社会的要求敏锐些，想要满足这社会的要求的情绪热烈些，所以挺身而起为社会献身，在历史上留下可歌可哭的悲剧、壮剧。我们后世读史者不觉对之感奋兴起，自然而然地发生一种敬仰心，引起'有为者亦若是'的情绪，愿为社会先驱的决心亦于是乎油然而起了。"③ 史学的魅力就在于此。历史教育实在是一桩伟大的事业。

综观《史学要论》一书，并把它放在 20 世纪中国史学中加以考察，我们可以得到这样的认识：

首先，《史学要论》是 20 世纪中国史学上最早面世的史学理论著作之一。它科学地、系统地阐述了历史学的一些重大理论问题，比如关于什么是历史？什么是历史学？这是最基本的也是必须弄清楚的问题。他

---

① 李大钊：《李大钊选集》（下），761 页。
② 同上书，763～764 页。
③ 同上书，764、765 页。

如关于历史观问题、历史理论问题、历史学的系统问题、史学与哲学的关系问题、史学对于人们树立积极进取的人生观的影响等，它都作了深刻的论述。这些，在中国史学上都是前所未有的。

其次，在中国马克思主义史学发展史上，《史学要论》是第一部从理论上开辟道路的著作，成为中国马克思主义史学在理论上的奠基石。书中反映出作者对于马克思主义唯物史观的信念，对于史学的性质与任务的分析，对于史学之影响到社会、人生的关注等，今天读来，仍使人感觉到它的巨大的理性力量和深沉的激情涌动。

在旧中国，《史学要论》因有鲜明的马克思主义信仰而受到限制，不可能得到广泛流传。在新中国，在改革开放以前的那些年代，由于史学理论的研究不曾被提到应有的位置以及其他历史的原因，《史学要论》也不曾有广泛流传的机会。直到 20 世纪 70 年代末 80 年代初，随着史学界对中国马克思主义史学开始作深入的研究，随着史学理论研究热潮的兴起，《史学要论》的学术价值和历史地位才逐渐被人们所认识。1980 年北京师范大学史学研究所印行《史学要论》，1984 年人民出版社出版的《李大钊文集》、河北人民出版社出版的《李大钊史学论集》也都收入了《史学要论》，《史学要论》才得以广泛传播开来。80 年代初，白寿彝教授评价说："《史学要论》是一本不到四万字的小册子，但这是为马克思主义史学开辟道路的重要著作。这本小册子凝结着一个革命家、一个无产阶级理论家对人类前途的真挚的希望。对于在中国传播马克思主义史学理论来说，李大钊不愧是第一个开辟道路的人。"①

---

① 白寿彝：《白寿彝史学论集》（下），640 页。

附　录

我和中国史学史研究

　　1937 年 12 月，我出生在安徽省肥东县巢湖之滨的一个农村里。幼时因家贫未能读书，跟随母亲做一些简单的家务和农活。十岁时，在乡村私塾念了几个月书，并学习写大楷、小楷。这几个月的私塾对我是很宝贵的，一则是我开始接触了书本，再则是我感受到读书是多么重要。不久，我又辍学了。1950 年初，家乡实行土地改革，我们家里也分得了土地，成立了互助组。就在这时，我离开家乡到南京求学。

　　在南京，我寄居在叔父家中。因得到邻居家一个正在读小学四年级的小孩的热心帮助，经过一个夏天的努力，这年秋天，我插班考入了白下区游府西街小学四年级，从而开始了我的正规的读书生活。三年小学时期，我读了不少小说，尤其是苏联小说读得最多，于是曾经梦想将来也当一个作家。

一

1953年9月，我考入南京市第一中学，并于1956年7月初中毕业时被保送进入本校高中。这样，我在南京一中度过了六年中学时代。在中学，我依然酷爱文学，希望将来从事文学创作。高中时，教我们文学课（当时，我正赶上语言、文学分科的实验时期，故有文学课）的老师朱希平老先生，讲课很认真，很投入，有很大的吸引力。有一次，他出一道作文题：《孔雀东南飞》读后有感。后来，他在我的作文上写了这样的批语：分析深刻，语言流畅，可另纸抄写，向报刊投稿。我没有按照他的要求去做，但却从中受到了很大的鼓励，似乎自己将来真的可以去做一个文学创作者了。高中毕业前一年，同学们偏科的现象非常突出，文科课程越来越不受重视了。在这种情况下，我有两次在历史课的小测验中得了"5"分，引起了老师的注意。于是，在填报高考志愿书的时候，我写上了历史专业，而把新闻专业反倒填到历史专业的后面去了。

1959年9月，我进入北京师范大学历史系本科学习。从我们这一届起，历史专业由四年制改为五年制。五年中，除学习了必修的基础课，还学习了一些选修课程。在基础课中，我偏好中国古代史、中国史学史；在选修课中，我选了先秦史和《三国志》研读。这对我后来的教学和治学，都有极大的影响。我偏好中国古代史课程，这同我小学、初中阶段读了一些古典小说，高中时又读了一些其他的古典文学作品有关。中国史学史课程是白寿彝先生讲授。这是一门新课，白先生又讲得有理论色彩，所以对我很有吸引力。赵光贤先生开设的先秦史、何兹全先生开设的《三国志》研读两门课，都同中国古代史相关联，我自然不愿意错过学习的机会。在五年的本科学习中，我从许多老师那里得到教益，有些教益可以说是终生受用的；其中，尤其是白寿彝先生、赵光贤先生、何兹全先生给予我的教益最多。白先生后来是指导我读研究生的导师，对我的影响最大。赵先生指导我的学年论文、毕业论文《论春秋时期各族的融合》，在如何搜集和运用文献资料方面，给予我不少教益。这篇论文是1964年写成的，而在经历了17年之后得以在杂志上发表出来，是赵先生和我都不曾想到的。当我把载有这篇论文的杂志送给赵先生时，他的高兴和感慨，给我留下了深刻的印象。1963 年，我听何先生讲《三国志》研读这门课时，随手在书上记下何先生讲的一些论点。这部中华书局点校本《三国志》一直留在我的身边。1985 年，在治学中偶有所感，就凭借当年在书上所记下的那些论点，写了一篇文章《怎样讲授史学名著——记何兹全先生讲〈三国志〉》，发表在《河南大学学报》上。我写此文的本意，是想借着介绍何先生讲《三国志》，说明历史专业学生研读史学名著的重要。后来我得知，史学界有两三位朋友，在读到这篇文章后，也开设了《三国志》研读这门课。对此，我自然感到欣慰。30 多年过去了，如今，我仍然可以时时得到这几位年事已高的老师的教诲，我想这也是人生的一大幸事。

二

大学本科五年的学习，已经不再想着去做一个文学创作者了，而是一心一意准备做一个史学工作者。1963 年 10 月，国家计委下达文件，鼓励应届本科毕业生报考研究生。经过反复考虑，我报考了白寿彝先生为导师的中国史学史专业研究生。

那时报考研究生要考六门课程，其中有语文一门。而语文中除语文知识外，主要是写出一篇作文。我还清楚地记得有两个作文题任选其中之一：一个题目是"科学工作者为什么要重视语言修养？"一个题目是"展望我国的科学（可结合报考的专业论述）"。我们同班和我一齐报考中国史学史专业的一位同学选择了前者，而我选择了后者。我的题目是《展望我国的科学——谈中国史学史学科的兴起》，记得当时所写的内容，大意是说中国史学素来发达，而中国史学史的研究则相对滞后，1961 年以来关于史学史研究对象、任务的讨论，预示着中国史学史学科的兴起，这对于我们研究、认识中国史学遗产有重要意义。后来，白先生曾对我说，我的那位同班同学的作文和我的作文，在本考区内都获得了高分，我当然把它看做是一个激励。我想，这或许就是我走上中国史学史研究道路的一个思想准备吧。

1964 年 9 月，我开始了攻读研究生的学习阶段。在白先生的指导下，我的第一门课程是"毛泽东同志关于批判继承历史遗产的理论"。在反复研读毛泽东同志的有关论述的基础上，展开讨论，共同切磋，然后写出小结性的论文。至今回想起来，这一门课对我有很大的帮助。这主要集中在三个方面：一是对中国拥有优秀的历史文化遗产应有足够的认识，在批判继承的基础上建设中华民族的新文化；二是要注意区分精华和糟粕，不能兼收并蓄，更不能全盘否定；三是批判继承历史文化遗产对于当前的历史运动具有重大的意义。可以说，30 多年来，我始终恪守这些原则和信念，成为我的历史观点和治学准则的根据。这个时期，我还就《史记》、《汉书》的评价标准问题进行了探索，着重思考了《史记》、《汉书》比较研究的方法论问题，认为应当把历史观的比较及评价与编纂学的比较与评价加以区别，既不应混为一谈，也不应相提并论。这篇习作送交白先生指正，旋即开始了"文化大革命"。这篇文章虽然没有发表，但我通过对这个问题的思考，在理论上还是有收获的，因而给我留下很深的印象。20 年后，当白先生把它交还给我时，我看着发黄的稿纸，回忆当年的情景，尤其是经历这么多年它在白先生那里被保存下来，真是感慨万千！

1967 年，研究生毕业后，我被分配到内蒙古民族师范学院（当时称通辽师范学院）工作，一干就是 13 年。1980 年，白先生创办了北京师范大学史学研究所。翌年，我被调回母校，在史学研究所从事研究工作和教学工作，以至于今。

在读研究生期间，特别是 1981 年到史学研究所以来，在治学方面，我所受到的白先生的教诲是多方面的。细想起来，最重要的有三个方面：

第一，是重视理论的指导作用。白先生非常重视以唯物史观指导研究历史，这是他近半个世纪以来的追求。在这个问题上，白先生给我极深刻的教育。他提出了这样一个论点：我们首先要坚持唯物史观的指导；同时，我们也应该在唯物史观指导下进行新的理论创造。我想，这是对马克思主义理论的很深刻的理解。这种理论上的坚定性和创新精神相结合，是对待理论指导的辩证态度，是理论上有生命力的表现。

第二，是重视发现新问题，说明新问题。白先生认为，创新的学术才有生命力。对于读书、治学、写文章，他都强调发现、提出、说明新的问题。因此，他从不固守已有的成果和见解，一旦有了新的认识，即以其补充甚至修订过去的认识，他认为这也是发展。不囿于前人的陈见，固然不容易，不囿于自身的陈见，就更不容易了。这种治学态度，总是催促着自己自我更新，不断进步，永无止境。

第三，是重视文章表述的平实和精炼。他不赞成烦琐的考证，认为选用最关键的材料才是真正的功夫所在；他也不赞成猎奇和对于孤证的夸张，认为一般说来，还是要靠基本材料来说明问题。他主张力戒浮词，同时也不赞成刻板，提倡准确、凝练、明白的文风。

此外，还有一条最重要的原则，即史学工作同社会的关系。白先生始终恪守这样一个信念：史学工作者应当出其所学为社会服务，这是史学工作者的时代使命，也是史学工作者自觉地参与当前的历史运动的重要途径。

总之，不论是治学还是做人，我从寿彝先生那里所得到的教益是深刻的、难忘的。虽然我自己做得很不够，但我始终非常珍惜这些教益。

三

我真正着手研究中国史学史，始于 1977 年，至今已近 30 多个年头了。回顾这些年来，我在中国史学史这个领域中所做的研究，大致经历了这样几个认识过程和发展阶段：

（一）从研究断代史学入手，以取得一个研究上的立足点

中国史学史是一门内容非常丰富的专史，需要接触许多原始文献，而一个人的能力、精力都是有限的。为了避免浅尝辄止、游离无根的弊端，我经过大约一年时间的思考和准备，下决心把研究唐代史学作为我的研究工作的出发点。我作出这种选择，一是我对唐代历史有浓厚的兴趣；二是唐代史学在中国史学发展过程中出现了一系列的转折，如设馆修史、系统的史学批评著作的出现、典制体通史的问世、各种体裁通史著作的复兴和创造、历史笔记的崛起等等；三是以往关于唐代史学的研究成果甚少，大多都还是有待填补的空白。当然，因以往的研究成果少，可资参考者不多，自然给研究工作带来不少困难。但这种困难比起那种希望能够去进行开拓的激情，就是第二位的了。因此，当时我是抱

着"破釜沉舟"、"义无反顾"的决心，开始对唐代史学进行研究的。大致经过十年的积累，我在1989年出版了《唐代史学论稿》一书。这给了我两点收获：第一，对于唐代史家群体的思想、活动、成果，对于唐代许多历史著作、史学评论的产生、内容、观点，有了一个比较系统的和全面的认识，初步把握了其中发展的脉络及其得失，以及它在承上启下中的作用。第二，对于唐代历史发展同唐代史学发展的相互关系形成了比较具体的、深刻的认识，如唐代的政治统一局面、唐代的门阀制度、唐代中后期的藩镇割据等，如何影响到唐代史学的发展等等；又如唐初八史的修撰、关于"封建"的讨论对于在思想观念上维护国家统一所起的积极作用，《贞观政要》、《通典》等政治史、制度史的问世对于当时政治生活的积极影响，民族史和域外记载的增多进一步开阔了人们的视野，加深了人们对国家和世界的认识，而谱系之学的发展则延续着人们的门阀意识、影响着当时的社会风气等等。我认为，有了这两个方面的收获，才谈得上对唐代史学有了初步的认识，才算得上在中国史学史研究领域里有了一个立足点，当然也是继续前进的出发点。

我在唐代史学研究方面的另一个成果，是出版了《杜佑评传》一书（1996年）。杜佑宦海生涯60年，以36年时间撰写成第一部典制体通史——《通典》200卷。这发生在安史之乱之后，绝不是偶然的。杜佑及其《通典》之所以对我有很大的吸引力，一是杜佑的明确的经世致用思想，即"所撰《通典》，实采群言，徵诸人事，将施有政"，这在中国史学上是第一次。二是《通典》分九门，而以《食货》为之首，以及九门的逻辑结构，反映出他对国家政权职能的合理认识。三是杜佑的朴素进化观点的多方面表现，具有较高的历史理论价值。此书的撰写和出版，进一步加深了我对唐代史学和史学名著的认识。

（二）着意于"通"的追求，以便对中国史学史有一个比较完整的认识，这是向着研究工作的深度、广度发展的前提

中国史学史是一门专史，而对于专史的认识仅仅停留在某一个断代的认识上是远远不够的。这是因为：不"通"，便不能纵观全局，看清脉络，揭示规律，从根本的意义上认识中国史学史；不"通"，便不能对局部作出准确的认识和恰当的评价，容易陷入以偏概全，甚至是"一叶障目，不见泰山"的误区，此乃学术研究之大忌；不"通"，难以深

入到理论层次，而缺乏理论上的综合便影响到学科建设的发展；不"通"，也不符合中国史学之"会通"的传统。基于这些认识，我是有几分自觉而着意于"通"的追求和努力，不论我事实上达到何种程度，我以为这种追求和努力是正确的。

在"通"的追求和努力方面，是很艰难的，我时时感到力不从心，一是中国史书汗牛充栋，一生当中读不了多少，这里就有选择上的难度；二是自己功力不足，对不少历史著作理解不深，难以揭示其要义。尽管如此，只要方向对头，就应坚持去做。因此，我逐步地把自己的视野拓展到唐代史学以外，并逐步地拓展到古代以外，涉及到近现代。1992年，我出版了《中国史学散论》。这是一本论集，其时限上起先秦，下迄当代。其内容则有史学史方面的专论，也有从宏观上对一些理论问题的阐述。这本书的出版使我在两个方面增强了信心：一个方面是对有些理论的阐述（如中国古代史学理论发展大势、传统史学的现代价值等）受到史学界不少朋友的关注，又一个方面是"通"的追求和努力确在不断提高自己对中国史学史的认识。在这种心情驱动下的攀登，虽然很艰苦，但总是很有兴味的。1994年，十卷本的《中华文明史》出版，其中起于先秦、迄于清末的史学史各章，是我在"通"的追求方面的又一成果。在这一撰述过程中，我力图把史学同时代的关系和史学自身发展的特点结合起来，既反映出史学史发展的总的脉络，又显示其各个发展阶段上的独特面貌。比如，我从魏晋南北朝的历史特点和史学特点中，概括出"史学的多途发展"，从明代社会特点和史学特点中概括出"史学走向社会深层"等认识。这似乎多少有一点自得之学的意境，但总的说来，如前所述，在我作此种努力的过程中，甚感自己功力不足。我时时在想，对于中国史学史的"通"的追求，应当是终生努力的目标。学无止境，这是真理。

（三）向理论方面提高，探索学科建设的重大问题

中国古代史学有丰富的史籍、多样的体裁、生动优美的表述，为世所公认。但是，它有没有理论呢？这个问题长期困惑着人们。20世纪80年代中期，在一次全国性的史学讨论会上，不少人认为：中国古代史学以描述见长，没有理论。我不同意这种看法，提出了中国史学上的五次反思说（此说发表后，《人民日报》海外版、《解放军报》、《文汇

报》、《新华文摘》等七家报刊予以转载），但却拿不出充分的、有力的根据来证明中国古代史学也有自己的理论；因此，我只能承认还有待于研究。这件事情给了我很大的刺激，也给了我很大的启发：在中国史学史研究中，要十分关注理论问题。1992 年，我在《历史研究》上发表了《中国古代史学理论发展大势》一文，首次对中国古代史学理论发表较系统的认识。这篇论文的基本观点和主要思路是：在文字被创造出来以前，人们就有了历史意识；有了文字以后，人们的这种历史意识便通过历史记载、历史撰述保存下来。这一点，过去人们都讲到了。当着历史记载、历史撰述有了一定的积累，人们便开始了对它们和它们的作者进行评论，于是便形成了史学意识；这种史学意识的发展，启发着人们对史学工作改进、发展的要求，这就是自觉的史学发展意识。史学意识、自觉的史学发展意识启发着史学批评的展开；而史学批评所涉及到的各个方面的问题的积累与深化，便促进了史学理论的产生和发展。概括说来，就是这样一个演变过程：历史意识——史学意识——史学批评——史学理论。当然，这个演变过程不能脱离人们对客观历史的认识，这是毋庸置疑的。回想起来，这篇论文大致反映了我对中国古代史学理论的认识；当然，这个认识只是粗线条的，它还有待于进一步深化，并取得具体的表现形式。1994 年，我出版了《中国古代史学批评纵横》一书，可以看做是这种深化的一个阶段，这种具体的表现形式之一。

《中国古代史学批评纵横》是一本带有开创性质的书，以前还没有类似的著作。本书涉及到中国古代史学批评的一些主要范畴，如史德、史才、史学、史识、直书、曲笔、史法、史意等，也涉及到史学批评的标准、原则、方法，还涉及到史学批评的主体把握和社会效果，以及史学批评对史学理论的发展以至于史学的发展所起的作用等问题。

我之所以确定要写古代史学批评方面的问题，在认识上是有一个不断积累和发展的过程。归纳起来，大致有这样几点认识：

第一，中国古代史学评论著作如《史通》、《文史通义》素有盛名，多为人们所称引，因而有很大的影响。但是，中国古代史家和学人关于史学评论方面的论著或言论，是一个非常广阔的领域，其真知灼见、发展历程，并不是这两部名著所能代替的。古代的历史撰述、史学论著、文集、笔记中，多有史学评论的闪光思想。这是一笔丰厚的史学遗产，只因我们注意不够，或是缺乏自觉的系统发掘、整理、阐释，故这一宝藏尚未充分显露出它的光华。这是需要我们努力去发掘的。

第二，我在研读古代历史撰述、史学论著过程中，获得一个不断明确起来的认识，即中国古代史学的发展除了历史的、社会的推动之外，史学评论或史学批评作为史学自身的反省也是一个重要的原因。从这个意义上说，对中国古代史学评论或史学批评的探讨，将有助于我们更全面地认识中国古代史学发展的过程及其规律。

第三，20 世纪 80 年代以来，我国历史学界在史学理论研究方面有了很大的进展，取得了不少成绩。这方面研究的不断深入，要求我们进一步从理论上去认识和总结中国古代史学，撷其成果，为丰富和发展当代史学理论提供借鉴，这是史学理论建设上的继承与创新所不可缺少的。这些年来，我逐渐领悟到、认识到，中国古代史学理论的发展，虽非全然是但却往往是在史学批评中实现的、并取得了自己的表现形式。极而言之，不能脱离研究史学批评问题而探讨中国古代史学理论。

本书出版后，在史学界有较大的反响，几家报刊发表了评论，认为它开拓了中国史学史研究的领域，提出了研究中国史学史的一种新的模式，对促进史学理论研究的发展和当代史学批评理论的建设，有比较重要的学术参考价值。

在向着理论方面提高的思考过程中，还有一个问题是我时都会碰到的，即史学究竟有什么用？80 年代以来，随着外国史学著作的大量引进，人们可以读到关于这个问题的种种解释，同时也伴随着产生了对中国古代史学的种种误解（有些误解至今仍然存在），比如有人认为中国古代史学是"资治"史学、"劝诫"史学，因而在今天没有什么值得人们重视的地方。中国古代史学确有资治、劝诫的功能，但它的功能决不止于此，它在今天也还有现实的价值。1991 年，我发表了《传统史学的现代价值》一文，从进取精神、凝聚意识、历史智慧等三个方面，论述了传统史学中的优秀部分在当代的现实意义，受到学术界的关注。在这个认识的基础上，1994 年，我出版了《历史·现实·人生——史学的沉思》一书，这是专门论述史学社会功用的著作；这样的著作似乎也不多见。本书依据中国丰富的史学遗产，试图通过深入浅出的叙述和阐释，来说明史学在人们思想历程的发展上所占有的位置，说明史学同社会、文化、人生的关系，从而说明史学对于人们认识历史、现实、人生所具有的重要作用，以及它对于促进社会进步所具有的特殊功能。本书首先论述了中华民族是一个有深刻历史意识的伟大的民族，以及人们历史意识的发展同人们社会实践的关系，然后依次论述了史学与认识历史、史学与社会进步、史学与文化发展、史学与人生修养、史学与历史教育等问题。本书在理论上的特点是：强调人们的历史活动是人们的历史意识产生的前提，而人们通过史学去认识历史则是史学之社会作用得以发挥出来的前提。人们重视历史，则不能不重视史学，其理固无疑义。

这本书在推进人们对历史科学与现实历史运动之关系的认识方面，提供了理论上和历史上的较有系统的说明，从而有助于提高人们对历史科学与社会实践之密切关系的认识和理解，进而对史学的社会功能有深刻的认识和理解。

（四）史学史与史学之理论的结合，史学史研究与现实历史运动的结合

这些年来，我在中国史学史研究过程中，对这两个结合是逐步认识到、逐步明确起来的。我认为，只有自觉地意识到这种结合的重要性，才可能作长期的努力，才可能有些许的积累。中国史学史研究的学术意义和社会意义，最终应以此为归宿。

1998年4月，我的一本论集《史学与史学评论》出版。此书以其朴素的、平常的方式，表明了作者对现实的历史运动的关注，其中也包括对当前史学发展的关注。在这里，参与意识和责任意识更能反映作者的旨趣和追求。学术工作的出发点与归宿，不应当限于个人的范围，它是同社会联系在一起的，中国史学史的研究也是如此。基于这一认识，我把探索中国传统史学的精神本质同对当前史学工作发表评论性意见，看得同样重要，并孜孜不倦地去从事这些工作。当我展读此书之时，我的确有一种自我庆幸（不是自我陶醉）之感：我所从事的研究没有脱离社会，没有脱离他人，而是同社会联系在一起，同他人联系在一起。

我的另一本书《史学志》（《中华文化通志》之一，1998年10月出版），是以中国传统志书的形式来反映中国史学的历史、理论之诸多方

面成就的尝试，其核心部分则是"史"的演进与"论"的展开相结合。本书包含的内容是：中国史学发展的历程、史官制度和修史机构、史书的内容和形式、历史文献整理和历史研究方法、历史观念、史学理论、史学发展的基本规律和优良的史学传统。全书有史有论，论史结合。其中，"历史观念"及其以下各部分，在理论上的创获显得更为突出一些。概括说来，本书是一部旨在反映中国史学之面貌、成就与特点的著作。全书首叙中国史学发展的历程，概述其产生与成"家"、发展与转折、繁荣与嬗变、近代化趋势与科学化道路之总的脉络，上起先秦，下迄20 世纪 40 年代。其后各部分内容是为本书主体，即对中国史学之若干重要领域作历史的与逻辑的论述：从史官、史家而及于修史机构，从史学成果的内容与形式而及于历史文献的利用与历史研究的方法，进而及于历史观念的发展、史学理论的形成，最后以论述中国史学发展规律与优良传统为殿。本书在关于中国史学发展的总相及其阶段性特征方面，在关于历史观念与史学理论的发掘、清理和阐释方面，在中国史学的发展规律与优良传统方面，提出了比较系统的见解，更多地反映出了许多年来我在中国史学史研究方面的思考、积累所得。

综合以上所说，我的中国史学史研究可以用四句话来概括：从断代史学入手，着意于"通"的追求，努力向理论方面提高，致力于史与论的结合、理论与实践的结合。其中，有的问题是起初就有了自觉的认识的，有的问题则是在研究过程中逐步形成自觉的认识的，而对有的问题或许至今尚无自觉的认识，还须继续努力才能达到自觉的境地。

四

中国史学史研究同任何其他学术研究一样，不能不讲究研究方法。然而，说到研究方法，我觉得很惭愧，一是不懂得新颖的方法，二是不精于传统的方法，只是恪守以勤补拙、自强不息的信念罢了。

当然，这些年来的研究，也有一些做法和感受。

第一，对中国史学的认识，一定要建立在对中国历史的认识的基础之上。这是因为：首先，一定的时代产生一定的史学，对时代特点认识不清，便不可能准确地阐说这个时代的史学特点。其次，任何关于史学的评价，归根到底都是以历史评价为前提。因此，要在中国史学史研究方面有所创获，就应当在认识中国历史上多用些工夫。我在 20 世纪 70 年代至 80 年代初，八九个年头中，从事中国古代史的教学。我曾以此向白寿彝先生"诉苦"，说是耽误了许多宝贵时间。白先生却认为，不仅没有耽误时间，而且对研究中国史学史大有益处。事后，我才逐渐领悟到这话的含义和分量。因此，这些年来，我虽然不再讲授中国古代史的课程，但却仍然十分关注中国古代史领域研究的新进展，以便使自己随时补充新知，使中国史学史研究与之相适应。

第二，以研究一个时期或一个朝代的史学为立足点，进而向纵向或横向深入发展，是研究中国史学史的路径之一。这是因为：首先，中国史籍浩繁，任何个人都难以在短时间内展开全面的研究，势必要有一个立足点，然后向外拓展。其次，对于一个时期或一个朝代的史学作深入的研究，大致可以获得对史学之诸多重要问题的认识。以此为出发点，可收举一反三之功。我以为，以研究一两部史学名著作为研究中国史学史的出发点，是不可取的，因为这很难全面反映时代与史学相互间的种种关系，从而局限了研究者的视野和思路，进而局限了研究者的发展前景。

第三，对于一个时期或一个朝代的史学的研究，一个有效的方法是先做编年。做编年有两个好处：一是了解大势，二是发现问题。我在研究唐代史学之初，先读了有关的八九十种文献，数易其稿，做了十几万字的唐代史学编年，于是大致了解了唐代史学发展的脉络，同时发现了二三十个需要研究的问题。其收获之大，是我始料所不及的。应当承认，这个方法很笨，但却扎扎实实。南开大学杨翼骧教授编有《中国史学史资料编年》，现已出版第一、二册，足资参考：可以选择与自己研究相关的时段，参阅原始文献，重做一次，当大有裨益。

第四，中国史学史是一门专史，它同任何专史一样，贵在通识。因此，对于任何时期之史学的研究，对于任何史家、史著的研究，一是要根据那个时期的历史条件去评价，二是要置于中国史学发展过程之中去评价，这样才可能避免或减少片面与夸大，不至于在评价中否定前人、无视后人，产生这样那样的偏颇。中国史籍的浩繁，以致任何人都难以达到真正的"通识"；因此，"通识"只能是相对的，但"通识"的意识和要求，却不可完全没有。踏上走向"通识"的道路，没有捷径，多读书、多思考是唯一可靠而有效的方法。

最后我想着重指出一点：中国史学源远流长，博大精深，为世界各国所仅有。中国古代史学遗产中，有些已经落后了，有些是没有继承的必要了，但优秀的遗产仍然十分丰富，在当代仍然有活泼泼的生命力和现实的价值。因此，当我们还没有认识这些问题的时候，不要轻易地发表议论，尤其不要轻易地去否定古代史学，因为那样做不仅显示出自身的浅薄，而且无益于一般社会公众。中国史学是中国历史的记录，从这个意义上说，它是神圣的；尽管它有缺点、有局限，但这并不能改变它的神圣性。

作为近代学科史之一的中国史学史研究，是 20 世纪 20 年代梁启超提出来的，三四十年代是其草创时期比较活跃的阶段，50 年代相对沉寂，60 年代初是草创时期又一个比较活跃的阶段。八九十年代，中国史学史研究有了迅速的发展，取得了丰硕的成果，作为学科史的中国史学史进入了它的建设时期；这个建设时期还将继续下去，不论是历史的研究，还是理论的研究，都还有许多课题亟待进行。前面的路还很长。

我的研究，只是为中国史学史学科建设增添一砖一瓦而已；中国史学史学科大厦，要靠师友、同仁共同努力，甚至是几代人的努力才能建设起来。

在今后的岁月里，我将致力于两个方面的研究：一个方面是关于 20 世纪中国史学的发展，再一个方面是关于中国古代史学的理论成就。我认为，这对中国史学史学科建设来说，都是很重要的研究课题，希望有更多的同仁予以关注。

后 记

　　校阅本书清样之后，有几句话是必须写在这里的。

　　一、本书内容虽然都是讨论中国史学的理论遗产问题，但由于撰写的时间不同，它们之间有的相隔几年，甚至十几年；同时，各篇所论述的重点虽各有侧重，但其间必也有这样那样的联系。因此，在论述上，以至在有的材料的运用上，难以做到完全避免重复。这是读者朋友可以理解的。另外，作为一部专题论集，尽管所讨论的内容是同一个领域，但作者的思想和认识总是在变化的、发展的。如果本书所论存在前后不完全一致的地方，也希望读者朋友给予谅解和批评。

　　二、书中有的需要说明撰述背景的，即在文末赘以三言两语，谓之"作者附记"。

　　三、凡书中有引证《马克思恩格斯选集》、《列宁选集》、《毛泽东选集》旧版有关论述者，均据其新版予以核校。

　　四、北京师范大学出版社社长赖德胜教授、总编辑杨耕教授，对于本书的出版十分关注，给予热情支持；责任编辑始终同作者保持认真而诚挚的合作，为本书的编校付出了许多心血。当本书即将付梓之际，我向他们以及为本书的出版付出辛劳的朋友们，表达衷心的感谢之情，感谢他们对我的这些文字的厚爱，使其得以裒然成集，提供了我向史学界同行交流和请教的机会。

五、我的几位博士研究生赵梅春、尤学工、曹守亮、吴凤霞、邱锋、杜永梅等同学，协助我校阅书稿，核对了许多引文，纠正了书中的一些讹误。我也向他们表示谢意。

作者

2004 年 11 月 8 日

再版后记

《中国史学的理论遗产》一书于 2005 年 1 月出版，至今已过去了整整七年。其间，2006 年 11 月曾有过第二次印刷。现在有再版的机会，可谓作者之幸，这要感谢北京师范大学出版社的厚爱。

此次再版，根据出版社和责编的建议，可对本书作适当的调整和补充。我以为，本书的结构依旧，不作新的调整，使其保持初版时的面貌，这对编者、读者和作者来说，都是适宜的。但在内容上，本书补充了作者近年来新撰写的一些专论，其中，上篇补充了《史学遗产与历史学的理论和历史》、《中国古代历史理论发展大势》、《天人古今与时势理道——中国古代历史观念的几个重要问题》、《中国史学上的早期民族观和民族史观》、《古代史家史学批评的辩证方法》、《从认识史学到认识历史——中国古代史学观的理性发展》、《历史学的理论成就与中国史学史研究的发展》、《论中国马克思主义史学的史学观》；中篇补充了《范文澜史学风格的几个特点》、《尹达和中国马克思主义史学的理论研究》、《略论白寿彝的民族史思想》;下篇补充了《〈史学要论〉与中国马克思主义史学》等文。这些专论的发表,得到了有关学术刊物的支持和史学界同行的关注,这对我是很大的鼓励。

由于本书所收入的论文,是作者撰写于不同的时期,故在行文口气上自然带着不同时间的特点,如某某年代、本世纪、上世纪、近若干年来等等,这些,都一仍其旧。再者,作者对于所征引的文献、著作,也因此而出现对于同一文献或著作之不同版本的使用,也都一仍其旧,若整齐划一了,反倒失真。区区之心,恳请读者予以理解。

责任编辑刘东明先生为本书再版出力甚多,对此,我深致谢忱!同时,我也要感谢张宇同学和朱露川同学帮助我做了许多具体工作。

2004 年,我在本书的初版序文中曾经说过,“我对于中国史学的理论遗产的研究,仅仅是开始,是起步。我想,未来的研究任务仍然是十分艰巨的,而本书所存在的缺点和不足也在所难免,我期待着各方面的读者的批评、指正。”时光荏苒,但这些话依然表明了我现在的认识和期待。

瞿林东
记于 2012 年 11 月 28 日